Herausgeber: Wassilios E. Fthenakis

Frühpädagogische Ausbildungen international

Reformen und Entwicklungen im Blickpunkt

1. Auflage

Bestellnummer 12731

Die in diesem Werk aufgeführten Internetadressen sind auf dem Stand zum Zeitpunkt der Drucklegung. Die ständige Aktualität der Adressen kann vonseiten des Verlages nicht gewährleistet werden. Darüber hinaus übernimmt der Verlag keine Verantwortung für die Inhalte dieser Seiten.

Bildquellenverzeichnis

Christian Schlüter, Essen / Bildungsverlag EINS, Köln: S. 19, 49, 51, 99, 149, 169, 193, 221, 251, 285, 287, 323, 347, 383, 395, 397

Fotolia Deutschland GmbH, Berlin: S. 45 (hans klein), 143 (Ramona Heim), 242 (Grischa Georgiew), 281 (Anita P Peppers) 393 (Elena kouptsova-vasi)

service@bv-1.de
www.bildungsverlag1.de

Bildungsverlag EINS GmbH
Ettore-Bugatti-Straße 4–16, 51149 Köln

ISBN 978-3-427-**12731**-4

Frühpädagogische Ausbildungen international

Reformen und Entwicklungen im Blickpunkt

Wassilios E. Fthenakis (Hrsg.)

Koordination
Mara Meske

Autorinnen und Autoren

Claire Cameron, Anglia Ruskin University, UK
Sue Cherrington, Victoria University of Wellington, New Zealand
Caroline Cohrssen, Melbourne Graduate School of Education, Australia
Carmen Dalli, Victoria University of Wellington, New Zealand
Marike Daut, Universität Bremen, Deutschland
Aline-Wendy Dunlop, University of Strathclyde, UK
Johanna Einarsdottir, University of Iceland, Iceland
Jocelyn Friedlander, Columbia & Yale University, USA
Wassilios E. Fthenakis, Freie Universität Bozen, Italien & Universität Bremen, Deutschland
Rebecca E. Gomez, Columbia & Yale University, USA
Sharon Lynn Kagan, Columbia & Yale University, USA
Kirsti Karila, University of Tampere, Finland
Maelis Karlsson Lohmander, University of Gothenburg, Sweden
Linda Miller, Open University, UK
Pamela Oberhuemer, München, Deutschland
Collette Tayler, Melbourne Graduate School of Education, Australia
Jef J. van Kuyk, CITO, The Netherlands
Kalliope Vrinioti, University of Western-Macedonia, Greece
Jie Zhang, East China Normal University, Shanghai/China
Jiaxiong Zhu, East China Normal University, Shanghai/China

Inhaltsverzeichnis

II Internationale Beiträge zur Ausbildung frühpädagogischer Fachkräfte

III Historische Entwicklung und aktueller Stand der Ausbildung frühpädagogischer Fachkräfte in Deutschland

Einführung

Der vorliegende Band wurde im Rahmen des Projektes „Natur-Wissen schaffen" erstellt, das unter finanzieller Förderung der Deutsche Telekom Stiftung an der Universität Bremen durchgeführt wurde. Wesentliches Ziel hierbei ist es, die gegenwärtige Debatte um die Qualifizierung frühpädagogischer Fachkräfte unter Einbeziehung europäischer und internationaler Erfahrungen zu begleiten.

Im einführenden Kapitel gibt Pamela Oberhuemer einen Überblick über die Ergebnisse neuerer Forschungsprojekte zur Ausbildung frühpädagogischer Fachkräfte aus internationaler Sicht und nimmt auf einer Metaebene eine Analyse und Strukturierung der Beiträge dieses Bandes vor. Die zwölf folgenden Beiträge können drei großen Themenbereichen zugeordnet werden: In Teil I werden Strategien und Reformpläne im Bereich der Entwicklung der Frühpädagogik und insbesondere der Qualifizierung von Fachkräften aus sieben europäischen Ländern vorgestellt. Teil II beleuchtet die internationale Perspektive: Vier Beiträge aus den USA, Australien, Neuseeland und China erweitern die Sicht und behandeln die Thematik vor dem Hintergrund politischer, sozialer, kultureller und ökonomischer Entwicklungen im jeweiligen Land. In Teil III wird die Debatte in Deutschland nachgezeichnet und die gegenwärtige Situation vor dem Hintergrund europäischer Erfahrungen reflektiert.

I Die europäische Perspektive

→ **England:** Die Qualifizierung frühpädagogischer Fachkräfte im Spannungsverhältnis zwischen einer am unterrichtsfachbezogenen Grundschulcurriculum orientierten Lehrerbildung und den spezifisch fachlichen Anforderungen der „Frühen Kindheit"

In ihrem Beitrag zeigen Linda Miller und Claire Cameron, wie sich Frühpädagogik und insbesondere die Qualifizierung frühpädagogischer Fachkräfte in England und Wales während der letzten zwanzig Jahre – im Spannungsfeld zwischen einer am „unterrichtsfachbezogenen Grundschulcurriculum" orientierten Lehrerbildung und den Anforderungen, die durch eine zunehmend an Akzeptanz und gesellschaftlich-politischer Anerkennung gewinnenden Frühpädagogik an die Fachkräfte gerichtet werden – etablieren konnten. Diesen Prozess beschreiben die Autorinnen als „scheibchenweise Reform eines nach marktwirtschaftlichen Prinzipien organisierten und konzeptionell zweigeteilten Systems". Sie heben die Bedeutung der frühen Kindheit als eine „entscheidende Lebensphase" hervor und verweisen auf die unterschiedlichen Reformversuche und deren Auswirkungen auf die Qualifizierung der frühpädagogischen Fachkräfte.

Die Autorinnen kritisieren, dass das Heranziehen von beruflichen Standards als Richtschnur „einen rein instrumentellen und theoriefeindlichen Umgang mit Wissen" begünstigen würde und sich „allen politischen Bemühungen zum Trotz" in England an der Ausbildung frühpädagogischer Fachkräfte wenig geändert zu haben scheine. Daran nicht unbeteiligt sei die politische Agenda der jeweiligen Regierung gewesen, die einen restriktiven Einfluss mit einhergehender Reduktion der Autonomie der Ausbildungsstätten ausgeübt habe.

Zwei Ausbildungsperspektiven werden besonders hervorgehoben: der *Qualified Teacher Status* und das Modell des *Postgraduate Certificate in Education* (PGCE), das einen Abschluss in *Early Childhood Studies* ermöglicht. Insgesamt habe während dieser Zeit in England weder ein einheitliches noch ein konsistentes Ausbildungsmodell entwickelt werden können.

Schottland: Ein facettenreiches Qualifizierungsprogramm auf der Grundlage eines konsistent organisierten Bildungssystems – Maßnahmen des schottischen Parlaments und Reformen an den Universitäten

←

Der Beitrag von Aline-Wendy Dunlop stellt eine notwendige Ergänzung zur Situation in England und Wales dar. Sie beschreibt die Entwicklung in Schottland, insbesondere seit der Etablierung des schottischen Parlaments im Mai 1999, dem von der englischen Zentralregierung die Verantwortung für die Bildung übertragen wurde. Beeindruckend ist die facettenreiche Vielzahl an Instrumenten, die das schottische Parlament zur Stärkung des Bildungssystems insgesamt und der Bildungsqualität im Besonderen entwickeln und implementieren ließ. Sowohl die Organisation des Bildungssystems als auch die Curriculumentwicklung bieten die notwendige Grundlage für ein konsistentes Bildungssystem und dessen Orientierung an den Herausforderungen des 21. Jahrhunderts.

Dunlop weist auf die für Schottland spezifische Situation hin, wonach typische pädagogische (d. h. über einen Bachelor an der Universität erworbene) Qualifikationen und nicht-pädagogische Qualifikationen (d. h. über nicht akademische bzw. über Fort- und Weiterbildung erworbene Kompetenz) sich in einem dynamischen Spannungsverhältnis befinden. Beide Ausbildungswege bilden in ihrer Gesamtheit weiterhin die tragende Säule der vorschulischen Bildung.

Einen Aufschwung hat die Debatte um die Qualifizierung der frühpädagogischen Fachkräfte in Schottland durch den sogenannten Donaldson-Bericht *Teaching for Scotland's Future* im Jahr 2011 und durch das von *Children in Scotland* propagierte Konzept des „schottischen Pädagogen" erfahren. Im Donaldson-Bericht wird unter anderem empfohlen, die Qualifizierung pädagogischer Fachkräfte auf Masterniveau anzuheben und sie zur Forschung zu befähigen, worauf die schottische Regierung mit dem Strategiepapier *Continuing to Build Excellence in Teaching* (2011) reagierte. Charakteristisch für das schottische Bildungssystem ist, dass die Einschulung der Kinder im Alter von viereinhalb bis fünfeinhalb Jahren stattfindet und die Fachkräfte für die Arbeit mit Kindern im Alter von drei bis zwölf Jahren professionalisiert werden. Mit der Einführung zusätzlicher Qualifikationen für Assistenzkräfte und der Eröffnung der Möglichkeit, einen Bachelorabschluss zu erwerben, verändert sich jedoch die personelle Situation grundlegend.

Die Erkenntnis von der Bedeutung früher Bildung ist in der schottischen Öffentlichkeit im Verlauf der letzten Jahre fest verankert. Dennoch gibt es auch in Schottland noch einiges zu tun: Eine Revision der Qualifizierungsprogramme und die stärkere Fokussierung auf die Bedürfnisse der Unter-Dreijährigen werden ebenso angemahnt (vgl. *Pre-Birth to Three National Guidance*) wie die Beseitigung von Bildungsungleichheit, die nach wie vor im System vorhanden sei.

Finnland: Vom Ordnungsrahmen zu universitären frühpädagogischen Studiengängen und die Umsetzung des Bologna-Prozesses am Beispiel der Universität Tampere

←

Aus skandinavischer, hier finnischer Perspektive beschreibt Kirsti Karila von der Universität Tampere in ihrem Beitrag die Etablierung von Bachelor- und Masterstudiengängen als Konsequenz der Bologna-Empfehlungen – vor dem Hintergrund der historischen Entwicklung der Frühpädagogik in Finnland und am Beispiel der Universität Tampere. An dieser Universität wird frühkindliche Bildung als komplexes Phänomen konzeptualisiert und bei der inhaltlichen Gestaltung der Lehre ein multidisziplinärer Ansatz angewandt.

Dieser kompetenzorientierte Ausbildungsplan stellt ein gelungenes Beispiel für die Implementation von Bachelor- und Masterstudiengängen dar, deren Hauptzielsetzung in der Stärkung wissenschaftlichen Denkens, in einer Zukunftsorientierung der Studierenden und in der Entwicklung ihrer Fähigkeit besteht, in einer sich ständig verändernden Welt zu arbeiten. Den beiden Studiengängen (Bachelor- und Masterstudiengang) liegt ein präzises Kompetenzmodell zugrunde; sie weisen einen klaren inhaltlichen und organisatorischen Aufbau auf, und das Curriculum beruht auf der sogenannten „problembasierten Lernpädagogik" (PBL-Curriculum), deren Schwerpunkte die Gestaltung von Bildungsprozessen in Gruppen, eigenständige Datenerhebung und das selbstständige wissenschaftliche Arbeiten sind.

→ **Schweden:** Vom sozialpädagogischen Seminar zur universitären Ausbildung – von einer sozialpolitischen zur bildungspolitischen Herausforderung

Maelis Karlsson Lohmander behandelt in ihrem Beitrag die Wandlungsprozesse in der Entwicklung der Frühpädagogik in Schweden – seit der Gründung des ersten Kindergartens im Jahr 1896 durch Anna Eklund bis zur Gegenwart. Sie beschreibt dabei eindrucksvoll, wie politische Programmatik die Gestaltung der Frühpädagogik und insbesondere die Ausbildung der Fachkräfte beeinflussen kann. So stieg nach der Übertragung der Zuständigkeit für die Frühpädagogik auf den Staat im Jahr 1962 das Bedürfnis nach Regulierung, ja sogar nach genauer Festlegung des Ausbildungsplans, was mit einem Verlust an Einflussnahme durch die Leiterinnen der Ausbildungsstätten einherging. Zwei bis dahin separat etablierte Teilsysteme, das der Betreuung (armer) Kinder und das der Bildung von Kindern der Mittelschicht, wurden seit Anfang der 1970er Jahre durch zunehmenden staatlichen Einfluss progressiv zu einem einheitlichen Konzept weiterentwickelt. Neben der Förderung familienpolitischer Zielsetzungen, wie zum Beispiel der Vereinbarkeit von Familie und Beruf für Frauen, wurde die frühkindliche Bildung seit dieser Zeit zu einem wichtigen Eckpfeiler der schwedischen Politik.

Was die Ausbildung des frühpädagogischen Personals betrifft, trafen mit deren Eingliederung in das Hochschulsystem im Jahr 1977 zwei verschiedene Traditionen aufeinander. Mit drei Reformen wurde in Folge versucht, der Forderung nach qualifizierten Fachkräften zu begegnen: Mit der Reform von 1993 wurde die Ausbildung auf drei Jahre verlängert, und die Leistungsanforderungen wurden erhöht. Nach dem Hochschulgesetz (§ 1 Abs. 9) „sollte eine Hochschulausbildung – unabhängig von der jeweiligen Spezialisierung – den Erwerb von Wissen und Einstellungen begünstigen, die Gleichberechtigung voranbringen, die Forschung fördern (das gesamte Lehrangebot sollte forschungsbasiert sein) und die Entwicklung von internationalen Perspektiven und Kontakten unterstützen"[1].

Evaluative Studien führten Mitte der 1990er Jahre zu der Erkenntnis, dass die Pädagogikausbildung ihre Identität verloren habe und auf die Anforderungen des Berufsstandes nicht angemessen reagiere. Zudem wurde das Fehlen eines kohärenten Ausbildungskonzeptes bemängelt. Diese Argumentation wurde ergänzt durch die Forderung nach Überwindung der Kluft zwischen frühpädagogischem Bereich und Primarbereich. Damit war die Grundlage für eine weitere Reform gegeben. 2001 erfolgte eine Vereinheitlichung der Ausbildung durch die Aufhebung der bis dahin bestehenden acht unterschiedlichen Ausbildungsprogramme.

In theoretischer Hinsicht liegen der Ausbildung sozialkonstruktivistische Positionen zugrunde, und sie fokussiert auf die kindlichen Lernprozesse. Drei aufeinander aufbauende Curricula sollten der Forderung nach Konsistenz im Bildungsverlauf Rechnung tragen. Der frühpädago-

[1] *Karlsson Lohmander, M. (2004). The fading of a teaching profession. Early years, 24, 23–34.*

gische Bereich wird als die erste Stufe in einem lebenslangen Lernprozess betrachtet, was Auswirkungen auf die Ausbildung mit sich brachte: So müsse den einzelnen pädagogischen Studiengängen ein gemeinsamer Ansatz bezüglich des Lehrens und Lernens zugrunde gelegt werden. Die Bezeichnungen „Lehrkraft für den Elementarbereich" bzw. „Grundschullehrkraft" werden in der Folge durch den Begriff „Frühpädagogische Fachkraft" ersetzt.

Durch politische Veränderungen wird in jüngster Zeit der Schwerpunkt einseitig auf Bildung gelegt und damit die bislang in Schweden geltende kreative Verbindung zwischen Sozial- und Bildungspolitik aufgehoben. Soziokulturelle Ansätze verlieren an Dominanz, und soziale Aspekte des Lebens haben nicht mehr den gleichen Stellenwert wie vormals; das disziplinorientierte Studium gewinnt an Aktualität, und durch die Fokussierung auf Bildungsbereiche, wie frühe mathematische, naturwissenschaftliche Bildung, wird eine Verschulung des frühpädagogischen Bereichs befürchtet. Die Autorin lässt die weitere Entwicklung offen, kann aber jedenfalls keine optimistische Prognose abgeben.

Island: Zur Transformation frühpädagogischer Ausbildungsgänge – von in privater Trägerschaft stehender Ausbildung auf Sekundarstufenniveau zum Universitätsstudium mit Masterabschluss

←

Mit dem Jahr 1974 endete in Island eine Epoche, während der frühpädagogische Bildung als sozialpolitische Maßnahme für arme und bildungsbenachteiligte Kinder galt. Mit der Verabschiedung des Pflichtschulgesetzes übernahm der Staat die Verantwortung für diesen Bildungsbereich. Dabei ging man von einem ganzheitlichen Bild des Kindes aus, das sich zudem auf endogenistischen Positionen begründete. Begriffe wie Lernen, Bildung, Wissen, Lehren waren diesem Verständnis nicht inhärent. Johanna Einarsdottir berichtet in ihrem Beitrag über den weiteren Verlauf der Entwicklung in Island: 1985 wurde erstmals ein für das ganze Land geltendes pädagogisches Konzept für den frühpädagogischen Bereich vorgelegt. Explizit zum Curriculum wurde es erst 1999, mit den vom Ministerium erlassenen „Curricularen Richtlinien für frühpädagogische Einrichtungen", die das pädagogische Konzept aus dem Jahr 1985 ablösten.

Die Veränderungen in der Ausbildung frühpädagogischer Fachkräfte spiegeln die historische Entwicklung der Frühpädagogik in diesem Land wider. Die Pädagogische Fachschule von Sumargjöf (1946) markiert den Ausgangspunkt der Professionalisierung frühpädagogischer Fachkräfte in Island. Das aus zwei neunmonatigen Blöcken bestehende Ausbildungsprogramm wurde 1954 auf zwei volle Jahre ausgeweitet. Die beiden Ausbildungsblöcke wurden beibehalten, und in den dazwischen liegenden Zeiträumen wurden die Praxisanteile abgeleistet. Im Jahr 1973 wurde diese Ausbildungsform in die Fachhochschule für Frühpädagogik, eine dem Kultusministerium unterstehende Ausbildungsinstitution, integriert, die bis 1997 als einzige Ausbildungsstätte für die Qualifizierung isländischer Fachkräfte verfügbar war. Sie fusionierte in diesem Jahr mit der Isländischen Pädagogischen Hochschule, und parallel dazu bot die erziehungswissenschaftliche Abteilung der Universität Akureyri einen Studiengang Frühpädagogik an. Von diesem Zeitpunkt an begann der große Transformationsprozess von der pädagogischen Betreuung hin zur formalisierten Bildung. Die Integration in die Lehrerbildung einerseits und die „Curricularen Richtlinien" andererseits beeinflussten direkt die Entwicklung der Ausbildung. In den Jahren 2006 bis 2007 begann die Pädagogische Hochschule die Bologna-Empfehlungen umzusetzen, und ebenfalls in dieser Zeit wurde in Island die Fusion der Pädagogischen Hochschule mit der Universität Island eingeleitet. Für den Studiengang Frühpädagogik bedeutete dies, dass die Studierenden in drei Jahren den Bachelor of Education und in zwei weiteren Jahren den Master of Arts erwerben konnten.

Gemäß den am 1. Juli 2011 in Kraft getretenen gesetzlichen Regelungen setzt nunmehr eine vom Ministerium anerkannte Qualifizierung in der Frühpädagogik ein fünfjähriges universitäres Studium voraus. Somit darf die Bezeichnung „Frühpädagogische Fachkraft" nur von jenen geführt werden, die an einer akkreditierten, d. h. vom Ministerium für Bildung, Wissenschaft und Kultur dafür zugelassenen Universität den Master of Arts erworben haben.

Einarsdottir berichtet im Weiteren, wie dieser Studiengang, der zum „demokratischen Professionalismus" beitrage, an der Universität Island organisiert ist, und sie verweist darauf, dass diese auf sozial-konstruktivistischen Positionen aufbauende Ausbildung auf universitärem Niveau gleichzeitig die Forschung in diesem Bereich beflügelt habe. Seit Mai 2007 gibt es ein „Forschungszentrum für frühkindliche Bildung", das zunächst an der Pädagogischen Hochschule eingerichtet und nach der Fusion an der Universität angesiedelt wurde, in dem sich seitdem ein bemerkenswertes Forschungsprogramm etabliert habe. Einarsdottir setzt sich kritisch mit diesem Transformationsprozess auseinander und hebt die Vorteile hervor, erwähnt aber auch die Beschränkungen und sogar manche Risiken, die darin enthalten sind.

➔ **Griechenland:** Frühpädagogische Fachkraft – von der Funktionärin des Nationalstaats zur professionellen Akademikerin

Kalliope Vrinioti geht in ihrem Beitrag auf das in Griechenland etablierte „duale System" mit vorschulischer Betreuung einerseits sowie Bildung und Erziehung andererseits ein, das mit seiner klaren Dichotomisierung jeweils einer eigenen Tradition, fachlicher Fundierung und einem unterschiedlichen Entwicklungsverlauf folgt: die Kindertagesstätte *(paidikos stathmos)* für Kinder unter vier Jahren mit einem klar definierten pflegerischen und betreuenden Auftrag und der Kindergarten *(nipiagogeio)* mit seinem Erziehungs- und Bildungsauftrag. Stellt das erste Angebot eine sozialpolitische Maßnahme dar, so handelt es sich beim zweiten Angebot um eine bildungspolitische Maßnahme – mit jeweils separaten Zuständigkeiten.

Diese Dichotomisierung findet sich auch in der Professionalisierung der Fachkräfte. Die Fachkraft für die Kinder von drei Monaten bis vier Jahren ist die Frühpädagogin, die für Kinder von vier bis sechs Jahren die Vorschullehrerin. Beide unterscheiden sich bezüglich Ausbildung, Bezahlung sowie Arbeits- und Berufsstatus. Vrinioti konzentriert sich auf die Entwicklung der Ausbildung von Vorschullehrerinnen. Erstmals hat der griechische Staat mit dem Gesetz von 1895 Verantwortung für den vorschulischen Bereich übernommen, und mit der gesetzlichen Regelung von 1929 ist er bis heute allein verantwortlich für die Errichtung und den Betrieb vorschulischer Einrichtungen in Griechenland.

Die Autorin bettet die Entwicklung dieses Bildungsbereichs in die historische Entwicklung Griechenlands im 19. und zu Beginn des 20. Jahrhunderts ein und erwähnt, dass der griechische Staat sich 1922 gezwungen sah, infolge des Zustroms von Flüchtlingen aus Kleinasien und der damit zusammenhängenden Probleme für deren Kinder, Vorschullehrerinnen in den Beamtenstatus aufzunehmen. Bereits zuvor, im Jahr 1914, war im Rahmen der Seminare für Grundschullehrer die Möglichkeit einer zweijährigen bzw. einer dreijährigen, selbstständigen Ausbildung gegeben, die 1929 auf vier Jahre erweitert wurde. Vrinioti geht im Weiteren auf die leidvolle Geschichte der Ausbildung zwischen dem Zweiten Weltkrieg und der Etablierung der Ausbildung auf universitärem Niveau im Jahre 1982 ein, um dann die Entwicklung der letzten 30 Jahre näher zu betrachten. Dabei dominiert der konstruktiv-kritische Blick, und dieser Beitrag kann als Reflexionsgrundlage für alle Entscheidungsträger dienen, die eine Transformation der Erzieherausbildung auf das tertiäre Niveau in Erwägung ziehen.

Für Griechenland zieht Vrinioti in Bezug auf die Reformbemühungen folgendes Fazit: „In den 30 Jahren (...) haben sich sowohl die starken als auch die schwachen Seiten dieser Reform gezeigt: Zu den starken Seiten gehört die Befreiung der künftigen Vorschul- und Grundschullehrer/innen von einer ideologischen Bevormundung durch den Staat. Ebenfalls zu den starken Seiten zählt die Entwicklung hin zur Identität als demokratische, reflektierende Pädagogen, die nicht kritiklos das ihnen vorgegebene Curriculum im Unterricht anwenden, sondern als Forscher in ihrer Gruppe/Klasse eine aktive Rolle bei der Revision des Curriculums angesichts neuer Erfahrungen im Kontext des lebenslangen Lernens spielen und somit zur Demokratisierung der Gesellschaft beitragen. Zu den schwachen Seiten gehören erstens die fehlende Kohäsion der Studienfächer, die kein einheitliches Curriculum der Vorschullehrer/innen-Ausbildung konstituieren, zweitens das problematische Verhältnis zwischen Theorie und Praxis und drittens die fehlende curriculare Einheit zwischen den Studienprogrammen der Vorschul- und der Grundschullehrer/innen."

Niederlande: Dezentralisierung, Inklusion und Beseitigung von Bildungsbenachteiligungen im holländischen Bildungssystem

←

Als politische Programmatik in den Niederlanden beschreibt Jef J. van Kuyk in seinem Beitrag, das Bildungssystem zu dezentralisieren und das bildungspolitische Ziel der Inklusion bzw. der Beseitigung von Bildungsbenachteiligungen zu implementieren. Dies wird erreicht über die Gewährung weitgehender Autonomie für die Basisschulen und die Bereitstellung von Programmen, die auf die Eltern, die Kinder und die Fachkräfte fokussieren, wie zum Beispiel das *Kaleidoskop,* das dem amerikanischen High/Scope-Programm weitgehend entspricht und über die Aus- und Weiterbildung des Fachpersonals eine Verbesserung der Angebotsqualität in den Spielgruppen und in den ersten vier Jahren der Basisschule erreichen soll. Ein weiteres Programm stellt die *Piramide* dar. Es handelt sich um ein umfassendes Methodenpaket, das auf Kinder im Alter von null bis sechs Jahren fokussiert und wesentliche Bereiche der kindlichen Entwicklung abdeckt. Unter anderem sind folgende, als wichtig erachtete Handlungsfelder vorgesehen: Spiel, eigeninitiatives Lernen, Projekte und fortlaufende Aktivitäten, die gezielte Förderung der Sprachentwicklung von Kindern mit Migrationshintergrund und Kindern mit besonderen Bedürfnissen. Mit solchen Programmen sollen die Anzahl der Kinder, die von spezieller Förderung profitieren, erhöht, die vorschulische Bildung verbessert, Benachteiligungen bei Kindern und Familien vorgebeugt, die Kooperation zwischen vorschulischen Einrichtungen und der Basisschule verbessert und Eltern in ihrer Erziehungsaufgabe unterstützt werden.

Die Deregulierung des Bildungssystems sollte zu mehr Flexibilität und zur stärkeren Berücksichtigung der Bedürfnisse der Kinder und ihrer Eltern führen. Diese Entwicklung wurde dadurch gestärkt, dass die bis dahin geltende Unterscheidung zwischen Regel- und Förderschulen aufgehoben und ein subjektorientiertes Finanzierungsmodell eingeführt wurde, das auf der „Gewichtung von Bedürfnissen" aufbaut. Die Zusammenführung von Kindergarten und Grundschule hatte zur Folge, dass die bislang getrennte Ausbildung in Frühpädagogik (für die Arbeit mit vier- bis sechsjährigen Kindern) und die Lehrerbildung (für die Arbeit mit Sechs- bis Zwölfjährigen) zu einem integrieren HBO-Studiengang zusammengefasst wurde. Ab September 2002 wurden das Bachelor-Master-System eingeführt und die HBO-Studiengänge in Bachelor-Studiengänge umgewandelt. Das Ausbildungssystem wird durch weitere Qualifizierungsmaßnahmen begleitet und unterstützt, die die Basisschulen selbst organisieren können; der Träger ist verpflichtet, für den Erhalt der Kompetenzen seiner Fachkräfte Sorge zu tragen.

Die Ausbildung bereitet die Fachkräfte auf ein breites Aufgabenspektrum vor, nämlich auf die Arbeit mit Kindern von vier bis zwölf Jahren, mit der Möglichkeit einer Spezialisierung auf vier- bis achtjährige bzw. neun- bis zwölfjährige Kinder. Die Ausbildung greift auf sozial-konstruktivistische Ansätze zurück, fokussiert weniger auf den Erwerb von Kenntnissen sondern vielmehr auf die Stärkung von Kompetenzen bei den Studierenden.

Van Kuyk bemerkt kritisch, dass die so organisierte Ausbildung Kinder unter vier Jahren nicht berücksichtige und schlägt vor, eine stärkere Integration von klassisch frühpädagogischen Konzepten – wie zum Beispiel den Montessori-, den Reggio-, den High/Scope-Ansatz oder die Piramide – in die Ausbildung vorzunehmen. Dies hätte nicht zuletzt den Vorteil, dass diese Konzepte, die auf die Bedürfnisse auch der jüngeren Kinder fokussieren, gleichzeitig zu einer generellen Verbesserung der Ausbildung beitragen könnten.

II Die internationale Perspektive

→ **USA:** Wie gesellschaftlicher Kontext, föderal organisierte Bildungspolitik und Praxis in den US-amerikanischen Bundesstaaten Frühpädagogik und Qualifizierung der Fachkräfte beeinflussen

Die Sozialgeschichte und die Wertvorstellungen in den USA haben die Entwicklung der Frühpädagogik stark beeinflusst. Im Laufe der Zeit wurde die Einflussnahme des Staates auf Familien und Kinder zunehmend zurückgewiesen. Der Familie wurde Primat eingeräumt, und sie wurde als die primäre Sozialisationsinstanz betrachtet. Eine Intervention der Behörden war nur noch für Fälle vorgesehen, in denen die Familie Hilfe benötigte.

Betreuungs- und Bildungsangebote für das vorschulische Alter etablierten sich zunächst im Schatten der Regierungspolitik. Folgende disparat und unsystematisch entstandene Angebote ohne einen formalen Anspruch waren verfügbar: (a) Privatwirtschaftlich organisierte Maßnahmen strebten das soziale Ziel der Integration deprivierter Immigrantenkinder und die Gewährung von Sicherheit und Gesundheit in sogenannten *child care centers* an sowie die Erleichterung der Vereinbarkeit von Familie und Beruf für Mütter; (b) Eltern aus sozial und ökonomisch besser gestellten Schichten forderten zunehmend frühpädagogische Bildungsangebote für ihre Kinder, was zur Etablierung von sogenannten *private nursery schools* führte, in denen in der Regel drei- bis vierjährige Kinder, meist halbtags, Förderungsangebote zur Stärkung ihrer kognitiven und sozialen Entwicklung erhielten. Dieser mit der Zeit stark zunehmende Trend veranlasste die Regierung, den Wert einer frühen Bildung vor allem für Kinder aus bildungsbenachteiligten Familien anzuerkennen, und die Bundesstaaten bemühten sich um die Errichtung von Pre-Kindergarten-Programmen. In Krisenzeiten verstärkten sich derartige Bemühungen sichtlich; sie führten aber gleichzeitig zur Entwicklung eines anarchischen Systems, das wieder zurückgefahren wurde, nachdem die Krise überwunden war.

Diese anomische Entwicklung und die Verankerung der Bildungshoheit bei den Bundesstaten waren wenig geeignet, um systematisch und konsistent ein System früher Bildung in den USA zu etablieren. Das Angebot entwickelte sich in unterschiedliche Richtungen: im öffentlichen, im privatwirtschaftlichen, gewinnorientierten Sektor sowie über öffentlich finanzierte Programme, wie das *Head-Start-Programm.* Die Betreuungsformen reichen von den durch die Bundesstaaten initiierten Pre-Kindergarten-Programmen über häusliche Betreuung *(home-based programs)* und Tagespflege *(family child care)* bis hin zur informellen Betreuung mithilfe des sozialen und verwandtschaftlichen Netzes.

Sharon Lynn Kagan, Rebecca E. Gomez und Jocelyn Friedlander beschreiben in ihrem Beitrag die gegenwärtige Situation als hoch divers und betonen, dass sich die verfügbaren Angebote

„praktisch in allen Aspekten: in ihrem Hauptanliegen, den Finanzierungsquellen und verfügbaren Finanzmitteln, in Art und Grad der Regulierung, ihren Steuerungsmechanismen und Verantwortlichkeiten und (...) in den Anforderungen an die Qualifizierung des Fachpersonals" unterscheiden. Vor dem Hintergrund dieser ebenso komplexen wie komplizierten Situation in Organisation und Zuständigkeit für die frühe Bildung in den Vereinigten Staaten von Amerika gehen die Autorinnen der Frage nach der Qualifizierung der Fachkräfte in diesem Bildungsbereich nach. Sie weisen auf drei Qualifizierungspfade hin, von denen zwei als berufsvorbereitend und einer als berufsbegleitend anzusehen sind.

Beim ersten Qualifizierungspfad handelt es sich um kompetenzbasierte Zertifikate: (a) das CDA- und (b) das NBPTS-Zertifikat. Für den Erwerb des CDA-Zertifikats hat der Kandidat bzw. die Kandidatin bestimmte Materialien vorzubereiten, sich Lerninhalte selbstständig anzueignen, Evaluationen durchzuführen und seine/ihre pädagogisch-didaktische Kompetenz in Anwesenheit einer erfahrenen Fachkraft unter Beweis zu stellen. Dieses bundesweit anerkannte Zertifikat, das vom zuständigen *Council for Professional Recognition* auf Antrag erteilt wird, stellt zugleich ein Sprungbrett für einen weiteren formalen Studiengang dar, bietet eine zusätzliche frühpädagogische Qualifikation für Absolventen eines (nicht-pädagogischen) Studiengangs und ermöglicht Mobilität innerhalb der einzelnen Bundesstaaten. CDA-Zertifikate, für deren Erwerb sechs Ziele erreicht werden müssen, haben eine Laufzeit von drei Jahren und können in Abhängigkeit vom Programm der jeweiligen Einrichtung und dem Alter der Kinder schwerpunktmäßig variieren. Das vom *National Board for Professional Teaching Standards* (NBPTS) erteilte Zertifikat setzt bei den Kandidateninnen und Kandidaten voraus, dass sie zehn Beurteilungen verfassen und eine Mappe mit Materialien erstellten, aus der ihre Fachkenntnisse und die angewendeten Methoden ersichtlich sind. Es beruht auf fünf Prinzipien, und der Abschluss der Zertifizierung erlaubt die Führung des Titels „NBPTS-zertifizierte pädagogische Fachkraft". Im Unterschied zum CDA-Zertifikat wird dieser Titel nur an bereits in einem Bundesland lizensierte Fachkräfte erteilt, die einen vierjährigen universitären Studiengang in Früh- oder Grundschulpädagogik abgeschlossen haben. Um der Komplexität des US-amerikanischen Bildungssystems gerecht zu werden, bietet die Institution Zertifikate mit unterschiedlichen fachlichen Schwerpunkten an. Dieses Zertifikat gilt für zehn Jahre und muss danach erneuert werden.

Der zweite Pfad betrifft Hochschulabschlüsse, die (a) entweder auf einem zweijährigen Studium an einem College oder (b) auf einem vierjährigen Studium an einer Universität aufbauen. Die Voraussetzungen und die Organisation dieser zwei- bzw. vierjährigen Studiengänge variieren zwischen den Bundesstaaten. Diesem Umstand versuchen nationale Akkreditierungsprogramme als Instrument der Standardisierung und der Qualitätssicherung zu begegnen. Zwar hat sich die Mehrzahl der angebotenen Studiengänge vom *National Council for Accreditation for Teacher Education* akkreditieren lassen, nicht alle Hochschulen haben jedoch ein solches Verfahren eingeleitet. Beim zweijährigen Studium wird der Titel „AA-Degree" *(Associate of Arts)* erworben. Beim vierjährigen Studiengang handelt es sich in der Regel um Bachelor-Studiengänge, die in manchen Universitäten den Schwerpunkt Frühpädagogik aufweisen. In einigen Hochschulen wird ein Master-Studiengang angeboten, der in manchen Fällen mit einem Promotionsprogramm ergänzt werden kann. Die Akkreditierung dieser Studiengänge, die ebenfalls zwischen den Bundesstaaten und den Universitäten variieren, erfolgt auf der Grundlage von Standards, die von einem Konsortium eigens dafür entwickelt wurden.

Der dritte Pfad betrifft Qualifizierungsmaßnahmen, die als Fort- und Weiterbildung einzustufen sind. Sie unterscheiden sich dahingehend, ob die Teilnahme an einer solchen Maßnahme mit oder ohne Leistungsnachweis erfolgt. Die Autorinnen gehen in diesem Zusammenhang auf die unterschiedlichen Regelungen in den Bundesstaaten ein und bemerken, dass sich trotz dieser ausgeprägten Diversität in den Qualifizierungsangeboten dennoch gewisse Merkmale extrahieren lassen, die die amerikanische frühpädagogische Landschaft gegenwärtig charakterisieren. Eine besondere Erwähnung erfährt das Programm *Teach for America,* ein zunehmend anerkannter Ansatz zur Schulreform in den USA. Leistungsstarke Absolventinnen und Absolventen aus den Bachelor-Studiengängen, unabhängig von der Studienrichtung, werden für zwei Jahre an Schulen vermittelt, die einen hohen Anteil von Kindern mit depriviertem Hintergrund haben, um deren Leistung zu stärken.

Die Autorinnen bewerten die Situation in den USA mit Blick auf die Unterschiedlichkeit der angebotenen Programme und Qualifizierungspfade und betonen, die Diversität der Programme sei Stärke und Schwäche zugleich: Aufgrund der vielfältigen Optionen könnten Interessierte einerseits den Weg wählen, der ihren Bedürfnissen und Lebensumständen am besten entspreche und ihnen deshalb – angesichts komplexer Lebenslagen und zahlreicher Verpflichtungen – die vielleicht dringend benötigten Alternativen biete. Andererseits sei es aufgrund der Vielfalt der Optionen nicht nur schwierig, den Komplex der fachlichen Aus- und Weiterbildung zu beschreiben, sondern auch kompliziert, ihn zu beurteilen.

→ **Australien:** Strategien und Instrumente für einen fundamentalen Wandel im frühpädagogischen Bereich

Collette Tayler und Caroline Cohrssen gehen in ihrem Beitrag auf die Reformbemühungen in Australien ein und zeichnen die Strategien und die Instrumente nach, mit deren Hilfe während der letzten Jahre ein fundamentaler Wandel im frühpädagogischen Bereich eingeleitet wurde. Dabei zeigt sich eine Abkehr von Ansätzen, die am Prinzip der „Entwicklungsangemessenheit" orientiert sind, hin zu einer evidenzbasierenden und auf die Entfaltung der individuellen Persönlichkeit des Kindes fokussierenden Position. Und obwohl in theoretischer Hinsicht kein dominantes Paradigma propagiert wird, das ein „Australisches Modell" hätte begründen können, zeichneten sich eine starke Abwendung von konstruktivistischen hin zu sozialkonstruktivistischen, poststrukturalistischen Ansätzen und eine Vorliebe für soziokulturelle Theorien ab. Der Beitrag beeindruckt durch die Komplexität des politischen Ansatzes, durch die Vielzahl der Maßnahmen, die dazu beitragen sollen, Disparitäten und Ungleichheiten in der föderalen Organisation frühkindlicher Bildung zugunsten einheitlicher Standards zu überwinden, um darauf aufbauend eine Transformation in der Qualifizierung frühpädagogischer Fachkräfte vorzunehmen.

Seit Januar 2012 liegen einheitliche Bestimmungen vor, denen zufolge australische Fachkräfte sowohl an den berufsbildenden Einrichtungen als auch an den Universitäten qualifiziert werden. Seit diesem Jahr ist eine neu eingerichtete Behörde, die *Australian Children's Education and Care Quality Authority,* auch für die Zulassung und Akkreditierung aller für den frühpädagogischen Bereich qualifizierenden Ausbildungsgänge zuständig. Die Qualifikationsprofile variieren je nach der Bildungsinstitution und dem Alter der Kinder. Auf universitärem Niveau stellt der Bachelor die Minimalvoraussetzung dar, wobei neuere Entwicklungen darauf hinausgehen, dass Bachelor-Ausbildungsgänge abgeschafft werden und stattdessen einem Masterstudium Vorrang eingeräumt wird. Für die Zulassung sind Studienabschlüsse in anderen Disziplinen möglich und gewünscht, um eine Interdisziplinarität in der Qualifizierung zu erreichen.

Solche, wie auch weitere Schwerpunkte – etwa die Formulierung von Mindestanforderungen an die Ausbildung, die Integration der Forschungskomponente in das Ausbildungscurriculum, die Ausbildungsgänge als Gegenstand der Forschung sowie eine verstärkte Integration neuer Technologien in das australische Ausbildungssystem – lassen die Reformbemühungen in Australien als ein spannendes Experiment erscheinen, von dem wir viel lernen können, wie solche

Transformationsprozesse gestaltet und implementiert werden können. Es handelt sich hierbei um eine Entwicklung, die man mit anhaltendem Interesse auch weiterhin verfolgen sollte und worauf die Autorinnen die Leserschaft dieses Bandes fundiert vorbereiten.

Neuseeland: Wandel, Vielfalt und Flexibilität in den frühpädagogischen Ausbildungsgängen

←

Carmen Dalli und Sue Cherrington behandeln schwerpunktmäßig die Entwicklung der Frühpädagogik und der Professionalisierung der Fachkräfte in Aotearoa Neuseeland während der letzten zwanzig Jahre. Sie verweisen auf den Wechsel der politisch-administrativen Zuständigkeit im Jahr 1986 vom Sozial- auf das Kultusressort, dem, zwei Jahre später, eine Integration von Kinderbetreuungs- und Vorschulpolitik folgte. Diese Entwicklung blieb nicht ohne Auswirkungen auf die Professionalisierung der Fachkräfte: Disparate Ausbildungsgänge wurden zu einem dreijährigen Studiengang an *Colleges of Education* zusammengefasst, den die Studierenden mit Diplom abschlossen. Im Jahr 1993 vereinigten sich die bis dahin separat organisierten und operierenden Gewerkschaften für Erzieher/innen und Lehrer/innen zu einer gemeinsamen Gewerkschaft (*Combined Early Childhood Union of Aotearoa* – CECUA), und bereits im Jahr 2002 wurde ein gleiches Einkommen für die Fachkräfte des Elementar- und Primarbereichs eingeführt. Im selben Jahr legte die Regierung von Aotearoa Neuseeland einen Zehn-Jahres-Strategieplan vor, der zu einer intensiven Entwicklung dieses Bildungsbereichs führte. Im Jahr 1996 wurde das bilinguale und bikulturelle Curriculum *Te Whâriki* präsentiert. Ab 2008 gilt dieses verbindlich für alle frühpädagogischen Einrichtungen. Damit einhergehend vollzog sich auch eine Neupositionierung in theoretischer Hinsicht: Der bis dahin vertretene „Entwicklungsgemäße Ansatz" (*Developmentally Appropriate Practice* – DAP) wird, ähnlich wie in Australien, zugunsten einer sozial-konstruktivistischen Position und stärkerer Berücksichtigung von soziokulturellen Theorien aufgegeben. Hinzu kommt der Beitrag von Margaret Carr mit der Entwicklung des Verfahrens „Learning Stories" (Carr & Lee 2012; in deutscher Sprache: „Bildungs- und Lerngeschichten" von Leu et al. 2007)[2].

Eine solche Entwicklung hat erhebliche Auswirkungen auf die Professionalisierung des frühpädagogischen Feldes. Die Autorinnen berichten, dass die Qualifizierung der Fachkräfte während dieser Zeit einen Transformationsprozess durchlaufen hat, der sowohl qualitativ als auch quantitativ ein bemerkenswert schnelles Wachstum aufweise. Frühpädagoginnen und Frühpädagogen müssen in Neuseeland eine Erstausbildung mit Spezialisierung auf die frühe Kindheit vorweisen und vom *New Zealand Teachers Council* anerkannt sein. Das Spektrum möglicher Qualifikationen reicht vom einem dreijährigen Studiengang (mit *Diploma of Teaching* in Frühpädagogik) bis hin zu vierjährigen Bachelor-Abschlüssen bzw. zu Aufbaustudienjahrgängen (mit einem *Graduate Diploma*). Auf dieser Grundlage kann die Anerkennung als pädagogische Fachkraft beantragt werden, die zunächst vorläufig und erst nach einer mentorierten Probezeit, mit abschließender Beurteilung auf der Grundlage festgelegter Kriterien, mit der Zulassung als *fully registered teacher* erfolgen kann.

Dalli und Cherrington gehen auf den Wandel, die Vielfalt und die Flexibilität ein, die das Professionalisierungssystem in Neuseeland charakterisiert und geben einen detaillierten Überblick über die gegenwärtige Ausbildungslandschaft sowie über die (politisch bedingten) Begrenzungen, mit denen sich das Ausbildungssystem seit kurzer Zeit konfrontiert sieht. Generell

---

[2] *Carr, M. & Lee, W. (2012). Learning Stories. Constructing Learner Identities in Early Education. London: Sage. In deutscher Srache: Leu, H.R., Fläming, K., Frankenstein, Y. & Koch, S. (2007). Bildungs- und Lerngeschichten: Bildungsprozesse in der frühen Kindheit beobachten, dokumentieren und unterstützen. Berlin: verlag das netz.*

zeige sich die Tendenz, dass die Anzahl der dreijährigen Studiengänge *(Diploma of Teaching)* zugunsten von Bachelor- und Aufbaustudiengängen zurückgehe. Im Jahr 2012 wurden an 21 Ausbildungsinstitutionen frühpädagogische Studiengänge angeboten, darunter an sieben Universitäten, wobei es nur an der Victoria University in Wellington und an der University of Otago einen vierjährigen Bachelor-Studiengang gibt. Der Studiengang in Victoria führt zu einer Doppelqualifikation: *Bachelor of Arts* bzw. *Bachelor of Teaching* in Frühpädagogik. An sechs Universitäten werden einjährige Aufbaustudiengänge angeboten, um das *Graduate Diploma* zu erwerben. Berechtigt sind Studierende, die über einen von der *New Zealand Qualifications Authority* anerkannten Studienabschuss verfügen. Obwohl sich das *Graduate Diploma of Teaching* zunehmender Beliebtheit erfreute, biete keine einzige Hochschule des Landes ein postgraduales Studium in Frühpädagogik an. Das vorhandene Angebot wird durch Fernstudiengänge und berufsbegleitende Qualifizierungsmaßnahmen ergänzt. Seit 2012 haben alle Studiengänge, sowohl der Form als auch dem Inhalt nach, den Vorgaben des *New Zealand Teachers Council* zu folgen, das auch für die Genehmigung neuer Studiengänge zuständig ist. Nach Erteilung der Genehmigung ernennt das Council ein Aufsichtsgremium, das in regelmäßigen Abständen die Qualität des Studiengangs kontrolliert.

Die Situation in Neuseeland ist auch dahingehend interessant, wenn man den Wechsel von einem auf Erfahrung basierenden zu einem forschungsgestützten, d. h. auf empirischer Evidenz und Praxisreflexion aufbauenden, Studiengang nachvollziehen möchte. So gab es hier systematische Bemühungen, frühpädagogische Fachkräfte in die pädagogische Forschung direkt einzubeziehen, was vom Bildungsministerium als Teil seines Zehn-Jahres-Strategieplans durch ein Aktionsprogramm finanziert wurde. Weitere Maßnahmen verfolgten das gleiche Ziel, darunter zum Beispiel die Möglichkeit, sich als „innovative Einrichtung" (*Centre of Innovation* – CoI) zu bewerben. Erfolgreiche Teams bekamen in diesem Kontext eine Expertin zugewiesen, mit der sie ein dreijähriges Forschungsvorhaben durchführen konnten.

→ **Volksrepublik China:** Das chinesische Bildungssystem auf Reformkurs – von Wissensvermittlung hin zur Stärkung von Kompetenzen

Jiaxiong Zhu und Jie Zhang zeichnen die Entwicklung der Frühpädagogik und der Qualifizierung frühpädagogischer Fachkräfte in China nach. Sie ziehen Bilanz und stellen fest, dass etwa die Hälfte des in frühpädagogischen Einrichtungen tätigen Personals über keine Ausbildung (auf College-Niveau) verfügt. Während des letzten Jahrzehnts begann in China ein Transformationsprozess, in dessen Verlauf das alte (dreistufige) Qualifizierungssystem (berufsbildende weiterführende Schule, Junior College und vierjähriges College) zu einem zweistufigen System (Junior College und College) umgestaltet wurde. Einige der berufsbildenden weiterführenden Schulen wurden demnach zu dreijährigen fachlich gebundenen Colleges ausgebaut, während andere an nahegelegene pädagogische Hochschulen oder Universitäten angegliedert wurden, sofern diese auch den Erwerb von *Associate Degrees* ermöglichten. Im Kontext der Reform der Lehrerbildung haben Universitäten, die Ausbildungsgänge in Frühpädagogik anbieten, begonnen, auch Graduiertenstudiengänge sowie Postdoc-Programme aufzulegen bzw. berufsbegleitende Angebote einzurichten. Das vom Staatsrat der Volksrepublik China am 3. November 2010 verabschiedete Fünf-Punkte-Programm umfasst einen Katalog von Maßnahmen, darunter auch die Forderung, die Ausbildung frühpädagogischer Fachkräfte zu intensivieren und zu verbessern. Im Manifest wird allerdings auch gefordert, neben der universitären Ausbildung das (alte) Konzept der berufsbildenden Schulen für Absolventinnen und Absolventen der Mittelschulunterstufe wiederzubeleben, um den akuten Personalbedarf vor allem in ländlichen Regionen decken zu können.

Seit Ende der 1980er Jahre betreibt die chinesische Regierung eine Reform der frühkindlichen Bildung, die insbesondere auf das Curriculum fokussiert. Ausgehend davon, dass in die Konstruktion der Curricula auch neue Erkenntnisse einbezogen wurden und in akademischen Kreisen eine kritische Debatte über Konstruktivismus und Sozialkonstruktivismus bzw. neuere theoretische Ansätze stattfand, begann man die Bildung in der frühen Kindheit neu zu konzeptualisieren. An die Stelle von Wissenserwerb tritt die Stärkung der kindlichen Entwicklung und kindlicher Kompetenzen. Zhu und Zhang bemerken in diesem Zusammenhang: „Diese Entwicklung hat das traditionelle Leitbild der frühpädagogischen Ausbildung in seinen Grundfesten erschüttert. (…) Gerade altgediente Ausbilderinnen und Ausbilder, die bisher daran gewöhnt waren, als buchstabengetreu ausführende Organe zu schulen, fällt die Umstellung jedoch recht schwer." Fachkräften wird nunmehr ein Freiraum zugestanden, und es wird von ihnen erwartet, dass sie die neueren Theorien und Konzepte einbeziehen, bei der Umsetzung des Curriculums eigene Gestaltungsmöglichkeiten nutzen und selbst situativ bezogen Entscheidungen treffen.
Frühpädagogische Studiengänge haben die Aufgabe, die Studierenden auf diese Herausforderung vorzubereiten. Mit Blick auf die großen regionalen Unterschiede hat die Rezeption soziokultureller und sozioökologischer Theorien dazu beigetragen, die bisherige Konzeption der Ausbildung kritisch zu reflektieren. Diese und weitere Entwicklungen haben den Ruf nach einem paradigmatischen Wechsel in China laut werden lassen. Zhu und Zhang beschreiben, wie die Ausbildungsstätten darauf reagiert haben und vor welchen Herausforderungen eine Ausbildungsreform gegenwärtig steht. Trotz Widerständen und Hemmnissen vermitteln die Autoren eine vorsichtige Zuversicht, was den Erfolg dieses Transformationsprozesses betrifft, und verweisen auf weitere Programme, die dazu beitragen sollen, diesen Prozess zu intensivieren.

III Historische Entwicklung und aktueller Stand der Ausbildung frühpädagogischer Fachkräfte in Deutschland

Deutschland: Auf dem Wege einer begonnenen, aber unvollendeten Reform

Der letzte Beitrag in diesem Band widmet sich der Entwicklung der Ausbildung frühpädagogischer Fachkräfte in Deutschland. Wassilios E. Fthenakis und Marike Daut fokussieren auf die Debatte(n) um die Erzieherausbildung, wie sie während der letzten dreißig Jahre kontinuierlich und von unterschiedlichen Akteuren immer wieder geführt wurden. Und sie kommen zu dem Schluss, dass eine Ausbildungsreform, die diesen Namen verdient hätte, bis zum heutigen Tag nicht stattgefunden hat. Die Erzieherausbildung blieb vielmehr „der vergessene Klient" einer jeden Bildungsreform nach dem Zweiten Weltkrieg. Dies überrascht deshalb, weil es keine Organisation, keine Expertin und keinen Experten gegeben hat, die nicht mit Nachdruck auf die dringliche Reform in der Erzieherausbildung hingewiesen hätten.

In einem unter meiner Leitung im Jahr 2003 erstellten Gutachten für das Bundesministerium für Familie, Senioren, Frauen und Jugend mit dem Titel „Auf den Anfang kommt es an – Perspektiven zur Entwicklung des Systems der Tageseinrichtungen für Kinder in Deutschland" findet sich ein Kapitel, das sich umfassend der Ausbildung frühpädagogischer Fachkräfte widmet. Ich hatte damals Empfehlungen zur Reform der Erzieherausbildung formuliert, die größtenteils bis heute nichts an Aktualität verloren haben. Sie blieben genauso unbeachtet wie die vom Aktionsrat der Vereinigung der Bayerischen Wirtschaft vorgelegten Empfehlungen, auf die im Beitrag von Fthenakis und Daut hingewiesen wird. Erst nach Verabschiedung des „Europäischen Qualifikationsrahmens" (EQR) sahen sich die Länder veranlasst, eine landespezifische Auslegung vorzunehmen. Der daraus entstandene „Deutsche Qualifikationsrahmen für lebenslanges Lernen" (DQR) siedelt die Erzieherausbildung auf dem Niveau 6 an.

Und erstmals ist es gelungen, die meisten (insgesamt 14 von 16) Bundesländer auf einen gemeinsamen, kompetenzorientierten Lehrplan zu einigen. Nun stehen die Fachschulen/Fachakademien vor der Implementation dieses Lehrplanes, wofür sie keine Unterstützung erfahren. Fthenakis und Schmitt (2014)[3] kritisieren diese Maßnahme als „halbherzig" und als „Nichtreform". Trotz aller Bekundungen über die Bedeutung frühkindlicher Bildung, trotz entwickelter und implementierter Bildungspläne und entgegen der evidenz-basierten Einsicht, dass Bildungsqualität unmittelbar mit der Qualität der Ausbildung der Fachkräfte zusammenhängt und in hohem Maße von ihr abhängig ist, steht die Reform noch aus.

Mit dem vorliegenden Band verbinde ich als Herausgeber die Hoffnung, dass die Debatte um die Erzieherausbildung in Deutschland durch die Beschäftigung mit den Entwicklungen und Reformen im europäischen und internationalen Rahmen eine Wiederbelebung erfährt und dadurch eine Reform stimuliert wird, die diesem Berufsfeld, Kindern und Fachkräften gerecht wird.

Dieses Buch wäre nicht zustande gekommen, wenn die Autorinnen und Autoren nicht ihre Expertise, ihre Erfahrungen und ihre Forschungsergebnisse zur Verfügung gestellt hätten. Ihnen gebührt mein aufrichtiger, kollegialer Dank und meine Anerkennung dafür, dass sie diesen die Kontinente übergreifenden Diskurs und Austausch mitgestalten und bereichern. Dr. Mara Meske hat dieses Projekt in beeindruckender Weise koordiniert und die schwierige Aufgabe bewältigt, alle vorgesehenen Beiträge zu sichern und deren Übersetzung zu koordinieren. Meine Kollegin und frühere Mitarbeiterin am Staatsinstitut für Frühpädagogik, Pamela Oberhuemer, hat mich bei der Wahl der Autorinnen und Autoren beraten. Beiden danke ich sehr herzlich. Danken möchte ich ferner Eva Killmann-von Unruh für die gründliche Lektorierung dieses Werkes wie auch dem Bildungsverlag EINS für dessen Aufnahme in sein Publikationsprogramm. Dem Übersetzer und den Übersetzerinnen der in englischer Sprache verfassten Beiträge, Andrea Tönjes, Stephan Elkins und Astrid Hildenbrand (SocioTrans: Social Science Translation & Editing), gilt mein besonderer Dank für ihre fachlich sorgfältige Arbeit. Last but not least gilt mein besonderer Dank der Deutsche Telekom Stiftung, die dieses Projekt finanziell gefördert hat. Hier ist insbesondere dem für das Projekt Verantwortlichen, Thomas Schmitt, für sein Verständnis und Entgegenkommen zu danken. Bedanken möchte ich mich auch bei der Universität Bremen, der Leitung, dem Fachbereich 12 sowie der Verwaltung für die freundliche Aufnahme und administrative Unterstützung des Projekts.

Am Abschluss eines solchen Projekts und angesichts der Bilanz, die ich für Deutschland ziehen musste, ist die Versuchung stark, Empfehlungen für eine Reform der Erzieherausbildung für unser Land zu formulieren. Obwohl dies naheläge, widerspräche es doch dem von mir vertretenen Ansatz, Projekte dieser Art ko-konstruktiv zu gestalten. Der vorliegende Band stellt deshalb lediglich eine Expertise im komplexen Prozess einer Reform der Erzieherausbildung dar. Politik, Wissenschaft, Praxis, Ausbildungsstätten, Gewerkschaften, Wirtschaft und Familien, um nur einige zu nennen, haben die Aufgabe, gemeinsam dafür zu sorgen, dass unsere Kinder den bestqualifizierten Pädagoginnen und Pädagogen anvertraut werden. Im Hinblick auf dieses höchst bedeutsame Ziel haben wir keine Zeit zu verlieren.

München, im Juli 2014

Wassilios E. Fthenakis

---

[3] *Fthenakis, W.E. & Schmitt, A. (2014). Das Projekt Natur-Wissen schaffen: Entwicklung und Implementationsstrategien für Bildungs- und Ausbildungscurricula im Elementarbereich. In A. Schmitt, G. Mey, A. Schwentesius & R. Vock (Hrsg.), Mathematik und Naturwissenschaften anschlussfähig gestalten – Konzepte, Erfahrungen und Herausforderungen der Kooperation von Kita und Schule. Kronach: Carl Link.*

Frühpädagogische Ausbildungsprofile und Professionalisierungskonzepte

Eine international vergleichende und systembezogene Perspektive

Pamela Oberhuemer, München

1. Professionelle Bildung und Professionalität in der Frühpädagogik: ein unvollendeter Perspektivenwechsel

Bis zur Jahrtausendwende waren Plädoyers für eine anspruchsvollere Qualifizierung der frühpädagogischen Fachkräfte in Deutschland ein Thema für Insider der Fachszene (Fthenakis & Oberhuemer 2002). Auch eine vom Bundesfamilienministerium geförderte international vergleichende Studie am Staatsinstitut für Frühpädagogik (Oberhuemer & Ulich 1997), die auf die zum Teil ganz anders konzipierten und strukturierten Ausbildungen in den damaligen 15 Ländern der Europäischen Union aufmerksam machte, wurde primär in Fachkreisen rezipiert. Heute – befeuert durch den „PISA-Schock" Ende 2001 und die damalige politische Folgerung, dass auch die frühkindliche Bildung eine Schlüsselfunktion im Bildungsverlauf hat – haben Forderungen nach einer verbesserten professionellen Bildung des frühpädagogischen Fachpersonals sich weitgehend aus dem fachwissenschaftlichen Nischendasein bewegt. Ein Perspektivenwechsel hat stattgefunden, und mittlerweile sind sich Politik, Gewerkschaften, Trägerverbände, Wirtschaft sowie Jugend-/Familienkonferenz und Kultusministerkonferenz einig, dass Reformen hier dringend erforderlich sind (siehe auch Aktionsrat Bildung 2012). Über die konkreten Schritte zur Realisierung dieser Reformen besteht allerdings kein Konsens. Ungeklärt bleibt auch das Verständnis von Professionalität, das zielführend sein soll.

Ein Blick auf neuere international vergleichende Studien über länderübergreifende Qualifikationsforschung zeigt, dass diese Debatten auch anderswo nicht ohne Kontroverse geführt werden. Dies hängt sicherlich zum Teil damit zusammen, dass die frühkindliche Bildung vor allem für die Gruppe der Unter-Dreijährigen in manchen Ländern erst sehr spät als förderungswürdiger Teil des öffentlichen Bildungssystems entdeckt wurde. Frühkindliche Bildung ist vielerorts noch ein junges Mitglied in diesen Strukturen – und daher noch fragil und entwicklungsbedürftig.

Dieser Beitrag versucht, einen international vergleichenden und systembezogenen Blick auf Ausbildung und Ausbildungsreform zu nehmen und diese in Bezug zu verschiedenen Professionalitätskonzepten zu setzen. Als rahmengebende Einführung in die Thematik werden Erkenntnisse aus drei internationalen Referenzstudien kurz vorgestellt, die sich entweder ausschließlich oder teilweise mit Professionalisierungsfragen befasst haben (Oberhuemer & Schreyer 2010; Urban et al. 2011; OECD 2012).

Ausbildungskonzepte und -reformen sind bekanntlich in jeweils unterschiedliche sozial-, bildungs- und familienpolitische Strukturen und Traditionen eingebunden. Bezugnehmend auf die in diesem Band dargestellten Expertenberichte aus elf Ländern sowie auf die Situation in Deutschland werden deshalb als nächster Schritt Kernmerkmale der frühkindlichen Bildungssysteme kurz vorgestellt. Für diese Analyse werden die Länder in drei Cluster gruppiert: die nordischen Länder (Finnland, Island, Schweden), die englischsprachigen Länder (Aotearoa Neuseeland, Australien, England, Schottland, USA) und vier weitere Länder in und außerhalb Europa (China, Deutschland, Griechenland, die Niederlande). Dies ermöglicht ein Suchen nach konzeptionellen und strukturellen Gemeinsamkeiten und Unterschieden sowohl innerhalb der einzelnen Cluster als auch zwischen den drei Ländergruppierungen. Daraufhin werden nach der gleichen Gliederungsstruktur die Ausbildungsprofile in diesen Ländern analysiert. Schließlich wird gefragt, welche Professionalitätskonzepte aus den Expertisen herauszulesen sind – und welche Impulse für einen weitergehenden Perspektivenwechsel mitgenommen werden können.

2. Professionalisierung frühpädagogischer Fachkräfte im Spiegel internationaler Referenzstudien

Professionalisierungskonzepte und -strukturen für die Arbeit in frühpädagogischen Tageseinrichtungen sind derzeit in vielen Ländern – wie auch in Deutschland – im Umbruch. In diesem Abschnitt werden Erkenntnisse bzw. Empfehlungen aus drei neueren international vergleichenden Studien präsentiert.

2.1 SEEPRO-Studie 2010

Die SEEPRO-Studie war ein vom Bundesministerium für Familie, Senioren, Frauen und Jugend gefördertes Projekt am Staatsinstitut für Frühpädagogik (IFP) zur Erforschung der Systeme der Elementarerziehung und Professionalisierung in den 27 Ländern der Europäischen Union (Oberhuemer & Schreyer 2010). Insbesondere standen die Ausbildungen und Arbeitsfelder des frühpädagogischen Fachpersonals im Blick.

Zielländer waren zunächst die zwölf neueren Mitgliedstaaten, die 2004 bzw. 2007 der EU beigetreten sind. In einem zweiten Schritt wurden die Länderprofile einer früheren IFP-Studie in der EU15 (Oberhuemer & Ulich 1997) mit Unterstützung von nationalen Expertinnen und Experten aktualisiert und vollständig neu bearbeitet.

Für die zwölf neueren EU-Länder wurden speziell für die SEEPRO-Studie Expertenberichte mit Eckdaten zum jeweiligen System angefertigt. Vor diesem Hintergrund wurde ein auf die länderspezifischen Bedingungen ausgerichteter Fragenkatalog formuliert. In fünftägigen Forschungsbesuchen wurden halb-strukturierte Interviews mit Vertreterinnen und Vertretern der Fachverwaltung (Ministerien), Ausbildung, Forschung, Trägerschaft und Praxis durchgeführt. Durch die Triangulierung mit Daten von internationalen Quellen (Eurostat, Eurydice, OECD, UNESCO) entstanden detaillierte Länderprofile, die jeweils durch einen nationalen Sachverständigen validiert wurden. Neben den 27 systematisch erforschten Länderprofilen wurden auch Kernaspekte der Kita-Systeme und Professionalisierungskonzepte länderübergreifend analysiert.

Ausgewählte Ergebnisse der SEEPRO-Studie

- Für die Arbeit mit Kindern im Alter von drei bis sechs/sieben Jahren ist in der überwiegenden Mehrzahl der EU-Länder (22 von 27[4]) die Qualifikationsvoraussetzung für die Kernfachkräfte[5] ein Bachelor-Abschluss, in Portugal (seit 2007) ein Master-Abschluss.[6]
- In der Regel sind die Ausbildungen grundständige Studiengänge an Universitäten oder an berufsqualifizierenden Hochschulen.
- In den Ländern mit einem administrativ integrierten System der Kindertagesbetreuung (Dänemark, Estland, Finnland, Lettland, Litauen, Schweden, Slowenien) ist der Bachelor-Abschluss auch die geltende Qualifikationsanforderung für die Arbeit mit Kindern unter drei Jahren.
- In den Ländern mit administrativ getrennt organisierten Kita-Systemen (d. h. in der Mehrzahl der EU-Länder) sind die Qualifikationsstandards für die Arbeit mit Unter-Dreijährigen in der Regel niedriger.
- Die Professionsprofile der Fachkräfte – verbunden mit spezifischen Ausbildungsprofilen – unterscheiden sich erheblich. Sechs Kernprofile konnten identifiziert werden: (1) *Frühpädagogische Fachkraft* – eine pädagogisch orientierte Ausbildung für die Arbeit mit Kindern vom ersten Lebensjahr bis zur Einschulung, mit Beispielen in Finnland, Slowenien und den baltischen Ländern[7]; (2) *Vorschulpädagogische Fachkraft* – eine pädagogisch orientierte Ausbildung für die Arbeit mit drei- bis fünf-/sechsjährigen Kindern, mit Beispielen in Belgien, Griechenland, Italien, Malta, Polen, Ungarn und Zypern; (3) *Vor- und grundschulpädagogische Fachkraft* – im Prinzip eine Ausbildung für die Primarschule mit einer Teilspezialisierung auf die Vorschuljahre, mit Beispielen in Bulgarien, Frankreich, Luxemburg (*Bachelor en sciences de l'éducation*), den Niederlanden und Rumänien; (4) *Sozialpädagogische Fachkraft* – eine alters- und arbeitsfeldübergreifende Ausbildung für eine berufliche Tätigkeit in frühpädagogischen Tageseinrichtungen außerhalb des Bildungssystems, mit Beispielen in Dänemark, Deutschland, Österreich, auch Luxemburg (*Bachelor en sciences sociales et educatives*); (5) *Krippenfachkraft* – eine pädagogisch-pflegerische Ausbildung für die Arbeit im Betreuungssektor mit Unter-Dreijährigen, mit Beispielen in Belgien, Italien, Malta, Ungarn und Zypern; (6) *Gesundheits- und Pflegefachkraft* – Ausbildungen für Berufe im Gesundheits- oder Pflegewesen (z. B. Kinderkrankenschwester), auch mit Berechtigung für die Arbeit in Tageseinrichtungen mit Unter-Dreijährigen, mit Beispielen in Bulgarien, Frankreich, Polen, Portugal und Rumänien.

Die SEEPRO-Studie verdeutlichte also die markante Heterogenität in 27 EU-Staaten hinsichtlich Qualifikationsstandards und Qualifikationsprofile für die frühpädagogischen Berufe.

---

[4] *Der Beitrag wurde noch vor dem Eintritt Kroatiens in die Europäische Union (Juli 2013) geschrieben.*

[5] *Kernfachkräfte sind hier die Fachkräfte mit Verantwortung für eine Kindergruppe.*

[6] *Inzwischen ist der Master-Abschluss auch die geltende Qualifikationsanforderung in Italien und Island (seit 2011).*

[7] *Seit 2011 ist auch die Ausbildung in Schweden (wieder) nach diesem Professionsprofil konzeptualisiert.*

2.2 CORE-Studie 2011

Die CORE-Studie *(Competence Requirements in Early Childhood Education and Care)* wurde von der Generaldirektion für Bildung und Kultur der Europäischen Kommission gefördert und durch die Universitäten East London und Ghent durchgeführt (Urban et al. 2011). Hauptziel war die Erforschung – in enger Zusammenarbeit mit etablierten europäischen Expertennetzwerken – von Konzepten und Verständnissen über Schlüsselkompetenzen für die professionelle Arbeit in frühpädagogischen Tageseinrichtungen. Neben einer grundlegenden Literaturrecherche wurde ein Survey von offiziell formulierten Kompetenzen für die frühpädagogische Arbeit in 15 Ländern durchgeführt. Zusätzlich zur Erforschung von nationalen Gesetzgebungen, Richtlinien und Ausbildungscurricula wurden auch Fallstudien in sieben Ländern durchgeführt, um unterschiedlich erprobte Wege einer systemischen Professionalisierung des frühpädagogischen Personals aufzuzeigen. Auf der Grundlage dieser multi-methodischen Vorgehensweise wurden Empfehlungen für die verschiedenen Verantwortungsebenen formuliert.

Ausgewählte Empfehlungen der CORE-Studie

- *Stärkung des Anteils der hochschulausgebildeten Fachkräfte (ISCED 5-Niveau[8]):* Wie auch bereits in anderen Empfehlungen formuliert, wird ein Anteil von 60 Prozent des gesamten Personalbestandes als angemessen gesehen. Betont wird auch, dass das frühpädagogische Berufsfeld von einem erhöhten Anteil von Mitwirkenden mit Master-Abschluss oder Promotion profitieren würde. Wenn in Zukunft Primarschullehrkräfte auf Master-Niveau ausgebildet werden, ist es nicht einzusehen, warum frühpädagogische Fachkräfte einen Abschluss auf niedrigerem Niveau haben sollten.
- *Stärkung der Diskurse zwischen Theorie und Praxis:* Innovative und enge Formen der Zusammenarbeit zwischen Hochschulinstitutionen und Praxisstätten können die Entwicklung von kritisch-reflektierenden Kompetenzen bei den zukünftigen Fachkräften positiv unterstützen, wie Beispiele in Frankreich (Lyon) bei der Ausbildung der *éducateurs/éducatrices de jeunes enfants* oder in Dänemark bei der Ausbildung der *pædagoger* zeigen.
- *Stärkung der berufsfeldbezogenen Leitungskompetenz:* Während es generell für die Lehrberufe in Europas Schulen anerkannt wird, dass kompetente Leitungskräfte ein Garant für institutionelle Qualität sind, wird dies nicht im gleichen Maße für frühpädagogische Berufsfelder gewürdigt oder gefördert.
- *Stärkung von systembezogenen Politik-Ansätzen:* Ansätze zur Verbesserung der Professionalisierung sehen – je nach Ausgangslage – in jedem Land anders aus. Sie können nur dann effektiv sein, wenn sie das ganze Kita-System im Blick haben.
- *Stärkung der Weiterbildungschancen der Fachkräfte:* Nicht nur die Ausbildung, sondern auch die Fort- und Weiterbildung der Fachkräfte fördert und sichert pädagogische Qualität. Kurzfristig angelegte Ansätze sind hier wenig effektiv. Beispiele in Italien (Pistoia) und Belgien/Flandern (Ghent) zeigen, wie die kontinuierliche Zusammenarbeit von Fachkräften und Wissenschaftlerinnen und Wissenschaftlern im Rahmen von Handlungsforschungsansätzen über einen längeren Zeitraum wesentlich zur Stärkung und Konsolidierung des kritisch-reflektierenden Denkens der Mitwirkenden beiträgt – und damit auch zur Praxisverbesserung.

---

[8] *Abschlüsse auf Niveau 5 sind nach den ISCED-Kategorien Qualifikationen, die nach der ersten Stufe tertiärer Bildung abgeschlossen werden (z. B. Bachelor-Grad), während Niveau 3-Qualifikationen in der Regel berufsqualifizierende Abschlüsse auf Sekundarstufenniveau sind. ISCED = International Standard Classification of Education.*

Abschließend befürwortet die CORE-Studie die Entwicklung eines Europäischen Qualitätsrahmens für die Frühpädagogik, der neben den bereits von der Europäischen Kommission vereinbarten quantitativ ausgerichteten Zielen nun auch Qualitätskriterien in den Mittelpunkt stellt, unter anderem Qualitätskriterien für die Professionalisierung der frühpädagogischen Fachkräfte.

2.3 OECD-Studie 2012

Qualitätssicherung steht auch im Mittelpunkt der dritten *Starting-Strong*-Studie der Organisation für wirtschaftliche Zusammenarbeit und Entwicklung (OECD 2012). Die dargestellten fünf Qualitätsdimensionen beziehen sich im Wesentlichen auf eine im Juni 2011 abgeschlossene Umfrage der 31 Mitglieder des OECD-Netzwerks „Frühkindliche Bildung und Betreuung" aus 21 europäischen und zehn nicht-europäischen Ländern.

Eine der fünf Dimensionen zielt auf die Optimierung von Qualifikationen, Ausbildungen und Arbeitsbedingungen des pädagogischen Personals (OECD 2012, S. 162ff.).

Ausgewählte Ergebnisse der OECD-Studie

- Fünf Berufstypologien werden genannt: (1) Kinderbetreuungskraft *(child care worker);* (2) Vorschullehrkraft, Primarschullehrkraft, Kindergartenlehrkraft, vorschulische Lehrkraft *(pre-primary teacher; primary teacher; kindergarten teacher; preschool teacher);* (3) Tagespflegekraft *(family day care worker);* (4) Pädagoge/Pädagogin *(pedagogue);* (5) Ergänzungs- bzw. Hilfskraft *(auxiliary staff).*
  Folgt man dieser Typologie, gehören die sozialpädagogisch ausgebildeten Erzieherinnen und Erzieher in Deutschland eindeutig in die Gruppe der „Pädagogen/Pädagoginnen". Allerdings wurde diese Kategorie in den tabellarischen Übersichten ausgeklammert (OECD 2012, S. 167). So taucht Deutschland sowohl unter den Überschriften *Kindergarten or preschool staff* und *Child care staff* auf, ohne näher zu spezifizieren, um welches Personal es hier genau geht (die Berufsbezeichnungen werden nicht in der Originalsprache aufgeführt).
- Nicht nur in den europäischen, sondern auch in den außereuropäischen OECD-Ländern wird ein breites Spektrum von frühpädagogischen Qualifikationen festgestellt. Wie in der SEEPRO-Studie wird bei den Ländern mit getrennt organisierten Kita-Systemen auch von unterschiedlichen Qualifikationsanforderungen für die Arbeit mit unter Unter-Dreijährigen (in der Regel ISCED-Niveau 3) und Über-Dreijährigen (in der Regel ISCED-Niveau 5) berichtet. Außerdem wird festgestellt, wie auch in der SEEPRO-Studie, dass die Länder mit integriert organisierten Kita-Systemen in der Regel höhere Ausbildungsvoraussetzungen für die Arbeit mit Kindern unter drei Jahren fordern.
- In manchen Ländern gibt es zwar ein integriertes Konzept der Ausbildung für die Arbeit mit Kindern bis zur Einschulung, aber die Qualifikationen der Kernfachkräfte können sich je nach Einrichtungstyp und Einrichtungsträger unterscheiden. In Aotearoa Neuseeland zum Beispiel, können (private) Spielzentren *(play centres)* für Null- bis Fünfjährige von einer *play centre leader* (ISCED 3) geleitet werden, während die Voraussetzung für die Leitung eines öffentlichen Kindergartens für Null- bis Fünfjährige eine ISCED-Niveau 5 Qualifikation als *kindergarten teacher* ist.
- Die Mehrzahl der 31 befragten Länder bieten sowohl Vollzeit- als auch Teilzeitausbildungen an. In der Regel sind die Ausbildungsstätten öffentlich.

Auch durch diese Studie wird das international breite Spektrum an Qualifikationsvoraussetzungen und Qualifikationsstrategien für die Arbeit in frühkindlichen Bildungs- und Betreuungseinrichtungen deutlich.

3. Kernmerkmale frühkindlicher Bildungssysteme in elf Ländern

Ausbildungsfragen können nicht losgelöst vom jeweiligen nationalen Kita-System betrachtet werden. Diese Systeme haben sich über die Jahre sehr unterschiedlich entwickelt, aber ein Blick in die Geschichte der Frühpädagogik zeigt Folgendes: Aufgrund von gesellschaftlichem Bedarf werden zunächst frühkindliche Tageseinrichtungen geschaffen und erst danach Fragen zur Qualifikation des Personals gestellt (Oberhuemer & Ulich 1997, S. 15). Aus diesem Grund werden nun Kernmerkmale der frühkindlichen Bildungssysteme der Länder, die in diesem Buch im Fokus stehen, kurz dargestellt. Es werden dabei markante Gemeinsamkeiten und Unterschiede herausgearbeitet.

3.1 Finnland, Schweden, Island

Übersicht 1
Finnland, Schweden, Island: Kita-Systeme auf einen Blick

Finnland

- Pflichteinschulung mit sieben Jahren
- Rechtsanspruch auf einen (kostenpflichtigen) Kita-Platz ab dem ersten Lebensjahr
- Recht auf einen beitragsfreien Platz für 25 Stunden/Woche für Sechsjährige
- Einheitliche Zuständigkeit für Kindertagesbetreuung 0–6 Jahre unter dem Bildungsministerium (bis 2013 unter dem Sozialministerium)
- Alterseinheitliche Tageseinrichtungen 0–6 Jahre
- Vorschulklasse für Sechsjährige unter der Zuständigkeit des Bildungsministeriums – entweder in der Kita (Mehrzahl) oder in der Schule
- Kita-Träger vorwiegend kommunal
- Besuchsquote bei den Unter-Dreijährigen: 26 Prozent (2011)

Schweden

- Pflichteinschulung mit sieben Jahren
- Rechtsanspruch auf einen Kita-Platz ab einem Jahr
- Recht auf einen beitragsfreien Platz für mindestens 525 Stunden pro Jahr (rd. 15 Wochenstunden) für Kinder, die am Anfang des Kita-Jahres drei Jahre alt sind
- Einheitliche Zuständigkeit für Kindertagesbetreuung 0–6 Jahre unter dem Bildungsministerium
- Alterseinheitliche Tageseinrichtungen 0–6 Jahre
- Vorschulklasse an der Grundschule für Sechsjährige

Schweden
– Kita-Träger vorwiegend kommunal
– Besuchsquoten bei den Unter-Dreijährigen: 51 Prozent (2011)
Island
– Pflichteinschulung mit sechs Jahren
– Kein grundsätzlicher Rechtsanspruch auf einen Kita-Platz
– Einheitliche Zuständigkeit für Kindertagesbetreuung 0–6 Jahre unter dem Bildungsministerium
– Alterseinheitliche Tageseinrichtungen 0–6 Jahre
– Kita-Träger vorwiegend kommunal
– Besuchsquoten bei den Unter-Dreijährigen: 39 Prozent (2011)

Quellen: Oberhuemer & Schreyer 2010; Moss 2013 (Rechtsanspruch); Einarsdóttir, persönliche Mitteilung (15.04.2012); European Commission 2013; Einarsdóttir, in diesem Band; Karila, in diesem Band; Karlsson Lohmander, in diesem Band.

Die nordischen Länder sind bekannt für ihre integrierten Organisationsstrukturen. Diese spiegeln sich in einer einheitlichen ministeriellen Zuständigkeit für Kindertageseinrichtungen und Tagespflege – in allen drei Ländern liegt diese Verantwortung nun beim nationalen Bildungsministerium. In allen drei Ländern sind die Kommunen die maßgeblichen Einrichtungsträger. Auch die Tageseinrichtungen in allen drei Ländern sind altersintegriert (vom ersten bis zum sechsten Lebensjahr).

Im europäischen Vergleich werden Kinder in den nordischen Ländern relativ spät eingeschult. In Finnland und Schweden, wo die Pflichteinschulung immer noch erst mit sieben Jahren stattfindet, wurden als Verbindungsglied zwischen Kita und Schule Vorschulklassen für Sechsjährige etabliert. In Schweden sind diese an der Schule, in Finnland entweder an einer frühpädagogischen Einrichtung oder der Schule angeschlossen.

In Finnland und Schweden haben Kinder vom ersten Lebensjahr an einen grundsätzlichen Rechtsanspruch auf einen Betreuungsplatz, in Island ist dies nicht der Fall.

In Island und Schweden sind die Besuchsquoten bei den Unter-Dreijährigen auffallend hoch, während sie in Finnland vergleichsweise niedrig sind. Dies ist vermutlich dadurch zu erklären, dass Familien ein Betreuungsgeld nach Ende der offiziellen Elternzeit (158 Arbeitstage) bis zum dritten Geburtstag des Kindes beantragen können. Allerdings ist dieses relativ niedrig (durchschnittlich 386 EUR monatlich im Jahr 2009) und keine einkommensersetzende Leistung (Salmi & Lammi-Taskula 2011). In allen drei Ländern bezahlen die Eltern einen Beitrag für den Besuch einer Tageseinrichtung, wobei – vor allem in Schweden – ein Trend in Richtung staatlich geförderter beitragsfreier Besuchszeiten festzustellen ist.

3.2 Aotearoa Neuseeland, Australien, England, Schottland, USA

Im Vergleich zu den nordischen Ländern sieht das Bild in den fünf hier dargestellten englischsprachigen Ländern entschieden anders aus. Bezüglich der Systeme der frühkindlichen Bildung gibt es allerdings unter den englischsprachigen Ländern eine Menge an Gemeinsamkeiten, wie aus Übersicht 2 hervorgeht.

Übersicht 2
Aotearoa Neuseeland, Australien, England, Schottland, USA: Kita-Systeme auf einen Blick

Aotearoa Neuseeland

- Pflichteinschulung offiziell mit sechs Jahren, in der Regel werden Kinder aber am fünften Geburtstag eingeschult
- Kein grundsätzlicher Rechtsanspruch auf einen Kita-Platz
- Rechtsanspruch auf einen beitragsfreien Teilzeitplatz für Drei- und Vierjährige
- Einheitliche Zuständigkeit für alle Bildungs- und Betreuungsangebote 0–5 Jahre unter dem Bildungsministerium (seit 1986), aber unterschiedliche Träger-, Finanzierungs- und Personalbedingungen
- Alterseinheitliche Tageseinrichtungen 0–5 Jahre, aber mit unterschiedlichen Personalanforderungen je nach Einrichtungstyp (Spielzentren, Kindergärten)
- Besuchsquote bei den Unter-Dreijährigen: 38 Prozent (2008)

Australien

- Föderales Staatssystem mit einer Tradition unterschiedlicher Kita-Politik in den neun Bundesstaaten und Territorien
- 2012 wurden zum ersten Mal rechtsverbindliche nationale Rahmenvorgaben zur Qualitätssicherung eingeführt
- Pflichteinschulung mit sechs Jahren
- Parallel organisierter Kita-Sektor: Kinderbetreuung (*childcare* 0–6) und Bildung (*early childhood education* 3–6)
- Vielfältige Trägerstrukturen im Kinderbetreuungssektor: vorwiegend privat-gewerblich, auch privat-gemeinnützig
- Staatliches Bildungsangebot ab drei Jahren (unterschiedliche Bezeichnungen), aber keine einheitlichen Rahmenbedingungen, meist nur halbtags und nur zu Schulzeiten
- Kein grundsätzlicher Rechtsanspruch auf einen Kita-Platz
- Recht auf 15 Stunden/Woche „Bildung" für Fünfjährige wurde 2013 eingeführt
- Vielfalt altersunterschiedlicher Tageseinrichtungen
- Besuchsquote bei den Unter-Dreijährigen: 29 Prozent (2008)

England

- Pflichteinschulung mit fünf Jahren (in der Regel meist mit vier Jahren)
- Einheitliche Zuständigkeit für Kindertagesbetreuung 0–5 Jahre unter dem Bildungsministerium
- Allerdings: unterschiedliche Träger-, Finanzierungs- und Personalbedingungen im „Kinderbetreuungssektor" (vorwiegend privat-gewerbliche, aber auch privat-gemeinnützige Träger) und im „Bildungssektor" (staatliche Träger)
- Eingeschränkter Rechtsanspruch – seit 2010: 15 beitragsfreie Stunden „frühe Bildung" für Drei- und Vierjährige; seit 2012: 15 Stunden für circa 20 Prozent der Zweijährigen in benachteiligten Wohngebieten
- Altersunterschiedliche Tageseinrichtungen
- Besuchsquote bei den Unter-Dreijährigen (UK insgesamt): rund 35 Prozent (2011)

Schottland

- Pflichteinschulung mit fünf Jahren (in der Regel mit vier Jahren)
- Eingeschränkter Rechtsanspruch für Drei- und Vierjährige: rund 12,5 beitragsfreie Stunden/Woche (475 Stunden pro Jahr)
- Getrennte Zuständigkeiten im Kita-Sektor 0–5 Jahre (Bildungsministerium für Drei- bis Fünfjährige, Sozialbehörden für Null- bis Dreijährige) sowie getrennte Aufsichtsbehörden und unterschiedliche Trägerschaften, Finanzierungs- und Personalbedingungen
- Tageseinrichtungen für unterschiedliche Altersgruppen
- Besuchsquote bei den Unter-Dreijährigen (UK insgesamt): rund 35 Prozent (2011)

USA

- Föderales Staatssystem mit unterschiedlicher Kita-Politik in den 50 Bundesstaaten und im *District of Columbia*
- Pflichteinschulung ebenfalls unterschiedlich, in der Regel mit sechs Jahren
- Parallele und komplexe Organisationsstrukturen der Kindertagesbetreuung
- Vorwiegend privat-gewerblich und privat-gemeinnützig für die Altersgruppe 0–4 Jahre
- Auch Head Start (staatlich subventionierte Angebote für einkommensschwache Familien) für die Altersgruppe 2–4 Jahre
- Staatliches Bildungsangebot für Vierjährige *(pre-K)* – aber keine einheitlichen Rahmenbedingungen und relativ niedrige Besuchsquoten (28 Prozent in den Jahren 2010/2011)
- Vorschulklassen *(kindergarten)* für Fünfjährige sind Teil des öffentlichen Bildungssystems (an Schulen)
- Finanzierung, Regelung, Qualitätssicherung – alle Rahmenbedingungen unterscheiden sich nach Trägertypus (privat-gewerblich, privat-gemeinnützig, staatlich)
- Kein grundsätzlicher Rechtsanspruch auf einen Kita-Platz
- Vielfalt von Tageseinrichtungen für unterschiedliche Altersgruppen
- Besuchsquote bei den Unter-Dreijährigen: 31 Prozent (2009)

Quellen: Oberhuemer & Schreyer 2010; OECD 2011a; Moss 2013 (Rechtsanspruch); European Commission 2013 (Besuchsquoten England, Schottland); Dalli & Cherrington, in diesem Band; Dunlop, in diesem Band; Kagan et al., in diesem Band; Tayler & Cohrssen, in diesem Band.

Nicht einheitliche oder unitäre Kita-Systeme sind die Regel, sondern eher fragmentierte und getrennte Zuständigkeiten – auch innerhalb der einzelnen Bundesstaaten der zwei föderalen Länder Australien und den USA. Alle Länder (mit Ausnahme von Neuseeland) unterscheiden noch zwischen „Kinderbetreuung" und „Bildung", auch wenn innerhalb der letzten Dekade Reformschritte in Richtung übergreifender Standards eingeführt wurden. In England wurde zum Beispiel eine Vereinheitlichung des heterogenen frühpädagogischen Sektors für Null- bis Fünfjährige unter einem ministeriellen Dach 2006 rechtsverbindlich. Das Bildungsministerium ist das national verantwortliche Ministerium, aber trotz dieser politischen Entscheidung bleibt das Kita-System nur partiell integriert. Immer noch unterscheiden sich die Träger-, Finanzierungs- und Personalstrukturen in den nicht-staatlichen und staatlichen Teilen des frühpädagogischen Sektors.

In allen fünf Ländern überwiegt der Anteil privat-gewerblicher Betreuungsangebote im Kinderbetreuungssektor (in Neuseeland gilt das für Ganztagseinrichtungen, die Bildung/Betreuung anbieten; Ministry of Education[9]) – ganz anders als in den nordischen Ländern mit ihren durchgehend öffentlich geförderten Tageseinrichtungen. Außerdem hat keines der fünf Länder einen grundsätzlichen Rechtsanspruch auf einen Betreuungsplatz im frühpädagogischen Sektor eingeführt – höchstens einen Anspruch auf eine relativ bescheidene Stundenzahl von staatlich geförderten und beitragsfreien Bildungsaktivitäten. Auch beim Einschulungsalter sind Unterschiede festzustellen: Während in den nordischen Ländern das Alter für die Pflichteinschulung bei sechs oder sieben Jahren liegt, werden Kinder in England offiziell mit fünf Jahren – und in der Regelpraxis mit vier Jahren – eingeschult. Obwohl Kinder in Neuseeland offiziell mit sechs Jahren schulpflichtig sind, ist es zur Regel geworden, dass Kinder am fünften Geburtstag eingeschult werden (Dalli & Cherrington, in diesem Band).

Auch die Kosten für die Kinderbetreuung als Anteil des Netto-Familienkommens (wenn beide Eltern durchschnittlich verdienen) liegen in Neuseeland und den USA und vor allem im Vereinigten Königreich wesentlich über dem OECD-Durchschnitt, während die Kosten für Familien insbesondere in Schweden und Finnland wesentlich darunter liegen (OECD 2010).

Allerdings wird – nicht zuletzt durch den Druck international vergleichender Studien wie PISA oder der jährlich erscheinenden „Bildung auf einen Blick"-Berichte der OECD, aber auch durch die öffentlichkeitswirksame Verbreitung von Forschungsergebnissen über die Langzeitwirkungen frühkindlicher Bildung – mittlerweile in diesen Ländern wesentlich mehr politische Aufmerksamkeit auf das Bildungspotenzial der frühen Jahre gelegt. In Australien zeigt sich dies zum Beispiel durch die Einführung eines national verbindlichen Qualitätsrahmens für alle neun Bundesstaaten im Jahr 2012, in den USA durch die vermehrten Ausgaben einzelner Bundesstaaten für die öffentliche Bildung der Vierjährigen in „Vorkindergärten" *(pre-K)*, die – wie die Kindergärten für Fünfjährige – im öffentlichen Bildungssystem angesiedelt sind (Barnett et al. 2011).

3.3 China, Deutschland, Griechenland, die Niederlande

Vor dem Hintergrund der Organisationsstrukturen frühkindlicher Bildung in den nordischen und englischsprachigen Ländern werden nun Kernmerkmale der Kita-Systeme in China, Deutschland, Griechenland und den Niederlanden skizziert.

Übersicht 3
China, Deutschland, Griechenland, die Niederlande: Kita-Systeme auf einen Blick

China
– Pflichteinschulung mit sechs Jahren
– Getrennt organisierter Kita-Sektor: Bildungsministerium (3–6) und Gesundheitsministerium (0–3) auf nationaler Ebene; parallele Zuständigkeiten bei verschiedenen Behörden auf regionaler Ebene
– Erhebliche regionale Unterschiede in der Versorgung: In ländlichen Gebieten sind einjährige Vorschulklassen an Grundschulen für die Fünf- bis Sechsjährigen üblich, in den Städten Kindergärten für Drei- bis Sechsjährige und Kinderkrippen für Unter-Dreijährige
– Trägerschaft der Kindergärten entweder staatlich (rd. 40 Prozent) oder privat (rd. 60 Prozent)

[9] *http://www.educationscounts.govt.nz/statistics/ece2.*

China

- Kein grundsätzlicher Rechtsanspruch auf einen Kita-Platz
- Besuchsquote bei den Drei- bis Sechsjährigen: rund 70 Prozent (2007); keine zuverlässige Statistik für die Unter-Dreijährigen

Deutschland

- Föderales Staatssystem mit unterschiedlicher Kita-Politik in den Bundesländern, aber auch bundeslandübergreifende Gesetzgebung (KJHG) und ein nicht-verbindliches curriculares Rahmenwerk
- Pflichteinschulung mit sechs Jahren – Tendenz zur graduellen Herabstufung des Einschulungsalters
- Unterschiedliche Organisationsstrukturen der Kindertagesbetreuung: rund zwei Drittel staatlich subventionierte privat-gemeinnützige freie Träger und ein Drittel kommunale Träger
- Bundeslandspezifische rechtsverbindliche Regelungen, Finanzierungsmodelle sowie Anforderungen an die Qualitätssicherung
- Rechtsanspruch auf einen (kostenpflichtigen) Kita-Platz für Drei- bis Sechsjährige, seit August 2013 auch für Ein- und Zweijährige (Kita oder Tagespflege)
- Zunahme beitragsfreier Plätze, insbesondere für Fünfjährige
- Altersübergreifende (0–6 Jahre) und altersgetrennte (0–3, 3–6 Jahre) Tageseinrichtungen
- Zurzeit rasant steigende Besuchsquoten bei den Unter-Dreijährigen in Kitas und öffentlich geförderter Tagespflege: 29,3 Prozent (2013)

Griechenland

- Schuleintrittsalter: sechs Jahre
- Besuchspflichtiges Jahr im Kindergarten *(nipiagogeio)* für Fünfjährige
- Getrennte Zuständigkeiten für Kindertagesstätten (kommunale Behörden) und Kindergärten (Bildungsministerium)
- Kindergärten für Vier- und Fünfjährige vorwiegend in staatlicher Trägerschaft
- Tageseinrichtungen für Unter-Vierjährige in kommunaler und privater Trägerschaft
- Kein Rechtsanspruch auf einen Kita-Platz für Unter-Fünfjährige; Rechtsanspruch und beitragsfreier Kindergartenbesuch für Fünfjährige
- Besuchsquote bei den Unter-Dreijährigen: 19 Prozent (2011, geschätzt)

Niederlande

- Pflichteinschulung mit fünf Jahren
- Integration der (beitragsfreien) Elementarbildung für Vierjährige in die Grundschule (Basisschule)
- Einheitliche Zuständigkeit für Kindertagesbetreuung und frühe Bildung 0–5 Jahre unter dem Bildungsministerium
- Einheitliche Qualitätsstandards für alle Tageseinrichtungen 0–4 und 2–4 (Spielgruppen) im Kinderbetreuungssektor

Niederlande

- Vielfalt altersunterschiedlicher Tageseinrichtungen 0–4 und 2–4 im Kinderbetreuungssektor
- Kein Rechtsanspruch auf einen Kita-Platz für Unter-Vierjährige
- Hohe Besuchsquote bei den Unter-Dreijährigen: 52 Prozent (2011)

Quellen: Zhu 2009; Oberhuemer & Schreyer 2010; European Commission 2013; KomDat 2013; Moss 2013; Vrinioti, in diesem Band; Zhu & Zhang, in diesem Band.

Die Volksrepublik China ist mit einer Population von über 1,3 Milliarden das bevölkerungsreichste Land der Welt (2011, Census[10]). Während im Jahr 2005 noch 57 Prozent der Bevölkerung in ländlichen Gebieten wohnten (Zhao & Hu 2008), lebten 2011 zum ersten Mal in der Geschichte Chinas mehr Personen in den Städten als auf dem Land (2011, Census). Dabei sind die Chancen für Kinder, einen Kindergarten zu besuchen, in den Städten wesentlich höher als in den ländlichen Regionen. Die Entwicklung von verlässlichen Bildungs- und Betreuungsangeboten in diesen Regionen ist derzeit eine große Herausforderung für die Bildungspolitik (Zhao & Hu 2008). Blickt man auf die urbanen Organisationsstrukturen der frühkindlichen Bildung und Betreuung, sind Gemeinsamkeiten eher mit den englischsprachigen Ländern als mit den nordischen Ländern festzustellen. So gibt es auch in China ein getrennt organisiertes Kita-System mit unterschiedlicher ministerieller Zuständigkeit für die Tageseinrichtungen für Unter-Dreijährige und für Drei- bis Sechsjährige; es besteht kein Rechtsanspruch auf einen Kita-Platz – auch nicht auf eine bestimmte Stundenanzahl. Nicht nur im Kinderbetreuungssektor, sondern auch im Bildungssektor ist weit über die Hälfte (60 Prozent) der Kindergärten in privater Trägerschaft (Zhu 2009). Im Beitrag von Zhu und Zhang (in diesem Band) wird nicht über die Kinderkrippen berichtet; die Kindergärten sind aber mit einer Zuteilung von 1,3 Prozent des Gesamtbudgets für Bildung nach Meinung der Autoren chronisch unterfinanziert – nicht zuletzt bezüglich der Personalausgaben.

In Deutschland ist, trotz der föderalen Strukturen und der Regelungsvielfalt in den einzelnen Bundesländern, das übergreifende System der Tageseinrichtungen für Null- bis Sechsjährige unter dem Rahmen einer Bundesgesetzgebung integriert – nicht jedoch im Bildungssektor, sondern im Kinder- und Jugendhilfesektor. In den 16 Bundesländern sind die jeweiligen Obersten Landesjugendbehörden in der Regel die Sozialministerien, in manchen Regionen aber auch die Bildungsministerien. Im Prinzip sind jedoch die Gemeinsamkeiten zwischen Deutschland und den nordischen Ländern wesentlich ausgeprägter als vielleicht auf den ersten Blick vermutet. Auch in Deutschland gibt es einen Rechtsanspruch auf einen Kita-Platz – seit August 2013 nicht nur für drei-, vier- und fünfjährige Kinder, sondern auch für Ein- und Zweijährige. Auch in Deutschland ist in einigen Bundesländern der Besuch einer Tageseinrichtung im Jahr vor der Einschulung beitragsfrei – wie in den Vorschulklassen in Finnland und Schweden; in einem Bundesland (Rheinland-Pfalz) gilt die Beitragsfreiheit sogar für Kinder ab zwei Jahre.

Im Unterschied zu Deutschland ist das Kita-System in Griechenland in zwei Teilsektoren organisiert. Zum Bildungssektor gehören die Kindergärten für Vier- und Fünfjährige, zum Kinderbetreuungssektor die Tagesstätten außerhalb des Bildungssystems. Mit einer Besuchspflicht für Fünfjährige unterscheidet sich Griechenland von allen Ländern, die hier vorgestellt werden. Allerdings ist die Einführung einer ein- oder zweijährigen Kindergartenpflicht in Ländern, die bisher relativ niedrige Besuchsquoten bei den Drei- bis Sechsjährigen hatten (wie auch der Fall in Griechenland), als Trend zu beobachten (Oberhuemer & Schreyer 2010). Im Unterschied zu den nordischen Ländern und Deutschland beginnt der Rechtsanspruch auf

---

[10] *http://www.chinatoday.com/data/china_population_6th_census.htm.*

einen Kita-Platz erst mit fünf Jahren. Die Niederlande gehören zu den Ländern mit einem klassisch getrennt organisierten System für die nicht-schulpflichtigen Kinder. Ohne Besuchspflicht können Vierjährige die Basisschule für vier- bis zwölfjährige Kinder kostenfrei besuchen; für Kinder unter vier Jahren gibt es eine Vielzahl unterschiedlicher Betreuungsangebote und Einrichtungsträger außerhalb des staatlichen Bildungssystems. Auch sonst bestehen eher Gemeinsamkeiten mit den englischsprachigen als mit den nordischen Ländern. So haben zum Beispiel Kinder bis zum vierten Lebensjahr keinen Rechtsanspruch auf einen Kita-Platz. Der Rechtsanspruch für Vierjährige ist auf 22 Stunden/Woche in den Schulzeiten beschränkt. Wie in England und Neuseeland werden Kinder mit fünf Jahren in die Pflichtschule aufgenommen – das ist in keinem der nordischen Länder der Fall. Relativ neu (seit 2007) ist die übergreifende Verantwortung des Bildungsministeriums für alle Bildungs- und Betreuungsangebote vor der Pflichteinschulung (außer der Spielgruppen). Vor 2007 lag die Zuständigkeit für Angebote für die Unter-Vierjährigen beim Gesundheits- oder Sozialministerium (Oberhuemer & Schreyer 2010).

Trotz der hier dargestellten Heterogenität der frühkindlichen Bildungssysteme in den zwölf Ländern, werden doch bestimmte Muster von Gemeinsamkeiten und Unterschieden sichtbar. Während die nordischen Länder durchgehend stabile Kita-Systeme mit transparenten Organisationsstrukturen, gut ausgestatteten Tageseinrichtungen in vorwiegend öffentlicher Trägerschaft, garantiertem Zugangsrecht für alle Kinder und zunehmender Kostenübernahme für den Kita-Besuch vorweisen, sieht die Situation in den englischsprachigen Ländern, China, Griechenland und den Niederlanden deutlich anders aus – auch wenn wichtige Reformschritte in den letzten Jahren eingeleitet wurden. Mit dem schon bereits länger etablierten Rechtsanspruch auf einen Kita-Platz für Drei- bis Sechsjährige und die Erweiterung auf Ein- und Zweijährige sowie der seit 2007 zunehmenden Beitragsfreiheit für den Kindergartenbesuch kann Deutschland langsam mit den nordischen Ländern konkurrieren und im Prinzip ein System der frühen Bildung vorweisen, das für alle Kinder grundsätzlich offen ist. Allerdings variieren die konkreten Bedingungen erheblich – je nachdem, in welcher Region die Kinder leben.

4. Frühpädagogische Ausbildungsprofile in zwölf Ländern: Konzeptionelle und strukturelle Gemeinsamkeiten und Unterschiede

Vor dem Hintergrund der dargestellten frühkindlichen Bildungssysteme wird nun in der gleichen Reihenfolge der Länder der Blick auf die Ausbildungsprofile der Kernfachkräfte sowie die jeweilige Personalzusammensetzung in den frühpädagogischen Tageseinrichtungen gerichtet. Dabei wird deutlich, wie sehr die Ausbildungssysteme mit den Organisationsstrukturen im frühpädagogischen Sektor insgesamt zusammenhängen.

4.1 Finnland, Schweden, Island

Übersicht 4
Finnland, Schweden, Island: Personalstrukturen und Ausbildungen auf einen Blick

Finnland

- Einheitliche Personalstrukturen innerhalb des frühpädagogischen Sektors für Null- bis Siebenjährige
- Kernfachkraft *(lastentarhanopettaja)* mit frühpädagogischer Hochschulausbildung
- Kernfachkräfte mit sozialpädagogischer Hochschulausbildung *(sosionomi AMK)* auch zugelassen
- Ergänzungskräfte mit post-sekundärem Abschluss/Sozial- und Gesundheitspflege *(lastenhoitaja)* oder zertifiziertem Abschluss als Spielgruppenleitung *(lastenohjaaja)*

Frühpädagogische Kernfachkraft

- Ausbildungsabschluss: Bachelor/Frühpädagogik
- Altersfokus der Ausbildung: ein- bis sechsjährige Kinder
- Ausbildungsdauer (Vollzeit): drei Jahre

Anteil des Personals im Kita-Sektor mit Hochschulabschluss (2013): 28 Prozent

Schweden

- Einheitliche Personalanforderungen innerhalb des frühpädagogischen Sektors für Null- bis Siebenjährige
- Kernfachkraft *(förskollärare)* mit frühpädagogischer Hochschulausbildung
- Ergänzungskraft *(barnskötare)* mit Abschluss der berufsbildenden Sekundarstufe

Frühpädagogische Kernfachkraft

- Ausbildungsabschluss: Bachelor/Frühpädagogik
- Altersfokus der Ausbildung seit 2011: ein- bis sechsjährige Kinder
- Altersfokus 2001 bis 2011: ein- bis acht- bzw. zehnjährige Kinder
- Ausbildungsdauer (Vollzeit): dreieinhalb Jahre

Anteil des Personals im Kita-Sektor mit Hochschulabschluss (2013): rund 54 Prozent

Island

- Einheitliche Personalstrukturen innerhalb des frühpädagogischen Sektors für Null- bis Sechsjährige
- Kernfachkraft *(leikskólaskorar)* mit frühpädagogischer Hochschulausbildung
- Ergänzungskraft *(leiõbeinendur)* mit diversen Abschlüssen – die Mehrzahl ist aber nicht qualifiziert

Frühpädagogische Kernfachkraft

- Ausbildungsabschluss (rechtswirksam seit 2011): Master/Frühpädagogik
- Altersfokus der Ausbildung: null bis sechs Jahre
- Ausbildungsdauer (Vollzeit) seit 2011: fünf Jahre (1973 bis 2008: drei Jahre)

Anteil des Personals im Kita-Sektor mit frühpädagogischem Hochschulabschluss (2012): 33 Prozent

Quellen: Oberhuemer & Schreyer 2010; Einarsdóttir, persönliche Mitteilung (15.04.2012); Einarsdóttir, in diesem Band; Karila, in diesem Band; Karlsson Lohmander, in diesem Band.

In den drei nordischen Ländern sind die frühpädagogischen Kernfachkräfte speziell für die Arbeit mit Kindern bis zur Einschulung ausgebildet. Das unterscheidet sie von den anderen, in diesem Buch vorgestellten Ländern. In Schweden stellt sich seit 2011 diese Spezialisierung als eine Rückkehr zum frühpädagogischen Ausbildungsprofil dar, wie es bis 2001 üblich war. (Zwischen 2001 und 2011 zielte die Ausbildung auch auf die Arbeit in den ersten Grundschuljahren.) Allerdings gibt es unter den nordischen Ländern Unterschiede bezüglich des *Ausbildungsniveaus* und der *Ausbildungsdauer*. Während in Finnland und Schweden die erforderliche Qualifikation für den Einstieg in den Beruf ein dreijähriger bzw. dreieinhalbjähriger Studiengang mit Bachelor-Abschluss ist, wurde 2008 in Island ein fünfjähriges Studium mit Master-Abschluss als Voraussetzung für die Arbeit als frühpädagogische Kernfachkraft gesetzlich festgelegt; diese Regelung ist seit 2011 rechtswirksam (Einarsdóttir, in diesem Band).

Auch die *Personalstrukturen* unterscheiden sich: Während in Finnland mindestens jede dritte Fachkraft einen Bachelor-Abschluss haben muss, ist dies nicht zwingend ein Universitätsabschluss mit dem Schwerpunkt Frühpädagogik *(lastentarhanopettaja),* sondern kann auch der Abschluss einer berufsqualifizierenden Hochschule mit einem wesentlich breiteren sozialpädagogischen Schwerpunkt *(sosionomi/AMK)* sein. Aufgrund von personellen Engpässen in bestimmten Kommunen werden zunehmend letztere als Kernfachkräfte eingestellt (Onnismaa in: Oberhuemer & Schreyer 2010, S. 112). Karila (in diesem Band) berichtet von einem Rückgang in den letzten Jahren von fast zehn Prozent der frühpädagogisch ausgebildeten Fachkräfte am gesamten Personalbestand. Die früh- oder sozialpädagogisch ausgebildeten Fachkräfte arbeiten mit qualifizierten (Kinder-)Krankenschwestern oder Kindergartenassistentinnen zusammen.

Nur etwa 28 Prozent des Fachpersonals in finnischen Tageseinrichtungen haben einen Hochschulabschluss, aber alle Beschäftigten verfügen über eine fachliche Ausbildung. In Island ist der *Anteil der Hochschulausgebildeten* am Personalbestand zwar etwas höher, aber im Gegensatz zu Finnland hat das sonstige Personal keine fachrelevante Ausbildung und ist mehrheitlich nicht qualifiziert (Einarsdóttir, persönliche Mitteilung am 15.04.2012). So ist der Unterschied im Ausbildungsniveau innerhalb der Einrichtungen beträchtlich. In Schweden dagegen machten im Jahr 2013 Fachkräfte mit Hochschulausbildung etwa 54 Prozent des gesamten Personalbestandes aus und werden von vollqualifizierten Ergänzungskräften unterstützt. Der Anteil von nichtqualifiziertem Personal ist sehr gering, im Jahr 2010 betrug er rund fünf Prozent.

Unterschiedlich geregelt werden auch die *Praktika*. So sind Praktika in Island in ausgewiesene Fächerschwerpunkte integriert, während sie in Finnland und Schweden einen eigenständigen Teil der Ausbildung ausmachen. In Finnland werden die Praktika mit 15 Credit Points, in Schweden mit 30 Credit Points bewertet.

In Schweden sind für die Arbeit in allen Bildungsinstitutionen eine wissenschaftlich-kritische, eine historisch-bewusste und eine international-orientierte Perspektive als übergreifende *Ausbildungsprinzipien* festgelegt, sowie die Nutzung von Informations- und Kommunikationstechnologien als Bildungsressource (Karlsson Lohmander, in diesem Band). In Island werden – auch für alle Bildungseinrichtungen – nachhaltige Entwicklung, Gesundheit und Wohlbefinden, Demokratie und Menschenrechte, Gerechtigkeit, Literacy und Kreativität als grundlegende Leitsätze hervorgehoben (Einarsdóttir, in diesem Band). In Finnland (Universität Tampere) stehen dagegen speziell für die frühpädagogischen Tageseinrichtungen vier übergreifende Kompetenzbereiche im Vordergrund: kontextuelle, frühpädagogische, interpersonelle und weiterbildende (reflexionsorientierte) Kompetenzen (Karila, in diesem Band).

Blickt man auf die *inhaltliche Orientierung* der frühpädagogischen Ausbildungscurricula in den drei Ländern, wie sie in den Expertenberichten dargestellt werden, kann man folgende Gemeinsamkeiten feststellen:

- Der fachtheoretische und fachdidaktische Fokus liegt auf Erziehungswissenschaft (Pädagogik, Bildung, Erziehung).
- Bildungstheoretische Ansätze sind vorwiegend durch sozial-konstruktivistische, sozio-kulturelle sowie post-strukturelle Perspektiven auf Kindheit, Lernen und Entwicklung beeinflusst.
- Die nationalen Bildungspläne sind integraler Bestandteil der Curricula.
- Forschungstheoretische und -methodologische Ansätze sind Teil der Ausbildung, in Finnland zum Beispiel machen sie zehn bis zwölf Prozent des Bachelorstudiums aus.

Außerdem:

- Die Ausbildungsprofile sind eng mit dem künftigen Berufsfeld verbunden.
- Die Hochschullehrkräfte sind in der Regel frühpädagogische Fachkräfte, die weiterstudiert haben, d.h. sie haben solide Kenntnisse des Praxisfeldes.

Soweit bereits feststellbar, bringt in Island die neue Integration der frühpädagogischen Ausbildung in die allgemeine Lehrerausbildung nach Einschätzung von Einarsdóttir (in diesem Band) vorwiegend Vorteile, vor allem durch den verstärkten Fokus auf frühpädagogische Forschung und eine zu erwartende Erhöhung des gesellschaftlichen Status der Fachkräfte.

4.2 Aotearoa Neuseeland, Australien, England, Schottland, USA

Die folgende Übersicht über die Personalstrukturen und frühpädagogischen Ausbildungen in den hier vertretenen englischsprachigen Ländern macht deutlich, wie grundlegend sie sich von der nordischen Personal- und Ausbildungslandschaft unterscheiden.

Übersicht 5
Aotearoa Neuseeland, Australien, England, Schottland, USA: Personalstrukturen und Ausbildungen auf einen Blick

Aotearoa Neuseeland

- Qualifikationsanforderungen für die Arbeit in diversen Kindertagesstätten für Null- bis Sechsjährige einheitlich auf tertiärem Niveau, aber mit unterschiedlichen Abschlüssen
- Niedrigere formale Qualifikationsanforderungen für die Arbeit in Eltern- und Maori-Initiativen *(playcentres/ngā kōhanga reo),* unter anderem wegen der Mitwirkung von Familienmitgliedern

Kernfachkraft Kindertagesstätten (frühpädagogische Fachkraft)

- Altersfokus der Ausbildung: 0 bis 6 Jahre oder 0 bis 8 Jahre
- Ausbildungsdauer: drei Jahre (Diploma) bzw. drei oder vier Jahre (Bachelor) bzw. ein Jahr (postgraduale Lehrqualifikation)

Aotearoa Neuseeland

- Abschlüsse (alle mit frühpädagogischer Spezialisierung): Bachelor bzw. *Graduate Diploma of Teaching* bzw. *Diploma of Teaching*, jeweils mit Mentoring-Begleitprogramm bis zur offiziellen Anerkennung als frühpädagogische Fachkraft
- Ausbildungsinstitutionen: sieben Universitäten, sieben Fachhochschulen, fünf private Hochschulen, zwei Wānanga (Maori tertiäre Ausbildungsstätten)

Kernfachkraft Elterninitiativen (playcentres/ngā kōhanga reo – Maori-Tagesstätten)

- Keine zuverlässige Statistik über die Qualifikationen, viel freiwilliges Personal

Anteil des Personals im Kita-Sektor mit tertiärem *Diploma*-Abschluss oder höher: 69,1 Prozent (2011)

Australien

- Höchst unterschiedliche Qualifikationsanforderungen innerhalb des frühpädagogischen Sektors für Null- bis Unter-Sechsjährige
- Kernfachkraft in öffentlichen Bildungseinrichtungen für Drei- bis Unter-Sechsjährige in der Regel mit Hochschulausbildung; 2012 wurde der Bachelorabschluss als bindende Qualifikationsvoraussetzung festgelegt
- Kernfachkraft im Kinderbetreuungssektor: unterschiedliche berufsbildende Qualifikationsabschlüsse, in der Regel auf post-sekundärem Niveau

Kernfachkraft Bildungssektor

- Altersfokus der Ausbildung unterschiedlich: 0 bis 8 Jahre, 0 bis 12 Jahre, 3 bis 8 Jahre, 3 bis 12 Jahre
- Ausbildungsdauer (Vollzeit): drei Jahre (als anerkannte Lehrkraft vier Jahre) oder ein bzw. zwei Jahre postgradual

Kernfachkraft Kinderbetreuungssektor

- Altersfokus der Ausbildung: 0 bis 12 Jahre
- Ausbildungsdauer variiert nach Abschluss, insgesamt aber sehr kurz (z. B. *Certificate III in Children's Services* = 1 bis 2 Tage/Woche über 20 Wochen oder *Diploma in Children's Services* = 22 Stunden/ Woche über ein Jahr)

Anteil des Personals im Kita-Sektor mit Bachelorabschluss (2010): 15 Prozent

England

- Sehr unterschiedliche Qualifikationsanforderungen innerhalb des Kita-Sektors für Null- bis Unter-Fünfjährige
- Kernfachkraft im Bildungssektor mit Hochschulausbildung
- Kernfachkraft im Kinderbetreuungssektor: sehr unterschiedliche Qualifikationsabschlüsse, in der Regel auf Stufe 3 des Nationalen Qualifikationsrahmens (NQR)

Kernfachkraft Bildungssektor

- Altersfokus der Ausbildung: 3 bis 8 Jahre, in der Regel 3 bis 11 Jahre
- Ausbildungsdauer (Vollzeit): drei oder vier Jahre oder ein Jahr postgradual
- Abschluss: *Teacher* mit *Qualified Teacher Status* (Stufe 6 NQR)

England

Kernfachkraft Kinderbetreuungssektor (Beispiele)

- *Early Years Professional* (Stufe 6 NQR – Hochschulniveau) *oder*
- *Senior Early Years Practitioner* (Stufe 4 NQR) *oder*
- *Early Years Practitioner/Childcare Worker* (Stufe 3 NQR) *oder*
- *Assistant Childcare Worker* (Stufe 2 NQR)
- Im Jahr 2014 wurden zwei neue Qualifikationen eingeführt: *Early Years Teacher* (Stufe 6 NQR – aber ohne *Qualified Teacher Status* wie im Bildungssystem) und *Early Years Educator* (Stufe 3 NQR)

Anteil des Personals im Kita-Sektor mit Bachelorabschluss oder höher (2011): 15 Prozent

Schottland

- Sehr unterschiedliche Qualifikationsanforderungen innerhalb des Kita-Sektors für Null- bis Unter-Fünfjährige
- Vielfältige berufsbegleitende Qualifizierungswege auch auf Hochschulniveau – mit zunehmender Tendenz zur Integration verschiedener Traditionen (Bildung/Kinderbetreuung)

Kernfachkraft Bildungssektor

- Altersfokus der grundständigen Ausbildung: 3 bis 12 Jahre
- Ausbildungsdauer (Vollzeit): vier Jahre oder ein Jahr postgradual
- Beruf: *Registered Teacher* (Stufe 10 SCQF, vergleichbar mit Stufe 6 EQF[8])

Kernfachkraft Kinderbetreuungssektor

- Leitungskraft *(lead practitioner)* – Stufe 8 SCQF, Stufe 5 EQF)
- Fachkraft *(practitioner)* (Stufe 7 SCQF/Stufe 5 EQF) – on-the-job training oder ein Jahr Vollzeit
- Hilfskraft *(support worker)* – keine Qualifikationsvoraussetzung

Personal im Kita-System mit Bachelorabschluss oder höher: eine Voraussetzung für das Gruppen- und Leitungspersonal im Bildungssektor

USA

- Höchst unterschiedliche Qualifikationsniveaus innerhalb des Kita-Sektors für Null- bis Unter-Sechsjährige

Kernfachkräfte in öffentlichen Bildungseinrichtungen für Vier- und Fünfjährige

- In der Regel Hochschulausbildung

Kernfachkräfte in Head Start-/Early Head Start-Einrichtungen

- Ab 2013 zweijähriger Hochschulabschluss (College) für alle vorgesehen, ein Bachelor-Abschluss für 50 Prozent

---

[11] *Europäischer Qualifikationsrahmen.*

USA

Kernfachkräfte im Kinderbetreuungssektor

- Keine bindenden Qualifikationsanforderungen, sehr unterschiedliche Qualifikationsabschlüsse (oder keine)

Anteil des Personals im Kita-Sektor mit Bachelorabschluss: wesentlich höher in Bildungssektor-Einrichtungen *(pre-K, Kindergarten)* als in den Head Start-Einrichtungen oder im sonstigen Kinderbetreuungssektor

Quellen: Oberhuemer & Schreyer 2010; Brind et al. 2012; Collette Tayler, persönliche Mitteilung (05.07.2012); Dalli, in diesem Band; Dunlop, in diesem Band; Kagan et al., in diesem Band; Tayler & Cohrssen, in diesem Band.

Im Vergleich zu den nordischen Ländern ist in den englischsprachigen Ländern die Fülle und Vielfalt der Personalqualifikationen im frühpädagogischen Arbeitsfeld eher unübersichtlich. So zeigte zum Beispiel der Zwischenbericht des Nutbrown Reviews (2012), dass es zurzeit in England nicht weniger als 445 Qualifikationen und Abschlüsse für die Arbeit mit jungen Kindern gibt. Davon werden 233 als „vollrelevant" und 212 als „partiell relevant" eingeschätzt. Diese Unübersichtlichkeit stellt sich möglicherweise noch komplexer in Australien und den USA dar, wo bisher die Regelungen, Vorgaben und Voraussetzungen im Kinderbetreuungssektor auch von Bundesstaat zu Bundesstaat unterschiedlich waren (dies änderte sich 2012 in Australien). Eine derartige Vielfalt erlaubt keinen Vergleich im Detail. Trotzdem werden einige verbindende Gemeinsamkeiten zwischen den fünf hier dargestellten Ländern im Folgenden sichtbar.

Ein gemeinsames Merkmal liegt in der deutlichen Schere zwischen den Personalanforderungen für die Arbeit im „Bildungssektor" und im „Kinderbetreuungssektor". Wie bereits in den OECD-Studien (2001, 2006) für die damals untersuchten Länder festgestellt und in der SEEPRO-Studie für 27 EU-Länder (2010) bestätigt, gelten in den Ländern mit getrennt organisierten Kita-Systemen unterschiedliche Qualitätsstandards in den beiden Sektoren. Dabei sind die Qualifikationsanforderungen für die Arbeit mit Unter-Dreijährigen oder in privaten Tageseinrichtungen durchgehend auf einem formal niedrigeren Niveau angesiedelt. Demnach ist – verglichen mit den nordischen Ländern – der Anteil der akademisch ausgebildeten Fachkräfte am gesamten frühpädagogischen Personalbestand relativ niedrig. In England zum Beispiel hatten im Jahr 2011 nur rund 15 Prozent einen Abschluss als qualifizierte Lehrkraft bzw. einen Bachelor-Abschluss oder höher (Brind et al. 2012); auch in Australien liegt der Anteil bei nur 15 Prozent (2010). In den USA variiert dieser Anteil je nach Einrichtungstyp: Der Anteil ist wesentlich höher in den staatlichen Vorschuleinrichtungen *(pre-kindergarten)*, die in den Jahren 2010 bis 2011 von nur 28 Prozent der Vierjährigen besucht wurden (Barnett et al. 2011), als in den Head Start-Einrichtungen für Kinder aus einkommensschwachen Familien. Allerdings werden die erheblichen Unterschiede zwischen den Bundesstaaten und einzelnen *pre-K programs* durch statistische Durchschnittszahlen verdeckt. So stellten zum Beispiel Barnett und Kollegen (2010) fest, dass in Florida nur 24 Prozent des Personals einen Bachelor-Abschluss oder höher hatten, während es in Delaware 53 Prozent und in Illinois rund 100 Prozent waren.

Die Ausbildungen der in öffentlichen Bildungseinrichtungen angestellten Kernfachkräfte, die mit Kindern ab drei oder vier Jahren bis zur Einschulung arbeiten, sind in der Regel Teil der Lehrerausbildung, wobei in den USA die bundesstaatsspezifischen Standards nach den bereits erwähnten Studien von Barnett und Kollegen am *National Institute for Early Education Research* nicht durchgehend eingehalten werden. In manchen Fällen (z. B. in Neuseeland) gibt es eine Lehrerausbildung mit frühkindlicher Spezialisierung – viel öfter werden aber die angehenden frühpädagogischen Fachkräfte mit Primarschullehrkräften zusammen ausgebildet. Dies kann dazu führen, dass die Frühpädagogik im Rahmen der Ausbildung vernachlässigt wird, wie im Expertenbericht über England angedeutet (Miller & Cameron, in diesem Band).

Bei der Einführung neuer nationaler Rahmencurricula werden die Ausbildungscurricula für die Lehrberufe dahingehend angepasst. In England begann dies bereits 1988 mit der Einführung eines Nationalen Schulcurriculums; erst 30 Jahre später (2008) wurde ein Curriculum für den frühpädagogischen Sektor (0–5 Jahre) eingeführt. Während früher die Hochschulen weitgehend Selbstständigkeit in curricularen Fragen hatten, stehen sie heute zunehmend unter Druck, spezifische offizielle Richtlinien und Standards einzuhalten, die aus der Sicht von frühpädagogischen Experten eine Verengung des Ausbildungscurriculums nach sich ziehen (Miller & Cameron, in diesem Band). In der schottischen Expertise (Dunlop, in diesem Band) wird in ähnlicher Weise berichtet, dass die grundständigen Bachelor-Studiengänge von nationalen Ausbildungs- und Praxisstandards stark geprägt sind. Dies führt nicht selten zu einem relativ inflexiblen Programmkonzept, das Studierenden kaum Mitwirkungsmöglichkeiten bietet. Dagegen sind die Master-Studiengänge in Schottland viel mehr auf Ko-Konstruktion aufgebaut und nicht so stark in einen eher verengenden Rahmen eingebunden.

In Neuseeland gilt seit 2012, dass alle Ausbildungsinstitutionen für Lehrkräfte (von der frühkindlichen Bildung bis zur Sekundarstufe) sowohl bestimmte formale als auch inhaltliche Voraussetzungen erfüllen, also auch sieben allgemeine professionelle Standards, jeweils mit spezifizierten Kompetenzen (29 insgesamt), für die Lehrprofession anstreben, die vom neuseeländischen Lehrerrat *(New Zealand Teachers Council)* festgelegt werden (Dalli & Cherrington, in diesem Band).

In den USA werden die von der einflussreichen *National Association for the Education of Young Children* (NAEYC) erstellten Standards (zuletzt im Jahr 2009) als nichtverbindliche Empfehlungen für alle Ausbildungsabschlüsse in den frühpädagogischen Lehrberufen gesehen. Es gibt aber in den USA kein nationales Curriculum, und dies wird als Nachtteil sowohl für die Fachkräfte als auch für die Ausbildungsinstitutionen bewertet (Kagan et al., in diesem Band).

Weniger klar ausgeprägt als in den nordischen Ländern sind die grundlegenden theoretischen Ansätze in den Lehrerausbildungen. Im australischen Expertenbericht kommt deutlich zum Ausdruck, dass es keine dominante theoretische Perspektive in den universitären Studiengängen gibt, die man als „die australische Philosophie" bezeichnen könnte (Tayler & Cohrssen, in diesem Band). Obwohl es seit 2011 offizielle Vorgaben gibt, werden diese Standards unterschiedlich interpretiert – je nach der bestehenden Forschungstradition an den einzelnen Hochschulen.

Auch in Neuseeland gibt es – trotz verbindlicher Akkreditierungskriterien – kein Standardcurriculum für die Fachkräfteausbildung auf Bachelor-Niveau. An der Victoria University in Wellington werden vier Bereiche hervorgehoben: Wissen über den sozialpolitischen und historischen Kontext frühkindlicher Bildung (mit Bezug z. B. auf Bronfenbrenner), allgemeines pädagogisches Wissen (mit Bezug z. B. auf Carr, Eisner, MacNaughton & Williams, Siraj-Blatchford), pädagogisch-inhaltliches Wissen über das soziokulturell orientierte Bildungsprogramm Te Whāriki sowie Wissen über Curriculum und Lernen (mit Bezug z. B. auf Fleer, Jordan, Wood & Attfield).

In den USA werden die bildungstheoretischen Grundlagen von Vygotsky und der damit zusammenhängende sozial-konstruktivistische Ansatz als die rahmengebende Philosophie sowohl für die Praxis als auch für die Ausbildung eingeschätzt (Kagan et al., in diesem Band). Intentionalität und Flexibilität werden dabei als wichtige professionelle Kompetenzen gesehen.

Auch die bildungstheoretischen Grundlagen in Schottland – zumindest bei den Master-Studiengängen – orientieren sich an Vygotsky und auch Bruner. Scaffolding ist dabei ein Kernbegriff – nicht nur als didaktisches Prinzip in der Praxis, sondern auch in der Ausbildung. Ausgehend von dem jeweiligen Wissens- und Erfahrungshintergrund der Studierenden (die in der Regel berufserfahren sind) wird das Ausbildungscurriculum gemeinsam von den Lehrkräften und Studierenden konstruiert (Dunlop, in diesem Band).

Auch wenn die Qualifizierungslandschaft in den englischsprachigen Ländern noch nicht optimiert wurde, wurden doch in allen fünf Ländern eindrucksvolle Reforminitiativen in den unmittelbar zurückliegenden Jahren eingeleitet. Zwei Beispiele: In England wurde – um den Anteil der hochschulausgebildeten Fachkräfte zu erhöhen – im Jahr 2006 eine neue professionelle Bezeichnung eingeführt: *Early Years Professional Status*. Orientiert an acht, seit September 2012 geltenden, Qualitätsstandards (Teaching Agency 2012) werden diejenigen, die bereits ein zwei-, drei- oder vierjähriges Universitätsstudium absolviert haben, auf vier unterschiedlichen Wegen (je nach Ausgangsqualifikation) primär auf eine leitende Rolle in den privat-gemeinnützigen und privat-gewerblichen Tageseinrichtungen vorbereitet. Die Qualifizierungskurse beziehen sich auf die gesamte frühkindliche Zeit (0–5 Jahre) und nicht – wie die frühpädagogische Lehrerausbildung – erst auf Kinder ab dem dritten Lebensjahr. Ab 2014 wird diese Qualifikation durch den Abschluss *Early Years Teacher* ersetzt.

Ein weiteres Beispiel bietet Australien: Das Jahr 2012 wird hier wohl als entscheidendes Wendejahr in die frühpädagogische Geschichte eingehen (siehe Tayler & Cohrssen, in diesem Band). Seit diesem Jahr wird nämlich in allen Bundesstaaten zur Bedingung gemacht, dass mindestens eine Fachkraft mit akademischem Abschluss in jeder Tageseinrichtung eingestellt wird; auch gilt erstmalig der Bachelor-Abschluss als Voraussetzung für die Aufnahme einer Stelle in den öffentlichen Bildungseinrichtungen für Drei- bis Fünfjährige. Darüber hinaus müssen seit 2012 die Ausbildungscurricula von allen Institutionen, die eine frühpädagogische Qualifikation anbieten, von einer neuen, landesweiten Qualitätsbehörde *(Australian Children's Education and Care Quality Authority)* akkreditiert werden.

4.3 China, Deutschland, Griechenland, die Niederlande

Vor dem Hintergrund der Personalstrukturen und Ausbildungen für frühpädagogische Fachkräfte in den nordischen und englischsprachigen Ländern werden nun die Merkmale in China, Deutschland, Griechenland und den Niederlanden im Überblick dargestellt.

Übersicht 6
China, Deutschland, Griechenland, Niederlande: Personalstrukturen und Ausbildungen auf einen Blick

China
– Sehr unterschiedliche Qualifikationsniveaus innerhalb des Kita-Sektors für Null- bis Sechsjährige
– Fast die Hälfte des Kindergarten-Personals hat keine professionelle Ausbildung
Kernfachkräfte in Kindergärten (vorschulpädagogische Fachkraft)
– Bei den qualifizierten Fachkräften überwiegen berufsbildende Sekundarabschlüsse
– Auch vierjährige Ausbildung mit Bachelor-Abschluss möglich
Der Anteil des Personals mit einer mindestens dreijährigen College-Ausbildung nimmt zu.
Anteil des Personals im Kita-Sektor mit Bachelorabschluss oder höher (2009): rund 10 Prozent

Deutschland

- Grundsätzlich einheitliche Qualifikationsanforderungen im Kita-Sektor für Null- bis Unter-Sechsjährige
- Kernfachkraft *(Erzieherin)* mit tertiär eingestufter, aber keiner Hochschulausbildung
- Ergänzungskräfte mit einer meist zweijährigen Ausbildung der berufsbildenden Sekundarstufe

Sozial- und kindheitspädagogische Kernfachkraft

- Altersfokus der Ausbildung: in der Regel 0 bis 12 oder 14 Jahre – im Einzelfall bis 27 Jahre
- Ausbildungsdauer in der Regel: drei Jahre (nach einer zweijährigen beruflichen Vorbildung) an einer Fachschule/Fachakademie – zwei Jahre theoretische Grundausbildung und ein Jahr begleitetes Berufspraktikum
- Rasant wachsende Zahl von Studiengängen mit dem Fokus Früh- oder Kindheitspädagogik (0–6 oder 0–12 Jahre) mit Bachelor-Abschluss, aber bisher keine bindende Qualifikationsvoraussetzung für die Kita-Arbeit

Anteil des Personals in Kindertageseinrichtungen mit Hochschulabschluss: 4,7 Prozent (Westdeutschland); 5,3 Prozent (Ostdeutschland) (2013)

Griechenland

- Unterschiedliche Qualifikationsanforderungen innerhalb des Kita-Sektors für Null- bis Sechsjährige
- Kernfachkraft im Bildungssektor: Vorschullehrkraft mit Universitätsabschluss
- Kernfachkraft im Kinderbetreuungssektor: Frühpädagogische Fachkraft mit Fachhochschulabschluss

Kernfachkraft im Kindergarten (nipiagogos)

- Ausbildungsabschluss: Universitätsdiplom/Vorschulpädagogik[9]
- Altersfokus der Ausbildung: 4 bis 6 Jahre
- Ausbildungsdauer: vier Jahre

Kernfachkraft in Kindertagesstätten (vrefonipiagogos/vrefonipiokomos)

- Ausbildungsabschluss: Fachhochschuldiplom/Frühpädagogik
- Altersfokus der Ausbildung: 0 bis 3 Jahre
- Ausbildungsdauer: vier Jahre

Anteil des Personals im frühpädagogischen Sektor mit Hochschulabschluss: keine Daten verfügbar

[12] *Die Bologna-Vorgaben wurden in Griechenland nicht implementiert, folglich gibt es keine Bachelor-Abschlüsse.*

Niederlande

- Unterschiedliche Qualifikationsanforderungen innerhalb des nichtpflichtigen Kita-Sektors für Null- bis Unter-Fünfjährige
- Kernfachkraft für Vierjährige in Basisschulen *(leraar basisonderwijs)* mit Hochschulausbildung
- Kernfachkräfte im Kinderbetreuungssektor (Kitas 0–4, Spielgruppen 2–4) mit unterschiedlichen Qualifikationen, in der Regel nicht auf Hochschulniveau

Kernfachkraft in der Basisschule (Vor- und grundschulpädagogische Fachkraft)

- Ausbildungsabschluss: Bachelor/Erziehungswissenschaft
- Altersfokus der Ausbildung: 4 bis 12 Jahre (mit Spezialisierung auf 4 bis 8 Jahre)
- Ausbildungsdauer: vier Jahre Pädagogische Hochschule, seit 2008 auch vier Jahre Universität möglich

Kernfachkraft in Kindertagesstätten/Spielgruppen

- Diverse Abschlüsse, mindestens auf ISCED 3-Niveau

Anteil des Personals im frühpädagogischen Sektor/Schule mit Bachelorabschluss: 100 Prozent der Kernfachkräfte

Anteil des Personals im frühpädagogischen Sektor/Kindertagesbetreuung mit Bachelorabschluss: keine Daten verfügbar

Quellen: Zhu 2009; Oberhuemer & Schreyer 2010; KomDat 2013; van Kuyk, in diesem Band; Vrinioti, in diesem Band; Zhu & Zhang, in diesem Band.

In China, Griechenland und den Niederlanden – alle Länder mit einem getrennt organisierten frühpädagogischen Sektor – unterscheiden sich die Personalanforderungen je nach Teilsektor, wie auch in den englischsprachigen Ländern. Als Kontrastmodell stellt sich Deutschland dar, wo die gleichen Qualifikationsvoraussetzungen für die Arbeit in Tageseinrichtungen für Unter-Dreijährige und für Drei- bis Sechsjährige gelten – wie auch in den nordischen Ländern.

In China fokussiert die Kindergarten-Ausbildung auf die Kindergartenpädagogik. Das Ausbildungsprofil ist das einer relativ eng spezialisierten vorschulpädagogischen Fachkraft; auch die Studierenden, die die Lehrerausbildung auf Bachelor-Niveau absolvieren, werden in der Regel nicht zusammen mit angehenden Grundschullehrkräften ausgebildet, sondern spezialisieren sich auf Kindergartenpädagogik (Zhu & Zhang, in diesem Band).

In Deutschland dagegen ist das Berufsprofil der Kernfachkräfte breiter; es berechtigt zur Arbeit in Tagesstätten und anderen Kindereinrichtungen mit allen Altersgruppen von 0 bis 14 Jahren – und auch darüber hinaus. Auch wenn sich seit dem Jahr 2004 ein beachtlicher Zuwachs an Studiengängen auf Bachelor-Niveau mit einer engeren Spezialisierung auf die frühen Jahre (0–6) bzw. auf die Kindheitsjahre (0–12) oder auf Leitungsaufgaben verzeichnen lässt, bleibt Deutschland – zumindest in Europa – unten den wenigen Ländern, in denen der Bachelor keine bindende Qualifikationsvoraussetzung für die Arbeit mit den Drei- bis Sechsjährigen ist.

Griechenland ist eines der wenigen Länder in Europa mit einem getrennt organisierten Kita-System, in dem die formale Qualifikationsvoraussetzung für Kernfachkräfte in beiden Teilsektoren ein Hochschulabschluss ist. Allerdings unterscheiden sich diese Ausbildungen in anderer Hinsicht: Während die Vorschullehrkräfte im Bildungssektor eine primär akademisch ausgerichtete Ausbildung an Pädagogischen Fachbereichen der Universitäten durchlaufen, findet die Ausbildung der Frühpädagogischen Fachkräfte, die in Tageseinrichtungen außerhalb des Bildungssystems arbeiten, an berufsqualifizierenden Fachhochschulen (TEI) statt. Diese hat eine stärker berufspraktische Ausrichtung. Außerdem – wie Vrinioti (in diesem Band) feststellt – war die Ausbildung der Vorschullehrkräfte in Griechenland immer eng mit der Ausbildung der Grundschullehrkräfte verbunden, obwohl sie nicht in diese integriert ist. Wie auch in China, ist die Ausbildung für die Arbeit in der Bildungseinrichtung Kindergarten auf eine enge Altersspezialisierung ausgerichtet.

In den Niederlanden sind die Fachkräfte, die mit den vierjährigen Kindern in den nicht-pflichtigen Vorschulklassen der *Basisschool* arbeiten, hochschulgebildete Primarschullehrkräfte mit Lehrbefugnis für die Altersgruppe 4 bis 12 Jahre. Für die Arbeit in den niederländischen Kindertagesstätten mit den Unter-Vierjährigen gilt dagegen eine Vielfalt von Ausbildungen auf verschiedenen (meist niedrigen) formalen Niveaus (Oberhuemer & Schreyer 2010). Die niederländischen Lehrkräfte, die mit den jüngeren Kindern arbeiten wollen, spezialisieren sich oft auf die Altersgruppe 4 bis 8 Jahre.

Aufgrund der unterschiedlichen Berufsprofile unterscheiden sich auch die inhaltlichen Orientierungen der Ausbildungscurricula. In China, wo es keine nationalen curricularen Standards oder Vorgaben für die Ausbildung als Kindergartenfachkraft gibt, sind die Curricula trotzdem ähnlich (Zhu & Zhang, in diesem Band). Sie sind inhaltlich sehr umfassend und gliedern sich in fünf Schwerpunkte: allgemeinbildende Grundlagen (inkl. militärische Theorie und Berufsorientierung), bildungstheoretische Grundlagen (inkl. westliche Kultur/chinesische Kultur, Physiologie, Förderpädagogik, Psychologie, forschungsmethodische Grundlagen), curriculare und berufsbezogene Grundlagen (inkl. sprachliche Bildung, naturwissenschaftliche Bildung, Sozialerziehung, Zusammenarbeit mit Familien und Gemeinde, rechtliche Grundlagen, professionelle Weiterbildung), musisch-kreative Fächer sowie Praktika in Kindergärten mit Beobachtungsaufgaben und -analysen (Zhu & Zhang, in diesem Band).

In Griechenland – und hier wird, wie auch im Beitrag von Vrinioti (in diesem Band), nur auf die Ausbildung der Vorschullehrkräfte hingewiesen – unterscheiden sich die Ausbildungscurricula in den neun Pädagogischen Fachbereichen an Universitäten erheblich. Nicht nur der jeweilige Aufbau des Studienprogramms ist anders, sondern auch das Gewicht, das dem „Lernort Praxis" und dem berufspraktischen Teil der Ausbildung beigemessen wird. Aufgrund von sehr allgemein gehaltenen Rahmenvorgaben und immer noch ungeklärten fachlichen und disziplinären Zuständigkeiten innerhalb des Lehrpersonals ist es nach Vrinioti (in diesem Band) nur bedingt möglich gewesen, in den letzten 30 Jahren eine grundlegende Kohäsion der Studienfächer zu entwickeln, die auf ein klares und abgestimmtes Professionalitätsprofil ausgerichtet ist.

In den Niederlanden gelten sieben Kompetenzbereiche für die Basisschool-Lehrkräfte: pädagogische Kompetenz, Vermittlungskompetenz, Organisationskompetenz, interpersonelle Kompetenz, Kooperationskompetenz im Lehrerteam, Kooperationskompetenz mit Eltern und relevanten Institutionen sowie Reflexionskompetenz bezüglich der eigenen professionellen Entwicklung (van Kuyk, in diesem Band). Inhaltlich werden sechs curriculare Lernbereiche besonders hervorgehoben: (1) Sprache; (2) Mathematik; (3) Ästhetische Bildung (Tanz, Drama, visuelle Künste, Musik); (4) Weltorientierung (Naturwissenschaft, Technologie, Geographie, Geschichte); (5) Bewegungserziehung; (6) Pädagogik und Bildung, Philosophie und Kultur. Darüber hinaus wird Informations- und Kommunikationstechnologie als durchgehendes Begleitfach angeboten.

Auch wenn es mehrere Reforminitiativen bezüglich der Ausbildungscurricula im Rahmen des Ausbaus der Bachelor-Studiengänge in Deutschland gab (Pasternack & Schulze 2010; Keil & Pasternack 2011; Robert Bosch Stiftung 2011), gelten für den Großteil der Studierenden in

Deutschland die Lehrpläne der Fachschulen/Fachakademien für Sozialpädagogik. Hier bilden Lernfelder wie „Kommunikation und Interaktion", „Werte und Werthaltungen" oder „Kooperation und Koordination" das Strukturierungsmerkmal der Ausbildungscurricula, wobei diese sich von Bundesland zu Bundesland unterscheiden und die bildungstheoretischen Grundlagen nicht immer explizit sind.

In den Niederlanden wird Sozialkonstruktivismus als der leitende theoretische Ansatz in der Lehrerausbildung identifiziert (van Kuyk, in diesem Band), wobei die konkrete Umsetzung nicht erforscht ist. In Griechenland, auch wenn sozialkonstruktivistische Ansätze durchaus zu erkennen sind, hängen diese nach Vrinioti (in diesem Band) eher mit den Forschungsorientierungen einzelner Hochschullehrkräfte als mit einer vereinbarten theoretischen Orientierung zusammen. In China wird das bisher vorherrschende Paradigma der Wissensvermittlung durch sozio-kulturelle und sozial-ökologische Theorien infrage gestellt. Die damit einhergehenden Herausforderungen für die Ausbildung sind nach Zhu und Zhang (in diesem Band) erheblich.

5. Professionalitätskonzepte: Wer bestimmt, wer gestaltet?

Dieser kurze Überblick über die Systeme der frühkindlichen Bildung und Ausbildung in acht europäischen und vier außereuropäischen Ländern macht deutlich: Frühpädagogische Ausbildungsprofile und -konzepte sind durch ihren Entstehungskontext stark geprägt. Gleichwohl werden nationale Diskurse und Entscheidungen – fachliche und politische – zunehmend von globalen Strömungen beeinflusst.

Ein Beispiel aus fachwissenschaftlicher Sicht sind die Arbeiten von Vygotsky, die ja ursprünglich in den 1920er Jahren in der Sowjetunion entstanden sind und erst vier Dekaden später in übersetzter Form zunächst in den englischsprachigen Ländern, danach auch breiter, rezipiert wurden. Heute ist die kulturell-historische Theorie Vygotskys – auch sozio-kultureller oder sozial-konstruktivistischer Ansatz genannt – ein vielverwendeter Referenzrahmen für bildungstheoretische Diskurse in europäischen und außereuropäischen Ländern.

Ein Beispiel aus bildungspolitischer Sicht sind die einflussreichen internationalen Vergleichsstudien von Schulleistungen wie PISA, TIMSS und IGLU, oder auch die jährlich erscheinenden OECD-Berichte „Bildung auf einen Blick", die Indikatoren in nationalen Bildungssystemen vergleichen. Nicht selten führen die Ergebnisse solcher Studien zu einer verstärkten bildungspolitischen Steuerung – und in manchen Ländern (England ist nur ein Beispiel) hat dies zu einem stärkeren Eingreifen in die Curricula für Bildungseinrichtungen und für Ausbildungsinstitutionen geführt.

Diese verstärkte Steuerung bleibt nicht ohne Auswirkung auf das Professionalitätsverständnis des Bildungspersonals – sowohl aus Sicht der Politik als auch aus Sicht der betroffenen Fachkräfte. An den historisch und kulturell geprägten Bildungstraditionen wird fortlaufend gerüttelt. So wundert es nicht, dass Professionalität verstärkt auch als Gegenstand wissenschaftlicher Abhandlungen hervortritt (vgl. z. B. Whitty 2002; Day & Sachs 2004; Oberhuemer 2005; Osgood 2006; Moss 2007; Urban 2008; Evans 2011; Taggart 2011; Miller et al. 2012).

Day und Sachs (2004, S. 6f.) identifizieren zwei übergreifende Diskurse, die in Diskussionen über die Professionalität des Bildungspersonals wiederholt auftauchen: technokratische Professionalität *(managerial professionalism)* und demokratische Professionalität *(democratic professionalism)*. Während technokratische Professionalität von politischen Reformvorgaben und externer Regulierung sowie von einem marktwirtschaftlichen Verständnis von Bildung und einem Ethos der Kontrolle und Konformität gesteuert wird, orientiert sich demokratische Professionalität an fachlichen Grundsätzen und Qualitätsstandards, reflektiert Reformvorgaben auch im breiteren Kontext und hat Kollegialität, professionelle Weiterentwicklung und Kinderrechte im Blick.

Bezogen auf frühpädagogische Arbeitsfelder kann man folgern, dass eine demokratisch verstandene Professionalität auf die Rechte und Perspektiven der Kinder, auf Partnerschaften mit Familien und auf Netzwerk-Allianzen im Umfeld achtet. Demokratische Professionalität geht zudem von einem Verständnis von Wissen als ungewiss, anfechtbar, mehrperspektivisch aus (Oberhuemer 2005; Urban 2008). Das bedeutet, pädagogische Standpunkte und ethische Fragen vor einem Hintergrund soziokultureller Vielfalt zu diskutieren und sich immer wieder auf die Ko-Konstruktion von Wissen und Handlungsperspektiven einzulassen (Dahlberg & Moss 2005). Nicht selten wird die emotionale Seite der Arbeit mit sehr jungen Kindern als „nicht professionell" eingestuft (Osgood 2010). Nach Taggart (2011, S. 85) ist ein kritisches Verständnis der frühpädagogischen Praxis als „Emotionsarbeit" notwendig sowie eine Neukonzeptualisierung von Professionalität im Kontext einer *political ethic of care.*

6. Evaluative Zusammenfassung und offene Fragen

Die Expertenberichte in diesem Band unterstreichen – wie auch die international vergleichenden Referenzstudien –, dass sowohl die frühkindlichen Bildungssysteme als auch die Ausbildungsanforderungen für die Arbeit in frühpädagogischen Tageseinrichtungen sich in wesentlichen Merkmalen erheblich unterscheiden. In den Ländern mit getrennt organisierten Systemen provoziert die deutliche Schere zwischen den Personalanforderungen im „Bildungssektor" und im „Kinderbetreuungssektor" eine bildungspolitische Gerechtigkeitsfrage: Wie kann überzeugend begründet werden, dass die Qualifikations- und Qualitätsstandards innerhalb des Kita-Sektors so ungerecht verteilt werden? Wenn die Personalqualifikation – formal und inhaltlich – so entscheidend ist für die Qualität der frühkindlichen Bildung, wie zahlreiche Studien andeuten (vgl. z. B. Aktionsrat Bildung 2012 für einen Überblick), wie ist zu begründen, dass für die jüngsten Kinder eine andere Qualifikation als für die älteren gilt? Je niedriger die Qualifikation vom Bildungsanspruch her angesiedelt ist, desto höher ist die Wahrscheinlichkeit, dass eher die „Was- und Wie-Fragen" im Vordergrund der Ausbildung stehen als die kritisch-reflektierenden „Warum-Fragen".

Damit eng verbunden ist das Professionalitätsverständnis. Dieses Verständnis wird in den Expertenberichten kaum explizit formuliert – höchstens in der Form von allgemeinen Kompetenzbeschreibungen. Nur im isländischen Bericht wird deutlich, dass das Professionalitätsthema ein Fokus der universitären frühpädagogischen Forschung ist; auch im neuen isländischen Ausbildungscurriculum (2011) wird Professionalität explizit thematisiert, allerdings nur im Rahmen der Wahlfächer (Einarsdóttir, in diesem Band). Im finnischen Bericht werden die sozio-kulturelle Einbettung sowie die Rolle von nationalen Regulierungsvorgaben in der Formung von Professionalität angedeutet (Karila, in diesem Band).

Auf die Kontextgebundenheit von Professionalitätsverständnis wurde an anderem Ort hingewiesen (Oberhuemer 2008, S. 138): „Professionalität ist ein situiertes Konzept, eingebettet – wie unsere Verständnisse von Kindern und Kindheit – in spezifischen historischen, sozio-kulturellen, strukturellen, ökonomischen und politischen Kontexten. Definitionen von Professionalität, oder was es bedeutet, professionell zu handeln, hängen eng mit wertorientierten Annahmen über ‚Handlungsqualität' in einem bestimmten Berufsfeld zusammen." Diese Werte sind zum Teil kulturspezifisch. Nach Zhu und Zhang (in diesem Band) waren traditionelle Curricula in China, sowohl für die Praxis als auch für die Ausbildung, durch Systematisierung, Zentralisierung, Uniformität und Standardisierung gekennzeichnet; von der Tendenz her – so die Autoren – haben sie Komplexität, Widerspruch, Multiperspektivität, historische und kontextuelle Besonderheiten und kulturelle Angemessenheit ignoriert. Dies legt nahe, dass Professionalität sowohl von innerhalb als auch von außerhalb der Profession immer wieder neu reflektiert werden muss. Was bedeutet professionelle Handlungsqualität heute – *here and now* – in *diesem* frühpädagogischen Arbeitsfeld? Dies ist eine demokratische Aufgabe – und hier liegt in vielen Ländern die Herausforderung für eine Ko-Konstruktion der Ausbildungen der Zukunft. Um diesen Fragen der professionellen Bildung für die Frühpädagogik in einer international vergleichenden Perspektive nachzugehen, bedarf es der Weiterentwicklung einer ausreichend kontextsensiblen Professionsforschung.

Literatur

Aktionsrat Bildung (2012). Professionalisierung in der Frühpädagogik. Qualifikationsniveau und -bedingungen des Personals in Kindertagesstätten. Gutachten, Verband bayerischer Wirtschaft. Münster: Waxmann.

Autorengruppe Bildungsberichterstattung (Hrsg.). (2012). Bildung in Deutschland 2012. Ein indikatorengestützter Bericht mit einer Analyse zur kulturellen Bildung im Lebenslauf. Bielefeld: W. Bertelsmann.

Barnett, W. S., Epstein, D. J., Carolan, M. E., Fitzgerald, J., Ackerman, D. J. & Friedman, A. H. (2010). The state of preschool 2010. State preschool yearbook. National Institute for Early Education Research. New Brunswick, NJ. Online verfügbar unter http://nieer.org/publications/state-preschool-2010 (letzter Zugriff: 03.06.2012).

Barnett, W. S., Carolan, M. A., Fitzgerald, J. & Squires, J. H. (2011). The state of preschool 2011. State preschool yearbook. National Institute for Early Education Research. New Brunswick, NJ. Online verfügbar unter http://nieer.org/sites/nieer/files/2011yearbook.pdf (letzter Zugriff: 31.05.2012).

Brind, A., Norden, O., McGinigal, S., Oseman, D. & Simon, A. (2012). Childcare and Early Years Providers Survey 2011.Research Report DfE RR249, London: Department for Education.

Dahlberg, G. & Moss, P. (2005). Ethics and Politics in Early Childhood Education. London: Routledge Falmer.

Day, Ch. & Sachs, J. (2004). Professionalism, performativity and empowerment: discourses in the politics, policies and purposes of continuing professional development. In Ch. Day & J. Sachs (Eds.), International Handbook on the Continuing Professional Development of Teachers. Glasgow: Bell & Bain, pp. 3–32.

European Commission (2013). Barcelona objectives. The development of childcare facilities for young children in Europe with a view to sustainable and inclusive growth. Luxembourg: Publications Office of the European Union (EU-SILC data). Online verfügbar unter http://ec.europa.eu/justice/gender-equality/files/documents/130531_barcelona_en.pdf (letzter Zugriff: 24.05.2014).

Evans, L. (2011). The ‚shape' of teacher professionalism in England: professional standards, performance management, professional development and the changes proposed in the 2010 White Paper. In British Educational Research Journal 37 (5), pp. 851–870.

Fthenakis, W. E. & Oberhuemer, P. (Hrsg.). (2002). Ausbildungsqualität. Strategiekonzepte zur Weiterentwicklung der Ausbildung von Erzieherinnen und Erziehern. Weinheim/Basel: Beltz.

Jugend- und Familienministerkonferenz (JFMK). (2010). Weiterentwicklung der Aus-, Fort- und Weiterbildung von Erzieherinnen und Erziehern. Umlaufbeschluss vom 14. Dezember 2010. Online verfügbar unter http://www.jfmk2010.de/cms2/JFMK_prod/JFMK/de/bes/06-2010_JFMK-Umlaufbeschluss_Gemeinsamer_Orientierungsrahmen.pdf.

Kaga, Y., Bennett, J. & Moss, P. (2010). Caring and Learning Together. A cross-national study of integration of early childhood care and education within education. UNESCO. Paris.

Keil, J. & Pasternack, P. (2011). Frühpädagogisch kompetent. Kompetenzorientierung in Qualifikationsrahmen und Ausbildungsprogrammen der Frühpädagogik. HoF-Arbeitsberichte 2'2011. Hrsg. v. Institut für Hochschulforschung (HoF) an der Martin-Luther-Universität Halle-Wittenberg.

KomDat (2013). Kommentierte Daten der Kinder- und Jugendhilfe, 16(2), 1–4 und 6–10.

Miller, L., Dalli, C. & Urban, M. (Eds.). (2012). Early Childhood Grows Up. Towards a Critical Ecology of the Profession. Dordrecht Heidelberg London New York: Springer (International Perspectives on Early Childhood Education and Development, Volume 6).

Moss, P. (2007). Bringing politics into the nursery: early childhood education as a democratic practice. In European Early Childhood Education Research Journal 2007 (1), pp. 5–20.

Moss, P. (Ed.) (2013) International Review of Leave Policies and Related Research 2013. Online verfügbar unter http://www.leavenetwork.org/fileadmin/Leavenetwork/Annual_reviews/2013_complete.6june.pdf (letzter Zugriff: 25.05.2014).

Nutbrown Review (2012). Foundations for Quality. The independent review of early education and childcare qualifications. Final Report, June 2012. Online verfügbar unter http://www.education.gov.uk/nutbrownreview (letzter Zugriff: 21.03.2013).

Oberhuemer, P. (2005). Conceptualising the Early Childhood Pedagogue: Policy Approaches and Issues of Professionalism. In European Early Childhood Education Research Journal 13 (1), pp. 5–16.

Oberhuemer, P. (2008). Who is an early years professional? Reflections on policy diversity in Europe. In L. Miller & C. Cable (Eds.), Professionalism in the Early Years. London: Hodder Education, pp. 131–141.

Oberhuemer, P. & Schreyer, I. (2010). Kita-Fachkräfte in Europa: Ausbildungen und Professionsprofile. Opladen & Farmington Hills, MI: Barbara Budrich.

Oberhuemer, P. & Ulich, M. (1997). Kinderbetreuung in Europa. Tageseinrichtungen und pädagogisches Personal. Eine Bestandsaufnahme in den Ländern der Europäischen Union. Weinheim und Basel: Beltz.

OECD (2001, 2006). Starting Strong I and II: Early Childhood Education and Care. Paris: Organisation for Economic Co-operation and Development.

OECD (2010). OECD Family Database, Chart PF3.4.A. Online verfügbar unter http://www.oecd.org/els/social/family/database (letzter Zugriff: 21.03.2013).

OECD (2011a). Family database. Enrolment in childcare and pre-schools. Online verfügbar unter http://www.oecd.org/els/social/family/database (letzter Zugriff: 15.04.2012).

OECD (2011b). Doing Better for Families. Organisation for Economic Co-operation and Development. Paris. Online verfügbar unter http://www.oecd.org/social/family/doingbetter (letzter Zugriff: 04.06.2012).

OECD (2012). Starting Strong III. A quality toolbox for early childhood education and care. Paris: Organisation for Economic Co-operation and Development.

Osgood, J. (2006). Deconstructing professionalism in early childhood education: Resisting the regulatory gaze. In Contemporary Issues in Early Childhood 7 (1), pp. 5–14.

Osgood, J. (2010). Reconstructing professionalism in ECEC: The case for the ‚critically reflective emotional professional'. In Early Years –An International Journal of Research and Development 30 (2), pp. 119–133.

Pasternack, P. & Schulze, H. (2010). Die frühpädagogische Ausbildungslandschaft. Strukturen, Qualifikationsrahmen und Curricula. Gutachten für die Robert-Bosch-Stiftung. Institut für Hochschulforschung (HoF), Martin-Luther-Universität Halle-Wittenberg.

Robert Bosch Stiftung (Hrsg.). (2011). Qualifikationsprofile in Arbeitsfeldern der Pädagogik der Kindheit. Ausbildungswege im Überblick. Robert Bosch Stiftung. Stuttgart. Online verfügbar unter http://www.bosch-stiftung.de/content/language1/downloads/PiK_Qualifikationsprofile.pdf (letzter Zugriff: 10.06.2012).

Taggart, G. (2011). Don't we care? The ethics and emotional labour of early years professionalism. In Early Years – International Journal of Research and Development 31 (1), pp. 85–95.

Teaching Agency (2012). Early Years Professional Status Standards. From September 2012. London. Online verfügbar unter http://www.education.gov.uk/childrenandyoungpeople/earlylearningandchildcare/delivery/b00201345/graduate-leaders/eyps/revisedeypsstandards (letzter Zugriff: 31.05.2012).

Urban, M. (2008). Dealing with uncertainty: challenges and possibilities for the early childhood profession. Special issue: Professionalism in Early Childhood Education and Care. In European Early Childhood Education Research Journal 16 (2), pp. 135–152.

Urban, M., Vandenbroeck, M., Peeters, J., Lazzari, A. & van Laere, K. (2011). CORE – Competence Requirements in Early Childhood Education and Care. A Study for the European Commission Directorate-General for Education and Culture. University of East London; University of Ghent. Brussels. Online verfügbar unter http://ec.europa.eu/education/more-information/doc/2011/core_en.pdf.

Whitty, G. (2002). Making Sense of Education Policy. Studies in the Sociology and Politics of Education. London: Paul Chapman.

Zhao, L. & Hu, X. (2008). The development of early childhood education in rural areas in China. In Early Years – An International Journal of Research and Development 28 (2), pp. 197–209.

Zhu, J. (2009). Early Childhood Education and Relative Policies in China. In International Journal of Child Care and Education Policy 3 (1), pp. 51–60.

Zhu, J. & Zhang, J. (2008). Contemporary trends and developments in early childhood education in China. In Early Years – An International Journal of Research and Development 28 (2), pp. 173–182.

I Die Reform der Ausbildung frühpädagogischer Fachkräfte aus europäischer Perspektive

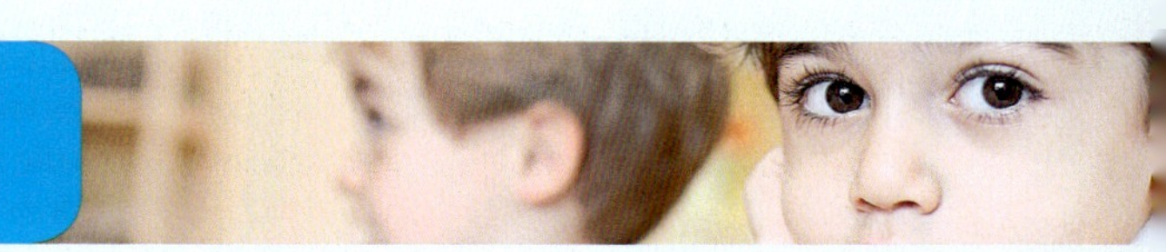

Die Ausbildung frühpädagogischer Fachkräfte in England

Qualifizierung im Spannungsverhältnis zwischen Lehrerbildung und den Anforderungen der „Frühen Kindheit"

Linda Miller, Open University, UK

Claire Cameron, Anglia Ruskin University, UK

Der vorliegende Beitrag zur Ausbildung frühpädagogischer Fachkräfte[13] in England bezieht sich auf Entwicklungen zwischen den Jahren 1990 und 2010. Er beschreibt die Ausbildung der Nachwuchskräfte wie auch Prozesse des Wandels, die über diesen Zeitraum hinweg stattfanden, und arbeitet deren spezifische Merkmale heraus.

Der Beitrag gliedert sich in fünf Teile: Da die Lehrerbildung in England Teil des größeren Komplexes „Frühkindliche Bildung und Betreuung" ist, beginnen wir mit einer Überblicksdarstellung des Gesamtkontexts, der in eine Beschreibung der wesentlichen Charakteristika dieses Bereichs mündet. Zweitens zeichnen wir die Entwicklungsgeschichte der Ausbildung frühpädagogischer Fachkräfte nach, wobei unser besonderes Augenmerk der Zeit nach 1990 gilt und wir hier einige zentrale Probleme und Spannungsfelder herausarbeiten möchten.

Im dritten Teil gehen wir auf die – unterschiedlich erfolgreichen – Vorstöße der Regierung ein, im Elementarbereich eine neue Personalstruktur zu etablieren, in der akademisch ausgebildeten Kernfachkräften[14] eine zentrale Position zukommen soll. Parallel dazu wurde auch die Lehrerbildung mit Schwerpunkt „Frühe Kindheit" weiterentwickelt.

Viertens richten wir den Blick auf organisatorische Aspekte der Ausbildungsgänge und das ihnen zugrunde liegende Verständnis von Bildung und Lernen. Dieser Abschnitt enthält auch die Ergebnisse unserer Auswertung der Internetseiten von Hochschulen, die Lehrerbildung anbieten, sowie fünf Interviews mit in der Lehrerbildung aktiven Hochschulangehörigen und einer Schulleiterin und spiegelt zugleich die „gelebte Erfahrung" der Lehrerbildung.

Zum Schluss beleuchten wir die in diesem Beitrag aufgeworfenen Fragen noch mit Blick auf die zukünftige Ausrichtung der frühpädagogischen Lehrerbildung in England, wobei wir so-

---

[13] *Die akademische Ausbildung von elementarpädagogischen Fachkräften ist in England generell ein Teilbereich der Lehrerbildung und institutionell daran angebunden, statt z. B. an Ausbildungseinrichtungen im Bereich der Sozialen Arbeit (Anm. d. Hrsg.).*

[14] *Nach Auffassung der Labour-Regierungen (1997–2010) sollte „akademisch qualifiziert" mindestens einen Bachelorgrad (oder anerkanntes Äquivalent) beinhalten. Die derzeitige konservativ-liberale Regierung äußerte die Absicht, an diesem Konzept festzuhalten (Anm. d. Hrsg.).*

wohl Kontinuitäten in den Themen und Fragestellungen herausarbeiten als auch aufzeigen, was sich in den letzten Jahren geändert hat. Unser Beitrag schließt mit einigen Überlegungen, welche Erkenntnisse sich daraus für die Weiterentwicklung der Professionalisierung frühpädagogischer Fachkräfte ergeben könnten.

1. Vorbemerkungen

Obwohl eine dezidierte Qualifizierung der frühpädagogischen Fachkräfte – infolge der frühen Pionierarbeit im 19. Jahrhundert bis hin zur Einführung einer akademischen Ausbildung für den Vor- und Grundschulbereich in den späten 1960er Jahren – durchaus Einzug gehalten hat, ist die Hauptthese des vorliegenden Beitrags, dass zwischen der auf schulischen Unterricht ausgerichteten Lehrerbildung im Allgemeinen und den spezifischen fachlichen Anforderungen der „Frühen Kindheit" immer noch ein Spannungsverhältnis besteht. Die professionelle Ausbildung von Lehrkräften mit frühpädagogischer Spezialisierung bewegt sich mitten in diesem Spannungsfeld.

Die Terminologie, die zur Beschreibung des Handlungsfeldes Frühpädagogik verwendet wird, unterscheidet sich innerhalb Großbritanniens. Historisch ist dies darauf zurückzuführen, dass einige Angebote den Akzent auf „vorschulische Erziehung und Bildung" setzten, während andere den Schwerpunkt auf „Tages- oder Kinderbetreuung" legten. Die beiden Handlungsfelder werden mit den Begriffen „Elementarbereich" und „frühkindliche Bildung und Betreuung" (*Early Childhood Education and Care,* kurz ECEC) zusammengefasst, die in unserem Beitrag synonym verwendet werden. Diese allgemein gefassten Begriffe gehen davon aus, dass Bildung ohne gleichzeitige Fürsorge ebenso wenig möglich ist wie Betreuung ohne die gleichzeitige Förderung und Unterstützung kindlichen Lernens (Owen & Haynes 2008). Die Begriffe „Lehrerausbildung" *(teacher training)* und „Lehrerbildung" *(teacher education)* werden in diesem Beitrag analog zu ihrer Verwendung in der Literatur und in politischen Positions- und Strategiepapieren benutzt. Der Terminus „Lehrerbildung" ist jüngeren Datums und wird in Fachkreisen mitunter bevorzugt.

Die folgenden Auflistungen (vgl. Children in Scotland 2010, S. 5) benennen die wichtigsten Bezeichnungen für Einrichtungen und Tätigkeiten im Bereich der frühkindlichen Bildung und Betreuung (ECEC), wie sie in diesem Beitrag Verwendung finden.

→ Die wichtigsten Elementareinrichtungen und Angebote in England sind:

- Krippe bzw. Kindertageseinrichtung *(day nursery)* – Einrichtung für Kinder im Alter von einigen Monaten bis fünf Jahren[15]
- Spielgruppe/Vorschule *(playgroup/pre-school)* – Einrichtung für Kinder im Alter von zwei bzw. drei bis fünf Jahren, normalerweise als Halbtagsangebot organisiert

[15] *Im Unterschied zu Deutschland wird hier nicht nach Kindern unter und über drei Jahren unterschieden, sodass der Begriff „day nursery" für beide Altersgruppen gilt (Anm. d. Hrsg.).*

- Vorklasse *(nursery class)* – an die Grundschule angegliedertes Angebot für drei- und vierjährige Kinder
- Eingangsklasse *(reception class)* – erstes reguläres Grundschuljahr, in Großbritannien ab fünf Jahren, nimmt unter Umständen auch vierjährige Kinder auf
- *Children's Centre*[16] – kommunale Einrichtung mit breit gefächertem Angebot für Kinder und Familien, frühpädagogische Programme häufig inbegriffen
- Tagespflegestelle *(childminding)* – Angebot für Kinder ab einigen Monaten, unter Umständen auch für Kinder im Schulalter

Die wichtigsten der im Elementarbereich tätigen Berufsgruppen sind:

- Betreuungskräfte *(nursery/childcare workers)* – sie arbeiten in Krippen, Kindertageseinrichtungen oder in der (Hort-)Betreuung von Schulkindern
- Lehrkräfte *(teachers)* – sie arbeiten in Vor- oder Eingangsklassen
- Frühpädagogische Fachkräfte *(early childhood teacher)* – Lehrkräfte mit Spezialisierung auf die Pädagogik der frühen Kindheit[17]
- Tagespfleger/innen *(childminder)* – sie bieten Tagespflegestellen an
- *Early Years Professional* – neu eingeführte Kategorie qualifizierter Fachkräfte speziell für Children's Centres und Betreuungseinrichtungen[18]

2. Frühkindliche Bildung und Betreuung in England im gesellschaftlichen Kontext

England ist das größte der vier Länder des Vereinigten Königreiches, in dem 84 Prozent der britischen Gesamtbevölkerung leben. Im Zuge der Dezentralisierung bekamen die anderen drei Länder – Schottland, Wales und Nordirland – unter anderem die Zuständigkeit für ihr eigenes Bildungs- und Gesundheitswesen sowie für soziale Dienstleistungen übertragen. Einige Aspekte des Politikfeldes „Frühe Kindheit" sind weiterhin Angelegenheit der Zentralregierung, dazu gehören zum Beispiel auch der Erziehungsurlaub oder finanzielle Zuwendungen für die

---

[16] *Children's Centres wurden im Rahmen des Frühinterventionsprogramms Sure Start (vgl. S. 54 f.) ab 1998 ins Leben gerufen. Sie bieten eine breite Palette kindzentrierter Leistungen für die ganze Familie: Schwangerenberatung und -betreuung, Säuglingspflege und -ernährung, Erziehungs- und Gesundheitsberatung, Krippenbetreuung sowie diverse Frühbildungsangebote und Aktivitäten für Kinder im Vorschulalter (siehe: http://www.direct.gov.uk/en/Parents/Preschooldevelopmentandlearning) (Anm. d. Hrsg.).*

[17] *Wo im Originaltext die Rede von „early childhood teachers" ist, werden in der Übersetzung die Begriffe „Lehrkräfte" und „Fachkräfte" für Frühpädagogik synonym verwendet (Anm. d. Hrsg.).*

[18] *Im Unterschied zu „early childhood teachers" haben Early Years Professionals keine Lehrerbildung absolviert, sondern andere Ausbildungsprogramme durchlaufen. Ihr Ausbildungsprofil zielt nicht dezidiert auf pädagogische Arbeit ab, sondern soll hoch qualifizierte „Generalist/innen" für den Elementarbereich schaffen (Anm. d. Hrsg.).*

Inanspruchnahme außerfamilialer Bildungsangebote; für Detailregelungen, wie die einzelnen Leistungen zu gewähren sind, sind nun jedoch die Regionalregierungen zuständig. Der vorliegende Beitrag konzentriert sich auf die Entwicklungen in England, wo die Umsetzung der Regierungspolitik in der Zuständigkeit von 150 lokalen Behörden liegt.

Die Lebensbedingungen der Familien stellen einen wichtigen Bezugsrahmen für den Elementarbereich dar. In Großbritannien sind knapp 60 Prozent der Mütter von Kindern unter fünf Jahren berufstätig – was ungefähr dem EU-Durchschnitt entspricht –, allerdings ist hier der Anteil der Teilzeitbeschäftigten überdurchschnittlich groß (Children in Scotland 2010). Von allen Mitgliedsstaaten der EU hat Großbritannien mit einem vollen Jahr den längsten Mutterschutz, der jedoch am schlechtesten bezahlt ist, und die schwächste Elternzeitregelung. Obwohl circa 80 Prozent der Mütter in Mutterschaftsurlaub gehen, nehmen sie mit im Schnitt 26 Wochen deutlich weniger als die maximal mögliche Auszeit. Elternzeit wird hingegen eher selten in Anspruch genommen: Im Jahr 2005 gingen elf Prozent der Mütter und acht Prozent der Väter in Elternzeit – und das jeweils nur für kurze Zeit (Smeaton & Marsh 2006). Zeitnah zur Geburt des Kindes besteht auch die Option eines speziellen Vaterschaftsurlaubs von zwei Wochen, wovon fast alle Väter Gebrauch machen (Oberhuemer, Schreyer & Neuman 2010). Aufgrund der Arbeitsmarktsituation und ökonomischen Drucks ist es Eltern mit kleinen Kindern offenbar wichtig, durchgängig berufstätig zu bleiben. Das stärkt die Nachfrage nach alternativen Betreuungsarrangements. Die Vereinbarkeit von Mutterschaft und Teilzeitbeschäftigung ist in der Tat zur kulturellen Norm geworden.

In England wie auch in vielen anderen europäischen Staaten genießt der Elementarbereich heute mehr Aufmerksamkeit und Ansehen als jemals zuvor. Ab Mitte der 1990er Jahre gerieten die Familie und das Thema „Frühkindliche Bildung und Betreuung" in den Fokus der Politik. Die damalige konservative Regierung führte finanzielle Hilfen in Form von Gutscheinen ein, um Kindern unter fünf Jahren aus einkommensschwachen Familien den Besuch privat organisierter Kindertageseinrichtungen zu ermöglichen. Zu einer tatsächlichen Wende kam es jedoch erst nach Amtsübernahme der Labour-Regierung im Jahr 1997. Erstmalig wurden die Themen „Frühpädagogik" und „Außerfamiliale Betreuung" zum Gegenstand umfassender Reformbestrebungen. Ziel war es, Eltern bei der Vereinbarkeit von Beruf und Familie zu unterstützen und gleichzeitig das hohe Ausmaß an Kinderarmut in Großbritannien politisch anzugehen. Die sogenannte *National Childcare Strategy* fasste sukzessive alle Angebote im Elementarbereich unter der Überschrift *early years services* zusammen. Auf lokaler Ebene dafür zuständig waren jetzt die örtlichen Bildungsbehörden und auf nationaler Ebene das Bildungsministerium (*Department for Education*, kurz DfE). Ziel dieses Programms war „die wohnortnahe Gewährleistung qualitativ hochwertiger und bezahlbarer Angebote für Kinder im Alter von 0 bis 14 Jahren – in institutionalisierter Form wie auch mit Beihilfen für informelle Arrangements – durch Steigerung der Angebotsqualität, bessere Erschwinglichkeit der Angebote und erleichterten Zugang durch die Bereitstellung von mehr Plätzen und bessere Informationen" (DfEE 1998, S. 7).

Im Jahr 2004 folgte ein Zehnjahresplan *(Ten Years Childcare Strategy).* Dieser fokussierte auf die Leitmotive „Wahlmöglichkeiten und Flexibilität für Eltern" und „Angebotsqualität", wobei die Aspekte „höhere Qualifizierung der Fachkräfte und bessere Laufbahnstruktur" sowie „Bezahlbarkeit des Angebots" hervorgehoben wurden. Der Maßnahmenkatalog beinhaltete ein neues Programm namens *Sure Start,* das integrierte wohnortnahe Versorgung vorsah, dazu die steuerliche Geltendmachung von Kinderbetreuungskosten und die Ausweitung des Anspruchs auf kostenlose Elementarbildung. Der ein Jahr zuvor von der Regierung herausgegebene Bericht *Every Child Matters* (DfES 2003) markiert den Ausgangspunkt für eine Reform der in England angebotenen Leistungen für Kinder und Familien, die sich ideell an den Kinderrechten und am Wohlergehen des einzelnen Kindes orientierte.

Das Programm *Sure Start* ist ein tragender Pfeiler der *National Childcare Strategy*. Ausgehend vom amerikanischen Frühinterventionsprogramm *Head Start* und der jüngeren Initiative *No Child Left Behind* sieht *Sure Start* die Einrichtung von sogenannten Children's Centres vor, die eine ganzheitliche und interdisziplinäre Leistungspalette bieten sollen – Betreuungs- und Bildungsangebote für Kinder unter vier Jahren inbegriffen (DfES 2006). Der Bericht *Every Child Matters* und die weitere Gesetzgebung standen im Geiste des von der Regierung formulierten Anspruchs aller Kinder auf fünf zentrale Punkte, denen alle Betreuungs- und Bildungsangebote verpflichtet sind: Geborgenheit, Gesundheit, ökonomische und soziale Sicherheit, Spaß und (Lern-)Erfolg sowie die Befähigung zur konstruktiven gesellschaftlichen Teilhabe. Diese Zielsetzungen waren das Ergebnis außergewöhnlich umfassender öffentlicher Anhörungen – vor allem mit Kindern und Jugendlichen – und sollten nicht nur im Elementarbereich gelten, sondern für alle Einrichtungen, die mit Kindern arbeiten.

Im Jahr 2006 konstatierte die OECD, die Neuausrichtung des Elementarbereichs habe in England seit 1999 „gewaltige Fortschritte" bewirkt. Zurückzuführen sei dies vor allem auf verstärkte öffentliche Investitionen, den Ausbau der ganzheitlich orientierten Children's Centres und die Schulreformen, hier insbesondere die Einrichtung sogenannter „offener Schulen" mit Angeboten außerhalb der regulären Unterrichtszeit. Der OECD-Bericht von 2006 zeigt, dass sich die Ausgaben für kinderbezogene Einrichtungen in Großbritannien von 1997 bis 2007 vervierfacht hatten: von 1,1 Milliarden Pfund in den Jahren 1996 bis 1997 auf 4,4 Milliarden Pfund in den Jahren 2007 bis 2008. Bis zum Ausbruch der aktuellen Finanzkrise sank die Kinderarmut in Großbritannien stärker als in jedem anderen OECD-Land. Mittlerweile wird jedoch mit einem Wiederanstieg gerechnet, denn die Kürzung öffentlicher Leistungen betrifft auch jene für Kinder und Familien – ungeachtet der Tatsache, dass sich der OECD-Bericht *Doing Better for Families* (2011) für Sozialausgaben als Mittel zur langfristigen Lösung von Armutsproblemen ausspricht.

Im Zuge ihrer Kampagne zur Integration der historisch getrennt entwickelten Bereiche Betreuung und Bildung fasste die Labour-Regierung (1997–2010) Leistungen für Kinder, Jugendliche und Familien unter dem Dach eines neu zugeschnittenen Ministeriums zusammen, des *Departments for Children, Schools and Families* (DSCF). Die Zusammenführung der Zuständigkeitsbereiche hatte jedoch ihre Grenzen. Kindergesundheit ist weiterhin Sache des Gesundheitsministeriums. Auf kommunaler Ebene gibt es nun die Stelle des *Director of Children's Services,* die zumeist mit Personen aus dem Bildungssektor besetzt und für die integrierte Planung und Erbringung von Dienstleistungen verantwortlich ist. Der *Children's Plan* (DCSF 2007) führte den Begriff des „progressiven Universalismus" ein. Im Prinzip sollten demnach alle Kinder Zugang zu bedürfnisgerechten Leistungen haben – ein ganz entscheidender Faktor bei der Unterstützung von Kindern (und Familien) mit „speziellen" sozialen, gesundheitlichen oder Bildungsbedürfnissen. Befürwortet wurde zudem die Verwendung eines gemeinsamen Bewertungssystems *(Common Assessment Framework,* kurz CAF) zur frühzeitigen Erkennung und Einschätzung spezieller Bedürfnislagen (DfES 2007). Dieses Bewertungssystem kommt quer durch alle kinderbezogenen Einrichtungen und Dienste zum Einsatz (d. h. im Gesundheits- und Bildungswesen und bei sozialen Diensten).

Die Entwicklungen seit dem Jahr 1997 im Überblick:

- Verstärkte öffentliche Investitionen im Elementarbereich, hauptsächlich zur Förderung ökonomisch benachteiligter Kinder
- Aus- und Fortbildungsmaßnahmen für die Beschäftigten in Kindertageseinrichtungen

- Integration von Betreuung, Bildung und Gesundheitsförderung als neue Zielsetzung für den Elementarbereich
- Ausbau des profitorientierten wie auch des öffentlich finanzierten Angebotssegments (letzteres allerdings in geringerem Umfang)

Wie noch gezeigt wird, beendete die Regierungsübernahme durch die konservativ-liberale Koalition im Mai 2010 eine Phase recht intensiver Aktivitäten zur Weiterentwicklung des Elementarbereichs.

3. Angebote und Einrichtungen im Elementarbereich

Für Kinder unter fünf Jahren gibt es eine breite Palette verschiedenster Angebote, die – in unterschiedlicher Schwerpunktsetzung – Betreuung, Bildung und Spiel beinhalten. Träger sind öffentliche Institutionen, privatwirtschaftliche Unternehmen und unabhängige Initiativen. Die beiden letztgenannten Kategorien werden in Großbritannien als „PVI" (private, voluntary, independent) zusammengefasst, wohingegen öffentlich organisierte Einrichtungen als „maintained" bezeichnet werden. Alle Anbieter unterliegen der Registrierungspflicht; die Aufsicht einschließlich regelmäßiger Inspektionen liegt bei einer zentralen Behörde, dem *Office for Standards in Education* (Ofsted).

Die im Auftrag der Regierung turnusmäßig bei den Trägern erhobenen Daten (Phillips, Norden, McGinigal & Cooper 2009) weisen für die Zeit von 2001 bis 2008 folgende Haupttrends auf:

- Die Zahl der Träger von Ganztagsangeboten wuchs um 77 Prozent auf 13.800.
- Aufgrund gestiegener elterlicher Nachfrage nach längeren Öffnungszeiten nahm die Zahl der Träger von stundenweisen bzw. Halbtagsangeboten um 39 Prozent auf 8.500 ab.
- Die Zahl der Anbieter von Tagespflegestellen nahm insgesamt ab – 2008 waren es noch 56.100, wobei eine hohe Fluktuationsrate von jährlich 15 Prozent zu verzeichnen ist.
- Keine Veränderungen zeigten sich bei der Zahl von circa 16.000 öffentlich getragenen elementarpädagogischen Einrichtungen (Vorschulen, Vorklassen).

Die jüngste Untersuchung ergab, dass zwei Drittel der Ganztagseinrichtungen privatwirtschaftlich betrieben wurden, 22 Prozent von unabhängigen Initiativen und 13 Prozent öffentlich. Der öffentliche Bereich umfasst vor allem Children's Centres. Im Jahr 2009 gab es in England 3.100 ausgewiesene Children's Centres, und die Kommunalbehörden sind gesetzlich verpflichtet, eine bedarfsdeckende Anzahl an Einrichtungen bereitzustellen und zu unterhalten (laut Bildungsgesetz *Apprenticeships, Skills, Children and Learning Act* von 2009; vgl. House of Commons 2010). Unter dem Beifall des gesamten Sektors nahm die Zahl der Children's Centres von 1998 bis 2010 schnell zu. In einem Gutachten des zuständigen Unterhaus-Sonderausschusses hieß es, dass die Ziele und Prinzipien der Children´s Centres auf breite Zustimmung stießen: „Ihr Vorbild, die Mauern zwischen den einzelnen Expertengruppen einzureißen, um jungen Familien nahtlose Unterstützung zu bieten, wirkt sich positiv auf alle kinderbezogenen Dienstleistungen aus und sollte der Jugendarbeit als Beispiel dienen" (House of Commons 2010, S. 9). Allerdings dokumentierte der Ausschuss auch gewisse Schwierigkeiten bei den Vereinbarungen zur laufenden Finanzierung und hinsichtlich der fachlichen Qualifikationen des Personals.

Im Jahr 2008 waren bei der Aufsichtsbehörde Ofsted insgesamt 2.502.200 Plätze für frühkindliche Bildung und Betreuung registriert, davon 1.684.800 in Kindertageseinrichtungen und 817.400 an öffentlichen Schulen (Phillips et al. 2009). Rund 95 Prozent der Drei- und Vierjährigen nahmen an einem frühpädagogischen Angebot teil, über die Hälfte von ihnen halbtags in Einrichtungen öffentlicher Trägerschaft (DfE 2011). Ungefähr 40 Prozent der Kinder unter drei Jahren sind in einer Einrichtung angemeldet, aber viele besuchen sie nur halbtags, sodass in dieser Altersgruppe der Anteil derjenigen, die ein ganztägiges Angebot in Anspruch nehmen, bei 23 Prozent liegt (OECD 2010). Diese niedrigere Quote bei jüngeren Kindern ist durch eine Kombination von Faktoren bedingt: Die Eltern (bzw. Mütter) arbeiten in Teilzeit, bevorzugen häusliche Betreuung durch Familienmitglieder und scheuen die hohen Gebühren, die für eine außerfamiliale Betreuung gerade der Allerjüngsten anfallen.

Der Elementarbereich umfasst ein breites Spektrum an Angeboten und Einrichtungen für Kinder unterschiedlichen Alters; ebenso vielfältig ist die Trägerlandschaft. Zum Beispiel sind Krippen, Kindertageseinrichtungen und Tagespflegestellen üblicherweise für Kinder von null bis vier Jahren gedacht, während sich (meist halbtägige) Spielgruppen- und Vorschulangebote üblicherweise an Kinder von zwei bis vier Jahren richten. Sogenannte *After-School and Holiday Clubs* mit Nachmittags- und Ferienangeboten für Schulkinder bis zum Alter von elf Jahren werden in England ebenfalls dem Bereich der frühkindlichen Bildung und Betreuung zugeordnet.

Die Tabelle 1 auf Seite 58 zeigt, wie viele drei- und vierjährige Kinder im Jahr 2010 eine Einrichtung besuchten, während Tabelle 2 die Angebote nach Altersgruppen differenziert. Bemerkenswerterweise halten die amtlichen Statistiken bei Kindern bis zwei Jahren lediglich die Zahl der registrierten Plätze fest, nicht aber die Zahl der tatsächlich außerfamilial betreuten Kinder. Im Sinne der Vereinbarkeit von Beruf und Familie ist die Nutzung von außerfamilialen Angeboten für Drei- und Vierjährige weithin gesellschaftlich akzeptiert. Für jüngere Kinder gilt dies jedoch nicht (Plantenga & Remery 2009).

Abweichungen bei den Altersgruppen, die hier den jeweiligen Angeboten und Einrichtungen zugeordnet werden, zeigen außerdem deutlich, dass sich der „Elementarbereich" nicht ohne Weiteres klar abgrenzen lässt. Dass wir zum Erstellen der Tabellen auf verschiedene amtliche Quellen zurückgreifen mussten, verweist erneut auf die historische Trennung zwischen „Bildung" und „Betreuung", deren Nachwirkungen im Elementarbereich bis heute sichtbar sind.

Tabelle 1: Besuch von Elementareinrichtungen: Kinder von 0 bis 2 bzw. von 3 bis 4 Jahren (Daten für England 2010)[19]

	0 bis 2 Jahre	%	3 bis 4 Jahre	%
Tagespflegestellen	k. A.		k. A.	
Privatwirtschaftliche oder unabhängige Träger (gebührenpflichtig)	k. A.		511.707	40
Nichtstaatliche Schulen (gebührenpflichtig)	k. A.		50.110	4
Vorklassen und Vorschulen (kostenlos)	k. A.		335.278	26
Eingangsklassen in Grundschulen (kostenlos)	k. A.		390.776	30
Gesamt			**1.294.917**	**100***

* Mehrfachnennungen enthalten: Einige Kinder besuchen zwei Einrichtungen bzw. Angebote in nicht aufgeführten Einrichtungen.

Tabelle 2: Zahl der registrierten Plätze nach Altersgruppen (Daten für England 2009)[20]

Art der Einrichtung	Zahl der Plätze	Altersgruppe
Ganztagsangebote in Krippen und Kindertageseinrichtungen	647.800	0 bis 4 Jahre
Ganztagsangebote in Children's Centres	50.600	0 bis 4 Jahre
Halbtags- bzw. stundenweise Angebote in Spielgruppen und Vorschulen	227.900	2 bis 4 Jahre
Nachmittagsangebote in After-School Clubs	272.500	4 bis 11 Jahre
Ferienangebote in Holiday Clubs	260.400	4 bis 11 Jahre
Tagespflegestellen	262.900	0 bis 8 Jahre
	1.671.500	
Vorklassen	29.600	3 bis 4 Jahre
Grundschulen mit Vor- und Eingangsklassen	468.300	3 bis 5 Jahre
Grundschulen mit Eingangsklassen	272.700	4 bis 5 Jahre
	770.600	
Gesamt	**2.442.100**	

Aus diesen Zahlen geht hervor, dass fast alle drei- und vierjährigen Kinder ein frühpädagogisches Angebot wahrnehmen, in der Regel halbtags an einer Schule. Frühpädagogische Fachkräfte arbeiten vor allem in Vorschulen, Grundschulvorklassen und Children's Centres,

[19] *Quelle: Department for Education 2011.*
[20] *Quelle: Phillips et al. 2009.*

daneben auch in Krippen und Kindertageseinrichtungen oder einer anderen Art von Elementareinrichtung.

4. Die Entwicklung der Ausbildung frühpädagogischer Fachkräfte

Wie wir zeigen konnten, hat sich sukzessive die Erkenntnis durchgesetzt, dass hochwertige Bildungs- und Betreuungsangebote für Kleinkinder und ihre Familien in ganz entscheidendem Maß von der Arbeit qualifizierter Fachkräfte abhängen. So muss die Ausbildung von Lehrkräften mit Schwerpunkt Frühpädagogik als Teil einer umfassenderen Personalentwicklungsstrategie betrachtet werden. Obwohl die Lehrerbildung zeitgleich mit anderen Qualifizierungsoffensiven weiterentwickelt wurde, bestehen doch weiterhin klare Trennungslinien. Diese betreffen die geltenden Richtlinien, Ausbildungsinhalte und Abschlüsse, aber auch den Status und das Einkommen. Daraus ergeben sich anhaltende Spannungen und bislang ungelöste Fragen – so zum Beispiel nach der Stellung anderer Beschäftigtengruppen im Vergleich zu Lehrkräften mit staatlich anerkanntem *Qualified Teacher Status* (QTS) und damit auch nach der Ganzheitlichkeit frühkindlicher Bildung und Betreuung. Ebenso problematisch ist, dass die Ausbildungsinhalte für angehende frühpädagogische Fachkräfte in weiten Teilen durch das Grundschulcurriculum bestimmt werden, das auf Kinder *ab* fünf Jahren ausgerichtet ist.[21]

Es besteht inzwischen fachlicher Konsens, dass die Arbeit im Elementarbereich sehr komplex ist, weitreichende Kenntnisse in Betreuung, Erziehung, Bildung und Kindergesundheit erfordert und daher ein höheres formales Qualifikationsniveau voraussetzt, als bisher verlangt wurde. Der Einführung eines angemessenen formalen Qualifikationsrahmens für frühpädagogische Fachkräfte standen in England allerdings (mindestens) zwei wesentliche Hemmnisse im Weg: Zum einen gab es für den Elementarbereich noch nie ein einheitliches Konzept oder eine einheitliche Interessenvertretung. Haben Betreuungsangebote eine arbeitsmarktpolitische Funktion? Sollen sie als Muttterersatz dienen? Oder geht es um Bildung? Unterschiedliche Interessenvertretungen äußerten hierzu ganz verschiedene Ansichten, und der Mangel an Geschlossenheit verhinderte die Einigung auf *eine* gemeinsame Professionalisierungsstrategie. Das zweite Hemmnis liegt in der Art und Weise, wie Politik funktioniert. Es ist zwar hinreichend wissenschaftlich belegt, welche fachlichen Kenntnisse für eine pädagogisch hochwertige Arbeit im Elementarbereich erforderlich wären, aber im politischen Prozess wurden die Forschungsergebnisse wieder relativiert. Denn politische Entscheidungsträger agieren zutiefst pragmatisch und ersannen daher Wege, die bestehenden Qualifikationen „aufzubessern", ohne allzu sehr mit den Interessen der privatwirtschaftlichen Anbieter in Konflikt zu geraten.

Zum besseren Verständnis der aktuellen Situation müssen wir die historische Entwicklung der frühkindlichen Bildung und Betreuung in England bzw. Großbritannien genauer betrachten.

---

[21] *Seit dem Schulgesetz (Education Act) von 1870 beginnt in Großbritannien die Schulpflicht für Kinder im Alter von fünf Jahren (Anm. d. Hrsg.).*

4.1 Die Geschichte der frühkindlichen Bildung und Betreuung in Großbritannien

Im Jahr 1816 eröffnete Robert Owen, ein Industrieller aus New Lanark (Schottland), die erste sogenannte *nursery school* für Arbeiterkinder. Neben Bildung, Erziehung und Betreuung ging es ihm auch um bessere Chancen für Kinder aus armen Verhältnissen. Insgesamt sah frühkindliche Bildung und Betreuung im 19. Jahrhundert jedoch folgendermaßen aus: Für die Kinder ärmerer Leute gab es überfüllte, straff geführte Einrichtungen, die entweder von Kirchen und Pfarrgemeinden oder von Privatpersonen betrieben wurden (sog. *dame schools*[22]), während die Mittel- und Oberschicht Kinderfrauen und Gouvernanten beschäftigen konnte. Inspiriert von Fröbels „Kindergarten" begannen gegen Ende des 19. Jahrhunderts vor allem die Kommunen, eigene Vorschulmodelle aufzubauen. Einflussreich waren auch die Arbeiten von Maria Montessori und die Waldorfbewegung (Miller & Pound 2011). Ein gutes Beispiel dafür ist die MacMillan Nursery School in Deptford (London), die sich der körperlichen, geistigen und sozialen Entwicklung von Kindern zwischen zwei und acht bzw. neun Jahren annahm. Die Trennung zwischen schulgebundener Frühbildung einerseits und außerfamilialer Betreuung von Kindern erwerbstätiger Eltern andererseits wurde auf behördlicher Ebene weiter zementiert, da die beiden Bereiche unterschiedlichen Ressorts zugeordnet waren. Darüber hinaus gab es ein Stadt-Land-Gefälle hinsichtlich der Versorgungsdichte: Die Bereitstellung von Einrichtungen für Kinder im Vorschulalter war nicht obligatorisch und lag somit rein im Ermessen der örtlich zuständigen Behörden. Die Förderung ökonomisch benachteiligter Kinder durch Betreuung, Bildung und Gesundheitspflege war insbesondere in den Innenstadtbezirken ein Thema, sodass hier entsprechende Elementareinrichtungen aufgebaut wurden, während sich anderenorts, vor allem im ländlichen Raum, das Engagement sehr in Grenzen hielt.

Um auch Müttern die außerhäusliche Erwerbstätigkeit zu ermöglichen, wurde das Angebot an Kindertageseinrichtungen während des Zweiten Weltkriegs massiv ausgeweitet – und nach Kriegsende ebenso schnell wieder abgebaut. Die unmissverständliche politische Botschaft war, dass die mütterliche Obhut jedem institutionellen Angebot vorzuziehen sei. In der Folgezeit wurde der öffentlich finanzierte Elementarbereich zunehmend auf Leistungen für benachteiligte Kinder reduziert. Im Laufe der 1960er Jahre wuchs die Nachfrage nach vorschulischer Bildung, vor allem nach speziellen Vorschulen und Vorklassen an Grundschulen. In Gemeinden, die selbst keine entsprechenden Einrichtungen unterhielten, bauten unabhängige Initiativen „Spielgruppen" auf, um stundenweise Betreuung, Frühbildung und Spiel anzubieten. Durch die massive Zunahme mütterlicher Erwerbstätigkeit und Einsparungen im öffentlichen Sektor wuchs ab den 1980er Jahren vor allem die Zahl der privatwirtschaftlich betriebenen Krippen und Kindertageseinrichtungen. Zwischen 1989 und 1994 sank in England die Zahl der Plätze in öffentlich betriebenen Einrichtungen von 28.800 auf 22.300, wohingegen die Plätze bei gewinnorientierten privaten Trägern von 46.600 auf 125.300 aufgestockt wurden (Children in Scotland 2010, S. 10).

Bis zu den Reformen Mitte der 1990er Jahre war der Elementarbereich in England im Wesentlichen durch folgende Faktoren und Merkmale geprägt:

- Vorherrschende Überzeugung, ein Kleinkind sei bei der Mutter am besten aufgehoben und Erziehung Sache der Eltern

[22] *„Dame schools" wurden von zumeist nicht als Lehrerin ausgebildeten Frauen bei sich zu Hause betrieben: Gegen Bezahlung passten sie auf eine Gruppe von Kindern auf und boten – sofern sie dazu in der Lage waren – auch basalen Unterricht, z. B. in Lesen, Schreiben und Rechnen. Da die pädagogische Qualität allein von der Betreiberin abhing, gab es eine extreme Bandbreite (Anm. d. Hrsg.).*

- Bevorzugung einer marktförmigen Bereitstellung mit öffentlichen Subventionen für bestimmte Leistungsbereiche
- Frühpädagogische Halbtagsangebote für Drei- und Vierjährige an Grund- und Vorschulen
- Ganz- oder Halbtagsplätze in Krippen und Kindertageseinrichtungen (für die Kinder zahlungsfähiger berufstätiger Eltern oder für Kinder mit besonderem Betreuungs- und Förderbedarf)
- Behördlich registrierte und geprüfte private Tagesmütter und Tagespflegestellen
- Behördlich registrierte und geprüfte von unabhängigen Initiativen und Vereinen betriebene Spielgruppen mit niedrigen Beiträgen und schlecht bezahlten Beschäftigten
- Institutionelle Zweiteilung in Bildungs- oder Betreuungseinrichtungen (d. h. getrennte Zuständigkeitsbereiche auf ministerieller und kommunaler Ebene, unterschiedlich ausgebildetes bzw. qualifiziertes Personal)

4.2 Entwicklungslinien in der Ausbildung frühpädagogischer Fachkräfte

Trotz der dezidierten politischen Kampagne zur Zusammenführung der Arbeitsfelder Betreuung und Bildung hält in England die Debatte rund um „Kinderbetreuung" und „Frühe Bildung" an. Ungeachtet der Tatsache, dass in der Arbeit mit Kleinkindern und ihren Familien zunehmend Wert auf fachübergreifende und ganzheitliche Ansätze gelegt wird, sind die beiden Bereiche durch unterschiedliche Ausbildungswege, Karrieremöglichkeiten, Berufsbezeichnungen, statistische Erfassung etc. weiterhin strukturell wie auch konzeptionell klar getrennt (Children in Scotland 2010). Wie noch gezeigt wird, wirkt sich diese Zweiteilung auch auf die Ausbildung frühpädagogischer Fachkräfte aus.

Elementarpädagoginnen und -pädagogen sind die Kernfachkräfte in öffentlich finanzierten Vorschulen und Vorklassen. Aus Tabelle 1 (siehe Seite 58) ging hervor, dass diese Einrichtungen in England von ungefähr der Hälfte der drei- und vierjährigen Kinder besucht werden. Der Beruf des *early childhood teacher* erfordert einen Hochschulabschluss, d. h. ein Lehrerexamen. Die Arbeit dieser Kernfachkräfte wird üblicherweise von geringer qualifizierten Kinderpflegerinnen, Betreuungs- und pädagogischen Hilfskräften unterstützt. Im folgenden Abschnitt befassen wir uns mit der Ausbildung frühpädagogischer Fachkräfte als Teilgebiet der Lehrerbildung und geben zunächst einen Überblick über die Lehrerbildung im Allgemeinen.

Die Lehrerbildung in England: Ein Kurzüberblick

In Großbritannien ist der Lehrerberuf ein akademischer Beruf, und zusätzlich müssen alle, die an öffentlichen Regelschulen unterrichten, die staatliche Anerkennung *Qualified Teacher Status* (QTS) besitzen. Sowohl die Ausbildungsinhalte als auch die professionellen Standards für Lehrkräfte unterliegen in hohem Maße der staatlichen Regulierung. So wurde zum Beispiel 1997 in England und Wales das *National Curriculum for Initial Teacher Education* (ein Rahmencurriculum für die Erstausbildung von Lehrkräften) eingeführt, das den Anforderungen des landesweit geltenden Grundschulcurriculums Rechnung trägt. Es hatte den Anspruch, neben der für eine Lehrtätigkeit an Grundschulen erforderlichen fachlichen Spezialisierung auch den Elementarbereich als spezielles Handlungsfeld anzuerkennen.

Die Aus- und Weiterbildung von Lehrkräften untersteht in England der zentralen Aufsicht durch die *Training and Development Agency for Schools* (TDA). Erst kürzlich gab die Regierung den Plan bekannt, die TDA von einer ressortunabhängigen öffentlich-rechtlichen Körperschaft in eine Exekutivbehörde des Bildungsministeriums umzuwandeln. Die TDA verwaltet die Mittel für die Erstausbildung von Lehrkräften und bietet Informationen und Beratung rund um den Lehrerberuf. Qualifizierungsprogramme für andere Personalsegmente im Elementarbereich, wie zum Beispiel Kinderpflegerinnen, gehörten bislang nicht zu ihrem Aufgabengebiet.

In den Jahren 2000 bis 2011 mussten sich alle Berufsneulinge nach Erwerb des Qualified Teacher Status bei einer berufsständischen Organisation, dem *General Teaching Council* (GTC), registrieren lassen. Das GTC diente der Lehrerschaft als Selbstregulierungsinstanz und Interessenvertretung. Diese Standesvertretung sollte 2012 aufgelöst und ein neues Verfahren für die Ahndung von schwerem professionellem Fehlverhalten eingeführt werden. Mortimer (2011) äußert die Befürchtung, dies könne der Transparenz abträglich sein, und sieht deutliche Diskrepanzen zu den Verfahrensweisen in anderen akademischen Berufen, wie zum Beispiel in Medizin oder Rechtswesen.

Die Ausbildung von pädagogischen Fachkräften für den Elementarbereich

Um die staatliche Anerkennung *Qualified Teacher Status* zu erlangen, gibt es im Prinzip zwei Wege: Wer keinen ersten Hochschulabschluss mitbringt, muss in der Regel ein drei- bis vierjähriges Studium absolvieren. Es besteht aus Fachstudium und berufspraktischer Ausbildung einschließlich umfangreicher Schulpraktika. Wer bereits über einen ersten Abschluss verfügt, erwirbt normalerweise in einem Aufbaustudium das *postgraduale Graduate Certificate in Education* (PGCE). Entsprechende Programme werden als Vollzeit- oder Teilzeitstudium sowie als Fernlehrgang angeboten. Nach Abschluss der Ausbildung und Übernahme in den Schuldienst werden die Berufsneulinge über zwei Jahre hinweg kontinuierlich beobachtet und evaluiert.

Es musste lange darum gekämpft werden, den Qualified Teacher Status frühpädagogischen Fachkräften zugänglich zu machen. Wie bereits angedeutet, gibt es eine dezidierte Ausbildung von Lehrkräften in England seit dem frühen 19. Jahrhundert. Inspiriert durch die „Pioniere der Pädagogik“, wie zum Beispiel Fröbel und Montessori, wurde dieser Ausbildungsgang von Organisationen der Öffentlichen Wohlfahrt ins Leben gerufen. Und in gewisser Weise beeinflusst dies die Ausbildungsprogramme bis heute.

Im Jahr 1814 erstellte die British Society ein Konzept für die Erstausbildung von Grundschullehrkräften, die mit einem Lehrerzertifikat abschloss. Voraussetzung war eine Berechtigung zum Hochschulstudium, und die Ausbildung umfasste Allgemeinbildung, berufspraktische Schulung, eine Abschlussprüfung sowie eine anschließende Probezeit. Das Modell diente bis in die frühen 1970er Jahre als Orientierungsrahmen für die Ausbildung von Lehrkräften. Alle Lehrerbildungsgänge wurden im Jahr 1960 auf eine Dauer von zwei bis drei Jahren aufgestockt.

Entwicklungen im Bereich der frühpädagogischen Qualifizierung waren bisher durchweg so eng mit der Grundschullehrerbildung verzahnt, dass es schwierig ist, in politischen Strategiepapieren genau das zu identifizieren, was sich speziell auf die Ausbildung frühpädagogischer Fachkräfte bezieht. Die Lehrerbildung insgesamt wurde bis 1969 massiv ausgeweitet, ab dann kam es wieder zu einem deutlichen Rückgang. Ein entscheidender Schritt war die Einführung des vierjährigen Studiums zum *Bachelor of Education* (B.Ed.) ab Mitte der 1960er Jahre, wodurch der Lehrerberuf akademischen Status bekam. Mancherorts wurde das Studium später wieder auf drei Jahre verkürzt. Zu dieser Zeit war die Ausbildung in Frühpädagogik auf die

Arbeit mit Kindern im Alter von drei bis sieben (oder 3 bis 8) Jahren ausgerichtet. Der *James Report*[23] von 1972 belegt den Niedergang der kleineren *Teacher Training Colleges* (Pädagogische Fachschulen) zugunsten von Hochschulen mit breiterem Fächerspektrum (*Her Majesty's Stationary Office* 1972). Wie Hevey und Curtis (1996) beschreiben, führte diese Entwicklung im Laufe der 1970er Jahre zu einem erheblichen Schwund an Ausbilderinnen und Ausbildern mit umfassender frühpädagogischer Erfahrung und Expertise, deren akademisches Profil jedoch nicht in das neue System passte. Darüber hinaus legte die für die Zulassung von Ausbildern zuständige Kommission (*Council for the Accreditation of Teachers,* kurz CATE) fest, dass Lehrende hinsichtlich der Altersgruppe, die Gegenstand ihrer Lehrveranstaltungen ist, über „maßgebliche und zeitnahe" Erfahrungen verfügen müssen. Das Resultat war ein weiterer Rückgang an qualifizierten Ausbildungskräften für Klein- und Kleinstkindpädagogik, was letztlich dazu führte, dass entsprechende Kurse auf nicht geeignetes Lehrpersonal zurückgreifen mussten oder ganz eingestellt wurden (Abbot & Kane 1996).

Entscheidenden Einfluss auf die Entwicklung der Lehrerbildung hatte der Regierungserlass *The Initial Training of Primary School Teachers* von 1993. Darin wurde aufgeführt, über welche Kenntnisse und Fertigkeiten Nachwuchslehrkräfte verfügen sollen, und festgelegt, dass das Studium in signifikantem Umfang Schulpraxis beinhalten muss und die Ausbildungsinstitute ihre Studiengänge in Kooperation mit Schulen zu entwickeln haben. Ab dem Jahr 1994 waren diese Kriterien für alle Studiengänge bindend. Darüber hinaus verfügte der Erlass, dass durch die geregelte Anerkennung von anderweitig erbrachten Studienleistungen (*Accreditation of Prior Learning,* kurz APL) bzw. von Berufserfahrung (*Accreditation of Prior Experiential Learning,* kurz APEL) alternative Wege in das Lehrerstudium zu eröffnen sind. Zudem wurde gefordert, dass das Studium zum *Bachelor of Education* sechs Kernfächer umfassen sollte, damit Grundschullehrkräfte die gesamte Bandbreite des Curriculums abdecken können. Abbot, David und Miller (1996) stellten jedoch fest, dass dabei den Ausbildungsbedürfnissen von angehenden frühpädagogischen Fachkräften kaum Beachtung geschenkt wurde.

Der *Education Act* (Bildungsgesetz) von 1994 führte zur Einrichtung der *Teacher Training Agency* (TTA)[24], die für die Vergabe von Mitteln für Lehrerbildung sowie für Qualitätsstandards und deren Einhaltung zuständig war. Das von der TTA angeregte drei- anstatt des bislang vierjährigen Studiums zum Bachelor of Education stieß zunächst auf Ablehnung, da vielfach befürchtet wurde, dass Ansehen und Qualität der Ausbildung darunter leiden könnten. Die aus frühpädagogischer Sicht bedauerliche Konsequenz war jedoch, dass bei der Überarbeitung der Studiengänge vorrangig die Lehrinhalte in Mathematik, Englisch, Leistungsdokumentation, Berichtswesen und Qualitätssicherung der Überprüfung unterzogen wurden, ohne nach altersgruppenspezifischen Bedürfnissen zu differenzieren. Zwar formulierte die TTA die klare Vorgabe, „die Ausbildung von Lehrkräften darf in der Elementarpädagogik nicht weniger gründlich sein als in jedem anderen Bereich" (Abbott, David & Miller 1996, S. 31), aber auch hier wurde nicht hinterfragt, ob diese Ausbildung überhaupt eine angemessene Qualifikation für die Tätigkeit mit Klein- und Kleinstkindern bietet.

---

[23] *Abschlussbericht des Government Committee of Inquiry into Teacher Education and Training (Regierungskommission zur Überprüfung der Lehrerbildung), nach dem Vorsitzenden, Lord James of Rusholme, kurz „James Report" genannt. Die Kommission empfahl eine grundlegende Reform der Lehrerbildung und betonte die Notwendigkeit der Zusammenarbeit aller beteiligten Institutionen, Gruppen und Personen, insbesondere durch stärkere Einbindung von Schulen und aktiven Lehrkräften. Der Bericht hatte maßgeblichen Einfluss auf die weitere Gestaltung der Lehrerbildung.*

[24] *Die Teacher Training Agency war die Vorläuferinstitution zur o. g. Training and Development Agency for Schools (TDA) (Anm. d. Hrsg.).*

Eine Regierungsrichtlinie (DES 1993) legte fest, dass Studierende mit Abschlussziel Bachelor of Education mehr als die Hälfte ihrer Studienzeit für das reine Fachstudium aufwenden und zusätzlich die Kernfächer des Grundschulcurriculums (Naturwissenschaften, Mathematik und Englisch) belegen müssen. So wurde die für spezifisch frühpädagogische Lehrinhalte zur Verfügung stehende Zeit erheblich beschnitten – und an dieser Situation hat sich bis heute wenig geändert (siehe Abschnitt 6.6. & 7: Interviewergebnisse und Diskussionsteil).

Im Jahr 1997 beschloss die Regierung ein neues Rahmencurriculum für die Erstausbildung von Lehrkräften. Für Studierende der Frühpädagogik zog diese Neufassung einige Konsequenzen nach sich (Abbot & Kane 1998). Genannt wurden unter anderem:

- Der Bedarf nach angemessen qualifizierten multiprofessionellen Fachkräften mit speziellen Wissensgrundlagen in den Bereichen Kindesentwicklung, Pädagogik und Spiel sowie hinsichtlich sozialer, kultureller und politischer Aspekte
- Schwierigkeiten bei der genauen Eingrenzung der Segmente „Elementarbereich" bzw. „Frühe Kindheit"
- Die Einführung eines aufgaben- und kompetenzorientierten Ausbildungskonzepts, wonach die Inhalte der Lehrerbildung über die berufspraktischen Anforderungen an Lehrkräfte zu definieren sind; dieses Konzept folgte einem allgemeinen Trend, professionelle Qualifikationen stärker auf die Erfordernisse des jeweiligen Praxisfeldes auszurichten.

Weitere Regierungsrichtlinien aus den 1990er Jahren legten Kompetenzen und Standards für Lehrkräfte fest, wobei der Elementarbereich allerdings nur knapp Erwähnung fand (a.a.O.). So besagte zum Beispiel ein Erlass an die zuständigen örtlichen Behörden, dass „alle Einrichtungen, die Frühbildung anbieten, über eine Lehrkraft mit Qualified Teacher Status verfügen sollen" (a.a.O., S. 57), ohne explizit Bezug auf eine spezielle Ausbildung für die Arbeit im Elementarbereich zu nehmen.

Das Bestreben, durch verstärkte staatliche Regulierung strengere Ausbildungsstandards zu etablieren, weckte aufseiten der Lehrenden Zweifel, ob *diese* Ausbildung angemessen für die pädagogische Arbeit mit Klein- und Kleinstkindern qualifiziert (mehr dazu im Abschnitt „Ausbildungsstandards und -inhalte").

Frühpädagogische Fachkräfte

In den 1990er Jahren war Großbritannien weltweit eines der wenigen Länder, das allen frühpädagogischen Fachkräften den Status einer zertifizierten Lehrkraft zuerkannte (Pugh 1996). Während die Regierung Richtlinien erließ, wonach in jeder frühpädagogischen Einrichtung eine Fachkraft mit Qualified Teacher Status zur Verfügung stehen sollte, wurde die Passgenauigkeit ihrer Ausbildung zunehmend infrage gestellt.

Pugh bringt deutlich auf den Punkt, welchen Stellenwert die frühpädagogische Ausbildung seinerzeit hatte: „Problematisch bei der Integration der vorschulischen Arbeit in die allgemeine schulbezogene Lehrerbildung ist, dass die Pflichtschulzeit als wichtiger gilt und die frühe Kindheit vernachlässigt wird" (a.a.O., S. 14). Außerdem war die Mehrheit der in Eingangsklassen tätigen Lehrkräfte nicht für die Arbeit mit vier- bis fünfjährigen Kindern ausgebildet. Im Rahmen einer landesweiten Untersuchung der Beschäftigtenprofile im Elementarbereich erhoben Blenkin und Yue (1994) Daten zum Ausbildungshintergrund. Danach waren nur 23 Prozent der Beschäftigten speziell für die Altersgruppe drei bis acht Jahre geschult, wovon wiederum lediglich ein Drittel (32,8 %) eine Erstausbildung für die Altersgruppe drei bis fünf Jahre absolviert hatte. Weitere 9,3 Prozent hatten Ausbildungsgänge abgeschlossen, die auch die Arbeit mit Kindern unter fünf Jahren einbezogen. Die Mehrheit (65,7 %) brachte jedoch keine Erstausbildung für die Zielgruppe der Unter-Achtjährigen mit, und die Mehrzahl derer, die pädagogisch mit Kindern dieses Alters arbeiteten, verfügte über keinen Hochschulabschluss, denn der *Qualified Teacher Status* konnte bis in die frühen 1960er Jahre auch über das *Certificate of Education* an einem *Teacher Training College* erworben werden. Nach Blenkin und Yue (1994) offenbaren diese Untersuchungsergebnisse den geringen Grad an fachlicher Spezialisierung innerhalb der frühpädagogischen Ausbildung und zeigen zudem, dass nur ein kleiner Teil derjenigen, die pädagogisch mit Kindern unter acht Jahren arbeiteten, entsprechende Zusatzqualifikationen aufweisen konnte. In ihrem Bericht heißt es: „Es ist evident, dass ein erheblicher Teil der Pädagoginnen und Pädagogen, die für Unter-Achtjährige verantwortlich sind, keine Ausbildung mitbringt, die speziell auf die Bedürfnisse kleiner Kinder und ihrer Familien zugeschnitten ist" (a. a. O., S. 18).

Mitglieder der Fachgruppe *Early Years* der British Educational Research Association (darunter auch Miller, eine der Autorinnen dieses Beitrags) verfassten 2003 eine Studie zum selben Thema, in der sie anmerken, dass eine vom Ministerium für Bildung und Arbeit *(Department of Education and Employment)* herausgegebene Dokumentation der Zu- und Abgänge von Lehrkräften – als „maßgebliche Datengrundlage" bezeichnet – keine Angaben zur Zahl der Lehrkräfte mit dezidiert frühpädagogischer Ausbildung enthält (British Educational Research Association 2003, S. 33). Derartige Daten scheinen bis heute nicht vorzuliegen.

Tabelle 3: Übersicht der wichtigsten Zugangswege zur elementar- und primarpädagogischen Erstausbildung (Stand: 1990er Jahre)[25]

Bachelor of Education (B. Ed.)
Der Bachelor of Education war der wichtigste Studienweg zum Erwerb des Qualified Teacher Status. Die Studieninhalte umfassten Schul- und Lehrpraxis, erziehungswissenschaftliches Studium und Fachstudium, Vertiefungsgebiete im Wahlbereich (z. B. Pädagogik der frühen Kindheit), Fächer des Vor- und Grundschulcurriculums. Bis in die 1960er Jahre war die Lehrerbildung hauptsächlich an Teacher Training Colleges (Pädagogischen Fachschulen) angesiedelt und wurde dann an die Universitäten überführt; die Studiengänge dauerten entweder drei oder vier Jahre.
Postgraduales Certificate of Education (PGCE)[23]
Für Hochschulabsolventinnen und -absolventen (mit anderen Abschlüssen als dem B.Ed.) war das postgraduale Aufbaustudium zum PGCE der wichtigste Weg zum Erwerb des Qualified Teacher Status. Die Studieninhalte umfassten Schul- und Lehrpraxis, erziehungswissenschaftliches Studium und Fachstudium, Vertiefungsgebiete im Wahlbereich (z. B. Pädagogik der frühen Kindheit), Fächer des Vor- und Grundschulcurriculums. Bis in die 1960er Jahre war auch die postgraduale Lehrerbildung hauptsächlich an Teacher Training Colleges angesiedelt und wurde dann an die Universitäten überführt. Die Studiengänge dauerten entweder ein Jahr in Vollzeit oder zwei Jahre in Teilzeit.

Zum damaligen Zeitpunkt gab es insgesamt 50 Voll- und Teilzeitstudiengänge zum PGCE und 33 Studiengänge zum B. Ed.

---

[25] *Quelle: Department of Education and Science 1990.*

[26] *In Großbritannien, wo das zweistufige Studium eine lange Tradition hat und der Bachelor als berufsqualifizierender Abschluss etabliert ist, wird deutlich seltener konsekutiv studiert als in Deutschland. Das Aufbaustudium nach fachlich anders gelagertem Erstabschluss, das hierzulande als „Quereinstieg" in den Lehrerberuf gelten würde, ist dort ein ganz normaler Weg (Anm. d. Hrsg.).*

Entwicklungslinien in der Ausbildung pädagogischer Fachkräfte für den Elementarbereich: Fragestellungen und Probleme

Im Jahr 1992 gründete eine Gruppe von Ausbildern im Schwerpunkt „Frühe Kindheit" zusammen mit Fachleuten aus der kommunalen Politikberatung die beim National Children's Bureau (NBC) angesiedelte *Early Years Training Group* (Arbeitsgruppe frühpädagogische Ausbildung), um kritische Punkte hinsichtlich der zukünftigen Ausbildungsstrategie für die Arbeit mit Kleinkindern zu diskutieren – insbesondere das Missverhältnis zwischen den Ausbildungs- und Qualifizierungsmöglichkeiten der Beschäftigten in Kindertageseinrichtungen und anderen Elementareinrichtungen im Vergleich zur Lage an den Schulen. Im Zuge dessen riefen einige an Universitäten tätige Arbeitsgruppenmitglieder spezielle Studiengänge und -abschlüsse in *Early Childhood Studies* ins Leben, die hier später noch diskutiert werden. Eine zentrale Frage war, inwiefern sich Änderungen in der Lehrerbildung auch auf die Ausbildung frühpädagogischer Fachkräfte auswirken könnten. Die erste Publikation der Gruppe, *Education and Training for Work in the Early Years* (Pugh 1996), dokumentiert die Hauptanliegen, die sich in den Diskussionen herauskristallisiert hatten. In der Einleitung heißt es: „Die Gruppe vertritt die Überzeugung, dass die Zeit von der Geburt bis zum sechsten Lebensjahr als eigenständige Lebensphase anzusehen ist, in der Betreuung, Erziehung und Bildung miteinander verwoben sind, und für die eine fachlich spezialisierte Ausbildung erforderlich ist (a. a. O., S. 4).

Im Jahr 1993 wurde beim National Children's Bureau das *Early Childhood Education Forum* (Forum frühkindliche Bildung) eingerichtet, an dem auch die Early Years Training Group mitwirkte. Das Forum umfasste 40 große Organisationen, die mit (Klein-)Kindern arbeiten oder sich für ihre Belange engagieren und sich mit Fragen rund um die Ausbildung geeigneter Fachkräfte befassen. Ein Schwerpunkt war die erforderliche Personalentwicklung, d. h. die Schaffung gut ausgebildeter Teams mit akademisch qualifizierten Kernfachkräften. Diese Position wurde später auch von politischer Seite unterstützt (Abbott & Kane 1998).

In einer weiteren Veröffentlichung (Abbott & Pugh 1998) hob das Forum einige Entwicklungen jüngeren Datums hervor, die sich auf die Stellung der Frühpädagogik ausgewirkt hatten:

- Die Einführung von Bildungsgutscheinen für Kinder ab vier Jahren, die von den Eltern in einer Einrichtung ihrer Wahl eingelöst werden konnten, führte zu verstärktem Andrang in den bestehenden Grundschuleingangsklassen. Das System hatte allerdings nicht lange Bestand und seine Kritiker argumentierten, Ziel sei eher die möglichst frühe Einschulung gewesen und nicht die Förderung adäquater vorschulischer Bildung und Betreuung. So wurde zum Beispiel den kommunalen Bildungsbehörden vorgeworfen, die Einschulung Vierjähriger zu fördern, obwohl die Schulen gar nicht für die Arbeit mit so kleinen Kindern gerüstet seien –, denn so erübrige sich die Bereitstellung von Mitteln für den Auf- bzw. Ausbau ausgewiesener Elementareinrichtungen.
- Im Zuge einer Grundschulreform wurde ein neues landesweit verbindliches Rahmencurriculum für die Primarstufe eingeführt, das *National Curriculum for Primary Education.* Lehrkräfte an Schulen mussten den Schwerpunkt nun auf die Vermittlung von Fachwissen in den curricularen Kern- und Grundlagenfächern legen, wodurch die lehrerbildenden Institutionen ihrerseits gefordert waren, auch die Ausbildungsinhalte auf den Unterricht dieser Fächer zuzuschneiden. Von den Lehrenden verlangte das damals als Aufsichtsbehörde zuständige *National Curriculum Council*[27] zudem die Kompetenz, die Lernfortschritte ihrer Schülerinnen und Schüler zu messen und zu bewerten (Abbott & Kane 1998).

---

[27] *Das National Curriculum Council (NCC) bestand von 1988 bis 1993. Es unterstand unmittelbar dem Bildungsminister und fungierte als oberste Dienstaufsicht für die Umsetzung und Einhaltung des Rahmencurriculums (siehe http://discovery.nationalarchives.gov.uk/SearchUI/Details.mvc/Collection/?iAID=136) (Anm. d. Hrsg.).*

Allerdings gab es unter den Mitgliedern des Forums recht unterschiedliche Ansichten darüber, wer nun als „akademisch qualifizierte Kernfachkraft" des Elementarbereichs gelten solle. Während die einen das Konzept einer integrierten, interdisziplinären akademischen Qualifikation wie der genannten *Early Childhood Studies Degrees* sehr begrüßten (Fawcett & Calder 1998), befürchteten andere, diese könnten als minderwertiger Abschluss verstanden werden und sich in der Konsequenz negativ auf das Ansehen auch der frühpädagogischen Fachkräfte mit *Qualified Teacher Status* auswirken. Übereinstimmung herrschte jedoch dahingehend, dass die gängige Lehrererstausbildung aus frühpädagogischer Sicht völlig ungeeignet ist, da sie die Altersgruppe unter fünf Jahren nicht ausreichend berücksichtigt (Abbott & Kane 1998).

5. Personalentwicklung im Elementarbereich: Qualifizierung der Beschäftigten

5.1 Beschäftigtenstruktur, Berufsbilder und Aufgabenteilung

Eingangs wurde bereits angemerkt, dass Frühpädagoginnen und -pädagogen in England nur einen Teil der Beschäftigten im Elementarbereich ausmachen. Obwohl keine amtlichen Daten zu ihrer genauen Zahl vorliegen, steht definitiv fest, dass sie die höchstqualifizierten und bestbezahlten Mitarbeiterinnen und Mitarbeiter der Branche stellen und die vergleichsweise größten Aussichten auf eine Anstellung im öffentlichen Sektor haben.

Im Elementarbereich finden sich vor allem zwei Gruppen von Beschäftigten: Zum einen gibt es circa 280.000 Betreuungskräfte, die zumeist weiblich und im Schnitt 35 Jahre alt sind. Sie werden schlecht bezahlt und weisen ein niedriges Qualifikationsniveau auf. Hinzu kommen 299.000 Lehrkräfte. Theoretisch können diese sowohl elementar- als auch primarpädagogisch qualifiziert sein, denn mangels entsprechender Daten lässt sich nicht sagen, wie viele lediglich mit Kindern unter fünf Jahren arbeiten, ohne speziell für diese Altersgruppe ausgebildet zu sein. Im Jahr 2006 war die Mehrzahl der Lehrkräfte zwischen 35 und 49 Jahre alt. Der Männeranteil lag bei ungefähr 15 Prozent. In dieser Gruppe verfügten annähernd drei Viertel über einen Hochschulabschluss als höchste berufliche Qualifikation, und die Einkommen waren fast dreimal so hoch wie die der Betreuungskräfte. Zusätzlich gibt es 281.000 Pädagogische Assistenzkräfte *(educational assistants*[28]*)* in Vorschulen und Schulen, deren Profil dem der Betreuungskräfte vergleichbar ist (Simon et al. 2008).

Wir lassen die Situation der pädagogischen Fachkräfte nun vorerst beiseite und werfen einen kurzen Blick auf die Vorstöße, die aus der Praxis wie auch vonseiten der Regierung unternommen wurden, um das Qualifikationsniveau der Betreuungs- und Assistenzkräfte zu steigern. Dabei beschäftigen wir uns nicht mit der Vielzahl an Zusatzqualifikationen und Zertifikaten für Beschäftigte mit niedrigerem Ausbildungsniveau, sondern beschränken uns allein auf die Programme, die einen höheren formalen Abschluss ermöglichen.

Bachelor in Early Childhood Studies

Wie bereits erwähnt, wurden Studiengänge in *Early Childhood Studies* (ECS) ins Leben gerufen, um einen auf die frühe Kindheit spezialisierten Ausbildungsweg auf Bachelorniveau zu

---

[28] *Educational assistants sind ansatzweise mit Schulhelfer/innen vergleichbar, d. h. sie kommen vor allem bei integrativer Beschulung zum Einsatz (Anm. d. Hrsg.).*

eröffnen. Derzeit bieten 47 Bildungseinrichtungen Abschlüsse in ECS an (Early Childhood Studies Degrees Network 2010). Allerdings befähigen diese wissenschaftlich ausgerichteten Abschlüsse nicht für die praktische Arbeit mit Kindern. Auch die Einführung des Wahlbereichs „Praxisoption" trug nicht dazu bei, einen als berufsbefähigend anerkannten akademischen Qualifizierungsweg zu schaffen (Calder 2008).

Basisabschluss in „Early Years" und der Status „Senior Practitioner"

Der im Jahr 2000 eingeführte berufsbefähigende Basisabschluss (*Foundation Degree,* kurz FdA) wird für ein zweijähriges Kurzstudium innerhalb eines normalen dreijährigen Regelstudiengangs vergeben; zum Erwerb des Bachelorgrads muss noch ein drittes Jahr angehängt werden. Spezielle praxisorientierte Basisabschlüsse für den Elementarbereich wurden von den Arbeitgebern sehr begrüßt und erhielten regen Zulauf. Mittlerweile existieren 180 derartige Programme. Beschäftigte mit FdA sollten in Kindertageseinrichtungen als *Senior Practitioners* (erfahrene Fachkräfte) mit Aufsichtsfunktion eingesetzt werden, bekamen aber nicht automatisch ein höheres Gehalt und bessere arbeitsvertragliche Bedingungen. Die Absolventinnen und Absolventen können auch ihr Studium fortsetzen, um einen Bachelorgrad und den Qualified Teacher Status zu erwerben. Den Basisabschluss FdA gibt es nach wie vor, aber der besondere Rang des *Senior Practitioner* wurde 2007/2008 wieder abgeschafft.

National Professional Qualification in Integrated Centre Leadership für Leitungskräfte in Children's Centres

Das Programm *National Professional Qualification in Integrated Centre Leadership* (NPQICL) wurde als landesweit anerkannte Fortbildung aufgelegt, die Leitungskräften in Children's Centres helfen soll, „nahtlos integrierte, qualitativ hochwertige Dienstleistungen für Säuglinge, Kinder und Familien anzubieten" (National Centre for School Leadership 2007, S. 4). Institutionell angesiedelt war dieses Programm am National College for School Leadership, der staatlichen Aus- und Fortbildungsstätte für pädagogische Führungskräfte. Formale Zugangsvoraussetzung ist ein wissenschaftlicher Bachelorabschluss (sog. *Honours Degree*). Das Programm entspricht dem Niveau eines Masterstudiums und steht somit auf derselben Stufe wie die Qualifikation als Schulleiterin bzw. Schulleiter. Der Kurs dauert ein Jahr und beinhaltet die Teilnahme an Unterrichtseinheiten und am Mentoring-Programm sowie eine Reihe von schriftlichen und praktischen Aufgabenstellungen. Obwohl diese Initiative eine ganze Reihe neuer Führungskräfte hervorgebracht hat, gibt es nach Whalley (2011) nach wie vor eine Reihe von Problemen, insbesondere hinsichtlich der effektiven interprofessionellen Kommunikation und Kooperation in den Children's Centres.

Early Years Professional Status

Die sicherlich bedeutsamste Entwicklung war die Einführung der speziellen Kategorie *Early Years Professional Status* (EYPS) für qualifizierte Fachkräfte im Elementarbereich. Dies geschah mit dem Anspruch, die Fachkräfte mit EYPS den Lehrkräften mit Qualified Teacher Status gleichzustellen. Das Ziel wurde allerdings nicht erreicht. Im Zuge eines im Jahr 2005 von der Regierung einberufenen Beratungsverfahrens zum Thema „Arbeit mit Kindern" wurde anerkannt, dass der Elementarbereich akademisch qualifizierter Fachkräfte bedarf (DfES 2005). Dafür maßgeblich waren die Untersuchungen von Sylva und Kollegen (2003, 2010), die einen Zusammenhang zwischen Angebotsqualität und Personalqualität nachweisen konnten. Besonders deutlich wirkte sich der Einsatz hoch qualifizierter Fachkräfte auf die soziale Entwicklung und die Lernfortschritte von Kindern aus ökonomisch benachteiligten Wohngegenden aus. Die größten Erfolge konnten laut der Studien jene Einrichtungen verbuchen, die Bildung und Betreuung miteinander verbanden, in öffentlicher Trägerschaft standen und akademisch ausgebildete pädagogische Fachkräfte einsetzten. Dementsprechend kam die Regierung zu dem Schluss, dass Personalentwicklung durch Ausbildung und Qualifizierung ganz entscheidend zur Erhöhung der Angebots- und Leistungsqualität beiträgt. Um gute Arbeitsergebnisse zu gewährleisten, so die Empfehlung von Sylva und Kollegen (2003, 2010), sollten leitende Positionen im Elementarbereich maßgeblich mit ausgebildeten Lehrkräften – oder *gleichwertig qualifizierten* Personen – besetzt werden. Es wurde jedoch nie spezifiziert, was genau als „gleichwertig" gelten kann. Allerdings verfügten seinerzeit nur wenige Beschäftigte in Kindertageseinrichtungen über einen Hochschulabschluss (Simon et al. 2008; DCSF 2007) – schon gar nicht in den Einrichtungen privatwirtschaftlicher oder freier Trägerschaft. Die hier Beschäftigten weisen im Vergleich zu den deutlich erfolgreicheren öffentlich organisierten Einrichtungen ein niedrigeres Qualifikationsniveau auf. Nun galt es, dieses Gefälle auszugleichen, ohne die weitgehend nach marktwirtschaftlichen Prinzipien organisierte Bereitstellung von frühkindlicher Bildung und Betreuung zu gefährden.

Als Statusäquivalent zum Qualified Teacher wurde daraufhin die Personalkategorie *Early Years Professional* (EYP) eingeführt. Geplant war, dass bis zum Jahr 2010 jedes Children's Centre über eine bzw. einen EYP verfügen sollte, und bis 2015 auch jede andere Ganztagseinrichtung. Abhängig von Berufserfahrung und mitgebrachtem (Aus-)Bildungsniveau wurden den Beschäftigten vier Wege eröffnet, um durch Schulungen bzw. ein Begutachtungsverfahren den EYP-Status zu erwerben.

- **Weg 1:** eine 3-monatige *Validierungsphase* (Teilzeitprogramm für berufserfahrene Bewerberinnen und Bewerber zur Validierung ihres bestehenden Fachwissens, ihres fachlichen Könnens und ihrer Erfahrungen)
- **Weg 2:** eine 6-monatige Fortbildung (sog. „kurze EPD" – *extended professional development pathway* – Teilzeitkurs für praxiserfahrene Bewerberinnen und Bewerber zur Erweiterung ihrer Fachkenntnisse auf Grundlage der im Elementarbereich geltenden fachlichen Standards[29])
- **Weg 3:** eine 15-monatige Fortbildung (sog. „lange EPD" – Teilzeitkurs für Bewerberinnen und Bewerber mit Basisabschluss wie FdA, um durch Erweiterung ihrer Fachkenntnisse den im Elementarbereich geltenden fachlichen Standards zu genügen)
- **Weg 4:** eine 12-monatige Weiterbildung (Vollzeitkurs für Bewerberinnen und Bewerber mit Hochschulabschluss – u. U. aus einem anderen Fachgebiet – und geringer Berufserfahrung mit Kindern unter 5 Jahren) (CWDC 2006).

Das ganze Konzept steht in engem Zusammenhang mit der Einführung eines speziellen Vorschulcurriculums mit verbindlichen Standards für den Elementarbereich (*Early Years Foundation Stage,* kurz EYFS). Bei der Umsetzung in die Praxis sollten Beschäftigte mit EYP eine führende Rolle einnehmen und ihren Kolleginnen und Kollegen als Vorbild für gute Praxis *(good practice)* dienen. Mittlerweile haben rund 10.000 Early Years Professionals die Qualifizierung erfolgreich abgeschlossen oder sind in Fortbildung. Das ist ein guter Anfang, umfasst aber nur einen Bruchteil der insgesamt 280.000 Betreuungskräfte im Elementarbereich. Außerdem gibt es eine Reihe von Problemen: Zum einen ist nicht gewährleistet, dass EYPs nach Einkommen und vertraglichen Konditionen den pädagogischen Fachkräften mit QTS tatsächlich gleichgestellt sind. Die Mehrzahl der EYPs ist bei privatwirtschaftlichen oder unabhängigen Trägern beschäftigt, ihre Gehälter werden zumeist nicht öffentlich bezuschusst und hängen somit von den Beitragszahlungen der Eltern ab. Es ist davon auszugehen, dass die Einkommen von Fachkräften mit EYP-Status niedriger liegen als die derjenigen mit QTS, die explizit als Lehrkräfte angestellt sind. Zweitens müssen Bewerberinnen und Bewerber, die den beschriebenen zwölfmonatigen Vollzeitkurs besuchen, Praxisphasen in Elementareinrichtungen absolvieren, um Erfahrung in der Arbeit mit Kindern zu sammeln. An ihrem Praktikumsplatz können sie dabei die formal

---

[29] *Die Wege 1 und 2 könnten auch als „kompetenzbasierte Qualifizierung" bezeichnet werden (Anm. d. Hrsg.).*

am höchsten qualifizierte Kraft sein, gleichzeitig jedoch die mit der geringsten praktischen Erfahrung. Dies kann zu Spannungen führen, wenn solche Nachwuchskräfte von erfahrenen Mitarbeiterinnen und Mitarbeitern, die selbst nicht die einschlägigen Voraussetzungen für eine Weiterqualifikation zum EYP mitbringen, angeleitet und beaufsichtigt werden sollen.

Ein Hauptproblem des EYP-Programms besteht darin, dass es nicht dazu beiträgt, den wachsenden Bedarf an ausgewiesenen *frühpädagogischen* Fachkräften zu decken. Zudem besteht die Gefahr der „Ghettoisierung" von Early Years Professionals in schlechter bezahlten Stellen bei privatwirtschaftlichen oder unabhängigen Trägern (Hevey 2007).

Akademisch ausgebildete Führungskräfte für den Elementarbereich

Die Canterbury Christ Church University startete 2011 das Programm *New Leaders in Early Years* (Neue Leitungskräfte im Elementarbereich), das vom Children's Workforce Development Council – einer öffentlich-rechtlichen Körperschaft, deren Aufgabe die Personalentwicklung im Erziehungs- und Bildungswesen ist – finanziert wird (CWDC 2010, 2011). Das Programm soll in zwei Durchgängen je 30 „hochkarätige" Hochschulabsolventinnen und -absolventen mit herausragenden Führungsqualitäten aufnehmen. Von ihnen verlangt werden umfassende Kenntnisse und Fähigkeiten sowie viel Engagement, um für „alle Kinder das Beste zu erreichen". Sie erwerben einen Mastergrad in „Frühe Kindheit, Betriebsführung und Management" und bekommen nach Abschluss den *Early Years Professional Status* verliehen. Der Erfolg dieses neuen Qualifikationsweges muss sich erst noch zeigen. Der Bedarf an dezidiert frühpädagogischen Fachkräften wird damit ebenfalls nicht gedeckt.

5.2 Bestandsaufnahme der Qualifikationen im Elementarbereich

Vor Kurzem hat die Regierung eine unabhängige Bestandsaufnahme der Qualifikationen im Elementarbereich in Auftrag gegeben, die unter Leitung von Cathy Nutbrown, Professorin für Erziehungswissenschaft und Forschungsleiterin an der School of Education der University of Sheffield, durchgeführt wird. Schwerpunktmäßig soll untersucht werden, wie Qualifizierungsmaßnahmen den beruflichen Werdegang der Beschäftigten im Elementarbereich befördern und gleichermaßen den Bedürfnissen der Arbeitgeber entgegenkommen können. Die Studie läuft parallel zur Überprüfung der Standards für den Early Years Professional Status, die derzeit vom Children's Workforce Development Council durchgeführt wird.

Weitere Regierungsvorschläge zur Personalentwicklung im Elementarbereich sind:

- Die Einrichtung von zehn sogenannten *Early Years Teaching Centres* nach dem Modell der Teaching Schools (eine Art „Lehrschulen" analog zu Lehrkrankenhäusern) zur Erhöhung des Qualifikationsniveaus im Elementarbereich
- Die Überlegung, wie das neue Konzept des *Specialist Leader of Education* (SLE)[30] angepasst werden kann, um auch im Elementarbereich Beschäftigten mit Qualified Teacher und Early Years Professional Status offen zu stehen

---

[30] *Der Specialist Leader of Education ist eine neu entwickelte Multiplikatorenfunktion: Leitungskräfte von Schulen sowie erfahrene Lehrkräfte mit speziellen Qualifikationen in Bereichen wie Personalführung, Programmentwicklung, Qualitätsmanagement etc. werden (nach weiterer Schulung) als Ansprechpartner/innen für Schulentwicklung an Partnerschulen eingesetzt. Das Programm steht unter der Federführung des National College for School Leadership (siehe http://www.nationalcollege.org.uk/index/professional-development) (Anm. d. Hrsg.).*

- Die Bereitstellung von Mitteln für das *National College of School Leadership,* um während der nächsten zwei Jahre 800 Schulungsplätze im Fortbildungsprogramm National Professional Qualification in Integrated Centre Leadership einzurichten; alle aktiven und angehenden Leitungskräfte von Children's Centres sind verpflichtet, diesen Lehrgang zu gegebener Zeit zu absolvieren.

Kritik an diesen Plänen kam von UNISON (Gewerkschaft für den öffentlichen Dienst). Der Gewerkschaftsvertreter Ben Thomas bemängelte das Fehlen einer kohärenten Strategie zur Einbeziehung aller Beschäftigtengruppen und bezweifelte insbesondere die Fähigkeit der neuen Teaching Agency[31], all diese Pläne für den Elementarbereich umzusetzen (Faux 2011).

6. Struktur und Inhalte von Ausbildungsgängen für frühpädagogische Fachkräfte

6.1 Was ist „frühe Kindheit"?

Wie hier deutlich wird, gibt es hinsichtlich der Frage, welche Lebensjahre die „frühe Kindheit" umfasst, divergierende Ansichten – nicht zuletzt innerhalb der Lehrerbildung. Obwohl die allgemeine Schulpflicht mit fünf Jahren beginnt, werden die Begriffe „Frühe Kindheit" bzw. „Elementarbereich" nicht nur auf die vorschulische Phase bezogen, sondern auch auf die ersten Jahre der Pflichtschulzeit. Umgekehrt wird die Vorschule mitunter als Teil der Primarstufe definiert.

Pädagogikstudiengänge für die Elementar- und Primarstufe mussten die Altersgruppe von drei bzw. fünf bis zwölf Jahren abdecken, und dabei schwerpunktmäßig entweder die Altersgruppen drei bis fünf Jahre bzw. drei bis sieben Jahre oder fünf bis elf Jahre. Es sei ausdrücklich vermerkt, dass die Arbeit mit Kindern im Alter von null bis drei Jahren kein Gegenstand frühpädagogischer Ausbildung war, denn dies galt als die Domäne der „Kinderbetreuung".

Im Bericht *Starting with Quality* (DES 1990) – nach seinem Autor gemeinhin als *Rumbold Report* bekannt – heißt es, zu viele Lehrkräfte seien für die Arbeit mit älteren Kindern ausgebildet und es gäbe zu wenige auf die frühe Kindheit spezialisierte Ausbilderinnen und Ausbilder (Abbott & Kane 1998). Die Betonung schulfachbezogenen Wissens führe dazu, dass die meisten Studiengänge das Vorschulalter nicht angemessen berücksichtigten. Versuche, diesem Problem durch die Einführung entsprechender Vertiefungs- oder Wahlbereiche innerhalb primarpädagogisch orientierter Programme beizukommen, erwiesen sich in der Praxis weitgehend als unzulänglich, denn die Studienpläne boten weder Zeit noch Raum für spezifisch frühpädagogische Inhalte.

Laut *Rumbold Report* sollte sich die Erstausbildung von Lehrkräften auf die Altersgruppe der Drei- bis Achtjährigen konzentrieren, obwohl er auch die Zeit zwischen Geburt und viertem Lebensjahr als wichtig anerkannte. In seiner wegweisenden Studie *Start Right* (1994) vertrat Christopher Ball einen deutlich visionäreren Ansatz: Zielgruppe sollten Kinder von null bis

[31] *Ab April 2012 ist die neu eingerichtete Teaching Agency als Exekutivarm des Bildungsministeriums die zentrale Aufsichts- und Regulierungsbehörde des Bildungswesens und seiner Beschäftigten. Das auf Seite 62 angesprochene neue Verfahren für den Umgang mit professionellem Fehlverhalten liegt bei dieser Behörde (Anm. d. Hrsg.).*

sechs Jahren sein, und das Schuleingangsalter sei von fünf auf sechs Jahre heraufzusetzen. Dieser Vorschlag wurde nie aufgegriffen.

Unsere Auswertung der Internetseiten von Hochschulen ergab, dass in England derzeit 59 Bachelorprogramme im Angebot sind, die den Erwerb des Qualified Teacher Status in Frühkindlicher Bildung ermöglichen, und deren Ausbildungsinhalte auch die Arbeit mit Dreijährigen umfassen. In den meisten dieser Studiengänge geht es um Kinder im Alter von drei bis sieben Jahren oder im „frühen Grundschulalter". Hingegen konzentriert sich kein einziges Programm auf Kinder unter drei Jahren – ein Erbe des zweigeteilten Systems, das auf der Überzeugung basiert, „Bildung" beginne mit drei Jahren und sei im schulischen Umfeld zu verorten. Fast alle Programme können in Teil- *oder* Vollzeit studiert werden, sie werden sowohl auf Bachelorniveau angeboten als auch für Graduierte, also zum Erwerb des postgradualen Certificate of Education.

Der Mangel an spezialisierten Ausbilderinnen und Ausbildern für die pädagogische Arbeit mit den Allerjüngsten konnte zwischen 1990 und 2010 nicht behoben werden: „Lehrkräfte im schulischen Kontext (z. B. in Vorklassen) sind für die Arbeit mit Grundschulkindern ausgebildet, aber nicht zwangsläufig auch im Elementarbereich erfahren bzw. speziell dafür geschult. Darunter wird niemand für die pädagogische Arbeit mit Kindern unter drei Jahren ausgebildet sein" (Children in Scotland 2010, S. 27).

6.2 Ausbildungsstandards und -inhalte

In Großbritannien sind berufliche Ausbildungsgänge hochgradig reguliert, und die Lehrerbildung stellt hier keine Ausnahme dar. So muss die Ausbildung sicherstellen, dass Nachwuchslehrkräfte die landesweit geltenden professionellen Standards erfüllen. Andererseits sind die Programmverantwortlichen sehr bemüht, ihre Studiengänge inhaltlich so markant und attraktiv zu gestalten, dass sie auf dem Bildungsmarkt bestehen können.

Wie bereits erwähnt, wurden die Debatten über die angemessene inhaltliche Gestaltung der Ausbildung frühpädagogischer Fachkräfte in den 1990er Jahren durch die Bemühungen einer kleinen Gruppe engagierter Fachleute aus Wissenschaft und Praxis angestoßen. Besonders aktiv war das Early Childhood Education Forum, das mit seiner Kampagne letztlich einen gewissen Erfolg hatte.

Der *Rumbold Report* (DES 1990) stellte fest, dass sich die Einführung des landesweiten Grundschulcurriculums von 1988 auch auf die Lehrpläne der Elementarstufe ausgewirkt hatte, was wiederum Konsequenzen für die Ausbildung der dort Tätigen nach sich zog. Der Bericht empfahl ein eigenständiges Curriculum für Kinder unter fünf Jahren, dessen Schwerpunkt nicht auf Fachwissen liegen sollte, sondern auf „Erfahrungs- und Lernfeldern", die der ästhetischen und kreativen, sprachlichen und sozialen, körperlichen wie auch geistigen und moralischen Entwicklung dienen und Grundkenntnisse in Lesen und Schreiben, Mathematik, Naturwissenschaften und Technik vermitteln. So wurde betont, dass der kindliche Lernprozess untrennbar mit den konkreten Lerninhalten verwoben ist und der spielerischen Auseinandersetzung hier große Bedeutung zukommt. Diesen Ansatz vertrat auch die spätere *Start Right* Studie (Ball 1994).

Ball vertrat die Auffassung, dass die Qualität der pädagogischen Arbeit ganz entscheidend vom „Format" der beteiligten Lehrkräfte und der Qualität ihrer Ausbildung abhängt. In der Studie heißt es: „Frühpädagogische Fachkräfte benötigen ein hohes Maß an Wissen, Verständnis und Erfahrung, was für die pädagogische Arbeit mit älteren Kindern nicht in derselben

Weise erforderlich ist" (a. a. O., S. 59). So sollten akademisch qualifizierte Frühpädagoginnen und -pädagogen über drei Schlüsselkompetenzen verfügen: praktische Lehrkompetenz, theoretisch fundiertes Verständnis von Lernen, hohes Berufsethos. Daraus zog Ball den Schluss, dass die Ausbildung für den Elementarbereich nicht weniger ernsthaft oder anspruchsvoll sein dürfe als für die Arbeit mit anderen Altersgruppen. Erwähntermaßen wurde diese Position sogar vom Bildungsministerium vertreten, wenn auch umgekehrt mit Blick auf die Grundschullehrerbildung.

Obgleich die Frage, wie ein sinnvolles Elementarcurriculum auszusehen hat, während der 1990er Jahre ebenso ausgiebig diskutiert wurde wie die Rolle der Erwachsenen im kindlichen Lernprozess, wurde nach Abbott und Pugh „doch vergleichsweise wenig über die inhaltliche Ausgestaltung der Ausbildung dieser Erwachsenen geschrieben, obwohl so viel von ihnen abhängt" (1998, S. 151). Ihrer Ansicht nach sollte die Ausbildung auf bestimmten Prinzipien und Inhalten beruhen. Hinsichtlich der Prinzipien geht es darum,

- die Kinderrechte zu stärken und die Kompetenzen und Bedürfnisse von Kindern anzuerkennen,
- Chancengleichheit beim Bildungszugang zu verwirklichen, mit den Eltern partnerschaftlich zusammenzuarbeiten,
- Theorie und praktische Erfahrung zu verbinden.

Inhaltlich auf dem Programm stehen sollten:

- Kindliche Entwicklung
- Lernverhalten von Kleinkindern
- Teamarbeit
- Kindheit als soziale Konstruktion

Diese Inhalte sind meist nicht kompatibel mit Ausbildungsprogrammen, die sich am Fächerkanon der Grundschule orientieren. Sie stellen die Lehrerbildung vor eine große Herausforderung, vor allem angesichts des sehr geringen zeitlichen und thematischen Umfangs dezidiert frühpädagogischer Vertiefungsmöglichkeiten innerhalb primarpädagogischer Studiengänge. Manche der von uns untersuchten Studienangebote legen die Vermutung nahe, dass sich daran bis heute nicht viel geändert hat. Bereits 1998 schrieben Abbott und Pugh: „Die gegenwärtigen Lehrerbildungspläne sind weit davon entfernt, optimal auf die pädagogische Arbeit mit Kleinkindern vorzubereiten" (S. 153). Berufliche Weiterbildung wird als ein möglicher Weg vorgeschlagen, um frühpädagogischen Fachkräften die notwendige Unterstützung zu bieten.

Während der vergangenen beiden Jahrzehnte wurde viel Energie darauf verwandt, die Bildungsstandards in der Grundschule zu erhöhen, was zu verstärkten staatlichen Eingriffen und zur Straffung des Curriculums führte. Letzteres betraf sowohl die Schulen selbst als auch die Lehrererstausbildung (Devereux & Cable 2008; Staggs 2011).

Unterschiedliche konzeptionelle Auffassungen von „Kind" und „Kindheit" und davon, was und wie Kinder lernen, schlugen sich in unterschiedlichen curricularen Ansätzen nieder (Bennett 2001). Die staatlichen Vorgaben zur Lernsteuerung und Leistungsbewertung beruhen auf der Definition zentraler Lernfelder und Lernziele, die nach einem Stufenkonzept bearbeitet werden sollen. Dazu schreibt Staggs (2011), der Ansatz sei als „Verschulung" der frühen Kindheit kritisiert worden, da er selbst bei den Jüngsten übermäßig Wert auf formales Lernen und die Vermittlung theoretischen Wissens lege (OECD 2006, S. 62). Statt spielerisches Lernen zu fördern, so hieß es, würden die pädagogischen Fachkräfte eher dazu animiert, sich auf das „strategische" Erfüllen staatlicher Vorgaben zu konzentrieren (Goouch 2008, S. 93).

Die Regierung führte 2008 ein Rahmencurriculum für die Arbeit mit Kindern unter fünf Jahren ein, das sogenannte *Early Years Foundation Stage* (EYFS)[32]. Auch dieser Rahmenplan beinhaltet zentrale Lernfelder und -ziele und sieht für deren Umsetzung ein Stufenkonzept vor. Das EYFS-Rahmencurriculum beruht auf vier Leitprinzipien:

- Einzigartigkeit jedes Kindes
- Ermöglichen positiver Beziehungen
- Schaffung eines fördernden Umfelds
- Lernen und Entwicklung

Formuliert werden Anforderungsstandards hinsichtlich Lernumgebung, Entwicklungsförderung und Fürsorgepflicht sowie der Frühlernziele (*Early Learning Goals,* kurz ELGs), die ein Kind bis zum Ende des fünften Lebensjahres im Normalfall erreicht haben sollte. Die ELGs umfassen fünf Lern- und Entwicklungsbereiche: a) Soziale und emotionale Persönlichkeitsentwicklung, b) Kommunikation, Sprache und Frühalphabetisierung, c) logisches Denkvermögen und Rechenfähigkeit, d) körperliche Entwicklung und e) kreative Entwicklung. Handlungsleitfäden bieten Hilfestellungen für die praktische Umsetzung (DCSF 2008).

Obwohl das Curriculum überarbeitet wurde, um es „zu entbürokratisieren und stärker auf frühkindliches Lernen und frühkindliche Entwicklung auszurichten" (DFE 2010), werden Lese-, Schreib- und Rechenfähigkeit nach Staggs (2011) weiterhin überbewertet. Allerdings zeigen die jüngsten Untersuchungen, dass Fachkräfte im Elementarbereich gerne mit dem EYFS-Curriculum von 2008 arbeiten, denn sie „begrüßen den spielbasierten und kindzentrierten Aufbau der Handlungsleitfäden" (Brooker et al. 2010, S. 1).

Das EYFS ist ein landesweit verbindliches Rahmencurriculum und somit müssen seine Inhalte in lehrerbildenden Studiengängen, die auf die Arbeit mit Kindern ab drei Jahren abzielen, berücksichtigt werden. Unsere Interviews (siehe Seite 77ff.) lassen allerdings darauf schließen, dass dies für Studierende der Frühpädagogik eine echte Herausforderung darstellt, da sie nun Kurse sowohl in Elementar- als auch in Primarpädagogik besuchen und in beiden Bereichen Praktika absolvieren müssen. Außerdem zeigt unsere Untersuchung, dass die Altersgruppe der Unter-Dreijährigen in der Erstausbildung von Lehrkräften weiterhin außen vor bleibt und sich viele Studiengänge inhaltlich auf das Grundschulalter zu konzentrieren scheinen.

6.3 Wege in den Lehrberuf

Tabelle 3 (siehe Seite 65) zeigte die wichtigsten Zugangswege zur elementar- und primarpädagogischen Erstausbildung zu Beginn der 1990er Jahre. Seitdem wurden neue Wege zum Erwerb des Qualified Teacher Status eröffnet, die wir nun in Tabelle 4 zusammenfassend darstellen. Alle genannten Optionen gelten auch für die Ausbildung in Frühpädagogik.

---

[32] *Das britische Bildungssystem ist in sechs Stufen oder Phasen (stages) eingeteilt: Auf die vorschulische „Basisstufe" (Foundation Stage) folgen die Stufen 1–5 der Schulzeit (Key Stages 1–5). Das Ende der 4. Stufe fällt normalerweise mit dem Ende des Pflichtschulalters zusammen, sodass Stufe 5 freiwillig ist. Auf Deutschland übertragen entsprechen die Stufen 1–2 der Grundschule, 3–4 der Sekundarstufe I und Stufe 5 der Sekundarstufe II (Anm. d. Hrsg.).*

Tabelle 4: Ausbildungswege für frühpädagogische Fachkräfte (Stand 2010)

Bachelor of Arts (BA) mit Qualified Teacher Status (QTS)
Dies ist der wichtigste Zugangsweg zum QTS und dauert drei Jahre. Die Studiengänge verbinden praxisbezogene und wissenschaftliche Kurse mit einer fachlichen Spezialisierung und Praktika. Studierende der Elementarpädagogik können zum Beispiel Early Childhood Studies als fachliche Spezialisierung wählen. Die Ausbildung ist üblicherweise an einer Hochschule angesiedelt, aber auch an einer Partnerschule möglich (siehe „Lehrschulen").
Registered Teacher Programme (RTP)
Dieses zweijährige Vollzeitprogramm dient dem Quereinstieg *ohne* ersten Hochschulabschluss[30]. Die Lehrkräfte in Ausbildung arbeiten Vollzeit im Schuldienst und absolvieren zusätzlich ein Teilzeit- oder Fernstudium, um ihre Qualifikationen zu einem vollwertigen Abschluss aufzustocken. Der Weg steht auch Studierenden mit Basisabschluss (FdA) für den Elementarbereich offen, sofern sie die Zugangsvoraussetzungen in Englisch, Mathematik und Naturwissenschaften erfüllen.
Postgraduales Certificate of Education (PGCE)
Das postgraduale Certificate of Education ist der übliche Weg für den (Quer-)Einstieg *mit* erstem Hochschulabschluss. Es wird über ein einjähriges Vollzeitstudium erworben. Der Erstabschluss muss in einem Fach sein, das mit Blick auf die zu unterrichtende Altersgruppe relevant ist. Mittlerweile kann dies auch ein Abschluss in Early Childhood Studies sein. Für Fächer, in denen es an Lehrkräften mangelt (z. B. Naturwissenschaften), besteht die Möglichkeit staatlicher Stipendien. Viele PGCE-Kurse sind inzwischen an Masterstudiengänge angegliedert.
Graduate Teacher Programme (GTP – Lehrerbildung für Graduierte) & School Centred Initial Teacher Training (SCITT – Schulgebundene Lehrerbildung)
Auch diese Optionen erlauben über den direkten Einstieg in den Schuldienst, sich während der Ausbildung selbst zu finanzieren. Das weiterbildende Studium erstreckt sich über einen längeren Zeitraum und kann so flexibel an die persönlichen Erfordernisse angepasst werden. Die Programme richten sich ebenfalls an Absolventinnen und Absolventen eines Erststudiums (wie das PGCE), bestehen aber aus der Kombination von Vollzeitlehrtätigkeit und Studium. Bei SCITT sind die Studierenden jeweils als Gruppe einer Hochschule angeschlossen.

6.4 „Teaching Schools" und Stipendien

Eine entscheidende Veränderung im Vergleich zu den 1990er Jahren ist der Schritt weg vom Bachelor of Education und hin zum *Bachelor of Arts mit Qualified Teacher Status,* obgleich unsere Untersuchung zeigte, dass immer noch einige Studiengänge zum B. Ed. existieren. Auch bei den anderen Zugangswegen zum Lehrerberuf gibt es Veränderungen, wodurch den Schulen eine größere Rolle bei der Lehrerbildung zukommen wird. Erst kürzlich unterbreitete die Regierung den Vorschlag, dass Schulen mehr Verantwortung für die Ausbildung von Lehrkräften übernehmen sollten. Im Weißbuch *The Importance of Teaching* (DfE 2010) legt die Regie-

[33] *Das Registered Teacher Programme kann am ehesten mit einem dualen Studium verglichen werden. Zielgruppe sind Personen, die über eine „höhere Bildung" (unterhalb des Bachelorgrades) verfügen, aus der beruflichen Praxis kommen und sich in Richtung Lehrberuf verändern wollen – aber gezwungen sind, sich selbst zu finanzieren. Wer am Programm teilnimmt, hat durch die Anstellung an einer Schule ein festes Einkommen (reduziertes Lehrergehalt), was angesichts der hohen Gebühren eines regulären Studiums eine interessante Option bietet (Anm. d. Hrsg.).*

rung ihre Empfehlung dar, analog zu den Lehrkrankenhäusern ein landesweites Netzwerk von *Teaching Schools* (Lehrschulen) einzurichten. Demnach sollen „herausragende Schulen" eine führende Rolle in der Aus- und Fortbildung von Lehrkräften und Schulleitungen übernehmen. Ab September 2011 werden voraussichtlich 100 Schulen den Rang einer Teaching School erhalten, um in Kooperation mit Universitäten und Partnerschulen selbstständig Lehrkräfte auszubilden. Kritiker wie Wadsworth (2011) argumentieren, dass guter Unterricht weit mehr beinhalte als „Techniken" und der Trend zur Ausbildung direkt an der Schule aller Voraussicht nach zu einer Abkehr von der fundierten und forschungsbasierten universitären Lehrerbildung führen werde. Andere begrüßen den Schritt, so zum Beispiel die frühere Labour-Bildungsministerin Estelle Morris (2011), die aber gleichzeitig betont, dass die Balance zwischen Forschung und Praxis ganz entscheidend von der Kooperation mit Universitäten abhinge. Angesichts seiner Komplexität darf man gespannt sein, wie sich das Modell in der Praxis entwickelt.

Zusätzlich liegen Vorschläge auf dem Tisch, wie die „besten" Nachwuchskräfte für den Lehrberuf gewonnen werden könnten. Dazu gehören Graduiertenstipendien von bis zu 9.000 Pfund für Spitzenabsolventinnen und -absolventen, die sich für ein PGCE in Primarpädagogik entscheiden (dies gilt auch für ein Studium der Elementarpädagogik, das meist unter dem Begriff „primary" subsumiert wird). Bewerberinnen und Bewerber müssen zukünftig auch strengere Lese-, Rechtschreib- und Mathematiktests bestehen, bevor sie zur Ausbildung zugelassen werden (Gaunt 2011). Die endgültige Strategie zur Reform der Lehrererstausbildung wurde im Sommer 2011 veröffentlicht [34]. Die meisten Neuregelungen treten so in Kraft, dass sie den Ausbildungsjahrgang ab September 2012 betreffen.

6.5 Professionelle Standards für Lehrkräfte

Bereits 1998 stellten Abbott und Kane fest, dass in den damals kursierenden politischen Strategiepapieren zunehmend der Stellenwert von Standards und Kompetenzen betont wurde. Studierende der Elementarpädagogik mussten dieselben Fächer belegen wie angehende Grundschullehrkräfte und darüber hinaus noch ihr eigenes Fachgebiet bearbeiten. Diese Veranstaltungen beinhalteten allerdings nicht das, was Abbott und Kane als die „Spezifika" des Elementarbereichs bezeichnen, wie zum Beispiel die Arbeit im multiprofessionellen Team, Teamführung, die Zusammenarbeit mit Eltern oder Fragen der kindlichen Entwicklung. Außerdem waren die Studierenden nicht verpflichtet, Praxisanteile in außerschulischen Einrichtungen zu absolvieren – meist gab es dazu nicht einmal Gelegenheit.

Die Entwicklung professioneller Standards sowie die Einführung durchweg akademischer Abschlüsse und eines strengeren Inspektionssystems verliehen Lehrkräften einen gesicherten beruflichen Status.

Die professionellen Standards für Lehrkräfte definieren die Anforderungen für jede einzelne Karrierestufe. Die Einteilung in fünf Stufen gilt für alle pädagogischen Fachkräfte mit Qualified Teacher Status, unabhängig von ihrer jeweiligen Spezialisierung (d. h. von der Elementar- bis zur Sekundarstufe). Jede Lehrkraft beginnt ihre berufliche Laufbahn mit dem Erwerb des QTS, das nach Studium und einjähriger mentorierter Praxisphase verliehen wird. Maßgeblich für den weiteren Aufstieg sind – neben dem Dienstalter – zusätzlich erworbene Qualifikationen und die Ergebnisse der regelmäßigen Inspektionen und Leistungsevaluationen.

---

[34] *Nähere Informationen siehe Department of Education (2011): Training our next generation of outstanding teachers. Consultation report. http://media.education.gov.uk/assets/files/pdf/i/itt%20strategy%20consultation%20report%20november%202011.pdf (Zugriff am 29.08.2012) (Anm. d. Hrsg.).*

Die 33 Standards für die Zuerkennung des QTS sind in drei Teilbereiche gegliedert und zu einem sogenannten *Framework of Standards* zusammengefasst, das für die Arbeit mit allen Altersgruppen gilt. Schwerpunkt der Standards ist jedoch der Fachunterricht. Angesichts dessen wenden Devereux und Cable (2008) ein, dass ein hohes akademisches Niveau in diesem Bereich kaum das angemessene Bewertungskriterium sein dürfte, wenn es um die Eignung zur pädagogischen Arbeit mit den Jüngsten geht. Erforderlich sei hier vielmehr ein eingehendes Verständnis kindlichen Lernens. Sie ziehen den Schluss, dass die QTS-Standards aus der Grundschulperspektive formuliert sind und nicht aus Sicht der Frühpädagogik.

Praktikumsleistungen sind von großer Bedeutung für die Beurteilung des geforderten fachlichen Könnens von Lehreranwärterinnen und -anwärtern. Aufgrund der Tatsache, dass von drei bewertungsrelevanten Praktika mindestens zwei an Grundschulen absolviert werden müssen, ist es der Lehrerbildung bislang nicht gelungen, ein ausreichendes Maß an praktischer Erfahrung auch im Elementarbereich zu ermöglichen. Verschärft wird diese Situation noch durch einen Mangel an frühpädagogisch versierten Praktikumsmentorinnen und -mentoren. Ein kürzlich erstelltes Gutachten zum Early Years Professional Status (Tickell 2011) schließt zudem mit der Empfehlung, Children's Centres nicht länger zum Einsatz von ausgebildeten Lehrkräften zu verpflichten. Angehenden frühpädagogischen Fachkräften würden folglich noch weniger Möglichkeiten zur Verfügung stehen, betreute Praktika in diesem interdisziplinären Setting zu absolvieren und so Erfahrungen mit Kindern unter drei Jahren bzw. in der außerschulischen Arbeit mit der Altersgruppe drei bis fünf Jahre zu sammeln.

Höhere öffentliche Investitionen erhöhen die Rechenschaftspflicht und führen zu verstärkter Regulierung und Kontrolle der öffentlichen Dienstleistungen wie auch der Menschen, die diese Leistungen erbringen. Für die Beschäftigten im Elementarbereich bedeutet dies eine Beschneidung ihrer professionellen Autonomie (Miller & Cable 2011), und es besteht die Gefahr, dass zu viel Wert auf „messbare Ergebnisse" gelegt wird, um die Investitionen zu rechtfertigen.

In England wurde unserer Ansicht nach während der vergangenen Dekade eindeutig die Chance verpasst, im Sinne eines einheitlichen akademischen Ausbildungsniveaus für den gesamten Elementarbereich ein konsistentes gemeinsames Rahmenkonzept für alle dort tätigen Fachkräfte zu entwickeln.

Derzeit werden die Standards der Lehrererstausbildung erneut überprüft, diesmal vor allem mit Blick auf die Kompetenzen der Nachwuchslehrkräfte in Sachen Leseunterricht und Umgang mit Schülerverhalten (Gaunt 2011).

6.6 Die „gelebte Erfahrung" der Lehrerbildung

Der folgende Abschnitt enthält die Ergebnisse unserer Auswertung der Internetseiten von Hochschulen, die lehrerbildende Studiengänge anbieten, sowie fünf Interviews, die wir mit Ausbilderinnen bzw. Ausbildern und einer Schulleiterin durchgeführt haben. So bieten wir einen Einblick in die „gelebte Erfahrung" der Lehrerbildung.

Wie sieht ein typischer universitärer Studiengang aus?

Zugangsvoraussetzungen
Die folgenden Angaben beziehen sich auf die beiden wichtigsten Studiengänge: den *Bachelor of Arts* (BA) und das *Postgraduate Certificate of Education* (PGCE). Vergleichbare Zulassungsvoraussetzungen gelten an allen Universitäten; die angeseheneren Hochschulen fordern allerdings bessere Notendurchschnitte.

Tabelle 5: Typische Zulassungsvoraussetzungen für Studiengänge der Elementarpädagogik

Art des Abschlusses	Zulassungsvoraussetzungen – Beispiele
Bachelor of Arts mit QTS	General Certificate of Secondary Education (GCSE)[32]: mindestens die Note „C" in Englisch, Mathematik und Naturwissenschaften A-Levels[33]: Prüfungen in mindestens zwei Fächern (oder als äquivalent anerkannte Abschlüsse)
PGCE mit QTS	Wissenschaftlicher Bachelorabschluss (jeglicher Fachrichtung, obwohl eine fachliche Grundlage für die pädagogische Arbeit im Primar-/ Elementarbereich gegeben sein sollte) General Certificate of Secondary Education (GCSE): mindestens die Note „C" in Englisch, Mathematik und Naturwissenschaften Abschluss A-Levels: bei Prüfungen in Fächern, die für das Curriculum der Elementar- bzw. Primarstufe relevant sind, mindestens die Note „B"

Bezeichnungen der Abschlüsse

- Bachelor of Arts oder Bachelor of Education
- Postgraduales Certificate of Education

Beide Abschlüsse können auch Leistungspunkte beinhalten, die in einem Masterprogramm anrechenbar sind. In ein oder zwei Fällen beinhaltet der PGCE-Abschluss auch einen Master of Education.

Dauer der Ausbildung

Bachelor of Arts oder Bachelor of Education erfordert ein dreijähriges Studium, anschließend folgt ein mentoriertes Einarbeitungsjahr zum Erwerb des Qualified Teacher Status.

Postgraduales Certificate of Education umfasst ein einjähriges Studium, anschließend folgt ein mentoriertes Einarbeitungsjahr zum Erwerb des Qualified Teacher Status.

Zusammenhang zwischen Bachelor- und Masterprogrammen

Wie aus Tabelle 5 hervorgeht, erfolgt die Ausbildung pädagogischer Fachkräfte entweder grundständig über ein Bachelorstudium der Pädagogik oder ein postgraduales Aufbaustudium im Anschluss an einen – auch fachlich anders gelagerten – Erstabschluss. Die postgradualen Programme ermöglichen häufig das Sammeln von Leistungspunkten auf Masterniveau.

Der inhaltliche und organisatorische Zusammenhang zwischen Studiengängen der Elementar- und der Primarpädagogik wurde bereits diskutiert: Studienprogramme für die Arbeitsfelder Vorschule und Grundschule sind oft so aufgebaut, dass sie parallele Strukturen und gewisse gemeinsame Anteile aufweisen, aber nach Altersgruppen getrennte Vertiefungsberei-

[35] *Das General Certificate of Secondary Education (GCSE) ist in Großbritannien der wichtigste allgemeinbildende Schulabschluss, für den am Ende der Stufe 4 (Key Stage 4, siehe Fußnote 33) alle Schülerinnen und Schüler eine Prüfung ablegen müssen, unabhängig davon, ob sie noch weiter zur Schule gehen werden oder nicht (Anm. d. Hrsg.).*

[36] *Advanced Levels – kurz „A-Levels" – sind die Prüfungen zum General Certificate of Education (GSE), dem Abschluss der Stufe 5 (Key Stage 4). Sie werden in bis zu vier selbst gewählten Fächern abgelegt (Anm. d. Hrsg.).*

che enthalten. Die Debatte um die Ausbildungsinhalte und die konzeptionell verschiedenen Zugänge zum Thema Lernen wurden ebenfalls angesprochen. Unsere Interviews zeigen, dass die Programmverantwortlichen an den Universitäten darum bemüht sind, im Rahmen der externen Vorgaben und Zwänge Studiengänge zu entwickeln, die ihre jeweiligen Stärken und Forschungskompetenzen ins beste Licht rücken.

In den nachfolgenden Tabellen stellen wir exemplarisch Struktur und Modulbezeichnungen von zwei Programmen vor.

Tabelle 6: Beispiel eines Bachelorstudiengangs in Primar-/Elementarpädagogik

	University of Hertfordshire
Module im 1. Studienjahr	*Enquiry Through Science* (Wissenschaftliches Arbeiten)[34] *Information Skills 1: LIS Induction* (Nutzung der Universitäts-Webportale) *Inspiring Creativity and Imagination* (Kunst als Ausdrucksmittel in Studium und Beruf) *Learning and Teaching in English* (Englisch lernen und lehren) *Learning and Teaching Mathematics* (Mathematik lernen und lehren) *Our World* (Grundlagen für den Sachunterricht im lokalen Kontext) *Berufsfachliches Studium: Learning and Teaching 1* (Didaktik & Methoden) *Wahlmodule* *Alternativoption zum Schulpraktikum des 1. Studienjahres* *Schulpraktikum des 1. Studienjahres*
Module im 2. Studienjahr	*Communinication and Enquiry in English, Mathematics and Science* (Strategien des Lernens und Lehrens in Englisch, Mathematik und Naturwissenschaften) *Community Links: Humanities* (Geistes- und Sozialwissenschaften: Die soziale Welt) *Creating the Learning Culture* (Lernkultur gestalten) *Enhancing Skills and Knowledge in the Creative Process* (Kreative Methoden zur Aneignung von Wissen und Fertigkeiten) *Enhancing Learning and Teaching with ICT* (Einsatz von Kommunikationstechnologien in Studium und Beruf) *Information Skills 2: Literature Searching* (Literaturrecherche) *Meeting and Researching the Diverse Needs of Children* (Bedürfnisse von Kindern erkennen und ihnen gerecht werden) *Berufsfachliches Studium: Learning and Teaching 2* (Didaktik & Methoden) *Wahlmodule* *Alternativoption zum Schulpraktikum des 2. Studienjahres* *Schulpraktikum des 2. Studienjahres*

---

[37] *Der Text in Klammern stellte eine grobe Benennung des Modulinhalts dar (Anm. d. Hrsg.).*

	University of Hertfordshire
Module im 3. Studienjahr	*Dissertation: A Reflective Personal Study* (Individuelle Forschungsarbeit) *Excellence in Learning in English and ICT* (Fachdidaktik Englisch und Informations-/Kommunikationstechnologien) *Excellence in Learning in Mathematics and Science* (Fachdidaktik Mathematik und Naturwissenschaften) *Excellence in the Foundation Subjects and R. E.* (Fachdidaktik Grundlagenfächer und Religion) *Berufsfachliches Studium: Leadership and Management* (Leitungs-/Managementkompetenzen) *Wahlmodule* *Alternativoption zum Schulpraktikum des 3. Studienjahres* *Schulpraktikum des 3. Studienjahres*

Tabelle 7: Beispiel eines PGCE-Studiengangs in Primar-/Elementarpädagogik

	Anglia Ruskin University
Module	*Modul „Essential Curriculum"* In diesem praxisorientierten Modul geht es um die Kernthemen der Grundschule – Lese-/Schreib-/Sprachkompetenz, Mathematik, Informations-/Kommunikationstechnologie – und die Auseinandersetzung mit ihrem zentralen Platz im Grundschulcurriculum. Das Modul vermittelt Ihnen Einblicke in die Fachdidaktik und bietet Gelegenheit, die schulpraktische Anwendung kennenzulernen. *Modul „Developing Classroom Practice"* In diesem Modul erwerben Sie erste Erfahrungen mit Lehr- und Lern-Prozessen im Grundschulkontext. Im Rahmen einer Hospitation begleiten Sie a) eine Lehrerin/einen Lehrer in den Unterricht und b) andere Schulmitarbeiterinnen/-mitarbeiter bei diversen lernunterstützenden Aktivitäten. Das so entwickelte erfahrungsbasierte Verständnis von Lehr- und Lern-Prozessen in der Grundschule ist eine wichtige Vorbereitung für Ihre eigene Praxis. *Modul „Qualifying School Experience"* In diesem Modul erwerben Sie die Kompetenz und das Selbstvertrauen, Ihren eigenen Unterricht zu gestalten und die Anforderungen für den Qualified Teacher Status zu erfüllen. Sie werden zudem auf Ihr Einarbeitungsjahr als Newly Qualified Teacher (NQT) vorbereitet. *Modul „Theories and Issues in Education"* Ausgehend von Ihrem persönlichen Entwicklungsplan (PEP) dreht sich in diesem Modul alles um Ihre professionelle Zukunft. Das Modul integriert Theorie und Praxis durch die Anwendung in konkreten Arbeitsfeldern. Sie setzen sich mit folgenden Themen auseinander: Theorien und Prinzipien des Lehrens und Lernens, Zielsetzungen und Struktur des Rahmencurriculums, die gesellschaftliche Funktion von Schule und Bildung. Sie befassen sich mit Strategien und Leitlinien der britischen Bildungspolitik auch im internationalen Kontext und reflektieren so Ihr eigenes Konzept von Lehren und Lernen.

	Anglia Ruskin University
	Modul „Thematic Curriculum" Ziel dieses Moduls ist die Entwicklung innovativer und fantasievoller Ansätze zur praktischen Umsetzung des Grundschulcurriculums. Das Modul besteht aus einer Reihe von Workshops zur inhaltlichen Bearbeitung relevanter Fragestellungen. In einer Auseinandersetzung mit Lehr-Lernprozessen analysieren Sie Ihre ersten schulpraktischen Erfahrungen. Die Themenfelder des Moduls „Kerncurriculum" werden ebenso einbezogen wie andere zentrale Lernfelder, zum Beispiel moderne Fremdsprachen.

Untersuchungsergebnisse: Kernaussagen aus den Interviews

Im Zuge unserer Untersuchung wählten wir einige laufende Studiengänge aus und befragten zentrale Akteurinnen zu folgenden Themen: Auf welchem bildungstheoretischen Verständnis basiert hier die Ausbildung frühpädagogischer Fachkräfte? Welche speziellen Merkmale hat das jeweilige Programm? Wie werden aktuelle Diskurse und Forschungsergebnisse aufgegriffen? Einbezogen waren sowohl dreijährige Bachelorprogramme als auch einjährige Kurse zum PGCE.

Die Interviews wurden im Juli 2011 an vier Universitäten durchgeführt. Wir befragten insgesamt fünf Hochschulmitarbeiterinnen, die im jeweiligen Studiengang eine leitende Funktion innehaben und selbst in der Lehre sowie als Tutorinnen[38] aktiv sind (an einem der Interviews nahmen zwei Gesprächspartnerinnen teil). Zusätzlich sprachen wir mit einer Schulleiterin, die auch als Praktikumsmentorin fungiert. Wie bereits erläutert, werden Struktur und Aufbau der Lehrerbildung durch staatliche Vorgaben festgelegt – die sogenannten „professionellen Standards" –, die eine Kombination aus universitärem Studium und Praxislernen im Feld vorsehen. Alle folgenden wörtlichen Zitate sind aus den Interviewtranskripten übernommen.

Thema 1: Alle Befragten gaben an, der Schwerpunkt ihres Studiengangs läge auf der Verknüpfung von praxisbezogener/fachlicher Kompetenzentwicklung mit fundiertem theoretischem Wissen.

So hieß es: „Ohne theoretische Grundlagen kann man kein fachliches Können entwickeln, aber ohne Praxis funktioniert es ebenso wenig."

Oder: „Alle Studierenden müssen Kernkompetenzen, Basiswissen und ein Grundverständnis erwerben, und dann vertiefen die Studierenden der Elementarpädagogik ihre Kompetenzen, ihr Wissen und ihr Verständnis auf Fortgeschrittenenniveau, und manche differenzieren das noch weiter aus und spezialisieren sich durch ganz spezielle Praktika."

Der Ansatz, Praxiskompetenz und theoriebasiertes Wissen miteinander zu verbinden, wird auch in den Vermittlungsmethoden deutlich:

- Themengebiete werden zu kohärenten „Paketen" zusammengefasst: Eine zentrale Vorlesung (Professorin bzw. Professor des Fachgebietes) plus Seminar (Mitarbeiterin bzw. Mitarbeiter des Fachgebietes) plus themenbezogener Besuch in einer Schule plus schriftliche Hausarbeit sollen die Theorie schrittweise bis in die konkrete Praxis nachvollziehbar machen.

---

[38] *Dies verweist auf das engmaschige Betreuungssystem an britischen Hochschulen, wo Studierende für sie fest zuständige Lehrende haben, die sie ihr ganzes Studium über beratend begleiten. Dies entspricht in etwa dem, was man in Deutschland als Mentorin bzw. Mentor bezeichnen würde. Die regelmäßig zu haltende Rücksprache kann im Einzelgespräch oder in der Gruppe mit anderen Studierenden desselben „tutors" erfolgen (Anm. d. Hrsg.).*

- Die doppelten Anforderungen werden schon während des Auswahlgesprächs verdeutlicht: Das Studium erfordert wissenschaftliches Engagement und beinhaltet die Teilnahme an praxisbezogenen Kursen sowie den Erwerb von Schulpraxis.
- Betonung von Anschlussfähigkeit: „Wir holen die Studierenden da ab, wo sie stehen. Wir fragen nach ihren Hypothesen, wir gehen in die Tiefe und erkunden, wie sie zu ihren Ansichten gelangen, wie sie in bestimmte (Denk-)Richtungen oder Themen eingebunden werden, wir schauen uns den Gegenstand an und das, was dazu gesagt wurde, und überlegen, wie sich das in unserem Handeln widerspiegelt. Wir schauen uns an, wie sich theoretische Diskurse auf politisches Handeln auswirken, wie Worten Taten folgen."

Thema 2: Die Frage nach dem „leitenden Paradigma", d.h. der zugrunde liegenden Bildungsphilosophie, wurde in die Formulierung gekleidet, ob es eine „vorherrschende Sicht" auf das Thema Lernen gibt. Das theoretische Fundament der Ausbildungsinhalte war bei allen untersuchten Studiengängen weitgehend identisch. Die befragten Dozentinnen bezogen sich auf Fröbel und Bronfenbrenners ökologische Systemtheorie. Sie sprachen sich für einen spielerischen Zugang zum Lernen aus und betonten den Stellenwert von Selbstregulation. Dass die Studierenden sich zu reflektierenden Praxisexpertinnen und -experten entwickeln können, wurde von allen Interviewpartnerinnen als wichtiges Ausbildungsziel benannt.

Als zusätzliche theoretische Grundlagen wurden verschiedene lernpsychologische Ansätze erwähnt sowie neurowissenschaftliche Erkenntnisse über das frühe Lernen.

Eine Untersuchungsteilnehmerin merkte an, dass es in ihrem Lehrteam an spezifisch frühpädagogischer Expertise mangele und die Tendenz bestehe, Lernen nur im Kontext der schulischen Unterrichtsfächer zu begreifen und nicht mit Blick auf die gesamte frühkindliche Entwicklung. In drei Fällen wurde auf sozialkonstruktivistische Ansätze Bezug genommen.

Thema 3: Alle Befragten gaben an, dass die Themen Inklusion und Diversität ein zentraler Baustein ihrer Lehre seien. Diese Aussage bezog sich in erster Linie auf die pädagogische Arbeit mit Kindern bzw. auf das Ziel, hier den Bedürfnissen aller Kinder gerecht zu werden. Eine Interviewpartnerin bezeichnete Inklusion und Diversität gar als „das tragende Fundament des ganzen Studiengangs".

Inklusion und Diversität wurden in den untersuchten Programmen folgendermaßen thematisiert:

- Einer Fakultät ist ein sonderpädagogisches Forschungszentrum angegliedert, und im zweiten Studienjahr besteht die Möglichkeit zur Vertiefung im Fachgebiet Sonderpädagogischer Förderbedarf. Für alle Studierenden wird ein einwöchiger Kurs zum Umgang mit speziellen Problemen angeboten (z.B. Verhaltensauffälligkeiten, Teilleistungsstörungen, Dyslexie).
- An einem Thementag zu „Diversität und Erfolg" stellen die Lehrenden ihre Forschungsarbeiten zu gesellschaftlichen Geschlechter- und Klassenverhältnissen, Lernen ohne Grenzen etc. vor.
- Das Thema Inklusion wird nicht unter „Sonstiges" verbucht, sondern zieht sich quer durch alle Lehrveranstaltungen: Anhand von Fallstudien werden die Kompetenzen (statt der Defizite) eines Kindes aufgezeigt; weitere Schwerpunkte sind Englisch als Zweitsprache, Bilingualität, kulturelle Diversität in Schulen, Kontinuitäten und Brüche zwischen Elternhaus und Schule sowie Alltagspartizipation in der Familie als Basis frühkindlichen Lernens.
- Die Studierenden sollen sich von Anfang an kritisch mit den Lernzielen auseinandersetzen und analysieren, wer davon jeweils profitiert: alle Kinder, viele Kinder oder nur einzelne

Kinder? Im dritten Studienjahr arbeiten die Studierenden eine Maßnahme für ein Kind mit zusätzlichem Förderbedarf aus.

- Im Rahmen ihrer fachlichen Spezialisierung können die Studierenden auch ein vierwöchiges Sonderschulpraktikum absolvieren. Da im Elementarbereich zunehmend Bedarf an heil- und sonderpädagogischen Interventionen besteht, wird den Studierenden nahegelegt, frühzeitig entsprechende Kompetenzen zu erwerben.

Thema 4: Wie können sich die Studierenden von Studienbeginn an aktiv in die Gestaltung der Lernprozesse einbringen?

Eine Aussage dazu war, die Studierenden müssten die Gestaltung der Lernprozesse als „ihr eigenes Ding" begreifen.

Oder auch: „Die Studierenden können zwar nicht alles selbst entscheiden und spätestens im Praktikum müssen sie sich an bereits ausgearbeitete Unterrichtsthemen und -konzepte anpassen, aber trotzdem haben sie viele Möglichkeiten, sich Gehör zu verschaffen."

- Studierende werden dazu ermuntert, Arbeitsgruppen zu bilden, um sich beim Abfassen von Arbeiten zu unterstützen, gegenseitige Präsentationen zu halten und Themen, Fragen und Probleme untereinander zu diskutieren.
- Während der Praxisphasen gibt es regelmäßige Treffen mit den Mentorinnen bzw. Mentoren (Lehrkräfte am Einsatzort) und den Tutorinnen bzw. Tutoren (an der Hochschule), um den aktuellen Stand zu diskutieren und neue Ziele zu setzen.
- Lehrveranstaltungen sind vom Prinzip her dialogisch angelegt.
- Im Sinne einer ganzheitlichen Entwicklungsperspektive werden an einer Hochschule Seminararbeiten nicht einzeln benotet.
- Studierende evaluieren die Programme und sind in den Gremien vertreten.
- Studierende wählen die Themen ihrer Seminararbeiten selbst und handeln die konkrete Schwerpunktsetzung gegebenenfalls mit ihrer Tutorin bzw. ihrem Tutor aus.
- Auseinandersetzung mit verschiedensten Lernstrategien: „Wir versuchen, möglichst alle Ansätze in den Lehrveranstaltungen zu demonstrieren und nachvollziehbar zu machen."

Thema 5: Welche Herausforderungen ergeben sich durch die enge Verknüpfung von Theorie und Praxis? Hier wurde eine ganze Reihe von Problemen angesprochen:

- Enge Zeitfenster: Ein Drittel des Programms besteht aus Lernen in der Praxis, folglich steht für theoriebasiertes Studium deutlich weniger Zeit zur Verfügung als in anderen Studiengängen.
- Probleme mit Praktika: „Manches Praktikum ermöglicht keine wertvollen Erfahrungen – und es ist eine echte Herausforderung, gute Praktikumsplätze für alle Studierenden sicherzustellen." Oder: „Wenn ein Praktikum nicht gut läuft, versucht der Praktikumsbeauftragte hinterher, direkt vor Ort die Gründe zu ermitteln" (Vorgehensweise in einem Studiengang).
- Praxisschock: „Unterrichtsgeschehen ist unvorhersehbar, und in der Hektik des Schulalltags ist es nicht leicht, die Lernziele im Auge zu behalten – in einer Situation, in der es vorrangig um messbare Leistungen geht und ein großer Erwartungsdruck besteht, müssen angehende Lehrkräfte lernen, ihren eigenen Kurs zu verfolgen."
- Theorie-Praxis-Verhältnis: „An Schulen herrscht allgemein ein tief sitzendes Misstrauen gegenüber pädagogischer Theorie."

- Strukturierung: „Der Lernprozess im Praktikum bedarf eines festen Gerüsts – es beginnt mit einer klaren Ausgangsfragestellung und gezieltem Beobachten, dann folgt die systematische Hinarbeit auf den eigenen ganztätigen Unterricht." Praxislernen nach diesem Modell wird von den Studierenden anscheinend sehr geschätzt.
- Mentoring: „Die Praxismentorinnen und -mentoren werden seitens der Universität partnerschaftlich unterstützt; sie zu schulen ist ebenso wichtig wie die Ausbildung der Studierenden. Für die Mentorinnen und Mentoren gehört die Schulung zu ihrer beruflichen Fortbildung."

Thema 6: Welche innovativen didaktischen Methoden kommen zum Einsatz?

Methoden als innovativ zu bezeichnen, die bereits fester Bestandteil ihres Lehralltags sind, schien den Befragten gewisse Mühe zu bereiten. Dennoch benannten sie diverse Beispiele aus ihrer eigenen Praxis, die ihnen besonders gelungen schienen und auf die sie stolz waren:

- In gemeinsamen Studiengängen der Elementar- und Primarpädagogik werden die Studierenden der Elementarpädagogik zu eigenen Fachstudiengruppen zusammengefasst, damit sie in der Gruppe ihre fachspezifische professionelle Identität entwickeln können.
- Eine Vielzahl an Exkursionen, zum Beispiel zu Children's Centres, werden organisiert, um Profis bei der konkreten Arbeit zu erleben.
- Um das „Wie" und „Warum" herausragender pädagogischer Arbeit praxisnah zu diskutieren, werden ausgewählte Lehrkräfte bei der Arbeit gefilmt. Sie führen die besten Sequenzen selbst vor und leiten eine anschließende Fragerunde mit Studierenden.
- Durch eine zweitägige Schwerpunktveranstaltung zu „alternativen Lernumgebungen" (z. B. Besuche in Museen oder Galerien, im Krankenhaus oder beim Fußballverein) lernen die Studierenden, selbst Exkursionen mit Kindern zu gestalten.
- Es gibt fachübergreifende Studienwochen, während derer Studierende der Elementar- und Primarpädagogik gemeinsam an Themen arbeiten.
- Konsequente Anwendung der Methode „Wertschätzende Erkundung" im Sonderpädagogik-Modul.
- Bewegungserziehung durch Theater und freies Spiel für den Umgang mit Diversität bzw. die Arbeit mit sozial gefährdeten Kindern: Gerade hier eignet sich das Theaterspiel gut für die Förderung von Imagination und die Entwicklung von Fantasiewelten. Bewegungserziehung kann Tanz, sensomotorische oder Beziehungsspiele umfassen sowie forschendes und selbstorganisiertes Lernen. Dazu gehören auch das Erleben von körperlicher Stärke und das Erlernen von Körperkontrolle.
- Einsatz von „outdoor education" und des Waldschulkonzepts.
- Einsatz eines Bewertungsinstruments namens „Engagement Profile", das aus der sonderpädagogischen Erforschung komplexer Lernstörungen und -behinderungen stammt – mit diesem Instrument geraten auch affektive Momente in den Blick, wie der Einsatz von Körpersprache zur Übermittlung von Wärme, Vertrauen etc., sodass sich personalisiertes Lernen besser verwirklichen lässt.

Thema 7: Hinsichtlich der Frage, wie das jeweilige Programm den speziellen Bedürfnissen einzelner Studierender entgegenkommt (z. B. Studierende mit Behinderungen oder mit Englisch als Zweitsprache), wurde ein breites Spektrum an Strategien genannt, die von eher allgemeinen Unterstützungsangeboten seitens der Universität bis hin zu individuell zugeschnittenen Lösungen reichten:

- Auswahlverfahren mit ausführlichen Bewerbergesprächen, fortlaufende personenbezogene Dokumentation (unter Verwendung der Software QlikView)
- Individuelle Betreuung durch persönliche Tutorinnen bzw. Tutoren und Lernmentorinnen bzw. -mentoren
- Identifizierung zusätzlichen Unterstützungs- und Förderbedarfs durch die Betroffenen selbst
- Tests in Englisch und Mathematik im Rahmen des Auswahlgesprächs, Evaluierung der neuen Studierenden während der ersten Woche, Überprüfung der Entwicklung im Laufe des ersten Studienjahres
- Hochschule verfügt über eine zentrale Einrichtung, die spezielle Förderbedarfe ermittelt und entsprechende Unterstützungs- und Beratungsleistungen anbietet
- Hochschule verfügt über eine zentrale Einrichtung zur Unterstützung von Hochschulangehörigen mit Behinderungen
- Spezielle Angebote der Student Support Services[39]
- Gewährleistung barrierefreier bzw. behindertengerechter Praktikumsplätze
- Lehrinhalte behandeln die pädagogische Arbeit mit speziellen Zielgruppen (z. B. Kinder von beruflich Reisenden oder Kinder, für die Englisch Zweitsprache ist)
- Inklusionsprogramm zur verstärkten Gewinnung von Studierenden, die einer Minderheit angehören

Hier einige Einzelbeispiele:

„Der Tutor einer gehörlosen Studentin kontaktierte einschlägige Organisationen. In einem Studientagebuch, das online gestellt wurde, notierte die Studentin alles, was ihr relevant erschien. Sie traf sich regelmäßig mit ihrem Tutor. Ihr Praktikum absolvierte sie an einer Schule mit Gehörlosenabteilung. Gastdozentinnen und -dozenten wurden für die Bedürfnisse dieser Studentin sensibilisiert."

An einer Londoner Hochschule wurden die speziellen „Kurse für wissenschaftliches Schreiben in Englisch für die vielen nicht-muttersprachlichen Studierenden" erwähnt.

„Die Tutorinnen und Tutoren haben ein Kommunikationssystem nach dem Schneeballprinzip, um Informationen über die Studierenden auszutauschen bzw. an die Studiengangsleitung zu übermitteln."

„Eine Gruppe, die sich ‚Männer in der Grundschulpädagogik' nennt, in der sich Studenten damit auseinandersetzen, dass sie als Männer an Schulen unterrepräsentiert sind."

Thema 8: Hier ging es darum, ob und welche Formen des E-Learning im Studiengang zum Einsatz kommen. Die Antworten waren unterschiedlich, aber in den meisten Fällen wurde E-Learning entweder bereits genutzt oder war geplant:

„Das greift überall um sich – E-Learning oder Blended Learning."

---

[39] *Student Support Services sind mit den deutschen Studentenwerken vergleichbar (Anm. d. Hrsg.).*

„Wir wachen jetzt auch auf – wenn wir einen Gastdozenten haben, nehmen wir den Vortrag auf Video auf und stellen ihn ins Netz."

Weitere Beispiele umfassten:

- Virtuelle Lernumgebungen und online gestellte Aufgaben
- Elektronische Datenbanken für Vorlesungsskripte, Präsentationsfolien und Diskussionsforen
- Diskussionen auf Facebook (von Studierenden initiiert)
- Videodatenbank „Talking Heads" mit Kurzclips, in denen erfahrene Lehrkräfte von ihrer Arbeit erzählen
- Online Module

Eine Interviewpartnerin gab an, dass E-Learning kein spezieller Bestandteil ihres Studiengangs sei, obwohl das Intranet genutzt werde, um Informationen und Ideen auszutauschen und einige „Nischen" für E-Learning bestünden, wie zum Beispiel ein Chatforum zu Aufgabenstellungen und für Diskussionen.

Thema 9: Im Mittelpunkt stand hier die Frage nach studentischer Teamarbeit. Alle Befragten erachteten Teambildung als wichtig und verwiesen auf diverse Strategien, mit denen die Hochschulen diesen Prozess zu fördern suchen.

Eine Interviewpartnerin erwähnte die gezielte Teameinbindung von Männern als einer unterrepräsentierten Gruppe; eine andere sagte uns, die Studierenden der Elementarpädagogik neigten dazu, sich stark aufeinander zu beziehen, da sie in einer Gruppe zusammenarbeiten. Einmal hieß es: „Bewegungsworkshops können auch helfen, das Eis zu brechen. Da lernen die Studierenden sich auf eine ganz andere Art und Weise kennen. Dieses Jahr haben sich die Männer daran genauso beteiligt wie die Frauen."

Weitere Beispiele waren:

- Gruppenweise Zuordnung zu einer Tutorin bzw. einem Tutor und feste studentische Arbeitsgruppen („als Unterstützungsnetzwerk, das formt starke Bindungen")
- Debattiergruppen und Gruppenpräsentationen
- Einführungswoche mit nach hinten offenen Veranstaltungen
- Gruppenarbeit als vorherrschende Arbeitsform in den Lehrveranstaltungen
- Über die zuständige Tutorin bzw. den Tutor organisierte Schulpraktika, sodass Studierende aus derselben Betreuungsgruppe als Tandem ins Praktikum gehen
- Als Gruppe zu bearbeitende Aufgabenstellungen, die auch eine individuelle Auseinandersetzung mit der Arbeit im Team beinhalten

Thema 10: Teil a) Auf welche Weise wird der Studiengang evaluiert? **Teil b)** Woran machen Sie fest, ob der Studiengang erfolgreich ist? **Teil c)** Ist der Studiengang forschungsorientiert? **Teil d)** Stehen den Lehrenden spezielle lehrunterstützende Angebote zur Verfügung?

Zu Teil a): Programmevaluationen erfolgten sowohl intern als auch extern, da Qualität und Inhalt der Lehre einem hochgradig regulierten Überprüfungssystem unterliegen. Hier stimmten die Antworten weitgehend überein, insbesondere hinsichtlich externer Evaluationsverfahren. Forschung war Bestandteil aller Studiengänge, wenn auch in unterschiedlich hohem Maß. Zur Programmevaluation gehörten:

- Modulevaluationen durch Studierende und Lehrende
- Hochschulinterne Studierendenbefragung und externe Studierendenbefragung im Rahmen des National Student Survey
- Inspektionen und Ranking durch die Aufsichtsbehörde Ofsted (Universitäten werden von Ofsted auf einer numerischen Skala eingeordnet)
- Externe Gutachter
- Praktikumsevaluationen
- Jahresbericht des Studiengangs
- Regelmäßige Durchführung des Periodic Subject Review Scheme[40]
- Externe Begutachtung durch die unabhängige Evaluationsagentur Quality Assurance Agency (QAA)
- Selbstevaluation mittels eines hochschulinternen Leitfadens (Self Evaluation Document, kurz SED)

„Wir werden permanent evaluiert, von allen beteiligten Akteuren, den Studierenden, Mentorinnen und Mentoren, Mitarbeiterinnen und Mitarbeitern, bekommen Rückmeldungen aus den Praktika – und wenn sich Probleme zeigen, gehen wir dem nach."

Die Schulleiterin merkte dazu an: „Als Mentorinnen bzw. Partnerschulen schreiben wir Berichte – vor allem dieses Jahr, weil die Inspektion durch Ofsted anstand. Wir berichten über jede Praktikantin und jeden Praktikanten. Der Praktikumsbeauftragte des Studiengangs oder der Tutor reden mit der Schulleitung; sie beurteilen, ob die Studierenden an der Schule genug Unterstützung bekommen. Die Studierenden müssen jeden einzelnen Baustein des Studiengangs bestehen. Falls jemand durchzufallen droht, kümmert man sich mehr und es gibt mehr Treffen, trotzdem erscheinen sie weiterhin jeden Tag am Praktikumsplatz. Das ist eine riesige Belastung für diese Studierenden, aber sie ziehen es durch."

Zu Teil b): Der Erfolg des Studiengangs wurde folgendermaßen ermittelt:

- Trendanalysen auf der Grundlage regelmäßig intern erhobenen Zahlenmaterials
- Ergebnisse der Inspektion durch Ofsted
- Berichte der externen Gutachter
- Vergleich der Ergebnisse beim National Student Survey mit denen anderer Hochschulen
- Daten aus Absolventenverbleibstudien
- Beurteilungssystem für Tutorinnen und Tutoren

„Wir werden immer besser darin, die Fortschritte der Studierenden vom ersten Tag an zu dokumentieren – wer gut ist und wer Probleme bekommen könnte. Wir sammeln jetzt alle möglichen Daten, also wer sich im Praktikum gut macht, wer hervorragende Studienleistungen bringt, wer einen Job findet." Die Universität, aus der diese Interviewpartnerin kam, führte außerdem Abschlussgespräche mit bestimmten Gruppen durch, so zum Beispiel mit männlichen Absolventen, nicht-muttersprachlichen Studierenden und Spätstudierenden.

---

[40] *Das Periodic Subject Review Scheme (PSR) ist ein Instrument der internen Qualitätssicherung und -entwicklung, mit dem die Fakultäten ihre Studienangebote einer regelmäßigen Überprüfung unterziehen (Anm. d. Hrsg.).*

Zu Teil c) und d): Den Studierenden wurde an Forschungsbezug geboten:

- Vermittlung von Handwerkszeug für Beobachtungen und Interviews, praktische Anwendung zur Datenerhebung in Bildungseinrichtungen
- Forschungsmodul zur Vorbereitung der Abschlussarbeit
- Programmschwerpunkt auf forschungsbasierter Praxis

Alle Befragten schienen entweder selbst zu forschen oder Forschung sehr hoch zu bewerten, auch wenn sie nicht mit aktiver Unterstützung seitens der Hochschule rechnen konnten:

- Einige Befragte betreuten PhD-Studierende und gaben an, mit der Forschungslandschaft vertraut zu sein (z. B. durch den Besuch von Konferenzen, eigene Publikationstätigkeit oder die Forschungsarbeit ihrer Studierenden).
- Mitunter gab es vertraglich zugesicherte Zeitfenster für Forschungsaktivitäten.
- So hieß es: „Wir haben eigene Forschungsinteressen und werden darin bestärkt, sie zu verfolgen."
- Und: „Einige von uns sind auch an nationalen Forschungsprojekten beteiligt."
- Generell schien es, als werden Tutorinnen und Tutoren sehr gut dabei unterstützt, Konferenzen und Veranstaltungen zu besuchen, aber einmal hieß es auch, eigene Forschung würde weniger gefördert. Eine andere Befragte gab an, sie bekäme keinerlei Unterstützung.

Thema 11: Teil a) Werden die Studierenden ermutigt, selbst in die Forschung zu gehen? **Teil b)** Auf welche Weise werden sie dazu ermutigt? **Teil c)** Werden die Studierenden angeregt, „reflektierende Praxisexpertinnen bzw. -experten" zu werden? **Teil d)** Ermöglicht der Abschluss des Programms ein weiterqualifizierendes Studium, zum Beispiel zum Master oder PhD?

Zu Teil a) und b): Wie die Antworten zum Themenbereich 10 zeigen, wurde die Bedeutung von Forschung hervorgehoben. Die galt gleichermaßen für die Studierenden und die Betreuenden. Im Laufe ihres Studiums werden die Studierenden sukzessive mit forschungspraktischem Handwerkszeug vertraut gemacht. Allerdings hieß es verschiedentlich auch, Forschung werde für die Studierenden schwierig, sobald sie im Schulalltag ankommen.

Eine Interviewpartnerin sagte: „An der Uni auf jeden Fall! Aber manchmal kriegen sie von den Lehrkräften an den Schulen das Gegenteil zu hören, die sagen Dinge wie ‚Als Lehrer haben Sie keine Zeit für Forschung!'"

Andere Aussagen lauteten:

„Diejenigen, die da ihre Stärke haben, lieben die Forschung und wissen, dass sie davon noch mehr wollen. Für die Mehrheit gilt das nicht, aber das Studium entzündet immerhin ein kleines Flämmchen."

„Im zweiten Studienjahr gibt es ein Pflichtmodul zu Forschungsmethoden, wo wir uns für forschungsbasierte Praxis stark machen. Die Studierenden müssen eine Arbeit schreiben, für die Forschung im schulischen Kontext erforderlich ist. Die kann sich mit einem Aspekt der Berufspraxis auseinandersetzen. Von Studierenden der Elementarpädagogik wird erwartet, dass sie sich mit ihrem Fachgebiet befassen."

„In einem PGCE-Programm ist das ein wenig problematisch, bei uns machen die Studierenden kein spezielles Forschungsprojekt – an anderen Unis ja –, das hat historische Gründe. Es war schwer, andere davon zu überzeugen, dass so etwas sinnvoll sein könnte und bei uns wurde das noch nie gemacht."

Zu Teil c): Reflektierende Praxis wurde von allen Befragten als entscheidender Baustein der Studiengänge angesehen:

„In einem Record of Professional Development (einer Art Portfolio) reflektieren die Studierenden das ganze Studium über ihre Fortschritte in Richtung QTS."

„Im Spezialisierungsmodul ‚Frühpädagogik' wird besonderer Wert auf das Vermitteln kritischer Reflexionsfähigkeit gelegt."

„Die Studierenden führen ein Arbeitsjournal, in dem sie ihr ganzes Studienjahr reflektieren – es gibt immer wieder Anlass, darauf zurückzugreifen."

Zu Teil d): Alle Befragten nannten Beispiele für weiterqualifizierende Studienmöglichkeiten. Sie sagten auch, die Tutorinnen und Tutoren würden ihre Studierenden darin bestärken, diese Wege einzuschlagen:

„Wir haben gerade eine Reihe von Mastermodulen in Elementarpädagogik entwickelt, die ich koordiniere, so kann ich die Studierenden aus erster Hand darüber informieren."

„In unserem PGCE-Programm kann man schon Kreditpunkte für den Master sammeln."

„Wenn jemand ein erstaunlich gutes Thema für die Masterarbeit hat, wird meist gleich ein Dissertationsprojekt daraus."[41]

„Der PGCE-Kurs zählt schon als halbes Masterstudium, für das können sie sich auch einschreiben."

„Die Studierenden können den Master in Teilzeit machen, dafür müssen sie einen Tag pro Woche am Institut sein."

„Sie können einen Master of Philosophy (MPhil) machen, und dann noch den PhD."[42]

„Wir haben gerade den Doctor of Education (EdD)[43] eingeführt und hoffen, dass wir für das Programm bald auch eine Schulpartnerschaft haben."

„Wir ermutigen die Studierenden, noch einen Master of Arts oder PhD zu erwerben. Wir haben einen innovativen Elementarpädagogikstudiengang auf Masterniveau." Diese Interviewpartnerin erzählte uns darüber hinaus, dass ihre Hochschule eine Forschungsgruppe „Frühe Kindheit" ins Leben gerufen hat, die internationale Konferenzen organisiert und Forschungsmittel akquiriert.

Thema 12: Hier fragten wir, ob und in welcher Form der Studiengang Verbindungen zu anderen Programmen unterhält – sei es auf nationaler oder internationaler Ebene.

Diese Frage wurde offensichtlich in unterschiedlicher Weise interpretiert. Obwohl einige der Befragten nur wenige oder gar keine derartigen Kontakte angaben, waren sie doch in dieselben Zusammenhänge eingebunden, die in anderen Interviews beispielhaft angeführt wurden, wie die Mitgliedschaft in nationalen Vereinigungen, Schulpartnerschaften, regionale Zusam-

---

[41] *In Großbritannien ist der Masterabschluss keine formale Voraussetzung für die Promotion bzw. die Zulassung zu einem strukturierten Promotionsprogramm (Anm. d. Hrsg.).*

[42] *Der Master of Philosophy ist ein forschungsbasierter Abschluss (im Gegensatz zum stark „verschulten" MA), der eine umfangreiche Dissertationsschrift erfordert und als „kleiner" PhD gilt (Anm. d. Hrsg.).*

[43] *Der Doctor of Education ist ein spezieller Doktorgrad in Erziehungswissenschaften. Neben einer genuin wissenschaftlichen Laufbahn qualifiziert er für explizit forschungsbezogene Tätigkeiten im Bildungswesen (z. B. in einer der erwähnten Behörden wie Ofsted, TDA etc.) (Anm. d. Hrsg.).*

menschlüsse von Lehrerbildungseinrichtungen oder auch der Kontakt zu externen Gutachtern aus anderen Institutionen. Eine Interviewpartnerin nannte die Teilnahme an internationalen Konferenzen sowie an Forschungs- und Entwicklungsprojekten – was von anderen, die in vergleichbarer Weise aktiv sind, nicht erwähnt wurde (den Autorinnen aber bekannt ist).

Thema 13: Zuletzt fragten wir nach eventuellen Beispielen für bislang unerwähnt gebliebene innovative Elemente des Studiengangs. Der Begriff „innovative Elemente" bereitete fast allen Befragten Schwierigkeiten. Genau wie beim Thema 12 schien dies Interpretationssache zu sein:

„Das kommt wirklich ganz darauf an, was man unter ‚innovative Elemente' versteht." Die Interviewpartnerin erwähnte in diesem Zusammenhang Gastvorträge sowie „Scheininterviews" mit realen Schulleitungskräften.

Eine andere Aussage war: „Ich weiß nicht, was man noch als innovativ bezeichnen würde. Manchmal gibt es darum einen regelrechten Wettbewerb, und dann heißt es von der anderen Seite: ‚Das machen wir schon seit Jahren.'"

Einmal wurden auch die intensiv gepflegten Schulpartnerschaften angeführt – solche Kooperationen sind in der Lehrererstausbildung allerdings vorgeschriebener Standard. „Die gegenwärtige Regierungspolitik mit der Entwicklung von Teaching Schools unterscheidet sich gar nicht so sehr von dem, was wir machen. Es funktioniert einfach nicht, wenn man die ganze Zeit nur an der Uni ist. Also gibt es immer eine starke Anbindung nach draußen."

Außerdem genannt wurden Innovationen im Rahmen des (unterrichts-)fachbezogenen Studiums: „Der Schwerpunkt liegt immer auf der Mathematik. Kreativität oder das Early Years Foundation Stage Framework werden allgemein eher wenig beachtet – das gilt sowohl für die Theorie als auch für die Anwendungspraxis, also wie Kinder sich durch Musik, Kunst, Theaterspiel und Tanz entwickeln. Bei uns im Team gibt es dazu Expertisen, und die Lehrenden bringen ihre eigenen Forschungsergebnisse in die Lehre ein. Von allen Studierenden wird erwartet, sich mit den ´Key Stages´ (Bildungsstufen) ober- und unterhalb ihres eigenen Spezialisierungsbereichs auszukennen –, und für Studierende der Elementarpädagogik ist es das Wichtigste, sich mit den frühesten Entwicklungsschritten auf allen Lernfeldern zu befassen."

7. Ausbildung frühpädagogischer Fachkräfte in England: Lektionen für die Zukunft

Im letzten Teil unseres Beitrags werden wir die Aspekte, die im Überblick dargestellt bzw. in der Untersuchung und den Interviews angesprochen wurden, mit Blick auf die zukünftige Ausrichtung der Ausbildung frühpädagogischer Fachkräfte in England diskutieren. Wir wollen verdeutlichen, welche Probleme und Fragen weiterhin offen sind, aber auch aufzeigen, was sich in den letzten Jahren verändert hat. Zum Schluss folgen einige Überlegungen, welche Erkenntnisse sich daraus für das Gesamtprojekt ergeben könnten.

7.1 Frühpädagogische Fachkräfte und Professionalität

Unser Beitrag stellt die Geschichte der zunehmenden Professionalisierung pädagogischer Berufsfelder – einschließlich der Frühpädagogik – dar. In diesem Kontext sind akademisch ausgebildete pädagogische Fachkräfte ein entscheidender Faktor bei der Professionalisierung des gesamten Elementarbereichs. Trotz der erklärten Absicht der Regierung, diese Professionalisierung auf allen Ebenen und für alle Beschäftigtenkategorien voranzutreiben, bietet sich jedoch weiterhin ein uneinheitliches Bild.

Erwähntermaßen bestanden in Großbritannien nach Abbott und Pugh schon 1998 gewisse Bedenken hinsichtlich der damals existierenden Ausbildungswege für die Arbeit im Elementarbereich, insbesondere mit Blick auf die Ausbildung dezidiert pädagogischer Fachkräfte im institutionellen Kontext der Lehrerbildung. Und im Jahr 2003 stellte die Fachgruppe „Early Years" der British Educational Research Association fest, es gebe eine Unmenge an verschiedenen Berufsbezeichnungen, die keinerlei Bezug zur tatsächlichen Funktion aufweisen, und darüber hinaus mangele es an Belegen für den Zusammenhang zwischen beruflicher Ausbildung, Professionalität und kindlichem Lernen. Zehn Jahre nach Abbott und Pugh beschrieben Miller und Cable (2008), wie die Ausbildungs- und Qualifizierungswege für den Elementarbereich seither konzeptionell verändert wurden. In ihrer aktuellen Bestandsaufnahme zur Situation der Beschäftigten, einschließlich elementarpädagogisch qualifizierter Lehrkräfte, dokumentieren sie maßgebliche politische Strategiewechsel, Personalstrukturreformen und neue Qualifizierungsmöglichkeiten – sowohl in Großbritannien als auch im internationalen Rahmen. Ungeachtet dessen findet man im Bereich frühkindlicher Bildung und Betreuung immer noch Mitarbeiterinnen und Mitarbeiter mit unterschiedlichstem Qualifikationshintergrund, und es besteht nach wie vor eine Zweiteilung in pädagogische Fachkräfte und andere Beschäftigtengruppen mit eher „betreuerischen" Funktionen.

Die personelle Umstrukturierung und Professionalisierung des gesamten Berufsfeldes wurde auch dadurch erschwert, dass die genannten Entwicklungen und Reformen letztlich nie mehr als Stückwerk waren. Hinzu kommt die offensichtliche Unfähigkeit des Elementarbereichs, nach außen geschlossen aufzutreten. Die verschiedenen Organisationen vertreten unterschiedliche Standpunkte, was die Herausbildung eines einheitlichen professionellen Selbstverständnisses und einer kohärenten Handlungsstrategie erschwert (Abbott & Pugh 1998; Miller & Cable 2008). McGillivray (2011) thematisiert, dass es keine Gewerkschaft oder Standesorganisation gibt, die sowohl pädagogische Fachkräfte als auch die anderen im Elementarbereich tätigen Berufsgruppen vertritt und weist in diesem Zusammenhang auf den geringen gewerkschaftlichen Organisierungsgrad der Letztgenannten hin. Ihrer Ansicht nach versuchten Lehrergewerkschaften, die vorschulische Arbeit mit Kindern für ihre eigene Klientel mit Qualified Teacher Status zu reservieren, während sie gleichzeitig all jene, die lehrunterstützende Tätigkeiten ausüben, von der Mitgliedschaft ausschließen. So kam es auch nie zu landesweit gültigen Vereinbarungen über Mindestlöhne und Beschäftigungsstandards im Elementarbereich. Nach McGillivray wurde diese Situation noch dadurch verschärft, dass im Zuge der Dezentralisierungspolitik die Zuständigkeit für kinderbezogene Dienstleistungen von der Zentralregierung auf die lokalen Behörden überging.

Die Geschichte des Early Years Professional Status, der eigentlich dem Qualified Teacher Status gleichgestellt sein sollte, ist ein Paradebeispiel für misslungene praktische Umsetzung und wirft die Frage auf, ob Beschäftigte, die nicht über einen anerkannten Titel wie „Lehrkraft" verfügen, automatisch als „Nichtfachkräfte" gelten. Fenech und Sumsion (2007, S. 119) warnen eindringlich davor, die Betroffenen auf diese Weise zu marginalisieren. Hingegen entwirft Moss die Vision eines voll integrierten Systems der frühkindlichen Bildung und Betreuung mit gut ausgebildeten Fachkräften. Im Zentrum des Modells, welches „in allen Einrichtungen für Kinder unter und über drei Jahren und bis in die Grundschule zum Einsatz kommen sollte" (2008, S. 127), steht die pädagogisch qualifizierte Kernfachkraft.

Kritiker der Personalstrukturreformen haben die an der Ausbildung frühpädagogischer Fachkräfte beteiligten Institutionen und Personen dazu aufgefordert, das sich derzeit abzeichnende Professionalisierungskonzept zu überdenken, da es ihrer Ansicht nach durch eine rein instrumentelle Herangehensweise (Dahlberg & Moss 2005) und die „ordnungspolitische Sicht der Regierung" (Osgood 2006, S. 3) bestimmt wird.

Auf Regierungsebene muss eingesehen werden, dass man die Arbeit im Elementarbereich mit von außen übergestülpten Rahmenplänen, Leit- und Richtlinien nicht in ihrer ganzen Komplexität erfassen kann. Stattdessen bedarf es einer ganzheitlichen Sichtweise und des Entfaltungsspielraums für das professionelle Ermessen und die Kreativität aller hochqualifizierten (pädagogischen und nichtpädagogischen) Fachkräfte, die in *einem* institutionellen Rahmen zusammenarbeiten.

7.2 Schritte in die Zukunft

Unser Beitrag zur Ausbildung frühpädagogischer Fachkräfte in England skizzierte einen speziellen Entwicklungszusammenhang, der sich auf die Kurzformel „scheibchenweise Reform eines nach marktwirtschaftlichen Prinzipien organisierten und konzeptionell zweigeteilten Systems" bringen lässt. Wir konnten zeigen, wie die sukzessive, wissenschaftlich untermauerte Erkenntnis, dass die frühe Kindheit eine entscheidende Lebensphase darstellt, zu zahlreichen Vorstößen führte, um in Elementareinrichtungen Teams mit höheren Qualifikationen und universitär ausgebildeten Kernfachkräften zu etablieren. Dabei haben wir uns auf die neu eingeführten speziellen Hochschulabschlüsse beschränkt und die vielen und ganz unterschiedlichen nicht-akademischen Ausbildungswege, die während des fraglichen Zeitraumes ebenfalls einer Überprüfung unterzogen und reformiert wurden, außen vor gelassen. Die Erwartungen an die professionellen Kompetenzen der im Elementarbereich tätigen Fach-, Lehr- und Leitungskräfte wurden während der zwei Dekaden, die Gegenstand des Beitrags sind, immer umfassender. Auf der Tagesordnung steht nun die Arbeit mit Kindern und ihren Familien, die Unterstützung von Familien, das Ermöglichen elterlicher Berufstätigkeit, der Schutz „gefährdeter" Kinder, von Kindern mit Behinderungen, die Zusammenarbeit mit Fachkräften aus anderen Institutionen und mit anderem Hintergrund – auch ganzheitlicher Ansatz genannt – und die Umsetzung des neuen Vorschulcurriculums. Sowohl der *Rumbold Report* (DES 1990) als auch der *Start Right Report* (Ball 1996) waren so weitsichtig, die engere Verknüpfung von Gesundheitsförderung, Betreuung und Bildung zu empfehlen, und somit den Weg in Richtung einer multiprofessionellen oder organisationsübergreifenden Arbeitsweise aufzuzeigen.

Gleichzeitig unternahm die Politik einen konzertierten Vorstoß zur Integration von Betreuung und Bildung auf der administrativen Ebene wie auch bei der Mittelbereitstellung –, was trotz der vielfältigen Schnittmengen zwischen beiden Bereichen immer noch nicht abschließend gelöst ist. So müssen zum Beispiel Kinderbetreuungseinrichtungen auf pädagogische Fachkräfte zurückgreifen können, obwohl die Bestimmung, dass Children's Centres über zertifizierte Lehrkräfte verfügen müssen, wie gesagt, revidiert werden könnte. In Vorklassen und -schulen gab es derartige Berührungspunkte von jeher, denn dort waren immer schon sowohl Lehrkräfte (für die Bildung) als auch Kinderpflegerinnen (für die Betreuung) beschäftigt. Unser Beitrag zeigt jedoch, dass sich dies in der Ausbildung speziell für den Elementarbereich bislang nicht widerspiegelt.

In Bezug auf die Vermittlung von fachlichem Wissen werden die meisten der für diesen Beitrag untersuchten Qualifikationswege von einem eher präskriptiven, kompetenzbezogenen Ansatz bestimmt. Das entspricht der in England derzeit vorherrschenden Tendenz, Qualifikationen an berufliche Standards zu knüpfen. In der frühpädagogischen Ausbildung ist zudem weder der Stellenwert der Theorie abschließend geklärt noch die Frage nach angemessenen Inhalten, denn die Lehrerbildung für den Elementar- und Primarbereich ist auf der inhaltlichen Ebene aufs Engste an das unterrichtsfachbezogene nationale Grundschulcurriculum angebunden. Es ist nicht davon auszugehen, dass sich daran in absehbarer Zeit etwas ändern wird.

Der Bericht Children in Scotland (2010) weist darauf hin, dass die entsprechenden politischen Positions- und Strategiepapiere nicht von nennenswerter pädagogischer Kenntnis geprägt sind – und unserer Ansicht nach ebenso wenig von substanziellen theoretischen Erkenntnissen, auch wenn aus den Interviews hervorgeht, dass bestimmte pädagogische Theorien und Ansätze in der Lehrerbildung durchaus rezipiert werden. Praxiserfahrung ist eine wichtige Grundlage für die Anwendung theoretischen Wissens, aber das Heranziehen von beruflichen Standards als Richtschnur begünstigt einen rein instrumentellen und theoriefeindlichen Umgang mit Wissen. Auf diese Weise ist Wissen nur in begrenztem Maß flexibel anwendbar, was dazu führt, dass neue Situationen erneute Schulung erfordern. Im Übrigen stellt auch der Mangel an geeigneten, dezidiert frühpädagogischen Praktikumsplätzen mit Betreuung durch frühpädagogisch versierte Fachkräfte nach wie vor ein Problem dar.

7.3 Fazit und Empfehlungen

Allen politischen Bemühungen zum Trotz scheint sich in England an der Ausbildung frühpädagogischer Fachkräfte während der letzten beiden Dekaden nur wenig geändert zu haben. Obwohl Early Childhood Studies inzwischen als spezielles Fachgebiet anerkannt sind, werden die Studieninhalte weiterhin durch das unterrichtsfachbezogene Grundschulcurriculum bestimmt. Eine ebenso große Rolle spielt die politische Agenda der jeweiligen Regierung. Deren inhaltliche Eingriffe in die Lehrererstausbildung haben letztlich einen restringierenden Einfluss auf die Gestaltung der Studiengänge und die Autonomie der Lehrenden und Ausbilderinnen bzw. Ausbilder. Die Konsequenz dieser Interventionen ist, dass spezifisch frühpädagogischen Inhalten immer weniger Zeit und Raum zur Verfügung steht und es an spezialisierten Ausbilderinnen und Ausbildern, Praktikumsmentorinnen und -mentoren sowie an geeigneten Praktikumsplätzen fehlt.

Zusätzlich zum etablierten Qualified Teacher Status wurden infolge übereilter politischer Entscheidungen neue Personalkategorien und Leitungsfunktionen eingeführt, die zwar eine akademische Qualifikation erfordern, deren Status, Bezahlung und Beschäftigungsbedingungen aber völlig ungeklärt sind. Folglich hat sich unter den Mitarbeiterinnen und Mitarbeitern des Elementarbereichs Enttäuschung breitgemacht. Die historisch bedingte Zweiteilung in Bildung und Betreuung ist immer noch nicht überwunden, wodurch auch die Ausbildungswege weiterhin getrennt sind: Frühpädagogische Fachkräfte absolvieren ein Lehrerstudium, alle anderen Fachkräfte werden in anderen institutionellen Kontexten ausgebildet. In der Lehrerbildung besteht die Trennung zwischen Betreuung und Bildung weiter fort.

Es ist zweifellos als Stärke des Modells „frühpädagogische Fachkraft mit Qualified Teacher Status" zu bewerten, dass es sich über den ganzen Untersuchungszeitraum hinweg gehalten hat –, dennoch stellt sich bei vielen Elementarpädagogik-Studiengängen nach wie vor die Frage, ob sie inhaltlich angemessen sind. Die Auswertung der einschlägigen Literatur und der politischen Entwicklungen sowie der Interviewdaten legt nahe, dass eine wirklich gute Ausbildung in Frühpädagogik oft vom Engagement einzelner Akteurinnen und Akteure abhängt, die sich an einer Universität für ihr Spezialgebiet stark machen. Sie verdienen Beifall für ihren Einsatz, spezifisch frühpädagogischen Fragestellungen in den Studiengängen, in denen sie lehren bzw. für die sie verantwortlich sind, Gehör zu verschaffen. Um eine feste Verankerung dieser Inhalte wird aber immer noch gekämpft, und die Altersgruppe der Unter-Dreijährigen bleibt in der Lehrererstausbildung auch weiterhin unberücksichtigt.

Während der vergangenen 20 Jahre wurde allerdings argumentativ belegt, dass „Frühkindliche Bildung" ein eigenständiges Studiengebiet sein muss. In England könnte das Modell des postgradualen Certificate of Education (PGCE) die besten Voraussetzungen in dieser Richtung bieten, da der Zugang zu diesen Programmen inzwischen auch mit einem Abschluss in Early Childhood Studies möglich ist.

Die Stärke der elementarpädagogischen Lehrerbildung liegt darin, dass sie praktische und berufsbezogene Elemente verbindet und immer wieder sehr gute Fachkräfte hervorbringt. Die gemeinsame Ausbildung von elementar- und primarpädagogischen Nachwuchslehrkräften hat immerhin den positiven Effekt, dass die Studierenden sich mit der gesamten Bandbreite des Curriculums auseinandersetzen und lernen, mit den verschiedenen Altersgruppen in Vor- und Grundschule zu arbeiten. Dennoch erscheint uns die von Moss (2008) entworfene Vision eines voll integrierten Systems der frühkindlichen Bildung und Betreuung bedenkenswert. Es beruht auf dem Modell eines Fachkräfteteams rund um eine pädagogisch qualifizierte Kernfachkraft, das in allen Einrichtungen für Kinder unter und über drei Jahren sowie an Grundschulen zum Einsatz kommen sollte. Ein Schritt in diese Richtung wurde in England durch die Einführung des Early Years Professional Status unternommen, der aber aus den bereits genannten Gründen nur mäßig erfolgreich war. Aus dieser Erfahrung kann und muss gelernt werden. Für die Weiterentwicklung der Ausbildung frühpädagogischer Fachkräfte geben wir zum Abschluss folgende Empfehlungen:

➔ **Empfehlung 1:** Die frühe Kindheit ist als eine spezielle und eigenständige Lern- und Bildungsphase anzuerkennen, die sich von der Grundschule unterscheidet, aber den gleichen Stellenwert genießen muss.

Empfehlung 2: Es sollte ein konzeptionell wie auch strukturell integriertes System der frühkindlichen Bildung und Betreuung entwickelt werden, welches auf dem Modell einer pädagogischen Kernfachkraft basiert und in allen Einrichtungen für Kinder unter und über drei Jahren sowie in der Grundschule zum Einsatz kommt.

Empfehlung 3: Ausgehend von Empfehlung 2 muss Frühkindliche Bildung innerhalb der Lehrerbildung als eigenständiges Fachgebiet etabliert werden.

Empfehlung 4: Die Inhalte lehrerbildender Studiengänge müssen sowohl auf die geltenden curricularen Rahmenpläne abgestimmt sein als auch Erkenntnisse und Forschungsergebnisse aus der Frühpädagogik einbeziehen. Das Grundschulcurriculum darf keinen Vorrang vor frühpädagogischen Lehrinhalten haben. Folglich sollte die Lehrerbildung im Hochschulkontext verortet bleiben.

Empfehlung 5: Studierende der Elementarpädagogik brauchen ausreichend Praxiserfahrung in geeigneten Einrichtungen und mit frühpädagogisch hochqualifizierten Mentorinnen bzw. Mentoren, die wiederum in ihrer Tätigkeit unterstützt werden müssen.

Empfehlung 6: In lehrerbildenden Studiengängen bedarf es einer klaren Definition von „Früher Kindheit" und „Elementarbereich", sodass die Lehrinhalte den Bedürfnissen der Jüngsten und ihrer Familien gerecht werden können. Dies sollte auf jeden Fall die Altersgruppe der Unter-Dreijährigen miteinbeziehen.

Empfehlung 7: Es dürfen keine akademisch qualifizierten „Billigkräfte" (wie mit dem Early Years Professional Status) ausgebildet werden.

Literatur

Abbott, L., David, T. & Miller, L. (1996). Teacher training: issues and concerns. In G. Pugh (Ed.), Education and training for work in the early years. London: National Children's Bureau (Early Childhood Unit).

Abbott, L. & Kane, I. (1998). Teacher training for the early years. In L. Abbott & G. Pugh (Eds.), Training to work in the early years: Developing the climbing frame (pp. 56–68). Buckingham: Open University Press.

Abbott, L. & Pugh, G. (Eds.). (1998). Training to work in the early years: Developing the climbing frame. Buckingham: Open University Press.

Ball, C. (1994). Start right: The importance of early learning. London: Royal Society for the Encouragement of Arts.

Bennett, J. (2001). Goals and curricula in early childhood. In S. B. Kamerman (Ed.), Early Childhood Education and Care: International perspectives. (Meeting in New York, May 11–12, 2000) Columbia, OH: The Institute for Child and Family Policy at Columbia University.

Blenkin, G. M. & Yue, N. Y. L. (1994). Profiling early years practitioners: Some first impressions from a national survey. Early Years, 15, 13–22.

British Educational Research Association – Early Years Special Interest Group. (2003). Early years research: Pedagogy, curriculum and adult roles, training and professionalism. Nottingham: British Educational Research Association.

Brooker, L., Rogers, S., Ellis, D., Hallet, E. & Roberts-Holmes, G. (2010). Practitioners' experiences of the early years foundation stage, DFE RB-029. London: Department of Education.

Calder, P. (2008). Early Childhood studies degrees: The development of a graduate profession. In L. Miller & C. Cable (Eds.), Professionalism in the early years (pp. 31–40). London: Hodder Education.

Children in Scotland (2010). Country profile: United Kingdom. A report for the cross-European programme Working for inclusion: The role of the early years workforce in addressing poverty and promoting social inclusion. Retrieved September 06, 2012, from http://www.childreninscotland.org.uk/docs/WFIUKA4Report_000.pdf.

Children's Workforce Development Council (CWDC). (2006). Early years professional prospectus. Leeds: Children's Workforce Development Council.

Children's Workforce Development Council (CWDC). (2010). Graduate leaders for the early years. Retrieved October 19, 2010, from http://www.cwdcouncil.org.uk/press-releases/3984_cwdc-launches-programme-to-develop-outstanding-graduate-leaders-for-early-years.

Children´s Workforce Development Council (CWDC). (2011). Retrieved July 18, 2011, from http://www.cwdcouncil.org.uk/eyps.

Dahlberg, G. & Moss, P. (2005). Ethics and politics in Early Childhood Education. London: Routledge Falmer.

Department for Children, Schools and Families (DCSF). (2007). The Children's Plan: Building brighter futures (Cm 7280).

Department for Children, Schools and Families (DCSF). (2008). Statutory framework for the Early Years Foundation Stage: Setting the standards for learning, development and care for children from birth to five. Nottingham: DfES Publications.

Department for Education (DfE). (2010). The importance of teaching: Schools white paper. Retrieved September 10, 2011, from http://www.education.gov.uk/b0068570/the-importance-of-teaching/teaching-leadership.

Department for Education (DfE). (2011). Provision for children under five years of age in England (sfr 13/2011).

Department for Education and Employment (DfEE). (1998). Meeting the childcare challenge: A framework and consultation document (Cmnd 3959). London: Her Majesty's Stationery Office (HMSO).

Department for Education and Skills (DfES). (2003). Every child matters (Cmnd 5860).

Department for Education and Skills (DfES). (2005). Children's workforce strategy: Building a world-class workforce for children and young people. Nottingham: DfES Publications.

Department for Education and Skills (DfES). (2007). Common assessment framework for children and young people: Managers' guide. Retrieved September 10, 2011, from http://www.education.gov.uk/publications/eOrderingDownload/0336-2006BKT-EN.pdf.

Department of Education and Science (DES). (1993). The initial training of primary school teachers – New criteria for courses (Circular14/93).

Department of Education and Science (DES). (1990). Starting with quality. Retrieved July 11, 2011, from http://www.educationengland.org.uk/documents/rumbold/rumbold01-tablec.htm.

Department of Education (2011). Training the next generation of outstanding teachers. Implementation plan. Retrieved September 10, 2012, from http://media.education.gov.uk/assets/files/pdf/t/training%20our%20next%20generation%20of%20outstanding%20teachers.pdf.

Devereux, J. & Cable, C. (2008). The early years teacher. In L. Miller & C. Cable (Eds.), Professionalism in the early years (pp. 41–53). London: Hodder Education.

Early Childhood Studies Degrees Network (2007). Who offers ECS degrees. Retrieved September 10, 2012, from http://www.uel.ac.uk/ecsdegreesnetwork/who.htm.

Faux, K. (2011). Qualifications review aims to improve career progression and standards. Nursery World. Retrieved September 10, 2012, from http://www.nurseryworld.co.uk/news/1081680/Qualifications-review-aims-improve-career-progression-standards.

Fawcett, M. & Calder, P. (1998). Early Childhood studies degrees. In L. Abbott & G. Pugh (Eds.), Training to work in the early years: Developing the climbing frame (pp. 99–108). Buckingham: Open University Press.

Fenech, M. & Sumsion, J. (2007). Early Childhood teachers and regulation: Complicating power relations using a Foucauldian lens. Contemporary Issues in Early Childhood, 8, 109–122.

Gaunt, C. (2011). Gove's action plan to attract more outstanding teachers. Retrieved September 10, 2012, from http://www.nurseryworld.co.uk/News/MostRead/1077298/Goves-action-plan-attract-outstanding-teachers.

Goouch, K. (2008). Understanding playful pedagogies, play narratives and play spaces. Early Years: An International Journal of Research and Development, 28, 93–102.

Her Majesty's Stationary Office (HMSO). (1972). Teacher education and teacher training: A report by a committee of enquiry under the chairmanship of Lord James of Rusholme (The James Report). London: Her Majesty's Stationary Office

Hevey, D. (2007). Early years professional status: An initiative in search of a strategy. Paper presented at 17th EECERA Conference, August 29 to September 1, 2007, Prague, Czech Republic.

Hevey, D. & Curtis, A. (1996). Training to work in the early years. In G. Pugh (Ed.), Contemporary issues in the early years: Working collaboratively for children (pp. 211–231). London: Paul Chapman Publishing/National Children's Bureau.

House of Commons (2010). Apprenticeships, skills, children and learning act 2009.

McGillivray, G. (2011). Constructions of professional identity. In L. Miller & C. Cable (Eds.), Professionalization, leadership and management in the early years. London: SAGE.

Miller, L. (2008). Developing new professional roles in the early years. In L. Miller & C. Cable (Eds.), Professionalism in the early years (pp. 20–30). London: Hodder Education.

Miller, L. & Cable, C. (Eds.). (2008). Professionalism in the early years. London: Hodder Education.

Miller, L & Cable, C. (Eds.). (2011). Professionalization, leadership and management in the early years. London: SAGE.

Miller, L. & Pound, L. (Eds.). (2011). Theories and approaches to learning in the early years. London: SAGE.

Morris, E. (2011). Opinion: We must pin all our hope on teaching schools. The Guardian, 26 July 2011.

Mortimer, G. (2011). GTC chair gives her views on teacher regulation proposals. Retrieved September 10, 2012, from http://www.gtce.org.uk/media_parliament/news_comment/teach_regn090511/.

Moss, P. (2003). Beyond caring: The case for reforming the childcare and early years workforce. London: Daycare Trust.

Moss. P. (2008). The democratic and reflective professional: Rethinking and reforming the early years workforce. In L. Miller & C. Cable (Eds.), Professionalism in the early years (pp. 121–130). London: Hodder Education.

National Centre for School Leadership (NCSL). (2007). Guidance to the Standards for Leaders of Sure Start Children's Centres. Nottingham: NCSL.

No Child Left Behind (2009). Retrieved November 05, 2009, from http://www.ed.gov/nclb/overview/intro/index.html.

Oberhuemer, P., Schreyer, I. & Neuman, M.J. (2010). Professionals in early childhood education and care systems: European profiles and perspectives. Opladen: Barbara Budrich.

Organisation for Economic Co-operation and Development (OECD). (2006). Starting Strong II. Early Childhood Education and Care. Paris: OECD.

Organisation for Economic Co-operation and Development (OECD). (2010). Family Database. Retrieved September 10, 2012, from http://www.oecd.org/dataoecd/46/13/37864698.pdf.

Organisation for Economic Co-operation and Development (OECD). (2011). Doing Better for Families. Retrieved September 10, 2012, from http://www.oecd.org/document/49/0,3746,en_2649_34819_47654961_1_1_1_1,00.htm.

Osgood, J. (2006). Editorial: Rethinking 'professionalism' in the early years: Perspectives from the United Kingdom. Contemporary Issues in Early Childhood, 7, 1–4.

Owen, S. & Haynes, P. (2008). Developing professionalism in the early years: From policy to practice. In L. Miller & C. Cable (Eds.), Professionalism in early years (pp. 9–19). London: Hodder Education.

Phillips, R., Norden, O., McGinigal, S. & Oseman, D. with Nick Coleman (2009). Childcare and early years provider survey 2009 (Research Report DFE-RR-12). London: Department of Education.

Phillips, R., Norden, O., McGinigal, S. & Cooper, J. (2009). Childcare and early years providers survey 2008 (Research Report DCSF-RR164). London: Department for Children, Schools and Families.

Plantenga, J. & Remery, C. (2009). The Netherlands: Bridging labour and care. In P. Moss & S.B. Kamermann (Eds.), The politics of parental leave policies: Children, parenting, gender and the labour market (pp. 175–190). Bristol: Policy Press.

Pugh, G. (Ed.). (1996). Education and training for work in the early years. London: National Children's Bureau (Early Childhood Unit).

Simon, A., Owen, C., Moss, P., Petrie, P., Cameron, C., Potts, P. & Wigfall, V (2008). Working together: Volume 1. Secondary analysis of the Labour Force Survey to map the numbers and characteristics of the occupations working within Social Care, Childcare, Nursing and Education. Retrieved September 10, 2012, from http://webarchive.nationalarchives.gov.uk/20130401151715/https://www.education.gov.uk/publications/eOrderingDownload/TCRU-01-08.pdf.

Smeaton, D. & Marsh, A. (2006). Maternity and paternity rights and benefits: Survey of parents 2005. Employment Relations Research Series No. 50. London: Department of Trade and Industry.

Staggs, L. (2012). Play as a foundation for learning? The rhetoric and reality of the National Strategy for Early Education and Assessment in England (pp. 139–152). In L. Miller & D. Hevey (Eds.), Policy issues in the Early Years. London: SAGE.

Sylva, K., Melhuish, E., Sammons, P., Siraj-Blatchford, I., Taggart, B. & Elliot, K. (2003). The effective provision of pre-school education (EPPE) project: Findings from the pre-school period: Summary of findings. London: University of London.

Sylva, K., Melhuish, E., Sammons, P., Siraj-Blatchford, I. & Taggart, B. (2010). Early Childhood matters: Evidence from the effective preschool and primary education project. London: Routledge.

The House of Commons (2010). Sure start children's centre. Fifth report of session 2009–10 (HC 130-1). Retrieved September 10, 2012, from http://www.publications.parliament.uk/pa/cm200910/cmselect/cmchilsch/130/130i.pdf.

Tickell, C. (2011). The early years: Foundations for life, health and learning. An independent report on the Early Years Foundation Stage to Her Majesty's Government. Retrieved September 10, 2012, from http://catalogue.bishopg.ac.uk/custom_bgc/files/JLIF_EYFS.pdf.

Training and Development Agency Professional Standards for Teachers (2007). Retrieved July 05, 2011, from http://www.tda.gov.uk/teacher/developing-career/professional-standards-guidance/~/media/resources/teacher/professional-standards/standards_a4.pdf.

Wadsworth, J. (2011): Michael Gove needs to get his research right on teacher training. The Guardian, 5 July 2011.

Whalley, M. E. (2011). Leading and managing in the early years: Towards a new understanding. In L. Miller & C. Cable (Eds.), Professionalization, leadership and management in the early years. London: SAGE.

Entwicklung der frühpädagogischen Ausbildung in Schottland

Maßnahmen des schottischen Parlaments und Reformen an den Universitäten

Aline-Wendy Dunlop, University of Strathclyde, UK

EINSTIEG

Der folgende Beitrag befasst sich mit der Ausbildung von Fachkräften für den Bereich Frühe Kindheit in Schottland. Um die spezifisch schottischen Ausbildungskonzepte für dieses Tätigkeitsfeld nachvollziehbar zu machen, werden zunächst einige Hintergrundinformationen zum schottischen Kontext gegeben und die frühe Kindheit im Zentrum des schottischen Bildungssystems verortet.[44] Daran anschließend folgt ein Überblick über die Zuständigkeiten im Bildungswesen, die wichtigsten Kinder betreffenden Gesetze und Regelungen sowie über kinder- und familienpolitische Zielsetzungen und Zielvorstellungen hinsichtlich des Beschäftigtenprofils im Bereich Frühe Kindheit (0–8). Die curricularen Richtlinien für Unter-Dreijährige und für Drei- bis Sechsjährige, die der pädagogischen Arbeit mit unseren Jüngsten ihren Rahmen geben, werden ebenfalls vorgestellt.

Eine Übersicht über den schottischen Elementar- und Primarbereich macht mit den bestehenden Angebotsformen außerhäuslicher frühkindlicher Bildung und Betreuung vertraut. Aufgrund der Unterschiede zwischen Schottland und dem übrigen Europa ist es erforderlich, genauer auf das Spektrum der mit der frühen Kindheit (0–8) befassten Beschäftigtengruppen einzugehen; hierzu gehören auch die Unterscheidungsmerkmale zwischen Fachkräften ohne dezidiert pädagogische Qualifikation (*Childhood Practitioners*) und ausgewiesenen frühpädagogischen Fachkräften *(Early Childhood Teacher Specialists)*[45]. Beleuchtet werden zudem das Konzept der sogenannten *Children's Workforce* und ihr berufliches Verhältnis zum pädagogischen Personal des Elementar- und Primarbereichs sowie die unterschiedlichen professionellen Standards, die bei der Registrierung für soziale Berufe – wozu *Childhood Practitioners* zählen – und der für pädagogische Fachkräfte erforderlichen Registrierung als Lehrkraft gelten.

---

[44] *Die schottische Bildungs- und Sozialpolitik definiert die frühe Kindheit (early childhood) als den Lebensabschnitt zwischen Geburt und Vollendung des achten Lebensjahres. Da Kinder mit fünf Jahren eingeschult werden, ist auch die untere Primarstufe Ort der frühkindlichen Bildung und Betreuung, d. h. Fachkräfte für die frühe Kindheit sind sowohl im Elementarbereich als auch in der Primarstufe und der außerschulischen Arbeit mit Grundschulkindern tätig. Daher wird, sofern sich Aussagen nicht explizit auf den Elementarbereich beziehen, zur Verdeutlichung dieses spezifisch schottischen Konzepts die Formulierung „Frühe Kindheit (0–8)" verwendet (Anm. d. Hrsg.).*

[45] *Obwohl Early Childhood Teacher Specialists nicht auf die dezidiert vorschulische pädagogische Arbeit beschränkt sind, sondern auch in der unteren Primarstufe tätig sein können, verwenden wir hier den Begriff „frühpädagogische Fachkraft" (Anm. d. Hrsg.).*

Im Anschluss wird skizziert, auf welch unterschiedliche Weise schottische Universitäten diesen landesweit geltenden Standards im Rahmen ihrer pädagogischen und nicht-pädagogischen Ausbildungsgänge für den Bereich Frühe Kindheit (0–8) Rechnung tragen. In diesem Abschnitt wird auch die derzeitige Struktur der Ausbildung für diese beiden Tätigkeitsfelder erläutert. Programme, die für die Arbeit im Elementarbereich und mit jüngeren Schulkindern qualifizieren, werden einschließlich ihrer Einstufung im *Scottish Credit and Qualifications Framework*[46] im Überblick vorgestellt.

Diese Einstufung und die typische Ausgestaltung der Ausbildung von *Childhood Practitioners* auf der einen und pädagogischen Fachkräften auf der anderen Seite sollen am Beispiel der Studiengänge einer schottischen Universität aufgezeigt werden. Der Beitrag schließt mit einigen Überlegungen, in denen Fragen zu zentralen Elementen der Ausbildung für die Arbeit im Bereich Frühe Kindheit (0–8) aufgeworfen werden.

Der Beitrag berücksichtigt die relevante Literatur und verweist auf maßgebliche Studien, die während der letzten Jahre in Schottland durchgeführt wurden. Anknüpfungspunkte zwischen den spezifisch schottischen und den in anderen europäischen Ländern praktizierten Ausbildungskonzepten werden ebenfalls im Ansatz diskutiert.

Zur Erstellung dieses Beitrags wurden drei öffentliche Statistiken herangezogen: die Schulstatistik *Summary Statistics for Schools in Scotland* (Scottish Government 2011a), die alle öffentlichen Elementareinrichtungen erfassenden *Preschool and Childcare Statistics* (Scottish Government 2011b) sowie die *Childcare Statistics 2010* (Scottish Social Services Council 2011a) mit Daten zu Angebot und Nutzung von registrierten privaten Tagesbetreuungsplätzen.

1. Der schottische Rahmenkontext

Schottland ist eine Nation mit rund fünf Millionen Einwohnern. Die Hälfte der Bevölkerung konzentriert sich auf den sogenannten *Central Belt* im mittelschottischen Tiefland mit Edinburgh als Hauptstadt und Sitz des neuen schottischen Parlaments am östlichen und Glasgow, der größten Stadt des Landes, am westlichen Rand. Glasgow erlebte seine Blütezeit während der industriellen Revolution, deren Hinterlassenschaft sich darin zeigt, dass weite Teile des schottischen Westens bis heute mit sozialen Problemen zu kämpfen haben. Das Hochland im Norden und Süden Schottlands ist weniger dicht besiedelt und manche Gegenden sind recht abgeschieden. Auf den Orkney- und Shetlandinseln im Norden und den westlich gelegenen Hebriden leben die wenigen Einwohner weit verstreut; auf den Äußeren Hebriden ist Gälisch immer noch die Erstsprache vieler Familien.

---

[46] *Das Scottish Credit and Qualifications Framework (SCQF) ordnet alle in Schottland möglichen Bildungs- und Berufsabschlüsse (einschl. berufsbegleitender/weiterbildender Qualifikationen) auf einer insgesamt 12-stufigen Rangliste ein. Es ist in Aufbau und Struktur am Europäischen Qualifikationsrahmen für lebenslanges Lernen (EQR) orientiert. An Hochschulen (Colleges und Universitäten) angebotene Abschlüsse rangieren auf den Stufen 7–12, gemeinsam mit einer Reihe berufsbegleitender oder weiterbildender Zusatzqualifikationen. Als genuin „akademische Grade" (degrees) gelten allerdings nur die Stufen 9–12. Stellenprofile weisen i. d. R. aus, welche Stufe des SCQR als formale Qualifikation vorausgesetzt wird (Anm. d. Hrsg.).*

Im Jahr 2008 verkündete die schottische Regierung die drei programmatischen „Säulen" ihrer Bildungs- und Sozialpolitik (Scottish Government 2008a, b, c): das *Early Years Framework* sowie die Programme *Equally Well* und *Achieving Our Potential*. Die kinderpolitische Leitlinie *Early Years Framework* basiert auf soliden Forschungsergebnissen, die zeigen, dass die ersten acht Jahre im Leben eines Kindes einen entscheidenden Einfluss auf seine spätere Gesundheit, soziale Entwicklung, Bildungslaufbahn und Beschäftigungsfähigkeit haben. Auf diese empirischen Belege stützen sich auch die beiden anderen Maßnahmenpakte – *Achieving Our Potential* und *Equally Well* –, deren Ziele in der Bekämpfung von Armut und gesundheitlicher Ungleichheit liegen. Das im Rahmen einer Vereinbarung zwischen der schottischen Regierung und dem *Consortium of Scottish Local Authorities* (COSLA[47]) verabschiedete *Early Years Framework* stellt einen Meilenstein für die partnerschaftliche Zusammenarbeit aller mit dem Wohl von Kindern und ihrer Familien befassten Institutionen dar. Da Maßnahmen auf lokaler Ebene in Schottland Aufgabe der Kommunal- bzw. Kreisverwaltungen sind, dienen derartige Vereinbarungen der landesweiten Umsetzung nationaler Politikvorgaben.

Das Programm *Getting it right for every child* (GIRFEC) (Scottish Government 2008d) dient als verbindlicher Handlungsrahmen, der alle in Schottland angebotenen Dienstleistungen für Kinder und Jugendliche auf kindzentrierte und wirksame Maßnahmen verpflichtet. Die Richtlinien wurden erst vor Kurzem aktualisiert (Scottish Government 2012).

Um sicherzustellen, dass Investitionen im Bereich der frühen Kindheit (0–8) nicht länger als optional aufgefasst werden, arbeitet die schottische Regierung derzeit an weiteren gesetzlichen Regelungen. Das Gesetz *Children and Young People's Bill* wurde am 27. März 2014 verabschiedet. Zudem prüft die Regierung gesetzgeberische Maßnahmen, die gewährleisten sollen, dass das Programm *Getting it right for every child* im gesamten öffentlichen Sektor umgesetzt wird.

2. Politische und administrative Zuständigkeiten im schottischen Bildungswesen

Mit seinem Bildungssystem unterscheidet sich Schottland deutlich von den anderen Landesteilen Großbritanniens. Die politische und gesetzgeberische Verantwortlichkeit für alle Stufen des Bildungswesens liegt beim schottischen Parlament, und die insgesamt 32 Kommunal- und Kreisverwaltungen *(Local Councils bzw. Local Authorities)* sind für die konkrete Bereitstellung vorschulischer und schulischer Bildung zuständig. Dies umfasst derzeit den öffentlich finanzierten zweijährigen Besuch einer Elementareinrichtung, die aus sieben Primar- und vier Sekundarschuljahren bestehende Pflichtschulzeit sowie zwei weitere Schuljahre nach persönlichem Ermessen (die Schulbildung kann, aber muss nicht mit 16 Jahren beendet werden).

Laut der Daten von 2011 besuchten landesweit 94.850 Kinder eine der 2.553 Elementareinrichtungen und 670.511 Kinder und Jugendliche eine Primar-, Sekundar- oder Sonderschule, was eine Gesamtzahl von 765.361 ergibt. Mit dem *Scottish 3–18 Curriculum for Excellence* unterliegt dieser insgesamt 15-jährige Bildungsweg einem gemeinsamen Rahmencurriculum. Obgleich eine Politik der inklusiven Beschulung aller schottischen Kinder verfolgt wird und sich seit dem Jahr 2000 ein Trend weg von der Sonderschule zeigt, besucht weiterhin circa ein Prozent der Kinder eine spezielle Förderschule.

---

[47] *Im Consortium of Scottish Local Authorities (COSLA) sind die Kommunal- und Kreisverwaltungen Schottlands zusammengeschlossen (Anm. d. Hrsg.).*

Curriculares Ziel der Primar- wie auch der Sekundarschule ist die Vermittlung einer breiten Bildungsgrundlage; aus demselben Grund dauert auch das Bachelorstudium an einer schottischen Universität traditionellerweise vier Jahre, also ein Jahr länger als im übrigen Großbritannien. Ein weiterer Unterschied besteht darin, dass das Studium öffentlich finanziert wird und die Studierenden in der Regel keine Studiengebühren entrichten müssen.

→ Zum Thema „Frühkindliche Bildung" heißt es auf der offiziellen Internetseite der schottischen Regierung: „Die Grundlagen für die späteren Lese-, Schreib- und Rechenkompetenzen, das soziale und emotionale Wohlergehen und die allgemeine Lernfähigkeit eines Kindes werden bereits in der frühen Kindheit gelegt. Die kognitive, soziale und emotionale Entwicklung des Kindes beginnt im Elternhaus, und zwar schon vor der Geburt. Es ist von entscheidender Bedeutung, dass alle Kinder in einer förderlichen und anregenden Umgebung aufwachsen können, und dass wir ihre Eltern unterstützen, sofern sie dabei Hilfe benötigen. Dass qualitativ hochwertige Angebote an frühkindlicher Bildung und Betreuung eine große Rolle bei der Entwicklungsförderung spielen, ist hinreichend empirisch belegt, zum Beispiel durch die Studie *Effective Provision of Pre-School Education, Primary and Secondary* (EPPSE) (Institute of Education, laufend). Maßgeblich ist, dass Kinder an jedem Punkt ihres Lernweges Zugang zu hochwertigen, entwicklungsfördernden Erfahrungen haben. Zwischen den einzelnen Anbietern frühkindlicher Bildung bestehen allerdings erhebliche Unterschiede und die Forschung zeigt, dass die erzielbaren Ergebnisse in signifikantem Maße von der Angebotsqualität abhängen" (http://www.scotland.gov.uk/About/Performance/scotPerforms/indicator/pre-schools).

Im Februar 2011 kündigte der Minister für Bildung und lebenslanges Lernen die Gründung einer neuen staatlichen Einrichtung namens *Education Scotland* an, die bislang institutionell getrennte Aufgabenbereiche zusammenführen[48] und qualitätssteigernde Maßnahmen im Bildungswesen voranbringen soll.

Der Auftrag von *Education Scotland* umfasst:

- Steuerung und Unterstützung bei der erfolgreichen Umsetzung des Curriculums
- Förderung kapazitätsbildender und leistungsverbessernder Maßnahmen für Bildungseinrichtungen und pädagogisches Personal
- Förderung hochwertiger beruflicher Aus- und Weiterbildung
- Förderung von Führungskompetenz
- Förderung von Kreativität und Innovation
- Durchführung unabhängiger Evaluation der Qualität von Bildungsprogrammen
- Durchführung evidenzbasierter Politikberatung auf nationaler Ebene

[48] *Mit der Gründung von Education Scotland wurden die Aufgaben von vier Einzelinstitutionen in einer Hand zusammengeführt: Learning and Teaching Scotland (Curriculumentwicklung), Her Majesty's Inspectorate of Education (Schulaufsicht), National Continuing Professional Development Team (Lehrerfortbildung) und Scottish Government's Positive Behaviour Team (Förderung guter fachlicher Praxis im Bildungswesen) (http://www.educationscotland.gov.uk/supportinglearners/positivelearningenvironments/positivebehaviour/aboutposrelationships/index.asp).*

Die Schülerzahlen insgesamt weisen eine rückläufige Tendenz auf. Die Mehrheit der schottischen Kinder und Jugendlichen besucht öffentlich finanzierte Schulen, und alle für diesen Beitrag herangezogenen Statistiken beziehen sich auf diese Population, da der Besuch kostenpflichtiger Privatschulen in den Zahlenwerken nicht erfasst wird. Der Elementarbereich zeichnet sich hingegen durch eine Mischwirtschaft aus öffentlichen und privaten Trägern aus, die auch als zweigliedriges System bezeichnet werden kann. Laut Bennett (2008) gilt diese Zweigliedrigkeit auch hinsichtlich der Trennung zwischen Betreuung (für Unter-Dreijährige) und frühkindlicher Bildung (für Drei- bis Fünfjährige), obwohl die vorschulischen Leistungsangebote mittlerweile in den meisten schottischen Kommunal- und Kreisbehörden von ein und derselben Abteilung organisiert werden.

Die staatliche Aufsicht über Kindertageseinrichtungen und Angebote im Bereich frühkindlicher Bildung und Betreuung liegt jedoch bei zwei verschiedenen Stellen: der Bildungsaufsicht *Education Scotland* (früher *Her Majesty's Inspectorate of Education*) und der Aufsichtsbehörde für soziale Dienstleister *Social Care and Social Work Improvement Scotland* (SCSWIS), gemeinhin bekannt unter der Kurzbezeichnung *Care Inspectorate.*

Education Scotland inspiziert vorschulische Einrichtungen gemeinnütziger und privater Träger, Vorschulgruppen in Familienzentren[49] sowie schulangebundene Vorklassen mit Fokus auf die Qualität des Bildungsangebots. Überprüft werden all jene Elementareinrichtungen, die Finanzmittel für die Bereitstellung von Bildungsangeboten für drei- bis fünfjährige Kinder erhalten. Die Angebots- und Leistungsqualität wird auf Grundlage der Qualitätsrichtlinie *The Child at the Centre 2* evaluiert und bewertet; Ziel des Inspektionsprogramms ist, die Einrichtungen bei der Verbesserung ihrer frühkindlichen Bildungs- und Betreuungsangebote zu unterstützen. Momentan ist der Regierung daran gelegen, den Anteil positiv evaluierter Elementareinrichtungen zu erhöhen. Durch die Inspektionsberichte erhalten die zuständigen Minister einen Überblick über das Niveau frühkindlicher Bildungs- und Betreuungsangebote in ganz Schottland.

Das *Care Inspectorate* prüft darüber hinaus, ob die Anbieter auch die gesetzlichen Vorgaben und Betreuungsstandards *(National Care Standards)* einhalten. Als unabhängige Regulierungsbehörde ist das *Care Inspectorate* für ein breites Spektrum an Dienstleistungen und Einrichtungen in den Bereichen Betreuung, Pflege, Sozialarbeit und Kinderschutz zuständig, also auch für Kinderbetreuung. Seine Arbeit trägt entscheidend zur Verbesserung der Leistungsangebote für Kinder und Erwachsene im ganzen Land bei. So soll sichergestellt werden, dass alle Menschen die bestmögliche Versorgung erhalten und ihre Rechte gefördert und geschützt werden; dies gilt auch für Kindertageseinrichtungen und private Tagespflegestellen im Haushalt der Tagespflegeperson.

In Schottland existiert also ein landesweit einheitliches System aus Schulen und Elementareinrichtungen; es gibt ein einheitliches Regelwerk und Inspektionssystem für Schulen und außerschulische Tagesangebote, ein einheitliches nationales Curriculum für Drei- bis Achtzehnjährige, zentrale Prüfungen und landesweit einheitliche professionelle Standards.

[49] *Familienzentren (family centres) sind öffentliche Einrichtungen mit integriertem Angebot für Kinder und ihre Familien, die es in ganz Großbritannien gibt. Das Programm reicht von Schwangerenbetreuung und Kursen in Säuglingspflege bis zu Hausaufgabenhilfe und Freizeitgestaltung für Schulkinder (Anm. d. Hrsg.).*

3. Politische Zielsetzungen für jüngere Kinder und ihre Familien

In Schottland definiert das *Early Years Framework* (Scottish Government 2008a) qua politischer Festlegung „Frühe Kindheit" als den Zeitraum von vor der Geburt bis zum Alter von acht Jahren. Das *Early Years Framework* vertritt einen rechtsbasierten Ansatz und ist von vier Prinzipien geleitet:

- Wir wollen, dass alle Kinder die gleichen Chancen haben und dieselben Ergebnisse erzielen können.
- Wir identifizieren zielgefährdende Risiken und ergreifen präventive Maßnahmen.
- Wir ergreifen wirksame (Gegen-)Maßnahmen, wenn Risiken manifest werden.
- Wir bieten Eltern, Familien und sozialem Umfeld bei Bedarf leicht zugängliche, hochwertige öffentliche Dienstleistungen und helfen ihnen, eigene Problemlösungen zu entwickeln.

Die Einführung des *Early Years Framework* unterstreicht die politische Agenda der schottischen Regierung, in die frühe Kindheit zu investieren, damit Kinder den bestmöglichen Start ins Leben haben und das Beste aus ihren Chancen machen können, denn dies ist „Schottlands Sprungbrett für eine erfolgreiche Zukunft [...] Kinder sind die Zukunft Schottlands und wir wissen, dass Erfahrungen während der ersten Lebensjahre das Tor zum weiteren Lernen und zu den Kompetenzen öffnen, die Schottlands Wissensökonomie voranbringen. Ebenso wichtig ist, dass es sich der Bedürfnisse jener Kinder annimmt, deren Leben, Chancen und Ehrgeiz unter Schottlands historischem Erbe von Armut, schlechter Gesundheit, mangelhaften Leistungen und Arbeitslosigkeit leiden" (Scottish Government 2008a, S. 1). Der Regierung scheint demnach vor allem daran gelegen, Erfolge auf den Weg zu bringen und „die Kosten des Scheiterns zu minimieren".

Ein zentraler Strang des *Early Years Framework* ist die Vision einer „transformativen Veränderung". Die Zielvorstellungen der Regierung sind in zehn Punkten zusammengefasst:

1. Konzeptionelle Kohärenz schaffen
2. Kindern, Familien und ihrem Umfeld beim Erreichen ihrer eigenen Ziele helfen
3. Kreisläufe der Armut, Ungleichheit und Erfolglosigkeit schon während der frühen Kindheit durch Angebote für Kinder und ihre Familien durchbrechen
4. Einbindung und Empowerment von Kindern, Familien und ihrem Umfeld in den Mittelpunkt stellen
5. Die Stärken der Universaldienstleister für Prävention und Frühintervention nutzen
6. Qualität ins Zentrum der Leistungserbringung stellen
7. Bedürfnisgerechte Leistungen für Kinder und Familien anbieten
8. (Lern-)Ergebnisse und kindliche Lebensqualität durch Spiel verbessern
9. Leistungserbringung vereinfachen und straffen
10. Zusammenarbeit effektivieren (Scottish Government 2008a, S. 4).

Das *Early Years Framework* war der erste Schritt hin zu einer grundlegend veränderten Herangehensweise, die die Rolle der Eltern und des Umfeldes anerkennt und sie durch bedürfnisgerechte, hochwertige und dialogorientierte Leistungsangebote unterstützt. Ein solch weitreichender philosophisch-konzeptioneller Wandel hat Auswirkungen auf die im Bereich der frühen Kindheit (0–8) tätigen Fachkräfte und ihre Arbeitspraxis.

Zwei Kernrichtlinien geben vor, welche Erfahrungsmöglichkeiten Kindern im Rahmen außerhäuslicher Betreuung oder frühkindlicher Bildung zu bieten sind. Für Kinder unter drei Jahren gilt die Richtlinie *Pre-Birth to Three*, für Kinder zwischen drei und sechs Jahren die erste Stufe des nationalen Bildungsplans *Curriculum for Excellence 3–18*. Beide Dokumente werden in Abschnitt 5 ausführlicher vorgestellt.

In Schottland beginnt der Bildungsweg eines Kindes üblicherweise im Alter von drei Jahren mit dem zweijährigen Besuch eines vorschulischen Bildungsangebots. Die Kommunal- bzw. Kreisbehörden sind verpflichtet, jedem Kind ab Beginn des auf seinen dritten Geburtstag folgenden Schulhalbjahres einen kostenlosen Platz in einer elementarpädagogischen Einrichtung zur Verfügung zu stellen, sofern die Eltern dies wünschen. Frühpädagogische Programme werden entweder von der Kommune selbst in ihren eigenen Einrichtungen angeboten oder in Kooperation mit privaten Trägern[50] organisiert. In der amtlichen Statistik von 2011 heißt es, dass „Kinder, deren fünfter Geburtstag zwischen Anfang März des Bezugsjahres und Ende Februar des Folgejahres liegt, in aller Regel im August des Bezugsjahres eingeschult werden (also zum Zeitpunkt des Schuleintritts zwischen 4½ und 5½ Jahre alt sind). Eltern haben das Recht, die Einschulung ihres Kindes aufzuschieben, aber der Schuleintritt muss vor Vollendung des sechsten Lebensjahres erfolgen" (Scottish Government 2011a, S. 6). So entschieden sich die Eltern von 4,5 Prozent der Kinder, die im Jahr 2011 eine Vorschuleinrichtung besuchten, ihr Kind noch für ein weiteres Jahr dort zu belassen – hierin spiegelt sich auch die Auffassung, dass in Schottland zu früh eingeschult wird.

Im vorschulischen Bereich kommen auf eine frühpädagogische Fachkraft nur zehn bis dreizehn Kinder, in der Primarschule hingegen unterrichtet eine einzelne Lehrkraft eine ganze Klasse mit bis zu 30 Kindern. Allerdings sind die Klassengrößen der Stufen P1–P3 (die ersten drei Primarschuljahre) rückläufig: Drei Viertel der fünf- bis siebenjährigen Kinder verbringen ihre ersten Schuljahre in Klassen mit maximal 25 Schülerinnen und Schülern. In der P1 liegt die durchschnittliche Klassengröße derzeit bei 20,5 Kindern, wobei 25 Kinder pro Lehrkraft in dieser Altersgruppe als gerade noch vertretbares Maximum gelten. Elementarpädagogische Einrichtungen und Programme praktizieren frühkindliche Bildung nach dem Prinzip des „aktiven Lernens", das Kinder in alters- und entwicklungsangemessene Lernaktivitäten einbindet.

Ein entscheidendes Verdienst des *Curriculum for Excellence* ist, dass die P1 noch mit zur ersten Bildungsstufe gezählt, d.h. mit der vorschulischen Bildung zum *Early Level 3–6* zusammengefasst wird, wodurch zumindest die Möglichkeit besteht, den Kindern beim Übergang in die Schule mehr Kontinuität zu bieten. Die bereits erwähnte EPPSE-Studie (Institute of Education) dient in Schottland als Beleg dafür, dass qualitativ hochwertige vorschulische Bildung die intellektuelle und soziale Entwicklung befördert und benachteiligte Kinder ganz erheblich von guten frühpädagogischen Angeboten profitieren.

---

[50] *Private Träger steht hier zusammenfassend für „private and voluntary"; ersteres sind kommerzielle Träger, letzteres gemeinnützige unabhängige Initiativen (Anm. d. Hrsg.).*

4. Politische Zielvorstellungen, Kleinkinder und Beschäftigte im Bereich „Frühe Kindheit"

Die schottische Regierung und die in ihrem Auftrag handelnden Behörden und Organisationen verfolgen das erklärte Ziel, dass alle in der frühkindlichen Bildung und Betreuung beschäftigten Personen über eine dem Tätigkeitsfeld angemessene berufliche Qualifikation verfügen sollen. Im *Early Years Framework* wurden 2008 Zielvorstellungen hinsichtlich der Personalqualität formuliert: „Kinder und Familien werden von Mitarbeiterinnen und Mitarbeitern betreut, die hoch kompetent und gut ausgebildet sind, angemessen entlohnt werden, allseitige Unterstützung und Wertschätzung erfahren und attraktive Karrieremöglichkeiten haben" (Scottish Government 2008a, S. 13).

Das Ziel, Kindern qualitativ hochwertige Erfahrungen zu bieten, so die Schlussfolgerung, erfordere nicht allein Investitionen in die Ausbildung der Fachkräfte, sondern das erreichte fachliche Niveau müsse auch gehalten bzw. ausgebaut werden, wozu es entsprechender Weiterbildungsmaßnahmen bedarf. Zu diesem Zweck und unter Bezugnahme auf eine im Auftrag der Regierung von der Universität Strathclyde durchgeführte Pilotstudie zu Qualifikationsprofilen hat die Regierung nach eingehenden Beratungen gemeinsame Kernkompetenzen für alle mit frühkindlicher Bildung und Betreuung befassten Personalkategorien festgelegt. Alle Ausbildungsgänge sollen diese Kompetenzbereiche abdecken, wobei viele weit über das geforderte Maß hinausgehen dürften.

Das für Schottland typische Qualifikationsprofil weist hinsichtlich der vertretenen Qualifikationsarten und -niveaus eine gewisse Bandbreite auf. Die derzeitige Personalentwicklungsstrategie zielt vornehmlich darauf ab, die Qualifikationen der Leitungskräfte auf akademisches Niveau anzuheben und sie im Zuge dessen speziell für die Übernahme von Führungsaufgaben auszubilden; nicht-pädagogische Fachkräfte sollen mindestens über eine Qualifikation der Stufe 9[51] verfügen und frühpädagogische Fachkräfte zusätzlich über eine ausgewiesene Spezialisierung in frühkindlicher Bildung.

→ Schottische Elementareinrichtungen beschäftigen recht unterschiedlich qualifizierte Fachkräfte; hinzukommt, dass die Arbeitgeber für weitgehend ähnliche Tätigkeiten uneinheitliche Berufsbezeichnungen verwenden. Der für die Registrierung[52] im Bereich sozialer Berufe zuständige *Scottish Social Services Council* teilt die Beschäftigten in drei Kategorien ein: Leitungskräfte bzw. gehobene Fachkräfte, Fachkräfte und Hilfskräfte. Eine wachsende Zahl derer, die im Elementarbereich mit Kindern arbeiten, ist derzeit dabei, bestehende nichtakademische Abschlüsse durch ein Teilzeitstudium auf Bachelorniveau anzuheben; ein Bachelor of Arts in

---

[51] *Qualifikationsstufe 9 des Scottish Credit and Qualifications Framework (SCQF) erfordert entweder einen Bachelorabschluss bzw. einen als äquivalent eingestuften Studienabschluss (z. B. Graduate Certificate) oder eine berufliche Ausbildung mit bestimmten, im Rahmen weiterbildender Maßnahmen erworbenen Zusatzqualifikationen.*

[52] *Die „Registrierung" unterscheidet sich von einer Zulassung oder Anerkennung dahingehend, dass sie keine Einstellungsvoraussetzung darstellt. Wie auf Seite 111 ff. beschrieben, erfolgt die formale Registrierung mit der initialen Arbeitsaufnahme in einer (ebenfalls registrierten) Einrichtung und stellt insofern die Aufnahme in ein Register „eingetragener Fachkräfte" dar. Die anhaltende Tätigkeit in einer Funktion, die einer „eingetragenen Fachkraft" bedarf, setzt logischerweise voraus, dass die Stelleninhaberin/der Stelleninhaber die Registrierung beantragt und die geltenden Anforderungen erfüllt (Anm. d. Hrsg.).*

Childhood Practice[53] gilt mittlerweile auch als Voraussetzung für die Registrierung als Leitungs- bzw. gehobene Fachkraft für Kindertageseinrichtungen. Die Mehrheit der übrigen Beschäftigten verfügt noch nicht über Qualifikationen auf diesem Niveau, aber viele sind auf dem Weg dorthin. Sofern die angestrebte Qualifikation innerhalb von drei Jahren erworben wird, besteht während des weiterbildenden Studiums die Möglichkeit einer „Registrierung unter Vorbehalt" (Scottish Social Services Council 2011d).

Im Zeitraum 2010 bis 2011 gab es insgesamt 31.190 Beschäftigte in Kindertageseinrichtungen (Scottish Social Services Council 2011c); eine auf die Schaffung durchweg beruflich angemessen qualifizierter Belegschaften abzielende Personalentwicklungsstrategie ist Teil der schottischen Regierungspolitik, die Kindern den bestmöglichen Start ins Leben ermöglichen soll.

Allerdings lässt die 2006 erstellte Studie *National Review of the Early Years and Childcare Workforce* zur Personalsituation in Elementareinrichtungen (Scottish Executive 2006) die dort tätigen pädagogischen Fachkräfte gänzlich unberücksichtigt: Sie gelten strukturell und arbeitsrechtlich als Teil der Lehrerschaft, da sie für die Arbeit mit Kindern im Alter von drei bis zwölf Jahren qualifiziert sind und beim *General Teaching Council for Scotland* (GTCS) registriert werden.

5. Der Bereich „Frühe Kindheit": Was wir unseren Jüngsten bieten

Der schottische Elementarbereich hat sich während der vergangenen Jahrzehnte erheblich gewandelt. Eine ganze Reihe von Faktoren hat dazu geführt, dass im Bereich frühkindlicher Bildung und Betreuung primär die Weiterbildungsmöglichkeiten derjenigen in den Fokus gerieten, die mit Drei- bis Fünfjährigen arbeiten. Zu nennen wären hier die Ausweitung frühkindlicher Bildung, die im *Standards in Scottish Schools Act* von 2000 verankerte Bereitstellungspflicht für adäquate frühkindliche Bildungsangebote auf lokaler Ebene und die Einführung eines zunächst für die Altersgruppe von drei bis fünf Jahren geltenden Bildungsplans (Scottish Executive 1999). Die Einführung landesweiter Bildungs- und Betreuungsstandards und zuletzt des *Curriculum for Excellence 3–18* spielten ebenfalls eine Rolle. Allerdings hat in diesem Zeitraum vor allem die außerhäusliche Betreuung der Jüngsten in beträchtlichem Umfang zugenommen. Nach Angaben der schottischen Regierung besuchen inzwischen knapp 50.000 Kinder unter drei Jahren eine Kindertageseinrichtung (Scottish Government 2010, zitiert nach Scottish Parliament 2011), davon circa ein Fünftel für weniger als neun Stunden pro Woche, aber eine vergleichbar große Zahl (23 %) für mehr als 30 Stunden (Scottish Parliament 2011). Es ist von entscheidender Bedeutung, dass die Arbeit mit diesen Kindern ebenfalls höchsten Qualitätsansprüchen genügt.

---

[53] *Der BA in Childhood Practice ist ein neu geschaffener akademischer Abschluss für nicht dezidiert pädagogisch bzw. instruktional ausgerichtete Arbeit mit Kleinkindern unter drei Jahren (Anm. d. Hrsg.).*

→ In Schottland umfassen die Angebots- und Einrichtungstypen für Kinder von null bis fünf Jahren Krippen, Kindertageseinrichtungen, Spielgruppen, Kinder- und Familienzentren sowie Tagespflegestellen. Somit gibt es ein breites Spektrum an staatlichen, kommunalen und privaten Trägern. Hinzu kommen die in Privathaushalten angebotenen Tagespflegestellen: Laut der jüngsten verfügbaren Statistik (Scottish Social Services Council 2011b) werden rund 28.000 Kinder von einer Tagespflegeperson betreut; allerdings sind nicht alle der erfassten Kinder noch unter sechs Jahre alt. Spielgruppen, Krippen und kommunale Kindertageseinrichtungen bzw. Vorschulen bieten in erster Linie Halbtagsplätze an. Im Zeitraum von 2008 bis 2010 blieb die Gesamtzahl der Kindertageseinrichtungen zwar relativ konstant, aber während die Zahl der privatwirtschaftlich betriebenen Einrichtungen zunahm, war bei gemeinnützigen und kommunalen Einrichtungen eine rückläufige Tendenz zu verzeichnen.

Maßgeblich für den kindlichen Alltag in einer schottischen Elementareinrichtung sind zwei Richtlinien: *Pre-Birth to Three* und die erste Stufe des *Curriculum for Excellence 3–18*, welche für die Altersgruppe der Drei- bis Sechsjährigen gilt und somit neben vorschulischer Bildung auch die Primarschuleingangsphase umfasst.

Für die Arbeit mit Unter-Dreijährigen gilt die Richtlinie *Pre-Birth to Three: Positive Outcomes for Children and Families* (Learning and Teaching Scotland 2010) mit ihren vier Handlungsprinzipien: Kinderrechte, Beziehungen, Responsivität und Respekt. Die Richtlinie enthält Empfehlungen zu Themen wie die Rolle der Fachkräfte, Bindungen, Übergänge, Beobachtung, Beurteilung und Planung, partnerschaftliche Zusammenarbeit, Gesundheit und Wohlbefinden, Lesen und Schreiben, Rechnen, Umwelt und Spiel. Im Mittelpunkt steht forschungsbasierte Praxis. Zusätzlich bietet *Education Scotland* unterstützende Materialien online an (http://www.educationscotland.gov.uk/earlyyears/prebirthtothree/index.asp).

Alle Leitlinien für die Arbeit mit den Jüngsten spiegeln Philosophie und Prinzipien des *Early Years Framework* wie auch des *Curriculum for Excellence* wider.

Obgleich es infolge der Curriculumreform nun einen stufenübergreifenden Bildungsplan für Kinder und Jugendliche zwischen drei und achtzehn Jahren gibt, wurden auch ausschließlich das Schulwesen betreffende Leitlinien herausgegeben. Die Leitlinien für die erste Stufe des *Curriculum for Excellence 3–18* gelten für den Elementar- und den Primarbereich; sie sind daran orientiert, den Bedürfnissen von Kindern zwischen drei und sechs Jahren – d. h. bis zum Ende des ersten Schuljahrs – gerecht zu werden und somit für mehr Kontinuität und stufenübergreifende Lernfortschritte zu sorgen. Hervorgehoben wird die große Bedeutung des aktiven, experimentellen und spielerischen Lernens, eines ganzheitlichen Zugangs zum Lernen sowie sanfter Übergänge.

Eine ausführliche Beschreibung der ersten Stufe des Curriculums findet sich in der Leitlinie *Building the Curriculum 2 – Active Learning in the Early Years* (Scottish Executive 2007), die Lernerfahrungen und -ziele für diese frühe Phase des Bildungswegs definiert und für einen aktiven Lernansatz plädiert. Das *Curriculum for Excellence 3–18* basiert auf vier Kompetenzbereichen, sieben Prinzipien und acht thematischen Lernfeldern. Es wird empfohlen, die vier Kompetenzen ins Zentrum der pädagogischen Arbeit zu stellen, da in der frühkindlichen Bildung – insbesondere im Elementarbereich – verbreitet die Befürchtung besteht, den thematischen Lernfeldern oder Fächern werde zu großes Gewicht beigemessen. Aktuell wird dazu geraten, das professionelle Praxishandeln an Bruners konstruktivistischer Pädagogik zu orientieren, und Bruner wird dahingehend zitiert, dass es das Ziel sei, „'Bedeutung' als zentrales Konzept zu verstehen" und herauszufinden, welche „Prozesse der Bedeutungskonstruktion" beim Lernen zum Tragen kommen (Scottish Government 2010a). Auch für die erste Stufe des *Curriculum for Excellence 3–18* werden unterstützende Materialien online zur Verfügung gestellt (http://www.educationscotland.gov.uk/earlyyears/curriculum/index.asp).

6. Die schottische Children's Workforce

Der Arbeitsbereich Frühe Kindheit an der Strathclyde Universität wurde seitens der für Kinderpolitik zuständigen Stabsstelle der Regierung beauftragt, einen gemeinsamen Kanon an Wissen, Kompetenzen und Werten für die sogenannte *Children's Workforce* zu konzipieren, zu der auch die im Elementarbereich Beschäftigten zählen. Durch eine systematische Auswertung politischer Strategiepapiere sollte verdeutlicht werden, welche Zielsetzungen die schottische Regierung mit Blick auf Kinder, Jugendliche und ihre Familien verfolgt, um daraus eine genaue Definition der *Children's Workforce*, ihrer Funktionen und folglich auch der für diese Zwecke erforderlichen Fertigkeiten abzuleiten. Das Team der Strathclyde Universität gelangte zu der Definition, *Children´s Workforce* bezeichne all jene, deren Arbeit sich auf das Leben von Kindern, auf ihre Familien und ihr ganzes soziales Umfeld auswirkt. Dieser starke Akzent auf der Zusammenarbeit aller Beteiligten ist kennzeichnend für kinderpolitische Strategiepapiere in Schottland; die Kooperation soll dem Kindeswohl dienen und das Problem der sozialen Ungleichheit zwischen Kindern – die Ungleichheiten im weiteren Lebenslauf nach sich zieht – lösen helfen. Die schottische *Children's Workforce* ist demzufolge vielschichtig und umfasst vielfältige fachliche Kompetenzen. Das folgende Modell einer vielschichtigen Fachkräfteschaft basiert auf der Analyse beruflicher Standards und Registrierungsvoraussetzungen sowie auf der großen Bandbreite der für Kinder und Familien angebotenen Dienstleistungen (Dunlop et al. 2010).

Im Strategiepapier *Common Core* (Scottish Government 2012), das auf Vorschläge einer mit der Festlegung berufsübergreifender Kenntnisse und Kompetenzen befassten Arbeitsgruppe und einen anschließenden Beratungsprozess zurückgeht, wird ein „gemeinsamer Kern" an Kenntnissen, Kompetenzen, Werten und Einsichten definiert, den alle Menschen, die – bezahlt oder ehrenamtlich – mit Kindern, Jugendlichen und ihren Familien arbeiten, teilen sollten. Diese Kenntnisse, Kompetenzen, Werte und Einsichten gelten als wesentliche Merkmale der gesamten *Children's Workforce*. Sie betreffen zwei Bereiche: zum einen die Beziehungen zu Kindern, Jugendlichen und Familien und zum anderen die Beziehungen zwischen den Mitarbeiterinnen und Mitarbeitern. Diese Wesensmerkmale beruhen auf vier geteilten Prinzipien: Nichtdiskriminierung, Orientierung am Kindeswohl, Orientierung am Recht auf Leben und Entwicklung sowie auf der Verpflichtung, die Meinungen der Kinder zu berücksichtigen.

Das *Common Core*-Papier stellt unmissverständlich klar, dass die vielen unterschiedlichen Berufs- und Personengruppen, die mit Kindern und Jugendlichen bzw. für sie arbeiten, eine Reihe von Kenntnissen, Kompetenzen und Einsichten teilen müssen, um in kooperativer Weise eine erfolgreiche und im Sinne der Kinder und Jugendlichen nachhaltige Arbeit leisten zu können. Die gemeinsamen Werte und Ziele sind:

1. das Wohlergehen des einzelnen Kindes bzw. Jugendlichen zu fördern
2. Kindern und Jugendlichen Sicherheit und Schutz zu bieten
3. Kinder in den Mittelpunkt der Arbeit zu stellen
4. das „ganze Kind" in den Blick zu nehmen

5. auf Stärken zu bauen und Resilienz zu fördern
6. Chancen zu eröffnen und Diversität wertzuschätzen
7. rechtzeitig angemessene und verhältnismäßige zusätzliche Hilfsangebote zu unterbreiten
8. informierte Entscheidungsfindung zu unterstützen
9. in partnerschaftlicher Weise mit den Familien zusammenzuarbeiten
10. Vertraulichkeit bei der Weitergabe zu wahren und Informationen zu teilen
11. alle Arbeitsbeziehungen auf dieselben Werte zu gründen und für sie einzutreten
12. Fachkompetenzen aller Mitarbeiterinnen und Mitarbeiter bestmöglich zu bündeln
13. Hilfsangebote zu koordinieren
14. das Wohl von Kindern und Jugendlichen durch den Aufbau einer kompetenten Mitarbeiterschaft zu fördern

Neben diesem „gemeinsamen Kern" muss jede Berufsgruppe auch ihre jeweils eigenen professionellen Standards einhalten; aber *Common Core* eröffnet die Möglichkeit, Visionen und Ambitionen zu teilen, um so das Beste für die Kinder zu erreichen. Dieser Bezugsrahmen gilt auch für die im Elementarbereich tätigen Kräfte.

7. Beschäftigte im schottischen Elementarbereich

Den jüngsten statistischen Daten zufolge arbeiten an schottischen Primarschulen derzeit 49.065 registrierte Lehrkräfte, während im vorschulischen Bereich 1.486 registrierte frühpädagogische Fachkräfte tätig sind – darunter 25 Fachkräfte speziell für aufsuchende Bildungsarbeit. Insofern stellen frühpädagogisch qualifizierte Fachkräfte nur einen kleinen Teil der insgesamt im Bereich der frühen Kindheit (0–8) Beschäftigten dar. Im Jahr 2010 waren es noch 1.543 Frühpädagoginnen und -pädagogen; die Zahl der im Elementarbereich tätigen pädagogisch qualifizierten Fachkräfte ist demnach rückläufig. Wie noch aufgezeigt werden wird, ist zudem ihr Aufgabenprofil im Wandel begriffen.

Manche der zuständigen Kommunal- und Kreisbehörden beschäftigen im Elementarbereich nur wenige pädagogische Fachkräfte, wohingegen anderenorts die zusätzlichen Kosten für derart hoch qualifiziertes Fachpersonal nicht gescheut werden. Unabhängig von der Stufe des Bildungssystems müssen in Schottland alle Fachkräfte mit pädagogischer Qualifikation registriert werden. Zuständig für die Registrierung ist, wie bereits erwähnt, der *General Teaching Council for Scotland* (GTCS), eine regierungsunabhängige Selbstregulierungsorganisation: „Die Gewährung des unabhängigen Status ist ein historischer und wichtiger Meilenstein für die Professionalität pädagogischer Berufe" (http://www.gtcs.org.uk/about-gtcs/independence.aspx).

Der zuletzt verfügbaren Bildungsstatistik zufolge trafen zum Zeitpunkt der Datenerhebung im September 2011 rund 74 Prozent der Kinder in Elementareinrichtungen auf eine frühpädagogische Fachkraft mit GTCS-Registrierung (Scottish Government 2011b). Mancherorts verfügt jede einzelne Elementareinrichtung über eine in Vollzeit beschäftigte frühpädagogische Fachkraft, anderswo bedient eine Fachkraft mehrere Einrichtungen, die sie jeweils an bestimmten Wochentagen aufsucht. Frühpädagogische Fachkräfte sind zu 95 Prozent Frauen;

ihr Altersdurchschnitt liegt bei 47 Jahren, die Altersspitze bei 54 bis 58 Jahren – bei einem Renteneintrittsalter von 65 Jahren. So ist das Profil dieser sowieso schon kleinen Berufsgruppe durch Überalterung und einen Wandel von Status und Berufsrolle gekennzeichnet.

Der offizielle Bildungsbericht *Improving Scottish Education* (Her Majesty's Inspectorate of Education 2006) hebt hervor, dass kindliches Lernen starker und wirkungsvoller Anleitung bedarf – der Beitrag pädagogischer Fachkräfte wird hier möglicherweise auch weiterhin darin liegen, die angemessene Planung und Steuerung der Lernprozesse zu gewährleisten. Angesichts der Entwicklung neuer Qualifikationen für den Bereich Frühe Kindheit (0–8) wird es zunehmend wichtig, die Komplementarität der verschiedenen Berufsgruppen und -rollen in den Blick zu nehmen.

8. Registrierung und professionelle Standards

In Schottland müssen alle beruflich mit Kinderbetreuung, Erziehung und Bildung befassten Personen entweder beim *Scottish Social Services Council* (SSSC) oder beim *General Teaching Council for Scotland* (GTCS) registriert sein. Der SSSC wurde im Rahmen des Betreuungsgesetzes *(Regulation of Care Act)* von 2001 eingerichtet; ihm obliegt die Registrierung und Reglementierung der in sozialen Berufen tätigen Personen, wozu auch die Leitungskräfte und das Fachpersonal von Kindertageseinrichtungen zählen.

Um sich registrieren zu lassen, muss die Fachkraft in einer vom *Care Inspectorate* (siehe S. 103) anerkannten Einrichtung beschäftigt sein. Der SSSC unterhält ein nach Funktionen differenziertes Register, d.h. die Fachkräfte werden anhand ihrer beruflichen Tätigkeit registriert und nicht anhand der Stellenbezeichnung. Wer die Registrierung beantragt, muss die Funktion, für die die Registrierung erfolgen soll, auch tatsächlich ausüben. Wie bereits erwähnt, unterscheidet der SSSC bei Kinderbetreuungseinrichtungen drei abgestufte Aufgabenbereiche: Hilfskräfte, Fachkräfte und gehobene Fach- bzw. Leitungskräfte.

- In Kinderbetreuungseinrichtungen tätige Leitungs- und Fachkräfte sind mittlerweile per Gesetz zur Registrierung verpflichtet.
- Bei neu eingestellten Leitungs- und Fachkräften muss die SSSC-Registrierung innerhalb der ersten sechs Monate nach Arbeitsaufnahme erfolgen.
- Hilfskräfte unterliegen ab dem 30. Juni 2014 ebenfalls der Registrierungspflicht; angesichts der Bearbeitungszeit wird empfohlen, den Antrag bis spätestens Ende Dezember 2013 zu stellen.

8.1 Professionelle Standards für das Tätigkeitsfeld Childhood Practice

In Reaktion auf die Studie *National Review of the Early Years and Childcare Workforce* (Scottish Executive 2006a) erstellte die damalige schottische Regierung ein Arbeitspapier mit dem Titel *Investing in Children's Future* (2006b). Darin wurde auf zwei Gebieten ein unmittelbarer Handlungsbedarf diagnostiziert: mehr Führungskompetenz und bessere Karrieremöglichkeiten für alle Beschäftigten. Zu diesem Zweck sollte ein einheitliches, integriertes Qualifikations- und Weiterbildungsmodell geschaffen werden. Es umfasst ein praxisorientiertes Bachelorstudium plus weiterbildende Studiengänge zum *Graduate Diploma* bzw. zu als äquivalent anerkannten

Abschlüssen und soll sicherstellen, dass alle Leitungskräfte über Qualifikationsstufe 9 des *Scottish Credit and Qualifications Framework* (SCQF) verfügen.

Die daraufhin verabschiedeten *Standards for Childhood Practice in Scotland* (Quality Assurance Agency for Higher Education 2007) enthalten inhaltliche Zielvorgaben, die den Hochschulen als verbindlicher Orientierungsrahmen für die Formulierung und Ausgestaltung von Ausbildungsprogrammen für gehobene Fach- und Leitungskräfte in Einrichtungen für Kinder dienen. Durch das Benennen der Fähigkeiten und Merkmale, die Inhaberinnen bzw. Inhaber bestimmter Qualifikationen nachgewiesen haben sollten, werden zudem allgemeine Erwartungen hinsichtlich der Standards für die Vergabe von Abschlüssen der jeweiligen Qualifizierungsstufe formuliert. Die *Standards for Childhood Practice* sind von drei Prinzipien geleitet:

- Professionelle Werte und persönliches Engagement
- Professionelles Wissen und Verständnis
- Professionelle Fähigkeiten und Fertigkeiten

8.2 Standards für Lehrererstausbildung und Registrierung frühpädagogischer Fachkräfte

Der bereits 1965 auf Grundlage des *Teaching Council (Scotland) Act* ins Leben gerufene *General Teaching Council for Scotland* (GTCS) war die erste finanziell unabhängige Regulierungs- und Fachaufsichtsbehörde für Bildungseinrichtungen und pädagogisches Personal in ganz Großbritannien. Bis vor Kurzem erforderten manche Entscheidungen noch die Zustimmung der Regierung, aber die 2012 in Kraft getretene neue Gesetzesgrundlage gewährt dem GTCS einen unabhängigen Status mit erweiterten Befugnissen und größerem Handlungsspielraum.

Der GTCS legt Standards für die Lehrererstausbildung fest (*Standard for Initial Teacher Education*; GTCS 2006a) und akkreditiert auf dieser Grundlage die an schottischen Hochschulen angebotenen Studiengänge der Lehrererstausbildung. Mit dem *Standard for Full Registration* (GTCS 2006b) legt er ferner die Anforderungen fest, die Nachwuchslehrkräfte erfüllen müssen, um nach Abschluss der Probezeit die endgültige Registrierung zu erlangen. Während der Probezeit entwickeln die Nachwuchskräfte ihre pädagogisch-didaktischen Kompetenzen und rüsten sich für die bevorstehenden Herausforderungen. Der *Standard for Intitial Teacher Education* entwirft ein Idealbild dessen, was eine Nachwuchslehrkraft nach erfolgreichem Abschluss der Lehrererstausbildung an einer schottischen Hochschule auszeichnen soll: Sie ist in der Lage, pädagogisch wirksame Arbeit zu leisten, sieht sich fachlicher Weiterentwicklung, Reflexion und forschendem Handeln verpflichtet und kann mit Fachkolleginnen und -kollegen, Angehörigen anderer (Berufs-)Gruppen und Institutionen wie auch mit allen Adressaten des Bildungswesens gleichermaßen effektiv kooperieren. Wie schon im Falle der *Standards for Childhood Practice* dient die Formulierung von Zielvorgaben auch hier unmittelbar als Grundlage für die Ausgestaltung entsprechender Studiengänge. Da der *Standard for Initial Teacher Education* Maßstäbe festlegt, welches fachliche Wissen und Verständnis, welche Kompetenzen, Fähigkeiten und Werte im Studium vermittelt und abgeprüft werden sollen, besteht ein enges Verhältnis zwischen diesen Vorgaben und den Bewertungsverfahren innerhalb der Studiengänge.

Wer in Schottland ein lehrerbildendes Studium abschließt, hat garantierten Anspruch auf eine einjährige Anstellung, um in diesem Zeitraum auf die endgültige Registrierung hinzuarbeiten. Die drei wesentlichen Aspekte der professionellen Entwicklung sind:

- Professionelles Wissen und Verständnis
- Professionelle Fähigkeiten und Fertigkeiten
- Professionelle Werte und persönliches Engagement

Diese weit gefassten Kategorien sind exakt dieselben wie in den *Standards for Childhood Practice* (siehe S. 112). Der für die endgültige Registrierung von Nachwuchslehrkräften geltende *Standard for Full Registration* verwendet die drei Kategorien ebenfalls. Während der garantierten einjährigen Anstellung „sollen Erfahrungen im Rahmen der Probezeit und kontinuierliche Fortbildungsaktivitäten die fachliche Weiterentwicklung in allen drei Kategorien befördern und auf Professionalität und professionelles Handeln hinführen" (GTCS 2006b, S. 4).

Mit dem berufspraktisch orientierten Kurzstudium zum *Higher National Certificate*[54] *in Early Education and Childcare* haben schottische Colleges noch einen weiteren Qualifikationspfad im Angebot. Die Standards hierfür werden von der *Scottish Qualifications Authority*[55] festgelegt. Dieser auf Stufe 7 des *Scottish Credit and Qualifications Framework* (SCQF) angesiedelte Abschluss erlaubt einerseits die Registrierung beim *Scottish Social Services Council*, aber erfüllt zugleich auch die Zulassungsvoraussetzungen für das bereits erwähnte Studium zum Bachelor of Arts in *Childhood Practice*.

Daraus wird ersichtlich, dass in Schottland für bestimmte Berufsgruppen eine Reihe gemeinsamer Standards gelten, deren erklärtes Ziel es ist, ein hohes fachliches Niveau und fundiertes fachliches Handeln zu gewährleisten und Kindern hochwertige Erfahrungen zu ermöglichen. Unser Beitrag wendet sich nun ausführlicher den wichtigsten Qualifikationen zu, die in Schottland zur Arbeit mit Kindern berechtigen.

---

[54] *Das Higher National Certificate (HNC) ist ein in ganz Großbritannien (und vielen anderen Ländern mit britischer Bildungstradition) angebotener Collegeabschluss, der nach einjährigem Vollzeit- oder zweijährigem berufsbegleitenden Studium verliehen wird. Die Einstufung im SCQF liegt allerdings zwei Stufen unterhalb des Bachelorabschlusses. Eine Stufe oberhalb des HNC, d. h. auf Stufe 8, gibt es noch das Higher National Diploma (HND). Im Europäischem Qualifikationsrahmen (EQR) gelten HNC und HND als „Kurzstudiengänge" (Anm. d. Hrsg.).*

[55] *Die Scottish Qualifications Authority (SQA) ist eine der an Entwicklung und Fortschreibung des SCQF beteiligten Institutionen. Sie ist eine ressortübergreifende Exekutivbehörde, die 2006 im Zuge der Förderung „lebenslangen Lernens" durch Zusammenschluss der ehemaligen Einzelbehörden für die Regulierung allgemein- bzw. berufsbildender Schulabschlüsse eingerichtet wurde. Neben der Zuständigkeit für alle schulischen, berufsqualifizierenden und berufsbegleitenden Bildungswege war sie auch federführend an der Entwicklung des Curriculum for Excellence 3–18 beteiligt (Anm. d. Hrsg.).*

9. Ausbildungsgänge und -abschlüsse im Bereich „Frühe Kindheit (0–8)"

Die kinderpolitische Agenda Schottlands kann als sehr umfassend bezeichnet werden. Sie betrifft all jene Personen- und Berufsgruppen, die mit Kindern und ihren Familien arbeiten, und wurde hier vorgestellt, um den Gesamtkontext der Arbeit in Elementarbereich, Vorschule und unterer Primarstufe aufzuzeigen und somit die hohen Erwartungen, die an die Aus- und Weiterbildung der Fachkräfte gerichtet sind, nachvollziehbar zu machen. Wie in Abschnitt 7 beschrieben, sind im Elementar- bzw. Vorschulbereich in Schottland im Wesentlichen zwei Berufsgruppen tätig: die als *Teachers* bezeichneten frühpädagogischen Fachkräfte und die *Childhood Practitioners* genannten Fachkräfte ohne dezidiert pädagogischen Aufgabenschwerpunkt. Die Qualifikationen beider Gruppen sind in das *Scottish Credit and Qualifications Framework* eingegliedert.

Pädagogische Fachkräfte verfügen entweder über einen *Bachelor of Education (Honours)* oder ein postgraduales *Professional Graduate Diploma of Education* und weisen somit von allen im Bereich der frühen Kindheit (0–8) beschäftigten Personen die derzeit höchste Qualifikationsstufe auf. Durch ihre Registrierung als Lehrkräfte sind sie die einzige Gruppe, die sowohl im vorschulischen als auch im schulischen Bereich pädagogisch tätig sein darf. Für Einrichtungen in öffentlicher Trägerschaft bestand bis 2002 die Vorgabe, für die Arbeit mit drei- bis fünfjährigen Kindern pädagogische Fachkräfte zu beschäftigen. In aller Regel kümmerten sich diese gemeinsam mit einer geringer qualifizierten Hilfskraft um 20 Kinder, wodurch das Kinder-Erwachsenen-Verhältnis bei 10 : 1 lag. Die 2003 erfolgte Änderung des entsprechenden Paragrafen im schottischen Schulgesetz von 1956 setzte die Vorschriften hinsichtlich der Beschäftigung pädagogisch qualifizierten Personals außer Kraft, seither wurden den pädagogischen Fachkräften neue Rollen zugewiesen (Scottish Executive Education Department 2002). Nach derzeitiger Auslegung soll der Rechtsanspruch auf vorschulische Bildung eigentlich auch den Zugang zu einer GTCS-registrierten pädagogischen Fachkraft beinhalten, aber es ist nicht mehr Vorschrift, dass jede Elementareinrichtung über eine täglich anwesende frühpädagogische Vollzeitfachkraft verfügt.

Mit der als *Teacher Induction Scheme* bezeichneten Anstellung auf Probe haben Regierung und GTCS ein Modell etabliert, das allen Absolventinnen und Absolventen öffentlich finanzierter Pädagogikstudiengänge schottischer Universitäten eine einjährige Probezeit zusichert (GTCS 2012; http://www.gtcs.org.uk/web/FILES/about-gtcs/about-gtc-scotland.pdf). Das *Teacher Induction Scheme* ist ein landesweit geltendes Einarbeitungsprogramm für in Schottland ausgebildete Nachwuchslehrkräfte, das auch international Anerkennung erfährt. Es garantiert die einjährige Anstellung in einer öffentlichen Bildungseinrichtung, wofür die einzuarbeitende Lehrkraft einem von fünf selbst ausgewählten Einsatzorten zugewiesen wird. Ihr Stundendeputat liegt bei 82 Prozent des Deputats einer Vollzeitlehrkraft, sodass noch ausreichend Zeit für Weiterbildung zur Verfügung steht. Allen Programmteilnehmenden stehen erfahrene Lehrkräfte als Mentorinnen bzw. Mentoren zur Seite. Gegen Ende des Einarbeitungsjahres sollte die Nachwuchslehrkraft die Anforderungen für die endgültige Registrierung beim *General Teaching Council for Scotland* erfüllen.

Inzwischen zielt die Politik der schottischen Regierung darauf ab, das Qualifikationsniveau des gesamten Arbeitsfeldes anzuheben, damit zukünftig alle Berufsgruppen, die mit Kindern arbeiten, angemessen beruflich qualifiziert sind. Dazu gehören auch die im Bereich der frühen Kindheit (0–8) tätigen Kräfte. Unter Federführung des damaligen Ministers für Kinder und Jugend wurde 2008 der *Bachelor of Arts in Childhood Practice* eingeführt – der erste auf professionellen Standards beruhende akademische Abschluss dieser Art in Schottland. Mit dieser im

Jahr 2008 erstmalig an Universitäten angebotenen Qualifikation sollten Fachkräfte im Bereich Frühe Kindheit, die bereits über das *Higher National Certificate* (HNC) verfügen, ihre Kenntnisse, Kompetenzen und Fähigkeiten gemäß der neuen *Standards for Childhood Practice* ausbauen können. Der Abschluss ersetzte den *BA in Early Childhood Studies*, der seinerseits zu Beginn des Jahrtausends an einigen Universitäten eine bahnbrechende Neuerung dargestellt hatte.

Studiengänge zum *Bachelor of Arts in Childhood Practice* gibt es mittlerweile an einer ganzen Reihe schottischer Universitäten, unter anderem in Dundee, Edinburgh und Glasgow sowie als Kooperationsprogramm zwischen Strathclyde Universität und UHI Millenium Institute[56]. Fach- und Leitungskräfte mit diesem Abschluss können mit Kindern und Jugendlichen bis zum Alter von 16 Jahren arbeiten. Die Entwicklung der Studiengänge auf Grundlage der *Standards for Childhood Practice* wurde durch eine eigens gegründete Arbeitsgruppe[57] vorangetrieben, und das erste Programm startete 2008 an der Strathclyde Universität.

Einen weiteren Zugangsweg zur Tätigkeit im Bereich Frühe Kindheit (0–8) bietet der neue *Bachelor of Arts in Education and Social Services* (BAESS).Dieser Bachelorstudiengang wird von der Strathclyde Universität in Kooperation mit drei berufsbildenden Colleges[58] (James Watt, Langside und Motherwell) durchgeführt. Das Programm soll auf die Arbeit in Tätigkeitsfeldern vorbereiten, die Gesundheitsbildung mit sozialer Arbeit bzw. Sozialfürsorge verbinden. In aller Regel bringen die Studierenden ein fachlich einschlägiges *Higher National Certificate* mit, erweitern dies zunächst am College zum zweijährigen *Diploma of Higher Education* (SCQF-Stufe 8) und absolvieren das dritte Studienjahr an der Strathclyde Universität, wo sie dann den Bachelorgrad erwerben. Der *BA in Education and Social Services* ist eine Reaktion auf die seitens der schottischen Regierung angestrebte Effektivierung der Kommunikation und Kooperation zwischen den verschiedenen Dienstleistern und Einrichtungen, um durch integriertere Angebote den Bedürfnissen der Nutzer – Kinder, Jugendliche und Erwachsene – entgegenzukommen. Ein Hauptziel des Studiengangs ist die Entwicklung von Führungsqualitäten und der dafür erforderlichen Kompetenzen.

Sowohl für den *BA in Childhood Practice* als auch den *BA in Education and Social Services* wird als Zulassungsvoraussetzung ein *Higher National Certificate* gefordert. Fachkräfte, die diese Voraussetzung erfüllen, haben demnach die Option, ihr Qualifikationsniveau zu steigern und dadurch auch eine höhere Einstufung im SSSC-Register zu erlangen.

---

[56] *Die University of the Highland and Islands (UHI) ist eine dezentral organisierte Hochschule mit insgesamt 13 Standorten vor allem im schottischen Norden und auf den Hebriden, Orkney- und Shetlandinseln. Aufgrund des sehr großen Einzugsbereiches werden fast alle Programme auch im Fernstudium angeboten (Anm. d. Hrsg.).*

[57] *Zu dieser temporären Arbeitsgruppe namens Childhood Practice Development Group gehörten Vertreter diverser Hochschulen, Aus- und Weiterbildungsträger, Einrichtungsträger aus dem öffentlichen und privaten Sektor, Vertreter der Scottish Qualifications Authority und des Scottish Social Services Council sowie der staatlichen Bildungsaufsicht.*

[58] *Nach Ende der Pflichtschulzeit (mit 16 Jahren) besteht die Option, entweder die allgemeinbildende Oberstufe zu besuchen oder ein berufsbildendes College (Further Education College), das eine Kombination aus schulbasierter beruflicher Bildung und allgemeinbildenden Fächern bietet. Die Collegeabschlüsse umfassen sowohl berufliche Qualifikationen als auch Higher National Certificates oder Diplomas, wobei letztere zum Universitätszugang berechtigen und als erstes bzw. zweites Studienjahr anerkannt werden (Anm. d. Hrsg.).*

Zusätzlich zu den genannten Studiengängen, die für die Arbeit im Elementar- und unteren Primarbereich qualifizieren, ermöglichen auch zwei spezielle berufsbildende Abschlüsse[59] die SSSC-Registrierung als Fachkraft:

- SVQ 3 – *Children's Care, Learning and Development* (Betreuung, Lernen und Entwicklung; SCQF-Stufe 7)
- SVQ 3 – *Playwork* (Spielraumgestaltung und Spielbetreuung; SCQF-Stufe 7)

Insgesamt erlaubt noch eine Reihe weiterer Qualifikationen die SSSC-Registrierung als Fachkraft. Hier handelt es sich um folgende Abschlüsse:

- *Higher National Certificate in Early Education and Childcare* (frühkindliche Bildung und Betreuung; SCQF-Stufe 7)
- *Bachelor of Arts (Honours) in Social Work* (Soziale Arbeit) oder ein als äquivalent anerkannter Abschluss (SCQF-Stufe 10)
- *Bachelor* oder *Diploma in Community Education* (kommunale Bildungsarbeit mit Kindern, Jugendlichen und Erwachsenen) oder ein als äquivalent anerkannter Abschluss (SCQF-Stufen 8–9)
- Eine Qualifikation, die den jeweils geltenden Registrierungsanforderungen für pädagogische, medizinische oder Pflegeberufe entspricht, oder eine staatliche Zulassung zu einem der folgenden Gesundheitsberufe:
  - Ergotherapie
  - Kunst-, Musik- und Dramatherapie
  - Psychotherapie
  - Physiotherapie
  - Logopädie

Mithin befindet sich das Ausbildungs- und Qualifikationssystem für die schulische wie auch die vor- und außerschulische Arbeit mit jüngeren Kindern in Schottland noch immer im Wandel. Die berufliche Qualifikation und Stellung *aller* im Bereich Frühe Kindheit (0–8) Beschäftigten gelten als bildungs- und sozialpolitische Schlüsselfaktoren für erfolgreiche Lebenswege und das Wohl von Kindern und ihren Familien. Die Bemühungen um die Erhöhung des Qualifikationsniveaus halten an: Alle derzeit auf diesem Gebiet Beschäftigten sollen sich bei einer berufsständischen Organisation, die Standards festlegt und Abschlüsse überprüft, registrieren lassen bzw. die zur Registrierung erforderlichen Weiterbildungen absolvieren. Die landesweiten curricularen Standards der Universitäten, die Kolleginnen und Kollegen sowie das Umfeld am Arbeitsplatz eröffnen den Weg zur Registrierung aller im Feld Beschäftigten und dienen insofern auch als Qualitätssicherung hin zu einer Fachkräfteschaft, die nicht nur tauglich, sondern auch angemessen qualifiziert und hoch geachtet ist.

[59] *Anerkannte berufliche Qualifikationen (Scottish Vocational Qualifications) sind ebenfalls in ein Stufensystem gegliedert – SVQ 1–5 –, das in den Gesamtrahmen des Scottish Credit and Qualifications Framework eingeordnet ist. Berufliche Qualifikationen der Stufen SVQ 3–5 entsprechen dem Qualifikationsniveau akademischer Abschlüsse, wobei SVQ 3 der Stufe 7 des SCQF entspricht, also gleichwertig mit dem Higher National Certificate ist (Anm. d. Hrsg.).*

10. Struktur der Ausbildungsgänge

In Schottland gibt es eine ganze Reihe von Ausbildungsgängen für die Arbeit im Elementar- und unteren Primarbereich. In diesem Abschnitt werden die vier wichtigsten Ausbildungswege vorgestellt:

- Universitäre Studiengänge mit Qualifikation für den Elementar- und unteren Primarbereich
- Studiengänge an berufsbildenden Colleges
- Anerkannte Berufsausbildungen (SVQs)
- Postgraduale und berufsbegleitende Weiterbildungsmöglichkeiten

Aspekte wie Angebotsmodus (Vollzeit/Teilzeit; Präsenz-/Fernstudium), Zugangswege, geltende curriculare Standards und Anforderungen werden ebenfalls thematisiert.

Hinzugefügt werden sollte, dass akademische Abschlüsse und der dazugehörige Gesamtumfang an Leistungspunkten in Schottland standardmäßig sowohl in das bereits erwähnte *Scottish Credit and Qualifications Framework* (SCQF) als auch in das *Framework for Qualifications of Higher Education Institutions in Scotland* (SHE) eingestuft werden. Es gelten folgende Entsprechungen:

Vierjähriger Bachelor (Honours)	SCQF-Stufe 10 und SHE-Stufe 4; der Gesamtumfang an Leistungspunkten beträgt 480 SCQF-Punkte (= 240 ECTS), wovon mindestens 120 SCQF-Punkte (= 60 ECTS) in Kursen erworben werden müssen, die auf SCQF-Stufe 10 bzw. SHE-Stufe 4 angesiedelt sind[8]
Abschlüsse dreijähriger grundständiger Studiengänge (Ordinary Degrees)	SCQF-Stufe 9 bzw. SHE-Stufe 3; 360 SCQF-Punkte (= 180 ECTS) sind erforderlich
Postgraduale Abschlüsse	Je nach Eingangs- und Zielniveau sind 60, 120 oder 180 SCQF-Punkte umfasst
Masterabschlüsse	SCQF-Stufe 11 bzw. SHE-Stufe 5; 180 SCQF-Punkte (= 90 ECTS) sind erforderlich

[60] *Alle im Rahmen des SCQF anerkannten (Aus-)Bildungsabschlüsse sind mit Leistungspunkten versehen, die über den gesamten Ausbildungsweg hinweg addiert werden. Die für eine bestimmte Niveaustufe erforderliche Gesamtpunktzahl setzt sich also aus dem zusammen, was bereits als Eingangsvoraussetzung mitgebracht wird, und dem, was auf der jeweiligen Niveaustufe noch zusätzlich erworben werden muss (Anm. d. Hrsg.).*

10.1 Universitäre Studiengänge mit Qualifikation für den Elementar- und unteren Primarbereich

In Schottland gibt es insgesamt 15 Hochschulen mit Universitätsrang. An sieben dieser Universitäten wird Pädagogik, d.h. Lehrererstausbildung, angeboten – und zwar in Form vierjähriger grundständiger Studiengänge mit den Abschlüssen *Bachelor of Education (Honours)* bzw. *Bachelor of Arts (Honours)* in Primarpädagogik sowie eines einjährigen postgradualen Studiengangs zum *Professional Graduate Diploma in Education* (PGDE). Das einjährige PDGE kann außerdem per Fernstudium an der Open University erworben werden. Aufgrund der GTCS-Standards für die Lehrererstausbildung *(Standards for Initial Teacher Education)* sind die von den Studierenden zu erreichenden kompetenzbasierten Lernziele an allen Universitäten dieselben; allerdings besteht die Möglichkeit, innerhalb dieser Rahmenvorgaben jeweils eigene Akzente zu setzen: Auch wenn das Ziel dasselbe ist – der Weg dorthin kann, wie die folgenden Beispiele zeigen, recht unterschiedlich aussehen.

Der Bachelorstudiengang an der Universität Aberdeen wurde im Kontext des nationalen Forschungs- und Entwicklungsprogramms *Scottish Teachers for a New Era* erarbeitet, das eine Vorreiterrolle bei der Weiterentwicklung pädagogischer Studiengänge spielt und speziell darauf abzielt, pädagogische Fachkräfte auf die Herausforderungen des 21. Jahrhunderts vorzubereiten. Während der ersten beiden Studienjahre befassen sich die Studierenden in weitaus größerem Umfang als bisher üblich mit einem breiten Themenspektrum auch jenseits der gängigen Inhalte lehrerbildender Studiengänge und haben zudem die Möglichkeit, das für die pädagogische Arbeit in der Primarstufe benötigte Wissen, Können und Werteverständnis zu entwickeln.

Die Universität Dundee bietet von 2013 an keinen *Bachelor of Education (Honours)* mehr an. Der Studiengang wird umstrukturiert und schließt zukünftig mit einem *Master of Arts (Honours)*[61] in Elementar- und Primarpädagogik ab. Mit der Neuausrichtung reagiert die Universität auf den Donaldson-Bericht *Teaching Scotland's Future*[62] (Donaldson 2011). Ebenfalls von 2013 an ersetzt die Universität Strathclyde den *Bachelor of Education (Honours)* durch einen neu konzipierten *Bachelor of Arts (Honours)* in Primarpädagogik. Damit verbunden ist die Hoffnung, dass der neue Studiengang die Möglichkeit eröffnet, für ein fünftes Studienjahr an der Universität zu bleiben und einen Masterabschluss in Erziehungswissenschaft zu erwerben. In diesem zusätzlichen Jahr können die Studierenden Forschungskompetenz entwickeln, ihr fachliches Wissen erweitern und im Rahmen eines einrichtungsübergreifenden Praktikums enger mit anderen Fachkräften zusammenarbeiten.

Während der letzten Jahre war an schottischen Primarschulen eine massive Ausweitung des Unterrichts in gälischer Sprache zu beobachten. Dies entspricht der politischen Prioritätensetzung der Regierung, und die Universität Strathclyde hat mittlerweile einen sogenannten

---

[61] *Der Master of Arts (Honours) wird an schottischen (bzw. britischen) Traditionsuniversitäten – zu denen die Universität Dundee gehört – als Erstabschluss in den Geistes- und Sozialwissenschaften vergeben. Im Gegensatz zum postgradualen Master handelt es sich um den Abschluss eines vierjährigen grundständigen Studiums, der von der Einstufung im SCQF her einem Bachelor of Arts (Honours) entspricht (Anm. d. Hrsg.).*

[62] *Der im Auftrag der schottischen Regierung erstellte Bericht Teaching for Scotland's Future enthält eine Reihe von Reformempfehlungen zur Verbesserung der Lehrererstausbildung. Recommendation 11 (S. 88) empfiehlt die Abschaffung des thematisch sehr eng geführten Bachelor of Education zugunsten des Bachelor of Arts, bei dem ein breiteres Spektrum sozial- und geisteswissenschaftlicher Inhalte bearbeitet wird. Weiterhin plädiert der Bericht für eine integriertere Ausbildung mit Blick auf die Stufen des Bildungssystems und das integrierte 3–18 Rahmencurriculum (http://www.scotland.gov.uk/Publications/2011/01/13092132/15).*

Gaelic Plan zur Unterstützung gälischsprachiger Studierender. Die Fakultät für Geistes- und Sozialwissenschaften bietet Studierenden, die später in diesem Feld tätig werden wollen, im Rahmen des *Bachelor of Education* entsprechende Kurse an.

Von der Universität Glasgow erwartet die Regierung hingegen die Ausbildung einer hinreichenden Zahl an Lehrkräften für Schottlands katholische Schulen. Die Lehrererstausbildung in Glasgow richtet sich daher primär an jene, die an einer katholischen Schule arbeiten möchten. Zwangläufig ist der Studiengang gemäß den Anforderungen konfessionell gebundener Einrichtungen aufgebaut, und potenziellen Studienbewerberinnen und -bewerbern wird geraten, dies vorab gründlich zu bedenken. Obgleich alle qualifizierten Bewerbungen willkommen sind, wird im Auswahlverfahren jenen Kandidatinnen und Kandidaten der Vorzug gegeben, die in ihrem Motivationsschreiben klar zum Ausdruck gebracht haben, dass sie an einer katholischen Schule arbeiten und das Zertifikat als Lehrkraft für katholische Religionslehre erwerben wollen.

Den praktischen Studienanteilen kommt generell ein hoher Stellenwert zu, folglich müssen die Studierenden aller lehrerbildenden Studiengänge pädagogische Praktika sowohl in der vorschulischen Bildung als auch auf allen Stufen der Primarschule ableisten. Das letzte Praktikum im vierten Studienjahr bzw. gegen Ende des einjährigen PGDE-Programms können die Studierenden auf Wunsch oftmals in genau dem Bereich absolvieren, in dem sie auch ihr Einarbeitungsjahr ableisten wollen. Bisher erfolgte die Ausbildung pädagogischer Fachkräfte für den Elementar- und Primarbereich im Rahmen von Studiengängen zum *Bachelor of Education*. Mittlerweile sind einige Universitäten dazu übergegangen, in der Lehrererstausbildung den Abschluss *Bachelor of Arts* (*Honours*) zu verleihen. Ziel dessen ist ein während der ersten beiden Studienjahre stärker in das Gesamtspektrum geistes- und sozialwissenschaftlicher Bachelorstudiengänge der jeweiligen Universität integriertes Lehrangebot.

Die derzeit geltenden Mindestvoraussetzungen für die Zulassung zur Lehrererstausbildung wurden 2009 von der Regierung festgelegt (Scottish Government 2009). Für die Zulassung zum Studium der Elementar-/Primarpädagogik sind folgende Mindestanforderungen zu erfüllen:

Für *vierjährige grundständige Studiengänge* (z. B. Bachelor of Education) wird verlangt:

- *National Qualifications*[63] auf SCQF-Stufe 6 in mindestens drei Schulfächern, darunter eine Prüfung in Englisch, und *National Qualifications* auf SCQF-Stufe 5 (oder anerkanntes Äquivalent) in zwei Schulfächern, darunter eine Prüfung in Mathematik

Für das *einjährige postgraduale Studium* (PGDE oder Äquivalent) wird verlangt:

- Ein anerkannter Abschluss einer britischen Hochschule oder ein außerhalb Großbritanniens erworbener und als gleichwertig anerkannter Abschluss
- *National Qualifications* auf SCQF-Stufe 6 (oder anerkanntes Äquivalent) im Fach Englisch
- *National Qualifications* auf SCQF-Stufe 5 (oder anerkanntes Äquivalent) im Fach Mathematik

---

[63] *National Qualifications sind die Sekundarschulprüfungen nach einzelnen Fächern, die an einer allgemein- oder berufsbildenden Schule abgelegt werden. Ihre zentrale Regelung und Anerkennung obliegt der Scottish Qualifications Authority (SQA). Im Scottish Credit and Qualifications Framework umfassen sie die Stufen 1–7, wobei für die Hochschulzugangsberechtigung Prüfungen auf den Stufen 5–7 abgelegt werden müssen (Intermediate 2, Higher, Advanced Higher). Die Prüfungsfächer sind weitgehend frei wählbar; Auswahl und Anzahl der Fächer erfolgen meist mit Blick auf den Ausbildungs- bzw. Studienwunsch: So fordern z. B. fast alle universitären Studiengänge Prüfungen in Englisch und Mathematik auf den Niveaustufen 6 bzw. 7 (Anm. d. Hrsg.).*

In der Praxis ist die Nachfrage nach Studienplätzen in Primarpädagogik sehr hoch, und die Universitäten können aus einer großen Konkurrenz Bewerberinnen und Bewerber auswählen, deren Eingangsqualifikationen oftmals weit über diese Mindestanforderungen hinausreichen.

Der *Bachelor of Arts in Childhood Practice* kann an sieben schottischen Universitäten erworben werden. In der Regel bauen die Studierenden direkt auf ein fachlich einschlägiges *Higher National Certificate* (HNC) auf, aber bei höherer Ausgangsqualifikation ist auch der Einstieg in ein entsprechend fortgeschrittenes Studienjahr möglich. Für die Zulassung zum ersten Studienjahr wird ein *HNC Childcare and Education* oder ein *HNC Early Education and Childcare* verlangt (beide mit 120 SCQF-Punkten auf Stufe 7). Der Abschluss als staatlich geprüfte Kinderpflegerin oder andere fachlich passende und zur SSSC-Registrierung als „Fachkraft" berechtigende Qualifikationen werden ebenfalls akzeptiert. In dem Fall ist eine Bewerbungsmappe einzureichen, die dem Nachweis berufspraktisch erworbener Kenntnisse und Kompetenzen dient. Für Kandidatinnen bzw. Kandidaten, die bereits 180 SCQF-Punkte der Stufe 7 oder eine Gesamtzahl von 240 SCQF-Punkten mit mindestens 120 Punkten der Stufe 8 mitbringen, besteht die Möglichkeit eines beschleunigten Zulassungsverfahrens.

Wer sich bewerben möchte, sollte in einer registrierten Elementareinrichtung beschäftigt sein oder anderweitig außerhalb des Pflichtschulkontextes mit Kindern und Familien arbeiten. Je nach Universität werden zwischen zwei und fünf Jahren Berufserfahrung verlangt. Alle Bewerberinnen und Bewerber sollten zur Registrierung beim *Scottish Social Services Council* auf der Stufe „Fachkraft" berechtigt sein. Außerdem besteht oftmals die Möglichkeit, sich auch außeruniversitäre Weiterbildungszertifikate (z. B. *Professional Development Awards, PDA*) anerkennen zu lassen.

Der *Bachelor of Arts in Childhood Practice* ist üblicherweise als Teilzeitprogramm angelegt und kann somit berufsbegleitend studiert werden. Der Studiengang ist inhaltlich so konzipiert, dass seine Absolventinnen und Absolventen die *Standards in Childhood Practice* erfüllen und nach erfolgreichem Abschluss beim *Scottish Social Services Council* die Registrierung als „Leitungs- bzw. gehobene Fachkraft" beantragen können.

Studienprogramme dieser Art knüpfen an die vorhandenen Berufs- und Lernerfahrungen der Studierenden an. Der Erwerb des *Bachelor of Arts in Childhood Practice* dauert im Teilzeit- oder Abendstudium drei bis vier Jahre.

10.2 Studiengänge an berufsbildenden Colleges

Ausbildungsgänge mit dem Abschluss *HNC in Early Education and Childcare* werden in Schottland an mindestens 20 berufsbildenden bzw. berufs- und allgemeinbildenden Colleges angeboten. Die von der *Scottish Qualifications Authority* (SQA) anerkannte Ausbildung qualifiziert für die Arbeit mit Kindern zwischen drei und sieben Jahren. Es handelt sich in der Regel um ein einjähriges Programm; Voraussetzung ist der Sekundarschulabschluss oder ein *National Certificate*.[64] Der Erwerb des HNC ermöglicht zum einen die SSSC-Registrierung in der Kategorie „Fachkraft" und zum anderen die Fortsetzung der Ausbildung, zum Beispiel zum *Higher National Diploma in Childhood Practice*, zum Bachelorabschluss *(BA in Early Years/Childhood Studies/ Childhood Practice)* oder über zertifizierte Weiterbildung zum *PDA in Childhood Practice*. Das

---

[64] *National Certificates sind Abschlüsse einjähriger Collegeprogramme auf SCQF-Stufe 4, die sich primär an Jugendliche richten, die nach Ende der Pflichtschulzeit zwar die Schule verlassen, aber ihren Bildungsweg fortsetzen wollen. Meist ist es der erste Schritt in Richtung Higher National Certificate oder Diploma (Anm. d. Hrsg.).*

Collegestudium ist modularisiert, und die Module umfassen üblicherweise Pflicht- und Wahlanteile. Pflichtveranstaltungen sind: Frühkindliche Bildung und Betreuung; Sprach-, Lese-, Schreib- und Rechenförderung; Curriculum und Bewertungsverfahren in der frühkindlichen Bildung; Kinderrechte und ihre Durchsetzung; Teamarbeit in der Kinderbetreuung; Aktuelle Probleme von Kindern und Familien; Kinder und Jugendliche mit zusätzlichem Förderbedarf; Kindliches Verhalten verstehen und stützen; Arbeit in frühkindlichen Bildungs- und Betreuungseinrichtungen; Theoretische Konzepte zu Entwicklung und Lernen.

Die Arbeit mit Kindern unter drei Jahren ist in vielen Programmen lediglich im Wahlbereich angesiedelt.

Als Zulassungsvoraussetzung gilt an den meisten Colleges eine Mindestanforderung von zwei bestandenen *National Qualifications* der SQA-Stufe „Higher" (= SCQF-Stufe 6).

10.3 Anerkannte Berufsausbildungen: Scottish Vocational Qualifications (SVQs)

Da in Schottland viele der im Bereich Frühe Kindheit (0–8) Beschäftigten „im Betrieb" lernen, stellen die als *Scottish Vocational Qualifications* (SVQs) bezeichneten Berufsabschlüsse einen wichtigen Baustein der Ausbildungslandschaft dar. Die Abschlüsse stehen in keiner Beziehung zu universitären oder am College erworbenen Qualifikationen, aber sie sind landesweit anerkannt und validiert; zudem sind sie ebenfalls in das *Scottish Credit and Qualifications Framework* (SCQF) eingestuft. SVQ-Berufsabschlüsse werden von der *Scottish Qualifications Authority* (SQA) verliehen, die auch für die zentral organisierten Abschlussprüfungen allgemein- und berufsbildender Schulen zuständig ist. Zwei SVQs erfüllen die Voraussetzungen für eine Registrierung als „Fachkraft" beim *Scottish Social Services Council*: SVQ 3 in *Children's Care, Learning and Development* (Betreuung, Lernen und Entwicklung) und SVQ 3 in *Playwork* (Spielraumgestaltung und Spielbetreuung); SVQs der Stufe 3 entsprechen der SCQF-Stufe 7. Die Ausbildung umfasst auch theoretische Anteile in Form zu besuchender Kurse. Für einen Berufsabschluss der SVQ-Stufe 3 müssen fünf Pflicht- und vier Wahlkurse absolviert werden.

Die *Scottish Qualifications Authority* gibt standardisierte Bewertungsrichtlinien heraus sowie Leitfäden für Prüfende, Prüfungsbögen, Vorlagen für interne Bewertungsverfahren und Informationsmaterialien.

SVQ-Kurse werden von vielen unterschiedlichen Trägern angeboten, darunter oftmals als gemeinnützig anerkannte freie Träger, wie zum Beispiel die Highlandand Moray Accredited Training Services (http://www.himats.org.uk), aber auch GmbHs oder gemeinnützige GmbHs wie Training for Care (http://www.tfcscotland.org.uk/index.aspx). Mitunter bieten auch die Kommunen SVQ-Ausbildungen im Rahmen ihrer kommunalen beruflichen Weiterbildungsprogramme an, ein Beispiel dafür ist die East Renfrewshire Local Authority (http://www.eastrenfrewshire.gov.uk/index.aspx?articleid=2343).

10.4 Postgraduale und berufsbegleitende Weiterbildungsmöglichkeiten: Continuing Professional Development (CPD)

CPD mit anerkanntem Abschluss

Ist die Erstregistrierung erfolgreich gemeistert, entsteht der Wunsch nach Verbesserung. Im Jahr 2009 beschloss die Regierung die Wiedereinführung spezialisierter Studiengänge für Frühpädagogik, die an das generische Wissen des *Bachelor of Education* bzw. *Postgraduate Diploma of Education* anknüpfen und für die pädagogische Arbeit im Elementarbereich ausgewiesene Fachkräfte hervorbringen sollen: „Wir haben uns gemeinsam dazu verpflichtet, jedem Vorschulkind Zugang zu einer pädagogischen Fachkraft zu garantieren, und mithilfe einer größeren Zahl an Fachkräften mit dezidiert frühpädagogischer Expertise werden wir die Exzellenz auf diesem Gebiet fördern und Kindern von Anfang an die besten Startvoraussetzungen bieten" (Scottish Government 2009; http://www.scotland.gov.uk/News/Releases/2009/05/20105702). Die entsprechenden Programme sind in der Regel auf Masterniveau angesiedelt, können aber auch mit dem *Postgraduate Certificate* oder *Diploma* abgeschlossen werden (alle auf SCQF-Stufe 11).

Mittlerweile arbeiten die meisten Universitäten daran, den *Bachelor of Arts in Childhood Practice* durch das Angebot eines zusätzlichen Studienjahrs zum *Honours Degree* aufzuwerten. Postgraduale und berufsbegleitende Weiterbildungen sind zunehmend im *Scottish Credit and Qualifications Framework* verankert und eröffnen vielfältige Optionen, das eigene Qualifikationsniveau bis hin zur SCQF-Stufe 12 (Ph. D.) auszubauen.

CPD ohne anerkannten Abschluss

Zusätzlich bieten auch die 32 schottischen Kommunen und Kreise ihren Beschäftigten hausinterne Weiterbildungsmöglichkeiten und geben meist ein Jahresprogramm mit einer Kursübersicht heraus. Mitunter weisen diese Programme eine strategische Themensetzung auf, d. h., wenn eine bestimmte Praxis verändert werden soll, dient das Kursangebot dazu, die Beschäftigten bei der Entwicklung neuer Kompetenzen und Herangehensweisen zu unterstützen. Ein Beispiel dieser Art ist die Kreisbehörde von North Lanarkshire, die im letzten Jahr den Schwerpunkt auf das Thema „Übergang in die Schule" legte.

11. Fallbeispiel: Studiengänge im Bereich „Frühe Kindheit" an der Universität Strathclyde

Das folgende Kapitel gliedert sich in drei Teile. Teil 1 enthält detaillierte Informationen zu den sechs an der Universität Strathclyde angebotenen Studiengängen im Bereich Frühe Kindheit, in denen pädagogische wie auch nicht-pädagogische Fachkräfte ausgebildet werden. Zwei der Studiengänge führen zu Bachelorabschlüssen, die anderen vier dienen der postgradualen Spezialisierung. Die dazugehörigen Lern- und Lehrkonzepte werden in Teil 2 vorgestellt. Teil 3 diskutiert die Ausbildungslandschaft im Bereich Frühe Kindheit mit Blick auf die Entwicklungen der letzten 20 Jahre.

11.1 Studiengänge

Übersicht über einen typischen universitären Studiengang der Elementar- und Primarpädagogik

In Schottland werden alle Fachkräfte für die pädagogische Arbeit mit Kindern von drei bis zwölf Jahren einheitlich und gemeinsam ausgebildet. Es gelten dieselben Zulassungsvoraussetzungen und Kompetenzstandards, aber die Studiengänge auf Bachelorniveau laufen getrennt von jenen für nicht-pädagogische Fachkräfte *(Childhood Practitioners)*. An der Entwicklung eines integrierten Masterprogramms für pädagogische und nicht-pädagogische Fachkräfte im Bereich Frühe Kindheit wird derzeit gearbeitet.

Die Studierenden schließen das vierjährige Vollzeitstudium mit dem *Bachelor of Education (Honours)* ab und erfüllen somit die Voraussetzungen für die Erstregistrierung als pädagogische Fachkraft beim *General Teaching Council for Scotland*.

Die Tätigkeitsfelder Vorschule und untere Primarstufe sind eng miteinander verflochten. In Schottland untersteht beides den örtlichen Bildungs- und Schulbehörden *(Education and Schools Department)*. Das Studium beinhaltet praktische Erfahrungen auf allen Stufen: Normalerweise absolvieren die Studierenden vier- bis fünfwöchige pädagogische Praktika entweder in einer eigenständigen Vorschule oder in der Vorklasse einer Grundschule, welche sich beide an Kinder zwischen drei und fünf Jahren richten. Der Einsatzort des letzten Praktikums ist frei wählbar, hierfür stehen alle Stufen des Bildungssystems für Drei- bis Zwölfjährige offen.

Bachelor of Education (Honours) an der Universität Strathclyde: Ein typischer Studiengang der Elementar- und Primarpädagogik (vom GTCS anerkannt)

Die einheitliche Ausbildung pädagogischer Fachkräfte für die Altersgruppe von drei bis zwölf Jahren hat in Schottland eine lange Tradition. Eine Spezialisierung auf eine bestimmte Altersgruppe bzw. Bildungsstufe erfolgt in der Regel erst nach der endgültigen Registrierung und mindestens drei Jahren Berufspraxis. In der frühkindlichen Bildung tätig zu sein gilt als äußerst lohnenswerte Herausforderung. Elementar- und primarpädagogische Fachkräfte stehen jeden Tag vor komplexen und anspruchsvollen Aufgaben. Sie entwickeln und planen die pädagogische Arbeit hinsichtlich aller Lernfelder[65] des Curriculums, setzen sie um und evaluieren die Ergebnisse. In der frühkindlichen Bildung werden die Lernfelder stärker ganzheitlich integriert behandelt, und der Fokus liegt auf Lernprozessen und spielbasiertem Lernen. Die pädagogischen Fachkräfte fördern die soziale und persönliche Entwicklung aller Kinder, wofür sie sowohl mit den Eltern als auch mit anderen Fachkräften innerhalb und außerhalb der jeweiligen Einrichtung zusammenarbeiten.

Jeder Studiengang der Elementar-/Primarpädagogik beinhaltet folgende Themen und Schwerpunkte:

- Verstehen komplexer Lernprozesse
- Auswahl adressatengerechter pädagogischer Strategien
- Exzellente Lese-, Schreib- und Rechenkompetenzförderung
- Effektive Kommunikation mit den Lernenden und allen Mitgliedern der Bildungsgemeinschaft

---

[65] *Das schottische Curriculum for Excellence 3–18 umfasst acht Lernfelder: Bildende und darstellende Kunst, Gesundheit und Wohlbefinden, Sprachen, Lesen & Schreiben auf Englisch, Religions- und Werteerziehung, Naturwissenschaften, Technik und Sozialwissenschaften.*

- Einbeziehung von für die fachliche Praxis relevanten Prinzipien, Perspektiven und Theorien
- Verantwortlichkeit für die eigene berufliche Weiterentwicklung

Ab dem akademischen Jahr 2013/2014 hat die Universität Strathclyde den *Bachelor of Education* in Elementar-/Primarpädagogik durch einen neu gestalteten Studiengang mit Abschluss *Bachelor of Arts* ersetzt. Damit soll den im Donaldson-Bericht *Teaching for Scotland's Future* ausgesprochenen Empfehlungen Rechnung getragen werden. In dem neuen Programm können die Studierenden Elementar-/Primarpädagogik mit anderen Kursangeboten der geistes- und sozialwissenschaftlichen Fakultät kombinieren und arbeiten während des vierjährigen Studiums mit Kommilitoninnen und Kommilitonen aus unterschiedlichsten Disziplinen zusammen.

Der einjährige Studiengang zum *Postgraduate Diploma of Education* (PDGE) ist an der Universität Strathclyde eng mit dem Bachelorprogramm verzahnt, sodass Studierende, die erst nach ihrem Erstabschluss zur Pädagogik kommen, ebenfalls die Voraussetzungen für die Erstregistrierung als pädagogische Fachkraft erfüllen.

Die speziell auf frühkindliche Bildung bezogenen Bausteine des *Bachelor of Education* umfassen ein Modul und den dazugehörigen Praktikumsblock für erfahrungsbasiertes Lernen. Hier sollen sich die Studierenden insbesondere auf kindliche Entwicklungsfortschritte im Bereich des frühen Lesens, Schreibens und Rechnens konzentrieren. In den Klassen P1–P3 der Primarstufe soll, neben der Auseinandersetzung mit den anderen Lernfeldern, eine Sequenz von Unterrichtseinheiten speziell für die Fächer Religions-/Werteerziehung und Kunst geplant, durchgeführt und evaluiert werden. Da das Modul die Arbeit mit der gesamten Altersgruppe von drei bis acht Jahren zum Gegenstand hat, ist das Praktikum faktisch zweigeteilt: Ein Teil ist in einer Elementareinrichtung und der andere Teil in einer Primarschulklasse (P1–P3) zu absolvieren. Jeder Teil weist für den jeweiligen Einsatzort spezifische Aufgaben und Zielsetzungen auf. Nach erfolgreichem Abschluss des Moduls sollen die Studierenden in der Lage sein,

1. das Potenzial für Lernerfahrungen in der frühkindlichen Bildung einzuschätzen und eine ausgewogene Auswahl an Erfahrungsmöglichkeiten zu gestalten, die dem Elementarbereich und der unteren Primarstufe jeweils angemessen sind;.
2. Kenntnis und Verständnis hinsichtlich der geltenden curricularen Vorgaben auf den jeweiligen pädagogischen Tätigkeitskontext anzuwenden, wobei dem derzeitigen Fokus auf frühes Lesen, Schreiben und Rechnen sowie der allgemeinen Entwicklung drei- bis achtjähriger Kinder besondere Aufmerksamkeit zu schenken ist;
3. die Einsicht, dass alle Planung auf das Kind, seine Entwicklung und sein Lernen ausgerichtet sein und die Qualität der pädagogischen Arbeit anhand der kindlichen Lernerfolge bewertet werden sollte, in der Praxis unter Beweis zu stellen;
4. Sinn und Zweck der wichtigsten Beobachtungs-, Bewertungs- und Dokumentationsverfahren sowohl im Elementar- als auch im unteren Primarbereich erklären und eines bzw. mehrere dieser Verfahren anwenden zu können, um die Fortschritte der Kinder zu erfassen;
5. die Rolle der Eltern in der frühkindlichen Bildung zu verstehen und nachzuvollziehen, inwiefern sich die Kooperation mit den Eltern je nach Kontext (Elementar- oder Primarbereich) unterscheidet;
6. das Prinzip des aktiven Lernens in der Praxis anzuwenden und geeignete Ressourcen einzusetzen, die die Kinder motivieren und interaktiv miteinbeziehen;

7. mit anderen Studierenden wie auch mit dem Kollegenteam in der Elementareinrichtung bzw. Primarschule in kooperativer Weise zusammenzuarbeiten und ein Verständnis dafür zu zeigen, wie die verschiedenen von Erwachsenen eingenommenen Rollen zu einem einfühlsamen und lernförderlichen Austausch von Erfahrungen beitragen;
8. die organisationalen Fragen einer responsiven und an den Interessen der Kinder orientierten Planung pädagogischer Arbeit im Elementarbereich angemessen zu berücksichtigen und diesen Ansatz responsiver Planung in der unteren Primarstufe auszubauen;
9. aktives Lernen als ein Mittel zur Umsetzung der ersten Stufe des *Curriculum of Excellence 3–18* zu begreifen und den sich entwickelnden kindlichen Bedürfnissen mit spielerischen Mitteln gerecht zu werden;
10. das Wissen hinsichtlich der bereits bestehenden Erfahrungen mit dem *Curriculum for Excellence* mit Fokus auf Kunst-, Religions- und Werteerziehung so anzuwenden, dass die Unterrichtsplanung den speziellen Bedürfnissen einer Klasse der unteren Primarstufe (P1–P3) gerecht wird;
11. die Lese-, Schreib- und Rechenfertigkeiten der Kinder zu beurteilen und der weiteren Entfaltung dieser Kompetenzen förderliche Lernangebote zu planen und unterrichtlich umzusetzen.

Während die Studierenden zunächst durch Beobachtung die für den Elementarbereich und die untere Primarstufe geeigneten pädagogischen Mittel kennenlernen und sie anschließend selbst anwenden bzw. die Anwendung initiieren, liegt ihr Hauptaugenmerk auf der eigenen Entwicklung als pädagogische Fachkraft und ihrer Fähigkeit, Lehr- und Lernkonzepte zu erstellen. Das Studium beinhaltet Lehrveranstaltungen in den Bereichen Sprache, Erziehungswissenschaft, Bildende und darstellende Kunst, Naturwissenschaften und Technik, Bewegungserziehung, Mathematik, Umwelt sowie Lehren und Lernen. Die Vorbereitung auf die konkrete pädagogische Arbeit im Elementar- bzw. Primarbereich umfasst eine Reihe von Vorlesungen, wie zum Beispiel „Kontexte und Fragestellungen in der vorschulischen Bildung", „Praktikumstagebuch und Tagebuch über den kindlichen Lernprozess", „Beurteilung durch Beobachtung" oder „Interaktion: Kinder ernst nehmen". Während des Praktikums sind bestimmte Studienaufgaben zu bearbeiten, und ein Tutorensystem bietet den Studierenden Unterstützung. Nach diesem Muster sind alle Praxisphasen des vierjährigen Studiengangs gestaltet.

Bachelor of Arts in Childhood Practice an der Universität Strathclyde: Ein typischer nicht-pädagogischer Studiengang für Fach- und Leitungskräfte im Bereich Frühe Kindheit (vom SSSC anerkannt)

Auf Bachelorniveau ist die Ausbildung nicht-pädagogischer Fach- und Leitungskräfte für Kindertageseinrichtungen einheitlich. Es gelten dieselben Zugangsvoraussetzungen und Kompetenzstandards, aber es besteht keine Querverbindung zum bereits vorgestellten Pädagogikstudiengang. Die an der Universität Strathclyde geplante Entwicklung eines gemeinsamen Masterprogramms für pädagogische und nicht-pädagogische Fachkräfte im Bereich Frühe Kindheit (0–8) wird jedoch dadurch begünstigt, dass der *Bachelor of Arts in Childhood Practice* demnächst zum Honours-Abschluss erweitert werden soll.

Der *BA in Childhood Practice* ist ein Teilzeitstudiengang, und die Module können entweder in klassischen Präsenzveranstaltungen absolviert werden oder mittels Blended Learning, also einer Kombination aus virtueller Lernumgebung und Präsenzlernen. Die Universität Strathclyde und das mit ihr kooperierende UHI Millenium Institute können auf eine lange Tradition in der Ausbildung von Fachkräften für frühkindliche Bildung und Betreuung zurückblicken.

Der neue Bachelorstudiengang in *Childhood Practice* ist genau auf die in Schottland geltenden *Standards in Childhood Practice* abgestimmt und soll akademisch qualifizierte Fachkräfte und zukünftige Leitungskräfte für Einrichtungen für Kinder hervorbringen. Das Programm vertritt eine ganzheitliche Sicht auf die Entwicklung, das Lernen und das Wohlergehen von Kindern und behandelt unter anderem folgende Themengebiete:

- Schutz und Fürsorge für Kinder
- Kooperation mit Eltern bzw. Betreuenden, Familien, dem sozialen Umfeld und anderen Einrichtungen
- Erwerb einer auf Erkenntnissen über Kinder und Kindheit basierenden Führungs- und Leitungspraxis
- Erwerb von Kenntnissen hinsichtlich maßgeblicher organisationsbezogener Rahmenkonzepte
- Entwicklung eines kritischen Verständnisses der einrichtungsrelevanten politischen Grundsätze, gesetzlichen Bestimmungen und Handlungspraxen
- Förderung des Verstehens von Lern- und Entwicklungsprozessen in der frühen Kindheit
- Anleitung und Vorbildfunktion bei der Förderung von Spiel und Lernen sowie darin, Kinder als gesunde, aktive und erfolgreiche Persönlichkeiten zu stärken
- Förderung von Teamwork und kooperativer Zusammenarbeit
- Geschäftsführung und Leitung von Einrichtungen

Praxisbasiertes Lernen ist ein wesentlicher und zentraler Baustein des Programms. Die Kernmodule vermitteln eine fundierte Grundlage an Theoriewissen zu Fragestellungen, die sich auf die gesamte Altersspanne zwischen Geburt und 16. Lebensjahr beziehen. Überfachliche Lehrveranstaltungen, zum Beispiel zu Forschungsmethoden oder ethischen Aspekten der Arbeit mit Kindern, sind ebenfalls im Kernbereich verankert. Auf SCQF-Stufe 8 angesiedelte Wahlmodule[66] bieten den Studierenden die Möglichkeit, ein spezielles Thema zu vertiefen:

- Die sensible Phase von 0 bis 3 Jahren
- Kreativität
- Musik und Tanz
- Sprachen und Lernen

Ein multidisziplinäres Lehrteam gewährleistet, dass der Studiengang fachgerecht aufgebaut ist und alle Module von ausgewiesenen Expertinnen und Experten durchgeführt werden. Zudem bieten speziell ausgewiesene Mitglieder des Lehrteams auf Wunsch eine individuelle Studienbetreuung. Das Studium umfasst folgende Themengebiete (nach SCQF-Stufen):

[66] *Im schottischen Studiensystem ist jede einzelne Lehrveranstaltung einer Niveaustufe des Scottish Credit and Qualifications Framework (SCQF) zugeordnet, auf der auch die erworbenen Leistungspunkte angerechnet werden. In der Regel sind nur die Pflichtfächer eines Studiengangs auf der Zielstufe (d. h. der SCQF-Stufe des angestrebten Studienabschlusses) angesiedelt, Wahlfächer meist eine Stufe darunter und fachübergreifende allgemeine Kurse, z. B. zu Arbeits- und Studiertechniken, zwei Stufen darunter.*

Leistungspunkte auf SCQF-Stufe 8

- Kindheit heute (20 Leistungspunkte)
- Gesundheit und Wohlbefinden (20 Leistungspunkte)
- Persönliche Entwicklungsplanung – Wirksamkeit erkennen und Kompetenz entwickeln (10 Leistungspunkte)
- Gemeinsam Qualitätsstandards umsetzen
- Theoretische und curriculare Rahmenkonzepte für Entwicklung und Lernen
- Wie Kinder als denkende Individuen lernen und sich entwickeln

Leistungspunkte auf SCQF-Stufe 9

- Professionelle Werte und persönliches Engagement (gemäß *Standards for Childhood Practice*)
  - Förderung von Kinderrechten und Inklusion
  - Führen und Leiten einer Qualitätseinrichtung
- Professionelles Wissen und Verständnis (gemäß *Standards for Childhood Practice*)
  - Aktuelle Fragestellungen zu professionellem Wissen und Verständnis
  - Koordination von Partnerschaften und Integration (in der Praxis/in Einrichtungen für Kinder)
- Professionelle Fertigkeiten und Fähigkeiten (gemäß *Standards in Childhood Practice*)
  - Entwicklung eines praxisbasierten Projekts
  - Durchführung und Leitung eines praxisbasierten Projekts

Typische postgraduale Studiengänge für frühkindliche Bildung (nur für GTCS-registrierte pädagogische Fachkräfte)

„Da es als gesichert gilt, dass Elementareinrichtungen von der Mitarbeit ausgewiesener frühpädagogischer Fachkräfte nur profitieren können, verpflichtet sich die schottische Regierung, gemeinsam mit den Institutionen der Lehrerbildung Studiengänge zu entwickeln, die besser für die frühkindliche Bildungsarbeit spezialisieren. Dies ist eine der Handlungsprioritäten des *Early Years Framework* (Scottish Government 2009). Wer sich für eines der spezialisierenden Masterprogramme bewerben möchte, muss über einen pädagogischen Erstabschluss und die GTCS-Registrierung als Fachkraft verfügen und sollte in der Regel mindestens drei Jahre an einschlägiger Berufserfahrung mitbringen. Studiengänge auf diesem Qualifikationsniveau haben eine Mindest- wie auch eine Höchstdauer. Nach einer vorgeschriebenen Mindestdauer von 20 Monaten Teilzeitstudium kann mit dem *Postgraduate Certificate* abgeschlossen werden, nach 36 Monaten Teilzeitstudium mit dem *Postgraduate Diploma* und nach zwei Jahren mit dem *Master of Science*. In Leistungspunkten entspricht dies 60 SCQF-Punkten (= 30 ECTS) für das *Certificate*, 120 SCQF-Punkten (= 60 ECTS) für das *Diploma* und 180 SCQF-Punkten (= 90 ECTS) für den Masterabschluss.

Folgende Abschlüsse werden vergeben:

- *Postgraduate Combined Diploma*[67] *in Early Childhood Studies* (Studien der frühen Kindheit)

---

[67] *Das „Combined" bezieht sich in diesem Fall darauf, dass Absolventinnen und Absolventen des Programms für die pädagogische Arbeit sowohl im Elementarbereich als auch in der Primarstufe qualifiziert sind.*

- *Postgraduate Certificate/Diploma* oder *Master of Science* im Masterstudiengang *Early Childhood Studies* (Studien der frühen Kindheit)

Der Pfad zum *Postgraduate Certificate* kann auch als *Early Years Teacher Specialist* angerechnet werden. Beide genannten Studiengänge sind von der schottischen Regierung finanzierte Pilotprojekte.

Dank der schottischen Tradition, pädagogische Fachkräfte für die Arbeit mit Kindern von drei bis zwölf Jahren gemeinsam auszubilden, sind die Angehörigen des Berufsstands sehr gut in der Lage, Lernen als Kontinuum zu begreifen und anzuerkennen, dass frühkindliche Bildung den Schulstart erleichtern und zum späteren Schulerfolg beitragen kann. Die auf bereits im Feld erworbener Expertise aufbauenden neuen Spezialisierungsstudiengänge im Bereich Frühe Kindheit werfen die Frage auf, welche Rolle die hier ausgebildeten Fachkräfte im Rahmen des politisch intendierten Wandels für Kinder und Familien spielen sollen (Dunlop 2012). Die pädagogischen Tätigkeitsfelder in Vorschule und unterer Primarstufe (P1–P3) sind eng miteinander verzahnt, und die nach dem schottischen Modell ausgebildeten Pädagoginnen und Pädagogen sind die einzigen Fachkräfte mit einer Qualifikation für beide Bereiche.

Postgraduate Combined Diploma in Early Childhood Studies (Spezialisierungspfad für GTCS-registrierte pädagogische Fachkräfte)

Im Jahr 2006 bewilligte die schottische Regierung dem Arbeitsbereich Frühe Kindheit an der Universität Strathclyde auf zwei Jahre befristete Mittel zur Entwicklung und Erprobung des Pilotprogramms *Postgraduate Combined Diploma in Early Childhood Studies* (Studien der Frühen Kindheit). Für das Programm wurden an vier Orten insgesamt zwölf GTCS-registrierte pädagogische Fachkräfte angeworben. Es wurden sechs Paare gebildet, die jeweils aus einer in der Primarschuleingangsklasse (P1-Klassen) und einer im Elementarbereich (d. h. an einer benachbarten Vorschule) tätigen pädagogischen Fachkraft bestanden.

Der berufsbegleitende Studiengang startete im Februar 2007, und während der Eingangsphase verblieben die teilnehmenden Fachkräfte am bisherigen Arbeitsplatz. Mit Beginn des neuen Schuljahres im August 2007 tauschten die Teampartner untereinander den Arbeitsort: Die Fachkräfte aus dem Elementarbereich wechselten gemeinsam mit „ihren" Kindern in die P1-Klasse, und die Partnerin bzw. der Partner aus der Primarschule übernahm die Stelle in der Elementareinrichtung. Ein Jahr später wurde erneut gewechselt, und alle Beteiligten kehrten an ihren alten Arbeitsort zurück. Im Februar 2009 schlossen sie ihr gemeinsames Studienprogramm mit einer Präsentationsreihe ab, in deren Mittelpunkt die eigenen neu gewonnen Erkenntnisse, die Lernentwicklung der Kinder und maßgebliche theoretische Konzepte standen. Auf diese Weise konnten curriculare Kontinuität und Progression untersucht, Einsichten in kindliche Lern- und Entwicklungsprozesse vertieft und das Konzept des sozialen Kapitals von Kindern und Familien anhand von Fallstudien geprüft werden. Das Programm ermöglichte die theoretische wie praktische Auseinandersetzung mit Führungsrollen und der Erforschung kindlicher Kreativität, und das Reflektieren der Lernprozesse erwies sich als entscheidender Baustein für die Weiterentwicklung dei eigenen beruflichen Praxis. Studienreisen in die Niederlande und nach Pistoia (Italien) boten zusätzliche Lernerfahrungen und trugen ihrerseits zur sektorübergreifenden gemeinsamen Sinnkonstruktion bei.

Das Early Years Teacher Specialist Programm

Im Februar 2010 stellte die schottische Regierung dem Arbeitsbereich Frühe Kindheit an der Strathclyde Universität Finanzmittel zur Verfügung, um einen neuen postgradualen Qualifizierungspfad zu erarbeiten, der sich an GTCS-registrierte pädagogische Fachkräfte richten sollte, die bereits mit drei- bis sechsjährigen Kindern arbeiten: das *Early Years Teacher Specialist* Programm. An diesem innovativen Pilotstudiengang nehmen 25 Fachkräfte für frühkindliche Bildung teil.

Das *Early Years Teacher Specialist* Programm ist ein innovativer Blended-Learning-Studiengang zur postgradualen Spezialisierung. Durch die Kombination einer einführenden Präsenzphase und regelmäßiger Blocktermine mit Online-Modulen bietet das Programm pädagogischen Fachkräften aus Elementarbereich und unterer Primarstufe die Möglichkeit eines gemeinsamen postgradualen Vertiefungsstudiums mit dem Ziel, im Rahmen des *Curriculum for Excellence 3–18* qualitativ hochwertige frühkindliche Bildung zu gewährleisten.

Basierend auf theoretischen Erkenntnissen und unter Berücksichtigung der Erfordernisse am Arbeitsplatz hat der Studiengang folgende Zielsetzungen:

- Die Entwicklung von pädagogischen Fachkräften aus Elementar- und Primarbereich zu reflektierenden und forschenden Praxisexpertinnen bzw. -experten zu fördern
- Die Fachkräfte zu befähigen, auf jeder Stufe ihrer beruflichen Laufbahn ihre pädagogischen Konzepte in einem förderlichen Umfeld zu analysieren und kontinuierlich weiterzuentwickeln (und somit Möglichkeiten für institutions- und sektorübergreifende Zusammenarbeit zwischen Fachkräften im Bereich frühkindlicher Bildung aus ganz Schottland zu schaffen)
- Die Fachkräfte bei der praxisbasierten Auseinandersetzung mit theoretischen Ansätzen zu unterstützen und sie zur evidenzbasierten Überarbeitung ihrer pädagogischen Konzepte zu motivieren

Die Entwicklung des Pilotprogramms begann mit vier E-Modulen: Professionalität in der frühkindlichen Bildung, Pädagogische Konzepte hinterfragen, Kindheit heute: professionelle Kooperation und einem eigenständigen Praxisforschungsprojekt. Die Studierenden können auf Online-Vorlesungen und -Tutorien zugreifen, wann immer ihre beruflichen und persönlichen Verpflichtungen es zulassen, haben aber auch Live-Zugang zu dozentengeleiteten Online-Gruppendiskussionen. Außerdem treffen sie in virtuellen Lernumgebungen zusammen, wo sie in den Vorlesungen aufgeworfene aktuelle fachliche Fragestellungen diskutieren und Modulaufgaben in Kleingruppen bearbeiten können. Ein zentraler Aspekt des Studiengangs ist die Auseinandersetzung mit aktuellen Fragen und bildungspolitischen Maßnahmen, um vor diesem Hintergrund das eigene pädagogische Handeln zu reflektieren und weiterzuentwickeln. Die Einrichtung persönlicher Blogs, in die sich die Betreuenden einschalten können, bietet ein zusätzliches Forum für kontinuierliche Diskussion und gemeinsame Erforschung der eigenen pädagogischen Praxis.

Master of Science in Early Childhood Studies und *European Master in Early Childhood Education and Care* (EMEC): Integrierte postgraduale Studiengänge für pädagogische und nicht-pädagogische Fachkräfte

Master of Science in Early Childhood Studies (für registrierte Fach- und Leitungskräfte im Bereich frühkindlicher Bildung und Betreuung)

Dieser Studiengang bietet einen Spezialisierungspfad für GTCS-registrierte pädagogische Fachkräfte, steht in der Regel aber auch allen anderen im Bereich Frühe Kindheit (0–8) tätigen Fachkräften offen. Das Programm umfasst insgesamt acht Module, von denen vier Pflicht sind und die übrigen aus einem Modulkatalog ausgewählt werden können, sodass die Studierenden bis zu einem gewissen Grad freie Wahl haben. Als Abschlussarbeit muss eine Untersuchung zu einem selbst gewählten (Forschungs-)Thema konzipiert, durchgeführt und schriftlich abgefasst werden. Die Stärken der Absolventinnen und Absolventen liegen in der Theorie, Forschung und Praxis der frühen Kindheit.

Der Studiengang trägt der Tatsache Rechnung, dass die Arbeit mit kleinen Kindern und ihren Familien ein hohes Maß an spezifischen fachlichen Kenntnissen, Fertigkeiten und Kompetenzen erfordert. Die während der letzten Jahre vorgenommenen Änderungen hinsichtlich der politischen Zielstellungen und gesetzlichen Regelungen wirkten sich auf die Bereitstellung von Angeboten im Bereich der frühen Kindheit aus und verhalfen dem Tätigkeitsfeld zu mehr Anerkennung. Kindern und ihren Familien steht ein breites Spektrum an Fachkräften in einer Vielzahl unterschiedlichster Einrichtungen und Dienste zur Verfügung. Dazu gehören Bildungs- und Gesundheitseinrichtungen sowie soziale und gemeinwesenorientierte Dienstleister. Der postgraduale Studiengang in *Early Childhood Studies* will die in diesen Kontexten tätigen Fach- und Leitungskräfte bei der professionellen Weiterentwicklung ihrer anspruchsvollen Arbeit unterstützen und in der kritischen Reflexion ihrer eigenen Praxis bestärken. Ziel der Lehrveranstaltungen ist insbesondere:

- Steigerung der Fachkompetenz und des professionellen Selbstvertrauens durch erweitertes Wissen und Können und die Bereitschaft, die Praxis zu analysieren, zu verbessern und die Ziele in angemessener Weise zu kommunizieren
- Aktive Konstruktion von Wissen, Erfahrungs- und Erkenntnisaustausch zwischen den Studierenden sowie Erweiterung des Verstehenshorizonts, auch hinsichtlich der eigenen professionellen Entwicklung, durch kritische Reflexion und Selbstevaluation
- Besseres Verständnis frühkindlichen Lernens
- Vertieftes Verständnis des eigenen Einrichtungskontextes und -konzeptes, Auseinandersetzung mit anderen Kontexten und Konzepten im Bereich Frühe Kindheit
- Steigerung der Fähigkeiten zur Analyse und Reflexion von Pädagogik, Psychologie und früher Kindheit im gesellschaftlichen Kontext und zur praktischen Umsetzung der Kenntnisse und Erkenntnisse
- Effektivere Zusammenarbeit mit Kindern, Familien und im Team
- Vorbereitung auf eine Vorreiterrolle bei der Weiterentwicklung des Arbeitsfeldes Frühe Kindheit mit Blick auf veränderte Erwartungen und neue Aufgaben

Module des Studiengangs sind: Professionelle Reflexion und Weiterentwicklung; Pädagogik und das Kleinkind; Psychologie und frühe Kindheit; Kleinkinder als Künstler und Gestalter; Frühe Kindheit und Gesellschaft; Spiel im Kleinkindalter; Entwicklung und Lernen im Kleinkindalter: Sprache und Kommunikation; Entwicklung und Lernen im Kleinkindalter: Mathematik; Entwicklung und Lernen im Kleinkindalter: Umwelt; Entwicklung und Lernen im Kleinkindalter: Naturwissenschaft; Beurteilungsverfahren bei Kleinkindern; Emotionales Wohlbefinden; Führen und Leiten von Einrichtungen für Kinder; Gesetzliche Regelungen für Kleinkinder und Familien; Kleinkinder mit zusätzlichem Förderbedarf; Interdisziplinäre Zusammenarbeit und integrierte Leistungsangebote.

Erasmus-Studiengang: European Master in Early Childhood Education and Care (EMEC)

Der internationale Studiengang *European Master in Early Childhood Education and Care* (frühkindliche Bildung und Betreuung) wurde zwischen 2006 und 2008 entwickelt und als Pilotprojekt gestartet. Getragen wurde das als ERASMUS-Studiengang konzipierte und aus Mitteln des EU-Bildungsprogramms für lebenslanges Lernen geförderte Projekt von einem Konsortium aus sechs Universitäten; neben der Universität Strathclyde beteiligt waren die Universitäten von Malta, Dublin, Göteborg, Oslo und die Martin-Luther-Universität Halle-Wittenberg.[68]

[68] *Das Pilotprogramm wird derzeit noch ausgewertet und nimmt daher keine neuen Studierenden auf. Die beteiligten Universitäten Malta, Oslo und Dublin haben zwischenzeitlich einen gemeinsamen internationalen Masterstudiengang Frühkindliche Bildung ins Leben gerufen, der die mit dem EMEC-Programm gemachten Erfahrungen umzusetzen sucht (Anm. d. Hrsg.).*

Der Studiengang sollte die Möglichkeit bieten, gemeinsamen mit Masterstudierenden aus anderen europäischen Ländern zu lernen. Alle Teilnehmenden absolvierten zu Beginn des Studiums dasselbe Pflichtmodul, den Intensivkurs „Professionelle Reflexion und professionelles Handeln im europäischen Kontext"; dieser Kurs muss übrigens auch von Studierenden belegt werden, die nicht den *European Master*, sondern die schottischen Abschlüsse *Postgraduate Certificate* oder *Diploma* anstreben. Insgesamt umfasste der *European Master* folgende Kernmodule:

- Professionelle Reflexion und professionelles Handeln im europäischen Kontext
- Perspektiven auf Kindheiten und Kinder im heutigen Europa
- Europäische Konzepte zu Spielen und Lernen
- Umgang mit Diversität und Gleichstellung im europäischen Kontext
- Curriculumkritik und problematische Aspekte im europäischen Kontext
- Entwicklungswege europäischer Forschungs-, Praxis- und Politikansätze im Bereich Frühe Kindheit
- Ästhetik kindlicher Kulturen
- Forschungsmethoden
- Schriftliche Abschlussarbeit

Der Intensivkurs „Ästhetik kindlicher Kulturen" wurde an der Universität Strathclyde durchgeführt. Dazu gehörten auch Besuche und Praxisbeobachtungen in örtlichen Schulen und Elementareinrichtungen. Die Studierenden aus dem europäischen Ausland reflektierten die dort gemachten Erfahrungen, die Ergebnisse des Reflexionsprozesses wurden öffentlich gemacht (Dunlop 2008a) und stießen im Online-Diskussionsforum der Sektion *Early Years Matters* auf der Internetseite von *Education Scotland* eine rege Debatte unter schottischen Fachkräften an.

Entwicklung eines integrierten Graduiertenstudiengangs „Frühe Kindheit" an der Universität Strathclyde

In Schottland besteht ein Bedarf an integrierten Aus- und Weiterbildungsangeboten für Fachkräfte, die mit frühkindlicher Bildung und Betreuung befasst sind. Die Entwicklung eines gemeinsamen Masterprogramms für pädagogische (GTCS-registrierte) und nicht-pädagogische (SSSC-registrierte) Fachkräfte aus dem Bereich Frühe Kindheit (0–8) wird derzeit diskutiert. Das neue Programm soll konzeptionell an die Qualitäten des oben beschriebenen *Early Childhood Teacher Specialist* anknüpfen. Durch die Einführung eines zusätzlichen Studienjahres mit Honours-Abschluss erfüllen in Zukunft auch Absolventinnen und Absolventen des *Bachelor of Arts in Childhood Practice* die Zugangsvoraussetzungen zum Graduiertenstudium.

Der geplante integrierte Studiengang soll dem politischen Strategiepapier *Getting it right for every child* (GIRFEC) (Scottish Government 2008d) Rechnung tragen und die von jeder Fachkraft auf ihrem bisherigen Ausbildungs- und Berufsweg erworbenen zentralen Werte und Kernkompetenzen miteinbeziehen, sodass alle Erfahrungen mit Kindern gebündelt werden können. Die Beziehungen zwischen den verschiedenen Angeboten und Einrichtungen für jüngere Kinder müssen perspektivisch gestärkt werden – das aus einem gemeinsamen Studium erwachsende gegenseitige Verständnis zwischen Fachkräften mit ganz unterschiedlicher Ausgangsqualifikation wäre ein positiver Schritt in diese Richtung. Der oben beschriebene *European Master in Early Childhood Education and Care* bietet uns hierfür ein Modell.

11.2 Lehr- und Lernkonzepte

Die Bildungsphilosophie

Jeder Studiengang spiegelt jeweils bestimmte Lehr- und Lernkonzepte wider. In Graduiertenprogrammen – und in gewissem Umfang auch in Bachelorstudiengängen, deren Zielgruppe bereits berufserfahren ist – vertreten viele der Lehrenden einen an Vygotsky angelehnten sozialkonstruktivistischen Ansatz, wonach die erfahrenere Person den anderen beim Lernen Hilfestellungen bieten soll. Diese Lehrenden sind sich immer dessen bewusst, dass auch sie selbst kontinuierlich dazulernen und sich weiterentwickeln. Allerdings berichten die Kolleginnen und Kollegen auch, dass ein auf das Erfüllen von Registrierungsanforderungen ausgerichtetes Studium den Lehr-Lern-Prozess einschränken und der Entwicklung einer ko-konstruktiven Bildungskultur Grenzen setzen kann.

Charakteristische Merkmale der Bachelorstudiengänge

Als Universität, Fakultät und Team liegt uns viel an kohortenübergreifender inhaltlicher Konsistenz, sodass wir nicht allzu sehr auf ko-konstruktives Arbeiten setzen können. Ein einheitliches Arbeitsprogramm soll allen Studierenden vergleichbare Erfahrungen ermöglichen, daher werden in den Seminaren und Tutoriengruppen nach einem festen Turnus dieselben Inhalte bearbeitet. Ein gewisses Maß an Flexibilität besteht hinsichtlich des Arbeitsmodus innerhalb der Gruppe; aber alle Lehrenden sind gehalten, sich am Leitbild der gemeinsamen Erfahrung zu orientieren. In allen Bachelor- und auch Graduiertenstudiengängen folgt die Vorbereitung auf die praktische pädagogische Arbeit einem standardisierten Muster, weshalb die Studierenden weder das Lerntempo noch die inhaltliche Richtung bestimmen können.

Der Herausforderung, Theorie und Praxis miteinander zu verknüpfen und zu integrieren, begegnen wir durch die hohe Bewertung theoriebezogener Überlegungen im Rahmen der studentischen Praxisreflexionen, durch Videofilme mit anschließender Diskussion und durch persönliche Erfahrungsberichte von Fachkräften aus dem Feld, die zur Theorie in Beziehung gesetzt werden. Regelmäßige Besuche der Lehrenden an den Praktikumsorten gewährleisteten bislang eine starke Theorie-Praxis-Anbindung; im Kollegenkreis heißt es allerdings, es sei problematisch, dass die Lehrenden aufgrund selten werdender Besuche immer weniger direkten Bezug zur praktischen Arbeit mit jüngeren Kindern haben. In Bachelorstudiengängen der Lehrererstausbildung ist diese Form des regelmäßigen Praxiskontakts nicht mehr gegeben.

In Lehrveranstaltungen des Bachelorstudiengangs *Childhood Practice* werden Vorträge und Präsentationen von Fachleuten aus dem Tätigkeitsfeld gehalten; die Studierenden können mit ihnen diskutieren, kritische Nachfragen stellen und anschließend kooperativ die Abschlussaufgaben des Moduls bearbeiten.

In diesem Studiengang sind die Wahloptionen auf die Auswahl zwischen zwei Modulen à zehn Leistungspunkten in der ersten Studienphase begrenzt. Die Struktur unseres Qualitätssicherungssystems für Studium und Lehre lässt eine Modifikation von Modulinhalten als Reaktion auf unterschiedliche und sich wandelnde Lernbedürfnisse der Studierenden unserer Bachelorprogramme kaum zu. Eine Ausnahme stellt der innovative Bachelorstudiengang in *Education and Social Services* dar, der nur sehr wenige Studierende aufnimmt und daher responsiver gehandhabt werden kann.

Die einzelnen Modulinhalte und Lernziele des Bachelorstudiengangs *Childhood Practice* sind in hohem Maße durch die universitäre Qualitätsakkreditierung vorgegeben und eng auf die nationalen *Standards for Childhood Practice* abgestimmt, dennoch besteht ein gewisser Spielraum für Mitgestaltung. Auch lässt sich über die Modulevaluationen Einfluss auf die Lehrschwerpunkte nehmen. Regen Studierende zum Beispiel die ausführlichere Behandlung bestimmter Themengebiete an, wird dem Wunsch nach Möglichkeit entsprochen. Mitunter gibt es Diskussionen darüber, wie Lehrveranstaltungen zeitlich und räumlich so getaktet werden können, dass sie den Bedürfnissen der Studierenden entgegenkommen.

Charakteristische Merkmale der Graduiertenstudiengänge

Auf Graduiertenniveau verschieben sich die Rollen der Lehrenden und Studierenden, das Lernen wird ein deutlich kooperativerer und ko-konstruktiver Prozess: Zwar folgt die Kursplanung ebenfalls den Modulvorgaben, aber die Lehrenden sollen auch eigene Erkenntnisse, eigene Forschung und ihre eigene Philosophie des Lehrens und Lernens einbringen. In manchen Kursen gehen die verantwortlichen Lehrkräfte so souverän mit ihren Wissensgrundlagen um, dass eine äußerst kreative und offene Arbeit mit den Studierenden entstehen kann. Dieses quasi „vorausschauende Nachvollziehen" entspringt einem an Vygotsky bzw. Bruner orientierten Ansatz, bei dem sich die Lehrkraft Zeit nimmt, die Ausgangspunkte der Studierenden zu verstehen und den gemeinsamen Lernprozess unterstützend zu begleiten. So sind die Lehrenden selbst immer zugleich auch Lernende.

Während der letzten Jahre haben wir eine ganze Reihe neuer Studiengänge entwickelt, was durchweg mit einem beträchtlichen Maß an Austausch zwischen Programmverantwortlichen, Lehrenden und den betroffenen Studierenden einherging. Mitunter beteiligten sich Studierende an der Konzeption von Bewertungsverfahren, und im Pilotprogramm *Postgraduate Combined Diploma in Early Childhood Studies* trafen die Studierenden gemeinsam Entscheidungen hinsichtlich der Gewichtung und Auswahl der zu belegenden Module. Da in Schottland alle GTCS-registrierten Pädagoginnen und Pädagogen für die Arbeit mit Kindern zwischen drei und zwölf Jahren qualifiziert sind, ist ein Arbeitsplatztausch innerhalb des Teams möglich, obwohl die Teammitglieder unterschiedlichen Sektoren des Bildungssystems angehören. So konnten die Teammitglieder Erfahrungen sowohl im Elementar- als auch im Primarbereich sammeln, und die Fachkräfte aus der Vorschule konnten mit ihrer Kindergruppe „aufsteigen". Mit Blick auf den Übergang in die Schule und die Kontinuität des Lernens und Lehrens war der Gewinn für Kinder wie pädagogische Fachkräfte signifikant (Dunlop 2009).

In unserem neuen postgradualen Programm zum *Early Years Teacher Specialist* erweist sich Videostreaming als probates Mittel, um die „Präsenz" der Lehrenden und Studierenden in den Online-Modulen zu beurteilen; erfahrene Fachleute aus Forschung und Praxis liefern Beiträge zu den virtuellen Seminaren, und es gibt in virtuellen Kleingruppen zu bearbeitende Aufgabenstellungen. Konzeptionell kommt den Lehrenden hier weniger eine didaktische Funktion zu als vielmehr die Rolle erfahrenerer Kolleginnen und Kollegen. Im Studiengang zum *Master of Science in Early Childhood Studies* führen die Studierenden selbstständig eine Studie durch, die sowohl eine Forschungskomponente als auch die Entwicklung eines praxisbezogenen Projekts umfasst, wodurch sie gut auf die schriftliche Abschlussarbeit vorbereitet sind.

Die Rolle der Studierenden während der Ausbildung

Die meisten Studiengänge setzen sich aus Pflicht- und Wahlanteilen zusammen. Indem die Studierenden zwischen einzelnen Wahlfächern und teilweise auch Prüfungsformen auswählen, nehmen sie eine aktiv gestaltende Rolle ein – mit der Einschränkung, dass die abzudeckenden Themengebiete und Inhalte weitgehend vorgegeben sind. Immerhin entscheiden die Lehrenden selbst, nach welchem konzeptionellen Ansatz sie arbeiten.

In berufsbegleitenden Bachelor- und Graduiertenprogrammen wie *BA in Childhood Practice, Early Years Teacher Specialist* und *M. Sc. in Early Childhood Studies* wird erwartet, dass die Studierenden die theoretischen Studieninhalte im Kontext ihrer eigenen beruflichen Praxis reflektieren: Sie müssen zeigen, dass sie Bezüge zwischen Theorie und Praxis herzustellen wissen. Und sie reflektieren über die Bedeutung von Theorie für ihren Praxiskontext sowie darüber, wie sie die gewonnenen Theoriekenntnisse zur Veränderung der Praxis einsetzen können und wie sich dies auf ihre eigene fachliche Weiterentwicklung auswirkt.

Manche Module bieten ein recht hohes Maß an Mitgestaltungsmöglichkeit. Im Modul „Wie Kinder lernen" des Bachelorstudiengangs *Childhood Practice* können sich die Studierenden zum Beispiel mit aktuellen Forschungsergebnissen zu bestimmten Aspekten kindlicher Entwicklung auseinandersetzen. Anschließend konzipieren sie gemeinsam Beobachtungspläne, die in einem mit Blick auf die eigene berufliche Praxis relevanten Einrichtungskontext erprobt und anschließend in angeleiteten Gruppen analysiert, ausgewertet und reflektiert werden.

Das derzeit wichtigste Forum für Mitgestaltung sind die in die Lehrveranstaltungen eingebetteten wöchentlichen Diskussionsrunden zur Wahrnehmung des Moduls aus Sicht der Studierenden, die oftmals Anregungen für die künftige Programmgestaltung geben. Studierende und Lehrende haben die Möglichkeit, gemeinsam nach unmittelbaren Bezügen zwischen Modulinhalt und konkreter berufspraktischer Erfahrung zu forschen. In der Regel passen die Lehrenden Präsentationsthemen, Lese- und andere Materialien und die Interaktionsformen dementsprechend an. Wann immer Studierende wertvolle und thematisch relevante Erfahrungen einbringen, wird sichergestellt, dass die gesamte Lernendengruppe daran teilhaben kann.

Personalisierung

Der Einstieg in den Bachelorstudiengang *Childhood Practice* ist auf die typischen Berufsbiografien und beruflichen Verantwortlichkeiten der Studierenden abgestimmt: Es gibt vier Einstiegspfade, aber in manchen Einzelfällen kann auch ein individuell zugeschnittener Studienplan ausgehandelt werden.

Studierende der Bachelorprogramme in *Education and Social Services* und *Childhood Practice* haben die Möglichkeit, zweimal jährlich ihre persönlichen Fortschritte mit den Lehrenden, die sie individuell betreuen, zu besprechen. Diese Treffen bieten den Studierenden ein persönliches Gegenüber, eine strukturierte und angeleitete Entwicklung von Analyse- und Reflexionsfähigkeit und entsprechender Strategien, einen Fokuspunkt für modulübergreifend integriertes Lernen und ein Instrument für die kontinuierliche persönliche Entwicklungsplanung (PEP) im beruflichen Kontext. Die studentischen Lerntagebücher können ebenfalls Gegenstand der Diskussion sein.

Die Studierenden erhalten eine persönliche Rückmeldung zu ihren Prüfungsleistungen. Sofern ausreichend Zeit und Mittel zur Verfügung stehen, bieten einige der Lehrenden auch individuelle Prüfungsvorbereitung und -betreuung an. In aller Regel haben die Studierenden die Möglichkeit, am Ende einer Vorlesung oder während eines Seminars selbst Fragen aufzuwerfen. Manche Studiengänge beinhalten Wahlmodule, die sich die Studierenden nach ihren jeweiligen beruflichen Weiterbildungswünschen aussuchen können.

Zusätzliche individuelle Lernunterstützung für Studierende mit besonderen Bedürfnissen wird durch die universitären Verfahrensstandards[69] gewährleistet.

---

[69] *Dazu gehören Standards wie Barrierefreiheit für Studierende mit körperlichen Beeinträchtigungen, Kinder- und Familienfreundlichkeit, Unterstützung für Studierende mit Englisch als Zweitsprache etc. (Anm. d. Hrsg.).*

Teamentwicklung

In Studiengängen, deren Zielgruppe bereits über Berufserfahrung verfügt, rückt der Aspekt Teamentwicklung stärker in den Mittelpunkt. Dieser umfasst einführende Veranstaltungen wie auch studentische Gruppen- und Partnerarbeit, wobei häufig die Erwartung besteht, dass die Studierenden derartige Formen der Zusammenarbeit ohne Unterstützung selbst organisieren können. Akademische Lehrkräfte müssen sich die entscheidende Frage stellen, ob sie ihre Seminargruppen bzw. Studierenden überhaupt oft genug sehen und sich intensiv genug auf sie einlassen.

Wir wissen zwar, wer Woche für Woche mit wem zusammensitzt, aber wie gut es uns gelingt, mit allen Studierenden in Kontakt zu treten und sie alle bei der Auseinandersetzung miteinander zu unterstützen, müssen wir jeweils für uns selbst klären. Da viele der Lehrenden große Kohorten von Studierenden betreuen, darunter viele Teilzeitstudierende, und für jedes Modul andere Lehrkräfte verantwortlich sind, ist es nicht leicht, alle Studierenden zu kennen und zu erkennen, welche Teamentwicklungsstrategien benötigt werden.

In den Bachelorstudiengängen *Childhood Practice* und *Education and Social Services* ist Teamentwicklung ein wiederkehrendes und programmatisch fest verankertes Thema. Im *BA in Education and Social Services* gibt es spezielle, in den Studienablaufplan eingebettete „Teamtage" und Teamentwicklungsaktivitäten (z. B. Fallschirmspiele, Turmbauspiele und Gruppenorientierungsläufe). Lehr- und Lernziel ist, dass die Studierenden ein Verständnis dafür entwickeln, wie Einzelpersonen zusammengebracht und ihre individuellen Fähigkeiten und Qualitäten so aufeinander abgestimmt werden können, dass sie als ein größeres Ganzes agieren. Besondere Aufmerksamkeit gilt den Führungs- und Leitungsfunktionen in multidisziplinären Teams.

Integration von Theorie und Praxis

Hier seien die Worte eines Dozenten zitiert: „Meiner Erfahrung nach wird Theorie so gut wie nie gelehrt, ohne dabei auch sinnvolle Bezüge zur beruflichen Praxis der Studierenden herzustellen. Das kann von den Studierenden selbst ausgehen, wenn sie die bei Kindern gemachten Beobachtungen oder auch politische Initiativen, berufliche Rollen und Verantwortlichkeiten, Führungsstile und pädagogische Konzepte aus einer theoretischen Perspektive reflektieren und beurteilen. Theoretische Perspektiven werden berücksichtigt, indem wir verschiedenste Instrumente (z. B. Fallstudien, Theaterworkshops, Videofilme, Rezensionen aus Fachzeitschriften) in einer Weise einsetzen, die hoffentlich die professionelle Reflexion befördert und vertieft."

Beispiele für innovative Ansätze

Kooperative Gruppenarbeit und problembasiertes Lernen sind in unserer Lehrpraxis recht gängige Konzepte, die aber in anderen Bereichen immer noch als innovativ gelten könnten.

In einem der Bachelorstudiengänge in *Childhood Practice* haben die Studierenden ihre eigenen Lerngemeinschaften gebildet, in deren Rahmen sie sich gegenseitig im Studium unterstützen, aber auch politische Entwicklungen und andere Fragen, die ihren Wohnort oder Arbeitsbereich betreffen, miteinander diskutieren. Dass Studierende für die verschiedensten Kontexte frühkindlicher Bildung und Betreuung, in denen sie selbst beschäftigt sind, gemeinsam Praxisbeobachtungen planen, durchführen und reflektieren, ist ein neuer Ansatz. Dieser erfordert ein hohes Maß an Koordination unter den Studierenden sowie Verhandlungen und Absprachen mit ihren öffentlichen und privaten Arbeitgebern. Die Strategie erweist sich als ein sehr effektives Mittel, um in den parallel laufenden Lehrveranstaltungen Bezüge zwischen aktueller Forschung, Theorie und Praxis aufzuzeigen.

In einem Studiengang zum *Bachelor of Education* wurde eine studentisch geleitete Lernkonferenz zu selbst gewählten Themen abgehalten. Die Lehrenden waren eingeladen, thematische Beiträge einzubringen und auf Augenhöhe mit den Studierenden zu diskutieren.

In einer Mitarbeiterteamsitzung desselben Studiengangs schlug eine Dozentin Podiumsdiskussionen unter Mitwirkung von Fachleuten aus Wissenschaft, Forschung und Praxis vor. Die Studierenden sollten die Gelegenheit bekommen, gemeinsam Schlüsselfragen zu ausgewählten Themen zu erarbeiten. Während der Podiumsdiskussion sollten die Studierenden im Publikum per SMS Fragen schicken, die direkt auf die Leinwand des Konferenzsaals projiziert werden.

Forschungs- und Diskursorientierung

Die eigene wissenschaftliche Tätigkeit der Lehrenden hat unmittelbaren Einfluss auf den Forschungsbezug von Lehre und Lernen. Die Module „Aktuelle Fragstellungen" und „Studienarbeit" bieten den Studierenden reichlich Gelegenheit, Forschungsinteressen nachzugehen, die für ihre berufspraktischen Lernbedürfnisse relevant sind. Bei Bedarf können auch Kurse belegt werden, die bestimmte Schlüsselkompetenzen vermitteln, wie zum Beispiel Arbeits- und Studiertechniken (im Modul „Effektives Lernen und Kommunizieren").

Manche Prüfungsverfahren binden die Studierenden in eine Art Peer-Review-Prozess ein oder erfordern ihre Zusammenarbeit im Rahmen von Gruppenpräsentationen. Mitunter gibt es Wahlmöglichkeiten zwischen bestimmten Prüfungsformen – zum Beispiel durch Präsentationen, alternative Medien, Bewertung durch Mitstudierende oder eine klassische Klausur –, und die Studierenden können selbst entscheiden, wie sie den Leistungsnachweis für ein Modul erbringen wollen.

Derzeit läuft ein Modellversuch, die Sichtweisen von Eltern und Familien in Planung und Evaluation des Bachelorstudiengangs *Childhood Practice* miteinzubeziehen. Im Studiengang *Education and Social Services* werden Rückmeldungen von Nutzerinnen und Nutzern sozialer Dienste bei der Programmplanung berücksichtigt. Eine kürzlich unter Studierenden und Eltern durchgeführte Umfrage wird im folgenden Abschnitt diskutiert.

Programmevaluation

An schottischen Universitäten und Colleges ist die Evaluation von Studiengängen Routine. Berufsbildende Einrichtungen, an denen die *Scottish Vocational Qualifications* (SVQs) erworben werden können, nehmen ebenfalls an einem kontinuierlichen Evaluationsverfahren teil. Am Ende jeder Studieneinheit, d.h. bei Abschluss eines Moduls oder zusammengehöriger Kurse, werden die Studierenden gebeten, einen Evaluationsbogen auszufüllen. Da der Erfolg jedes Studiengangs vom Engagement beider Seiten abhängt, wird ihnen womöglich auch die Frage gestellt, in welchem Maß sie ihrer Ansicht nach selbst zum Erfolg des Moduls oder Kurses beigetragen haben. Bei neu eingeführten Programmen bzw. Programmteilen gilt das erste Jahr üblicherweise als Pilotphase und der Evaluationsprozess ist daher wesentlich umfangreicher.

Im Blended-Learning-Studiengang *Early Years Teacher Specialism* tauschen sich die Studierenden online über ihre laufenden Reflexions- und Entwicklungsprozesse aus; die Lehrenden nehmen an zwei Übungsrunden teil, in denen sie mittels Nominalgruppentechnik (Lomax & McLeman 1984; Kennedy & Clinton 2009) die Dozentenrolle in einem derartigen Studiengang reflektieren und sich damit auseinandersetzen, wie sich die Lehrtätigkeit im Programm auf ihre eigene Lehrpraxis auswirkt. Die virtuelle Lernumgebung registriert alle Aktivitäten und protokolliert Teilnahme, Zugriffe auf Vorlesungen per Videostream, hochgeladene studentische Arbeiten sowie jede Online-Diskussion zwischen Studierenden bzw. zwischen Lehrenden und ihren Studierenden. So entsteht eine enorme Datenmenge – und die Aktivitäten jedes einzelnen Lehrenden oder Studierenden werden kontrollierbar. Das Evaluationsverfahren ist in die Lernumgebung integriert und die ethischen Aspekte der Nutzung wurden mit allen Studierenden diskutiert. Im Gegenzug stimmten diese zu, dass von ihnen eingestellte Materialien für die Weiterentwicklung des Programms verwendet werden dürfen (Dunlop et al. 2010, 2011).

An der Universität Edinburgh organisieren Studierende des Bachelorprogramms *Childhood Practice* ihre eigene Studienabschlusskonferenz, auf der sie präsentieren, was sie im Studium gelernt haben. Als Fachkräfte aus der Praxis sind sie durchweg vollzeitberufstätig und studieren begleitend dazu. Das Öffentlichmachen des eigenen Lern- und Erfahrungsprozesses ist ein sehr wirksames Instrument zur Selbstevaluation und schafft Vertrauen in die eigenen Fähigkeiten. Gleichzeitig können die Studierenden ihren Lernerfolg feiern.

Der Bachelor in *Childhood Practice* ist Teil eines umfassenderen Professionalisierungsprozesses im Bereich Frühe Kindheit (0–8). Dieser Tatsache sind sich die Programmverantwortlichen aller sieben schottischen Universitäten, die den Abschluss vergeben, ebenso bewusst wie auch der Tatsache, dass mehr darüber in Erfahrung gebracht werden muss, was die Studierenden an ihrem Studienangebot schätzen. Daher willigten die Programmverantwortlichen in eine Evaluationsumfrage unter ihren derzeitigen Studentinnen und Studenten ein. Im Fall der Universität Strathclyde wurden insgesamt 200 Studierende gebeten, den Fragebogen auszufüllen. Die überwältigende Mehrheit der studierenden Fachkräfte aus Einrichtungen für Kinder gab an, jetzt selbstbewusster und kompetenter die Aspekte ansprechen zu können, auf die es ankommt (Martlew 2012). Die Antworten zu den thematischen Komplexen des Fragebogens sind in der Tabelle zusammengefasst:

Beispiele für die Auswirkung des Studiums auf die Praxis am Arbeitsplatz	**Beispiele für die Auswirkung des Studiums auf meine persönliche/berufliche Praxis**
– Besseres Verständnis kindlicher Entwicklung und kindlichen Lernens – Erkenntnisse, wie Bedürfnissen und Interessen entsprochen werden kann – Veränderter Umgang mit den Kindern – Bessere Gestaltung des Übergangs in die Schule – Bessere Elternarbeit – Verstärkte Nutzung reflexiver Selbstevaluation zur Verbesserung des Praxishandelns – Besseres Führungs- und Leitungshandeln – Kooperativeres Handeln	– Besseres Verständnis der Theorie und ihrer Praxisbezüge – Mehr Sicherheit beim Hinterfragen von Praxishandeln – Mehr professionelles Selbstvertrauen, Wissen im Kollegenkreis zu teilen – Mehr Vertrauen in die eigene Führungskompetenz **Persönliches Selbstvertrauen** – Sicherheit bei der Zusammenarbeit mit Eltern – Sicherheit und Aufgeschlossenheit im Umgang mit Theorie – Sicherheit bei Führungs- und Leitungshandeln – Mehr Selbstvertrauen und Selbstreflexion

Hier einige wörtliche Zitate aus den Kommentaren der Studierenden:

„An meinem Arbeitsplatz haben die Kinderrechte großen Einfluss darauf, unser Konzept einer ‚Kinderrechte respektierenden Schule' zu verbessern. Das ist ein Thema, für das sich hier eingesetzt wird, und durch die Teilnahme an diesem Modul habe ich verstanden, dass es wichtig ist und konnte mein neues Wissen mit meinen Kolleginnen und Kollegen teilen."

„Als unmittelbares Ergebnis meiner kleinen quantitativen Studie zur Zusammenarbeit mit Eltern fühlte ich mich darin bestärkt, vertrauensvolle Beziehungen zu Eltern, Kindern und im Kollegenkreis aufzubauen und engagiere mich jetzt dafür, die partnerschaftliche Zusammenarbeit mit den Eltern weiter voranzubringen."

„Es hilft mir, eine besser reflektierende Fachkraft zu werden, die die derzeitige Praxis analysiert und sich um Verbesserung bemüht, sei es bei der Umsetzung des Curriculums, der konzeptionellen Planung oder der Umsetzung von Initiativen, wie zum Beispiel die Fortschritte der Kinder zu dokumentieren."

Die Eltern wurden ebenfalls nach ihrer Meinung zur Ausbildung des Personals befragt – insgesamt schienen sie davon überzeugt, dass die Fachkräfte gute Arbeit leisten.

In den Aussagen der Beteiligten kommt eine Bereitschaft zur Selbstevaluation zum Ausdruck, die eine der tragenden Säulen des im schottischen Elementar- und Primarbereich herrschenden Ethos ist. Alle Einrichtungskontexte unterliegen der externen Kontrolle seitens der staatlichen Bildungsaufsicht *Her Majesty's Inspectorate of Education* (inzwischen Teil von *Education Scotland*) und des *Care Inspectorate*, der Aufsichtsstelle für soziale Dienstleister. Im Vorfeld der jeweiligen Inspektionsbesuche unterziehen sich die Einrichtungen einem Prozess der Selbstevaluation.

11.3 Ausbildungsgänge für die Arbeit im Bereich „Frühe Kindheit" im Vergleich: 1990 – 2000 – 2010

Noch bis in die späten 1980er und frühen 1990er Jahre konnten pädagogische Fachkräfte praxisbasierte Zusatzqualifikationen erwerben, die ihnen ein tieferes Verständnis und angemessene fachliche Kompetenzen für die Arbeit mit den jüngsten Kindern vermittelten. Die Qualifikationen für pädagogische Arbeit im Elementarbereich mit Klein- und Kleinstkindern *(Nursery Teaching Qualification/Infant Teaching Qualification)* wurden von den meisten Lehrerbildungseinrichtungen in Schottland sowohl im Vollzeit- als auch im Teilzeitstudium angeboten. Lehrende aus der Hochschule besuchten ihre Studierenden direkt am Arbeitsplatz, beobachteten sie in der Praxis und unterstützten die Entwicklung der Fähigkeiten, auf die es bei der Arbeit mit Kindern dieser Altersgruppe ankommt.

Eine der wesentlichen Veränderungen besteht nun darin, dass die Spezialisierung auf frühkindliche Bildung inzwischen nicht mehr als praxisbasierte Zusatzqualifikation erworben wird, sondern in Form von Hochschulabschlüssen. Das Argument dafür lautete, die Lehrererstausbildung vermittle bereits ein solides Fundament an Lehr- und Lernkonzepten und ermögliche die Registrierung als pädagogische Fachkraft, daher solle die pädagogische Arbeit selbst nicht nochmals an Ort und Stelle überprüft werden. Reflektierten die Fachkräfte hingegen ihre pädagogische Praxis, so eröffne dies Einblicke in ihr Spezialistenwissen und -können, ihr fachliches Verständnis und ihre Werte. Daher wird in allen postgradualen Studiengängen erwartet, dass die Studierenden in ihren schriftlichen Arbeiten Belege für die konkreten Auswirkungen ihres Studiums auf die Praxis liefern.

Nach der Neueinrichtung des schottischen Parlaments im Zuge der verstärkten politischen Devolution[70] standen vom Jahr 2000 an viele unserer nationalen Institutionen auf dem Prüfstand. Seither wurde eine Reihe wegweisender Entscheidungen auf den Weg gebracht, die das Leben und die Bildung unserer Kinder wie auch die Ausbildung, Registrierung und berufliche Praxis der in Kinder- und Bildungseinrichtungen tätigen Fachkräfte betreffen. Im Laufe dieses und der folgenden Jahre traten mehrere neue Gesetze in Kraft, die die Initiativen weiter vorantreiben und ihre Realisierung gewährleisten sollen.

Die neuen Vergleichsstandards für die Lehrererstausbildung *(Benchmark Standards for Initial Teacher Education)* wurden im Jahr 2000 veröffentlicht, die Standards für staatlich anerkannte Lehrkräfte *(Standard for Chartered Teachers)* im Jahr 2002. Eine von der damaligen Regierung initiierte „Nationale Bildungsdebatte" bot schottischen Bürgerinnen und Bürgern von März bis Juni 2002 ein Forum für ihre Ansichten zu unserem Bildungssystem. Die im Rahmen von über 800 öffentlichen Diskussionsveranstaltungen an Schulen und anderen Bildungseinrichtungen sowie über eine eigens eingerichtete Telefonhotline und eine Internetseite des Bildungsministeriums gesammelten Meinungsäußerungen wurden anschließend ausgewertet, und im Januar 2003 wurde eine Zusammenfassung der wichtigsten Forderungen veröffentlicht (http://www.scotland.gov.uk/News/Releases/2003/01/3009). Im Zuge dessen verkündete die Regierung ihre bildungspolitischen Prioritäten als Zeichen für ein neues Denken, welches das schottische Schulsystem im 21. Jahrhundert leiten sollte. Folgende zentrale Handlungsfelder wurden identifiziert:

- Kleinere Klassen in entscheidenden Phasen des Bildungsweges
- Vereinfachte Prüfungsverfahren
- Überarbeitung des schulischen Curriculums
- Bessere Elterninformation
- Mehr Budgetautonomie für Schulleitungen

Dies wiederum zog Veränderungen in der Aus- und Weiterbildung pädagogischer Fachkräfte nach sich. Das 2001 veröffentlichte Regierungsdokument *A Teaching Profession for the 21st Century* (Scottish Executive 2001) führt die Vereinbarungen aus, die auf Grundlage der im sogenannten McCrone-Bericht[71] ausgesprochenen Empfehlungen mit Lehrervertretungen getroffen wurden. Die Vereinbarungen beinhalteten eine Reform der Laufbahnstruktur, legten Unterrichtsdeputate und Stundenumfänge für Unterrichtsvorbereitung wie auch für berufliche Weiterbildung fest und sprachen sich für ein System der zertifizierten Weiterbildung aus, das vorzugsweise in zwei Richtungen zu entwickeln sei: das *Chartered Teacher Scheme* für Pädagoginnen und Pädagogen, die weiterhin unmittelbar pädagogisch tätig sein wollen, und das Programm *Scottish Qualification for Headship* für all jene, die eine Leitungsfunktion anstreben. Beide neuen Qualifizierungspfade sollten zu Abschlüssen auf Masterniveau führen und GTCS-registrierten pädagogischen Fachkräften aus Elementar-, Primar- und Sekundarstufe offenstehen. Damit verbunden war auch eine neue Gehaltsstruktur für pädagogische Fachkräfte.

---

[70] *Seit Mai 1999 verfügt Schottland erstmals seit der 1707 erfolgten Vereinigung der Königreiche England und Schottland wieder über ein eigenes Parlament. Im Rahmen des Devolutionsprozesses traten das britische Parlament bzw. die britische Zentralregierung die Zuständigkeiten u. a. für Bildung, Gesundheit und Soziales an das schottische Parlament ab (Anm. d. Hrsg.).*

[71] *Eine von der Regierung beauftragte Kommission unter Vorsitz von Prof. Gavin McCrone untersuchte 1999/2000 die Arbeitsbedingungen im Bildungswesen, insbesondere die Beschäftigungssituation, Bezahlung und Karriereoptionen der Lehrkräfte an staatlichen Schulen. Der Abschlussbericht der Kommission (Scottish Executive 2000) wird kurz als McCrone Report bezeichnet (Anm. d. Hrsg.).*

Seit seinem erstmaligen Inkrafttreten in den 1990er Jahren stellt das landesweit geltende schulische Rahmencurriculum einen wesentlichen Einflussfaktor auf die Lehrererstausbildung in Schottland dar. Curriculare Vorgaben für die pädagogische Arbeit im vorschulischen Bereich folgten in den späten 1990er Jahren und haben mittlerweile ebenfalls Auswirkungen auf die Gestaltung der Pädagogikstudiengänge. Allerdings war der Abschluss *Bachelor of Education* schon seit langem auf die Erfüllung der Anforderungen für die Erstregistrierung als pädagogische Fachkraft ausgerichtet, sodass sich die Ausbildungsprogramme insgesamt durch eine gewisse Beständigkeit auszeichneten. Zwar gelten für die Erstregistrierung überall in Schottland dieselben Kompetenzstandards; dies bedeutet jedoch nicht, dass die Studiengänge der einzelnen Universitäten durchweg gleich waren oder nie überarbeitet wurden. Alle universitären Studienangebote unterliegen einer regelmäßigen internen Bewertung und, sofern größere Modifizierungen geplant sind, auch externen Überprüfungsverfahren. An der Universität Strathclyde war dies zum Beispiel der Fall, als die Graduiertenprogramme zum *Professional Graduate Diploma* in Primar- und Sekundarpädagogik harmonisiert wurden.

Während der letzten zehn Jahre begann die 2003 erfolgte Änderung des Schulgesetzes ihre Wirkung zu zeitigen, denn nach Aufhebung des Paragrafen, der die Beschäftigung einer pädagogisch qualifizierten Vollzeitkraft in jeder Vorschuleinrichtung vorschrieb (Schools Scotland Code 1956 (2003) Item 2a), sehen sich nicht mehr alle örtlichen Bildungsbehörden gehalten, dies auch weiterhin zu gewährleisten. Es ist zunehmend üblich, dass eine frühpädagogische Fachkraft von mehreren Einrichtungen jeweils auf Stunden- oder Tagesbasis „gebucht" wird, und neuere Untersuchungen (Dunlop 2008b) legen nahe, dass die betroffenen Fachkräfte zwar den Eindruck haben, mit Blick auf die Bildung der Kinder eine zentrale Rolle zugewiesen zu bekommen, aber nicht notwendigerweise auch eine Führungsrolle im jeweiligen Team oder gar im Gesamtspektrum frühkindlicher Bildung und Betreuung.

Gleichzeitig wurde massiv in die berufliche Weiterbildung der nicht-pädagogischen Fachkräfte investiert, die seit Einführung des *Bachelor of Arts in Childhood Practice* ihre bislang übliche zweijährige Ausbildung mit *Higher National Certificate* zu einem akademischen Abschluss aufwerten können. Neue Registrierungsanforderungen, die von allen Leitungs- und Führungskräften eine entsprechende Qualifikation verlangen, verleihen dieser Entwicklung eine zusätzliche Dynamik.

Fachkräfte mit den beschriebenen, für Schottland typischen pädagogischen und nicht-pädagogischen Qualifikationen stellen auch weiterhin die tragende Säule der Arbeit mit Kindern zwischen null und sechs Jahren dar. Gleichwohl befindet sich das gesamte Feld in einem Prozess des Wandels, begleitet von Debatten über eine neue Professionalität im Bereich der frühen Kindheit und das von *Children in Scotland*[72] propagierte Konzept des „schottischen Pädagogen"[73] (Children in Scotland 2008).

---

[72] *Children in Scotland ist ein 1983 gegründeter gemeinnütziger Dachverband von mittlerweile über 400 Organisationen, die sich für die Belange schottischer Kinder und Familien einsetzen bzw. mit Kindern und ihren Familien arbeiten (http://www.childreninscotland.org.uk).*

[73] *Das von Children in Scotland entwickelte Konzept einer Scottish Pedagogy plädiert für ein weiter gefasstes Verständnis pädagogischer Tätigkeit, das über den Unterrichtsgedanken – wie er in den Begriffen teacher/teaching steckt – hinausgeht. Unter explizitem Verweis auf die Verwendung des Begriffes „Pädagogik" in anderen europäischen Ländern wird eine als „pedagogues" zu bezeichnende Berufsgruppe vorgeschlagen, die auf alle Altersgruppen von 0–18 spezialisiert sein kann, z. B. auf Elementarpädagogik, aber auch auf die außerschulische Arbeit mit Kindern und Jugendlichen (Freizeitpädagogik/Sozialpädagogik) oder die nicht genuin unterrichtliche Arbeit in allen Schulstufen (Children in Scotland 2008).*

Im Januar 2011 legte Graham Donaldson mit *Teaching for Scotland's Future* den Abschlussbericht seiner im Auftrag der schottischen Regierung erstellten Bestandsaufname pädagogischer Aus- und Weiterbildungsgänge vor. Der Bericht, der vom Zugang zur Lehrererstausbildung bis hin zu Weiterbildungsmöglichkeiten für berufserfahrene Fach- und Leitungskräfte alle Aspekte der Lehrerbildung berücksichtigt, macht insgesamt 50 Verbesserungsvorschläge, darunter die nachdrückliche Empfehlung, pädagogische Fachkräfte auf Masterniveau zu qualifizieren und zur Forschung zu befähigen *(Teachers as Researchers)*. Die schottische Regierung reagierte darauf mit *Continuing to Build Excellence in Teaching* (Scottish Government 2011c), einem Strategiepapier mit stark erziehungswissenschaftlicher Akzentsetzung.

In *Teaching for Scotland's Future* (2011) führt Graham Donaldson aus, dass eine radikale Reform des Curriculums auch nach Konsequenzen im Bereich der Lehrerbildung verlangt: „Angesichts der umfassenden und überzeugenden Belege aus dem In- und Ausland steht eindeutig fest, dass die Qualität des pädagogischen Personals und seiner Führungskräfte die maßgeblichen Einflussgrößen für exzellente Bildung sind. Die vorliegende Studie thematisiert beide Faktoren unter dem Blickwinkel einer sich über die gesamte berufliche Laufbahn erstreckenden Lehrerbildung" (Donaldson 2011, S. 82).

Ausführlich beschrieben und diskutiert wird das schottische Bildungswesen in der Buchreihe *Scottish Education* (Bryce & Humes 1999, 2003, 2008), deren vierte Auflage derzeit in Vorbereitung ist. Die dritte Auflage – mit dem Untertitel *Beyond Devolution* – enthält ein Kapitel zu frühkindlicher Bildung und Betreuung (Dunlop 2008c) und eines zu Bildung in der frühen Kindheit, Vorschule und Schule (Hughes 2008).

12. Qualifikationen im Vergleich: Schottland und das übrige Europa

Als kleine Inselnation ist Schottland oftmals geneigt, Entwicklungen im Bildungswesen jenen in England und anderen europäischen Nachbarländern vergleichend gegenüberzustellen. In jüngster Zeit – d.h. seit die von der *Scottish Nationalist Party* geführte Regierung im Amt ist – führte das Streben nach Unabhängigkeit dazu, den Blick verstärkt darauf zu richten, wie andere kleine Nationen frühkindliche Bildung und Betreuung im Rahmen ihrer Bildungs- und Sozialpolitik fördern. Besonderes Interesse gilt hierbei den nordischen Ländern. Unser neues *Curriculum for Excellence 3–18* behandelt in den Abschnitten zu frühkindlicher Bildung *(Early Level)* die bislang getrennten Handlungsfelder Elementar- und Primarbereich übergreifend, will sie stärker miteinander verzahnen und die negativen Auswirkungen überformalisierter Lehr-Lern-Konzepte auf die jüngsten Kinder abmildern.

Ein entscheidender Unterschied zwischen Schottland und den meisten anderen Ländern Europas ist das Schuleintrittsalter. Schottische Kinder werden üblicherweise im Alter zwischen viereinhalb und fünfeinhalb Jahren eingeschult. Ein weiterer Unterschied liegt in der Tradition, Primarschullehrkräfte für die Arbeit mit Kindern zwischen drei und zwölf Jahren zu qualifizieren und ihnen nach Abschluss dieser Erstausbildung sektor- bzw. altersgruppenspezifische postgraduale Spezialisierungspfade zu eröffnen, sodass frühkindliche Bildung in Schottland bisher immer unter der Leitung einer dergestalt ausgebildeten pädagogischen Fachkraft stand. Durch die zusätzliche Beschäftigung von Assistenzkräften mit zweijähriger Ausbildung und Qualifikationen wie dem Zertifikat in Kinderpflege *(Scottish Nursery Nurses Certificate)* war zudem ein guter Betreuungsschlüssel gewährleistet. Mit der Einführung akademischer Anschlussqualifikationen für die bisherigen Assistenzkräfte hat sich dieses Bild grundlegend gewandelt. Das fachliche Können vieler erfahrener, aber formal niedriger qualifizierter Kräfte wurde so endlich anerkannt, und die neuen Bachelorstudiengänge befördern berufliche Weiterentwicklung ebenso wie das mit der Registrierung verbundene Modell der drei Laufbahnstufen. Die europaweit zu beobachtenden Maßnahmen zur Schaffung einer akademisch qualifizierten Fachkräfteschaft im Elementarbereich stimmen zuversichtlich, dass Kinder zukünftig besser zu ihrem Recht kommen und die Trennlinien zwischen frühkindlicher Bildung und Kinderbetreuung langsam aber sicher verschwinden werden.

Die Pionierarbeit der Kindergarten- und Spielgruppenbewegungen, welche ursprünglich aus einem Mangel an Betreuungsplätzen entstanden sind, ist kein speziell schottisches Phänomen – aber in Schottland stießen die Stimmen, die beharrlich auf die entscheidende Bedeutung der frühen Lebensjahre hinwiesen, während der vergangenen Jahrzehnte auf so große Resonanz, dass heute alle Drei- und Vierjährigen Anspruch auf einen kostenlosen Platz in einer Elementareinrichtung haben. Diese Ausweitung des Angebots erzeugte im Gegenzug den Druck, die Angebotsqualität zu steigern, was wiederum nur durch besser qualifiziertes Personal zu leisten ist. Hier könnte auch eingewendet werden, dass Schottland bei den Bildungs- und Betreuungsangeboten für Kinder unter drei Jahren im europäischen Vergleich immer noch zurückliegt.

Condie et al. (2009) untersuchten die Weiterbildungsbedarfe und -bedürfnisse von Fachkräften, die in schottischen Elementareinrichtungen mit Kindern unter drei Jahren arbeiten. Der Forschungsschwerpunkt lag zwar erklärtermaßen auf beruflicher Weiterbildung, aber die äußerst umfassende Studie thematisiert auch die Eingangsqualifikationen und hinterfragt ihre Angemessenheit hinsichtlich der Vorbereitung auf die Arbeit mit Unter-Dreijährigen. Als besonders problematisch hervorgehoben wird hier, dass berufsvorbereitende Programme die Entwicklungsbedürfnisse unter dreijähriger Kinder nicht als eigenständigen Studieninhalt vorsehen und es an Praktikumsplätzen für Erfahrungsmöglichkeiten speziell mit dieser Altersgruppe mangelt. Die Forscherinnengruppe um Condie kam zu dem Schluss, dass die inhaltliche Ausgestaltung der Ausbildungsgänge derzeit nicht den nationalen Prioritäten und Vorgaben für die Personalentwicklung im Elementarbereich entspricht, wie sie in den *Standards for Childhood Practice* von 2007 und im *Early Years Framework* von 2008 formuliert wurden.

So lautet ihre Empfehlung, diese Prioritätensetzung bei einer Überarbeitung der derzeit existierenden Qualifizierungsprogramme in vollem Umgang zu berücksichtigen. Insbesondere müsse die Arbeit mit Kindern unter drei Jahren als eigenständiger Schwerpunkt anerkannt und einschließlich entsprechender Praktika zu einem Pflichtbestandteil der Ausbildung werden. Zudem sollte ein Anerkennungsjahr in Erwägung gezogen werden, analog der Probezeit für frisch qualifizierte pädagogische Fachkräfte, die für den Erwerb der Registrierung Erfahrungen mit allen Altersgruppen sammeln müssen (Condie, Seagraves, Fee & Henry 2009).

Genau hier müssen die Stärken unserer nicht-pädagogischen Fachkräfte im Elementarbereich weiter ausgebaut werden, und es könnte vieles für das Konzept des „schottischen Pädagogen" (Children in Scotland 2008) sprechen. Unsere neue nationale Richtlinie *Pre-Birth to Three National Guidance* fördert positive Ergebnisse für Schottlands Kinder und Familien; in diesem Kontext repräsentiert die qualifizierte Arbeit mit den Jüngsten ein eigenständiges Fachgebiet. Schottland hat zwar mittlerweile adäquate politische Vorgaben und Regelungen auf den Weg gebracht, aber es herrscht immer noch die Tendenz, gerade für die jüngsten Kinder das am geringsten qualifizierte Personal zu beschäftigen – dies müssen wir ändern.

Zwischen dem *Scottish Credit and Qualifications Framework* und den Qualifikationsrahmen anderer europäischer Länder bestehen große Gemeinsamkeiten. In Schottland wie auch anderswo in Europa zeigen sich deutliche Bestrebungen, im Elementarbereich das höchstmögliche

Qualifikationsniveau zu fordern und dem Tätigkeitsfeld angemessene Führungskompetenzen zu entwickeln. Dabei wird die Wichtigkeit der familiären Erfahrungswelt anerkannt (Melhuish 2010), ebenso bietet das anhaltende Armuts- und Leistungsgefälle, das soziale Ungleichheit zementiert, auch weiterhin Grund zur Sorge.

13. Abschließende Überlegungen

Wie der Beitrag zeigte, ist die schottische Ausbildungslandschaft im Bereich frühkindlicher Bildung und Betreuung ausgesprochen facettenreich. Es gibt nicht-pädagogische Ausbildungsgänge (z. B. in *Childhood Practice* oder sozialer Arbeit), eine integrierte Qualifikation für die vorschulische und schulische pädagogische Arbeit mit Kindern zwischen drei und zwölf Jahren, generalistisch angelegte Programme wie auch Spezialisierungspfade und ganz neue Ausbildungs- und Berufskonzepte wie das des „schottischen Pädagogen" sowie verschiedene Richtlinien bzw. curriculare Vorgaben für die Arbeit mit Kindern unter drei Jahren *(Pre-Birth to Three)* und über drei Jahren *(Curriculum for Excellence 3–18)*. Diskutiert wurden integrierte Ausbildungskonzepte und interprofessionelle Zusammenarbeit und die bildungs- bzw. sozialpolitischen Zielsetzungen frühkindlicher Bildung und Betreuung wie Armutsbekämpfung und Vermittlung von Schlüsselkompetenzen.

Die Tätigkeitsfelder Elementarbereich und untere Primarstufe sind aufs Engste miteinander verflochten. Die Ausbildung aller nicht-pädagogischen Fach- und Leitungskräfte für Einrichtungen für Kinder folgt in Schottland einem einheitlichen Konzept, ist aber bislang nicht mit den dezidiert pädagogischen Ausbildungsgängen vernetzt. Den aktuellen Bestrebungen zur Schaffung gemeinsamer Masterstudiengänge für SSSC-registrierte nicht-pädagogische Fachkräfte (*Childhood Practitioners*) und GTCS-registrierte pädagogische Fachkräfte (*Teachers*) kommt daher große Bedeutung zu.

Wie Bennett (2008) ausführt, birgt ein zweigliedriges System gewisse Risiken: Zwar setzt unser Regulierungs- und Aufsichtssystem für alle Formen frühkindlicher Bildung und Betreuung einheitliche Maßstäbe, aber Bildung und Ausbildung allein können soziales Elend nicht beheben bzw. haben dies bisher nicht zu leisten vermocht, sodass die schottische Regierung auch weiterhin Maßnahmen gegen soziale Benachteiligung und Bildungsnachteile ergreifen wird.

Hierzu gehören Kinder- und Bildungseinrichtungen mit durchweg angemessen qualifizierten Mitarbeiterinnen und Mitarbeitern. Sowohl die Eingangsqualifikationen als auch die kontinuierliche berufliche Weiterbildung der Beschäftigten müssen auf der Agenda frühkindlicher Bildung und Betreuung bleiben.

Literatur

Bennett, J. (2008, rev. 2011). Early childhood education and care systems: Issue of tradition and governance. Encyclopedia on Early Childhood Development – Online. Retrieved September 18, 2013, from http://www.child-encyclopedia.com/documents/BennettANGxp2.pdf.

Bryce, T. G. K. & Humes, W. M. (Eds.). (1999). Scottish education. Edinburgh: Edinburgh University Press.

Bryce, T. G. K. & Humes, W. M. (Eds.). (2003). Scottish education: Post-devolution. (2nd ed.). Edinburgh: Edinburgh University Press.

Bryce, T. G. K. & Humes, W. M. (Eds.). (2008). Scottish education: Beyond devolution. (3rd ed.). Edinburgh: Edinburgh University Press.

Children in Scotland (2008). Explaining a scottish pedagogy model. Edinburgh: Children in Scotland. Retrieved September 18, 2013, from http://www.childreninscotland.org.uk/docs/pubs/ScottishPedagogyFAQ.pdf.

Children in Scotland (2010). Working it out: Exploring the benefits of danish pedagogy. Retrieved September 18, 2013, from http://www.childreninscotland.org.uk/docs/Denmarkworkforcev8alt_002.pdf.

Children in Scotland (2011). Early childhood education and care: Developing a fully integrated early years system: A special report (No. 2: September 2011). Retrieved September 18, 2013, from http://www.childreninscotland.org.uk/docs/CIS_ECECSpecialReport2_001.pdf.

Condie, R., Seagraves, L., Fee, J. & Henry, J. (2009). CPD and working with children of under 3 years: Final research report. Retrieved September 18, 2013, from http://www.educationscotland.gov.uk/Images/CPDFinal_tcm4-633773.pdf.

Donaldson, G. (2011). Teaching. Scotland's future: Report of a review of teacher education in Scotland. Retrieved September 18, 2013, from http://www.scotland.gov.uk/Resource/Doc/337626/0110852.pdfEdinburgh: The Scottish Government.

Dunlop, A.-W. (2008a). To see ourselves as others see us: Visit reflections from European Masters in early childhood education and care (EMEC) partner students from Norway, Sweden and Germany. Early Years Matters, 14, 14–15.

Dunlop, A.-W. (2008b). Early education and childcare. In T.G K. Bryce & W. M. Humes (Eds.), Scottish education: Beyond devolution (3rd ed., pp. 295–305). Edinburgh: Edinburgh University Press.

Dunlop, A.-W. (2008c). A Literature Review on Leadership in the Early Years. Glasgow: Learning and Teaching Scotland.

Dunlop, A.-W. (2009). Beyond a graduate workforce: Developing a European Masters in Early Childhood. Retrieved September 18, 2013, from http://www.childreninscotland.org.uk/docs/about%20us/WorkforceIssue4Finalspreadslo.pdf.

Dunlop, A.-W. (2012). Design and organisation of the transition from kindergarten to elementary school and the integration of this theme in (university degree) training in Scotland. Paper presented at Forum Bildung U10, July 6, 2012, University of Hildesheim.

Dunlop, A.-W., Henry, J., Martlew, J. & Wilson, M. (2010). New early years teacher specialism. Early Years Matters, 18, 12–13.

Dunlop, A.-W., Seagraves, L., Henderson, S., Fee, J., Henry, J. & Martlew, J. (2010). Report of a policy-based functional analysis of the children's workforce. Edinburgh: The Scottish Government.

Dunlop, A.-W., Carey, J., Seagraves, L. & Martlew, J. (2011). 'Making the most of what you've got in an age of austerity '– evaluating a new online early years learning and teaching development in higher education. Paper presented at Scottish Educational Research Conference (self-organized symposium), November 24–25, 2011, Stirling.

General Teaching Council for Scotland (GTCS). (2006a). The standard for initial teacher education. Edinburgh: GTCS.

General Teaching Council for Scotland (GTCS). (2006b). The standard for full registration. Edinburgh: GTCS.

Her Majesty's Inspectorate of Education (2006). Improving Scottish education: A report by HMIE on inspection and review 2002–2005. Livingston: HMIE.

Her Majesty's Inspectorate of Education (2007). The key role of staff in providing preschool education. Livingston: HMIE.

Her Majesty's Inspectorate of Education (2009). Improving Scottish education: A report by HMIE on inspection and review, 2005–2008. Livingston: HMIE.

Hughes, A. (2008). Early education and schooling. In T. G. K. Bryce & W. M. Humes (Eds.), Scottish education: Beyond devolution (3rd ed., pp. 306–315). Edinburgh: Edinburgh University Press.

Institute of Education, University of London (ongoing). Effective provision of pre-school education, primary and secondary (EPPSE) study. Retrieved September 18, 2013, from http://eppe.ioe.ac.uk/.

Kennedy, A. & Clinton, C. (2009). Identifying the professional development needs of early career teachers in Scotland using nominal group technique. Teacher Development, 13, 29–41.

Learning and Teaching Scotland (2010). Pre-birth to three: Positive outcomes for Scotland's children and families. National Guidance. Retrieved September 18, 2013, from http://www.educationscotland.gov.uk/Images/PreBirthToThreeBooklet_tcm4-633448.pdf.

Lomax, P. & McLeman, P. (1984). The uses and abuses of nominal group technique in polytechnic course evaluation. Studies in Higher Education, 9, 183–190.

Martlew, J. (2012). BA Childhood Practice Stakeholder Feedback. University of Strathclyde.

Melhuish, E. (2010). Why children, parents and home learning are important. In K. Sylva, E. Melhuish, P. Sammons, I. Siraj-Blatchford & B. Taggart (Eds.), Early childhood matters: Evidence from the effective pre-school and primary education project (pp. 44–69). London: Routledge.

Quality Assurance Agency for Higher Education (2007). Scottish subject benchmark statement: The standard for childhood practice. Glasgow: QAA Scotland.

Scottish Consultative Council on the Curriculum (1999). A curriculum framework for children 3 to 5. Glasgow: SCCC.

Scottish Executive (2001). A teaching profession for the 21st century. Retrieved September 18, 2013, from http://www.scotland.gov.uk/Resource/Doc/158413/0042924.pdf.

Scottish Executive (2006a). National Review of the Early Years and Childcare Workforce. Report and consultation. Retrieved September 18, 2013, from http://www.scotland.gov.uk/Resource/Doc/135643/0033618.pdf.

Scottish Executive (2006b). National review of the Early Years and Childcare Workforce : Scottish Executive response: Investing in children's futures. Retrieved September 18, 2013, from http://www.scotland.gov.uk/Resource/Doc/142793/0036099.pdf.

Scottish Executive (2007). A curriculum for excellence. Building the curriculum 3–18 (2): Active learning in the early years. Retrieved September 18, 2013, from http://www.educationscotland.gov.uk/images/Building_the_Curriculum_2_tcm4-408069.pdf.

Scottish Executive Education Department (2002). Guidance on involvement of teachers in pre-school education. Retrieved September 18, 2013, from http://www.scotland.gov.uk/Resource/Doc/158333/0042884.pdf.

Scottish Government (2008a). The early years framework. Retrieved September 18, 2013, from http://www.scotland.gov.uk/Resource/Doc/257007/0076309.pdf.

Scottish Government (2008b). Achieving our potential: A framework to tackle poverty and income inequality in Scotland. Retrieved September 18, 2013, from http://www.scotland.gov.uk/Resource/Doc/246055/0069426.pdf.

Scottish Government (2008c). Equally well: Report of the ministerial task force on health inequalities, Volume 2. Retrieved September 18, 2013, from http://www.scotland.gov.uk/Resource/Doc/226607/0061266.pdf.

Scottish Government (2008d). Getting it right for every child: Joint statement from the Scottish Government and COSLA. Retrieved September 18, 2013, from http://www.scotland.gov.uk/Resource/Doc/1141/0067700.pdf.

Scottish Government (2009). Memorandum on entry requirements to courses of initial teacher education in Scotland. Retrieved September 18, 2013, from http://www.scotland.gov.uk/Resource/Doc/305242/0095757.pdf.

Scottish Government (2010a). Curriculum for excellence. Building the Curriculum 2 – active learning: A guide to developing professional practice. Retrieved September 18, 2013, from http://www.educationscotland.gov.uk/Images/150553%20Building%202%20Final_tcm4-628333.pdf.

Scottish Government (2010b). Preschool and childcare statistics 2010. A national statistics publication for Scotland. Retrieved September 18, 2013, from http://www.scotland.gov.uk/Publications/2010/09/28130623/0.pdf.

Scottish Government (2011a). Summary statistics for schools in Scotland, No.2-2011 Edition. Retrieved September 18, 2013, from http://www.scotland.gov.uk/Resource/0039/00392529.pdf.

Scottish Government (2011b). Early years framework: Progress so far. Retrieved September 18, 2013, from http://www.scotland.gov.uk/Resource/Doc/337715/0110884.pdf.

Scottish Government (2011c). Continuing to build excellence in teaching. The Scottish Government´s response to Teaching Scotland´s future. Retrieved September 18, 2013, from http://www.scotland.gov.uk/Resource/Doc/920/0114570.pdf.

Scottish Government (2012). Common core of skills, knowledge & understanding and values for the "Children's Workforce" in Scotland. Final common core & discussion questions. Retrieved September 18, 2013, from http://www.scotland.gov.uk/Resource/0039/00395179.pdf.

Scottish Social Services Council (2011a). Scottish social services sector: Workforce data report 2009. Dundee: SSSC.

Scottish Social Services Council (2011b). Childcare statistics 2010 – Care Inspectorate statistics on the provision and use of registered day care of children and childminding services in Scotland as at December 2010. Dundee: SSSC.

Scottish Social Services Council (2011c). Have we got what it takes? The Sector Skills Assessment for the social service workforce in Scotland, 2010/11. Dundee: SSSC.

Scottish Social Services Council (2011d). Annual report and accounts 1 April 2010–31 March 2011. Dundee: SSSC.

Standards in Scotland's Schools etc. Act 2000 (2000). Retrieved September 18, 2013, from http://www.legislation.gov.uk/asp/2000/6/pdfs/asp_20000006_en.pdf.

University of Strathclyde (2011). Early Years Teacher Specialism, Interim report 3.Glasgow: University of Strathclyde.

Literatur zur Vertiefung

Adams, K. (2008). ‚What's in a name? Seeking professional status through degree studies within the Scottish early years context'. European Early Childhood Education Research Journal, 16, 196–209.

Barham, E. (2011). Differences in decline – relative child poverty in Scotland and England 1998/99 to 2008/09. Retrieved September 18, 2013, from http://www.scotland.gov.uk/Resource/Doc/933/0119278.pdf.

Deacon, S. (2011). Joining the dots: A better start for Scotland's children. An independent report. Retrieved September 18, 2013, from http://www.scotland.gov.uk/Resource/Doc/343337/0114216.pdf.

Dunlop, A.-W. (2008). A literature review on leadership in the Early Years. Retrieved September 18, 2013, from [http://www.educationscotland.gov.uk/publications/a/leadershipreview.asp].

Dunlop, A.-W. (2010). The Early Years framework: Scoping its impact. A report for Scotland's commissioner for children and young people. Retrieved September 18, 2013, from http://www.sccyp.org.uk/downloads/Adult%20Reports/Early%20Years%20Summary%20Report%202010.pdf.

Her Majesty's Inspectorate of Education (2009). Positive start, positive outcomes. A Report by HM Inspectorate of Education. (The Early Years Framework-Learning Together). Retrieved September 18, 2013, from http://www.educationscotland.gov.uk/Images/eyfltpspo_tcm4-712906.pdf.

Scottish Government (2010). Growing up in Scotland: The circumstances of persistently poor children. Summary report. Retrieved September 18, 2013, from http://www.scotland.gov.uk/Publications/2010/04/21131609/1.

Shonkoff, J. P. (2010). Building a new biodevelopmental framework to guide the future of Early Childhood policy. Child Development, 81, 357–367.

University of Strathclyde (2008). BA in Childhood Practice. Course review document. Glasgow: University of Strathclyde.

Die Ausbildung frühpädagogischer Fachkräfte[74] in Finnland

Vom Ordnungsrahmen zu universitären frühpädagogischen Studiengängen

Kirsti Karila, University of Tampere, Finland

Der vorliegende Beitrag befasst sich mit der aktuellen auf Hochschulniveau angesiedelten Ausbildung frühpädagogischer Fachkräfte in Finnland. Nach einem Überblick über die frühpädagogische Ausbildung insgesamt, unter besonderer Berücksichtigung des geltenden Ordnungsrahmens, werden verschiedene universitäre Studiengänge mit ihren Gemeinsamkeiten und Unterschieden dargestellt. Die Ausbildung, die an der Universität Tampere angeboten wird, wird beispielhaft zur Beschreibung der Studiengänge und Lehrmethoden herangezogen.

1. Die Ausbildung frühpädagogischer Fachkräfte im gesellschaftlichen Kontext

Über die soziokulturellen Rahmenbedingungen eines Landes mit seinen unterschiedlichen kulturell geprägten Anschauungen, seiner jeweiligen Regierungsform, seinem Rechtssystem und seinem Regulierungsmodus wird auf der Makroebene definiert, was als professioneller Standard gilt (Karila 2010). MacNaughton (2003) argumentiert zum Beispiel, dass frühpädagogischen Fachkräften und ihren Arbeitgebern mit Regelwerken wie Verordnungen und Bestimmungen ein gesetzlicher Rahmen vorgegeben wird, der aufzeigt, was in Ausbildungs-

---

[74] *„Kindergarten teachers" sind in Finnland akademisch ausgebildete Erzieherinnen und Erzieher bzw. Kindergartenlehrerinnen und -lehrer, die im Grundunterricht oder als Vorschullehrer in Kindergärten arbeiten (siehe http://www.finnland-institut.de, 16.04.2012; http://www.umweltschulen.de/internat/fi_bildungssystem.html, 28.03.2012) und im vorliegenden Beitrag als frühpädagogische Fachkräfte bezeichnet werden (Anm. d. Hrsg.).*

programmen im Elementarbereich als Mindeststandard gelten kann[75]. Diese soziokulturellen Aspekte fachlicher Qualität sind wiederum auch eng mit dem System der beruflichen Ausbildung verbunden.

In Finnland liegen frühkindliche Bildung und Betreuung überwiegend in staatlicher Hand. Kinder von der Geburt bis zum sechsten Lebensjahr haben ein individuelles Recht auf öffentliche Bildung und Betreuung – unabhängig davon, ob ihre Eltern berufstätig sind oder nicht. Heute besuchen circa 70 Prozent der finnischen Kinder zwischen drei und fünf Jahren eine öffentliche Kindertageseinrichtung, und 99 Prozent beginnen im Alter von sechs Jahren mit der Vorschule (Anttonen & Sointu 2006). Die meisten vorschulischen Bildungsangebote werden ebenso im Rahmen des Kinderbetreuungssystems[76] bereitgestellt. Die neue finnische Regierung beabsichtigt, die administrative Zuständigkeit für frühpädagogische Bildungsangebote vom Sozialministerium *(Ministry of Social Affairs and Welfare)* auf das Bildungsministerium *(Ministry of Education)* zu übertragen. Auch ein neues Gesetz zur frühkindlichen Bildung soll erlassen werden. Mit diesen Veränderungen sollen frühpädagogische Bildungsangebote einen edukativeren Charakter bekommen und besser in das finnische Bildungssystem integriert werden.

Berufliche Qualifikationsanforderungen hängen hier auch davon ab, wie in einem Land die Aufgabe frühpädagogischer Leistungsangebote interpretiert wird. In Finnland besteht weitgehend Konsens, dass gut ausgebildetes Personal mit kontinuierlichem Zugang zu fachlichen Weiterbildungsmöglichkeiten der Garant für beste Qualität der angebotenen Leistungen ist. Alle maßgeblich in Kindertageseinrichtungen Beschäftigten (pädagogische Fachkräfte, Pflegekräfte und Leitungspersonal) müssen eine entsprechende Ausbildung haben. Während die Notwendigkeit einer angemessenen Ausbildung an sich unstrittig ist, stellt jedoch der Inhalt des in den einzelnen Feldern erforderlichen bereichsspezifischen Wissens den Gegenstand heftiger Debatten dar (Karila 2010).

Den finnischen Bestimmungen (Erlass zur Kinderbetreuung 239/1973; Gesetz über Qualifikationsanforderungen an Fachkräfte im Sozialwesen 272/2005; Erlass zu Qualifikationsanforderungen an Fachkräfte im Sozialwesen 608/2005) zufolge, muss mindestens eine von drei in einer Kindertageseinrichtung beschäftigten Fachkräften einen Hochschulabschluss (Bachelor-Abschluss in Erziehungswissenschaft, Master-Abschluss in Erziehungswissenschaft, Bachelor-Abschluss in Sozialwissenschaften) haben, d. h. als frühpädagogische Fachkraft qualifiziert sein. Zwei von drei Fachkräften sollen über eine Berufsausbildung im Sozial- oder Gesundheitswesen verfügen, zum Beispiel als Kinderpflegerinnen bzw. -pfleger qualifiziert sein.

Demzufolge sind Fachkräfte mit einem Universitäts- (Bachelor oder Master in Erziehungswissenschaft) oder Fachhochschulabschluss (Bachelor in Sozialwissenschaften) gleichermaßen

---

[75] *Zu den wichtigsten Regelwerken, die in Finnland den gesetzlichen Rahmen für frühkindliche Bildungsangebote darstellen, gehören:*
(1) das Kinderbetreuungsgesetz 367/1973 und die Kinderbetreuungsverordnung 239/1973
(2) das Gesetz zu den Qualifikationsanforderungen an Fachkräfte in der Wohlfahrtspflege 272/2005 und der Erlass zu den Qualifikationsanforderungen an Fachkräfte in der Wohlfahrtspflege 608/2005
(3) die Grundsatzentscheidung des Staatsrates bezüglich der staatspolitischen Definition von frühkindlicher Bildung und Erziehung (Ministry of Social Affairs and Health 2002)
(4) die Richtlinien des staatlichen Curriculums zur frühkindlichen Bildung und Erziehung in Finnland 2003 und 2005 (National Research and Development Centre for Welfare and Health 2003, 2005).

[76] *Zum finnischen day care system siehe http://www.umweltschulen.de/internat/fi_bildungssystem.html, 28.03.2012 (Anm. d. Hrsg.).*

für die Arbeit mit ein- bis fünfjährigen Kindern qualifiziert. Vor diesem Hintergrund ist unklar, welches fachliche Niveau finnische Politikerinnen und Politiker von frühpädagogischen Fachkräften erwarten. Die Ursachen für dieses Dilemma liegen in unterschiedlichen Interpretationen der Aufgabe frühpädagogischer Arbeit begründet. Wird der Schwerpunkt auf Aufgaben der Sozial- und Familienarbeit gelegt, mag der Bachelor-Abschluss in Sozialwissenschaften als eine für frühpädagogische Fachkräfte angemessene Qualifikation gelten. Wenn die Arbeit im Elementarbereich dagegen als weitgehend auf das Kind ausgerichtet interpretiert wird, wäre ein Bachelor- oder Master-Abschluss in Erziehungswissenschaft die beste Qualifikation. Der Bachelor-Abschluss in Sozialwissenschaften entspricht nicht den Qualifikationsanforderungen für die pädagogische Arbeit in der Vorschule. Hier zeigt sich deutlich, dass die Aufgabe der vorschulischen Bildung innerhalb Finnlands unterschiedlich interpretiert wird.

Derzeit sind 30 Prozent der Beschäftigten in finnischen Kindertageseinrichtungen ausgebildete frühpädagogische Fachkräfte. Dieser Prozentsatz ist im Vergleich zu den anderen skandinavischen Ländern niedrig; der entsprechende Wert liegt bei 60 Prozent in Dänemark, bei 50 Prozent in Schweden und bei über 30 Prozent in Island und Norwegen (Johansson 2006). Darüber hinaus zeigen finnische Statistiken, dass die Zahl der in Kindertageseinrichtungen Beschäftigten, die über eine Ausbildung als frühpädagogische Fachkraft verfügen, in den letzten fünf Jahren um fast zehn Prozent gesunken ist (unveröffentlichte Stellungnahme von Vertretern universitärer Studiengänge der Elementarpädagogik an das finnische Ministry of Social Affairs and Health, 30.04.2005).

Die aktuelle Situation ist ein Ergebnis der im Jahr 1988 in Kraft getretenen Änderung der Qualifikationsanforderungen im Elementarbereich. Diese hatte zur Folge, dass der Anteil der frühpädagogischen Fachkräfte am Gesamtpersonal von Kindertageseinrichtungen zurückging. Die Stoßrichtung dieser Veränderung ist paradox: Während sich der Bereich der frühkindlichen Bildung in den letzten zehn Jahren zu einem immer anspruchsvolleren Wissenschaftsfeld entwickelt hat, ist das Ausbildungsniveau der Beschäftigten in Kindertageseinrichtungen durch Bestimmungen zur gesetzlichen Regelung der Qualifikationsanforderungen gesenkt worden (Karila 2010; siehe auch Husa & Kinos 2005).

Die meisten frühpädagogischen Fachkräfte in Finnland sind von den Kommunen angestellt. Die Kommunen sind ihrerseits für die Bereitstellung von Bildungs- und Betreuungsangeboten im Elementarbereich zuständig und verfolgen ihre jeweils eigene Einstellungspolitik. So haben manche Kommunen nach Maßgabe der neuen Bestimmungen ihre Qualifikationsanforderungen an frühpädagogische Fachkräfte gesenkt, während andere sich bei Neueinstellungen nach den alten Bestimmungen gerichtet haben. Einiges deutet darauf hin, dass sich die Vorgehensweisen auch danach unterscheiden, inwieweit die Kommunen bei der Einstellung frühpädagogischer Fachkräfte dem Bachelor in Erziehungswissenschaft, dem Master in Erziehungswissenschaft oder dem Bachelor in Sozialwissenschaften den Vorzug geben. Die Folge ist, dass einige finnische Kindertageseinrichtungen nun kein Personal mit pädagogischer Qualifikation mehr haben. Darüber hinaus ist die Einstellungspraxis der Kommunen zwangsläufig auch von der Qualität des Bewerberangebots auf dem lokalen Arbeitsmarkt abhängig (Karila 2010)

Diese Situation stellt für die Ausbildung frühpädagogischer Fachkräfte eine gewisse Herausforderung dar. In einer dem finnischen Sozialministerium *(Ministry of Social Affairs and Health)* im Frühjahr 2005 vorgelegten unveröffentlichten Stellungnahme bewerteten Vertreterinnen und Vertreter universitärer Studiengänge der Elementarpädagogik den gegenwärtigen Stand des Fachwissens im Bereich der Frühpädagogik und machten das Ministerium auf die aus ihrer Sicht bestehenden Schwächen in der praktischen Arbeit in Bezug auf die Kompetenzbereiche und Kernkompetenzen (siehe dazu auch Tabelle 2, S. 159) aufmerksam:

„Wir halten die Tatsache, dass pädagogisch-didaktische Kompetenz[77] auf alarmierende Weise aus der frühpädagogischen Ausbildung bzw. der frühkindlichen Bildung und Betreuung verschwindet, für eine Schwachstelle im System, ganz zu schweigen vom Mangel an Vermittlungskompetenz. Wir beurteilen die Kenntnisse im Bereich Entwicklung und Lernen des Kindes in etlichen frühpädagogischen Ausbildungseinrichtungen als unzureichend. Gravierende Probleme sehen wir auch beim Fachwissen hinsichtlich der individuellen Anleitung des Kindes und der Gruppenaufsicht. Die Überprüfung frühpädagogischer und vorschulischer Curricula hat ergeben, dass die theoretische Durchdringung der Materie (Planung und Beherrschung pädagogischer Inhalte, Berücksichtigung von Entwicklungs- und Lernumfeldern etc.) mangelhaft ist und die zur Gestaltung unterschiedlicher Curricula notwendigen Kenntnisse und fachlichen Grundbegriffe vielerorts dürftig oder überhaupt nicht vorhanden sind. Bei den Beschäftigten sehen wir große Lücken in den Kommunikations-, Interaktions- und Evaluationskompetenzen und der kulturellen Sensibilität. Dies stellt eine Quelle von Abstimmungsproblemen in der pädagogisch-didaktischen Arbeit und bei der Implementation dar. Nach unserer Einschätzung wird der pädagogischen Leitung und der Finanz- und Personalverwaltung frühpädagogischer Ausbildungseinrichtungen nicht genügend Aufmerksamkeit geschenkt. Das Aufgabenspektrum von Leitungspersonen hat sich kontinuierlich erweitert und wurde dabei zusehends fragmentiert. Pädagogische Führungsaufgaben spielen im Berufsalltag vieler Leiterinnen und Leiter von Kindertageseinrichtungen schlichtweg keine Rolle. Es fehlt ein ganzheitliches und zielorientiertes Leitbild für diese Führungsrolle."

➔ Die Situation, mit der die angehenden frühpädagogischen Fachkräfte während der Praxisausbildung im Laufe des Studiums und beim Eintritt ins Berufsleben konfrontiert sind, ist dem effektiven Aufbau eines pädagogischen Wissensbestandes nicht förderlich. Als Konsequenz daraus konzentrieren sich viele Hochschulen inzwischen auf Prozesse des Lernens und Lehrens, die die Studierenden mit Kompetenzen zur Entwicklung ihres pädagogischen Wissens ausstatten sollen. So wird zum Beispiel zusehends Wert auf die Entwicklung einer professionellen Identität (Karila & Kupila 2010) und die Kompetenzen zur Übernahme einer pädagogischen Führungsrolle (Karila 2010) gelegt.

2. Kurzer historischer Abriss zur Ausbildung frühpädagogischer Fachkräfte in Finnland

Die erste Ausbildungseinrichtung für frühpädagogische Fachkräfte wurde in Finnland im Jahr 1892 gegründet und stand in der Tradition der Kindergartenpädagogik von Friedrich Wilhelm August Fröbel. Die Ausbildungsstätten für Kindergartenpädagogik wurden 1977 in frühpädagogische Hochschulen mit zweijährigen Studiengängen umgewandelt, die zwischen 1983 und 1984 auf drei Jahre erweitert wurden. Im Jahr 1991 wurde versuchsweise ein Master-Studiengang in Frühpädagogik eingerichtet, und 1995 wurde die Ausbildung frühpädagogischer Fachkräfte dauerhaft an der Hochschule etabliert. Danach begannen die meisten Universitäten, Master-Studiengänge zur Ausbildung frühpädagogischer Fachkräfte anzubieten. Das wichtigste Ziel der Bildungsreform im Hochschulbereich bestand darin, die Lücke im System zwischen der Bildung für Kinder von einem bis sechs Jahren und der Bildung für Kinder von

---

[77] *Pädagogisch-didaktische Kompetenz umfasst in diesem Zusammenhang Kenntnisse im Bereich Entwicklung und Lernen des Kindes im Hinblick auf das Curriculum sowie im Bereich der Vermittlung und des pädagogischen Anleitens.*

sieben bis acht Jahren zu schließen, um so ein pädagogisches Kontinuum zu schaffen (Frühpädagogik – Vorschulbildung – Bildung im Primarbereich) (Kinos 2010). Ab dem Jahr 2005 wurde das auf dem Bologna-Prozess basierende zweistufige europäische Abschlusssystem eingeführt (Karila, Kinos, Niiranen & Virtanen 2005, S. 144).

Vor der Verlagerung der Ausbildung frühpädagogischer Fachkräfte an die Universitäten zählten Entwicklungspsychologie, Allgemeinbildung und Didaktik zu den wichtigsten Studienfächern, und die Curricula der frühpädagogischen Ausbildung in Finnland waren vor dem Jahr 1995 staatlich stark reguliert und infolgedessen in ihren Inhalten sehr homogen (a. a. O.).

Heute wird die Ausbildung zur frühpädagogischen Fachkraft an sieben finnischen Hochschulen angeboten, die überwiegend sowohl Bachelor- als auch Master-Abschlüsse vergeben. An drei dieser Universitäten werden die Studierenden gleich für den Bachelor- und Masterabschluss zugelassen. Die übrigen Hochschulen bieten Bachelor-Studiengänge, aber auch separate Master-Studiengänge mit einem eigenständigen Auswahlverfahren an, wobei die Zulassungsvoraussetzung ein Bachelor oder ein gleichwertiger Studienabschluss ist.

Aufgrund der Autonomie der Hochschulen und ihrer je spezifischen Geschichte ist die Ausbildung frühpädagogischer Fachkräfte an den einzelnen Universitäten unterschiedlich angesiedelt. Meistens sind Studiengänge der Frühpädagogik dem für die Lehrerbildung zuständigen Fachbereich zugeordnet. Alle Hochschulen bieten in Kooperation miteinander unterschiedliche lehrerbildende Studiengänge an. Die Studierenden besuchen normalerweise die gleichen Lehrveranstaltungen, insbesondere im Grund- und Vertiefungsstudium ihres Hauptfaches. Einige gemeinsame Lehrveranstaltungen werden auch auf Fortgeschrittenen-Niveau (Master-Studium) angeboten, vor allem im Bereich Forschungsmethoden. Zusätzlich gibt es gemeinsame Lehrveranstaltungen für Studierende der Elementarpädagogik für den Bereich Kindertageseinrichtung und den Bereich Vorschule. In anderen Aspekten unterscheiden sich die Curricula der einzelnen pädagogischen Studiengänge.

3. Merkmale der gegenwärtigen Studiengänge für frühpädagogische Fachkräfte in Finnland

Die Ausbildung frühpädagogischer Fachkräfte umfasst in Finnland eine Kombination von wissenschaftlichen und berufsbildenden Studienanteilen. Für den Bachelor-Abschluss müssen ein Grund- und ein Vertiefungsstudium im Hauptfach und den Nebenfächern absolviert sowie eine Abschlussarbeit geschrieben werden. Der Abschluss setzt ferner Studienleistungen in interdisziplinären und allgemeinbildenden Bereichen sowie in Sprachen voraus. Ein vollwertiger Bachelor-Abschluss in Erziehungswissenschaft verlangt den Erwerb von 180 Credit Points und erfordert ungefähr drei Jahre Vollzeitstudium.

Der maßgeblichen Gesetzgebung zwischen 1995 und 2005 zufolge umfasst der Bachelor-Abschluss in Erziehungswissenschaft für frühpädagogische Fachkräfte Studienleistungen im Umfang von 120 Credit Points. Das Studium erstreckt sich auf fünf Bereiche:

- Allgemeine Fächer (normalerweise Sprachen und Einführung in das wissenschaftliche Arbeiten)
- Pädagogik, insbesondere Frühpädagogik
- Studienleistungen zum Erwerb fachlicher Fertigkeiten und Fähigkeiten für die Arbeit im Bereich der Elementarpädagogik (Vorschulbildung eingeschlossen)

- Nebenfächer
- Wahlfächer

Im zweistufigen Studiensystem erwerben die Studierenden zunächst den Bachelor-Abschluss. Anschließend können sie in einem Zeitraum von zwei Jahren den höheren Master-Abschluss (120 Credit Points) erreichen. Der Master-Studiengang verlangt das Absolvieren eines Studiums auf Fortgeschrittenen-Niveau im Hauptfach und in den Nebenfächern. Im Fortgeschrittenen-Studium müssen die Studierenden eigenständige wissenschaftliche Forschung durchführen, die sie in einer Master-Arbeit zum Abschluss bringen.

Mit dem Bachelor-Abschluss erwerben die Studierenden die erforderlichen Qualifikationen für die Arbeit als frühpädagogische Fachkräfte. Der Master-Abschluss wird weithin als Qualifikationsniveau für Leitungskräfte von Kindertageseinrichtungen erwartet (Bericht des Unterausschusses des Beirats für frühkindliche Bildung und Betreuung, Ministry of Social Affairs and Health 2007, S. 58). Diese Erwartung ist jedoch nicht als verbindliche Voraussetzung festgeschrieben. Der unklare Stellenwert des Master-Abschlusses im Elementarbereich hat schon viele frühpädagogische Fachkräfte mit diesem Ausbildungsgrad zur Abwanderung in den Primarbereich veranlasst. Dies hat dazu geführt, dass wertvolle Fachkompetenzen im frühpädagogischen Sektor verlorengegangen sind (Karila 2010).

Die Curricula der einzelnen Hochschulen für die Ausbildung frühpädagogischer Fachkräfte sind alle nach der gleichen Struktur, die dem im Bologna-Prozess erstellten Schema folgt, aufgebaut. Gemäß dem im Juni 2009 vom Parlament verabschiedeten neuen Hochschulgesetz sind finnische Universitäten unabhängige Körperschaften des öffentlichen Rechts oder Stiftungen nach privatem Recht (Stiftungsgesetz). Seit 1. Januar 2010 operieren die Hochschulen auf der Grundlage dieser neuen Rechtsform. Hochschulautonomie und die Freiheit von Forschung und Lehre spielen dabei eine zentrale Rolle. Folglich haben die Universitäten die Freiheit, den Inhalt der Studiengänge innerhalb der einzelnen Fachgebiete nach Belieben zu regeln und Schwerpunkte zu setzen (Kinos & Virtanen 2008).

3.1 Allgemeine Zulassungsvoraussetzungen

Geregelt wird die Zulassung zu einem Universitätsstudium im Hochschulgesetz (558/2009), im Gesetz über die Organisation der Abiturprüfung (672/2005) und im Gesetz über die allgemeinbildenden Schulen der Sekundarstufe II (629/1998).

→ Um sich an einer Hochschule für einen Bachelor- und Master-Studiengang einschreiben zu können, muss mindestens eine der folgenden Voraussetzungen gegeben sein:

- Abitur
- International Baccalaureate Diploma (IBO-DP) (Internationales Abitur)
- Europäisches Abitur
- Reifeprüfungszeugnis[78]

---

[78] *Dieser Abschluss ist eine Art Abitur und kann an der Deutschen Schule in Helsinki erworben werden (siehe http://www.stat.fi/til/lop/kas_en.html, 17.04.2012) (Anm. d. Hrsg.).*

- Erfolgreicher Abschluss der berufsbildenden Sekundarstufe II mit mindestens dreijähriger Dauer oder eine vergleichbare Qualifikation
- Erfolgreicher Abschluss der berufsbildenden Sekundarstufe II oder eine kompetenzbasierte berufliche Qualifikation bzw. eine kompetenzbasierte berufliche Fachqualifikation gemäß dem Gesetz über die Berufsbildung Erwachsener (631/1998) oder eine bereits erworbene vergleichbare Qualifikation
- Eine außerhalb Finnlands erworbene Qualifikation, die im vergebenden Land Zugang zur Hochschulbildung gewährt
- An einer Fernuniversität erbrachte Studienleistungen, die als Zulassungsvoraussetzungen für den infrage kommenden Studiengang verlangt werden

Die Hochschulen wählen ihre Studierenden eigenständig aus, wobei Aufnahmeprüfungen ein wichtiger Teil des Verfahrens sind. Bei der Aufnahmeprüfung für frühpädagogische Studiengänge werden die Bewerberinnen und Bewerber schwerpunktmäßig nach ihren sozialen, kreativen und analytischen Fähigkeiten ausgewählt.

3.2 Inhalt des Curriculums

In Finnland sind die Inhalte im Hauptfach Gegenstand einer intensiven Diskussion. Die Frühpädagogik ist eine junge Disziplin, die einige Zeit zu ihrer Etablierung in der Wissenschaftslandschaft brauchte – ein Prozess, der immer noch nicht abgeschlossen ist. Kinos und Virtanen (2008) haben Curricula des Bachelor-Studiums an acht Einrichtungen, die frühpädagogische Fachkräfte ausbilden, für die Zeit zwischen 1995 und 2006 untersucht. Sie konzentrierten sich dabei auf das Hauptfach des Studiengangs sowie dessen Struktur und Inhalt.

Tabelle 1: Änderungen in der Pädagogikausbildung in frühpädagogischen Studiengängen in Finnland (Kinos & Virtanen 2008)

Jahr	Institutionelle Entwicklung und Merkmale	Pädagogisches Studium
1892	Einheitliche Ausbildung: Ausbildungseinrichtungen für frühpädagogische Fachkräfte (Seminare)	Kurse in Pädagogik und Didaktik
1973	Aufteilung in zwei Ausbildungsarten: Ausbildungseinrichtungen für frühpädagogische Fachkräfte sowie die vorläufige Ansiedlung der Ausbildung an Hochschulen	Pädagogisches Grundlagenstudium
1995	Vereinheitlichte Ausbildung an Hochschulen	Grund- und Vertiefungsstudium in Pädagogik, insbesondere Frühpädagogik
2005	Binnendifferenzierung der Ausbildung	Grund- und Vertiefungsstudium in Pädagogik (allgemeine Erziehungswissenschaft) Pädagogik (insbesondere Frühpädagogik) Wissenschaftliche Frühpädagogik

Wie die Tabelle zeigt, haben die Hochschulen das Hauptfach unterschiedlich bezeichnet. Die früheren offiziellen gesetzlichen Bestimmungen für den Erwerb pädagogischer Abschlüsse in Finnland (576/1995) legten „Pädagogik, insbesondere Frühpädagogik" als das Hauptfach der Ausbildung frühpädagogischer Fachkräfte fest. Im Jahr 2005 erließ das Bildungsministerium eine neue Verordnung (568/2005) zur Bildungsverantwortung der Hochschulen. Das Hauptfach des Studiengangs für frühpädagogische Fachkräfte wird gegenwärtig als Pädagogik bezeichnet – mit Ausnahme der Universität Jyväskylä, wo das Hauptfach sowohl in Bachelor- als auch Master-Studiengängen als Wissenschaftliche Frühpädagogik bezeichnet wird (a. a. O.).

Kinos und Virtanen (2008) untersuchten auch den Anteil der Lehrforschung in Bachelor-Studiengängen für frühpädagogische Fachkräfte und stellten fest, dass diese ungefähr zehn bis zwölf Prozent der gesamten Studienleistungen ausmacht. Die Lehrforschungsseminare decken sowohl quantitative als auch qualitative Forschungsmethoden ab. Die mit Bachelor- und Master-Abschlüssen verbundenen Forschungsarbeiten werden in den meisten Fällen mit qualitativen Methoden erstellt. Die Studierenden interessieren sich dabei in aller Regel für die Durchführung von Interviews mit Fachkräften, Eltern und Kindern, für die Beobachtung der pädagogischen Arbeit und für die Analyse unterschiedlicher Materialien, die das Steuerungshandeln dokumentieren. Die Tendenz geht zunehmend dahin, die Abschlussarbeiten enger an die Forschungsbereiche der jeweiligen Hochschule anzubinden und den Studierenden bessere Möglichkeiten zu bieten, sich als Mitglieder der Wissenschaftsgemeinschaft zu entwickeln. Infolgedessen ist zu erwarten, dass die Themen zukünftiger Abschlussarbeiten entsprechend der Forschungsschwerpunkte der einzelnen Universitäten variieren werden. Diese Praxis wird die Studierenden darin unterstützen, ihr Studium bis zur Promotion weiterzuführen, und kann auch die wissenschaftliche Ausrichtung der Ausbildung frühpädagogischer Fachkräfte stärken.

Der Bachelor-Studiengang umfasst zudem Lehrveranstaltungen, in denen fachliche Fertigkeiten und Fähigkeiten für die Arbeit im Elementarbereich und in der Vorschulbildung (60 Credit Points) vermittelt werden. Im Hinblick auf diese Studienanteile gibt es kleinere Unterschiede zwischen den Ausbildungseinrichtungen. Inhaltlich scheinen sich die Studiengänge zunehmend an den jeweiligen Forschungsschwerpunkten der einzelnen Hochschule zu orientieren. Geringfügige Variationen scheint es auch hinsichtlich der Interpretation dessen zu geben, was den Kern des Berufs der frühpädagogischen Fachkraft ausmacht. Manche Ausbildungseinrichtungen heben gesellschaftliche und kulturelle Fragestellungen stärker hervor als andere. Dies lässt sich am Umfang der Lehrveranstaltungen ablesen, die sich mit Themen wie „Kindheit" und „Gesellschaftliche Veränderungen" sowie deren Implikationen für das Kind und die Familie befassen. An manchen Ausbildungseinrichtungen sind die Lehrveranstaltungen eindeutig stärker soziologisch und sozialpsychologisch ausgerichtet, während wieder andere den Schwerpunkt eher auf eine bildungspsychologische Perspektive legen. Erforderlich wären empirische Untersuchungen zum konkreten Inhalt der Lehre in diesen Veranstaltungen.

3.3 Die Ausbildung frühpädagogischer Fachkräfte an der Universität Tampere

Die Ausbildung frühpädagogischer Fachkräfte hat in der Stadt Tampere eine 55-jährige Geschichte. Frühpädagogische Fachkräfte wurden zuerst an einem Lehrerbildungsseminar und später an einer Ausbildungseinrichtung für frühpädagogische Fachkräfte ausgebildet. Die Ausbildung wurde 1995 an die Universität Tampere verlagert, wo sie nun dem Fachbereich Erziehungswissenschaften zugeordnet ist. Der Fachbereich Erziehungswissenschaften mit seinem zweistufigen Studiensystem bietet sowohl den Bachelor- als auch den Master-Abschluss in Erziehungswissenschaft an und ermöglicht nach beendetem Studium den Erwerb eines Lizenziats[79] in Erziehungswissenschaft oder die Promotion zum Doktor der Erziehungswissenschaft oder Philosophie. Die beiden Hauptfächer am Fachbereich Erziehungswissenschaften sind Pädagogik und Erwachsenenbildung.

Zu den im Bereich der Elementarpädagogik angebotenen Abschlüssen gehören der Bachelor-Abschluss in Erziehungswissenschaft mit Schwerpunkt Frühpädagogik, der Master-Abschluss in Erziehungswissenschaft mit Schwerpunkt Frühpädagogik sowie die Promotion am Fachbereich Erziehungswissenschaften.

An der Universität Tampere werden im Bereich Frühpädagogik jährlich 36 Studierende zugelassen. Der an der Universität angebotene Studiengang für frühpädagogische Fachkräfte ist sehr gefragt und verzeichnete im Jahr 2011 insgesamt 1.103 Bewerberinnen und Bewerber. Seit 2009 können alle Studierenden einen Master-Abschluss erwerben. Da sich das Ausbildungssystem noch in der Anfangsphase befindet, lässt sich schwer abschätzen, wie viele Studierende die Gelegenheit zum Erwerb eines Master-Abschlusses ergreifen werden. Traditionell treten die meisten Studierenden nach dem Erwerb eines Bachelor-Abschlusses ins Berufsleben ein. In den letzten Jahren hat einer von drei Studierenden sein Studium auf Master-Niveau fortgesetzt.

Die Ausbildung frühpädagogischer Fachkräfte an der Universität Tampere genießt hohes Ansehen. Von 2006 bis 2009 hatte der erziehungswissenschaftliche Fachbereich den Status eines Exzellenzzentrums der universitären Lehre inne. Das finnische Bildungsministerium hat einen ökonomischen Anreiz gesetzt, „die Qualität und Bedeutung der Bildung zu steigern und eine kontinuierliche Verbesserung der Bildung zu unterstützen". Der *Finnish Higher Education Evaluation Council* (FINHEEC) evaluiert die Einrichtungen, die sich bewerben, im Auftrag des Ministeriums und schlägt Hochschulen für den Status eines Exzellenzzentrums vor. Die Entscheidung des FINHEEC würdigte den kontinuierlichen und strategischen Prozess der Lehrentwicklung an der Universität Tampere. Darüber hinaus fand nicht nur der enge Kontakt der Universität zur Berufswelt Anerkennung, sondern auch die engen und fruchtbaren Verbindungen zwischen Forschung, Lehrbetrieb und berufsbegleitender Weiterbildung für die im Feld tätigen Fachkräfte.

Bei der Gestaltung der Ausbildung frühpädagogischer Fachkräfte an der Universität Tampere sind drei Konzepte entscheidend:

- Es besteht eine enge Verbindung zwischen Forschung, Curriculumentwicklung und Berufswelt – die berufsbegleitende Weiterbildung für Fachkräfte eingeschlossen.
- Studierende werden als aktiv Lernende begriffen, die ihr Wissen sowohl durch eigenständiges Lernen als auch in Lernprozessen mit anderen entwickeln.
- Lehrende gelten als zentrale Moderatoren der Lernprozesse von Studierenden. Um diese Rolle auszufüllen, wird von ihnen erwartet, dass sie forschen und ihre Lehre auf der Basis ihrer Forschungsergebnisse gestalten. Die Lehrenden sollen ebenfalls in Teams zusammenarbeiten.

[79] *Das Lisensiaatti ist ein forschungsorientierter Abschluss zwischen Master und Promotion, der in Finnland und Schweden nach circa der Hälfte eines Promotionsstudiengangs vergeben wird und als Teil der Ausbildung für die Forschung gilt (Anm. d. Hrsg.).*

Die Grundlage, auf der das PBL-Curriculum[80] für die Ausbildung frühpädagogischer Fachkräfte entwickelt wird, ist ein Verständnis von Frühpädagogik als Wissenschaft und Praxis. Die akademische Ausbildung frühpädagogischer Fachkräfte zielt darauf ab, die Studierenden an wissenschaftliches Denken heranzuführen. Dies befähigt Fachkräfte im Elementarbereich, Situationen im Berufsalltag theoretisch aufzuarbeiten und Erkenntnisse aus der Forschung in die Lösung realer Probleme einfließen zu lassen. Wissenschaftliches Denken führt auch zur Entwicklung neuer Arbeitsmethoden – im Sinne der fachlichen Kompetenz eine entscheidende Herausforderung für die Zukunft. Wissenschaftliches Denken, Zukunftsorientierung und die Fähigkeit, in einem sich wandelnden Umfeld zu arbeiten, sind in dieser Hinsicht Kernkompetenzen (Karila & Nummenmaa 2002; Nummenmaa, Karila, Virtanen & Kaksonen 2006, S. 241 ff.).

Zu den zentralen Kompetenzen frühpädagogischer Fachkräfte gehört es, die sozialen und kulturellen Zusammenhänge frühkindlicher Bildung interpretieren zu können. Dies setzt ein Verständnis der sozialen und philosophischen Grundlagen von Bildung sowie ihres historischen Wandels und ihrer Zukunftsperspektiven voraus. Auf dieser Basis sind frühpädagogische Fachkräfte in der Lage, ihr pädagogisches Denken und die darauf beruhenden Wertvorstellungen zu reflektieren und ihre Sichtweisen mit denen anderer Menschen in der pädagogischen Gemeinschaft, d. h. mit Eltern, Kolleginnen und Kollegen, in Beziehung zu setzen (a. a. O.).

Wenn frühpädagogische Fachkräfte Bildung als ein Phänomen begreifen, das sich sozial und kulturell verändert, können sie mit ihrer Fachkompetenz zum Aufbau der bestmöglichen Zukunft beitragen. Besonders zu beachten sind dabei die Veränderungen in Bezug auf die Rolle frühpädagogischer Fachkräfte. Daraus folgernd ist es eine zentrale Aufgabe der Curriculumentwicklung, den Studierenden Wissen zu vermitteln, mit dem sie Veränderungen in ihrer zukünftigen Arbeit als Fachkräfte analysieren und den sich abzeichnenden Bedarf an Kompetenzen und Kenntnissen identifizieren können (a. a. O.).

Die Arbeit unter komplexen und sich schnell wandelnden Gegebenheiten verlangt von frühpädagogischen Fachkräften eine starke ethische Orientierung. Eine pädagogische Fachkraft, die mit kleinen Kindern arbeitet, muss fortwährend Entscheidungen treffen und Verantwortung dafür übernehmen. Die fachliche Kompetenz beruht deshalb auf der Entwicklung der Fähigkeit zu reflexivem Denken. Sich die eigenen Wertvorstellungen bewusst zu machen, das eigene Handeln zu reflektieren und zu hinterfragen, helfen der pädagogischen Fachkraft, auch in Konfliktsituationen alternative Lösungen zu erkennen und Entscheidungen zu treffen (a. a. O.).

Frühkindliche Bildung als pädagogisches Phänomen zu verstehen, stellt spezifische Kompetenzanforderungen. Pädagogische Kompetenz ist einer der Kernbereiche frühpädagogischen Sachverstands. Frühpädagogische Fachkräfte sollen über adäquate Kenntnisse verfügen, um das Kind in der Entwicklung seiner eigenen Weltsicht fördern zu können. Sie müssen wissen, wie diese Kenntnisse mit altersgemäßen Methoden pädagogisch umzusetzen sind. Ein positi-

[80] *„Immer mehr Fakultäten weltweit integrieren die Lehrform des problemorientierten Lernens (POL; engl.: problem-based learning, PBL) in ihre Curricula. POL geht von einem konkreten Fall aus und ist eine interaktive Lernmethode zur Erarbeitung von Inhalten in einer Kleingruppe. Dabei wird vorhandenes Wissen aktiviert, durch eigenständiges Definieren und Bearbeiten von Lernzielen ergänzt und nach einer Synthese dieser beiden Quellen schließlich der Fall gelöst. Neben dem eigenverantwortlichen Lernen werden auch Team- und Kommunikationsfähigkeit geschult und der Prozess des lebenslangen Lernens (life-long learning) gefördert" (Skelin, Schlueter, Rolle & Gaedicke (2008): Problemorientiertes Lernen. Monatsschrift Kinderheilkunde, 5, S. 452) (Anm. d. Hrsg.).*

ves Lernumfeld ermöglicht es jedem Kind, durch aktiven Austausch mit anderen Kindern und Erwachsenen seine eigene Weltsicht zu entwickeln (a. a. O.).

Frühpädagogisches Arbeiten beruht auf Kooperation. Die Fachkräfte interagieren während ihrer Arbeit kontinuierlich auch mit anderen Erwachsenen und sind auf der Grundlage der gemeinsam geschaffenen Bildungskultur, wozu zum Beispiel Bildungspartnerschaften mit den Familien der Kinder und die Kooperation mit anderen Fachkräften und Berufsgruppen gehören, tätig. In Tabelle 2 sind die für die Ausbildung frühpädagogischer Fachkräfte wichtigsten Wissens- und Kompetenzbereiche und Kernkompetenzen zusammengefasst (Karila 1997; Karila & Nummenmaa 2001, S. 33).

Tabelle 2: Wichtigste Wissens- & Kompetenzbereiche und Kernkompetenzen

Wichtigste Wissens- & Kompetenzbereiche	Kernkompetenzen
Die Kontexte im Bereich frühkindlicher Bildung	Kontextbezogene Kompetenzen
Frühkindliche Bildung	Bildungskompetenzen Betreuungskompetenzen Pädagogische Kompetenzen
Kooperation und Interaktion	Interaktionskompetenzen Kooperationskompetenzen
Professionelle Weiterentwicklung	Reflexive Kompetenzen Wissensmanagement

Die genannten Konzepte werden, wie der folgende Überblick zeigt, durch die Struktur und die Prozesse des Curriculums des Studiengangs umgesetzt:

Orientierungsveranstaltung und Einführung in das wissenschaftliche Arbeiten	**20 Credit Points**
Hauptfach Erziehungswissenschaft	**75 Credit Points**
Grundstudium	25 Credit Points
Vertiefungsstudium	35 Credit Points
Praxisausbildung	15 Credit Points
Lehrveranstaltungen zur Vermittlung fachlicher Fertigkeiten und Fähigkeiten für die Arbeit im Elementarbereich und in der Vorschulbildung	**60 Credit Points**
Grundstudium	25 Credit Points
Vertiefungsstudium	35 Credit Points
Nebenfächer	**25 Credit Points**
	180 Credit Points

An der Universität Tampere haben die Studierenden bei den Nebenfächern relativ freie Auswahl aus Lehrveranstaltungen, die von anderen Fachbereichen, anderen finnischen Hochschulen oder von ausländischen Bildungseinrichtungen angeboten werden. Zu den am häufigsten gewählten Nebenfächern zählen Sonderpädagogik, Psychologie, Sozialpsychologie, Verwaltungswissenschaften und Sozialpolitik.

Der Inhalt des Hauptfaches Erziehungswissenschaft ist nach Grund- und Vertiefungsstudium folgendermaßen gestaltet:

Grundstudium	**25 Credit Points**
Historische und philosophische Grundlagen von Bildung	5 Credit Points
Bildung, Bildungssystem und Gesellschaft	5 Credit Points
Entwicklung, Bildung und Lebenslauf	5 Credit Points
Lehren, pädagogische Unterstützung und Lernen	5 Credit Points
Einführung in die erziehungswissenschaftliche Forschung	5 Credit Points

Alle Studierenden am Fachbereich Erziehungswissenschaften besuchen im Grundstudium dieselben Lehrveranstaltungen. Im Vertiefungsstudium variieren die Inhalte innerhalb derselben Grundstruktur. Studierende der Frühpädagogik zum Beispiel legen ihren Schwerpunkt eher auf Themen von größerer Relevanz für frühkindliche Bildung.

Vertiefungsstudium	**35 Credit Points**
Methodologie und Methoden der erziehungswissenschaftlichen Forschung	10 Credit Points
Bachelor-Arbeit	10 Credit Points
Frühpädagogik in einer sich wandelnden Gesellschaft	5 Credit Points
Führung, Gemeinschaft und Interaktion in der frühkindlichen Bildung	5 Credit Points
Inklusive Frühpädagogik	5 Credit Points

Die Praxisausbildung ist ein wichtiger Teil des Studiengangs. Die Studierenden absolvieren pro Studienjahr eine Praxisphase in Kindertageseinrichtungen und Vorschulen. Die Universität hat mit den örtlichen Kommunen einen Betreuungsvertrag abgeschlossen. Dieser Vereinbarung zufolge erlauben die Kommunen den Studierenden, Praxisphasen in Kindertageseinrichtungen und Vorschulen zu absolvieren, und die in diesen Einrichtungen tätigen Fachkräfte sind verpflichtet, die Studierenden im Rahmen ihrer alltäglichen Arbeit zu betreuen. Die Universität ihrerseits bietet den Betreuenden ein Mentoren-Training in Form eines jährlich stattfindenden fünftägigen Trainingskurses an. Der Kurs befasst sich mit den im frühpädagogischen Bereich erforderlichen Kompetenzen, der Entwicklung des Curriculums der Universität, mit Lehr-Lernprozessen, der Betreuung von und Fachgesprächen mit Studierenden sowie deren Beurteilung.

In den Praxisphasen nehmen die Studierenden auch an Workshops an der Universität teil. Jeder Workshop setzt sich aus zwölf Studierenden und einem Tutor zusammen. Die wichtigste Aufgabe besteht hier darin, die Erfahrungen der Studierenden zu reflektieren und sie bei ihrer Suche nach Lösungen für die Probleme, die ihnen im Praxisfeld begegnet sind, zu unterstützen.

Praxisausbildung	15 Credit Points
I Kindheit und frühkindliche Bildung in verschiedenen Kontexten und Umgebungen II Pädagogik der frühkindlichen Bildung und Pädagogik der Vorschulbildung III Weiterentwicklung der frühpädagogischen Fachkompetenz	
Lehrveranstaltungen zur Vermittlung fachlicher Fertigkeiten und Fähigkeiten für die pädagogische Arbeit im Elementarbereich und in der Vorschulbildung	**60 Credit Points**
Grundstudium	**25 Credit Points**
Alltag von Kindern in der finnischen Gesellschaft	5 Credit Points
Kinder als sich entwickelnde Akteure	5 Credit Points
Praxisseminar: Einsatz musisch-expressiver Mittel in der pädagogischen Arbeit	10 Credit Points
Spiel als kulturelles, entwicklungsförderndes und pädagogisches Phänomen	5 Credit Points
Vertiefungsstudium	**35 Credit Points**
Curriculum der Frühpädagogik	4 Credit Points
Ausdruck und Kunst – Sprache und kindliches Lernen	5 Credit Points
Pädagogische Interaktion	8 Credit Points
Natur, Umwelt und exploratives Lernen	5 Credit Points
Kinder auf die Informationsgesellschaft vorbereiten	6 Credit Points
Qualitätssicherung in der frühkindlichen Bildung	4 Credit Points
Kinder als soziale Akteure in frühpädagogischen Kontexten	3 Credit Points

An der Universität Tampere wird die frühkindliche Bildung als ein komplexes Phänomen begriffen und entsprechend ein multidisziplinärer Ansatz bei der inhaltlichen Entwicklung der Lehre verfolgt. Ein solcher Ansatz berücksichtigt gesellschaftliche, kulturelle, psychologische und pädagogische Aspekte.

Schon die Titel der Lehrveranstaltungen weisen darauf hin, dass die Unterrichtsinhalte in Bezug auf Pädagogik gelehrt und erprobt werden. So setzt sich zum Beispiel die Veranstaltung „Kinder auf die Informationsgesellschaft vorbereiten" aus Anteilen, die die Mathematik- Medien-, Lese- und Schreibkompetenz thematisieren, zusammen; diese werden aus einem pädagogischen Blickwinkel betrachtet, wobei natürlich auch die Entwicklung und das Lernen des Kindes Beachtung finden.

Wie bereits erwähnt, haben die Studierenden heute die Möglichkeit des Master-Abschlusses. Im Studienjahr 2011 haben 22 Studierende ein Master-Studium aufgenommen. Zehn von ihnen haben ihr Studium unmittelbar nach Beendigung des Bachelor-Studiums fortgesetzt, zwölf wurden über das separate Auswahlverfahren unter den Bewerbenden mit einem Bachelor-Abschluss zugelassen. Das Master-Studium ist folgendermaßen aufgebaut:

Master of Arts (Erziehungswissenschaft, Frühpädagogik)	120 Credit Points
Orientierungsveranstaltung und wissenschaftliches Arbeiten	**5 Credit Points**
Fortgeschrittenen-Studium Frühpädagogik	**80 Credit Points**
Pädagogische Forschung	10 Credit Points
Master-Arbeit	40 Credit Points
Wahlfächer	20 Credit Points
Pädagogische Praxis (Praktikum)	10 Credit Points
Nebenfächer	**35 Credit Points**

Die Studierenden beschäftigen sich im Master-Studium normalerweise mit dem bereits während ihres Bachelor-Studiums begonnenen Nebenfaches.

Die Struktur des Master-Studiums entspricht den staatlichen Bologna-Empfehlungen und hat deshalb sehr viel Ähnlichkeit mit den entsprechenden Master-Studiengängen an anderen finnischen Hochschulen. Die größten Unterschiede zwischen den einzelnen Universitäten sind beim „Fortgeschrittenen-Studium Frühpädagogik" zu finden, das in jüngerer Zeit zusehends an den spezifischen Forschungsstärken der einzelnen Hochschulen ausgerichtet wird. An den Studieninhalten wird deutlich, dass der Master-Studiengang an der Universität Tampere stärker auf die Thematiken pädagogische Führung und edukative Gemeinschaften fokussiert ist als der stärker auf kindheitsbezogene Fragestellungen ausgerichtete Studiengang an der Universität Jyväskylä.

Fortgeschrittenen-Studium Frühpädagogik	**80 Credit Points**
Pädagogische Forschung	**10 Credit Points**
Wissenschaftsphilosophie und -methodologie	2 Credit Points
Quantitative Forschungsmethoden	3 Credit Points
Qualitative Forschungsmethoden	3 Credit Points
Methodologie (fakultativ)	2 Credit Points
Master-Arbeit	**40 Credit Points**
Wahlfächer	**20 Credit Points**
Die Studierenden müssen aus dem folgenden Lehrangebot Studienleistungen im Umfang von mindestens 20 Credit Points auswählen:	
Methoden der Gruppenarbeit	4 Credit Points
Das Experteninterview	4 Credit Points
Weiterführende Literatur	4 Credit Points
Multidisziplinäres Management	10 Credit Points
Führung und konzeptionelle Entwicklung in der Frühpädagogik	4 Credit Points
Zu den Wahlveranstaltungen auf Fortgeschrittenen-Niveau gehören:	
Curriculumtheorie	4 Credit Points
Bildungsphilosophie	4 Credit Points
Bildungspolitik und Bildungssoziologie	4 Credit Points
Gleichheit und individuelles Lernen	4 Credit Points
Pädagogische Psychologie	4 Credit Points
Personalführung und -management	4 Credit Points
Die Studierenden absolvieren auch hier:	
Pädagogische Praxis (Praktikum)	**10 Credit Points**

Pädagogische Orientierung

Wie bereits erwähnt, weichen die Curricula der pädagogischen Studiengänge einzelner Hochschulen voneinander ab. Das Curriculum der Universität Tampere beruht auf der problembasierten Lernpädagogik (PBL), deren Schwerpunkt auf dem Lernen in Gruppen, eigenständiger Datenerhebung und selbstständigem Arbeiten liegt. Den Prozess der Entwicklung eines PBL-Curriculums beschreiben Nummenmaa, Karila, Virtanen und Kaksonen (2005, S. 45ff.) ausführlich.

Das folgende Diagramm mit seiner Kurzbeschreibung der Hindernisse und „Boxenstopps" (pit stops) während des Prozesses verdeutlicht, dass die Entwicklung des PBL-Curriculums eng mit der institutionellen Kultur der Ausbildung frühpädagogischer Fachkräfte verzahnt war.

Entwicklung eines PBL-Curriculums und einer neuen Lehr- und Lernkultur

Hindernisse (1–7)

1. Müssen wir das Curriculum verändern?
2. Welche Kompetenz soll durch den Studiengang entwickelt werden?
3. Welche Art von Curriculum-Modell würde zu unserem Studiengang passen?
4. Was sollte das PBL-Curriculum beinhalten?
5. Welche Arten pädagogischer Kompetenz sind erforderlich?
6. Wie soll das Curriculum in die Praxis umgesetzt werden?
7. Wie können wir Lehren und Lernen evaluieren und deren Qualität verbessern?

Boxenstopps (1–7)

1. Reflexion über die aktuelle Situation und Ressourcen; Aushandlung des Entwicklungsvertrags
2. Diskussion und Aushandlung erforderlicher Fachkenntnisse und Kompetenzen
3. Auseinandersetzung mit verschiedenen Arten von Curricula und ihrer wissens- und lerntheoretischen Fundierung
4. Wie sollte das PBL-Curriculum aufgebaut sein?
5. Schwerpunktsetzung auf der Entwicklung der eigenen Kompetenz als Tutorin bzw. Tutor
6. Entwicklung einer multiprofessionellen Arbeitskultur
7. Entwicklung eines multi-perspektivischen Evaluations- und Qualitätssicherungssystems

Bei der Ausbildung frühpädagogischer Fachkräfte an der Universität Tampere wird das Studium befördert durch:

- Auseinandersetzung mit Theorien
- Angeleiteten Gruppenunterricht
- Gruppenarbeit in Workshops
- Praktische Übungen
- Praktika in Kindertageseinrichtungen und anderen frühpädagogischen Einrichtungen
- Hospitationen in Zusammenhang mit einzelnen Lehrveranstaltungen

In diesen unterschiedlichen „Lernarenen" können die Studierenden verschiedene Arten des Wissens – theoretisches, praktisches und erfahrungsbasiertes Wissen – erwerben und nutzen (Poikela & Poikela 2005). Ein solch fruchtbares Wissensumfeld bietet den Studierenden weiter die Möglichkeit, sich sowohl auf individuelle als auch auf soziale Lernprozesse zu konzentrieren.

Im Zentrum dieses Wissensumfeldes steht die von einem Tutor bzw. einer Tutorin angeleitete Gruppe. Die Tutorinnen und Tutoren unterstützen die Lernprozesse der Studierenden und fungieren als Ressource. Jedes Tutorium legt seine eigenen Lernziele fest, wobei die Studierenden für ihre Lernprozesse selbst verantwortlich sind. Jede Gruppe forscht gemeinsam und untersucht die im Kontext der Lehrveranstaltung stehenden Fragestellungen, Probleme und Szenarios. Die Szenarios werden von den Kursleiterinnen bzw. -leitern entworfen. Nach einer Phase der eigenständigen Recherche der Studierenden werden die gewonnenen Erkenntnisse in die Gruppe eingebracht und gemeinsam strukturiert. Die Universität Tampere nutzt die Online-Plattform Moodle als ein offenes Lernumfeld, in dem die Studierenden und Tutoren miteinander kommunizieren können. Die Kursmaterialien werden größtenteils über Moodle bereitgestellt.

Kaksonen (2006, S. 141 ff.; 2009) hat die Prozesse der Wissenskonstruktion bei Studierenden während der Tutorien mit dem Ziel untersucht, zu zeigen, wie in Diskussionen nach der Methode des problembasierten Lernens Wissen gemeinsam konstruiert wird und das Repertoire solcher Diskussionen zur Ressource für die gemeinsame Wissenskonstruktion genutzt werden kann. Kaksonen entdeckte in ihrer Analyse der Nutzung dieses Repertoires vier unterschiedliche Gesprächstypen: den beschreibenden, den anwendungsbezogenen, den explorativen und den entwicklungsorientierten Typus. Beim explorativen und entwicklungsorientierten Gesprächstypus wurden auch ethische Elemente festgestellt. In ihrer Analyse der Repertoire-Nutzung identifizierte Kaksonen zwei Kombinationen des entwicklungsorientierten Gesprächstypus: Eine Kombination bezog sich auf das Umfeld und die andere auf die Ebene des Individuums. Beim entwicklungsorientierten Gesprächstypus galt Reflexion als der entscheidende Prozess. In den Tutorien ermöglichte der entwicklungsorientierte Gesprächstypus, dass sich die Gruppe von einzelnen Fällen und Situationen auf die Ebene allgemeiner Phänomene bewegte und dadurch gemeinsames Wissen und Verstehen aufbauen konnte. Der Ausgangspunkt der Diskussion in der Gruppe war typischerweise ein Problemszenario. In solchen Diskussionen wird hypothetisches Wissen produziert, das in zukünftigen Situationen angewandt werden kann. Der Tutor bzw. die Tutorin spielt eine wichtige Rolle als Instanz, die Fragen formuliert und die Studierenden anregt, Erklärungsmodelle zu entwickeln.

Zusätzlich zum Tutorium nehmen die Studierenden an einer weiteren Gruppe teil, die über ihr gesamtes Studium hinweg Bestand hat. Die Gruppe besteht aus 16 Studierenden und einer Lehrkraft und befasst sich hauptsächlich mit den Prozessen der Entwicklung der professionellen Identität der angehenden Fachkräfte. Die Lehrkraft ist ferner dafür zuständig, die Studierenden beim Entwerfen und Entwickeln ihrer individuellen Studienpläne zu unterstützen. Dieser Ansatz erleichtert die Planung des Studiums und die Überwachung der Studienfortschritte und fördert die Anleitung und Beratung der Studierenden.

Die Evaluation von Lernprozessen nach der PBL-Methode gilt als wichtiger Faktor der Steuerung von Lernprozessen sowohl in Bildungs- als auch in beruflichen Kontexten. Im Zentrum der Evaluation steht vor allem der Lernprozess. Einen weiteren Schwerpunkt bilden Evaluationsprozesse, die auf die Stärkung der Studierenden zielen, weshalb Reflexion und Selbstevaluation eine wichtige Rolle spielen. Verschiedene auf die Lernziele der einzelnen Lehrveranstaltungen abgestimmte Methoden werden für die Evaluation eingesetzt, zum Beispiel:

- Selbstevaluation
- Zusammenstellung eines Portfolios zur Dokumentation der Entwicklung fachlicher Kompetenz
- Gemeinsame Evaluation
- Evaluation schriftlicher Hausarbeiten
- Evaluation von Lernprozessen in Form einer schriftlichen Prüfung

In den Praxisphasen geben die Mentorinnen und Mentoren den Studierenden Rückmeldung über deren Kenntnisse und Kompetenzen. Dieses Feedback ist nicht nur bedeutsam für den Lernprozess der Studierenden, sondern auch ein wichtiger Teil des Prozesses der Curriculumentwicklung. Nummenmaa, Karila, Virtanen und Kaksonen (2006) untersuchten die Evaluation von Studierenden. Als Datengrundlage dienten Selbstevaluationen von Studierenden (n = 42), die während ihrer letzten Praxisphase ihre Kenntnisse und Kompetenzen beurteilen sollten. Die Selbsteinschätzungen der Studierenden wurden mit den Beurteilungen durch ihre Mentorinnen bzw. Mentoren (n = 21) verglichen.

Das Datenmaterial bestand aus Selbstevaluationen der Studierenden im Hinblick auf das eigene Erfahrungswissen und die individuellen Kenntnisse und Kompetenzen sowie aus der Interpretation dieses Wissens im Kontext der beruflichen Praxis (Praxisphase) als Spiegel der beruflichen Identität. Die Beurteilungen der Studierenden durch die Mentorinnen bzw. Mentoren dienten dabei als kontrastierende Perspektive. Die wichtigsten Merkmale der Evaluation waren auf beiden Seiten recht ähnlich. Der Studie zufolge waren die Studierenden der Ansicht, dass sie in der pädagogischen Ausbildung mit guten (≥ 3) oder ausgezeichneten (≥ 4) Kompetenzen und Kenntnissen in allen Schlüsselbereichen der Frühpädagogik ausgestattet wurden. Kompetenzen in Interaktion, Reflexion und Wissensmanagement wurden hier als besonders starke Bereiche eingeschätzt. Genau diese Kompetenzen sind der pädagogischen Methode des problembasierten Lernens inhärent: Zusammenarbeit in kleinen Gruppen, gemeinsames Lösen von Problemen, eigenständige Informationsgewinnung, Feedback geben etc. Diese Kompetenzen können auch auf andere Kontexte übertragen werden und stellen Fähigkeiten dar, die die Studierenden später in unterschiedlichen Arbeitsumgebungen anwenden können. Ein ausgeprägtes Bildungsbewusstsein und eine ethisch begründete professionelle Arbeitshaltung sind Zeichen eines reflexiven professionellen Leitbildes, das auch die Anpassung an sich wandelnde Bedingungen erleichtert. Lerntheorien und die fachwissenschaftlichen Inhalte nannten die Studierenden ebenfalls als relativ starke Bereiche. Diese in der Selbstevaluation hervorgehobenen Kompetenzen und Wissensbereiche galten in den Beurteilungen durch die Mentorinnen und Mentoren ebenfalls als Stärken der Studierenden.

Den Selbstevaluationen der Studierenden zufolge war die Pädagogikausbildung dagegen weniger effektiv in der Vermittlung von Kenntnissen und Kompetenzen für die praktische Erziehungs- und Bildungsarbeit. Die Studierenden waren sich unsicher in Fragen der Curriculumentwicklung, der Anleitung von Lernprozessen, der Anwendung entwicklungsgemäßer Methoden und der Kooperation mit Eltern. In diesen Bereichen sind überwiegend Kompetenzen gefordert, die in berufspraktischen Lernprozessen entwickelt und verfeinert werden. Wenn die

Studierenden in der pädagogischen Ausbildung mit einem reflexiven und forschungsorientierten Arbeitsansatz und guten Interaktions- und Kooperationsfähigkeiten ausgestattet werden, ist davon auszugehen, dass sie aktive Lern- und Entwicklungsprozesse auch im Berufsleben fortsetzen. Unter dem Aspekt der Weiterentwicklung der pädagogischen Ausbildung bietet die Evaluation von Kenntnissen und Kompetenzen der Studierenden im berufspraktischen Kontext wertvolle Informationen für die Curriculumentwicklung.

Diese Forschungsbefunde wurden beim Aufbau der Studiengänge an der Universität Tampere berücksichtigt. Zudem konzentriert sich ein aktuelles Projekt zur Weiterentwicklung der Ausbildung frühpädagogischer Fachkräfte auf die Pädagogik der frühen Kindheit und curriculare Fragen. Doch der Aufbau pädagogischen Wissens ist nicht nur auf das Curriculum und die Lehre an der Universität beschränkt. Auch die Erfahrungen der Studierenden während ihrer Praxisphasen sind von großer Bedeutung. Wie bereits erwähnt, sind die pädagogischen Kompetenzen im Feld noch unzureichend. Zur Lösung dieses Problems wurde zuletzt versucht, gemeinsam mit den Kommunen, die die Leistungen anbieten, ein regionales Entwicklungs- und Forschungsnetzwerk einzurichten. Denn in diesen Kommunen absolvieren die Studierenden die Praxisanteile ihres Studiums. Somit befördert ein solches Netzwerk den Wissensaufbau auf der Basis von Forschung und Praxis. Zudem ermöglicht dieses Netzwerk Studierenden und frühpädagogischen Fachkräften im Beruf, sich über aktuelles Wissen auszutauschen und den Wissensbestand weiterzuentwickeln. Die in der universitären Lehre und Forschung engagierten Wissenschaftlerinnen und Wissenschaftler fördern diese Prozesse mit neuen Forschungsprojekten in Schlüsselbereichen. Darüber hinaus können Abschlussarbeiten im Kontext dieser Netzwerke durchgeführt werden. Eine weitere Aufgabe der Netzwerke besteht darin, neue Kenntnisse und Methoden, die gemeinsam mit Studierenden, frühpädagogischen Fachkräften sowie Wissenschaftlerinnen und Wissenschaftlern an der Hochschule entwickelt werden, anderen Zentren und Einrichtungen zur Verfügung zu stellen.

4. Innovationspotenzial

→ In Finnland findet die Ausbildung frühpädagogischer Fachkräfte an den Hochschulen statt. Dieser Umstand kann als eine entscheidende Stärke des finnischen Systems betrachtet werden. Die akademische Ausbildung frühpädagogischer Fachkräfte bringt Studierende hervor, die besser für ihren zukünftigen Beruf qualifiziert sind – vor allem im Hinblick auf den sich ständig wandelnden Charakter des Arbeitsumfeldes. Der Beruf der Pädagogin bzw. des Pädagogen genießt in Finnland hohes Ansehen. Die beruflichen Qualifikationen pädagogischer Fachkräfte sind gesetzlich vorgeschrieben und unterscheiden sich je nach Bildungsbereich. Diese staatlichen Anforderungen gewährleisten hohe Standards in der pädagogischen Ausbildung. Der enge Kontakt der Hochschulen zur Berufswelt wie auch die enge und fruchtbare Verbindung zwischen Forschung, Lehrbetrieb und berufsbegleitender Weiterbildung für die im Feld tätigen Fachkräfte können als weitere Stärken des finnischen Systems gelten.

Von 2012 bis 2013 wurde das gesamte finnische System der beruflichen Ausbildung frühpädagogischer Fachkräfte einem Evaluierungsprozess unterzogen. Die Evaluierung betrifft frühpädagogische Ausbildungsprogramme, die an Universitäten, Fachhochschulen und in der berufsbildenden Sekundarstufe II angesiedelt sind. Die Evaluationsergebnisse werden sich auf die zukünftige Ausrichtung der akademischen Ausbildung frühpädagogischer Fachkräfte in Finnland auswirken.

Literatur

Act on Children's Day Care 367/1973.

Act on General Upper Secondary Schools 629/1998.

Act on Organisation of the Matriculation Examination 672/2005.

Act on Qualification Requirement for Social Welfare Professionals 272/2005.

Act on Social Welfare 710/1982.

Act on Universities 558/2009.

Anttonen, A. & Sointu, L. (2006). Hoivapolitiikka muutoksessa. Julkinen vastuu pienten lasten ja ikääntyneiden hoivasta 12:ssa Euroopan maassa [Care Policy ändern. Öffentliche Verantwortung für Kinder und die Pflege älterer Menschen in 12 europäischen Ländern]. Helsinki: Stakes.

Decree on Children's Day Care 239/1973.

Decree on Qualification Requirement for Social Welfare Professionals 608/2005.

Decree on the degrees in the pedagogical field and on the teacher training 576/1995.

Decree of the Ministry of Education from the specifying of the educational responsibility of universities, from the training programmes of universities and from specialization educations 568/2005.

Husa, S. & Kinos, J. (2005). Academization of Early Childhood Education in Finland. Scandinavian Journal of Educational Research, 49, 133–151.

Johansson, J.-E. (2006). Will there be any preschool teachers in the future. A comment on recent teacher-education reforms in Sweden. In J. Einarsdottir & J. T. Wagner (Eds.), Nordic childhoods and early education: Philosophy, research, policy, and practice in Denmark, Finland, Norway, and Sweden (pp. 43–69). Greenwich: Information Age Publishing.

Kaksonen, H. (2006). The repertoires of the tutorial discussion as resources for collaborative knowledge construction. In E. Poikela & A. R. Nummenmaa (Eds.), Understanding Problem-Based Learning (pp. 141–160). Tampere: Tampere University Press.

Kaksonen, H. (2009). PBL tutorial and collaborative knowledge construction. Doctoral dissertation: University of Tampere, Faculty of Education, Department of Teacher Education.

Karila, K. (1997). Lastentarhanopettajan kehittyvä asiantuntijuus. Lapsirakkaasta opiskelijasta kasvatuksen asiantuntijaksi. [Frühpädagogische Fachkräfte entwickeln Fachkenntnisse. Vom kinderliebenden Student zum Erziehungsexperten]. Helsinki: Oy Edita Ab.

Karila, K. (2010). A Finnish viewpoint on professionalism in Early Childhood Education. In C. Dalli & M. Urban (Eds.), Professionalism in Early Childhood Ecucation and Care. International perspectives. New York, NY: Routledge. (Der Artikel ist ursprünglich 2008 erschienen in: European Early Childhood Education Research Journal, 16, 210–223).

Karila, K., Kinos, J., Niiranen, P. & Virtanen, J. (2005). Curricula of Finnish kindergarten teacher education: Interpretations of Early Childhood Education, professional competencies and educational theory. European Early Childhood Education Research Journal, 13, 133–145.

Karila, K. & Kupila, P. (2010). Varhaiskasvatuksen työidentiteettien muotoutuminen eri ammattilaissukupolvien ja ammattiryhmien kohtaamisissa. Unveröffentlichter Bericht, University of Tampere.

Karila, K. & Nummenmaa, A. R. (2001). Matkalla moniammatillisuuteen [Auf dem Weg zum Multiprofessionalismus]. Helsinki: WSOY.

Karila, K. & Nummenmaa, A. R. (2002). Asiantuntijuuden ja oppimisen opetussuunnitelmalliset tulkinnat [Expertise und Lernen in curricularen Interpretationen.]. In A. R. Nummenmaa & J. Virtanen (Eds.), Ongelmasta oivallukseen. Ongelmaperustainen opetussuunnitelma [Einblick in das Problem. Problem-basiertes Lernen]. Tampere: Tampere University Press.

Kinos, J. (2010). Professionalism – a breeding ground for struggle. The example of Finnish day-care. In C. Dalli & M. Urban (Eds.), Professionalism in Early Childhood Education and Care. International Perspectives. New York, NY: Routledge. (Der Artikel ist ursprünglich 2008 erschienen in: European Early Childhood Education Research Journal, 16, 224–241).

Kinos, J. & Virtanen, J. (2008). The fourth science of Education. Early childhood education as a discipline in the curricula of Finnish universities. Nordisk Barnehageforskning 1, 3–15.

MacNaugthon, G. (2003). Shaping Early Childhood. Learners, curriculum and contexts. Glasgow: Open University Press.

Ministry of Social Affairs and Health (2002). Decision in principle of the council of state concerning the national policy definition on Early Childhood Education and Care. Helsinki: Publications of the Ministry of Social Affairs and Health, 9.

Ministry of Social Affairs and Health (2007). Education and skills of Early Childhood Education and Care staff – the present state and development needs. Helsinki: Report of the sub-committee on of the Advisory Board for Early Childhood Education and Care, 7.

National Research and Development Centre für Welfare and Health (2003). National curriculum guidelines on Early Childhood Education and Care in Finland. Retrieved September 06, 2012, from http://www.thl.fi/thl-client/pdfs/267671cb-0ec0-4039-b97b-7ac6ce6b9c10.

Nummenmaa, A. R., Karila, K., Virtanen, J. & Kaksonen, H. (2005). Negotiating PBL curriculum. A reflective process of renewing the culture of teaching and learning. In E. Poikela & S. Poikela (Eds.), PBL in context. Bridging work and education (pp. 45–65). Tampere: Tampere University Press.

Nummenmaa, A. R., Karila, K. , Virtanen, J. & Kaksonen, H. (2006). Interpretations of expertise as a framework for the PBL curriculum and assessment. In E. Poikela & A. R. Nummenmaa (Eds.), Understanding Problem-Based Learning (pp. 241–256). Tampere: Tampere University Press.

Poikela, E. & Poikela, S. (2005). The strategic points of Problem-Based Learning. Organising curricula and assessment. In E. Poikela & S. Poikela (Eds.), PBL in context. bridging work and education (pp. 7–22). Tampere: Tampere University Press.

Unpublished statement for the Ministry of Social Affairs and Health by the representatives of the University-Level Early Childhood Education (30.04.2005)[81].

[81] *Unveröffentlichte Stellungnahme an das finnische Ministerium für Soziales und Gesundheit durch Vertreter universitärer Studiengänge der Frühpädagogik.*

Entwicklung der frühpädagogischen Ausbildung in Schweden

Von einer sozialpolitischen zur bildungspolitischen Herausforderung

Maelis Karlsson Lohmander, University of Gothenburg, Sweden

Der frühpädagogische Beruf und die Ausbildung der Fachkräfte haben in Schweden eine lange Geschichte, die untrennbar mit gesellschaftlichem Fortschritt, der Rolle und dem Einfluss der Frauen in der Gesellschaft verbunden ist. Die ersten Ausbildungseinrichtungen entstanden Ende des 19. und Anfang des 20. Jahrhunderts, als im Zuge der Urbanisierung und Industrialisierung Kinderbetreuungsangebote in öffentlicher Trägerschaft organisiert wurden. Zwei Jahre nach der Eröffnung des ersten Fröbel-Kindergartens in Schweden im Jahr 1896 richtete Anna Eklund, die ihre Ausbildung in Deutschland absolviert hatte, einen Kurs für Frauen ein, die in öffentlichen Kinderbetreuungseinrichtungen tätig sein wollten. Dieser erste Kurs dauerte bis zu seinem Abschluss vier Monate; 1905 wurde das *Fröbelseminariet* gegründet und der Kurs auf zwei Jahre ausgedehnt (Tallberg Broman 1995; Karlsson Lohmander 2004). Am *Fröbelseminariet* und an den drei anderen zur der Zeit existierenden Ausbildungseinrichtungen machten damals nur sehr wenige frühpädagogische Fachkräfte (Kindergärtnerinnen) ihren Abschluss. Heutzutage, im Jahr 2012 und damit über hundert Jahre später, dauert die Ausbildung frühpädagogischer Fachkräfte dreieinhalb Jahre, und im Jahr 2011 hat eine große Zahl Studierender dieses Fachgebiets ihre Ausbildung abgeschlossen.

Der vorliegende Beitrag befasst sich mit den Grundzügen der Entwicklung der Ausbildung frühpädagogischer Fachkräfte[82] in Schweden. Nach einem kurzen historischen Abriss wird der Fokus auf die drei seit Anfang der 1990er Jahre erfolgten Reformen gelegt. Der Beitrag schließt mit Überlegungen zu den Herausforderungen, mit denen der Elementarbereich und die Ausbildung frühpädagogischer Fachkräfte heute konfrontiert sind.

---

[82] *„Pre-school teacher education" bedeutet in Schweden die Ausbildung von pädagogischen Fachkräften für den Elementarbereich. Der Elementarbereich (förskola = Vorschule) stellt die erste Stufe des schwedischen Bildungssystems dar und bietet ein- bis fünfjährigen Kindern Bildung und Betreuung. Für sechsjährige Kinder wurde eine spezielle Vorschulklasse eingerichtet. Die Pflichtschule umfasst als Einheitsschule die Jahrgangsstufen 1 bis 9, und in sogenannten Freizeitzentren wird kommunale Nachmittagsbetreuung angeboten. An die Pflichtschule schließt sich die dreijährige Sekundarstufe II an (Quelle: Jakob Billmayer: Die schwedische Vorschule; http://www.billmayer.se/texte/foerskola.pdf) (Anm. d. Hrsg.).*

1. Die Herausbildung eines neuen Berufs

Als Antwort auf den im ausgehenden 19. und frühen 20. Jahrhundert entstandenen Bedarf an Kinderbetreuung kristallisierte sich frühkindliche Bildung und Betreuung als Beruf heraus, wie er auf Basis der karitativen Arbeit fortschrittlicher Wegbereiterinnen aus dem Bürgertum entwickelt worden war. Zu einer Zeit, in der Frauen nicht außerhäusig berufstätig sein sollten (d.h. Frauen aus der Mittelschicht; arme Frauen und alleinstehende Mütter mussten ihren Lebensunterhalt durch eigene Arbeit bestreiten), schufen und gestalteten diese Frauen einen Raum im öffentlichen Umfeld, in dem sie sich entgegen der herrschenden Vorstellung von der Rolle der Frau in der Gesellschaft beruflich betätigen konnten. Dabei wurde häufig erwartet, dass diese Frauen ihre Arbeit als Berufung begriffen, was de facto bedeutete, dass sie nur eine geringe oder oftmals überhaupt keine Entlohnung erhielten. So konnten sie mit Verweis auf ihre innere Berufung Heim und Herd verlassen und die öffentliche Arena betreten, um sich dort in gewissem Umfang am gesellschaftspolitischen Diskurs zu beteiligen[83] – zumindest dann, wenn es um Fragen der Kindererziehung ging.

Diese frühen „frühpädagogischen Fachkräfte" hießen Kindergärtnerinnen, was die Fröbelsche Bildungsphilosophie widerspiegelte. Die Kindergärtnerinnen hatten Vorbildfunktion und galten sowohl für das Kind als auch für dessen Mutter als „geistige Mütter" (Kihlström 1998). Bei der Auswahl der Frauen für die Arbeit im „Kindergarten" waren persönliche Eigenschaften entscheidend. Indem persönliche Eigenschaften und die Berufung für erzieherische Aufgaben betont wurden und Erziehung und Betreuung anstatt Bildung von zentraler Bedeutung waren, wurde in der Öffentlichkeit ein Feld geschaffen, das für Frauen geeignet erschien – und zwar ausschließlich für Frauen. Männer waren faktisch ausgeschlossen. Erst 1955 wurde die Bezeichnung „Kindergärtnerin" offiziell in frühpädagogische Fachkraft geändert. Nun wurde als wichtig erachtet, eine sowohl auf Frauen als auch auf Männer anwendbare Funktionsbezeichnung zu schaffen (Tallberg Broman 1995).

→ Schweden hatte im Bereich der Kinderbetreuung von Anfang an ein Zweiklassensystem: Betreuung für die armen Kinder und Bildung für die Kinder aus besseren Verhältnissen. Während Kindergärten hauptsächlich für Kinder aus besser gestellten Familien stundenweise Bildungsangebote zum Beispiel in Form von spielerischem Lernen und kreativen Beschäftigungen anboten, waren die Kinderbetreuungseinrichtungen die Alternative für arme Kinder, die Ganztagsbetreuung brauchten. Im Gegensatz zu den in Kindergärten tätigen Frauen hatten diejenigen, die in solchen Kinderbetreuungseinrichtungen arbeiteten, oftmals keine formale Ausbildung, sondern wurden lediglich in der einen oder anderen Form durch erfahrenere Kolleginnen am Arbeitsplatz angelernt.

2. Die Ausbildung der Kindergärtnerinnen

Die erste Ausbildung der in Kindergärten tätigen Frauen erfolgte in Ausbildungseinrichtungen, die von privaten karitativen Organisationen und Institutionen, insbesondere der Fröbel-Gesellschaft, geleitet und organisiert wurden. Dabei genossen die angehenden Kindergärtnerinnen als Gruppe viel Freiheit bei Entscheidungen über Inhalt und Struktur der Ausbildung. Ganz im Sinne der Fröbel-Pädagogik stand das Spiel an oberster Stelle des tief in der Praxis

---

[83] In Schweden wurde das Wahlrecht für Frauen im Jahr 1921 eingeführt.

verwurzelten Ausbildungsprogramms. Die große Bedeutung, die damals dem Praktikum im Rahmen der Ausbildung zukam, blieb auch in den Jahrzehnten danach bestehen. Die Ausbildungseinrichtungen gaben dann auch die ersten Richtlinien für Kinderbetreuungseinrichtungen heraus (Johansson 1998, 2004; Martin Korpi 2006; Tallberg Broman 1995).

In den 1930er Jahren hatten die Kinderpsychologie und die Entwicklungspsychologie großen Einfluss auf die Entwicklung der modernen Frühpädagogik und auf die pädagogische Ausbildung insgesamt (Johansson 1994). Im Jahre 1935 wurden zwei neue Ausbildungseinrichtungen für frühpädagogische Fachkräfte gegründet, welche sich von den herkömmlichen Fröbelschen Ausbildungsschulen grundlegend unterschieden. Eine der beiden Einrichtungen war das *Socialpedagogiska Seminariet* (Sozialpädagogische Seminar), das von Alva Myrdal[84] geleitet wurde, die ihrerseits in der wachsenden Bewegung für öffentliche Kinderbetreuung in Schweden eine wichtige Rolle spielte. Sie war aktiv an der Entwicklung und Umsetzung der modernen Sozialpolitik in Schweden beteiligt und prominentes Mitglied der Sozialdemokratischen Partei, die seit den späten 1930er Jahren bis in die Mitte der 1970er Jahre durchgehend die Regierung stellte (Martin Korpi 2006). Alva Myrdal vertrat den Standpunkt, dass wissenschaftliche Erkenntnisse, etwa aus der Psychologie, zu einem besseren Verständnis führen würden, wie sich qualitativ hochwertige Bildung für Kinder staatlich am besten organisieren ließe und die Entwicklung einer demokratischen Gesellschaft gefördert werden könne. Die zu jener Zeit vorherrschenden autoritären Kindererziehungspraktiken müssten so durch eine auf Solidarität abzielende Bildung ersetzt werden. Johansson zufolge „... stand der religiös angehauchte und autoritäre Bildungsansatz der Fröbel-Bewegung im Widerspruch zu dem radikal-säkularen und antiautoritären Ansatz von Alva Myrdal" (Johansson 1994, S. 113).

Alva Myrdal führte das Konzept *storbarnkammare* (in etwa: umfassende Kinderbetreuung) ein, das für alle Kinder eine Ganztagsbetreuung vorsah und somit den Müttern ermöglichte, einer außerhäusigen Beschäftigung nachzugehen und am öffentlichen Diskurs teilzunehmen (Martin Korpi 2006; Myrdal in Kärrby 2000, S. 7). Diese Vorstellungen waren die Grundlage für die Entwicklung eines integrierten Bildungs- und Betreuungssystems für kleine Kinder, das in den frühen 1970er Jahren eingeführt wurde. Alva Myrdal war weiterhin der Auffassung, dass die Kommunen für die Leitung der Kindergärten zuständig sein sollten und der Staat die Ausbildung des Personals in solchen Einrichtungen organisieren und überwachen sollte (Martin Korpi 2006). Im Jahr 1944 wurde eine weitere neue Ausbildungseinrichtung gegründet, und 1945 erhielten diese Einrichtungen zum ersten Mal staatliche Fördergelder (Tallberg Broman 1995).

3. Verlust an Macht und Einfluss – Zuständigkeit für die Ausbildung wird dem Staat übertragen (1962)

Die 1960er Jahre markierten einen bedeutenden Zeitraum für den in der Entwicklung begriffenen Bereich der Kinderbetreuung, die pädagogische Ausbildung eingeschlossen. Im Jahr 1962 wurde dem Staat die Zuständigkeit für die Ausbildung frühpädagogischer Fachkräfte sowie die Aufsicht darüber übertragen, und 1964 gab die Staatliche Behörde für Bildung *(Skolöverstyrelsen)* die ersten Richtlinien heraus. Gleichzeitig wurden neue Qualifikationsanforderungen an das Leitungspersonal der bestehenden Ausbildungseinrichtungen *(Förskoleseminarier)* gestellt. Es musste nun einen Universitätsabschluss vorweisen, den die meisten der Leiterinnen

[84] *Alva Myrdal war elf Jahre lang Leiterin des Socialpedagogiska Seminariet.*

nicht hatten. Deshalb wurden diese Frauen oftmals durch Männer mit einem höherwertigen formalen Hochschulabschluss – zumindest einem Bachelorabschluss – ersetzt, die aber häufig keine oder nur geringe Erfahrung in der Arbeit mit (kleinen) Kindern hatten. Das offensichtliche Resultat war, dass das weibliche Ausbildungspersonal im Feld der Frühpädagogik seinen Einfluss zugunsten der Männer mit Hochschulabschluss verloren hatte.

Mit diesem Wandel veränderten sich auch Inhalt und Struktur der Ausbildung vollkommen. Die relative Freiheit der Ausbildungseinrichtungen, Einfluss auf Lehrplaninhalte zu nehmen, wurde durch ein zentralisiertes, bis ins Einzelne streng geregeltes Curriculum eingeschränkt.

→ Standen die Ausbildungsprogramme zu Beginn des 20. Jahrhunderts noch stark unter dem Einfluss der Fröbelschen Pädagogik mit ihrer eigenen Theorie und Praxis, nahm im neuen Programm die Kinder- bzw. Entwicklungspsychologie eine dominante Stellung ein, wobei die Beobachtung des Kindes und eine systematische pädagogische Praxis zu wichtigen Schwerpunkten wurden. Das Ausmaß der Detailregelung brachte es mit sich, dass selbst die Anzahl der Stunden für vorgesehene Fächer festgelegt war (Johansson 1994; Karlsson Lohmander 2004). Im Jahre 1961 wurden zwei neue Ausbildungseinrichtungen eröffnet, und insgesamt rund 200 frühpädagogische Fachkräfte machten jährlich ihren Abschluss an den sieben damals bestehenden Ausbildungseinrichtungen.

Im Jahr 1968 wurde ein Staatlicher Ausschuss Kinderbetreuung *(Barnstugeutredningen)* eingerichtet, der durch Ziele und Leitlinien dem schwedischen Kinderbetreuungswesen die zukünftige Richtung weisen sollte. Die Absicht war, soziale sowie bildungs- und betreuungsbezogene Bedürfnisse miteinander in Einklang zu bringen. Dieser Ausschuss veröffentlichte 1972 einen Bericht (SOU 1972:27, S. 26f.) mit der Forderung, das bis dahin existierende Zweiklassensystem – „Betreuung" für die armen Kinder und „Bildung" für jene aus besseren Verhältnissen – durch ein System zu ersetzen, das Betreuung und Bildung miteinander verbinden und zwei konsequente Ziele verfolgen müsse:

- Eltern sollten Elternschaft und Berufstätigkeit oder Studium miteinander vereinbaren können.
- Kinder sollten unterstützt und ermutigt werden und unter Bedingungen aufwachsen können, die ihrem Wohlbefinden dienlich sind (National Agency for Education 2000).

In einem solchen System käme Kindertageseinrichtungen eine tragende Rolle zu. Neben familienpolitischen Leistungen, wie zum Beispiel bezahlter Elternurlaub, wäre die frühkindliche Bildung als Eckpfeiler eines staatlich finanzierten Familienförderungssystems etabliert, und das Ministerium für öffentliche Gesundheit und Wohlfahrtspflege fungierte als Aufsichtsorgan.

Nach dem staatlichen Bericht zur Kinderbetreuung wurde 1975 ein Bericht über die Ausbildung von Fachkräften im Elementarbereich unter dem Titel „Bildung in Kooperation" (*Utbildning i samspel*, SOU 1975:67) veröffentlicht. In diesem Bericht wurde die Ausbildung frühpädagogischer Fachkräfte von den Grundprinzipien der Frühpädagogik her beschrieben. In der Folge veränderten sich Inhalt und Struktur der Ausbildung: Aus dem zuvor zentralisierten, streng geregelten, leicht fragmentierten Curriculum wurde ein stärker vereinheitlichtes Programm, in dem die Gruppenarbeit zu einem wichtigen Modus des Lernens und Lehrens wurde (Karlsson Lohmander 2004).

In den Folgejahren begannen die Zahl der Ausbildungseinrichtungen sowie der Absolventinnen und Absolventen wie auch das Ansehen des pädagogischen Berufs signifikant zu steigen. Während in den frühen 1960er Jahren, wie bereits erwähnt, rund 200 frühpädagogische Fachkräfte pro Jahr ausgebildet wurden, waren es 1971 bereits über 2.000 Absolventinnen und Absolventen, die an landesweit 21 Einrichtungen *(Förskoleseminarier)* ihre Ausbildung zur frühpädagogischen Fachkraft abgeschlossen hatten. Gegen Ende der 1970er Jahre war die Zahl der Absolventinnen und Absolventen auf rund 5.000 gestiegen (Martin Korpi 2006). Ein Grund dafür war das Wachstum des staatlich finanzierten Kinderbetreuungssektors und der signifikante Anstieg der Zahl der Frauen, die zu Beginn der 1970er Jahre auf den Arbeitsmarkt drängten. Es war auch die ausdrückliche Politik der damals regierenden Sozialdemokratischen Partei, die Chancengleichheit von Männern und Frauen zu fördern. Die Entwicklung des Bereichs der frühkindlichen Bildung und der Ausbildung frühpädagogischer Fachkräfte ist so erkennbar eng verbunden mit dem sozialen Fortschritt der schwedischen Gesellschaft. Nach Dahlberg, Moss und Pence (1999) „trieb der Diskurs über eine umfassende Frühpädagogik, der in den 1930er Jahren im Kontext des Aufbaus eines ausgedehnten Wohlfahrtsstaates seinen Anfang nahm, die Vorstellung voran, dass frühpädagogische Einrichtungen zur Entstehung eines Gemeinschaftsgeistes beitragen, und erweiterte diesen Beitrag um weitere soziale Errungenschaften wie Freiheit, Emanzipation, Geschlechtergleichheit und Solidarität zwischen verschiedenen gesellschaftlichen Gruppierungen" (S. 65).

4. Die Begegnung zweier unterschiedlicher Traditionen – Eingliederung der Ausbildung in das Hochschulsystem (1977)

Im Jahre 1977 wurde die Ausbildung frühpädagogischer Fachkräfte zusammen mit vielen anderen Berufsausbildungen in das Hochschulsystem eingegliedert. Seit dieser Zeit werden frühpädagogische Fachkräfte auf Hochschulniveau ausgebildet. Gleichzeitig wurde die Zuständigkeit für die frühpädagogische Ausbildung von der Staatlichen Behörde für Bildung auf die Staatliche Behörde für das Hochschulwesen *(Universitets- och Högskoleämbetet)* verlagert. Die Ausbildung musste nun auf der Grundlage von Forschungserkenntnissen aufgebaut und der internationale Aspekt gestärkt werden, indem zum Beispiel auch fremdsprachige Literatur (häufig in Englisch) berücksichtigt wurde.

Dieser Übergang war nicht problemlos. Die Begegnung zweier in unterschiedlichen Traditionen verankerten Kulturen mit ihren jeweils eigenen Definitionen von Wissen und Bildung führte zu Spannungen. Traditionell bestand ein markanter Unterschied zwischen der an speziellen pädagogischen Ausbildungseinrichtungen *(Förskoleseminarier)* angesiedelten beruflichen Ausbildung frühpädagogischer Fachkräfte und der klassischen Hochschulausbildung. Eine bedeutsame Differenz betraf das Verhältnis zwischen Theorie und Praxis (Carlgren & Marton 2000). In der damaligen Ausbildung frühpädagogischer Fachkräfte wurde die Praxis oft als angewandte Theorie begriffen, und das Ausbildungspersonal im Elementarbereich sah sich nun mit neuen Anforderungen nach mehr Wissenschaftlichkeit konfrontiert. Die Ausbildenden „hatten oftmals den Eindruck, dass ihr praxisbasiertes implizites Wissen, das sie außerhalb der Universität gewonnen und sich angeeignet hatten, von den Vertretern der traditionell an Fachdisziplinen orientierten Universitäten, die theoriebasiertes wissenschaftliches Wissen auf ihrer Fahne trugen", aber über wenig Erfahrung in der beruflichen Ausbildung verfügten (Johansson 2000), „abgewertet wurde" (Karlsson Lohmander 2004, S. 26).

In der Zeit dieses Übergangs wirkten an den Ausbildungseinrichtungen *(Förskoleseminarier)* hauptsächlich zwei Arten von Lehrkräften: Lehrende eines Faches, die entweder einen Bachelorabschluss in Erziehungswissenschaft und/oder Psychologie oder einen Abschluss zum Beispiel in Musik oder der Bildenden Kunst hatten, und die sogenannten Lehrenden für Methoden. Diese Lehrkräfte waren frühpädagogische Fachkräfte, die direkt aus der beruflichen Praxis (in Elementareinrichtungen) angeworben worden waren und Theorie und Praxis miteinander verbinden sollten. Damals waren nur wenige Ausbilderinnen und Ausbilder promoviert. Um dies zu ändern, wurden Kurse eingerichtet, in denen die Qualifikationen insbesondere der Lehrenden für Methoden erweitert wurden. In den darauf folgenden Jahren absolvierten viele frühpädagogische Fachkräfte diesen Kurs, von denen einige schließlich ein Promotionsstudium aufnahmen. Im Jahr 1983 wurde der landesweit dritten frühpädagogischen Fachkraft (für Methodenlehre) der Doktorgrad verliehen (Pramling 1983).

Eine Folge der Verlagerung der Ausbildung frühpädagogischer Fachkräfte an die Universität war, dass das früher von der Staatlichen Behörde für Bildung ausgegebene und bis ins Einzelne geregelte Curriculum durch ein weitaus weniger detailliertes Curriculum ersetzt wurde, das der einzelnen Hochschule mehr Freiheiten gab. Trotz geringerer Regulierung und inspiriert durch die Theorien von Sigmund Freud, Erik H. Erikson und Jean Piaget blieben Kinder- bzw. Entwicklungspsychologie, die Beobachtung des Kindes und pädagogisch-didaktische Methoden wichtige inhaltliche Schwerpunkte der frühpädagogischen Ausbildung. Die sozio-emotionale Entwicklung und das Wohl des Kindes standen zwar immer noch im Mittelpunkt, aber Fragen des professionellen Selbstverständnisses und Erkenntnisse aus den Sozialwissenschaften bekamen nun mehr Gewicht (Karlsson Lohmander 2004).

Im Jahr 1980 wurde das Studium auf zweieinhalb Jahre (fünf Semester) verlängert und die frühere Zugangsvoraussetzung eines rund sechsmonatigen Vorpraktikums in einer Einrichtung oder Familie mit kleinen Kindern abgeschafft. Ein Grund für die Änderung war, dass Studierende Schwierigkeiten hatten, Praktikumsplätze zu finden, die hohen Qualitätsansprüchen genügten. Stattdessen wurde praktische Erfahrung in der Arbeit mit kleinen Kindern in die Ausbildung integriert, sodass die Studierenden das erste Semester zum größten Teil an Praktikumsplätzen in verschiedenen Kindertageseinrichtungen verbrachten. Dieses Programm blieb über zehn Jahre lang unverändert. In der Folgezeit wurde die Ausbildung frühpädagogischer Fachkräfte in den Jahren 1993, 2001 und jüngst 2011 drei weiteren großen Reformen unterzogen.

5. Die Reform von 1993: Bachelor in Erziehungswissenschaft für Kinder- und Jugendbildung

Mit dem Hochschulgesetz von 1992 und der Prüfungsrichtlinie von 1993[85] wurde die Ausbildung frühpädagogischer Fachkräfte im Jahr 1993 noch einmal verlängert – von zweieinhalb auf drei Jahre – und die Zahl der erforderlichen Leistungspunkte[86] von 100 auf 120 erhöht, Praktika mit eingeschlossen. Nach dem Hochschulgesetz (§ 1 Abs. 9) „sollte eine Hochschulausbildung – unabhängig von der jeweiligen Spezialisierung – den Erwerb von Wissen und Einstellungen begünstigen, die Gleichberechtigung voranbringen, die Forschung fördern (das

[85] *Seit 1993 findet die formale staatliche Steuerung der Hochschulen mittels allgemeiner Regeln und übergreifender Leitlinien im Rahmen von Hochschulgesetzen und Prüfungsbestimmungen statt.*

[86] *Das System der Leistungspunkte wurde 1977 im Zuge der Eingliederung der Ausbildung frühpädagogischer Fachkräfte in das Hochschulsystem eingeführt.*

gesamte Lehrangebot sollte forschungsbasiert sein) und die Entwicklung von internationalen Perspektiven und Kontakten unterstützen" (Karlsson Lohmander 2004, S. 27). Die Studierenden konnten nach Beendigung des Studiums einen Hochschulabschluss (Bachelor in Erziehungswissenschaft für Kinder- und Jugendbildung) vorweisen. Die Zahl der Leistungspunkte bildet das Punktesystem ab, das an schwedischen Hochschulen vor der Umsetzung des Bologna-Vertrags benutzt wurde: 20 Leistungspunkte entsprachen einem Semester (20 Wochen) Vollzeitstudium. Nach dem heute gebräuchlichen System entsprechen 120 Leistungspunkte 180 Credit Points[87].

Verglichen mit den vorangegangenen Ausbildungsprogrammen waren Spuren von Fröbels Kindergartenpädagogik und der Fröbelschen Ausbildungsschule immer noch sichtbar, indem Spiel und die kreative Beschäftigung weiterhin einen Schwerpunkt bildeten. Ein markanter Unterschied bestand jedoch darin, dass die Hochschultradition der Fachdisziplinen über die Tradition der beruflichen Ausbildung gestellt wurde. Die auf Dezentralisierung zielende Reform des schwedischen Schulsystems[88] in den frühen 1990er Jahren hatte auch Konsequenzen für die pädagogische Ausbildung. Nun konnten die Universitäten selbst entscheiden, wie die von der Staatlichen Agentur für Hochschulbildung *(Högskoleverket)* im Hochschulgesetz und in der Prüfungsrichtlinie festgelegten übergreifenden Ziele und Leitlinien zu interpretieren sind. Theoretisch konnte jede Hochschule „über die Zuweisung von Ressourcen zugunsten der verschiedenen ‚Fächer' selbst bestimmen und sich mehr oder weniger stark auf das eine oder andere Ziel konzentrieren" (a. a. O., S. 28). Doch die Forderungen nach gleicher Qualität in den Bildungsangeboten der einzelnen Hochschulen blieben bestehen.

Mit dieser Reform waren eindeutige Vorteile für die Hochschulen verbunden, da diese nun mehr Flexibilität in Haushaltsfragen hatten. Ferner konnten die Studiengänge stärker auf lokale Gegebenheiten ausgerichtet und mit der an der einzelnen Hochschule durchgeführten Forschung verknüpft werden. Das bedeutete aber auch, dass sich das der praktischen Ausbildung beigemessene Gewicht zugunsten der theoretischen Ausbildung und zulasten des Praktikums verschieben konnte. Johansson (2000) zufolge hatte die Profession „allmählich die Macht und den Einfluss auf die Praxis und die Pädagogikausbildung verloren, die sie zu Beginn des Jahrhunderts gegenüber einzelnen staatlichen Körperschaften wie dem Ministerium für öffentliche Gesundheit und Wohlfahrtspflege und später dann gegenüber der Staatlichen Agentur für Bildung und dem Bildungs- und Wissenschaftsministerium hatte, in deren Hände nun die gesamte Planung liegt" (S. 85).

Aufgrund von Einschnitten in der Finanzierung des Ausbildungsprogramms ging ferner die Zahl der angebotenen Lehrveranstaltungen zurück, sodass die Ausbildung frühpädagogischer Fachkräfte eher einem herkömmlichen Hochschulstudium glich, bei dem von den Studierenden erwartet wird, einen Großteil ihrer Ausbildung mit Selbststudium zu verbringen.

---

[87] *Als im Jahr 2007 alle schwedischen Hochschulen ihre Studiengänge gemäß dem Bologna-Vertrag anpassten, ersetzten sie „Leistungspunkte" durch Credit Points (= „Hochschul-Leistungspunkte").*

[88] *Im Zuge der Reform zur Dezentralisierung wurde die staatliche Steuerung des Schulsystems auf die Kommunen übertragen. Seither wird das gesamte Bildungssystem über Ziele gesteuert – und nicht mehr anhand von detaillierten Anweisungen und Regelungen. Entscheidungsbefugnisse sind weitgehend lokalen Behörden übertragen worden; außerdem sollten Entscheidungen möglichst nahe an den und durch die Menschen getroffen werden, die die Auswirkungen der Entscheidungen zu tragen haben. Dem Gesetzesvorschlag (1989/90:41) zufolge beabsichtigte die Reform, auch den öffentlichen Sektor weiter zu demokratisieren.*

6. Führen und lernen – einheitliche auf Kooperation und Entwicklung zielende Ausbildung (2001 – 2011)

Drei unterschiedliche staatliche Evaluationen der pädagogischen Ausbildung Mitte der 1990er Jahre (Gran 1995; Högskoleverket 1996; Utbildningsdepartmentet 1996) führten zu einer grundlegenden Reform der Pädagogikausbildung (SOU 1999:63). Wie bereits erwähnt, hatten die Reform zur Dezentralisierung und die Umstellung im Modus der politischen Steuerung des Schulwesens auf Ziel- und Ergebnisvorgaben Folgen für die pädagogische Ausbildung. Den besagten Evaluationen zufolge hatte die Pädagogikausbildung ihre Identität verloren, war zu sehr fragmentiert und ging nicht angemessen auf die Ansprüche und Anforderungen des Berufsstandes ein (Johansson 2004; Karlsson Lohmander 2004). Als Reaktion darauf behauptete Lindberg (2002), dass es dem in den Evaluationen gespiegelten Diskurs über die Pädagogikausbildung an einer klaren Konzeption mangele. Darüber hinaus träfen nach Johansson (2004) diese Evaluationen auf die Ausbildung von Lehrkräften für die Pflichtschule und die Sekundarstufe II zu, nicht aber auf die Ausbildung frühpädagogischer Fachkräfte, die immer noch als einheitliches Berufsbildungsprogramm angelegt sei.

Ein weiterer Grund für die neuerliche Reform war die fortwährende Debatte darüber, wie die bestehende Kluft zwischen dem Elementar- und dem Pflichtschulbereich am besten zu überwinden sei. Dieses Thema war von staatlichen Kommissionen schon lange diskutiert worden (z. B. SOU 1975/76:39), und 1996 wurde die Zuständigkeit für den Elementarbereich vom Ministerium für Gesundheit und Wohlfahrtspflege auf das Bildungs- und Wissenschaftsministerium übertragen, wobei der Elementarbereich die erste Stufe eines lebenslangen Lernprozesses bilden sollte. Zwei Jahre später, 1998, wurde das erste Curriculum für den Elementarbereich aufgelegt, das einer soziokulturellen Perspektive auf das Spielen und Lernen des Kindes folgte. Dieses Curriculum umriss die übergreifenden Ziele und Grundwerte (Demokratie) und wurde von einer ganzheitlichen Perspektive geleitet. Der Elementarbereich soll „… das Fundament für lebenslanges Lernen legen" und allen Kindern die Möglichkeit bieten, sich zu entwickeln und zu lernen, „wobei Betreuung, Erziehung und Lernen ein kohärentes Ganzes bilden" (Utbildningsdepartementet 1998, S. 4). Mit welchen Mitteln die Ziele zu erreichen sind, wurde in dem Curriculum nicht ausgeführt. Darüber zu befinden war die Aufgabe der frühpädagogischen Fachkräfte in den einzelnen Einrichtungen. Im Auftrag der Staatlichen Agentur für Bildung schrieben Pramling Samuelsson und Sheridan (1999) ein ergänzendes Buch mit dem Ziel, „die Theorien" des Curriculums „in die Praxis" umzusetzen.

→ Das gesamte Bildungssystem für die Altersgruppen von ein bis zu 19 Jahren war nun durch drei Curricula basierend auf ein und derselben Bildungsphilosophie abgedeckt, der zufolge der Elementarbereich die erste Stufe in einem lebenslangen Lernprozess darstellt. Das vereinheitlichte Bildungssystem hatte Auswirkungen auf die pädagogische Ausbildung; denn in den einzelnen pädagogischen Studiengängen musste sich ein ähnlicher gemeinsamer Ansatz der Wissensbildung und des Lernens wie in den Curricula widerspiegeln.

Im Jahr 2001 wurde die pädagogische Ausbildung vereinheitlicht und die Unterscheidung zwischen den zuvor bestehenden acht Ausbildungsprogrammen und den verschiedenen Arten pädagogischer Fachkräfte aufgehoben; entsprechend wurden die Bezeichnungen „Lehrkraft für den Elementarbereich" und „Grundschullehrkraft" durch den Begriff „frühpädagogische Fachkraft" ersetzt. Diese Fachkräfte wurden für die Arbeit mit Kindern in Elementareinrichtungen und den ersten Jahren der Pflichtschule, also für die Arbeit mit Kindern zwischen einem und sieben oder acht Jahren, ausgebildet (SOU 1999:63; Karlsson Lohmander 2004). Die Ausbildung zeichnete sich durch drei markante Merkmale aus: Reflexion, wissenschaftliche Kenntnisse und Integration. Das Ziel des neuen Ausbildungskonzepts war es, Studierende zur Reflexion über die Praxis anzuleiten und durch Einbeziehung der Methodenlehre in die Ausbildung die wissenschaftlichen Wissensgrundlagen in der Pädagogik zu steigern. Die Ausbildung sollte so organisiert sein, dass die einzelnen Ausbildungsbestandteile integriert sind und im Laufe des Studiums klar aufeinander aufbauen. Ein weiteres wichtiges Merkmal war die Einführung optionaler Elemente, mit deren Hilfe die Studierenden ihre eigenen beruflichen Profile entwickeln konnten. Damit war auch die Hoffnung verbunden, dass die Studierenden mehr Einfluss auf ihre Ausbildung nehmen könnten.

Die zugrunde liegende Bildungsphilosophie basierte auf einer soziokulturellen Perspektive auf das Lernen. Einige der prägenden Grundprinzipien lauteten:

- Formale Bildung beginnt im Elementarbereich.
- Das Konzept des lebenslangen Lernens ist hervorzuheben.
- Lernen ist sowohl ein sozialer als auch ein edukativer Prozess.
- Die Schule bietet ein Feld für soziale und kulturelle Begegnungen.
- Pädagogische Fachkräfte sind Mentorinnen und Mentoren, von denen erwartet wird, dass sie generell die Entwicklung von Kindern strukturieren und fördern.
- Bildung sollte die Kreativität, Vorstellungskraft, Flexibilität und Problemlösungsfähigkeit von Kindern fördern und anregen (Karlsson Lohmander 2004, S. 30).

Lindberg (2002) zufolge stellen diese Änderungen, gemessen an früheren Programmen, eine sehr grundlegende Reform mit weitreichenden Implikationen für den pädagogischen Beruf dar; denn das von der pädagogischen Fachkraft initiierte bzw. strukturierte Unterrichten werde durch einen stützenden Ansatz ersetzt, bei dem der Fokus auf der Förderung des kindlichen Lernens liegen sollte.

7. Zur Ausbildung frühpädagogischer Fachkräfte

Die folgenden Ausführungen gelten noch für weitere zwei bis drei Jahre, d. h. bis die jetzigen Studierenden ihren Abschluss gemacht haben werden. Das Programm selbst läuft noch bis zum Jahr 2018, damit auch die Studierenden, die mit ihrem Studium im Rückstand sind, ihre Ausbildung auf dieser Grundlage abschließen können.

Das Programm von 2001 baut auf drei zusammenhängenden Wissensgebieten auf. Es erstreckt sich über einen Zeitraum von dreieinhalb Jahren und sieht vor, dass Studierende der Pädagogik, die als frühpädagogische Fachkräfte arbeiten möchten, 210 Credit Points erwerben. Danach sind sie qualifiziert, im Elementarbereich mit den jüngsten Kindern (ein bis fünf Jahre), in Vorschulklassen (sechsjährige Kinder) und in den ersten Klassen der Pflichtschule (sieben- bis achtjährige Kinder) wie auch in der Hortbetreuung von Schulkindern zu arbeiten.

Die folgenden drei verknüpften Wissensgebiete strukturieren das Programm:

1. Allgemeinbildendes Studium mit Fokus auf berufsrelevanten Themen
2. Fachstudium
3. Spezialisierung im Vertiefungsstudium

Im Rahmen des allgemeinbildenden Studiums bearbeiten alle Studierenden die gleichen Inhalte. Um Studierende unterschiedlicher sozialer Herkunft zu motivieren, voneinander zu lernen, werden sie ungeachtet der jeweils gewählten Spezialisierung im Hinblick auf eine bestimmte Altersgruppe von Kindern in Studiengruppen eingeteilt. Die Integration von Kursmodulen aus diesem Wissensgebiet soll erreichen, dass die Studierenden über eine gemeinsam geteilte Wissensgrundlage auf dem Feld der pädagogischen Theorie und Praxis verfügen. Im Rahmen des Fachstudiums und bei der Spezialisierung im Vertiefungsstudium haben die Studierenden Wahlmöglichkeiten.

Landesweit haben die einzelnen Hochschulen den Studiengang mit jeweils eigenen, leicht unterschiedlichen Akzenten ausgestaltet. Grundsätzlich ist das Studium so strukturiert, dass die Studierenden sich erst nach einer gewissen Studienzeit spezialisieren.

Allgemeinbildendes Studium

In diesem Studienbereich müssen die Studierenden 90 Credit Points (davon mindestens 15 im Rahmen von Praktika) erwerben. Dieser Teil des Studiums sollte sowohl Wissensgebiete umfassen, die für die pädagogische Tätigkeit von zentraler Bedeutung sind – z. B. Pädagogik, Sonderpädagogik, Entwicklung des Kindes und des Jugendlichen –, als auch interdisziplinäre, übergreifende Themen wie Sozialisation, Konfliktlösung, Demokratie und Grundwerte bzw. Grundprinzipien berücksichtigen.

Fachstudium (themenbezogene Vertiefung)

In diesem Studienabschnitt müssen die Studierenden 60 Credit Points (davon mindestens 15 im Rahmen von Praktika) erwerben. Hier sollen Kenntnisse zur altersgemäßen Vermittlung unterschiedlicher Themengebiete, zum Beispiel in Sprache und Mathematik, erworben werden.

Spezialisierung im Vertiefungsstudium

Im Rahmen der Spezialisierung müssen Studierende 60 Credit Points erwerben. Ziel ist es, auf zuvor erworbenem Wissen aufzubauen, eine frühere Spezialisierung zu vertiefen, bereits erworbene Kompetenzen zu erweitern oder eine zusätzliche ergänzende Kompetenz zu erwerben (Karlsson Lohmander 2004; Oberhuemer, Schreyer & Neuman 2010).

Im Rahmen der Ausbildung finden die Praktika in einer Kindertageseinrichtung, einer Vorschulklasse, einem Schülerhort und gelegentlich in den ersten Klassen der Pflichtschule statt.

Um die Studierenden zur systematischen Reflexion über das Wissen zu motivieren, das sie sich im Hinblick auf ihren zukünftigen Beruf erworben haben, müssen sie eine berufsrelevante Abschlussarbeit verfassen, für die 15 Credit Points vergeben werden. Ein wichtiges Element des Ausbildungsprogramms besteht darin, dass in der Berufspraxis stehende frühpädagogische Fachkräfte am Studienangebot der Bachelorstudiengänge teilnehmen und in vorgeschlagene Forschungsprogramme eingebunden werden können.

Inhaltlich wurde der bis dahin vorherrschende Diskurs über das Wohl des Kindes und dessen sozio-emotionale Entwicklung bis zu einem gewissen Grad durch einen Diskurs über das kindliche Lernen ersetzt. Das Konzept „des kompetenten Kindes" (z. B. Sommer 1996, 2005) wurde eingeführt, und die in den späten 1990er Jahren stattfindende Forschung in Disziplinen wie Soziologie und Erziehungswissenschaft sowie das aufkommende postmoderne Forschungsparadigma (Dahlberg, Moss & Pence 1999) wirkten sich auf die Studieninhalte aus. Aufgrund der Tatsache, dass staatliche Steuerung auf allgemeine Regeln und übergreifende Leitlinien (Hochschulgesetz und Prüfungsrichtlinie) rekurriert, können sich die einzelnen

Hochschulen, sofern sie diese Regeln und Leitlinien einhalten, auf bestimmte Wissensgebiete konzentrieren, die mit ihrer speziellen Forschung verknüpft sind.

Beispielhaft dafür steht die Forschung über das kindliche Lernen, in deren Zusammenhang das Konzept der „Entwicklungspädagogik" (Pramling 1994; Sommer, Pramling Samuelsson & Hundeide 2010) eingeführt wurde, um an die Stelle der traditionellen Kinder- bzw. Entwicklungspsychologie zu treten, bei der die Entwicklung des Kindes als Abfolge allgemeiner Entwicklungsstufen diskutiert wird. Diese Forschungsrichtung wird besonders intensiv an der Universität Göteborg betrieben und bildet sich auch in den Vorlesungen und Kursinhalten ab. Sie basiert auf soziokulturellen Perspektiven auf das Lernen, wobei Wissenschaftler in der Tradition von Vygotsky und Neo-Vygotskianer (z. B. Säljö 2010) die Dominanz von Piagets Theorie zurückdrängen. Weitere Hochschulen legen ihren Schwerpunkt auf andere Wissensgebiete. Im Elementarcurriculum (Utbildningsdepartementet 1998) ist das Spiel aber noch immer ein wichtiger Faktor, nun allerdings im Hinblick auf das Lernen (z. B. im Sinne des spielerischen Lernens oder des Lernens durch das Spiel), und Fröbels Theorien werden von der Bedeutung her diskutiert, die Fröbel für die Geschichte und Entwicklung der Kindertageseinrichtungen in Schweden hatte.

Abbildung 1: Ausbildung frühpädagogischer Fachkräfte – das Programm von 2001 im Überblick – ein Beispiel

SEMESTER	WISSENSGEBIETE/KURSMODULE	Credit Points
1	**ALLGEMEINBILDENDES STUDIUM 1**	
	– Lernbedingungen und -prozesse aus der Perspektive des Lernenden **(2 Wochen Praktikum)**	15
	– Wissensbildung und nachhaltige Entwicklung **(2 Wochen Praktikum)**	15
2	**FACHSTUDIUM**	
	– Gesellschaftlicher Kontext des Lernens und der Entwicklung von Kindern und Jugendlichen **(1 Woche Praktikum)**	15
	– Die Welten von Kindern und Jugendlichen **(2 Wochen Praktikum)**	15
3	**FACHSTUDIUM**	
	– Spiel, Kreativität und Lernen **(5 Wochen Praktikum)**	15
	– Didaktik — Zur Vereinbarkeit der Welten von Kindern und Jugendlichen mit dem öffentlichen Auftrag **(2 Wochen Praktikum)**	15

SEMESTER	WISSENSGEBIETE/KURSMODULE	Credit Points
4	**ALLGEMEINBILDENDES STUDIUM 2**	
	– Lernbedingungen und -prozesse aus gesellschaftlicher Perspektive **(3 Wochen Praktikum)**	15
	– Akademisches und wissenschaftliches Denken in Theorie und Praxis **(2 Wochen Praktikum)**	15
5	**Spezialisierung im Vertiefungsstudium**	
	– Die elementarpädagogische Einrichtung als eine Arena des Lernens von Kleinkindern über Andere, die Umwelt und sich selbst	15
	– Gemeinsames Lernen im Elementarbereich – Interaktion und Kommunikation von kleinen Kindern	15
	ODER	15
	– Multikulturelle Pädagogik	
	– Sonderschulpädagogik im Elementarbereich, in Schule und Gesellschaft	15
6	**SPEZIALISIERUNG IM VERTIEFUNGSSTUDIUM**	
	– Mathematik im Elementarbereich, in der Vorschulklasse, im Schülerhort und in den ersten Jahren der Grundschule	15
	– Frühkindliche Lese- und Schreibfähigkeiten	15
7	**ALLGEMEINBILDENDES STUDIUM 3**	
	– Lernbedingungen und -prozesse aus der Interaktionsperspektive **(1 Woche Praktikum)**	15
	– Prüfungsarbeit	15

Die Ausbildung findet hauptsächlich vor Ort an der Hochschule statt, aber es gibt auch Möglichkeiten, bestimmte Kursmodule online zu studieren. Die Lehrenden (Modulverantwortlichen) haben einen großen Freiraum bei der Gestaltung der Kursmodule, solange sie den Lehrplan einhalten und die Budgetgrenzen nicht überschreiten. Je nach Profil der einzelnen Module sind in einigen Fällen in erheblichem Umfang kreative Elemente eingebracht worden. Es gibt eine Bandbreite an unterschiedlichen Vorlesungen, Seminaren und praxisorientieren Workshops. Die Praktika, die die Studierenden in Kindertageseinrichtungen ableisten, bleiben dabei ein wichtiges Merkmal des Studiengangs (30 Credit Points). Ferner verfügen die Hochschulen über eine elektronische Plattform, über die die Studierenden ihre Arbeiten und Aufgaben einreichen, auf die die Lehrenden dann eine schriftliche Rückmeldung geben können.

Um die Studierenden zu ermuntern, voneinander zu lernen, werden sie in Projektgruppen eingeteilt, die gemeinsame Arbeiten vorlegen. Da Bewertung und Benotung weiterhin individuell erfolgen, müssen die Studierenden in allen Modulen eine eigene Arbeit erstellen, die entweder mit „nicht bestanden“, „bestanden“ oder „mit Auszeichnung bestanden“ bewertet wird. Studierende mit Beeinträchtigungen (z.B. Legasthenie) sind willkommen und haben während ihres Studiums Anspruch auf Berücksichtigung dieser besonderen Umstände, zum Beispiel in Form von zusätzlicher technischer Unterstützung, mehr Zeit für Klausuren etc.

Vor dem Jahr 2001 waren die erziehungswissenschaftlichen Fachbereiche voll und ganz für die Organisation und Durchführung der pädagogischen Studiengänge zuständig. Dies änderte sich mit der Einrichtung des Programms 2001. Statt einer alleinigen Zuständigkeit der erziehungswissenschaftlichen Fachbereiche für die Ausbildung pädagogischer Fachkräfte lag die Verantwortung nun bei der gesamten Hochschule. Dieses Konzept wurde landesweit je nach Hochschule in unterschiedlicher Weise in die Praxis umgesetzt. An der Universität Göteborg entstanden in diesem Zusammenhang neue Fakultäten, die sich für bestimmte Kursmodule im Programm engagierten und dafür die Zuständigkeit bekamen. Johansson (2004) wies in seiner Evaluation auf das potenzielle Problem hin, wenn Fachbereiche ohne besondere Kenntnis des pädagogischen Berufsfeldes die Gesamtverantwortung für verschiedene Kursmodule zur Abdeckung von Wissensgebieten haben, die nicht den traditionellen Schulfächern entsprechen. Für ihn war die Gefahr offensichtlich, dass die zuvor in der Praxis verwurzelten Inhaltsbereiche durch eine disziplinbasierte, fächerorientierte, traditionelle pädagogische Ausbildung ersetzt würden.

Alternative Wege

Seit 2007 haben praxiserfahrene frühpädagogische Fachkräfte ohne ein abgeschlossenes Studium an einer schwedischen Universität oder mit einem Abschluss an einer ausländischen Hochschule, aber ohne formale pädagogische Qualifikation, die Möglichkeit, einen alternativen Weg zu beschreiten. Dieser besteht in einem Aufbaustudiengang, in dem im Allgemeinen 90 Credit Points im Rahmen eines internetbasierten Teilzeitstudiums erworben werden. Durch die individuelle Anerkennung früher absolvierter Kurse kann das Studium verkürzt werden.

In ähnlicher Weise können praxiserfahrene Kinderbetreuungskräfte[89] ergänzende Weiterbildungsangebote an Hochschulen absolvieren und dadurch die Qualifikation als frühpädagogische Fachkraft erwerben. An der Universität Göteborg umfasst dieses Programm ebenfalls 210 Credit Points, aber durch den Nachweis von Praxiserfahrung kann die Zahl der erforderlichen Leitungspunkte um 15 reduziert werden, was meistens einem Kursmodul entspricht. Die Kosten für diese Ausbildung werden teils von den Kommunen und teils von den Studierenden selbst getragen. Die Kommunen übernehmen die Kosten für Lehrbücher und für das Vertretungspersonal in den einzelnen Einrichtungen. Das Gehalt der studierenden Fachkräfte wird um den Tag, an dem sie einmal pro Woche an den von den Hochschulen angebotenen Kursen teilnehmen, entsprechend reduziert.

Probleme und Kritik

Einige Jahre nach Einführung des Programms von 2001 wurden kritische Stimmen laut. Ein Problem lag im Bereich des allgemeinbildenden Studiums und bezog sich auf den zugrunde liegenden Integrationsbegriff.

Bereits im Jahr 2000, also vor Start des Programms, hatte Beach auf die Tatsache hingewiesen, dass „frühere Forschung ein Problem mit Integration mittels der Festlegung gemeinsamer Inhalte aufgezeigt hat. Das Problem ist, dass unterschiedliche Kategorien von Studierenden un-

---

[89] *Etwa 46 Prozent der im Elementarbereich Beschäftigten sind Betreuungskräfte mit einer beruflichen Ausbildung.*

terschiedliche Vorstellungen über das für Pädagoginnen und Pädagogen erforderliche Wissen haben und die Studierenden deshalb unterschiedliches Engagement in den verschiedenen Teilen des Pädagogikstudiums an den Tag legen" (Beach 2000, S. 278).

Das allgemeinbildende Studium schien manchen Studierenden zu generell und ohne Relevanz für ihren zukünftigen Beruf als Pädagogin bzw. Pädagoge. Ein anderer Kritikpunkt bezog sich auf die anfänglich weitreichende Wahlfreiheit im gesamten Programm. War die Ausbildung frühpädagogischer Fachkräfte zuvor ein einheitliches Programm, das auf eine ganz eigene Berufspraxis – die Arbeit im Elementarbereich – ausgerichtet war, mussten die Studierenden in dem Programm von 2001 nun ihren eigenen spezifischen Weg durch das System finden. Ferner gab es zu Beginn des Ausbildungsprogramms zu wenige Studierende, die sich auf die Arbeit im Elementarbereich spezialisieren wollten, was die Frage aufwarf: „Wer soll in Zukunft mit den unter fünfjährigen Kindern arbeiten?" (Johansson 2006).

In den Folgejahren wurden verschiedene Aspekte der im Programm von 2001 festgelegten pädagogischen Ausbildung evaluiert (Högskoleverket 2005, 2008). Ferner wurden etwa 8.000 Absolventinnen und Absolventen des Programms per Fragebogen nach ihrer Einschätzung befragt. Diese landesweiten Evaluationen fokussierten auf Aspekte wie die breitere Basis an Fachwissen, die Vernetzung mit der Forschung und das Praktikum. Die Ergebnisse bestätigten die zuvor schon festgestellten Tendenzen, dass nämlich die Wahlfreiheit für die Studierenden zu groß, das Anforderungsniveau auf dem Gebiet des allgemeinbildenden Studiums zu gering und die Vernetzung mit der Forschung nicht ausreichend wären. Den Evaluationen zufolge zeigte sich dieser Befund in der relativ niedrigen Zahl promovierter Mitglieder des Lehrkörpers und in der Tatsache, dass viele Abschlussarbeiten der Studierenden nur eine Beschreibung der Anwendung bestimmter pädagogischer Methoden im Elementarbereich oder in Schulen waren und keine Reflexion über die Wissensgrundlagen bzw. den theoretischen Ausgangspunkt der Arbeit stattfand.

8. Regierungswechsel 2006: Die Bildungspolitik hat Folgen für die pädagogische Ausbildung im Elementar- und Primarbereich

Im Jahr 2006 gab es einen Regierungswechsel. Seit den späten 1940er Jahren hatte die sozialdemokratische Partei mit wenigen Ausnahmen (1976–1982 und 1991–1994) die Regierung gestellt. Nun wurde sie von einer neoliberalen/neokonservativen Regierungskoalition abgelöst, die 2006 an die Macht kam und 2010 wiedergewählt wurde. Der Regierungswechsel hatte eindeutige Konsequenzen für das gesamte Bildungssystem, die pädagogische Ausbildung eingeschlossen. War zuvor die Ausbildung von Fachkräften für den Elementar- und Primarbereich eng mit der Familienpolitik verschränkt, wurde sie nun zu einer Schlüsselfrage in der Bildungspolitik. Die neue Regierung, insbesondere der Bildungsminister, setzte das Thema Bildung ganz oben auf die politische Agenda.

Unter Verweis auf die „schlechten" Schülerleistungen in internationalen Tests (PISA, TIMSS etc.) und die wichtige Rolle von Pädagoginnen und Pädagogen und deren Qualifikation wurden in den darauffolgenden Jahren zahlreiche Reformen durchgeführt, unter anderem wurde die pädagogische Ausbildung neu strukturiert, das Curriculum im Elementarbereich überarbeitet (Skolverket 2010) und ein neues Bildungsgesetz (SFS 2010:800) auf den Weg gebracht.

9. „Spitzenklasse" – eine nachhaltige pädagogische Ausbildung (2011)

Im Dezember 2008 unterbreitete der Bildungsminister einen Vorschlag für eine „stabile, langfristige, qualitativ hochwertige pädagogische Ausbildung, die sich auf den Inhalt des pädagogischen Berufs und auf vertieftes Fachwissen konzentriert" (Ministry of Education and Research 2008). Aus einer Analyse der für die spezifische pädagogische Arbeit in unterschiedlichen Bildungsbereichen erforderlichen Kompetenzprofile wurden drei verschiedene Vorschläge entwickelt – und zwar im Hinblick auf 1) übergreifende Perspektiven, 2) allgemeine Kompetenzen für alle Ebenen der pädagogischen Arbeit im Bildungssektor und 3) Schlüsselkompetenzen für altersbezogene Spezialisierungen.

Übergreifende Perspektiven

Das Programm der pädagogischen Ausbildung von 2011 zeichnet sich durch vier übergreifende Prinzipien aus:

- Wissenschaftlicher und kritischer Ansatz
- Historische Perspektive
- Internationale Perspektive
- Informationstechnologie als Bildungsressource

Der Vergleich zwischen dem Programm von 2001 und dem von 2011 zeigt einige markante Unterschiede. Gemessen an den Grundprinzipien (2001) und den übergreifenden Perspektiven (2011) scheinen soziokulturelle Ansätze im Programm von 2011 weniger klar formuliert zu sein als im Programm von 2001; die sozialen Aspekte des Lernens haben nicht denselben herausragenden Stellenwert. Und auch wenn ferner das allgemeinbildende Studium und die Spezialisierung im Vertiefungsstudium in beiden Programmen genannt sind, scheint das traditionelle, an Disziplinen orientierte Fachstudium im Programm von 2011 mehr Gewicht zu haben. Dies entspricht der Intention des Bildungsministers, auf „vertieftes Fachwissen" zu setzen. Doch im Rahmen der Ausbildung frühpädagogischer Fachkräfte bezieht sich das Fachstudium nicht auf traditionelle Schulfächer, sondern zum Beispiel auf die Frühphase der Lese- und Schreibfähigkeit, der mathematischen Bildung etc. Im Programm von 2011 finden sich noch Spuren soziokultureller Perspektiven in den Studieninhalten, der Lektüre und in der Art der Bildungsorganisation, wie etwa der Förderung des Voneinanderlernens, indem die Studierenden in Projekten zusammenarbeiten und gemeinsame Arbeiten erstellen.

Allgemeine Kompetenzen

Durch einen verbindlichen Grundbestand an Wissen und Fähigkeiten soll sichergestellt werden, dass Pädagoginnen und Pädagogen gut vorbereitet sind, um die Anforderungen des Berufes erfüllen zu können.

Spezifische Schlüsselkompetenzen

Die Evaluationen belegten, dass je nach Alter der Kinder und Jugendlichen unterschiedliche Anforderungen an die verschiedenen Gruppen von pädagogischen Fachkräften gestellt werden. Klar definierte Schwerpunktsetzungen im Studium würden angehende pädagogische Fachkräfte zu Spezialisten für unterschiedliche Altersgruppen machen. Entsprechend wurden wieder Fächer und Studiengänge mit altersspezifischen Spezialisierungen eingeführt:

- Abschluss in Frühpädagogik für die Arbeit im Elementarbereich (Kinder zwischen einem und fünf Jahren)[90]
- Abschluss für die Arbeit im Primarbereich mit drei möglichen Schwerpunkten:
  - Vorschulklasse (Sechsjährige) und 1. bis 3. Klasse (Sieben- bis Neunjährige) der Pflichtschule
  - 4. bis 6. Klasse der Pflichtschule (Zehn- bis Zwölfjährige)
  - Freizeitzentren und musische Fächer in den ersten Jahren der Pflichtschule
- Abschluss in einer Fachrichtung für die 7. bis 9. Klasse der Pflichtschule und für die 1. bis 3. bzw. 4. Klasse der Sekundarstufe II (Zwölf- bis Neunzehnjährige)
- Abschluss in Berufspädagogik

Hochschulen, die eines oder alle der genannten Programme anbieten wollten, mussten sich bei der Staatlichen Agentur für Hochschulbildung bewerben, um die Befugnis zur Verleihung der obigen Abschlüsse zu erhalten. Sie wurden auf den folgenden Gebieten evaluiert:

- Fachwissen
- Fachdidaktik
- Erziehungswissenschaft
- Praktikum – berufliche Praxis

Im Falle einiger Hochschulen bzw. Colleges wurde die Befugnis zur Verleihung dieser Abschlüsse nicht erneuert. Gegenwärtig (2012) werden frühpädagogische Fachkräfte landesweit an 18 Hochschulen bzw. Colleges ausgebildet.

Zur Ausbildung frühpädagogischer Fachkräfte im Jahr 2011

Die Ausbildung für frühpädagogische Fachkräfte verlangt nun 210 Credit Points, die in dreieinhalb Jahren bis zum ersten akademischen Abschluss (Bachelorabschluss) erworben werden. Nach dem Studium verfügen die Absolventinnen und Absolventen über einen Abschluss, der sie für die Arbeit im Elementarbereich (Kinder von eins bis fünf Jahren) und in der Vorschulklasse (sechsjährige Kinder) qualifiziert, aber – im Unterschied zur Ausbildung nach dem Programm von 2001 – nicht zur Arbeit in den ersten Klassen der Pflichtschule berechtigt. Deshalb werden Studierende für den Elementarbereich und Studierende für den Primarbereich nicht mehr in Gruppen zusammengefasst und besuchen nicht mehr dieselben Kursmodule. Ob dies für die Kooperation zwischen den beiden Gruppen pädagogischer Fachkräfte Folgen haben und den Übergang der Kinder vom Elementarbereich in die Schule erschweren wird, bleibt abzuwarten.

Der Bologna-Vertrag

Die im Jahr 2007 erfolgte Umstellung des schwedischen Hochschulsystems entsprechend dem Vertrag von Bologna hatte Auswirkungen auf die Struktur der Ausbildungsprogramme. Unter starker Betonung des Aspektes „Bewertung" müssen nun sämtliche Modullehrpläne in folgenden drei Bereichen auf messbare Lernergebnisse ausgerichtet sein:

---

[90] *Auch wenn das neue Programm frühpädagogische Fachkräfte formal nicht für die Arbeit in Vorschulklassen qualifiziert, können sie de facto immer noch dort tätig sein.*

- Wissen und Verstehen
- Fertigkeiten und Fähigkeiten
- Wertorientierungen

Noch verstärkt wird diese Ausrichtung dadurch, dass die Staatliche Agentur für Hochschulbildung in ihren regelmäßigen Evaluationen der an Hochschulen angebotenen Studiengänge besonders auf die Abschlussarbeiten (zum Erwerb des akademischen Grades) achtet. Kritiker sehen die Gefahr, dass dadurch einem traditionellen, disziplinorientierten Bildungsansatz mit einer zu starken Fokussierung auf Wissensinhalte bzw. Fachwissen Vorschub geleistet wird, statt auf das Entwickeln von Kompetenzen zu setzen, die vielleicht nicht so leicht messbar sind. Anders gesagt: Es stellt sich die Frage, ob die Lernergebnisse des erstgenannten Bereichs (Wissen und Verstehen) die beiden anderen Bereiche (Fertigkeiten und Fähigkeiten, Wertorientierungen) dominieren werden.

Eine negative Folge der Umstellung gemäß dem Bologna-Vertrag ist die nun bestehende Kluft zwischen den unterschiedlichen pädagogischen Studiengängen. Die Ausbildung für die Arbeit im Elementarbereich ist auf der ersten Stufe der Hochschulbildung angesiedelt (Bachelorabschluss) und nicht auf der fortgeschrittenen Stufe (Masterabschluss). Die Studiengänge für die Arbeit in der Vorschulklasse sowie im Primar- und Sekundarbereich bewegen sich auf Master-Niveau und sehen ein mindestens vierjähriges Studium vor. Wenn angehende frühpädagogische Fachkräfte ihr Studium bis zum Masterabschluss oder zur Promotion fortsetzen möchten, können sie sich in ihrem letzten Studiensemester für Kurse und eine Abschlussarbeit auf fortgeschrittenem Niveau entscheiden; zusätzlich müssen sie mindestens weitere 30 Credit Points erwerben und eine zweite Abschlussarbeit auf fortgeschrittenem Niveau anfertigen. Damit haben sie die Voraussetzungen für die Zulassung zum Master- bzw. Promotionsstudium.

Zulassungsvoraussetzungen

Um zum Studium gemäß dem Programm von 2011 zugelassen zu werden, müssen die Bewerberinnen und Bewerber sowohl die allgemeinen als auch die spezifischen Zulassungsvoraussetzungen erfüllen. Für das Studium zur frühpädagogischen Fachkraft wird der Abschluss der Sekundarstufe II vorausgesetzt. Die spezifischen Anforderungen beziehen sich auf drei Fächer: Englisch, Naturwissenschaften und Sozialwissenschaften.[91]

Struktur und Inhalt des Programms

Das Studium zur frühpädagogischen Fachkraft setzt sich aus drei miteinander verknüpften Wissensgebieten zusammen:

1. Erziehungswissenschaften
2. Fachstudium
3. Praktikum

---

[91] *Bis Juli 2011 gab es landesweit 17 verschiedene Bildungsangebote der Sekundarstufe II, die allesamt für den Hochschulzugang qualifizierten, sofern die Studierenden bestimmte Kursmodule wählten. Zum 1. Juli 2011 wurde die Ausbildung der Sekundarstufe II neu gefasst und bietet nun landesweit acht Angebote, die für den Hochschulzugang qualifizieren. Um die Hochschulzugangsberechtigung über die übrigen neun Bildungsangebote zu erwerben, müssen Studierende zusätzliche Kursmodule absolvieren.*

Auch hier können die einzelnen Hochschulen den Studiengang in unterschiedlicher Weise ausgestalten. Im Folgenden wird das von der Universität Göteborg (LUN, DNR G 2011/337) angebotene Programm skizziert. Alle Kursmodule werden auf Bachelor- und Master-Niveau durchgeführt.

1. Erziehungswissenschaften (60 Credit Points)
Dieses Wissensgebiet besteht aus vier integrierten und sich überschneidenden Themen:

1. Lernprozesse, Entwicklung und Didaktik
2. Curriculumtheorie, Organisation, Verlaufskontrolle und Bewertung von Lern- und Entwicklungsprozessen
3. Führung, Sonderpädagogik, Sozialbeziehungen und Konfliktlösung
4. Wissenschaftstheorie, Forschungsmethoden, Evaluation und Entwicklungsarbeit

2. Fachstudium im Bereich der Frühpädagogik (105 Credit Points) und eine Abschlussarbeit (15 Credit Points)
Dieses Wissensgebiet besteht aus sechs Themen:

1. Lernprozesse, Kommunikation und Lese- und Schreibfähigkeit des Kindes
2. Mathematisches Lernen des Kindes
3. Spielen, Lernen, Entwicklung und Betreuung
4. Kooperation mit Betreuungskräften, Vorschulklasse, Freizeitzentrum und Schule
5. Musisches Lernen
6. Natur, Umwelt und Technik

3. Praktikum – berufliche Praxis (30 Credit Points)
Das Praktikum – berufliche Praxis unter Anleitung – spielt eine wichtige Rolle. Im Unterschied zum Programm von 2001 wird die praktische Phase an der Universität Göteborg nun in vier eigenen Kursmodulen organisiert, in denen während der Ausbildung insgesamt 30 Credit Points erworben werden. Nach nur fünf Monaten Programmlaufzeit (Beginn war am 1. September 2011) befinden sich die Module noch immer im Entwicklungsstadium. Das Studium umfasst in den ersten beiden Semestern die folgenden Kursmodule:

Abbildung 2: Erstes und zweites Semester gemäß dem Programm von 2011 im Überblick – ein Beispiel

ERSTES SEMESTER	WISSENSGEBIETE/KURSMODULE	CREDIT POINTS
Modul 1	**Erziehungswissenschaften**	
	– Lernentwicklung und Didaktik 1 für frühpädagogische Fachkräfte	**7,5**
Modul 2	**ERZIEHUNGSWISSENSCHAFTEN**	
	– Steuerung, Organisation und Bewertung für frühpädagogische Fachkräfte	**7,5**

ERSTES SEMESTER	WISSENSGEBIETE/KURSMODULE	CREDIT POINTS
Modul 3	**Praktikum – Berufliche Praxis** – Praktikum 1 in der Ausbildung frühpädagogischer Fachkräfte	7,5
Modul 4	**FACHSTUDIUM AUF DEM GEBIET DER FRÜHPÄDAGOGIK** – Sprache und Kommunikation des Kindes 1 für frühpädagogische Fachkräfte	7,5
ZWEITES SEMESTER	**WISSENSGEBIETE/KURSMODULE**	**CREDIT POINTS**
Modul 1	**FACHSTUDIUM AUF DEM GEBIET DER FRÜHPÄDAGOGIK** – Sprache und Kommunikation des Kindes 2 für frühpädagogische Fachkräfte	7,5
Modul 2	**FACHSTUDIUM AUF DEM GEBIET DER FRÜHPÄDAGOGIK** – Mathematik in der frühkindlichen Bildung 1 für frühpädagogische Fachkräfte	7,5
Modul 3	**ERZIEHUNGSWISSENSCHAFTEN** – Sozialbeziehungen, Konfliktmanagement und Führung für frühpädagogische Fachkräfte (vorläufige Bezeichnung – offiziell noch nicht bestätigt)	7,5
Modul 4	**FACHSTUDIUM AUF DEM GEBIET DER FRÜHPÄDAGOGIK** – Spielen, Lernen und Betreuung 1 für frühpädagogische Fachkräfte (vorläufige Bezeichnung – offiziell noch nicht bestätigt)	7,5

Gegenwärtig laufen die Programme von 2001 und 2011 parallel. Da keine neuen Studierenden mehr in das Programm von 2001 aufgenommen werden, wird es nach und nach auslaufen.

Der Einfluss Studierender

In Schweden haben Studierende sehr viel Einfluss auf die Entwicklung von Kursmodulen und Lehrplänen. Die Studentenvertretung hat Anspruch auf einen Sitz in allen Entscheidungsgremien der Hochschule, und Kursevaluationen sind ein fester Bestandteil der verschiedenen Kursmodule. Die Evaluationsergebnisse werden den Studierenden mitgeteilt und dienen als Leitlinie zur weiteren Entwicklung der jeweiligen Module.

Internationalisierung

Die größere Bedeutung der Internationalisierung des Programms, die mit der Ansiedlung der Ausbildung frühpädagogischer Fachkräfte an den Hochschulen einsetzte, ist im Laufe der Jahre durch die verschiedenen Reformen weiter gestärkt worden. Heute gibt es zahlreiche, zeitlich kürzer oder länger angelegte Austauschprogramme mit Universitäten in aller Welt, und die Studierenden sind zur Teilnahme an diesen Programmen aufgerufen. Ferner werden etliche Kursmodule sowohl im Bachelor- als auch im Graduiertenstudium für Gaststudierende und schwedische Studierende in Englisch abgehalten. Im Verbund mit vier anderen Hochschulen bietet die Universität Göteborg im Rahmen von *Erasmus Mundus* auch ein Master-Programm in frühkindlicher Bildung und Betreuung an. Gegenwärtig werden im sogenannten „Globalisierungsprojekt" Kurse angeboten, an denen Studierende aus Schweden, von drei australischen Universitäten und einer isländischen Hochschule teilnehmen. Gastprofessorinnen und -professoren oder Gastdozentinnen bzw. -dozenten aus anderen Ländern halten regelmäßig Vorlesungen für Studierende in diesem Programm ab.

Ein überarbeitetes Elementarcurriculum

Im Jahr 2010 wurde das Elementarcurriculum überarbeitet (Skolverket 2010). Die Ziele für die kindliche Entwicklung in den Bereichen Sprache und Mathematik, Naturwissenschaften und Technik wurden ebenso spezifiziert wie die pädagogischen Aufgaben, die in der Verantwortung frühpädagogischer Fachkräfte liegen. Ferner ist ein neuer Abschnitt zu Evaluation, Verlaufskontrolle und Entwicklung hinzugekommen. Diese Änderungen spiegeln sich im Programm der pädagogischen Ausbildung von 2011 insofern wider, als dass diese Bereiche durch eigene Kursmodule abgedeckt sind. Ein neuer und etwas schwieriger Punkt ist die Aufnahme der Konzepte „Bildung" und „Unterricht" in das Curriculum. Frühpädagogische Fachkräfte aus der Praxis assoziieren diese Begriffe seit langem mit traditionellen Formen der schulischen Bildung. Statt mit diesen Konzepten zu arbeiten, dreht sich der Diskurs daher bis heute um Begriffe wie Betreuung, Erziehung und Unterstützung des Kindes, Arbeit mit Kindern etc. Praktizierende frühpädagogische Fachkräfte befürchten, dass die neue Schwerpunktsetzung auf Sprache, Mathematik und Naturwissenschaft zu einer Verschulung des Elementarbereichs führe und dieser dabei seinen besonderen Charakter verliere – mit dem Ergebnis, dass das Wohl des Kindes und die ganzheitliche Perspektive nicht mehr im Zentrum der Aufmerksamkeit stehen. Diese Problematik ist Gegenstand anhaltender Debatten (z. B. Pramling Samuelsson & Sheridan 2010).

10. Abschließende Bemerkungen

→ Über die Jahre hinweg hat die Ausbildung frühpädagogischer Fachkräfte hinsichtlich Dauer, Niveau, Inhalt und Aufsicht grundlegende Änderungen erfahren. Bestand sie Anfang des 20. Jahrhunderts aus einem zweijährigen Kurs, der von privaten karitativen Organisationen und Verbänden organisiert wurde, so dauert sie im Jahr 2012 dreieinhalb Jahre und steht unter Aufsicht der Staatlichen Agentur für Hochschulbildung, wobei die Hochschulen für die Organisation und Durchführung der pädagogischen Ausbildung zuständig sind.

Die Leiterinnen der frühen Ausbildungseinrichtungen haben ihren Einfluss auf die Ausbildung allmählich verloren. Ursprünglich war das Programm durch Fröbels Bildungsphilosophie inspiriert und tief in der Berufspraxis verankert. Im Jahr 1962, als der Staat die Zuständigkeit für die Ausbildung übernahm, wurde dieses relativ flexible Programm durch ein zentralisiertes, streng geregeltes Curriculum ersetzt. Der Machtverlust wurde sogar noch deutlicher, als die Ausbildung 1977 in das Hochschulsystem integriert wurde und es zu einem Zusammenprall zweier unterschiedlicher Traditionen kam: der traditionellen disziplinorientierten Hochschulausbildung und der praxisbasierten, ganzheitlichen beruflichen Ausbildung des pädagogischen Personals.

Im Zuge politischer Veränderungen und sozialer Fortschritte wandelten sich parallel zu und verknüpft mit den Entwicklungen in der pädagogischen Ausbildung auch Rolle und Einfluss der Frauen in der Gesellschaft. Um Frauen den Eintritt ins Berufsleben zu erleichtern, wurde in den 1970er Jahren nach und nach ein recht umfassendes Wohlfahrtssystem etabliert, das auch Kinderbetreuung beinhaltete. Dies wirkte sich auch auf die Ausbildung frühpädagogischer Fachkräfte aus. Die Zahl der Ausbildungsplätze war Ende der 1970er Jahre auf 5.000 gestiegen. Gleichzeitig war das Ansehen des Berufsstandes und der Ausbildung gewachsen. Aus der Arbeit im Elementarbereich, die einst als innere Berufung und ausschließlich für Frauen geeignet angesehen wurde, ist der „echte" Beruf der Pädagogin bzw. des Pädagogen geworden, den Männer wie Frauen gleichermaßen bekleiden können. Doch trotz einer Regierungsinitiative, den Beruf auch für Männer attraktiv zu machen (SOU 2004:115), sind noch immer sehr wenige Männer im Elementarbereich tätig. Selbst an den Hochschulen sind Frauen an den pädagogischen Fakultäten überrepräsentiert.

Die gestiegene Bedeutung, die der frühkindlichen Bildung beigemessen wird, zeigt sich in zahlreichen Regierungsinitiativen. In der Absicht, qualifizierte und kompetente frühpädagogische Fachkräfte zu gewinnen, wurden Planstellen für Führungspositionen eingerichtet (SFS 2011:326; SFS 2011:58). Ferner können seit 1. Juli 2011 nur noch zugelassene frühpädagogische Fachkräfte eine Daueranstellung in Kindertageseinrichtungen bekommen (SFS 2011:326). Das in der pädagogischen Arbeit beschäftigte Personal, das keine derartige Zulassung hat und nicht als pädagogische Fachkraft qualifiziert ist (*legitimering*), kann immer nur für ein Jahr angestellt werden. Frühpädagogische Fachkräfte, die gerade ihren Abschluss gemacht haben, müssen ein Anerkennungsjahr absolvieren, bevor sie zugelassen werden.

Außerdem investierte die Regierung als Teil der Initiative „Aufwertung des Elementarbereichs" rund 27 Millionen schwedische Kronen, um frühpädagogischen Fachkräften einen Anreiz für die Aufnahme eines Postgraduiertenstudiums zu bieten. Seit Herbst 2010 haben landesweit 15 frühpädagogische Fachkräfte ein Promotionsstudium aufgenommen, während inzwischen 25 neue frühpädagogische Fachkräfte zum Promotionsstudium zugelassen worden sind. Sie studieren Vollzeit, wobei das Studium 80 Prozent ihrer gesamten Arbeitszeit umfasst, und arbeiten einen Tag in der Woche (20 %) in ihrer Stellung. Die Ausbildung dauert etwa zweieinhalb Jahre und schließt mit dem Lizenziat ab.

Die Zahl der Fakultätsmitglieder mit Doktorgrad im Bereich der frühpädagogischen Ausbildung wächst derzeit stetig. Von insgesamt drei im Jahr 1983 ist die Zahl der promovierten Fakultätsmitglieder inzwischen auf über 100 gestiegen. Viele Hochschulen haben Professuren für Frühpädagogik eingerichtet – die erste im Jahr 1996 –, wobei das Studium der Frühpädagogik gleichzeitig als eigenes Hochschulfach eingeführt wurde. So gesehen, haben Frauen den Einfluss auf die Ausbildung des pädagogischen Fachpersonals für die jüngsten Mitglieder der Gesellschaft wiedergewonnen, den sie zwischenzeitlich verloren hatten.

Eine Frage bleibt allerdings offen: Besteht die Gefahr, dass der von der jetzigen neoliberalen/neokonservativen Regierung gesetzte Schwerpunkt auf Fachwissen, Leistungsmessung und Evaluation zur Verschulung des Elementarbereichs führt? Und kann es sein, dass die Ausbildung frühpädagogischer Fachkräfte damit zu einer traditionellen Hochschulausbildung wird, die primär auf Fachwissen ausgerichtet ist und nicht auf prozessorientierte Kompetenzen und Fertigkeiten?

Literatur

Beach, D. (2000). Continuing problems of teacher education reform. Scandinavian Journal of Educational Research, 44, 275–291.

Carlgren, I. & Marton, F. (2000). Lärare av imorgon. [Teachers of tomorrow]. Pedagogiska magasinets skriftserie nr.1. Stockholm: Lärarforbundets Förlag.

Dahlberg, G., Moss, P. & Pence, A. (1999). Beyond quality in Early Childhood Education and Care. Postmodern perspectives. Philadelphia, PA: Falmer Press.

Gran, B. (1995). Professionella lärare? Lärarförbundets utvärdering av grundskollärarutbildningen. [Professional teachers? Teacher's Union Evaluation]. Stockholm: Lärarförbundets Förlag.

Högskoleverket (1996). Grundskollärarutbildningen 1995 – En utvärdering. (Högskoleverkets rapportserie 1996:1R). [Compulsory comprehensive teacher education 1995 – An evaluation]. Stockholm: Högskoleverkets.

Högskoleverket (2005). Utvärdering av den nya lärarutbildningen del 1, 2 och 3. (Högskoleverkets rapportserie 2005:17R). [Evaluation of the new teacher education part 1, 2 and 3]. Stockholm: Högskoleverkets.

Högskoleverket (2008). Uppföljande utvärdering av lärarutbildningen. (Högskoleverkets rapportserie 2008: 8 R). [Evaluation of teacher education. A follow up]. Stockholm: Högskoleverkets.

Johansson, J.-E. (1994). Svensk förskolepedagogik under 1900-talet. [Swedish pre-school pedagogy during the 1900s]. Lund: Studentlitteratur.

Johansson, J.-E. (1998). Barnomsorgen och lärarutbildningen. En analys av metodikämnet i utbildningen av förskollärare och fritidspedagoger. (Rapporter Nr 13). [Childcare and Teacher Education]. Göteborg: Institutionen för metodik i lärarutbildningen, Göteborgs universitet.

Johansson, J.-E. (2000). Utbildning av förskollärare och fritidspedagoger i ett samtidsperspektiv. [Education of pre-school and leisure time teachers]. In I. Johansson & I. Holmbäck Rolander (Eds.), Vägar till pedagogiken I förskola och fritidshem. Stockholm: Liber.

Johansson, J.-E. (2004). Lärare för yngre åldrar: konstnär, forskare eller praktiker? Utvärdering av två inriktningar vid nya lärautbildningen I Göteborg. (UFL-rapport 2004.01). [Teachers for the Early Years: Artist, researcher or practitioner? An evaluation of the new teacher education in Göteborg]. Göteborg: Utbildnings- och forskningsnämnden för lärarutbildning, Göteborgs universitet.

Johansson, J.-E. (2006). Is the kindergarten pedagogy reaching its end? Comments on gender and the present development in the Nordic Countries. Australian Research in Early Childhood Education, 13 (1), 64–75.

Karlsson Lohmander, M. (2004). The fading of a teaching profession. Early Years, 24, 23–34.

Kärrby, G. (2000). Skolan möter förskolan och fritidshemmet. [School meets preschool and kindergarten]. Lund: Studentlitteratur.

Kihlström, S. (1998). Förskollärare – om yrkets pedagogiska innebörd. [Pre-school teachers. On the meaning of the profession]. Lund: Studentlitteratur.

Lindberg, O. (2002). Talet om lärarutbildning. Doktorsavhandling. (Örebro Studies in Education 5). [The discourse of teacher education. Doctoral Thesis]. Örebro universitet.

LUN (Lärarutbildningsnämnden). (2011). Utbildningsplan för förskollärarprogrammet. (LUN 2011-12-21. DNR G 2011/337). [Syllabus for the pre-school teacher programme]. Göteborg: Göteborgs universitet

Martin Korpi, B. (2006). Förskolan och politiken – om intentioner och beslut bakom den svenska förskolans framväxt. [The pre-school and the politics – intentions and decisions on the development of the Swedish preschool]. Stockholm: Regeringskansliet.

Ministry of Education and Research (2008). A sustainable teacher education. (Press release 03. December 2008). Retrieved January 09, 2013, from http://www.regeringen.se/sb/d/8203/a/117518.

National Agency for Education (2000). Child Care in Sweden. Stockholm: Liber.

Oberhuemer, P., Schreyer, I. & Neuman, M.J. (2010). Professionals in early childhood education and care systems. Opladen: Budrich.

Pramling, I. (1983). The child's conception of learning. Gothenburg Studies in Educational Sciences 46. Göteborg: Acta Universitatis Gothoburgensis.

Pramling, I. (1994). Kunnandets grunder. Prövning av en fenomenografisk ansats till att utveckla barns förståelse för sin omvärld. [The foundations of knowing. Test of a phenomenographic effort to develop children's way of understanding their surrounding world]. Göteborg: Acta Universitatis Gothoburgensis.

Pramling Samuelsson, I. & Asplund Carlsson, M. (2007). Spielend lernen: Stärkung lernmethodischer Kompetenzen. Troisdorf: Bildungsverlag EINS.

Pramling Samuelsson, I. & Sheridan, S. (1999). Lärandets grogrund: Perspektiv och förhållningssätt i förskolans läroplan. [The foundation of learning: Perspectives and approaches in the curriculum for the pre-school]. Lund: Studentlitteratur.

Pramling Samuelsson, I. & Sheridan, S. (2010). A turning-point or a backward slide: The challenge facing the Swedish preschool today. Early Years, 30, 219–227.

Proposition (1989/90:41). Om kommunalt huvudmannaskap för lärare, skolledare, biträdande skolledare och syofunktionärer. [On municipal governance of teachers, managers of schools and vocational counsellors]. Stockholm: Utbildningsdepartementet.

Proposition (2009/10:89). Bäst I klassen – en ny lärarutbildning. [Top of the class – a new teachers education]. Stockholm: Fritzes.

Säljö, R. (2010). Lärande i praktiken. [Learning in practice]. Stockholm: Norstedts.

SFS (Svensk författningssamling). (1985:1100). Skollagen. [The Education Act. Ministry of Education and Research].Stockholm: Utbildningsdepartementet.

SFS (Svensk författningssamling). (2010:800). Den nya skollagen. [The new Education Act. Ministry of Education and Research]. Stockholm: Utbildningsdepartementet.

SFS (Svensk författningssamling). (2011:326). Förordning om behörighet och legitimation för lärare och förskollärare och utnämning till lektor. [Ordinance on qualified teacher status and senior teachers in schools and pre-schools. Ministry of Education and Research]. Stockholm: Utbildningsdepartementet.

SFS (Svensk författningssamling). (2011:58). Förordningen om behandling av personuppgifter i lantmäteriets databas för aktiverade handlingar. [Regulation on the processing of personal data in the Land Register database enabled documents]. Stockholm: Justitiedepartementet L1.

Skolverket (2010). Läroplan för förskolan, Lpfö98, reviderad 2010. [Curriculum for the pre-school Lpfö 98, revised 2010]. Stockholm: Skoverket.

Sommer, D. (1996). Barndomspsykologi. Utveckling i en förändrad värld. [Childhood psychology. Development in a changing world]. Hässelby: Runa förlag.

Sommer, D. (2005). Barndomspsykologiska fasetter. [Child psychology facets]. Stockholm: Liber.

Sommer, D., Pramling Samuelsson, I. & Hundeide, K. (2010). In search of the features of child perspectives and children's perspectives in developmental pedagogy. In D. Sommer, I. Pramling Samuelsson & K. Hundeide

(Eds.), *Child perspectives and children's perspectives in theory and practice* (pp. 163–176). New York, NY: Springer.

SOU (Statens offentliga utredningar). (1972:27). Förskolan Del 2. Betänkande avgivet av 1968 års barnstugeutredning. [Pre-school, Volume 2]. Stockholm: Socialdepartementet.

SOU (Statens offentliga utredningar). (1975/76:39). Skolans inre arbete. [The inner work of schools]. Stockholm: Socialdepartementet.

SOU (Statens offentliga utredningar). (1975:67). Utbildning i samspel: Betänkande avgivet av 1968 års barnstugeutredning. [Education in co-operation]. Stockholm: Socialdepartementet.

SOU (Statens offentliga utredningar). (1999:63). Att lära och leda. En lärarutbildning för samverkan och utveckling. Lärarutbildningskommitténs slutbetänkande. [To lead and to learn. A teacher education for cooperation and development]. Stockholm: Utbildningsdepartementet.

SOU (Statens offentliga utredningar). (2004:115). Den könade förskolan - om betydelsen av jämställdhet och genus i förskolans pedagogiska arbete. [The gendered pre-school – on the importance of equity and gender in pre-school]. Stockholm: Utbildningsdepartementet.

SOU (Statens offentliga utredningar). (2008:109). En hållbar lärarutbildning. [A sustainable teacher education]. Stockholm: Fritzes.

Tallberg Broman, I. (1995). Perspektiv på förskolans historia. [Perspectives on the history of the pre-school]. Lund: Studentlitteratur.

Utbildningsdepartementet (1996). Lärarutbildning i förändring. DsU 1996:16. [Teacher education in change]. Stockholm: Utbildningsdepartementet.

Utbildningsdepartementet (1998). Curriculum for the preschool, Lpfö98. Stockholm: Fritzes.

Die Ausbildung frühpädagogischer Fachkräfte in Island

Zur Transformation frühpädagogischer Ausbildungsgänge – von privater Trägerschaft zum Universitätsstudium mit Masterabschluss

Johanna Einarsdottir, University of Iceland, Iceland

Die Ausbildung frühpädagogischer Fachkräfte kann in Island auf eine 65-jährige Geschichte zurückblicken, die in engem Zusammenhang mit der Entwicklungsgeschichte der dortigen Frühpädagogik steht. Diese Geschichte ist zudem aufs Engste mit der Historie Islands und dem gesellschaftlichen Wandel während des 20. und frühen 21. Jahrhunderts verbunden und weist Parallelen zur Entwicklung frühpädagogischer Ausbildungsgänge in den anderen nordischen Ländern auf, obwohl auch Einflüsse aus Großbritannien und den USA zum Tragen kamen.

Der vorliegende Beitrag soll die Ausbildung frühpädagogischer Fachkräfte in Island in ihrer derzeitigen Form und historischen Entwicklung beleuchten. Beides steht in engem Zusammenhang mit der Geschichte und der Stellung frühkindlicher Bildung und Betreuung im Kontext des isländischen Bildungssystems, das daher kurz vorgestellt wird. Bevor sich der Beitrag der heutigen Ausbildungssituation zuwendet, soll zunächst die recht zügige Transformation frühpädagogischer Ausbildungsgänge umrissen werden, die von einer in privater Trägerschaft stehenden Ausbildung auf Sekundarstufenniveau zum Universitätsstudium mit Masterabschluss führte. Anschließend werden Aufbau und Struktur, Lehrveranstaltungen und -methoden sowie die Hauptziele des Ausbildungsprogramms einschließlich seiner konzeptionellen Grundlagen erläutert. Ein Überblick über derzeit an der Universität Island laufende Forschungsvorhaben, die von Lehrenden des Studiengangs Frühpädagogik getragen werden, dient zur Veranschaulichung von Bildungsphilosophie, theoretischen Positionen und Zielsetzungen des Programms.

Die Universität Island, die größte Hochschule des Landes, bildet die Mehrzahl der frühpädagogischen Fachkräfte aus. Frühpädagogik kann darüber hinaus noch an einer weiteren Universität (in Akureyri) studiert werden, aber dort sind die Studierenden- bzw. Absolventenzahlen deutlich geringer. Daher konzentriert sich dieser Beitrag auf den Studiengang an der Universität Island.

1. Frühkindliche Bildung und Betreuung in Island

1.1 Das isländische Bildungssystem

Das isländische Bildungssystem ist vierstufig aufgebaut und umfasst Elementarbereich, Pflichtschule (Primar- und untere Sekundarstufe[92]), obere Sekundarstufe und Hochschule. Obgleich sie nicht verpflichtend ist, gilt frühkindliche Bildung und Betreuung in Island formal als erste Stufe des Bildungssystems. Elementarpädagogische Einrichtungen sind für Kinder unter sechs Jahren gedacht bzw. bis im Herbst nach dem sechsten Geburtstag die Einschulung ansteht – je nachdem, welcher Fall zuerst eintritt. Die Aufnahme erfolgt zumeist im Alter von zwei Jahren. Im Jahr 2010 besuchten annähernd 96 Prozent der Drei- bis Fünfjährigen, 93 Prozent der Zweijährigen und 35 Prozent der Kinder unter zwei Jahren eine elementarpädagogische Einrichtung (Statistics Iceland 2011). Abbildung 1 zeigt, wie sich diese Zahlen über die letzten Jahre hinweg entwickelt haben. Der zu verzeichnende Anstieg liegt primär darin begründet, dass mittlerweile die Mehrheit der Mütter berufstätig ist; hinzu kommt aber auch, dass frühkindliche Bildung zunehmend als wichtiger Baustein im Leben eines Kindes anerkannt wird.

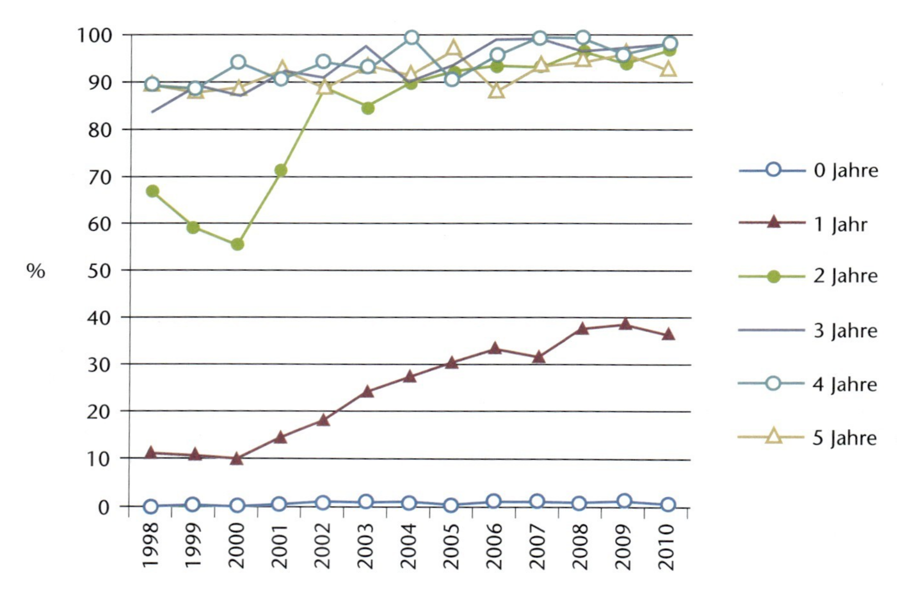

Abbildung 1: Besuch einer elementarpädagogischen Einrichtung nach prozentualem Anteil an der Alterskohorte, Entwicklung 1998–2010 (Statistics Iceland 2011)

[92] *Die Pflichtschulzeit wird in Island an einer zehnjährigen Gemeinschaftsschule (Grunnskóli) absolviert, und die Unterteilung in Stufen bedeutet nicht unbedingt eine institutionelle Trennung: In kleineren Gemeinden sind beide Stufen oft integriert, eine Aufteilung in Primarstufe (Klassen 1–7) und untere Sekundarstufe (Klassen 8–10) findet sich eher an größeren Schulen. Nach der Grunnskóli folgt die weiterführende Schule (Framhaldsskóli), wofür entweder die dreijährige sekundare Obersstufe (Menntaskóli) oder eine berufsbildende Oberschule (Fjölbrautaskóli) besucht wird. Mehrheitlich wird der erste Weg beschritten, der zum allgemeinbildenden Abitur (stúdentspróf) führt (Anm. d. Hrsg.).*

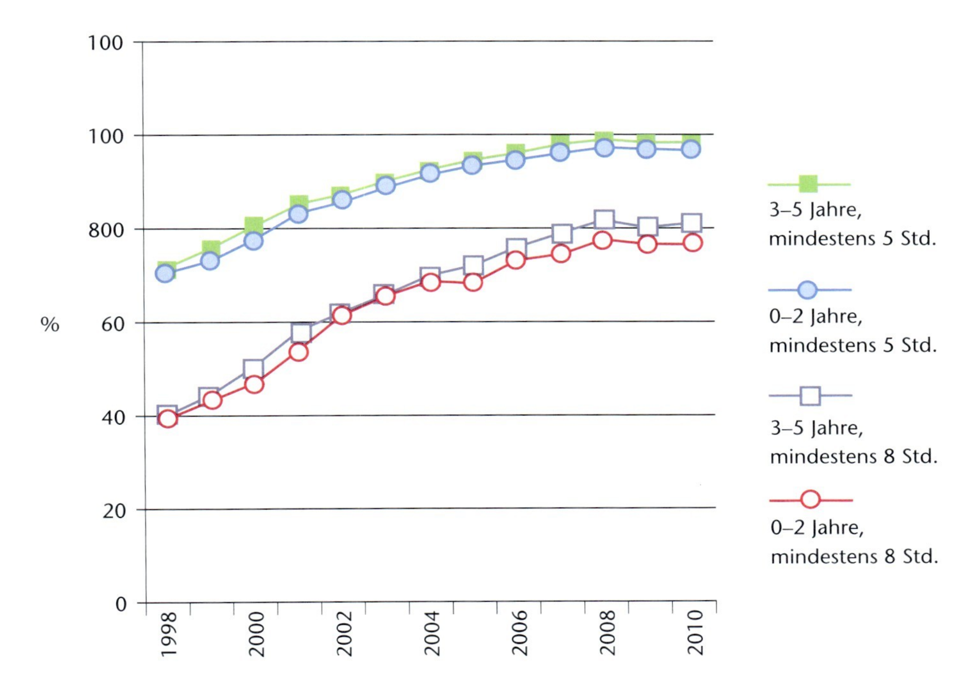

Abbildung 2: Prozentualer Anteil der Kinder aus zwei Altersgruppen, die täglich für mindestens fünf bzw. mindestens acht Stunden eine elementarpädagogische Einrichtung besuchen (Statistics Iceland 2011)

Das Ministerium für Bildung, Wissenschaft und Kultur erlässt zwar die bildungspolitischen Vorgaben, auf deren Grundlage elementarpädagogische Einrichtungen operieren, und gibt ein nationales Curriculum heraus (Mennta- og menningarmálaráðuneytið 2011), aber es gewährt den vor Ort zuständigen Behörden bzw. den einzelnen Einrichtungen erheblichen Spielraum, im Rahmen der geltenden Richtlinien eigene Schwerpunkte zu setzen. Für Bereitstellung, Betrieb und Finanzierung sind in Island die Kommunen zuständig. In aller Regel werden rund 30 Prozent der laufenden Kosten durch elterliche Beiträge abgedeckt, nur für kurz vor der Einschulung stehende Kinder ist der täglich vierstündige Besuch einer elementarpädagogischen Einrichtung vielerorts kostenlos. Obwohl die meisten Einrichtungen in kommunaler Trägerschaft stehen, können in Absprache mit der Kommune auch andere Träger aktiv werden.

Im heutigen Island ist „frühpädagogische Fachkraft" qua Gesetz ein akademischer Beruf und somit darf diese Bezeichnung nur von Personen geführt werden, die über einen entsprechenden Hochschulabschluss und die vom Ministerium für Bildung, Wissenschaft und Kultur ausgestellte Zulassung verfügen. Gemäß der gesetzlichen Vorgaben sollen mindestens zwei Drittel der Beschäftigten frühpädagogische Fachkräfte sein (Lög um menntun og ráðningu kennara og skólastjórnenda við leikskóla, grunnskóla og framhaldsskóla, nr. 87/2008), aber tatsächlich verfügt mit rund 34 Prozent nur eine Minderheit der im Elementarbereich pädagogisch tätigen Kräfte[93] über eine derartige Qualifikation (Statistics Iceland 2011).

---

[93] *Die übrigen zwei Drittel weisen hinsichtlich ihrer Abschlüsse und Qualifikationen eine erhebliche Bandbreite auf: Neben Beschäftigten mit Hochschulabschlüssen in anderen Disziplinen gibt es auch solche, die lediglich die Pflichtschule oder Oberstufe abgeschlossen haben, aber über keine spezielle berufliche Ausbildung verfügen. Manche haben an von den kommunalen Trägern angebotenen Schulungsmaßnahmen zur Vorbereitung auf die Tätigkeit im Elementarbereich teilgenommen – insbesondere dort, wo dies verlangt wird –, andere nicht.*

Isländische elementarpädagogische Einrichtungen sind zumeist in Gebäuden untergebracht, die speziell für diese Nutzung entworfen und errichtet wurden. Hinsichtlich ihrer Größe bestehen erhebliche Unterschiede: Die kleinsten Einrichtungen arbeiten mit wenigen Kindern in einem einzigen Gruppenraum, die größte beherbergt acht Gruppenräume für insgesamt 165 Kinder. In jüngster Zeit sind einige Kommunen dazu übergegangen, kleinere Einrichtungen zusammenzulegen, gelegentlich wurden sie sogar an benachbarte Schulen mit Primarstufe angeschlossen. Manche elementarpädagogischen Einrichtungen teilen die Kinder in altershomogene Gruppen ein, andere arbeiten mit altersgemischten Gruppen, indem sie zum Beispiel die Drei-, Vier- und Fünfjährigen in einer Gruppe zusammenfassen oder eine Gruppe aus Zwei- und Dreijährigen und eine aus Vier- und Fünfjährigen bilden. Die Einrichtungen können zwischen vier und maximal neun Stunden täglich besucht werden.

1.2 Historische Grundlagen frühkindlicher Bildung und Betreuung in Island

Die rasante Urbanisierung zu Beginn des 20. Jahrhunderts hatte dramatische Auswirkungen auf die Lebensbedingungen isländischer Kinder und schuf einen Bedarf an außerhäuslicher Betreuung. Eine auf Initiative des Reykjavíker Frauenverbands gegründete Organisation namens *Sumargjöf* (wörtlich: „Sommergeschenk") eröffnete in den 1920er Jahren die erste Kindertageseinrichtung mit Ganztagsangebot. Ein zusätzliches Halbtagsangebot namens *leikskól* (Spielschule) wurde 1940 ins Leben gerufen. Kindertageseinrichtungen waren ganztägig geöffnet und nahmen nur Kinder aus armen oder Einelternfamilien auf, wohingegen die halbtägigen Spielschulen allen Kindern offen standen. Während der nächsten 30 Jahre – genauer gesagt bis 1973 – betrieb *Sumargjöf* alle Kindertageseinrichtungen und Spielschulen in und um Reykjavík, doch außerhalb der Hauptstadt fungierten verschiedenste andere Organisationen oder die Kommunen als Träger. Im Laufe der frühen 1970er Jahre wurde das gesamte Bildungswesen einer Überprüfung unterzogen und nach intensiven Diskussionen 1974 das neue Pflichtschulgesetz verabschiedet. Wie in diesem Gesetz vorgesehen, übernahm der Staat die finanzielle Verantwortung für die elementarpädagogischen Einrichtungen, die ab jetzt im Zuständigkeitsbereich des Bildungsministeriums lagen, und frühkindliche Bildungs- und Betreuungsangebote galten nicht länger als sozialpolitische Maßnahme speziell für Kinder aus armen Familien. Programme für frühkindliche Bildung und Betreuung – ganz gleich, ob als Vollzeit- oder Teilzeitangebot konzipiert – waren jetzt Teil der staatlichen Bildungspolitik (Lög um hlutdeild ríkisins í byggingu og rekstri dagvistunarheimila, nr. 29/1973), und von 1976 an bekamen die Kommunen die Kosten rückerstattet (Jónasson 2006, S. 187ff.). Lange Zeit wurden isländische Elementareinrichtungen konzeptionell nach Kindertageseinrichtungen und Spielschulen unterschieden (Lög um leikskóla, nr. 48/1991), aber seit 1991 gilt die Bezeichnung Spielschule (*leikskóli*) für alle Programme und Einrichtungen, die sich an noch nicht schulpflichtige, d.h. Kinder unter sechs Jahren richten. Darin zeigt sich der hohe Stellenwert, den das freie Spiel in der isländischen Vorschulpolitik und -praxis genießt. Obwohl der Besuch einer elementarpädagogischen Einrichtung – im Gegensatz zum Schulbesuch – weder verpflichtend noch kostenlos ist, wurde frühkindliche Bildung und Betreuung 1994 qua Gesetz zur ersten Stufe des isländischen Bildungssystems (Lög um leikskóla, nr. 78/1994).

Die ersten elementarpädagogischen Einrichtungen Islands beruhten auf ähnlichen Konzepten wie in den anderen nordischen Ländern; sie spiegeln sowohl den damaligen Zeitgeist als auch das seinerzeit verfügbare Wissen über kindliche Entwicklung und frühkindliche Bildung wider. Die Einrichtungen waren Institutionen der sozialen Wohlfahrtspflege, die das spielerische Element betonten und das Wohlergehen wie auch die soziale Entwicklung des Kindes durch fürsorgliche Betreuung fördern sollten (Barnavinafélagið Sumargjöf 1976; Lenz Taguchi & Munkammar 2003). In dieser frühen isländischen Pädagogik war die Rede vom „ganzen Kind"; alle Bereiche der kindlichen Entwicklung – emotional, sozial, kognitiv, sprachlich und motorisch – galten als gleichermaßen wichtig, und es herrschte ganz allgemein die feste Überzeugung, dass Kinder sich „aus sich selbst heraus" entwickeln, sobald die richtigen „Betreuungsbedingungen" gegeben sind, wozu auch der Verzicht auf übermäßige Kontrolle seitens Erwachsener gehört. Dies kann als eine recht romantisierende Sicht auf Kinder und Kindheit bezeichnet werden. Begriffe wie *Wissen*, *Lehren* und *Lernen* waren im Elementarbereich nicht gebräuchlich, da diese Konzepte der formalen Bildungssphäre zugerechnet wurden. Elementarpädagogische Einrichtungen verfolgten das erklärte Ziel, Kindern Wärme, vollwertige Ernährung, Gesundheitspflege und Spielmöglichkeiten in einer „heimeligen" Atmosphäre zu bieten. Der Aufbau warmer, liebevoller, fast familiärer Beziehungen zwischen Erwachsenen und Kindern galt als Kernelement erfolgreicher Frühpädagogik und die Elementareinrichtung als ein Ort, an dem sich Kinder rundum wohl fühlen und „aus sich selbst heraus" entwickeln können. Diese Vorstellungen wurzelten in der Fröbelschen Pädagogik, der britischen Kindergartenphilosophie sowie in zeitgenössischen kinderpsychologischen Theorien, die davon ausgingen, dass Kinder sich aufgrund ihrer angeborenen Entwicklungsfähigkeiten aus sich selbst heraus entfalten und Erwachsene diesen Prozess fördernd begleiten (Einarsdottir 2006).

1.3 Gesetzliche Grundlagen und das staatliche Elementarcurriculum

Laut dem seit 2008 geltenden Gesetz über frühkindliche Bildung (Lög um leikskóla, nr. 90/2008) ist es der primäre Auftrag aller elementarpädagogischen Einrichtungen, den Interessen und dem Wohlergehen der Kinder zu dienen. Die Hauptziele frühkindlicher Bildung und Betreuung liegen darin, die allgemeine kindliche Entwicklung in enger Kooperation mit den Eltern zu fördern und zu beobachten, die sprachliche Entwicklung anzuregen und die Beherrschung der isländischen Sprache zu fördern, die Kinder geistig, intellektuell und körperlich so zu unterstützen, dass sie ihre Kindheit genießen können, sie zu Toleranz zu erziehen und bei der Entwicklung moralischer Wertvorstellungen zu begleiten. Darüber hinaus soll frühkindliche Bildung und Betreuung die Voraussetzungen schaffen, damit Kinder zu unabhängigen, selbstständigen, engagierten und verantwortlich handelnden Mitgliedern einer sich rapide wandelnden demokratischen Gesellschaft werden. Außerdem gilt es, die Kinder bei der Entwicklung von Ausdrucksvermögen und Kreativität zu unterstützen, um so ihr Selbstwertgefühl, ihr Gesundheitsbewusstsein und ihre Kommunikationsfähigkeit zu stärken. Diese im Gesetz formulierten Zielsetzungen sind Grundlage der landesweit geltenden curricularen Richtlinien.

Obwohl die Bezeichnung „Curriculum" zunächst vermieden wurde, lag mit dem 1985 vom Bildungsministerium herausgegebenen *Pädagogischen Konzept für den Elementarbereich* zum ersten Mal eine Art landesweites Curriculum für isländische elementarpädagogische Einrichtungen vor. Erst 1999 wurde es von den explizit als Elementarcurriculum titulierten *Curricularen Richtlinien für Elementareinrichtungen* (Menntamálaráðuneytið 1999) abgelöst. Schließlich trat im Mai 2011 ein neues Curriculum für alle Stufen des Schulsystems in Kraft, welches übergreifend sechs zentrale Bildungsziele formuliert: Lese- und Schreibkompetenz, nachhaltige Entwicklung, Gesundheit und Wohlbefinden, Demokratie und Menschenrechte, Gleichberechtigung und Kreativität. Mit Blick auf den Elementarbereich unterstreicht das neue Curriculum den hohen Stellenwert, den Demokratie, Wohlbefinden und zwischenmenschliche Beziehungen in der frühkindlichen Bildung und Betreuung einnehmen. Es betont zudem die Wichtigkeit der Lernumgebung und ermuntert die frühpädagogischen Fachkräfte, Spiel in zielgerichteter Form einzusetzen. Die einzelnen Lernfelder sind nun integriert und in die folgenden vier Kategorien gruppiert: a) Ausdruck und Kommunikation, b) Gesundheit und Wohlbefinden, c) Nachhaltigkeit und Naturwissenschaften sowie d) Kreativität und Kultur. Auf gegenseitigem Verständnis und Respekt beruhende Kooperation mit Eltern wird ebenso hervorgehoben wie die Koordination zwischen den einzelnen Schulstufen und die Kontinuität der kindlichen Lernprozesse. Beurteilungsverfahren sollen auf das kindliche Lernen und Wohlbefinden fokussieren und Eltern, Kinder und pädagogisches Personal in den Prozess einbeziehen. Jede Einrichtung muss ihr eigenes pädagogisches Konzept unter Beachtung der curricularen Vorgaben erstellen (Mennta- og menningarmálaráðuneytið 2011).

2. Entwicklungslinien in der Ausbildung frühpädagogischer Fachkräfte

Die Entwicklung frühpädagogischer Ausbildungsgänge deckt sich weitgehend mit der Geschichte der frühkindlichen Bildung und Betreuung in Island und spiegelt die im historischen Verlauf wechselnden Motive für den Betrieb von elementarpädagogischen Einrichtungen wider. Die allerersten Einrichtungen sollten jene Eltern unterstützen, die nicht in der Lage waren, sich ausreichend um ihre Kinder zu kümmern. Das zweite Motiv erwuchs aus der rasanten Urbanisierung des Landes: Kindern musste nun eine geschützte Umgebung geboten werden. Der dritte Grund war, dass die Erwerbstätigkeit der Frauen während der zweiten Hälfte des 20. Jahrhunderts immer weiter zunahm, was mehr Plätze in elementarpädagogischen Einrichtungen erforderlich machte. Das vierte und im Laufe der Zeit sukzessive in den Vordergrund tretende Motiv für den Ausbau des Elementarbereichs waren die Kinder selbst: ihre Bildung, Entwicklung und soziale Erziehung (Jónasson 2006).

2.1 Entstehung frühpädagogischer Ausbildungsgänge

Frühkindliche Bildung und Betreuung kann in Island bis zum Beginn der Urbanisierung zurückverfolgt werden, als die vom Reykjavíker Frauenverband gegründete Organisation *Sumargjöf* die Initiative zur Eröffnung der ersten Kindertageseinrichtung ergriff, um Kindern aus armen Familien Schutz, Wärme, vollwertige Ernährung und Gesundheitspflege zu bieten (Barnavinafélagið Sumargjöf 1974). Die in diesen Kindertageseinrichtungen tätigen Frauen brachten in aller Regel keine entsprechende berufliche Ausbildung mit. *Sumargjöf* leistete nicht nur auf dem Gebiet der frühkindlichen Bildung und Betreuung Pionierarbeit, sondern auch bei der Ausbildung frühpädagogischer Fachkräfte. Schon bald nach Eröffnung der ersten Einrichtungen wurde der Bedarf an ausgebildetem und pädagogisch qualifiziertem Personal offensichtlich. Um die Ausbildung frühpädagogischer Fachkräfte selbst in die Hand zu nehmen, gründete *Sumargjöf* 1946 eine eigene Pädagogische Fachschule *(Uppeldisskóli Sumargjafar).* Bis zu diesem Zeitpunkt verfügten lediglich vier Isländerinnen über irgendeine Art der formalen Ausbildung für die Arbeit im Elementarbereich, die sie in Dänemark, Schweden bzw. den USA absolviert hatten (Einarsdottir 2004). Die Gründung der Pädagogischen Fachschule markiert den Ausgangspunkt für die Professionalisierung sowohl des frühpädagogischen Berufsstandes selbst als auch der mit seiner Ausbildung betrauten Lehrkräfte. Anfangs bestand der Ausbildungsgang aus zwei jeweils neunmonatigen Schulungsblöcken, die zu gleichen Teilen theoretische Wissensvermittlung und Feldpraxis umfassten. Ab 1954 wurde das Programm auf volle zwei Jahre ausgeweitet, wobei sich die theoretischen Ausbildungsanteile über zwei Blöcke zu je neun Monaten erstreckten und die Praxisanteile während der dazwischen liegenden Sommermonate abzuleisten waren (Sigurðardóttir 1974; Jónasson 2006).

2.2 Staatlich finanzierte Fachhochschulausbildung frühpädagogischer Fachkräfte

Sumargjöf verfolgte von Anfang an das Ziel, die Fachschule in staatliche Trägerschaft zu überführen. Mit der Eröffnung der *Isländischen Fachhochschule für Frühpädagogik* (Fósturskóli Íslands), einer per Gesetz gegründeten und dem Bildungsministerium unterstehenden staatlichen Einrichtung, wurde dieser Wunsch im Jahr 1973 Wirklichkeit (Sigurðardóttir 1974). Von da an bestand die Ausbildung frühpädagogischer Fachkräfte aus einem dreijährigen theorie- und praxisorientierten Studium. Bis 1997 war diese Fachhochschule die einzige isländische Bildungseinrichtung, die einen auf Frühpädagogik spezialisierten Ausbildungsgang anbot. Dann fusionierte die Fachhochschule mit der *Isländischen Pädagogischen Hochschule* (Kennaraháskoli Íslands), und 1998 schlossen die ersten Absolventinnen und Absolventen ihr Studium mit einem *Bachelor of Education* in Frühpädagogik ab. Seit 1996 bietet auch die erziehungswissenschaftliche Abteilung der Universität Akureyri, einer kleinen Hochschule im Norden Islands, einen Studiengang in Frühpädagogik an, sodass die Ausbildung frühpädagogischer Fachkräfte nun durchweg auf Hochschulniveau erfolgt.

2.3 Ausbildung auf akademischem Niveau: Isländische Pädagogische Hochschule

Für die 1997 erfolgte Akademisierung der frühpädagogischen Ausbildung sprachen wirtschaftliche wie auch fachliche Gründe. Die Lehrerbildung für den Pflichtschulbereich war zu diesem Zeitpunkt bereits seit über 20 Jahren an der Hochschule angesiedelt. Es wurde argumentiert, dass die Akademisierung der Frühpädagogik auch der frühkindlichen Bildung und Betreuung selbst zu größerer Autonomie verhelfen würde. Es hieß, dieser Schritt biete zudem den Vorteil, dass die Frühpädagogik so in das Gesamtspektrum pädagogischer (d. h. lehrerbildender) Studiengänge an der Pädagogischen Hochschule integriert werde, die Studierenden aus einem größeren Veranstaltungsangebot auswählen könnten und gemeinsame Lehrveranstaltungen für Studierende der Elementar- und der Primarpädagogik[94] möglich würden. Eine verstärkte Interaktion zwischen den auf die verschiedenen Stufen des Bildungssystems spezialisierten Studierenden und Lehrenden könne zu neuen Erkenntnissen führen. Darüber hinaus würden die Arbeitsbedingungen der Lehrkräfte verbessert, eine effektivere Nutzung der Bibliothek und anderer Ressourcen ermöglicht und Forschungsaktivitäten erhöht (Einarsdottir 1996).

Die Verlagerung an die Hochschule und die damit verbundene institutionelle Anbindung an die lehrerbildenden Studiengänge hatten erhebliche Auswirkungen auf Struktur und Inhalt

[94] *Obwohl in Island keine dezidierte institutionelle Trennung zwischen Primar- und Sekundarstufe besteht, wird in pädagogischen Studiengängen nach Altersgruppen unterschieden: Es gibt Spezialisierungen auf die Schuleingangs- bzw. untere Primarstufe (Klassen 1–3), die obere Primarstufe (Klassen 4–7), die untere und die obere Sekundarstufe, wobei meist ein Teil der Ausbildung studiengangsübergreifend angelegt ist (mit Ausnahme der stark unterrichtsfachbezogenen Ausbildung von Lehrkräften für die obere Sekundarstufe) (Anm. d. Hrsg.).*

des Frühpädagogik-Studiums, obwohl es nach wie vor darauf ausgerichtet war, Studierende auf die Arbeit mit Kindern unter sechs Jahren vorzubereiten. Zur selben Zeit lösten die *Curricularen Richtlinien für Elementareinrichtungen* das bis dato geltende *Pädagogische Konzept für den Elementarbereich* ab, was ebenfalls auf die Ausbildung frühpädagogischer Fachkräfte zurückwirkte. Dieser Zeitraum kann als Beginn des konzeptionellen Übergangs von pädagogischer Betreuung hin zu stärker formalisierter Bildung angesehen werden, da der Elementarbereich sowohl vom Status als auch vom Diskurs her der Schule immer ähnlicher wurde. Parallel dazu schloss sich der Berufsverband der frühpädagogischen Fachkräfte mit der Lehrergewerkschaft zusammen und forderte seine Mitglieder auf, im Elementarbereich vermehrt mit „schulischen" Konzepten zu arbeiten. Die akademischen Lehrkräfte im Bereich Frühpädagogik verfolgten diese Entwicklung allerdings mit Skepsis und plädierten nachdrücklich für einen auch weiterhin sozialpädagogisch ausgerichteten und konzeptionell eigenständigen Elementarbereich.

Nach seiner Integration in die Hochschule wurde der dreijährige Frühpädagogik-Studiengang theorieorientierter, und ein kleiner Teil des Lehrprogramms – 15 von 90 Studieneinheiten[95] – bestand fortan aus fachübergreifenden Grundkursen für alle Studierenden der Pädagogischen Hochschule. Neben diesen fachübergreifenden Kursen war der Frühpädagogik-Studiengang in drei inhaltliche Schwerpunktbereiche gegliedert: a) 21 Kurseinheiten in *frühkindlicher Bildung* (darunter Veranstaltungen zu Themen wie Spiel, aktuelle Trends in der frühkindlichen Bildung, Inklusion, Dokumentation, Übergänge im Bildungssystem), b) 24 Kurseinheiten zu den im Elementarcurriculum festgelegten sechs *Lernfeldern des Elementarbereichs*[96] (Bewegung, Sprache, Kunst, Musik, Natur und Umwelt, Kultur und Gesellschaft) und c) 18 Kurseinheiten *Praxis in Elementareinrichtungen*. Hinzu kamen Wahlfächer und die Abschlussarbeit (Einarsdottir 2000).

In den Jahren 2006 bis 2007 begann die Pädagogische Hochschule ihr Studienangebot gemäß der Bologna-Erklärung zu überarbeiten (Froment, Kohler, Purser & Wilson 2006). Zu dieser Zeit liefen auch bereits Vorbereitungen für die Fusion der Pädagogischen Hochschule mit der Universität Island (*Háskóli Íslands*). Der Frühpädagogik-Studiengang wurde damals vor allem in folgenden Punkten modifiziert: a) Lehrveranstaltungen geringeren Umfangs wurden so zusammengelegt, dass jeder Kurs 10 ECTS umfasste, b) das Studium zum *Bachelor of Education* wurde auf drei Jahre angelegt und das zum *Master of Education* bzw. *Master of Arts* auf weitere zwei Jahre, c) gemeinsame Lehrveranstaltungen für den Elementar- und den Pflichtschulbereich wurden eingerichtet, d) Praxisanteile wurden in Lehrveranstaltungen integriert, um stärkere Theorie-Praxis-Bezüge herzustellen, und es wurden Kooperationsverträge mit ausgewählten Partnereinrichtungen abgeschlossen, an denen die Studierenden alle Praktika der ersten beiden Studienjahre ableisten sollten, e) Lernziele wurden anhand zu erwerbender Kompetenzen definiert. Aus der Perspektive des Elementarbereichs wirkten sich einige der

---

[95] *Vor der Bologna-Reform wurden isländische Studiengänge nach zu absolvierenden „Studieneinheiten" berechnet. Ein auf drei Jahre angelegter Vollzeitstudiengang umfasste insgesamt 90 Einheiten, also 30 pro Studienjahr. Insofern entspricht eine Kurseinheit im heutigen System dem Erwerb von 2 ECTS.*

[96] *Künstlerischer und kreativer Tätigkeit wird hier ein hoher Stellenwert eingeräumt. Diese Kurse dienten vor allem der Vermittlung von pädagogisch-didaktischem Wissen und Kenntnissen hinsichtlich der Lernfelder des Elementarcurriculums. Erklärtes Ziel war, die Studierenden zur eigenständigen Planung lernfeldbezogener pädagogischer Aktivitäten zu befähigen, deren zentrales Element das Spiel sein sollte.*

genannten Modifikationen negativ auf den Studiengang aus, insbesondere wurde die Verkürzung der Praxisphasen von 36 ECTS auf 24 ECTS kritisiert. Die Zusammenfassung kleinerer Lehrveranstaltungen, um die Bologna-Vorgaben zu erfüllen und einen integrierteren Studiengang aufzulegen, führte zudem dazu, dass künstlerisch-kreative Kurse – vormals Glanzlichter des Programms – sukzessive an Stellenwert verloren.

Tabelle 1: Entwicklung der Ausbildung frühpädagogischer Fachkräfte in Island

Jahr	Dauer	Institution	Verantwortlicher Träger
1946	2 x 9 Monate	Pädagogische Fachschule von *Sumargjöf* (*Uppeldisskóli Sumargjafar*)	*Sumargjöf*
1957	2 volle Schuljahre (ab 1954)	*Sumargjöf* Fachschule für Frühpädagogik (*Fóstruskóli Sumargjafar*)	*Sumargjöf*
1973	3 Studienjahre	Isländische Fachhochschule für Frühpädagogik (*Fósturskóli Íslands*)	Bildungs-ministerium
1997	3 Studienjahre 90 Studieneinheiten Bachelor of Education	Pädagogische Hochschule Island (*Kennaraháskóli Íslands*) – Fachbereich Frühpädagogik	Bildungs-ministerium
2008	3 Studienjahre 180 ECTS Bachelor of Education	Universität Island (*Háskóli Íslands*) – Erziehungswissenschaftliche Fakultät/Bereich Frühpädagogik	Bildungs-ministerium
2011	5 Studienjahre 300 ECTS Master of Education	Universität Island (*Háskóli Íslands*) – Erziehungswissenschaftliche Fakultät/Bereich Frühpädagogik	Bildungs-ministerium

3. Die Ausbildung frühpädagogischer Fachkräfte heute

Laut der am 1. Juli 2011 neu in Kraft getretenen gesetzlichen Regelungen erfordert der Erwerb einer pädagogischen Qualifikation in Island ein fünfjähriges Hochschulstudium. Somit darf die Berufsbezeichnung „frühpädagogische Fachkraft" nur von Personen geführt werden, die über einen Masterabschluss an einer akkreditierten Universität verfügen und vom Ministerium für Bildung, Wissenschaft und Kultur zugelassen wurden (Lög um menntun og ráðningu kennara og skólastjórnenda við leikskóla, grunnskóla og framhaldsskóla, nr. 87/2008). Die Ausführungsbestimmungen der bereits 2008 verabschiedeten Gesetze beschreiben die Anforderungen an pädagogische Studiengänge im Detail (Reglugerð um inntak menntunar leik-, grunn- og framhladsskólakennara, nr. 872). So ist festgelegt, dass im Laufe des fünfjährigen Studiums zum *Master of Education* (M. Ed.) in Frühpädagogik mindestens 150 ECTS in pädagogischen Fächern erworben werden müssen und die Lernfelder des Elementarbereichs durch Lehrveranstaltungen im Umfang von mindestens 90 ECTS abzudecken sind. Alle folgenden Ausführungen beziehen sich nun auf den Studiengang an der Universität Island.

3.1 Die „School of Education" an der Universität Island

Die Universität Island *(Háskóli Íslands)* in ihrer heutigen Form entstand am 1. Juli 2008 durch die Fusion der Pädagogischen Hochschule Island mit der bereits seit 1911 bestehenden Universität. Aus den elf Fakultäten der alten Universität und den vier Fachbereichen der Pädagogischen Hochschule wurden fünf sogenannte *Schools* (im Folgenden „Fachrichtungen" genannt) geschaffen, die jeweils drei bis sechs Fakultäten umfassen.[97] Zu den Fachrichtungen gehören: Erziehungswissenschaften, Ingenieur- und Naturwissenschaften, Gesundheitswissenschaften, Geisteswissenschaften und Sozialwissenschaften. Derzeit bietet die Universität Island rund 400 Bachelorstudiengänge und 100 Graduiertenprogramme an. Mit aktuell 14.200 Studierenden ist sie die größte und bedeutendste Hochschule des Landes. Im Jahr 2011 gab es 2.260 Absolventinnen und Absolventen.

Die Erziehungswissenschaften der *School of Education* (Menntavísindasvið) bilden pädagogische Fachkräfte für den Elementarbereich, die Pflichtschule *(Grunnskóli)* und die obere Sekundarstufe aus; hinzu kommen Sport- und Gesundheitspädagogik, Freizeitpädagogik und Sozialpädagogik. Die neu geschaffene Organisationseinheit *School of Education* entspricht im Wesentlichen der früheren Pädagogischen Hochschule. Sie umfasst drei Fakultäten: a) *Lehrerbildung*, die mit Abstand größte Einrichtung, b) *Bildungswissenschaften* mit hauptsächlich postgradualen Studiengängen und c) *Sport- Freizeit- und Sozialpädagogik.* Alle hier angebotenen Studiengänge legen großen Wert auf die Anbindung an das jeweilige Praxisfeld, zum Beispiel an Schulen und andere gesellschaftliche Institutionen. Die drei Fakultäten unterhalten ein gemeinsames Promotionsprogramm mit zwei unterschiedlichen Promotionspfaden, entweder zum Ph. D. in Erziehungswissenschaften (180–240 ECTS) oder zum Ed. D.[98] in Erziehungswissenschaften (180 ECTS).

Die *Fakultät für Lehrerbildung und Pädagogik* bildet mit ihren Bachelor- und Graduiertenstudiengängen pädagogische Fachkräfte für alle Stufen des Bildungssystems aus. Außerdem bietet sie Zertifizierungsprogramme, die den Quereinstieg als Lehrkraft für die obere Sekundarstufe ermöglichen.[99] Die Bachelorstudiengänge der Früh- und der Schulpädagogik umfassen jeweils 180 ECTS. Graduiertenprogramme zum *Master of Education* oder *Master of Arts* sind auf 120 ECTS angelegt.

Die Studiengänge der *School of Education* können in drei Formen absolviert werden: im Präsenzstudium, im Fernstudium oder als sogenanntes „flexibles Studium", einer Kombination aus beidem; die letztgenannte Option entwickelt sich in jüngster Zeit zunehmend zum Standardmodus. Studierende der Bachelorprogramme können zwischen Präsenz- oder Fernstudium wählen. Wer sich für das Fernstudium entscheidet, muss pro Semester an mindestens zwei Präsenzlehrveranstaltungen teilnehmen. Die Masterprogramme werden als flexibles Studium angeboten, und die meisten Kurse sind so aufgebaut, dass sie unabhängig vom Aufenthaltsort

---

[97] *Die Struktur der Universität Island folgt dem organisatorischen Aufbau in angelsächsischer Tradition: School – Faculty – Division (oder Institute); d. h. die Universität besteht aus fünf Schools, die sich ihrerseits aus drei bis sechs Faculties zusammensetzen, von denen wiederum jede mehrere Divisions oder Institutes umfasst (Anm. d. Hrsg.).*

[98] *Die Universität Island hat zusätzlich zum „klassischen" forschungsorientierten Ph. D.-Programm ein stärker auf die pädagogische und bildungsadministrative Praxis ausgerichtetes Promotionsprogramm entwickelt, das zum Ed. D. (Doctor of Education) führt (Anm. d. Hrsg.).*

[99] *Die Zulassung als Lehrkraft in der (allgemein- und berufsbildenden) oberen Sekundarstufe kann auch erhalten, wer ein Studium in einer als Unterrichtsfach existierenden Disziplin – z. B. Mathematik, Musik oder Geschichte – abgeschlossen und ein pädagogisches Aufbaustudium absolviert hat (Anm. d. Hrsg.).*

belegt werden können. Sie bestehen aus einer Kombination von Präsenzveranstaltungen und computer- bzw. internetgestütztem Lernen (University of Iceland: School of Education 2011). Auch Lehrveranstaltungen, die nicht speziell für Fernstudierende konzipiert sind, setzen in aller Regel ebenfalls Blended Learning ein. Im akademischen Jahr 2010–2011 begann die *School of Education*, die meisten ihrer bisher parallel im Fern- *und* im Präsenzstudium angebotenen Bachelorprogramme so zusammenzufassen, dass beide Studierendengruppen nun dieselben Lehrveranstaltungen wahrnehmen können (Jakobsdóttir & Jóhannsdóttir 2010). Fernlernen und Blended Learning werden demnach in zunehmendem Maße zum Normalfall des Studiums an der *School of Education*.

3.2 Der Studiengang Frühpädagogik

Das Studium der Frühpädagogik ist in Bachelor- und Masterstudium unterteilt. Wie für alle Studiengänge an der Universität Island stellt die Hochschulzugangsberechtigung *(stúdentspróf)* oder ein als Äquivalent anerkannter Bildungsabschluss die Zulassungsvoraussetzung dar. Wer das Bachelorstudium erfolgreich abgeschlossen hat, kann sich für das Masterstudium bewerben; nach isländischem Recht ist der Mastergrad Voraussetzung für den Erwerb der Lizenz zur pädagogischen Arbeit (Lög um menntun og ráðningu kennara og skólastjórnenda við leikskóla, grunnskóla og framhaldsskóla, nr. 87/2008). Die Studieninhalte stehen in enger Beziehung zum späteren Tätigkeitsfeld; maßgeblich sind das Elementarcurriculum und die für den Elementarbereich geltenden Rechtsvorschriften. Für den *Bachelor of Education* in Frühpädagogik müssen 180 ECTS erworben werden. Das Masterprogramm in Frühpädagogik ist ein zweijähriger Graduiertenstudiengang mit wissenschaftlich-theoretischen und berufspraktischen Anteilen. Zulassungsvoraussetzung ist der *Bachelor of Education* in Frühpädagogik oder ein Bachelorabschluss in einer verwandten Disziplin. Das Studium zum *Master of Education* in Frühpädagogik umfasst insgesamt 120 ECTS. Der Studiengang Frühpädagogik setzt sich aus folgenden inhaltlichen Schwerpunkten zusammen: a) Lernfelder im Elementarbereich, b) Pädagogik, c) sonstige Fächer, d) Praxisanteil und e) Abschlussarbeit. Abbildung 3 veranschaulicht, wie diese Schwerpunkte verteilt sind bzw. ineinandergreifen.

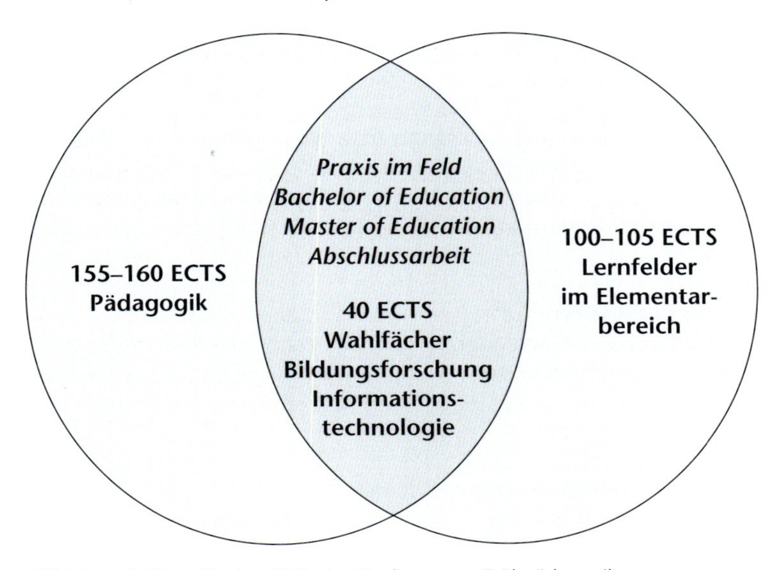

Abbildung 3: Hauptbestandteile des Studiengangs Frühpädagogik

Struktur des Studiengangs: Schwerpunkt Pädagogik

Der Schwerpunkt *Pädagogik* umfasst insgesamt elf Lehrveranstaltungen – sechs im Bachelor- und fünf im Masterstudium. Abbildung 4 (siehe Seite 206) bietet einen Gesamtüberblick über den Schwerpunkt. Zum **Bachelorstudium** gehören folgende Lehrveranstaltungen und Kurse:

Frühkindliche Bildung I
Diese Veranstaltung präsentiert die elementarpädagogische Einrichtung als Bildungsinstitution und fragt nach ihrer Rolle im Leben isländischer Kinder und Eltern. Ziel des Kurses ist, die Studierenden mit dem isländischen Elementarcurriculum und den im Elementarbereich gebräuchlichen pädagogisch-didaktischen Konzepten und Methoden vertraut zu machen.

Frühkindliche Bildung II
Zentrales Thema dieser Lehrveranstaltung ist, dass Kinder von Geburt an fähig und willens sind, auf spielerischem Wege und durch selbst initiierte Aktivitäten zu lernen. Die Studierenden setzen sich mit Spiel als wichtigster Quelle des kindlichen Lernens auseinander und werden an die Dokumentation als Instrument der Beurteilung herangeführt.

Frühkindliche Bildung III
Diese Veranstaltung befasst sich mit der frühpädagogischen Fachkraft als Akteurin bzw. Akteur in einem von Frauen dominierten Berufsfeld. Die pädagogischen Überzeugungen und Vorstellungen der Studierenden werden mit Bezug auf die theoretischen Grundlagen der Frühpädagogik (z.B. Dewey, Sozialkonstruktivismus und postmoderne Konzepte frühkindlicher Bildung) im historischen und kulturellen Kontext diskutiert.

Inklusive Pädagogik im Elementarbereich
Ausgangspunkt dieser Lehrveranstaltung ist, dass elementarpädagogische Einrichtungen alle Kinder so annehmen, wie sie sind. Das Hauptziel des Kurses besteht darin, die Kompetenzen der Studierenden im Umgang mit Diversität im Elementarbereich zu verbessern, sie zur Überprüfung ihrer eigenen Einstellungen zu Diversität zu motivieren und mit dem Konzept der inklusiven Pädagogik sowie mit Ansätzen zur Frühintervention vertraut zu machen.

Übergang in die Schule
Der Fokus dieses Kurses ist nicht allein auf den Übergang bzw. die Kontinuität zwischen den einzelnen Stufen des Bildungssystems gerichtet, sondern auch auf stufenübergreifende Lernmöglichkeiten und Lernformen. Der Übergang von der elementarpädagogischen Einrichtung in die Schule wird aus der Perspektive von Kindern, Eltern und pädagogischen Fachkräften betrachtet.

Kommunikation, Kooperation und Führung
In dieser Lehrveranstaltung sollen die Studierenden lernen, das komplexe System der Kommunikation und Kooperation sowohl innerhalb der Kindertageseinrichtung als auch mit externen Akteuren besser zu verstehen. Besonders Augenmerk gilt in diesem Zusammenhang der Leitungsfunktion.

Die Lehre im **Masterstudium** zeichnet sich durch einen stärkeren Theorie- und Forschungsbezug aus. Der Schwerpunkt *Pädagogik* umfasst hier folgende Lehrveranstaltungen:

Frühkindliche Bildung: Theorie und Empirie
In diesem Kurs befassen sich die Studierenden mit verschiedensten Themenbereichen der frühkindlichen Bildung, darunter auch kontrovers diskutierten Fragestellungen. Im Zentrum der Auseinandersetzung mit theoretischen Konzepten und Forschungsergebnissen stehen vor allem unterschiedliche Auffassungen von Kind und Kindheit, lebenslanges Lernen, die Kooperation zwischen elementarpädagogischen Einrichtungen und Schulen bzw. Familien sowie die pädagogischen Überzeugungen der dort tätigen Fachkräfte.

Spiel und Kreativität
Schwerpunkt dieses Kurses sind theoretische Konzepte, Forschungsergebnisse und Erkenntnisse hinsichtlich der Rolle von Spiel und Kreativität in der frühkindlichen Bildung. Die Studierenden sollen mit Forschungsergebnissen zu kreativer Arbeit und Spiel im Elementarbereich vertraut gemacht und in die Lage versetzt werden, diese für die Planung ihrer eigenen pädagogischen Aktivitäten mit Kindern zu nutzen. Die Studierenden verknüpfen Theorie und Praxis mit dem Fokus auf Methoden, die sich auf Spiel und Kreativität stützen.

Forschung mit Kindern und Jugendlichen
Diese Lehrveranstaltung behandelt das Thema Forschung mit Kindern, d. h. wissenschaftliche Untersuchungen, an denen Kinder teilnehmen. Dank der Kindheitsforschung, der Kinderrechtsbewegung und postmoderner Auffassungen von Kindern und Kindheit als eigenständigen Forschungsgebieten werden nun auch kindliche Perspektiven und Standpunkte erfragt und anerkannt. Besonderes Augenmerk gilt hier den methodologischen und ethischen Problemstellungen der Forschung mit Kindern.

Zielgerichtetes Spielen und Lernen
Dieser Kurs wird in Kooperation mit der Universität Göteborg (Schweden) und der Queensland University of Technology in Brisbane (Australien) durchgeführt und teilweise in englischer Sprache abgehalten. Ziel ist, dass sich die Studierenden eingehend mit den Konzepten „Lernen" und „Spielen" auseinandersetzen und ergründen, welche pädagogischen Möglichkeiten die Verknüpfung von beidem für die Arbeit mit Kindern bis acht Jahren eröffnet. Untersucht werden spielerische Formen des Zugangs zu verschiedenen Lernbereichen, zum Beispiel sprachlicher Ausdruck, Schriftsprachlichkeit, Mathematik, Naturwissenschaften, Umwelt und Natur, Computerspiele, Kunst etc.

Professionalität und Führungskompetenz
In dieser Veranstaltung geht es schließlich um die professionelle Rolle frühpädagogischer Fachkräfte und die damit verbundenen Aufgaben. Weitere Themen sind die Förderung fachlicher Weiterbildung und die Rolle der Leitungskräfte.

Im Masterstudium wählen die Studierenden in Absprache mit den Lehrenden des Kurses *Forschung mit Kindern und Jugendlichen* ein Thema, das sie mittels Aktionsforschung im Feld untersuchen wollen.

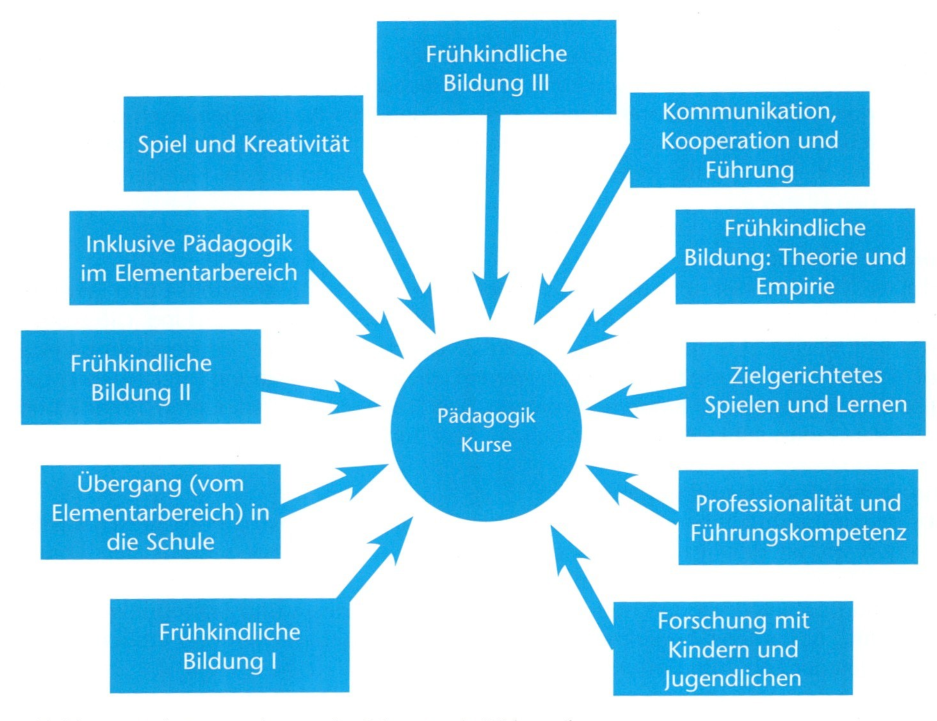

Abbildung 4: Lehrveranstaltungen im Schwerpunkt Pädagogik

Struktur des Studiengangs: Schwerpunkt Lernfelder im Elementarbereich

Der Schwerpunkt *Lernfelder im Elementarbereich* umfasst insgesamt sechs Kurse, die alle im Bachelorstudium zu absolvieren sind (siehe Abbildung 5).

Kunst im Elementarbereich
Diese Lehrveranstaltung befasst sich mit Theorie und Empirie des Theaterspiels, des mündlichen Vortrags, der bildenden Kunst und der Musik. Die Studierenden sollen Kompetenzen zur Gestaltung von kreativen Aktivitäten mit Kindern erwerben, insbesondere im Bereich der bildenden und darstellenden Kunst sowie der Musik.

Bewegung und körperlicher Ausdruck
Körperlicher Ausdruck und Bewegung bei Aktivitäten drinnen und draußen sind das Thema dieses Kurses. Behandelt werden die motorische Entwicklung von Kindern sowie diverse Methoden zur Gestaltung der (Lern-)Umgebung und von Aktivitäten zur Förderung körperlicher Bewegung und Ausdrucksfähigkeit.

Lokale Umwelt als Lernort
Der Fokus des Kurses liegt auf aktuellen Konzepten der nachhaltigen Entwicklung. Im Zentrum steht die Frage, in welcher Form die lokale Umwelt der Kinder als Lernort für Naturwissenschaften, Mathematik, Bewegung und Gesundheit genutzt werden kann.

Sprachliche Entwicklung und Alphabetisierung
In dieser Lehrveranstaltung geht es um Sprachentwicklung und Alphabetisierung. Schwerpunkt sind Methoden zur Förderung und Unterstützung der sprachlichen Entwicklung und frühen Alphabetisierung. Ebenfalls thematisiert werden die mit Blick auf Kinder im Vorschulalter wichtigsten Sprech- und Sprachstörungen sowie nicht-sprachliche Formen der Kommunikation (z. B. Bilder, Zeichen, Gebärdensprache).

Natur-, Sozial- und Geisteswissenschaften im Elementarbereich
Gegenstand dieser Lehrveranstaltung ist die Einbeziehung von natur-, sozial- und geisteswissenschaftlichen Themen in die frühkindliche Bildung. Die Studierenden erkunden, wie das kindliche Lernen auf diesen Gebieten unterstützt werden kann. Im Zentrum steht das „Verstehen durch Erleben". Besondere Bedeutung kommt hier der Bildung für nachhaltige Entwicklung zu. Die Studierenden lernen verschiedene Konzepte kennen, wie Natur-, Sozial- und Geisteswissenschaften genutzt werden können, um Lernprozesse, Werteentwicklung und nachhaltiges Handeln zu fördern.

Kunst und kindliche Kultur
Literatur, Musik und bildende Kunst in der frühkindlichen Bildung stehen im Zentrum dieser Lehrveranstaltung. Behandelt werden dafür relevante Theorien, Erkenntnisse und Forschungsergebnisse. Die Studierenden sollen mit den wichtigsten pädagogisch-didaktischen Methoden der kreativen Arbeit vertraut gemacht werden und die Kompetenz entwickeln, diese bei der Arbeit mit Kindern anzuwenden.

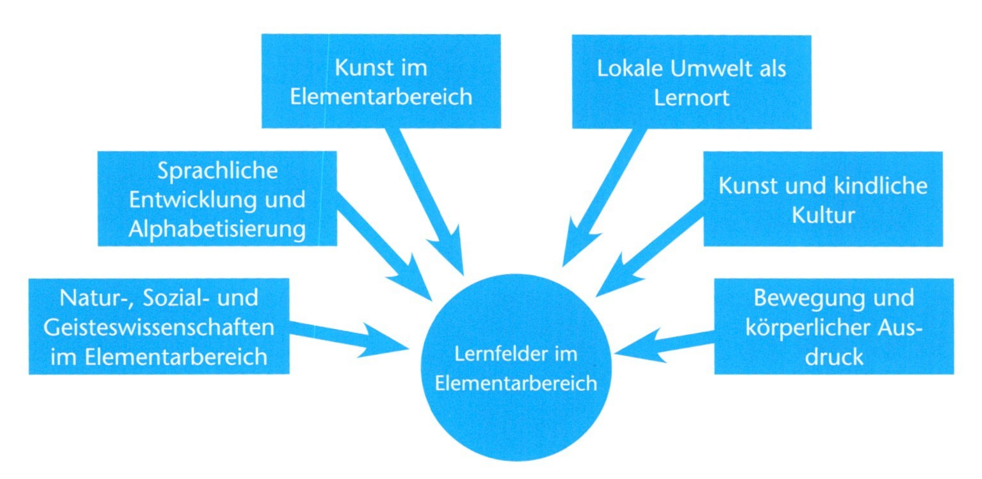

Abbildung 5: Kurse im Schwerpunkt Lernfelder im Elementarbereich

Der Frühpädagogik-Studiengang setzt in hohem Maße auf Interaktion zwischen Praxis im Feld und Theoriestudium an der Universität. Die Praxisanteile des Bachelorstudiums sind direkt in die Lehrveranstaltungen der Schwerpunkte *Pädagogik* und *Lernfelder im Elementarbereich* integriert. In der Frühphase des Studiums geht es zunächst primär darum, sich das Feld durch Beobachtung und Dokumentation zu erschließen. Im weiteren Verlauf gehen die Studierenden mehr und mehr dazu über, die in den theorieorientierten Lehrveranstaltungen behandelten Konzepte in der Praxis zu erproben. Im Masterstudium wird Praxisanbindung dadurch gewährleistet, dass theorie- wie auch praxisbezogene Kurse großen Wert auf Aktionsforschung legen und die Studierenden aktiv an Planungs-, Entwicklungs- und Forschungsprojekten in elementarpädagogischen Einrichtungen teilnehmen. Zusätzlich zu den genannten Pflichtveranstaltungen umfassen die Schwerpunkte *Pädagogik* und *Lernfelder im Elementarbereich* noch weitere Kurse als Wahlfach.

Struktur des Studiengangs: Allgemeinbildende Fächer

Das Lehrprogramm beinhaltet auch eine Reihe von Kursen, die von den Studierenden aller Pädagogikstudiengänge belegt werden müssen. Dieses Segment umfasst insbesondere Theorieveranstaltungen in Erziehungswissenschaft, Entwicklungs- und Lernpsychologie, Soziologie und Bildungsphilosophie. Empirische Forschungsmethoden, Informations- und Kommunikationstechnologie und Kurse zur isländischen Sprache werden ebenfalls studiengangübergreifend gelehrt. Im Masterstudium bestehen Spezialisierungsmöglichkeiten in verschiedenen Bereichen, wie zum Beispiel Sonderpädagogik, Alltagskompetenz und Gleichstellung, Multikulturalismus oder Kunst und Kreativität.

Tabelle 2 vermittelt einen Überblick über die Verteilung der Lehrveranstaltungen nach Semester und Studienjahr. Im Fernstudium oder flexiblen Modus dauert das Studium allerdings etwas länger als angegeben, da diese Optionen in aller Regel von Studierenden gewählt werden, die neben der Tätigkeit im Elementarbereich in Teilzeit studieren.

Tabelle 2: Aufbau und Inhalt des Studiengangs Frühpädagogik (Beginn Herbst 2011)

	BACHELORSTUDIUM	
	Herbstsemester	Frühjahrssemester
1. Jahr	Einführung in die Erziehungswissenschaft (10 ECTS)	Bewegung und körperlicher Ausdruck (10 ECTS) – IP
	Isländisch in Wort und Schrift (10 ECTS) ** – IP	Bildungsforschung (6 ECTS) Informationstechnologie (4 ECTS) **
	Frühkindliche Bildung I: Die Elementareinrichtung als Institution (10 ECTS) – IP	Frühkindliche Bildung II: Spiel, Beziehungen, Dokumentation (10 ECTS) – IP
2. Jahr	Lokale Umwelt als Lernort (10 ECTS) – IP	Inklusive Pädagogik im Elementarbereich (10 ECTS) – IP
	Entwicklungs- und Lernpsychologie (10 ECTS) **	Kunst im Elementarbereich (10 ECTS) – IP
	Kunst und kindliche Kultur (Musik, Literatur und bildende Kunst) (10 ECTS) * – IP	Wahlfach (10 ECTS)
3. Jahr	Natur-, Sozial- und Geisteswissenschaften im Elementarbereich (10 ECTS) – IP	Übergang in die Schule (10 ECTS) * – IP
	Frühkindliche Bildung III: Professionalität und pädagogische Weltanschauung (10 ECTS) – IP	Kommunikation, Kooperation und Führung (10 ECTS) – IP
	Sprachliche Entwicklung und Alphabetisierung (10 ECTS) – IP	Bachelorarbeit (10 ECTS)

	MASTERSTUDIUM	
	Herbstsemester	Frühjahrssemester
4. Jahr	Quantitative Forschungsmethoden (5 ECTS) ** Qualitative Forschungsmethoden (5 ECTS) **	Wahlfächer (10 oder 15 ECTS) Professionalität und Führung (10 ECTS) *oder* Spielen und Lernen (15 ECTS)
	Soziologie und Bildungsphilosophie (10 ECTS) **	Theorie und Praxis I (10 ECTS) – IP
	Frühkindliche Bildung: Theorie und Empirie (10 ECTS)	Wahlfächer im Spezialisierungsbereich (5 oder 10 ECTS)
5. Jahr	Wahlfächer (20 ECTS): Kultur, Medien und Sprache *oder* Spiel und Kreativität	Masterarbeit (20–30 ECTS)
	Theorie und Praxis II (10 ECTS) – IP	
	Forschung mit Kindern und Jugendlichen (10 ECTS)	

* *Gemeinsame Veranstaltungen für Studierende der Elementar- und der Primarpädagogik*
** *Gemeinsame Veranstaltungen für Studierende aller Pädagogikstudiengänge (Früh-/Schulpädagogik)*
IP = Integrierte Praxiskomponente
Wahlfächer im Herbstsemester des 5. Studienjahrs = Wahl zwischen zwei Veranstaltungen, die parallel zum Kurs „Theorie und Praxis" laufen

Der tabellarisch dargestellte Programmablauf gilt für Studierende im Erststudium. Wer einen Bachelorabschluss einer anderen pädagogischen Disziplin (z. B. in Schulpädagogik) mitbringt oder in einem Fach, das Anknüpfungspunkte zu den Lernfeldern des Elementarbereichs aufweist, kann direkt in das Masterstudium einsteigen und nach einem individuell zusammengestellten Plan studieren. Da aber jeder Studienplan die gesetzlich festgelegten qualifikatorischen Anforderungen an frühpädagogische Fachkräfte erfüllen muss, wird auch der individuell zusammengestellte Plan weitgehend mit dem regulären Programm übereinstimmen. Nach erfolgreichem Abschluss des Masterstudiums besteht die Möglichkeit, sich für das Promotionsprogramm zum Ph. D. oder Ed. D. zu bewerben.

Konzeptionelle Grundlagen des Studiengangs

Das offizielle Motto der Fakultät für Lehrerbildung und Pädagogik lautet *Alúð við fólk og fræði*, was so viel heißt wie „Engagement für Menschen und Wissenschaft" und bedeutet, dass die Studiengänge den Prinzipien Demokratie, Gleichberechtigung und Nachhaltigkeit sowie dem Respekt gegenüber Individuum und Vielfalt verpflichtet sind. Laut einem vom wissenschaftlichen Personal der Fakultät verabschiedeten Statut zu Aufgaben und Zielen der Institution ist wissenschaftlicher Methodik, ethischer Verantwortung, Kritikfähigkeit und Kreativität oberste Priorität einzuräumen. Qualitativ hochwertige und methodisch diversifizierte Lehre soll Maßstäbe auch für andere Bereiche des Bildungswesens setzen. Vorrang haben Lehrmethoden, die der Verschiedenheit von Kindern Rechnung tragen und eine demokratische Bildungspraxis, kritisches Denken, eine internationale Perspektive und den bewussten Umgang mit der Umwelt fördern helfen. Alle pädagogischen Studiengänge müssen von Aufbau, Inhalt und Lehrformen her auf wissenschaftlicher Erkenntnis gründen und forschungsbezogen sein. Die Kooperation mit den außeruniversitären Bildungseinrichtungen soll durch praktische Arbeit im Feld, (Praxis-)Forschung und gemeinsame Planungs- und Entwicklungsprojekte vorangetrieben werden (Kennaradeild Menntavísindasviðs Háskóla Íslands: Hlutverk og stefna 2010–2015).

→ Der fünfjährige Masterstudiengang in Frühpädagogik läuft seit Herbst 2011. Konzeptionell basiert er auf den geltenden gesetzlichen Vorgaben für die Ausbildung frühpädagogischer Fachkräfte und den Leitlinien der Fakultät. Die neuen Rahmencurricula für alle Stufen des isländischen Bildungssystems folgen gemeinsamen Leitprinzipien: Nachhaltige Entwicklung, Gesundheit und Wohlbefinden, Demokratie und Menschenrechte, Gleichstellung, Lese- und Schreibkompetenz sowie Kreativität (Mennta- og menningarmálaráðuneytið 2011). Der Studiengang trägt diesem Leitbild Rechnung. Zugleich steht er aber in der Tradition frühpädagogischer Ausbildungsgänge nordischer Prägung, die sich durch spezifische philosophische und methodologische Grundsätze auszeichnen. Wesensmerkmale der Frühpädagogik nach „nordischem Modell" sind: a) fürsorgliche Zuwendung statt Unterrichtsorientierung, b) ästhetische Bildung und künstlerische Kreativität statt Vermittlung analytischer Fakten, c) themenbezogene Annäherung statt Schulfachorientierung, d) Betonung des Spielerischen und e) Orientierung an der Gruppe statt allein am einzelnen Kind (Johansson 2006).

Moderne Elementarcurricula beziehen sich auf aktuelle Theorien und Konzepte frühkindlicher Bildung und tragen der gesellschaftlichen Rolle des Elementarbereichs im 21. Jahrhundert Rechnung. Die Lehrenden der Schwerpunkte *Pädagogik* und *Lernfelder im Elementarbereich* verfügen mehrheitlich über Berufserfahrung im Elementarbereich wie auch in der Forschung. Die von ihnen vertretenen Theorieansätze basieren im Allgemeinen auf zeitgenössischen Auffassungen von Kind und Kindheit, wonach Kinder starke, kompetente und mit eigenen Rechten ausgestattete Mitglieder der Gesellschaft sind und die Kindheit als ein wichtiger eigenständiger Lebensabschnitt gilt (Christensen & James 2000; Corsaro 1997; Einarsdottir 2007; James, Jenks & Prout 1998). Ebenso einflussreich sind sozialkonstruktivistische Ansätze, die Kinder als aktiv denkende und mit Unterstützung Erwachsener voneinander lernende Persönlichkeiten begreifen (Vygotsky 1978a). Hohen Stellenwert genießt auch die postmoderne Konzeption der elementarpädagogischen Einrichtung als demokratisches Forum, das sich seiner Wurzeln bewusst Gegenwart und Zukunft zuwendet (Dahlberg, Moss & Pence 1999). Explizit thematisiert werden die zentralen Funktionen frühpädagogischer Fachkräfte – insbesondere ihre Rolle als Ko-Konstrukteure von Wissen und Kultur, die das kindliche Lernen fördern und dabei selbst lernen, ihre Rolle als professionelle, ethisch verantwortliche Bezugspersonen (Leavitt 1994) und ihre Rolle als demokratisch handelnde Fachkräfte, die in einem offenen Interaktionsprozess mit anderen beteiligten Akteuren kooperieren (Oberhuemer 2005; Sachs 2001; Whitty 2008).

Diese theoretischen Positionen spiegeln sich auch in laufenden Forschungsvorhaben der Lehrenden im Studiengang Frühpädagogik (siehe Seite 211 ff.). Allerdings richten sich einige der genannten Lehrveranstaltungen fachübergreifend an die Studierenden *aller* pädagogischen Studiengänge bzw. werden von Studierenden der Elementar- und der Primarpädagogik gemeinsam besucht. Diese Veranstaltungen liegen oft nicht in der Verantwortung von auf Frühpädagogik spezialisierten Fachkräften und können auf ganz anderen ideellen Grundlagen beruhen. Anstelle der kindlichen Stärken und Kompetenzen werden zum Beispiel mitunter eher ihre Defizite betont, das Verständnis von Frühintervention kann darauf abzielen, dass ein Kind die Kriterien bestimmter Entwicklungsskalen oder phonologischer Tests erfüllen soll, und der Fokus kann darauf gerichtet sein, disziplinierend auf das kindliche Verhalten einzuwirken. Derartige Ansätze stehen natürlich im Widerspruch zu den Inhalten, die in den pädagogischen Lehrveranstaltungen des Studiengangs Frühpädagogik gelehrt werden. Da Studierende der Frühpädagogik in den fachübergreifend durchgeführten Kursen in der Minderheit sind, besteht die nachvollziehbare Tendenz, sich primär auf das zu konzentrieren, was für angehende Lehrkräfte im Pflichtschulbereich relevant ist.

4. Frühkindliche Bildungsforschung

Die 1997 erfolgte Akademisierung der frühpädagogischen Ausbildung führte auch zu einer verstärkten Forschungstätigkeit und zu mehr Planungs- und Entwicklungsprojekten im Feld. Seither ist ein signifikanter Zuwachs an Forschung im Bereich frühkindlicher Bildung und Betreuung zu verzeichnen, da die akademischen Mitarbeiterinnen und Mitarbeiter 40 Prozent ihrer Arbeitszeit der Forschung widmen und die im Studium vermittelten Inhalte forschungsbasiert sein sollen. Verglichen mit der Situation kaum zehn Jahre zuvor, als die Dozentinnen und Dozenten ausschließlich mit Lehre befasst waren, stellt dies eine einschneidende Veränderung dar. Erwähntermaßen verfügt die Mehrzahl der Lehrenden im Studiengang Frühpädagogik über Berufserfahrung im Elementarbereich, und der Anteil derjenigen, die an der Universität Island selbst oder auch im Ausland ein Promotionsvorhaben auf dem Gebiet frühkindlicher Bildungsforschung verfolgen, nimmt seit Jahren kontinuierlich zu, sodass mittlerweile viele der Lehrenden (Praxis-)Forschung direkt im Feld betreiben. Die Ergebnisse dieser Forschungsarbeiten finden unweigerlich Eingang in die Lehrmaterialien, zudem können Masterstudierende auch selbst an den Forschungsprojekten mitwirken.

Seit Mai 2007 gibt es ein spezielles *Forschungszentrum für frühkindliche Bildung* (Rannung – Rannsóknarstofa í menntunarfræðum ungra barna), das zunächst an der Pädagogischen Hochschule eingerichtet wurde und seit der Fusion im Jahr 2008 ebenfalls an der Universität Island angesiedelt ist. Das Zentrum möchte die Forschung auf dem Gebiet frühkindlicher Bildung vorantreiben und soll als Diskussionsforum für die Weiterentwicklung des Elementarbereichs dienen. Es hat sich zur Aufgabe gesetzt, Austausch und Kooperation zwischen Akteuren aus Wissenschaft, Politik und Praxis zu fördern. Zudem werden durch Publikationen und die Veranstaltung von Fachtagungen und Konferenzen aktuelle Forschungsergebnisse zugänglich gemacht. Partnerinstitutionen des Zentrums sind der Ombudsmann für Kinderbelange, die isländische Lehrergewerkschaft und diverse elementarpädagogische Einrichtungen in Reykjavík.

Seit seiner Gründung hat das Forschungszentrum Bücher veröffentlicht und eine Reihe von Forschungsvorhaben durchgeführt, an denen sowohl wissenschaftliches Personal als auch Masterstudierende der Frühpädagogik beteiligt waren. Viele der Forschungsprojekte sind qualitative Studien, die in die Tiefe gehen und zeitintensive Feldforschung erfordern. Ebenfalls durchgeführt werden breit angelegte, fragebogengestützte quantitative Untersuchungen mit großen Stichproben, multimethodale Untersuchungen sowie Aktionsforschung in Zusammenarbeit mit im Elementarbereich tätigen Fachkräften. Im folgenden Abschnitt werden die derzeit laufenden Forschungsprojekte (Stand: Juli 2011) vorgestellt, die sich vier thematischen Bereichen zuordnen lassen: Kinderstimmen, Übergänge, Professionalismus und Curriculum.

4.1 Kinderstimmen

Ziel dieser Forschungsvorhaben sind verbesserte Erkenntnisse hinsichtlich dessen, wie kleine Kinder verschiedenste Aspekte ihres täglichen Lebens wahrnehmen und begreifen. Das Interesse gilt insbesondere ihren Ansichten zu und Vorstellungen von Erziehung und Bildung. Zudem sollen Methoden zur Erforschung kindlicher Sichtweisen und Sinnkonstruktion erarbeitet werden. Ein vertieftes Verständnis der kindlichen Perspektive(n) ist wesentliche Grundlage für die weitere Strategieentwicklung in der frühkindlichen Bildung und Betreuung. Dieser Forschungsansatz beruht auf der Überzeugung, dass Kinder – genau wie Erwachsene – Bürgerinnen und Bürger sind, die über eigene Ansichten, Auffassungen und Kompetenzen verfügen, die in der Lage sind, für sich selbst zu sprechen, und das Recht haben, gehört zu werden. Das Interesse an der kindlichen Perspektive wie auch die Bereitschaft, den Standpunkt der Kinder als nicht mit dem ihrer Eltern identisch anzuerkennen, gehen auf die Kindheitsforschung zurück (z. B. Christensen & James 2000; Corsaro 1997) und basieren auf einem postmodernen Verständnis von Kind und Kindheit (Dahlberg et al. 1999). Die UN-Kinderrechtskonvention von 1989 setzte ebenfalls entscheidende Impulse zur Anerkennung des Rechts von Kindern, Einfluss auf die Gestaltung ihres eigenen Lebens zu nehmen.

Die Forschungsprojekte arbeiten mit qualitativen Methoden, die an kindliche Kompetenzen anknüpfen und individuelle Unterschiede berücksichtigen; dazu gehören Gruppeninterviews, Einzelinterviews mit und ohne Hilfsmittel, Beobachtungen sowie die Einbeziehung von Kinderzeichnungen, Fotografien und Lerngeschichten (Einarsdóttir & Garðarsdóttir 2008). Laufende Untersuchungsvorhaben dieser Richtung sind:

- Kinderstimmen und ihr Einfluss auf das Elementarcurriculum
- Vorstellungen vierjähriger Kinder über das Innere ihres Körpers
- Ansichten von Kindern mit speziellen Bedürfnissen
- Erinnerungen von Erstklässlerinnen und Erstklässlern an ihre Erfahrungen im Elementarbereich (Einarsdottir 2011)
- Perspektiven ein- und zweijähriger Kinder in Einrichtungen
- Feminitäten, Maskulinitäten und Berufe aus der Sicht kleiner Kinder (Þórðardóttir & Guðbjörnsdóttir 2008)
- Frühpädagogische Fachkräfte dokumentieren kindliche Perspektiven in Lerngeschichten (Karlsdóttir & Garðarsdóttir 2008)

4.2 Auf einem gemeinsamen Weg: Übergang vom Elementarbereich in die Schule

Ziel dieses Forschungsprojekts ist es, Partnerschaften zwischen elementarpädagogischen Einrichtungen und Primarstufen zu initiieren und so die pädagogische Kontinuität und Flexibilität in der frühkindlichen Bildung zu fördern. Im Mittelpunkt steht der Zusammenhang zwischen Spielen und Lernen als den untrennbaren Bausteinen frühpädagogischer Praxis (Pramling Samuelsson & Johansson 2006). Es wurde eine Arbeitsgruppe ins Leben gerufen, in deren Rahmen frühpädagogische Fachkräfte und Primarstufenlehrkräfte aus Reykjavík einen einheitlichen, auf beiden Stufen praktikablen Ansatz erarbeiten können und ein gemeinsames Verständnis von Bildung entwickeln, das beiden Kontexten gerecht wird. Pädagogische Fachkräfte aus jeweils drei elementarpädagogischen Einrichtungen und drei Schulen bilden drei einrichtungsübergreifende Partnerteams, die in Kooperation mit den Lehrenden der *School of Education* Aktionsforschungsprojekte durchführen. Aktionsforschung in pädagogischen Einrichtungen dient der Weiterentwicklung und Verbesserung der Handlungspraxis. Durch ihre Teilnahme an Aktionsforschung können Pädagoginnen und Pädagogen die eigene Praxis verändern und verbessern: Neue, teilweise selbst entwickelte Methoden werden erprobt, Aktivitäten dokumentiert und Daten über den gesamten Untersuchungszeitraum hinweg gesammelt und ausgewertet (Koshy 2008; McNiff, Lomax & Whitehead 2003). In diesem speziellen Projekt arbeiten pädagogische Fachkräfte aus dem Elementar- und dem Primarbereich zusammen mit Wissenschaftlerinnen und Wissenschaftlern von der Universität an der Entwicklung gemeinsamer konzeptioneller Grundlagen und einer gemeinsamen pädagogischen Praxis. Die Entscheidung, welche Aspekte bei der Kooperation mit der jeweiligen Partnereinrichtung im Mittelpunkt stehen sollen, obliegt den beteiligten pädagogischen Fachkräften. Nach eingehender Diskussion und Abwägung möglicher Kooperationsprojekte haben sich die Partnergruppen auf folgende thematische Schwerpunkte festgelegt:

- Gruppe I: Frühes Lesen und Schreiben, Spiel und pädagogische Arbeit im Freien
- Gruppe II: Frühes Lesen und Schreiben und Spiel
- Gruppe III: Frühes Rechnen und Spiel

Das Forschungsprojekt ist Teil des von der Europäischen Kommission kofinanzierten Projektverbundes *EASE* (Early Years Transition Programme) (Einarsdottir 2010; EU-Agency, Regional government of Cologne/Germany 2010).

4.3 Frühpädagogische Fachkräfte und Professionalismus

Während der letzten Jahrzehnte gerieten die unterschiedlichen Rollen und Funktionen frühpädagogischer Fachkräfte zunehmend ins Zentrum des Diskurses über pädagogische Professionalität. Untrennbar damit verbunden ist die Frage nach der Kooperation mit verschiedenen Akteursgruppen. Der Begriff „demokratischer Professionalismus" steht für Kooperationsbeziehungen, die auf das kindliche Lernen und Wohlergehen ausgerichtet sind. Dies betrifft sowohl die Zusammenarbeit pädagogischer Fachkräfte untereinander und mit anderen professionellen Akteuren als auch die Kooperation mit Kindern, Eltern und dem lokalen Umfeld (Oberhuemer 2005; Sachs 2001; Whitty 2008). Kooperative Beziehungen zwischen den beteiligten Akteursgruppen sind das Wesensmerkmal des demokratischen Professionalismus, wobei der Transparenz aller Aktivitäten und Funktionen ebenso große Bedeutung zukommt wie der offenen Interaktion zwischen pädagogischen Einrichtungen und ihrem sozialen Umfeld. Derzeit laufen in diesem Bereich drei große Forschungsvorhaben:

Berufs- und Führungsrollen frühpädagogischer Fachkräfte

Dieses Forschungsprojekt untersucht die Berufs- und Führungsrollen im Elementarbereich aus der Sicht frühpädagogischer Fachkräfte und anderer relevanter Akteure und geht der Frage nach, welche einrichtungsinternen oder -externen Faktoren darauf Einfluss haben. Zudem wird erforscht, wie sich das von unterschiedlichen Akteuren repräsentierte Rollen- und Führungsverständnis auf die professionelle Identität frühpädagogischer Fachkräfte auswirkt. Als theoretischer Analyserahmen dient eine Dreiertypologie von traditionellem, führungs- bzw. leitungsorientiertem und demokratischem Professionalismus, kombiniert mit Konzepten der professionellen Lerngemeinschaft und der verteilten Führung (Whitty 2008). Da frühpädagogische Fachkräfte fast ausnahmslos Frauen sind, vertritt das Forschungsprojekt einen feministischen Standpunkt; es verleiht Frauen eine Stimme und stellt ihre Erfahrungen in den Mittelpunkt (Francis 2002).

Frühpädagogische Fachkräfte als Professionelle in einem von Nicht-Pädagogen dominierten Berufsfeld

Isländische Einrichtungen haben heute vor allem mit einem Mangel an qualifizierten frühpädagogischen Fachkräften zu kämpfen. Wie eingangs erwähnt, verfügen derzeit etwa zwei Drittel der im Elementarbereich Beschäftigten über keinerlei formale pädagogische Ausbildung oder Qualifikation für die pädagogische Arbeit mit Kindern. Frühpädagogische Fachkräfte sollen professionell arbeiten, die Qualität des pädagogischen Angebots gewährleisten und gleichzeitig all jene Probleme meistern, die direkt oder indirekt durch unzureichend qualifiziertes Personal verursacht werden. In einer an alle isländischen elementarpädagogischen Einrichtungen adressierten Umfrage wird erhoben, was frühpädagogische Fachkräfte und Assistenzkräfte[100] über ihre eigenen Rollen, ihre Methoden und über die in ihrer Einrichtung praktizierten Formen der Zusammenarbeit und Arbeitsteilung denken. Die Untersuchung wird in Kooperation mit zwei norwegischen Hochschulen durchgeführt: der Hochschule Volda und der Universität Oslo.

Beschäftigte im Elementarbereich und ihre (Berufs-)Rollen aus Kindersicht

Dieses Forschungsvorhaben möchte neue Erkenntnisse über die Rolle der im Elementarbereich tätigen Fachkräfte aus der Perspektive der ihnen anvertrauten Kinder beisteuern. An der Untersuchung nehmen insgesamt 60 Kinder aus drei Reykjavíker Einrichtungen teil. Eingesetzt werden qualitative Methoden, die an kindliche Kompetenzen anknüpfen und individuellen Unterschieden Rechnung tragen (Dockett, Einarsdottir & Perry 2009). Die Kinder bekommen Einwegkameras, mittels derer sie den Alltag in der Einrichtung fotografisch festhalten können. Die so entstandenen Bilder dienen als Grundlage für Interviews, in denen ergründet werden soll, welchen Sinn die Kinder dem Besuch der Einrichtung zuschreiben und wie sie die Rolle des pädagogischen Personals interpretieren. Der Studie zugrunde liegt die Überzeugung, dass kleine Kinder für sich selbst sprechen können, das Recht auf eigene Meinungsäußerung haben und Einfluss auf ihr Leben und ihre Umwelt nehmen (Christensen & James 2000; Dockett et al. 2009). Bei Anwendung angemessener Methoden sind sie durchaus in der Lage, an einer Untersuchung teilzunehmen und ihren Ansichten und Perspektiven Ausdruck zu verleihen. Das Forschungsdesign berücksichtigt zudem auch aktuelle Professionalismustheorien (Whitty 2008).

In die Rubrik Professionalismus fallen noch weitere Forschungsprojekte:

- Die Rolle frühpädagogischer Fachkräfte bei der Kooperation mit Eltern
- Berufseinstieg und Karriereentwicklung nach Abschluss des Frühpädagogik-Studiums

---

[100] *Hier als zusammenfassender Begriff für alle Mitarbeiterinnen und Mitarbeiter von frühpädagogischen Einrichtungen, die a) unmittelbar mit den Kindern arbeiten und b) keine elementarpädagogische Qualifikation = frühpädagogische Qualifikation mitbringen.*

4.4 Curriculum

Andere derzeit laufende Forschungsvorhaben befassen sich mit verschiedenen Aspekten des Elementarcurriculums, wie zum Beispiel Spiel, Lesen und Schreiben, pädagogische Aktivitäten im Freien oder Beurteilungsverfahren.

Kindliches Spiel als Arena für soziale Interaktion und Sinngebung

Mithilfe dieser Studie soll ergründet werden, auf welche Weise Kleinkinder aus zwei Spielgruppen einer Einrichtung mit ihrer Umgebung interagieren und wie sie ihre soziale und natürliche Umwelt konstruieren. Im Zentrum steht die Frage, wie Kinder ihre Umwelt im Rahmen sozialer Interaktion wahrnehmen und soziale Beziehungen beim Spielen erleben. Die Studie untersucht zudem die Wahrnehmungen der frühpädagogischen Fachkräfte und ihre Reaktionen auf die Kinder. Verwendete Methoden sind teilnehmende Beobachtung, Videodokumentationen und Experteninterviews mit frühpädagogischen Fachkräften. Die Auswertung und Interpretation der erhobenen Daten stützt sich auf die Theorien von Buytendijk (Hangaard Rasmussen 1996) und Merleau-Ponty (1994).

Kindliches Spiel aus der Sicht frühpädagogischer Fachkräfte

In diesem Projekt wird mittels teilnehmender Beobachtung untersucht, wie frühpädagogische Fachkräfte kindliches Spiel fördern. Dafür werden drei entsprechend dem Forschungsziel ausgewählte frühpädagogische Fachkräfte bei ihrer Arbeit beobachtet. In qualitativen Interviews wird zusätzlich ermittelt, welche Bedeutung sie dem Spiel zumessen, welche Rolle sie sich selbst dabei zuschreiben und welche Faktoren ihrer Ansicht nach den größten Einfluss auf ihre pädagogische Arbeit haben. Anschließend soll überprüft werden, ob die geäußerten Vorstellungen und Auffassungen mit der konkret beobachteten pädagogischen Praxis korrespondieren. Als theoretischer Bezugsrahmen dienen Vygotskys „Zone der nächsten Entwicklung" (1978b) und das darauf aufbauende Konzept des „Scaffolding" (Bruner 1996).

Spielen und Lernen im Freien

Diese Studie untersucht, welche Rolle die pädagogische Arbeit im Freien aus Sicht unterschiedlicher Akteure spielt. Zuerst erfolgt eine diskursanalytische Auswertung der dazu in Island geltenden Richtlinien und Regelungen. Im zweiten Untersuchungsschritt werden frühpädagogische Fachkräfte interviewt, um ihre Ansichten zur pädagogischen Funktion des Außenraums zu ermitteln. Ebenfalls per Interview sollen dann die Vorstellungen und Präferenzen der Kinder zur Gestaltung des Aufenthaltes im Freien untersucht werden. Mittels teilnehmender Beobachtung und in weiteren Gesprächen und Interviews mit den beteiligten frühpädagogischen Fachkräften soll im letzten Schritt erforscht werden, auf welche Weise der Außenraum speziell zur Vermittlung von Naturwissen eingesetzt wird. Die Untersuchung basiert auf den von Vygotsky (1978a) abgeleiteten soziokulturellen Theorien des Lernens und einer Auffassung vom Kind als kompetente und aktiv denkende Persönlichkeit (Christensen & James 2000; Corsaro 1997; United Nations 1989).

Frühpädagogische Fachkräfte dokumentieren Lerngeschichten

Dieses Projekt erforscht, auf welche Weise zwei mit ganz unterschiedlichen pädagogischen Konzepten arbeitende Einrichtungen das Wohlergehen und die Lerndispositionen „ihrer" Kinder fördern. Kindliches *Wohlergehen* wird dadurch bestimmt, in welchem Maße Kinder sich in einer Umgebung wohl fühlen, spontan agieren können und in ihren basalen Bedürfnissen befriedigt werden (Laevers 1994). Das Konzept der *Lerndisposition* begreift Kinder als Lernende, die Interesse und Engagement zeigen, angesichts von Schwierigkeiten oder Ungewissheit Beharrlichkeit an den Tag legen, kommunizieren und Verantwortung übernehmen (Carr 2001). Die Studie stützt sich auf soziokulturelle Theorien des Lernens und Lehrens (Bruner 1996; Rogoff 2003; Wells & Claxton 2002). Daten werden in einem ethnografisch orientierten Methodenmix generiert, der Beobachtungen im Feld, Dokumentationen und Reflexionsgespräche mit den Teilnehmenden umfasst. Das Forscherteam dokumentiert die Lerngeschichten in partnerschaftlicher Zusammenarbeit mit den vier- bis fünfjährigen Kindern und „ihren" frühpädagogischen Fachkräften (Karlsdóttir & Garðarsdóttir 2010).

Kulturelles Wissen von Kindern in Reykjavíker Einrichtungen

In dieser Studie sollen Erkenntnisse darüber gewonnen werden, wie kleine Kinder Kinderliteratur und Populärkultur zur Wissenskonstruktion nutzen und dieses kulturelle Wissen sinnhaft interpretieren. Theoretischer Bezugsrahmen ist Bourdieus Begriff des kulturellen Kapitals (Bourdieu & Passeron 1977). Mittels teilnehmender Beobachtung, Interviews und Fragebögen wird untersucht, wie Kinder Einfluss auf die pädagogische und curriculare Praxis der Einrichtung nehmen, und wie bestimmte soziale Rahmenbedingungen ihrerseits die kindlichen Lerndispositionen beeinflussen. Eine weitere Forschungsfrage ist, auf welche Weise unterschiedlich ausgeprägte Kenntnisse der Kinderliteratur und Populärkultur innerhalb der Peer Group als Mittel zur kulturellen Diskriminierung dienen. Die bisherigen Untersuchungsergebnisse legen nahe, dass das kulturelle Wissen kleiner Kinder von Geschlecht, ethnischer Herkunft und mütterlichem Bildungsniveau abhängig ist (Þórðardóttir 2007a, 2007b).

5. Schlussbemerkung

In Island lässt sich die Ausbildung frühpädagogischer Fachkräfte auf das Engagement des Reykjavíker Frauenverbands zurückführen, der zu Beginn des 20. Jahrhunderts die Initiative zur Gründung der ersten Kindertageseinrichtungen ergriff. Eine Pädagogische Fachschule, die Frauen für die Arbeit in Kindertageseinrichtungen und Spielschulen qualifizieren sollte, wurde 1946 gegründet. Während der letzten beiden Jahrzehnte durchlief die Ausbildung frühpädagogischer Fachkräfte einen umfassenden Transformationsprozess; aus der dreijährigen Ausbildung an einer monodisziplinären Fachschule wurde zunächst ein im Spektrum der lehrerbildenden Studiengänge an der Pädagogischen Hochschule angesiedeltes Bachelorprogramm und schließlich ein fünfjähriges Masterstudium an einer Forschungsuniversität.

→ Aus Sicht der Ausbildungsinstitution ergeben sich aus dieser rasanten Entwicklung nun gewisse Folgeprobleme. Die institutionelle Zusammenfassung aller pädagogischen Studiengänge bedeutet, dass die Frühpädagogik hier nur ein kleines Segment darstellt, wodurch die Ausbildung möglicherweise ihren speziellen Charakter einbüßen und zunehmend der Lehrerbildung für den Pflichtschulbereich gleichen könnte. Zudem war nach der Akademisierung ein Rückgang der Einschreibungen im Fach Frühpädagogik zu verzeichnen. Die seit Juli 2011 geltende Anforderung eines fünfjährigen Studiums mit Masterabschluss wird vermutlich dazu führen, dass der Anteil akademisch qualifizierter frühpädagogischer Fachkräfte – zumindest vorübergehend – noch weiter abnimmt. Und diese Entwicklung ist eben gerade nicht das, was die elementarpädagogischen Einrichtungen in Island brauchen. Bei derzeit schon lediglich 34 Prozent Beschäftigten mit frühpädagogischer Ausbildung auf Hochschulniveau läge die tägliche pädagogische Arbeit mit den Kindern in noch größerem Umfang in den Händen nicht- oder unterqualifizierter Kräfte. Die für die frühpädagogische Ausbildung an der Universität Island Verantwortlichen sind sich der Probleme durchaus bewusst. Zu den Lösungsstrategien gehört, sich dezidiert für die Spezifik des Handlungsfeldes frühkindliche Bildung und Betreuung stark zu machen und mithilfe des Forschungszentrums für frühkindliche Bildung ein forschungsstarkes Team aufzubauen. Teil der universitären Pädagogik zu sein bietet immerhin den Vorteil, dass die Lehrenden nun Gelegenheit zu eigener Forschungstätigkeit im Feld haben – und tatsächlich haben die Forschungsaktivitäten in den letzten Jahren erheblich zugenommen. Langfristig gesehen, werden frühpädagogische Fachkräfte dadurch an Status und Prestige gewinnen.

Die Ausbildung frühpädagogischer Fachkräfte im Rahmen eines forschungsorientierten Hochschulstudiums ist derzeit noch ein Novum, perspektivisch dürfte sich diese Regelung für die Frühpädagogik jedoch als vorteilhaft erweisen. Allerdings ist es von entscheidender Bedeutung, dass die Ausbildung auch weiterhin den besonderen Anforderungen der pädagogischen Arbeit mit Kindern bis sechs Jahren gerecht wird. Zudem sollte sie sich ihrer Wurzeln in der spezifisch nordischen Tradition bewusst bleiben. Die Besonderheit dieser Tradition liegt darin, dass nordische elementarpädagogische Einrichtungen einen eher sozialpädagogischen Ansatz verfolgen, der Kreativität, themenbezogene Auseinandersetzung und Fürsorglichkeit betont und auf spielerisches Lernen sowie die Kooperation zwischen Kindern und Erwachsenen setzt.

Literatur

Barnavinafélagið Sumargjöf (1976). Barnavinafélagið Sumargjöf 50 ára. [The children's fund 50 years]. Reykjavík: Barnavinafélagið Sumargjöf.

Bourdieu, P. & Passeron, J.-C. (1977). Reproduction in education, society, and culture. London: Sage.

Bruner, J. (1996). The culture of education. Cambridge, MA: Harvard University Press.

Carr, M. (2001). Assessment in Early Childhood settings: Learning stories. London: Paul Chapman.

Christensen, P.M. & James, A. (2000). Researching children and childhood: Cultures of communication. In P. Christensen & A. James (Eds.), Research with children: Perspectives and practices (pp. 1–8). New York, NY: Falmer Press.

Corsaro, W.A. (1997). The sociology of childhood. Thousand Oaks, CA: Pine Forge Press.

Dahlberg, G., Moss, P. & Pence, A.R. (1999). Beyond quality in Early Childhood Education and Care: Postmodern perspectives. London: Falmer Press.

Dockett, S., Einarsdottir, J. & Perry, B. (2009). Researching with children: Ethical issues. Journal of Early Childhood Research, 7, 283–298.

Einarsdottir, J. (1996). Early childhood teacher preparation in Iceland. Journal of Early Childhood Teacher Education, 17, 36–42.

Einarsdottir, J. (2000). Skipulag, hugmyndasýn og inntak leikskólakennaranáms. Um námskrá leikskólaskorar Kennaraháskóla Íslands. [Organization, ideology, and content of preschool education. On the curriculum of preshool teachers at the Iceland University of Education]. Athöfn, Tímarit félags íslenskra leikskólakennara, 32, 26–30.

Einarsdottir, J. (2004). „Það var lítill skilningur á því að það þyrfti að kenna stúlkum að „passa" börn". [There was limited understanding of the need to educate women to take care of children]. In B. Hansen, J. Einarsdóttir

& Ó. H. Jóhannsson (Eds.), Brautryðjendur í uppeldis- og menntamálum (pp. 143–160). Reykjavík: Rannsóknarstofnun Kennaraháskóla Íslands.

Einarsdottir, J. (2006). Between two continents, between two traditions: Education and care in Icelandic preschools. In J. Einarsdottir & J. Wagner (Eds.), Nordic childhoods and early education: Philosophy, research, policy, and practice in Denmark, Finland, Iceland, Norway, and Sweden (pp. 159–182). Greenwich, CT: Information Age.

Einarsdottir, J. (2007). Research with children: Methodological and ethical challenges. European Early Childhood Education Research Journal, 15, 197–211.

Einarsdottir, J. (2010). Connecting curricula through action research. In EU-Agency, Regional Government of Cologne/Germany (Ed.), Early Years transition programme. Transition from pre-school to school: Emphasizing early literacy. Comments and reflections by researchers from eight European countries (pp. 57–62). Köln: EU-Agency, Regional Government of Cologne/Germany.

Einarsdottir, J. (2011). Reconstructing playschool experiences. European Early Childhood Education Research Journal, 19, 387–402.

Einarsdóttir, J. & Garðarsdóttir, B. (Eds.). (2008). Sjónarmið barna og lýðræði í leikskólastarfi. [Children›s perspectives and democracy in preschools]. Reykjavík: Háskólaútgáfan & RannUng.

EU-Agency, Regional Government of Cologne/Germany (Ed.). (2010). Early Years transition programme. Transition from pre-school to school: Emphasizing early literacy. Comments and reflections by researchers from eight European countries. Köln: EU-Agency, Regional Government of Cologne/Germany.

Francis, B. (2002). Relativism, realism and feminism: An analysis of some theoretical tensions in research on gender identity. Journal of Gender Studies, 11, 39–54.

Froment, E., Kohler, J., Purser, L. & Wilson, L. (Eds.). (2006). EUA Bologna handbook: Making Bologna work. Berlin: Raabe.

Hangaard Rasmussen, T. (1996). Kroppens filosof: Maurice Merleau-Ponty. [The philosoph of the body: Maurice Merleau-Ponty]. Copenhagen: Semi-forlaget.

Jakobsdóttir, S. & Jóhannsdóttir, T. (2010). Merging online and "traditional" courses and student groups: A natural trend or a temporary tactic - why and how? Paper presented at the EDEN conference, June 9–12, 2010, Valencia, Spain.

James, A., Jenks, C. & Prout, A. (1998). Theorizing childhood. Cambridge: Polity press.

Johansson, J.- E. (2006). Will there be any preschool teachers in the future? In J. Einarsdottir & J. T. Wagner (Eds.), Nordic childhoods and early education: Philosophy, research, policy and practice in Denmark, Finland, Iceland, Norway, and Sweden (pp. 43–69). Greenwich, CT: Information Age Publishing.

Jónasson, J. T. (2006). Frá gæslu til skóla: Um þróun leikskóla á Íslandi. [From keeping to schooling: Evolution of preschools in Iceland]. Reykjavík: Rannsóknarstofa um menntakerfi. Félagsvísindastofnun Háskóla Íslands.

Karlsdóttir, K. & Garðarsdóttir, B. (2008). Námssögur – Styrkleikar og færni leikskólabarna. [Learning stories – Preschool children›s strength and competency]. In J. Einarsdóttir & B. Garðarsdóttir (Eds.), Sjónarmið barna og lýðræði í leikskólastarfi (pp. 133–155). Reykjavík: Háskólaútgáfan og Rannsóknarstofa í menntunarfræðum ungra barna.

Karlsdóttir, K. & Garðarsdóttir, B. (2010). Exploring children´s learning stories as an assessment method for research and practice. Early Years, 30, 255–266.

Kennaradeild Menntavísindasviðs Háskóla Íslands: Hlutverk og stefna 2010–2015. [Faculty of Teacher Education at the School of Education: Role and policy 2010–2015]. Approved at faculty meeting, October 18th 2010.

Koshy, V. (2008). Action research for improving practice: A practical guide. London: Sage.

Laevers, F. (1994). The innovative project Experiental Education and the definition of quality in education. In F. Laevers (Ed.), Defining and assessing quality in Early Childhood Education (pp. 159–172). Leuven: Leuven University Press.

Leavitt, R. L. (1994). Power and emotion in infant-toddler day care. New York, NY: State University of New York Press.

Lenz Taguchi, H. & Munkammar, I. (2003). Consolidating governmental early childhood education and care services under the Ministry of Education and Science: A Swedish case study. Paris: UNESCO.

Lög um hlutdeild ríkisins í byggingu og rekstri dagvistunarheimila, nr. 29/1973. [Laws on the government's part in building and running day-care institutions, No. 29/197].

Lög um leikskóla, nr. 48/1991. [Law on preschools, No. 48/1991].

Lög um leikskóla, nr. 78/1994. [Law on preschools, No. 78/1994].

Lög um leikskóla, nr. 90/2008. [The Preschool Act, No. 90/2008].

Lög um menntun og ráðningu kennara og skólastjórnenda við leikskóla, grunnskóla og framhaldsskóla, nr. 87/2008. [Laws on education and appointing teachers and principals in preschools, compulsory schools, and colleges, no 87/2008].

McNiff, J., Lomax, P. & Whitehead, J. (2003). You and your action research project (2nd ed.). London: Routledge/Falmer.

Mennta- og menningarmálaráðuneytið. (2011). Aðalnámskrá leikskóla. [National curriculum for preschools]. Retrieved January 16, 2013, from http://www.menntamalaraduneyti.is/utgefid-efni/namskrar/nr/3952.

Menntamálaráðuneytið (1999). Aðalnámskrá leikskóla 1999. [National curriculum for preschools]. Reykjavík: Menntamálaráðuneytið.

Merleau-Ponty, M. (1994). Kroppens fenomenologi .[Phenomenology of the body]. Oslo: Pax.

Noddings, N. (1992). The challenge to care in schools: An alternative approach to education. New York, NY: Teachers College Press.

Oberhuemer, P. (2005). Conceptualising the Early Childhood pedagogue: Policy approaches and issues of professionalism. European Early Childhood Education Research Journal, 13, 5–16.

Pramling Samuelsson, I. & Johansson, E. (2006). Play and learning–inseparable dimensions in preschool practice. Early Child Development and Care, 1, 47–65.

Reglugerð um inntak menntunar leik-, grunn- og framhaldsskólakennara, nr. 872. [Regulation on the content of education of preschool, compulsory school and secondary school teachers, no 872].

Rogoff, B. (2003). The cultural nature of human development. New York, NY: Oxford University Press.

Sachs, J. (2001). Teacher professional identity: Competing discourses, competing outcomes. Journal of Educational Policy, 16, 149–161.

Sigurðardóttir, V. (1974). Fóstruskóli Sumargjafar. [Sumarfjöf›s Pedagogical College]. In G. Thorláksson (Ed.), Barnavinafélagið Sumargjöf 50 ára 1924-apríl 1974. Reykjavik: Barnavinafélagið Sumargjöf.

Statistics Iceland (2011). Retrieved January 16, 2013, from http://www.hagstofa.is/Hagtolur/Mannfjoldi.

United Nations (1989). Convention on the rights of the child. Retrieved, January 16, 2013, from http://www2.ohchr.org/english/law/crc.htm.

University of Iceland. School of Education (2011). Retrieved June 27, 2011, from http://www.hi.is/en/school_of_education/school_of_education.

Vygotsky, L. S. (1978a). Mind in society: Development of higher psychological processes. Cambridge, MA: Harvard University Press.

Vygotsky, L. S. (1978b). The role of play in development. In M. Cole, V. John-Steiner, S. Scribner & E. Souberman (Eds.), Mind in society: Development of higher psychological processes (pp. 92–104). Cambridge, MA: Harvard University Press.

Wells, G. & Claxton, G. (Eds.). (2002). Learning for life in the 21st century: Sociocultural perspectives on the future of education. Oxford: Blackwell.

Whitty, G. (2008). Changing modes of teacher professionalism: Traditional, managerial, collaborative and democratic. In B. Cunningham (Ed.), Exploring professionalism (pp. 28–49). London: Institute of Education, University of London.

Þórðardóttir, Þ. (2007a). „...góðu karlarnir eru klárari, þeir vinna alltaf»; Samræður leikskólabarna um barnaefni. [«The good guys are smarter, they always win»: Children's disucssions about literature]. In G. Jóhannesson (Ed.), Félagsvísindi VIII (pp. 759–770). Reykjavík: Háskólaútgáfan.

Þórðardóttir, Þ. (2007b). Menningarlæsi íslenskra leikskólabarna. [Preschool children's cultural literacy]. In H. Ragnarsdóttir, E. S. Jónsdóttir & M. H. Bernharðsson (Eds), Fjölmenning á Íslandi (pp. 273–300). Reykjavík: Háskólaútgáfan og Rannsóknarstofa í fjölmenningu Kennaraháskóla Íslands.

Þórðardóttir, Þ. & Guðbjörnsdóttir, G. (2008). „Hún var sveitastelpa sem var í gamla daga." Samræður leikskólakennara og leikskólabarna um þjóðsöguna um Gýpu. [She was a country girl from old times: Children's discussions about the folktale Gýpa]. In J. Einarsdóttir & B. Garðarsdóttir (Eds.), Sjónarmið barna og lýðræði í leikskólastarfi (pp.75–96). Reykjavík: Háskólaútgáfan & Rannsóknarstofa í menntunarfræðum ungra barna, RannUng.

Entwicklung der frühpädagogischen Ausbildung in Griechenland

Von der Funktionärin des Nationalstaats zur professionellen Akademikerin

Kalliope Vrinioti, University of Western-Macedonia, Greece

In Griechenland besteht, wie in einigen anderen Ländern auch, eine klare Dichotomisierung im System der angebotenen Betreuungs-, Pflege-, Erziehungs- und Bildungsleistungen für die Unter-Sechsjährigen. Es herrscht also in diesem Bereich eine Art „duales System" vor („split regimes": OECD 2006, S. 161; Oberhuemer & Schreyer 2010, S. 493). Die Begriffe „Kindertagesstätte" *(paidikos stathmos)* und „Kindergarten" *(nipiagogeio)* bezeichnen in Griechenland zwei klar voneinander getrennte Institutionen mit unterschiedlicher Geschichte, Tradition, unterschiedlichem Entwicklungsverlauf, unterschiedlichen Arbeitsschwerpunkten und Erziehungszielen. Während die Kindertagesstätte vom Prinzip der Sozialfürsorge geprägt ist, dominiert im Kindergarten die erzieherische und pädagogische Ausrichtung.

Diese Spaltung im Angebotssystem von Leistungen zwischen Betreuung und Pflege einerseits sowie Erziehung und Bildung andererseits gilt auch für die Ausbildung der Fachkräfte, die mit den unter sechsjährigen Kindern arbeiten. Die Kernfachkraft, deren Aufgabe es primär ist, die Kinder zwischen drei Monaten und vier Jahren zu pflegen und zu betreuen, ist die Frühpädagogin[101], die in der Kindertagesstätte *(paidikos stathmos)* arbeitet. Demgegenüber handelt es sich bei der für die Vier- bis Sechsjährigen zuständigen Kernfachkraft um die Vorschullehrerin, deren Tätigkeitsbereich der Kindergarten ist.

Die genannten beiden Typen der in der Vorschulerziehung tätigen Kernfachkräfte unterscheiden sich (a) in Bezug auf ihr Ausbildungsniveau und (b) in Bezug auf ihren Arbeits- und Berufsstatus:

a) Die Frühpädagogin absolviert eine vierjährige Ausbildung an einer berufsqualifizierenden Fachhochschule auf tertiärem, aber bis 2001 nicht-universitärem Niveau (TEI)[102]. Die Qualifikationsvoraussetzung der Vorschullehrerin besteht demgegenüber seit 1984 in einem vierjährigen Studium an der Universität, das vorwiegend akademisch orientiert ist.

---

[101] *In dem vorliegenden Beitrag werden, gemäß den von der OECD (2006, S. 161) vorgeschlagenen Bezeichnungen, die Begriffe Frühpädagogin (Vrefonipiokomos) für die Absolventinnen der Fachhochschulen (TEI = Technologika Ekpaidevtika Idrimata) und Vorschullehrerin (Nipiagogos, im Plural Nipiagogoi) für die Absolventinnen der universitären Fachbereiche für Vorschulerziehung verwendet.*

[102] *Seit 2001 ist der Status der TEI formell demjenigen der Universitäten angeglichen. Nach wie vor sind jedoch die Ausbildungsgänge der TEI beruflich-praktisch orientiert.*

b) Die Frühpädagogin arbeitet in aller Regel 40 Stunden in der Woche in der Kindertagesstätte als Gemeindeangestellte, während die Vorschullehrerin nur etwa 25 Wochenstunden als Beamtin des Bildungsministeriums beschäftigt ist.

So beinhalten die beiden professionellen Profile auch unterschiedliche und voneinander abgegrenzte berufliche Rechte. Das bedeutet, dass einerseits die Frühpädagogin nicht mit vier- bis sechsjährigen Kindern arbeiten darf, andererseits die Vorschullehrerin nicht mit Kindern zwischen drei Monaten und vier Jahren. Die Vorschullehrerin ist hingegen berechtigt, mit den Vier- bis Sechsjährigen zu arbeiten. Hier gibt es allerdings eine Ausnahme „nach oben", was das Alter der Kinder anbetrifft: Die Vorschullehrerin kann gemäß zweier Erlasse (Erlass 134381/Δ5/23-11-2004 und 18/97883/Δ5/31-8-2011) in der ersten und zweiten Klasse an den *privaten* Grundschulen unterrichten, wenn keine Grundschullehrerinnen bzw. -lehrer am Arbeitsmarkt *(epetirida anapliroton)* verfügbar sind. Das führt jedoch zu einer Ungereimtheit: Wenn der Gesetzgeber die Vorschullehrerinnen und -lehrer für beruflich geeignet hält, in der ersten und zweiten Klasse *der privaten Grundschulen* zu unterrichten, dann müsste er ihnen auch erlauben, in der ersten und zweiten Grundschulklasse der öffentlichen Schulen zu unterrichten.

Im vorliegenden Beitrag werden wir uns ausschließlich mit der Ausbildung der Vorschullehrerinnen und -lehrer befassen. Zu den Besonderheiten Griechenlands im Unterschied zur Ausbildungssituation in anderen Ländern gehört, dass die Ausbildung der Vorschullehrer/innen immer eng verknüpft war mit der Ausbildung der Grundschullehrer/innen – darüber wird später noch ausführlicher die Rede sein.

1. Sozialhistorischer Überblick über die Entwicklungsetappen des Kindergartens

Die Gründung des Kindergartens ging in Griechenland aus einer ganz anderen gesellschaftlichen und politischen Konstellation hervor als in den meisten westeuropäischen Ländern. Diente in den westeuropäischen Ländern die Einführung des Kindergartens in erster Linie der Betreuung und Pflege der Arbeiterkinder, deren Mütter massenhaft in das System der Industriearbeit eingegliedert wurden (Blochmann 1968; Grossmann 1987; Wollons 2012), so standen im nicht industrialisierten Griechenland die Ziele der sprachlichen und nationalen Erziehung der Vorschulkinder im Vordergrund, wobei als das übergeordnete Ziel die Entwicklung der nationalen Identität galt. Diese frühe Konzentration der Erziehung auf nationale Identität und Nationalbewusstsein ergab sich Ende des 19./Anfang des 20. Jahrhunderts – im Zuge der Schrumpfung des osmanischen Reiches – aus der Situation der territorialen Expansion und der Annexion neuer Gebiete in Mazedonien, um die der griechische Nationalstaat mit Bulgarien konkurrierte. Der griechische Staat war daher bestrebt, die umkämpften Grenzgebiete mit der Entsendung von Grund- und Vorschullehrer/innen zu „hellenisieren", um ihre angestrebte Eingliederung in das griechische Staatsgebiet vorzubereiten und gegenüber der internationalen Gemeinschaft zu rechtfertigen (Χαρίτος [Haritos] 1996, S. 216; Μπουζάκης & Μπάκας [Bousakis & Bakas] 1993; Κυριαζοπούλου-Βαληνάκη [Kyriasopoulou-Valinaki] 1977, Bd. 4; Vrinioti 1990[103]).

Dieser Entwicklung war die Gründung von Kindergärten durch westliche Missionare in Ermoupolis auf der Insel Syros im Jahr 1830 (Fr. Hildner) und in Athen im Jahr 1831 (Francis Hill) vorangegangen, die freilich nicht auf die nationale, sondern auf die religiöse Erziehung der

---

[103] *Die historische Darstellung lehnt sich an einigen Stellen an die Ausführungen in Vrinioti (1990) an.*

Kinder abzielte (Ηλιού [Iliou] 1986). Weitere Kindergärten wurden in dieser frühen Phase von vermögenden Auslandsgriechen, die in den Handelsstädten zwischen Odessa und Paris lebten und den griechischen Staat als Stifter mit großzügigen Schenkungen unterstützten, gegründet. Der griechische Staat hat sein Interesse für die Vorschulerziehung zum ersten Mal mit der Verabschiedung des Gesetzes B.T.M.Θ. 2359/1895 zum Ausdruck gebracht, in welchem

- die freien Träger des Kindergartens die offizielle Anerkennung erhielten sowie die Genehmigung für weitere Gründungen von Kindergärten,
- das Alter der aufzunehmenden Kinder auf das dritte bis zum vollendeten sechsten Lebensjahr festgelegt wurde,
- die Qualifikation des pädagogischen Personals vorgeschrieben war; die ersten Erzieherinnen waren staatlich anerkannte Lehrerinnen (Δημαράς [Dimaras] 1974, Bd. 2, S. 3).

Der Staat hat dann Ende des 19. Jahrhunderts die Verantwortung für diese bereits existierenden Kindergärten übernommen, und ab dem Jahr 1929 gehörten die Gründung und der Betrieb von Kindergärten in die alleinige Verantwortung des Staates.

2. Sozialhistorische Entwicklung der Vorschullehrer-Ausbildung zwischen 1830 und 1982

Wie bereits beschrieben, diente der Kindergarten in Griechenland primär der nationalen Erziehung der – in der Praxis vorwiegend – Mittelschichtkinder. Ziele des Kindergartens waren die sprachlich-nationale Erziehung dieser Kinder und ihre Vorbereitung auf die Grundschule. Diese Tatsache hat den Inhalt der Ausbildung, das Berufsprofil und den sozialen Status der Vorschullehrer/innen entscheidend bestimmt (Χαρίτος [Haritos] 1996, S. 218). Da somit der Kindergarten von Anfang an einen Bildungsauftrag hatte, hatten auch die Fachkräfte, die in ihm arbeiteten, dasselbe Berufsprofil wie die Grundschullehrerinnen und -lehrer und waren diesen statusmäßig gleichgestellt.

Die ersten Anfänge der Vorschullehrerinnen-Ausbildung finden sich in der „Wiege der Frauenbildung" – der *Philekpädeftiki Etaireia*, d. h. „Gesellschaft der Bildungsfreunde". Diese „Gesellschaft der Bildungsfreunde" erweiterte im Jahre 1840 ihre Reihe von Schulen mit der Gründung eines selbstständigen Kindergartens, und im Jahre 1865 sandte sie ihre Stipendiatin, I. Dimitriadou, nach Frankreich, damit sie sich als Vorschullehrerin dort spezialisierte. Fünf Jahre später, im Jahre 1870, begann die „Gesellschaft der Bildungsfreunde" neben den Grundschullehrerinnen und -lehrern (seit 1861) auch Vorschullehrerinnen auszubilden (Ηλιού [Iliou] 1986, S. 47; Βιγγόπουλος [Vigopoulos] 1980, S. 215; Σαΐτης [Saitis] 1989, S. 73). Außerdem wurden bereits ab dem Jahr 1853 an der Mädchenschule von Hill Vorschullehrerinnen ausgebildet (Ζιώγου-Καραστεργίου [Ziogou-Karastergiou] 1983).

Somit ist die in Griechenland vorherrschende Ansicht, dass Ekaterini Laskaridou[104] (1842–1916) die erste Begründerin des Kindergartens und der Vorschullehrerinnenschule in Griechenland gewesen sei, unzutreffend. Tatsache ist jedoch, dass die Geschichte der griechischen

[104] *Als Tochter wohlhabender, in der Diaspora lebender Griechen hatte sie eine umfassende Erziehung genossen und nach ihrer Heirat Geschichte, Pädagogik und Philologie in Paris, London und Konstantinopel studiert. Im Jahre 1876 lernte sie in Dresden Berta von Marenholtz-Bülow kennen und wurde von ihr in die Lehre Fröbels eingeführt. Ihr wirkungsvolles Eintreten für die Verbreitung des Fröbel´schen Ansatzes in Griechenland hatte zur Folge, dass dieser bis 1950 als einzige pädagogische Konzeption in der griechischen Vorschulerziehung bestand (Κυριαζοπούλου-Βαληνάκη [Kyriasopoulou-Valinaki] 1977, Bd. 1, S. 232f. & 241).*

Vorschulerziehung eng mit dem Namen von Ekaterini Laskaridou verknüpft ist (Μπουζάκης & Μπάκας [Bousakis & Bakas] 1993).

Eine systematische Ausbildung der griechischen Vorschullehrerinnen begann im Jahre 1897, als Laskaridou die Vorschullehrerinnenschule und anschließend einen Musterkindergarten im Athener Stadtteil Kallithea nach dem Fröbel´schen Ansatz gründete. Diese Vorschullehrerinnenschule wurde 1904 staatlich anerkannt, jedoch erst im Jahr 1922 vom Staat finanziert und in eine öffentliche Institution umgewandelt (Κυριαζοπούλου-Βαληνάκη [Kyriasopoulou-Valinaki] 1968, S. 102).

Nach den Balkankriegen (1912–1913) wurde das Territorium Griechenlands fast verdoppelt, und die Bevölkerungszahl stieg erheblich an. Die „neuen", in das „alte" Griechenland eingegliederten Gebiete und die wenig oder kaum Griechisch sprechende neue Bevölkerung veranlassten den Staat zur Durchsetzung einer neuen Bildungspolitik und zur Einführung differenzierter schulischer Maßnahmen (Κυπριανός [Kyprianos] 2009, S. 219). Im Jahre 1914 gliederte der Staat in die jeweiligen Grundschullehrerseminare, die schon lange vorher bestanden, auch Vorschullehrer/innenseminare ein. Die Notwendigkeit, die griechische Sprache in den neuen Gebieten zu bewahren und das Nationalbewusstsein zu stärken, gewann in der Bildungspolitik Priorität. Neben den Grundschullehrerinnen und -lehrern wurden vom Außenministerium jetzt auch die ersten Vorschullehrerinnen in den neuen Gebieten, hauptsächlich im griechischen Teil Mazedoniens (Nordgriechenland), eingestellt (Κυριαζοπούλου-Βαληνάκη [Kyriasopoulou-Valinaki] 1977, Bd. 1, S. 233). Bis 1920 gab es 141 öffentliche Kindergärten, und davon befanden sich 109 allein im griechischen Teil Mazedoniens (Nordgriechenland) (Σαΐτης [Saitis] 1989, S. 76). Der Flüchtlingsstrom nach dem Bevölkerungsaustausch mit der Türkei im Jahr 1922 „hat den Staat auch dazu gezwungen, zum ersten Mal Vorschullehrerinnen als Staatsbeamtinnen einzustellen, was für die Volksschullehrer schon ab 1857 die Regel war" (Kapsalis 1974, S. 236).

Die Verordnung 2145/1929, die bis dahin nur in Sonderfällen für die Vorschullehrerinnen den Beamtenstatus vorsah, wurde auf alle, die an öffentlichen Kindergärten arbeiteten, ausgedehnt (Κυριαζοπούλου-Βαληνάκη [Kyriasopoulou-Valinaki] 1977, Bd. 1, S. 250). Die Vorschullehrerin hatte in diesen Gebieten eine doppelte Aufgabe zu erfüllen: einerseits die Stärkung des griechischen Nationalbewusstseins und andererseits die Bewahrung bzw. Förderung der griechischen Sprache. Unter diesen Voraussetzungen gründete der Staat, um den wachsenden Bedarf an Vorschullehrer/innen zu decken,

- zweijährige Abteilungen für die Vorschullehrer/innen-Ausbildung an den bestehenden Grundschullehrerseminaren (Verordnung 3-9-1914),
- selbstständige dreijährige Vorschullehrer/innenseminare (Verordnung 26-8-1914)
- und – etwas später mit der Verordnung 4367/1929 – auch vierjährige Vorschullehrer/innenseminare.

So bestanden parallel zu dem Seminar in Athen auch in fünf weiteren Städten Griechenlands bis 1940 Vorschullehrer/innenseminare, die sich an dem Athener Modell orientierten.

Im Zeitraum von 1940 bis 1956, der durch häufige Regierungswechsel, Diktatur, Besatzung und Bürgerkrieg bestimmt war, war die „Muster-Vorschullehrer/innenschule" in Athen die einzige Ausbildungsstätte für Vorschullehrer/innen. Da jedoch an dieser nur eine begrenzte Zahl an Vorschullehrerinnen ausgebildet werden konnte, integrierte der Staat in den Jahren 1956 bis 1960 in vier Pädagogische Akademien (in den Städten Florina, Thessaloniki, Ioannina, Alexandroupolis) jeweils ein einjähriges Vorschullehrer/innenseminar, das vier Jahre später wieder aufgelöst wurde. So blieb wieder die „Muster-Vorschullehrerinnenschule" in Athen die einzige Institution, die mit der Ausbildung der Vorschullehrerinnen betraut war (1960–1965). Inzwischen war sie zu einer Fachhochschule aufgewertet worden, deren Status den Pädagogischen Akademien angeglichen wurde (N.D. 37.97/1959). Die Unterschiede bezüglich der Aufnahmevoraussetzungen und der Ausbildungsdauer wurden vereinheitlicht und die Akademisierung der Vorschullehrer/innen-Ausbildung in die Wege geleitet. Als die nunmehr allgemeine Voraussetzung für die Zulassung zum Studium der Vorschullehrerin galten der Abschluss des sechsjährigen Gymnasiums, das auf der sechsjährigen Grundschule aufbaute, und die bestandene Aufnahmeprüfung, die hoch selektiv war, weil die Zahl der Bewerberinnen etwa zehn Mal so groß war, wie die Zahl der aufgenommenen Kandidatinnen. Die Studiendauer wurde einheitlich auf zwei Jahre festgelegt (Κυριαζοπούλου-Βαληνάκη [Kyriasopoulou-Valinaki] 1977, Bd. 1, S. 240).

Im Zeitraum zwischen 1967 und 1974, währenddessen die Militärjunta der Obristen Griechenland regierte, wiederholte sich in der Vorschullehrer/innen-Ausbildung die gleiche Entwicklung wie in den Jahren 1956 bis 1960. Die Militärregierung versuchte die rasch gestiegene Nachfrage nach Vorschullehrerinnen dadurch zu decken, dass sie wieder einjährige Vorschullehrerinnenabteilungen an den Pädagogischen Akademien der Städte Florina, Thessaloniki, Ioannina, Larissa, Lamia und Alexandroupolis einrichtete. Die Aufnahmevoraussetzungen blieben die gleichen wie zuvor. Diese einjährigen Vorschullehrerinnenabteilungen wurden 1971 abgeschafft und an ihrer Stelle drei Fachhochschulen in den Städten Thessaloniki, Karditsa (in Mittelgriechenland) und Chania (auf Kreta) nach dem Muster der bereits genannten Athener Fachhochschule gegründet; diese Fachhochschulen waren in fachlicher und administrativer Hinsicht gleich und führten zu denselben Studienabschlüssen.

Die vier Fachhochschulen für die Vorschullehrer/innen-Ausbildung bestanden bis 1987/1988. Ihre Curricula, der Lehrkörper sowie die Aufnahmevoraussetzungen und die Studiendauer waren denen der Pädagogischen Akademien ähnlich. Inzwischen wurde jedoch das Gesetz 1268/1982 von 1982 verabschiedet, das einen großen Einschnitt bedeutete und die Akademisierung der Vorschullehrer/innen-Ausbildung einführte, wodurch die bis dahin existierenden Fachhochschulen abgeschafft und an ihrer Stelle Fachbereiche an den Universitäten gegründet wurden; die Übergangsphase endete 1987/1988 (Σταμέλος [Stamelos] 1999).

3. Kritik an den alten Vorschullehrerinnenschulen und Skepsis über die Identität der neu gegründeten Pädagogischen Fachbereiche der Universitäten

In diesem Abschnitt erfolgt ein Rekurs einerseits auf die Kritik an dem *Status quo ante* der Ausbildung der Vorschullehrer/innen an den Pädagogischen Akademien und andererseits auf die kontroverse Fachdebatte, die sich auf die – damals – bevorstehende Akademisierung der Grund- und Vorschullehrer/innen-Ausbildung bezog.

Die Forderungen nach der Erhöhung des Niveaus der Grund- und Vorschullehrer/innen-Ausbildung waren in Griechenland, wie in den anderen Ländern der westlichen Welt auch, mit den Forderungen der Interessenverbände der Grundschullehrer nach Status- und Gehaltsverbesserungen aufs Engste verknüpft. Als der Weg zu beidem – zur Qualitätsverbesserung der Bildung und zur Statuserhöhung der Lehrerschaft – zeichnete sich in Griechenland die Akademisierung, d. h. die Ausbildung der Grund- und Vorschullehrer/innen an der Universität ab. Die politischen Konzepte, die in diese Richtung wiesen, erhielten Ende der 1950er Jahre – nicht nur in Griechenland, sondern international – Auftrieb durch die Entwicklung hin zur nachindustriellen Wissensgesellschaft (Bell 1974), aber auch durch die technologische und militärische Konkurrenz der Systeme in Ost und West. Der „Sputnik-Schock" ist zu Recht als ein Ereignis mit Katalysatorfunktion für die Öffnung der Hochschulbildung im Westen dargestellt worden (Κελπανίδης [Kelpanides] 2012). Die Einberufung der „Großen Bildungskommission" (*Megali Epitropi Paideias*) im Jahr 1957 durch den damaligen griechischen Ministerpräsidenten Konstantin Karamanlis stand ganz im Zeichen dieser Entwicklungen und war seinerseits eine Einladung an die Vertreter des Bildungssystems, Ideen und Konzepte zur Reform des tatsächlich reformbedürftigen griechischen Bildungssystems zu formulieren (Πορίσματα Επιτροπής Παιδείας [Porismata Epitropis Paideias] 1958, S. 35ff.; Πολυχρονόπουλος [Polychronopoulos] 1986). Die Kommission bestätigte die Kritik an der Grund- und Vorschullehrer/innen-Ausbildung, die mehrere Pädagogen im Zusammenhang mit dem Status der Lehrer in der Gesellschaft bereits formuliert hatten. Pyrgiotakis, dessen Auffassungen im pädagogischen Raum Anklang fanden, charakterisierte die damalige Situation der Grundschullehrer wie folgt: „... der Grundschullehrer leidet unter unzureichender Ausbildung, niedrigem Gehalt, niedriger sozialer Stellung und einer Vielzahl von hemmenden Faktoren" (Pyrgiotakis 1979, S. 246).

Die Integration der Grund- und Vorschullehrer/innen-Ausbildung in den Hochschulbereich auf nicht-universitärem Niveau, zu welchem die Pädagogischen Akademien und die Fachhochschulen für Vorschullehrer/innen gehörten, wurde zunehmend sowohl aus pädagogisch-fachlicher als auch aus gewerkschaftlicher Perspektive kritisiert und verworfen. Man muss berücksichtigen, dass die Abgrenzung zwischen den Hochschulen universitären Niveaus und denjenigen nicht-universitären Niveaus in Griechenland deutlich ausgeprägt war und hierarchische Niveau- sowie Statusunterschiede für ihre Absolventen zur Folge hatte. Natürlich hängt dieses Problem wesentlich auch mit dem Stand der wissenschaftstheoretischen Konsolidierung der Pädagogik als akademische Disziplin zusammen, aber dieses übergreifende Problem charakterisiert nicht spezifisch die Situation der griechischen Pädagogik, sodass es hier nicht weiter erörtert wird (Brezinka 1978; Κελπανίδης [Kelpanides] 2012, S. 65ff.).

Die Abschaffung der Pädagogischen Akademien und der Fachhochschulen für Vorschullehrer/innen und anstelle dessen die Einrichtung universitärer Fachbereiche für die Grund- und Vorschullehrer/innen-Ausbildung wurde mit Rückgriff auf Vergleiche mit anderen Ländern, in denen die Ausbildung der Grund- und Vorschullehrer an den Universitäten stattfand, argumentativ vertreten (Φράγκος [Frangos] 1986, S. 153). Offensiv erkämpft wurde die Forderung der Akademisierung der Ausbildung von der Grund- und Vorschullehrergewerkschaft DOE (*Didaskaliki Omospondia Ellados*), der Ende der 1970er Jahre die Mobilisierung der Lehrerschaft für ihre Politik gelang. Die kritischen Stimmen, die die Abschaffung der Pädagogischen Akademien forderten und auf fachlicher wie auf gewerkschaftlicher Seite akzeptiert waren, lassen sich in folgende Punkte zusammenfassen (ΔΟΕ[DOE] 1983):

- Der ausgeprägte Unterschied im Hochschulbereich zwischen Institutionen *universitären* und *nicht-universitären* Niveaus und die Ansiedlung der Pädagogischen Akademien im universitären Bereich nicht-universitären Niveaus verleiht der Grundschullehrerausbildung einen „zweitklassigen" Status innerhalb des Hochschulbereichs.
- Antiquierte Curricula und Inhalte sowie eine anachronistische Didaktik führen zur Anhäufung eines oberflächlichen Faktenwissens anstelle einer genuinen Allgemeinbildung.
- Die kurze – nur zweijährige – Ausbildungszeit verbunden mit dem breitgefächerten Umfang des Lernstoffs tragen ebenfalls zum Ergebnis einer Pseudo-Allgemeinbildung und zur Ausbildung von „Allround-Lehrern" bei.
- Unter diesen Bedingungen ist die Vorbereitung auf die Praxis äußerst ineffizient.

- Das Verhältnis von Dozenten und Studenten ist durch autoritären Führungsstil und „Verschulungsstrukturen", nicht durch Partnerschaft zwischen Lehrenden und Lernenden charakterisiert.
- Die Qualifikation der Dozenten entspricht nicht den Erfordernissen der Zeit, und ihre Befähigung zur Forschung ist im Allgemeinen mangelhaft. Generell ist die pädagogische Forschung an den Pädagogischen Akademien und den Fachhochschulen für Vorschullehrerinnen noch stark unterentwickelt – ein äußerst schwerwiegender Vorwurf, der weitgehend zutraf und den Argumenten der Kritiker Schubkraft verlieh.

Während es über die kritischen Punkte weitgehende Übereinstimmung gab, schieden sich die Geister bei den Modellen und Entwürfen, wie denn die Ausbildung genau organisiert werden sollte und welches Profil die neuen universitären Fachbereiche für Grund- und Vorschullehrer/innen-Ausbildung bzw. die neuen Hochschulen – denn es gab durchaus kontroverse Entwürfe – haben sollten (Βάμβουκας [Vamvoukas] 1994; Δαμανάκης [Damanakis] 1994; Δήμου [Dimou] 1994; Κακριδής [Kakridis] 1994; Μάρκου [Markou] 1983; Πόρποδας [Porpodas] 1983; Ηλιού [Iliou] 1986; Παπακωνσταντίνου [Papakonstantinou] 1988).

Um eine Vorstellung von der Variabilität der Entwürfe und Konzepte zu vermitteln, werden hier drei stärker diskutierte Modelle dargestellt:

1. Das erste Modell sah die Gründung einer selbstständigen pädagogischen Hochschule oder „pädagogischen Universität" im Raum Athen oder gegebenenfalls an anderem Ort vor. Dieses Modell wurde vom Griechischen Bildungsministerium, der Regierung der *Nea Dimokratia* und von einem Teil der Dozenten der Pädagogischen Akademien befürwortet.
2. Das zweite Modell spiegelte die Position des Grundschullehrerverbandes (DOE) wider und zielte auf die Gründung selbstständiger pädagogischer Fakultäten innerhalb der Universitätsstruktur mit der ausschließlichen Aufgabe der Ausbildung der Grund- und Vorschullehrerinnen ab.
3. Das dritte Modell sah die Gründung von pädagogischen Fachbereichen an den Universitäten vor, die in die bestehenden universitären Strukturen integriert werden und mit einem breiten Aufgabenspektrum versehen werden sollten. Zu diesem gehörten (a) Grund- und Vorschullehrerinnen-Ausbildung, (b) Sekundarschullehrerausbildung, (c) Diplomstudium in Pädagogik, (d) weiterführendes pädagogisches Studium (Promotion), (e) Pädagogische Forschung und Planung. Dieses Modell wurde von den Professoren der Pädagogik und von der *Pädagogischen Gesellschaft Griechenlands* unterstützt (Ξωχέλλης [Xochellis] 1989, S. 89).

Die Konzepte der Akademisierung der pädagogischen Ausbildung stießen auf den erbitterten Widerstand der an den Philosophischen Fakultäten etablierten Philologen (Stamelos [Σταμέλος] 1999; Σκούρα [Skoura] 2007). Dem Konflikt zwischen den widerstreitenden Interessen ausgesetzt, entschied sich die Regierung der *Nea Dimokratia*, die Akademisierung der pädagogischen Ausbildung zwar zu implementieren, sie jedoch außerhalb der Universitäten zu halten, um die Zuspitzung des Konflikts mit den mächtigen Interessen der konservativen Philologen zu vermeiden. Sie befürwortete unter diesen Bedingungen die Option einer selbstständigen Hochschule, die den Charakter und den Status einer „Pädagogischen Universität" haben, in Mittelgriechenland (in Velestino, einem Dorf mit historischer Bedeutung in der griechischen Geschichte) gegründet werden und ein Studium von vierjähriger Dauer anbieten sollte. Der im Sommer 1981 bereits vorgelegte Entwurf scheiterte jedoch am Regierungswechsel, der im Oktober desselben Jahres stattfand.

Die sozialistische Partei PASOK (Panhellenische sozialistische Bewegung) unter Andreas Papandreou gewann nach einem stark polarisierten Wahlkampf, in welchem die Bildungspolitik eine zentrale Rolle spielte, die Parlamentswahl mit absoluter Mehrheit und warf die Entwürfe der *Nea Dimokratia* über den Haufen. Die PASOK-Regierung hielt ihr Versprechen, pädagogische Fachbereiche an den Universitäten zu gründen, wodurch sie die breite Unterstützung der Grund- und Vorschullehrer/innen gewonnen hatte. Mit dem Hochschulrahmengesetz Nr. 1268/82 (Über die Struktur und Funktion der Hochschulinstitutionen), das zugleich die Lehrstühle abschaffte und einschneidende strukturelle Änderungen einführte, wurden pädagogische Fachbereiche für die Grund- und Vorschullehrer/innen-Ausbildung an den Universitäten Athen, Thessaloniki, Patras, Ioannina, Alexandroupolis und auf Kreta errichtet, die 1984 ihren Studienbetrieb aufnahmen. Außerdem wurden zwei neue Universitäten (Präsidialerlass 83/20.3.84) gegründet – die Universität Ägäis (auf Rhodos) und die Universität Thessalien (in Volos, Mittelgriechenland), an denen ebenfalls pädagogische Fachbereiche errichtet wurden. Als letzter wurde im Jahr 1993 der Fachbereich für Vorschullehrer/innen-Ausbildung in Florina gegründet, wo früher eine Pädagogische Akademie existierte und 1991 ein Fachbereich für Grundschullehrerausbildung errichtet worden war.

Ohne Zweifel stellt die Integration der Grund- und Vorschullehrer/innen-Ausbildung in die Universitäten einen Einschnitt in der griechischen Bildungsgeschichte dar und erfüllte damit die lange gehegte Hoffnung mehrerer Pädagogen-Generationen. Als jedoch die Euphorie über das tatsächlich Erreichte verflogen war, meldeten sich auch kritische Stimmen zu dem, was dabei nicht verwirklicht wurde. So hat Xochellis gleich nach der Verabschiedung des Hochschulrahmengesetzes seine Enttäuschung über die mangelnde Einheitlichkeit der Ausbildung der Lehrer unterschiedlicher Schulstufen zum Ausdruck gebracht. Er bestand darauf, dass das eingeführte Organisationsmodell für die Grund- und Vorschullehrer/innen-Ausbildung die Kluft zwischen Primar- und Sekundarstufenlehrer nicht überbrücken könne. Solange die Lehrerinnen und Lehrer beider Schulstufen nicht in ein und derselben Institution studierten, meinte Xochellis, könnten sie auch nicht ihren gemeinsamen pädagogischen Auftrag adäquat begreifen. Seiner Auffassung nach hat die Regierung, indem sie dem Druck der Gymnasiallehrer gegen ihre Gleichstellung mit den Grundschullehrern nachgab, eine historische Chance verpasst (Ξωχέλλης [Xochellis] 1989, S. 91).

4. Die Akademisierung der Vorschullehrer/innen-(Aus)Bildung ab 1982 bis heute

Die Fachbereiche für Vorschulpädagogik sind ihrem Selbstverständnis nach keine berufsbildenden Fachhochschulen – eine Einschätzung, die sie entschieden ablehnen. Diese Ablehnung kommt auch darin zum Ausdruck, dass alle bis auf zwei (Florina und Ioannina) dieser Fachbereiche, die im Gründungsgesetz Pädagogische Fachbereiche für Vorschullehrer/innen *(Paidagogika Tmimata Nipiagogon)* genannt werden, kurze Zeit nach ihrer Gründung ihre Namen mit der Absicht änderten, ihr wissenschaftliches Profil zu demonstrieren: Die neuen Namensbezeichnungen enthalten fast alle die Begriffe *Erziehungs- oder Bildungswissenschaften* (siehe Tabelle 1, S. 231 f.).

Dass das Studium der Erziehungswissenschaft aus zwei unterschiedlichen Zweigen besteht – einmal aus der Wissenschaft der Pädagogik und zum anderen aus der Lehrerbildung – ist eine international diskutierte und nicht unumstrittene Frage. In dieser Bipolarität bezweckt der eine Pol das Hervorbringen von pädagogischen Wissenschaftlern und originären Forschern.

Der andere Pol zielt auf die Ausbildung von Pädagogen, die die Schulpraxis verbessern und bereichern sollen. In Griechenland ist diese Unterscheidung unscharf und die theoretische Reflexion über die Problematik dieser bipolaren Struktur ungenügend entwickelt. Nach Meinung der Kritiker versagen die in den 1980er Jahren gegründeten universitären Pädagogischen Fachbereiche in doppelter Hinsicht: Sie produzieren weder originäre pädagogische Forscher noch gute Schulpraktiker. Es bleibt somit offen, ob und welches Gleichgewicht zwischen diesen beiden Funktionen in den einzelnen Fachbereichen jeweils erreicht wird (Σταμέλος & Εμβαλωτής [Stamelos & Emvalotis] 2001).

Hinzu kommt, dass die wissenschaftlichen Interessen der an den Fachbereichen Lehrenden auseinanderliegen und oft auf die Erfordernisse der Ausbildung und die Interessen der Studenten keine Rücksicht nehmen: „... the disinclination of some instructors and members of staff to adapt the contents of their scientific subject and didactics to the requirements of these studies" (Vrinioti 2013, S. 160). Dass dies jedoch kein ausschließlich griechisches Problem ist, wird in der Literatur belegt (Daiber & Carle 2008). Unter diesen Bedingungen begreift man, dass die Studiencurricula der Fachbereiche für Vorschulpädagogik große Unterschiede aufweisen im Hinblick auf:

- die für den Abschluss des Studiums erforderliche Zahl der CP oder ECTS
- die Zahl der CP oder ECTS, die jedem Fach angerechnet werden
- die Zahl der für den Abschluss des Studiums erforderlichen Fächer
- die Zahl der Pflicht- und der Wahlfächer
- die Gesamtzahl der angebotenen Fächer
- die Dauer und Organisation des Praktikums
- den Stellenwert, der dem Praktikum in Relation zu den anderen Fächern des Studiencurriculums zuerkannt wird (Diese Unterschiede sind aus Tabelle 1 ersichtlich.)

Das Gründungsgesetz (Nr. 1268, Art. 46) schreibt den Pädagogischen Fachbereichen der Universitäten vor, bestimmte strukturelle und curriculare Rahmenbedingungen für das Studium der Vorschullehrer/innen einzuhalten.

Auf die Frage, ob es *verschiedene Organisationsmodelle* (Vollzeitstudium, berufsbildende Studiengänge, Aufbaustudiengänge etc.) gibt, lautet die Antwort, dass nur das reguläre Modell besteht, das auf dem Vollzeitstudium von acht Semestern beruht. Zugangsvoraussetzung zum Studium sind (a) der Erwerb der allgemeinen Hochschulreife am Lyzeum (oberer Sekundarschulbereich) und (b) das Bestehen der nationalen Eingangsprüfung für Studienkandidaten. Diejenigen Kandidaten, die bereits einen ersten Hochschulabschluss haben, werden nach Bestehen einer Zugangsprüfung *(katataktiries exetaseis)* je nach ihren Voraussetzungen einem höheren Semester zugeordnet, sodass sie ihr zweites Studium nicht mit dem ersten Semester beginnen müssen.

Das Studium gliedert sich in das Grundstudium (1. bis 4. Semester) und in das Aufbaustudium (5. bis 8. Semester). Das Studium dauert – wie in den meisten anderen Fachbereichen der Universität auch – acht Semester, da die Vorgaben von Bologna hinsichtlich der Verkürzung des Grundstudiums auf sechs Semester nicht implementiert wurden. Das Grundstudium besteht überwiegend aus Pflichtfächern, während das Aufbaustudium Optionen eröffnet, aus einem Kreis von vorgegebenen Wahlpflichtfächern bestimmte Fächer zu wählen. Für die Gewährung des Abschlussdiploms ist eine Anzahl von ECTS erforderlich, die bei den einzelnen Pädagogischen Fachbereichen, wie aus Tabelle 1 (siehe S. 231 f.) ersichtlich wird, differiert. Sie reicht von 144 CP (Patras) bis zu 204 CP (Volos). Man muss jedoch bedenken, dass es zwischen den Fachbereichen große Unterschiede sowohl in der *Anzahl* der Fächer als auch in der Art und Weise gibt, wie die *Anrechnung* von CP in den einzelnen Fächern vorgenommen wird. Die Abschlussdiplome, die die Fachbereiche gewähren, sind gleichberechtigt und verleihen ihren Besitzern das Recht, an öffentlichen und privaten Vorschuleinrichtungen mit Vier- bis Sechsjährigen zu arbeiten. Aufgrund nachträglicher Erlasse können die Vorschullehrer/innen auch in den ersten beiden Klassen der privaten Grundschulen unterrichten.

Das Postgraduiertenstudium dauert zwei Jahre; daran kann sich ein Promotionsstudium anschließen, dessen Dauer mindestens drei und maximal sechs Jahre beträgt. Auf postgraduiertem Niveau bietet jeder der neun Fachbereiche für Vorschulpädagogik seine eigene Version des Postgraduierten Studiencurriculums, die sich zu den allgemeinen Rahmenrichtlinien des Gesetzes konform verhalten soll. Allerdings billigt das Gesetz den Fachbereichen hier einen ziemlich weiten Gestaltungsspielraum zu.

Obwohl die strukturellen Rahmenvorgaben – Zulassungsvoraussetzungen, Studiendauer, Äquivalenz der Diplome – eindeutig sind und einheitlich gelten, gibt es große Unterschiede in Bezug auf die Curricula der neun Fachbereiche. Diese Divergenz bestimmt die Gestaltung des professionellen Profils der Vorschullehrer/innen, und deshalb wurde das Thema sowohl im Rahmen der wissenschaftlichen Gemeinschaft als auch im Dachverband (DOE: *Didaskaliki Omospondia Ellados*) während der Gründung der neuen Fachbereiche kontrovers diskutiert (ΔΟΕ [DOE] 1983). Heute ist das Thema im Kontext der Umgestaltung der Curricula des Hochschulbereichs so aktuell wie noch nie zuvor – und zwar in jeder Hinsicht.

Diese Heterogenität, was die Zahl und den Inhalt der von den Fachbereichen für Vorschulpädagogik angebotenen Studienfächer betrifft (Σταμέλος [Stamelos] 1999; siehe Tabelle 1), und damit zusammenhängend die unterschiedlichen Wirkungen der Curricula auf die Gestaltung des Berufsprofils der Vorschullehrer/innen bezeugen auf der einen Seite einen Pluralismus der beruflichen Profile, beinhalten jedoch auch auf der anderen Seite das Fehlen eines Grundkonsens in Bezug auf die eingangs gestellte Frage, nämlich inwieweit die Hochschulen verpflichtet sein sollen, sich an die national gültigen curricularen Rahmenvorgaben für die Ausbildung zu halten.

Tabelle 1: Unterschiedliche Studienordnungen der Fachbereiche (Fb) für Vorschulpädagogik*

Fachbereiche für Vorschulpädagogik nach Standort	Dimensionen der Unterschiedlichkeit								
	Erforderliche Credit Points (CP) oder ECTS für den Erhalt des Diploms		Erforderliche Fächerzahl für den Erhalt des Diploms				Credit Points (CP) oder ECTS, die dem Praktikum angerechnet werden		Dauer des Praktikums: Anzahl der Tage insgesamt, an denen – in allen Semestern – die Studenten in den Praxisstätten anwesend sein müssen
	Credit Points (CP)	ECTS	Fächerzahl insgesamt	Pflichtfächer	Wahlfächer	Wahlpflichtfächer	Credit Points (CP)	ECTS	
Athen Fb für Bildung und Erziehung im Vorschulalter	161	250	47	19	17	11	35	40	40 Tage
Alexandroupolis Fb für Wissenschaften der Erziehung im Vorschulalter	186	240	65	53		12	24	24	
Florina Pädagogischer Fb für Vorschullehrer/innen	174	242	53	39	14	keine	15	18	30 Tage (während des 7.oder 8. Semesters)
Ioannina Pädagogischer Fb für Vorschullehrer/innen			55	20	15	20			
Patras Fb für Wissenschaften der Bildung und Erziehung im Vorschulalter	144	240	48	26	22	Keine	6	10	17 Tage, verteilt auf 2 Semester (3. und 7. Semester)

* *Die Tabelle wurde von mir aufgrund der mir im April 2014 von Kollegen aus den Pädagogischen Fachbereichen zugesandten Daten zusammengestellt. Ich möchte mich an dieser Stelle bei den Kolleginnen und Kollegen Th. Grigoriadis, D. Kakana, M. Kampesa, H. Kortesi-Dafermou, V. Oikonomidis, G. Rekalidou und E. Theodoropoulou sehr herzlich bedanken.*

Fachbereiche für Vorschulpädagogik nach Standort	Dimensionen der Unterschiedlichkeit								
	Erforderliche Credit Points (CP) oder ECTS für den Erhalt des Diploms		Erforderliche Fächerzahl für den Erhalt des Diploms				Credit Points (CP) oder ECTS, die dem Praktikum angerechnet werden		Dauer des Praktikums: Anzahl der Tage insgesamt, an denen – in allen Semestern – die Studenten in den Praxisstätten anwesend sein müssen
	Credit Points (CP)	ECTS	Fächerzahl insgesamt	Pflichtfächer	Wahlfächer	Wahlpflichtfächer	Credit Points (CP)	ECTS	
Rethymno (Kreta) Pädagogischer Fb für Vorschulerziehung	Keine	240	52	32	3 (freie Auswahl auch aus anderen Fachbereichen)	17	keine	41	56 Tage (verteilt auf 5 Semester)
Rhodos Fb für Wissenschaften der Vorschulerziehung und Bildungsplanung	162						27		29 Tage (verteilt auf 5 Semester)
Thessaloniki Fb für Wissenschaften der Vorschulerziehung und Bildung	182	240	36	20 + 2	4 (freie Auswahl auch aus anderen Fachbereichen oder aus den Wahlpflichtfächern oder erweitertes Praktikum)	10	32	48	90 Tage (45 Tage pro Semester, verteilt auf 2 Semester)
Volos Pädagogischer Fb für Vorschulerziehung	204	240	56	29	23	4	38	56	35–40 Tage (5 im 3. und 35 im 8. Semester)

Aus Tabelle 1 ergibt sich, dass jeder der neun Fachbereiche für Vorschulpädagogik sein eigenes Studiencurriculum hat, sodass es auch neun unterschiedliche Varianten des Curriculums gibt. Folglich kann kein Überblick über ein einheitliches Curriculum gegeben werden; ebenso wenig kann ein typischer Ausbildungsgang beschrieben werden. Stattdessen werden nachfolgend fünf Hauptkategorien von Fächern, die es in den Curricula aller Fachbereiche für Vorschulpädagogik gibt, benannt, wobei die Fächerzahl jeder Kategorie sowie ihre Struktur und Organisation variieren, wie aus Tabelle 2 ersichtlich wird. Bei den fünf Hauptkategorien der betreffenden Fächer handelt es sich um:

1. Erziehungswissenschaft und Curriculumtheorie
2. Psychologie (Allgemeine Psychologie, Entwicklungspsychologie, Motivationstheorie und andere Richtungen, die von Fachbereich zu Fachbereich differieren)
3. Soziologie (Bildungssoziologie, Familiensoziologie, Politische Soziologie und andere Richtungen)
4. Fachwissenschaften (Sprachwissenschaft, Soziolinguistik, Geschichte etc.)
5. Praktikum (unterschiedliche Dauer und Organisation)

Tabelle 2: Die Fächerorganisation der Fachbereiche für Vorschulpädagogik

Fachbereich/ Universität	Fächergruppen oder Einheiten	Abteilungen
Athen	– Erziehungswissenschaft – Psychologie – Soziologie – Globalisierung und Erziehung – Methodologie – Frühe naturwissenschaftliche Bildung – Kunsterziehung – Sprache, Literatur, Geschichte – Praktikum	
Alexandroupolis	– Philosophie, Soziologie, Geschichte – Psychologie – Kultur und Erziehung – Naturwissenschaften – Methodologie – Fremdsprachen – Verfassen der Diplomarbeit – Praktikum	

Fachbereich/ Universität	Fächergruppen oder Einheiten	Abteilungen
Florina	– Methodologie der Sozialforschung – Geschichte der Erziehungswissenschaft – Philosophie – Psychologie – Sozialwissenschaften – Sonderpädagogik – Erziehungswissenschaft – Bildungsverwaltung – Griechische Sprache – Literatur – Geschichte – Tradition und Kultur – Informatik – Mathematik – Umwelterziehung – Naturwissenschaften – Ästhetische Erziehung – Musikerziehung – Theaterspiel – Puppenspiel – Bewegungserziehung – Didaktik und Praktikum – Fremdsprachen – Erweitertes Praktikum	
Ioannina	– Erziehungswissenschaft – Psychologie, Sonderpädagogik, Gesundheit – Naturwissenschaften in der Erziehung – Allgemeinbildungsfächer – Kunst und Erziehung	
Kreta	– Grund- bzw. Pflichtfächer – Wahlfächer – Praktikum	
Patras		1. Kognitive und differenzielle Analyse 2. Theoretische und angewandte Erziehungswissenschaft 3. Soziale Theorie und Analyse

Fachbereich/ Universität	Fächergruppen oder Einheiten	Abteilungen
Rhodos		1. Erziehungswissenschaft und Allgemeine Didaktik 2. Psychologie und Sonderpädagogik 3. Literatur, Sprache, Kultur 4. Soziologie, Ökonomie, Bildungspolitik, Frauen- und Geschlechter-Studien 5. Didaktik der Naturwissenschaften, Informations- und Kommunikationstechnologien
Thessaloniki		A. Grundfächer B. Orientierungsfächer C. Wahlfächer 1. Ästhetische Erziehung 2. Sprache und Geschichte 3. Erziehungswissenschaft 4. Psychologie und Sonderpädagogik
Volos	– Erziehungswissenschaft – Psychologie und Soziologie – Geschichte, Sprache, Literatur – Naturwissenschaften und Technologie – Kunst und Kultur	

Wie aus Tabelle 2 ersichtlich wird, haben von den neun Fachbereichen nur drei die Abteilungen (Patras: 3 Abteilungen, Rhodos: 5 Abteilungen, Thessaloniki: 4 Abteilungen) als inhaltliches Gliederungsprinzip ihres Fächerangebots gewählt. Die übrigen sechs Fachbereiche organisieren ihre Fächer nach Gruppen bzw. Einheiten. Dieser „Pluralismus" im Angebot und in der Organisation der Fächer ergab sich daraus, dass im Gründungsgesetz der Fachbereiche für Vorschulpädagogik lediglich der *allgemeine Zweck* des Studiums der Vorschullehrer/innen festgelegt wurde, der allen Fachbereichen für Vorschulpädagogik gemeinsam und allgemeinverbindlich ist, während zugleich der gesetzliche Rahmen es für jeden Fachbereich zuließ, sein eigenes Studiencurriculum unter dieser Grundvoraussetzung selbst aufzubauen. Als Voraussetzung galt lediglich dabei, dass das Curriculum mit den gesetzlich festgelegten allgemeinen Rahmenrichtlinien übereinstimmt und zur Verwirklichung des allgemeinen Zwecks beiträgt.

Die Implementation des Hochschulrahmengesetzes (1268/1982) durch nachfolgende Rechtsakte und Präsidialerlasse hat durch sehr allgemeine Formulierungen vieles offen gelassen und somit das Funktionieren der pädagogischen Fachbereiche erschwert. Diese Probleme wurden besonders virulent hinsichtlich des Ziels, die Rolle und Identität der künftigen Grund- und Vorschullehrerin konkret festzulegen. Dem Lehrpersonal, das aus anderen Fakultäten und Fachbereichen mit unterschiedlichen, nicht-pädagogischen Qualifikationen – Philologen, Mathematiker, Naturwissenschaftler etc. – rekrutiert wurde, mangelte es an pädagogischer Befähigung mit der Folge, dass bei einem Übergewicht von Philologen und Naturwissenschaftlern innerhalb des Lehrkörpers der pädagogischen Fachbereiche die Vermittlung spezifisch pädagogischen Wissens, spezifischer pädagogischer Kompetenzen und Fertigkeiten nach wie vor in der Regel zu kurz kommt. Bedingt durch diese Konstellation ergab sich in manchen Fällen eine Konkurrenzsituation dergestalt, dass die Vertreter der nicht-pädagogischen Disziplinen in den pädagogischen Fachbereichen die Oberhand zu gewinnen suchten.

Wenn man bei der Beantwortung der Frage, *wie der Ausbildungsplan mit Diversität umgeht und ob in der Ausbildung Fragen der Diversität, Gleichwertigkeit und Inklusion diskutiert und reflektiert werden,* das gerade Beschriebene berücksichtigt, dann gilt zwar, dass in den Studienprogrammen so gut wie aller Fachbereiche entsprechende Fächer enthalten sind. Daraus kann jedoch nicht geschlossen werden, dass das Niveau der theoretischen Diskussion über die Problematik der „Andersheit" sehr hoch ist. Erstens war Griechenland bis vor kurzem eine weitgehend kulturell homogene Gesellschaft, und das Schulsystem war auf die Reproduktion und Stärkung der nationalen Identität ausgerichtet. So sind kultureller Pluralismus und Heterogenität neue Phänomene in der griechischen Gesellschaft. Zweitens haben die diesbezüglichen Fächer in den einzelnen Fachbereichen eine unterschiedliche Position (Pflicht- oder Wahlfächer etc.) und somit ein unterschiedliches Gewicht. Drittens fehlt es an Kooperation zwischen den Vertretern der Fächer, die die Themen der Diversität und Inklusion zum Gegenstand haben, und den anderen am Fachbereich Lehrenden, sodass erstere infolge der fachbereichsinternen Rivalitäten in der Regel keine Unterstützung von den letzeren erhalten. Tatsache ist, dass die europäischen Gesellschaften sich stark im Hinblick auf ihren Pluralismus und ihre Offenheit gegenüber der kulturellen Andersartigkeit unterscheiden. Darin liegen auch erhebliche Probleme der europäischen Integration (Kelpanides 2013).

5. Spezielle Probleme in der Ausbildungsqualität der Vorschullehrer/innen

5.1 Die fehlende Kohäsion der Studienfächer im Hinblick auf die Erfordernisse der Entwicklung von Professionalität

Die Zahl, der Inhalt und die Organisation der Studienfächer, die in das Curriculum jedes Fachbereichs einbezogen werden sollten, wurden schon seit der Gründung der Fachbereiche für Vorschulpädagogik zu einem heiklen Thema und zum Gegenstand heftiger Auseinandersetzungen, bei denen Machtpositionen unter der beteiligten Gruppen aufgebaut wurden (Δήμου [Dimou] 1994; Τσιάκαλος [Tsiakalos] 1986; Δαμανάκης [Damanakis] 1994; Πολυχρονόπουλος [Polychronopoulos] 1986; Σκούρα [Skoura] 2007; Σταμέλος [Stamelos] 1999). Diese Auseinandersetzungen betrafen nicht in erster Linie die fachinternen Kriterien der Konzeption eines modernen Curriculums, sondern zeigten sich als Rivalitäten um die personelle Besetzung. So wurde oft in das Curriculum ein Fach einbezogen, nicht weil es sachlich erforderlich war, sondern weil der von der dominanten Gruppe im Fachbereich favorisierte und gewählte Kandidat es gerade vertrat. Nova-Kaltsouni bringt diesen Sachverhalt auf den Punkt: „Die Gründung der [Pädagogischen Fachbereiche, K.V.] war Folge der Auseinandersetzungen zwischen heterogenen Interessen und Auffassungen auf verschiedenen Ebenen, mit dem Ergebnis, dass das Endprodukt dieses Versuches der ´Aufwertung´ zu einer Verschwendung von Kräften und Ressourcen, aber vor allem zu einer *Unklarheit in Bezug auf die Identität* dieser Fachbereiche, insbesondere derjenigen für Vorschulpädagogik, führte. Die *Unklarheit in Bezug auf den Gegenstand führte diese Fachbereiche dazu,* dass sie ein Feld der Auseinandersetzung aller Sozialwissenschaften wurden ..." (Νόβα-Καλτσούνη [Nova-Kaltsouni] 2000, S. 113). Diese Auseinandersetzungen dauern seither ständig an und wurden während des 30jährigen Bestehens der

Fachbereiche für Vorschulpädagogik noch intensiviert (Γκότοβος [Gotowos] 2008; Σταμέλος [Stamelos] 2008; Φλουρής & Πασσιάς [Flouris & Passias] 2011).

So haben sich die Inhalte der Studiencurricula einerseits als Folge des Gründungsgesetzes ergeben, das bestimmte Relationen zwischen den einzelnen Fachgruppen (z. B. zwischen den pädagogischen, psychologischen, soziologischen Fächern) vorsieht. Andererseits wurden aber auch die Inhalte der Studiencurricula durch die größeren und kleineren Revisionen (um)gestaltet, die während der 30 Jahre ihres Bestehens stattgefunden haben. Bei diesen Revisionen war nicht immer das Kriterium, das Studiencurriculum schlüssig zu gestalten, ausschlaggebend. Jenseits der anfänglichen Schwierigkeiten, die den Aufbau eines in sich schlüssigen Studiencurriculums mehr oder weniger verhindert haben, scheint in vielen Fällen, dass auch die späteren Revisionen nicht erreicht haben, solche Fächer einzuführen, die zur Verwirklichung des offiziell angestrebten Profils der Absolventen effektiv beitragen.

Im Hinblick auf ein gemeinsames Ziel kann man daher nicht ohne Weiteres ein *leitendes Paradigma* entdecken, obwohl es im Curriculum jedes Fachbereichs durchaus Ansätze gibt, aus denen hervorgeht, dass der Sozialkonstruktivismus die eher dominierende erkenntnistheoretische Position darstellt. Die Orientierung der Studienprogramme am Sozialkonstruktivismus beinhaltet jedoch kein kollektives theoretisches „Bekenntnis" eines Fachbereichs zu einem konstruktivistischen Ansatz, sondern ergibt sich als eine Übereinstimmung der Auffassungen der einzelnen Hochschullehrer. Denn nach Beck und Kosnik (2006) haben die Studiencurricula, bei welchen ein sozial-konstruktivistisches Verständnis von Lernen und Entwicklung vorherrscht, unter anderen die folgenden Merkmale: Integration, Diskursivität und Gemeinschaft. In den Ausführungen wurde jedoch deutlich, dass diese grundlegenden Merkmale in den Curricula der meisten Fachbereiche für Vorschulpädagogik in Griechenland nicht zu den besonders stark ausgeprägten Charakteristika gehören (Σταμέλος & Εμβαλωτής [Stamelos & Emvalotis] 2001; Πανταζής & Σακελλαρίου [Pantasis & Sakellariou] 2012). Voraussetzung für die Entwicklung eines vernetzten und kohärenten Studiencurriculums ist die Entstehung einer Kerngemeinschaft von Lehrenden, die die gleichen konstruktivistischen Überzeugungen teilt. Eine solche Gemeinschaft ist gegenwärtig bestenfalls im Entstehen. Einige Hinweise, dass die laufenden Entwicklungen in diese Richtung führen, gibt es bereits, wenn man die Beschreibungen bestimmter Fächer in den Vorlesungsverzeichnissen berücksichtigt. Als sozialkonstruktive Merkmale gehen daraus unter anderen die folgenden hervor: a) Wahrnehmung vom Kind als aktiver Ko-Konstrukteur seines Wissens, b) Soziale Interaktion als Schlüssel zur Wissenskonstruktion, c) Rolle der Erwachsenen (Lehrer/innen – Eltern) als Ko-Konstrukteure des Wissens.

Es ist daher heute dringend erforderlich, dass nicht mehr Fächer nach externen Gesichtspunkten einen Platz im Curriculum finden, sondern Handlungs- und Lernfelder unter strikt sachlichen Kriterien einbezogen werden, die für den Aufbau der pädagogischen Handlungskompetenz der Studierenden notwendig sind: „Die Handlungs- und Lernfelder fassen komplexe berufliche Aufgabenstellungen zusammen und zielen damit auf den Erwerb von Handlungskompetenz in enger Verzahnung von Theorie und Praxis" (Metzinger 2006, S. 354).

5.2 Das problematische Theorie-Praxis-Verhältnis

Das vierjährige Studium an den Fachbereichen für Vorschulpädagogik schließt auch Praktika mit ein, die für den Erhalt des Diploms obligatorisch sind und deren Länge und Organisation je nach Fachbereich variieren. In der Regel beginnt das Praktikum im 3. oder 4. Studiensemester mit der Beobachtung des Lernumfeldes und des Tagesablaufs in den Praxisstätten (in der Regel Kindergärten, aber auch Kindertagesstätten und Grundschulen). Das Praktikum wird im 5. und 6. Semester fortgesetzt mit der Durchführung von kleinen Projekten, und im 7. oder 8. Semester übernehmen die Studenten die Verantwortung für eine bestimmte Anzahl von Tagen in der Praxisstätte. Wie aus Tabelle 1 (siehe S. 231 f.) hervorgeht, rechnen alle Fachbereiche dem Praktikum eine hohe Zahl an ECTS an, was die Bedeutung des Praktikums für das Studium belegt. Aus Tabelle 1 ist außerdem zu entnehmen, dass die Anzahl der Tage insgesamt, an denen die Studenten – in allen Semestern – in den Praxisstätten anwesend sein müssen, zwischen 17 Tagen in Patras und 90 Tagen in Thessaloniki variiert.

Alle Fachbereiche streben als Ideal an – obgleich mit unterschiedlichen Verlautbarungen –, das Praktikum als Verbindung von Theorie und Praxis so zu gestalten, dass daraus reflektierende professionelle Pädagogen hervorgehen können. Die reflektierende Analyse der pädagogischen Praxis soll den Studenten erlauben, den Lernprozess sowohl mit dem theoretischen Wissen als auch mit dem weiteren soziopolitischen und kulturellen Kontext der Gesellschaft zu verbinden. Aus dieser Perspektive streben alle Fachbereiche danach, ihren Studenten die Chance zu geben, die Praxisstätten als „Lern- und Forschungsort Praxis" zu erfahren. Dieses angestrebte Ideal weicht jedoch von der Realität der Praktika oftmals stark ab, wie Untersuchungen bei Hochschullehrern zeigen, die in ihren Fachbereichen aktiv an der Durchführung der Praktika beteiligt sind (Οικονομίδης [Oikonomidis] 2007a; Οικονομίδης [Oikonomidis] 2011; Ανδρούσου [Androusou] κ.α. 2011; Γρηγοριάδης [Grigoriadis] 2011; Κακανά [Kakana] υπό έκδοση [im Druck]). Aus diesen Untersuchungen gehen unter anderem folgende Gründe hervor, die der Entwicklung zu „reflektierenden PraxisexpertInnen" entgegenwirken:

- Die Zusammenarbeit der Fachbereiche mit den Praxisstätten ist nicht stabil institutionalisiert und hängt folglich von – zufälligen – subjektiven Faktoren wie der individuellen Bereitschaft einzelner Personen ab, mit den Studenten, die bei der Durchführung ihres Praktikums auf sie angewiesen sind, positiv zusammenzuarbeiten. In vielen Fällen gibt es nicht genug Kindergärten, die bereit sind, mit den universitären Fachbereichen zu kooperieren.
- So ist bei den relevanten Akteuren der Praxisstätten oft wenig Ausbildungsbewusstsein und Selbstverständnis als ausbildende Institution entwickelt, sodass sie ihre Rolle, die sie im Prozess der Ausbildung der Studenten zu erfüllen haben, nicht adäquat wahrnehmen können.
- Das kritische „Verbindungsglied" zwischen dem Fachbereich und der Praxisstätte sind die an den Fachbereich zur Mitwirkung beim Praktikum versetzten Vorschullehrerinnen und -lehrer. Ihre Rolle ist allerdings nicht adäquat institutionalisiert, sodass sie sich ihrer Rechte und Pflichten oft nicht klar bewusst sind; folglich können sie diese gegenüber der Praxisstätte auch nicht geltend machen. Ferner sind die Kriterien der Auswahl der an den Fachbereich zu versetzenden Vorschullehrerinnen und -lehrer häufig von persönlichen Gefälligkeiten und Nepotismus diktiert – also inadäquat zur Heranziehung der für diese Rolle am besten geeigneten Pädagogen (Μπιρμπίλη & Γρηγοριάδης (Birbili & Grigoriadis) 2012; Vrinioti 2013).
- Ein weiterer Faktor ist die unzureichende Verbindung der praxisrelevanten theoretischen Fächer, die im Lehrangebot enthalten sind, mit den konkreten Erfordernissen des Praktikums. Verstärkt wird dieser Umstand dadurch, dass die Studenten in ihrem vorangegange-

nen schulischen Werdegang die Einheit von Theorie und Praxis nie konkret erfahren haben, sondern Theorie und Praxis als zwei ganz verschiedene Dinge betrachten. Beim Praktikum hören sie dann oft von den an den Praxisstätten arbeitenden Fachkräften, dass „es nicht auf das Theoretisieren, sondern auf die Praxis ankommt", was ihre mitgebrachte Einstellung nur noch verstärkt (Ανδρούσου κ.α. [Androusou et al.] 2011).

Folglich muss die Frage, *ob der Ausbildungsgang kompetenz- oder fachdisziplinär orientiert ist,* zwar auf der Basis des allgemeinen Zwecks – wie er im Gesetz formuliert wird – beantwortet werden, zugleich aber unter Berücksichtigung der *realen* und *nicht der erwünschten Bedingungen,* unter denen das Praktikum stattfindet.

Der allgemeine Zweck wird in Artikel 2 des Präsidialerlasses 320 (Regierungsblatt 116/07.09. 1983) spezifiziert. Demnach haben die Fachbereiche für Vorschulpädagogik folgende Aufgaben:

- die Pflege und Förderung der Erziehungswissenschaften durch die akademische und angewandte Lehre und Forschung,
- den Studenten die erforderlichen Mittel bereitzustellen, die ihnen eine relevante Qualifikation für ihre wissenschaftliche und berufliche Karriere ermöglichen,
- zur Erhöhung des Niveaus der Schulbildung und der Bewältigung der wachsenden Herausforderungen in Bezug auf pädagogische Fragen beizutragen,
- zur Lösung der pädagogischen Probleme im Allgemeinen beizutragen.

Gemäß diesem allgemeinen Zweck ist das Studium der Vorschulpädagogik sowohl kompetenz- als auch fachdisziplinär orientiert. Wenn man jedoch als Indikator für die Kompetenzorientierung zum Beispiel die Anzahl der Tage nimmt, an denen die Studenten an den Praxisstätten anwesend und aktiv beteiligt sind, dann wird ersichtlich, dass die meisten Curricula der Fachbereiche für Vorschulpädagogik eher nicht kompetenzorientiert sind – allein schon deswegen, weil die Anzahl der Praktikatage zu gering ist (mit Ausnahme des Fachbereichs von Thessaloniki, der kürzlich sein Konzept des Praktikums revidiert und die Anzahl der Praxistage auf 90 erhöht hat; siehe Tabelle 1). Und insbesondere, weil die leitende Idee und die „Philosophie" des Praktikums in den meisten Fällen die Entwicklung der Schlüsselkompetenzen und letztlich der Handlungskompetenz nicht begünstigt (Χρυσαφίδης [Chrysafidis] 2013; Καμπεζά [Kampesa] 2013).

In der Praxis Kommunikations- und Interaktionskompetenzen zu entwickeln, also diejenigen Kompetenzen zu entfalten, die sich auf den *Prozess* beziehen und mithin *prozessual* sind, setzt voraus, dass genügend Zeit für die Praktika in den Praxisstätten anberaumt wird, die jedoch in Wirklichkeit nicht zur Verfügung steht ... Es scheint jedoch, dass dieses Problem auch in Deutschland die Diskussion um die Erzieher/innen-Ausbildung beschäftigt: „Die Vermittlung von kommunikativer und interaktionaler Kompetenz, generell die Vermittlung von Kompetenz, prozessuale Aspekte von Qualität zu unterstützen, bildet bis heute nicht den Schwerpunkt in der Erzieherausbildung" (Fthenakis & Oberhuemer 2002, S. 34).

Die Entwicklung dieser Kompetenzen erfolgt durch alle Fächer und stellt kein isoliertes Lernfeld dar. Sie ist vielmehr ein Ziel, das durch das interdisziplinäre und fächerübergreifende Zusammenwirken erreicht wird. Das Praktikum bietet viele Chancen und bedeutet eine Herausforderung für die Studenten, die dabei unter Beweis stellen können, dass sie die Handlungskompetenzen aktiver Interaktion und Kommunikation mit Kindern, Eltern, Kollegen und Experten aus anderen mit Kindertageseinrichtung und Schule zusammenwirkenden Institutionen entwickelt haben.

5.3 Die fehlende curriculare Einheit zwischen den Studienprogrammen der Vorschul- und Grundschullehrer/innen

Seit der Bildungsreform von 1929 stellte der Kindergarten die erste Stufe des Bildungssystems dar. Gemäß dem Gesetz N. 1566/85, Art. 2 aus dem Jahr 1985 bildet der Kindergarten zusammen mit der Grundschule den Primarbereich des Bildungssystems. Im Unterschied zu anderen Ländern haben in Griechenland die Vorschullehrer/innen und die Grundschullehrer/innen gleiche Studienvoraussetzungen und etwa den gleichen Arbeitsstatus wie Beamte des Bildungsministeriums. Sie werden auch durch dieselbe gewerkschaftliche Organisation vertreten.

Diese „institutionelle Nähe" der zwei Fachbereiche hat sich mit der Akademisierung der Vorschul- und Grundschullehrer/innen-Ausbildung noch verstärkt. Was das administrative Verhältnis der genannten Fachbereiche in der Verwaltungsstruktur der Universität anbetrifft, konstituieren die Fachbereiche für Vorschul- und für Grundschulpädagogik zusammen an jeder Universität seit ihrer Gründung in den 1980er Jahren eine neue *Pädagogische Fakultät*, die auch über eigene Räume und Gebäude verfügt. Eine Ausnahme davon bildete die Universität Athen, wo die beiden Fachbereiche institutionell getrennt waren. Nach dem kürzlich verabschiedeten Gesetz 4009/2011 jedoch, das von den nachfolgenden Gesetzen 4076/12, 4115/13 und dem Präsidialerlass 85/13 (Regierungsblatt A.124/3-6-13) modifiziert wurde, sind die genannten zwei Athener Fachbereiche in eine Pädagogische Fakultät integriert worden, wie es an den anderen Universitäten bereits zuvor geschehen war.

Trotz der institutionellen Einheit als Pädagogische Fakultät gibt es keine curriculare Einheit in den Studienprogrammen. Zwar ist vom Gesetz her die Möglichkeit vorgesehen, dass Lehrende des einen Fachbereichs auch im jeweils anderen Fachbereich Veranstaltungen abhalten; desgleichen können Studenten und Studentinnen des einen Fachbereichs eine Anzahl von Fächern belegen, die im anderen Fachbereich angeboten werden. So wird zum Beispiel das Fach „Übergang vom Kindergarten in die Grundschule und Zusammenarbeit zwischen den beiden Institutionen" vom Fachbereich für Vorschulpädagogik der Universität Westmazedonien in Florina angeboten, aber zugleich von einer großen Zahl von Studenten des Fachbereichs für Grundschulpädagogik derselben Universität besucht.

Dieser Fall der gemeinsamen Ausbildung von Studenten des Fachbereichs für Vorschullehrer/innen und des Fachbereichs für Grundschullehrer/innen zeigt – obwohl er eine Ausnahme und nicht die Regel darstellt –, dass eine curriculare Annäherung der Studieninhalte möglich ist, denn die heute noch bestehende isolierte Existenz ist im Hinblick auf die gegenwärtigen Erfordernisse immer weniger rational zu rechtfertigen (Stamelos & Emvalotis 2001, S. 283). Die in der Praxis ziemlich rigide institutionelle Trennung der beiden Fachbereiche ist ohnehin seit 30 Jahren ein umstrittenes Thema in der griechischen pädagogischen Diskussion (Σταμέλος [Stamelos] 1999).

6. Schlussfolgerungen und Ausblick

In der Ära der Globalisierung, der pluralistischen Gesellschaft der Gegenwart und unter den nachhaltigen Wirkungen von PISA, Bologna und der Versuche des Einstimmens („Tuning")[105] der Studienprogramme aufeinander ist es schwierig, international einen Konsens unter den Pädagogen der Praxis, den Forschern und den Hochschullehrern darüber zu erreichen, welche Kompetenzen und welches Wissen der heutige Pädagoge bzw. Vorschullehrer haben muss (Vrinioti 2013). Zwei Faktoren wirken hier besonders: erstens die Bestimmung des Gegenstandes der Erziehungswissenschaft, insbesondere der Vorschulpädagogik, und zweitens die divergierenden nationalen Bildungstraditionen, auf denen das Gewicht der Vergangenheit lastet und die die Bildungspolitik in jedem Land bestimmen.

Die Skizzierung der Vorschullehrer/innen-(Aus)Bildung in Griechenland hat gezeigt, dass diese beiden Faktoren die Entwicklungsphasen – mit unterschiedlichem Gewicht – entscheidend geprägt haben: Ende des 19. Jahrhunderts (1895) hat der griechische Staat in der vorindustriellen griechischen Gesellschaft dem Kindergarten einen Bildungsauftrag erteilt, der insbesondere auf der Entwicklung der griechischen Sprache und dem Aufbau der nationalen Identität beruhte. Diese nationale und kulturelle Besonderheit Griechenlands bestimmte auch die Ausbildung der Vorschulerzieher/innen bei allen nachfolgenden Reformen. Dabei prägte sich auf der einen Seite eine scharfe Trennung der Vorschullehrer/innen-(Aus)Bildung von der Ausbildung des Personals der Kindertageseinrichtungen *(Vrefonipiokomos)* aus, während sich auf der anderen Seite aus der „Verschulung" der Pädagogik des Kindergartens inhaltlich die faktische Annäherung an die Grundschullehrer/innen-Ausbildung ergab.

Die klare institutionelle Trichotomisierung der Ausbildung der Pädagogen für die Altersstufen zwischen 0 bis 12 Jahren (Ausbildung für die 0- bis 4-Jährigen an den TEIs, für die 4- bis 6-Jährigen an den universitären Fachbereichen der Vorschulpädagogik und für die 6- bis 12-Jährigen an den universitären Fachbereichen der Grundschulpädagogik) widerspricht heute sowohl den neueren Forschungsergebnissen der Neurowissenschaften als auch den Annahmen des Sozialkonstruktivismus, die einheitliche Curricula nahelegen. Hinzu kommt, dass diese institutionelle Trichotomisierung eine Verschwendung der materiell-technischen Infrastruktur und des pädagogischen Potenzials des lehrenden Personals nach sich zieht, das so an unterschiedlichen Institutionen arbeitet. Diese irrationale institutionelle Zergliederung kann nicht aus wissenschaftsinternen Gründen, sondern aus den rein externen Gründen, die bereits erläutert wurden, erklärt werden.

Wenn man die europäischen Versuche der Harmonisierung der Studienprogramme berücksichtigt, dann betrachten wir die Akademisierung der Vorschullehrer/innen-Ausbildung als eine in die Zukunft weisende Reform, die ihrer Zeit voraus war, obwohl ihre übereilte Durchsetzung Probleme entstehen ließ, die eine Hypothek für die weitere Entwicklung darstellten. In den 30 Jahren, die seit der Einführung vergangen sind, haben sich sowohl die starken als auch die schwachen Seiten dieser Reform gezeigt: Zu den starken Seiten gehört die Befreiung der künftigen Vorschul- und Grundschullehrer/innen von einer ideologischen Bevormundung durch den Staat. Ebenfalls zu den starken Seiten zählt die Entwicklung hin zur Identität als demokratische, reflektierende Pädagogen, die nicht kritiklos das ihnen vorgegebene Curriculum im Unterricht *anwenden*, sondern als Forscher in ihrer Gruppe/Klasse eine aktive Rolle bei

[105] *„Tuning Educational Structures in Europe" ist ein universitätsgesteuertes Projekt, das 2000 begann und einen konkreten Ansatz anstrebt, den Bologna-Prozess auf hochschul- und fachspezifischer Ebene zu implementieren. Siehe dazu:* http://www.unideusto.org/tuningeu/.

der Revision des Curriculums angesichts neuer Erfahrungen im Kontext des lebenslangen Lernens spielen und somit zur Demokratisierung der Gesellschaft beitragen. Zu den schwachen Seiten gehören erstens die fehlende Kohäsion der Studienfächer, die kein einheitliches Curriculum der Vorschullehrer/innen-Ausbildung konstituieren, zweitens das problematische Verhältnis zwischen Theorie und Praxis und drittens die fehlende curriculare Einheit zwischen den Studienprogrammen der Vorschul- und der Grundschullehrer/innen.

Der langfristige Erfolg der Akademisierung der Vorschul- und Grundschullehrer/innen-Ausbildung wird von der Überwindung dieser Schwächen abhängen, der sich allerdings diejenigen mächtigen Interessen entgegenstellen, die sich im Zuge der Reform etabliert haben.

Griechischsprachige Literatur

Αμπαρτζάκη, Μ., Οικονομίδης, Β. & Χλαπάνα, Ε. *(2013)*. Απόψεις των φοιτητών για τον σκοπό και την ωφελιμότητα της Πρακτικής Άσκησης *(Ansichten der Studenten bezüglich des Zwecks und des Nutzens des Praktikums)*. Στο: Α. Ανδρούσου & Σ. Αυγητίδου (επιμ.)*, Η πρακτική άσκηση στην αρχική εκπαίδευση των εκπαιδευτικών: Ερευνητικές προσεγγίσεις *(Die Praxis-Ausbildung in der Erstausbildung der Lehrer: Forschungsansätze)*. Αθήνα: Πανεπιστήμιο Αθηνών, Τμήμα Εκπαίδευσης και Αγωγής στην Προσχολική Ηλικία. Σελ. *225–256.*

Ανδρούσου, Α. & Αυγητίδου, Σ. (επιμ.) (2013). Η πρακτική άσκηση στην αρχική εκπαίδευση των εκπαιδευτικών: Ερευνητικές προσεγγίσεις (Die Praxis-Ausbildung in der Erstausbildung der Lehrer: Forschungsansätze). Αθήνα: Πανεπιστήμιο Αθηνών, Τμήμα Εκπαίδευσης και Αγωγής στην Προσχολική Ηλικία. http://www.ecd.uoa.gr/?page_id=2865 (ανακτήθηκε 31.03.2014).

Ανδρούσου, Αλ., Δαφέρμου, Χ. & Τσάφος, Β. (2011). Η εκπαίδευση εκπαιδευτικών στο ΤΕΑΠΗ του Πανεπιστημίου Αθηνών: η προοπτική του αναστοχαζόμενου εκπαιδευτικού στο πλαίσιο διασύνδεσης της παιδαγωγικής θεωρίας με την εκπαιδευτική πράξη (Die Vorschullehrer/innenausbildung im Fachbereich für Vorschulpädagogik Athen: Die Perspektive des reflektierenden Lehrers im Kontext der Verbindung von Theorie und Praxis). Στο: Β. Οικονομίδης (επιμ.), Εκπαίδευση & επιμόρφωση εκπαιδευτικών (Lehrerbildung und Weiterbildung). Αθήνα: Πεδίο, σελ. 543–560.

Αντωνίου, Χ. (2003). Ο ρόλος των Παιδαγωγικών Ακαδημιών και των Παιδαγωγικών Τμημάτων στην εδραίωση της Παιδαγωγικής Επιστήμης στην Ελλάδα (1933–2000) (Die Rolle der Pädagogischen Akademien und der Pädagogischen Fachbereiche bei der Etablierung der Pädagogik als Wissenschaft in Griechenland (1933–2000)). Στο: Δ. Χατζηδήμου, Ε. Ταρατόρη & Μ. Κουγιουρούκη (επιμ.), Η εξέλιξη της παιδαγωγικής επιστήμης στην Ελλάδα τα τελευταία 50 χρόνια (Die Entwicklung der Pädagogik in Griechenland in den letzten 50 Jahren). Θεσσσαλονίκη: Κυριακίδης, σελ. 47–64.

Αυγητίδου, Σ. & Χατζόγλου, Β. (2013). Η εκπαίδευση του στοχαζόμενου εκπαιδευτικού στο πλαίσιο της Πρακτικής Άσκησης: η συμβολή των ημερολογιακών καταγραφών (Die Ausbildung des reflektierenden Pädagogen im Kontext des Praktikums: Der Beitrag der Tagebuchaufzeichnungen). Στο: Α. Ανδρούσου & Σ. Αυγητίδου (επιμ.), Η πρακτική άσκηση στην αρχική εκπαίδευση των εκπαιδευτικών: Ερευνητικές προσεγγίσεις (Die Praxis-Ausbildung in der Erstausbildung der Lehrer: Forschungsansätze). Αθήνα: Πανεπιστήμιο Αθηνών, Τμήμα Εκπαίδευσης και Αγωγής στην Προσχολική Ηλικία, σελ. 97–124.

Βάμβουκας, Μ. (1994). Τα προγράμματα σπουδών των Παιδαγωγικών Τμημάτων στην προοπτική του 1992 (Die Curricula der Pädagogischen Fachbereiche aus der Perspektive von 1992). Στο: Γ.Κ. Παπάζογλου & Α.Μ. Δαβάζογλου (επιμ.), Παιδαγωγικά Τμήματα Δημοτικής Εκπαίδευσης: Παρόν και μέλλον (Pädagogische Fachbereiche für Grundschullehrerausbildung: Gegenwart und Zukunft). Αθήνα: Gutenberg, σελ. 104–108.

Βάμβουκας, Μ. (2004). Τα προγράμματα σπουδών των Παιδαγωγικών Τμημάτων στην προοπτική της Ενωμένης Ευρώπης (Die Studienprogramme der Pädagogischen Fachbereiche in der Perspektive des vereinten Europas). Στο: Π. Καλογιαννάκη & Β. Μακράκης (επιμ.), Ευρώπη και εκπαίδευση. Τάσεις και προοπτικές (Europa und Bildung, Tendenzen und Perspektiven). Αθήνα: Γρηγόρης, σελ. 289–295.

Βιγγόπουλος, Χ. (1980). Η εκπαίδευση των νηπιαγωγών και των δασκάλων στην Ελλάδα και σε άλλες χώρες τα τελευταία 150 χρόνια (Die Ausbildung der Vorschullehrer/innen und der Lehrer/innen in Griechenland und in anderen Ländern in den letzten 150 Jahren). Σύγχρονο Νηπιαγωγείο, 3 τεύχη, Απρίλιος-Δεκέμβριος, Αθήνα.

Βρυνιώτη, Κ. (2000). Θεσμικός διαχωρισμός και συνεργασία μεταξύ Νηπιαγωγείου και Πρωτοβάθμιου Σχολείου στη Γερμανία και στην Ελλάδα. Εμπειρική – Συγκριτική προσέγγιση των απόψεων Ελλήνων και Γερμανών εκπαιδευτικών (Institutionelle Trennung und Zusammenarbeit zwischen dem Kindergarten und der Grundschule in Deutschland und Griechenland. Empirisch-vergleichende Untersuchung der Einstellungen griechischer und deutscher Lehrer/innen und Erzieher/innen) Διδακτορική διατριβή. Αθήνα: Εθνικό και Καποδιστριακό Πανεπιστήμιο Αθηνών.

Γκότοβος, Α. (1983). Η σύνδεση θεωρίας και πράξης στην επιμόρφωση των δασκάλων και των νηπιαγωγών, στο: Διδασκαλική Ομοσπονδία Ελλάδας (ΔΟΕ), Πρακτικά 1ου Πανελληνίου Εκπαιδευτικού Συνεδρίου (Verhandlungen der 1. Panhellenischen Bildungskonferenz) (26–29/5/1983). Αθήνα: ΔΟΕ, σελ. 366–389.

Γκότοβος, Α. (2008). Εκπαίδευση και κόμμα: από τη μάχη της ιδεολογίας στη μάχη της διανομής (Bildung und Partei: von der ideologischen Schlacht zur Verteilungsschlacht). Στο: 5ο Επιστημονικό Συνέδριο της Ιστορίας της Εκπαίδευσης, Εκπαίδευση και κοινωνική δικαιοσύνη (3–5/10/2008), Εργαστήριο Ιστορικού Αρχείου Νεοελληνικής και Διεθνούς Εκπαίδευσης, ΠΤΔΕ, Πανεπιστήμιο Πατρών. http://www.eriande.elemendu.upatras.gr/.

Γρηγοριάδης, Α. (2011). Καταγραφή και ανάλυση της εμπειρίας νηπιαγωγών από τον πρώτο χρόνο διορισμού τους και ανάγκες επιμόρφωσής τους (Datenaufnahme und Analyse der Erfahrungen der Vorschulerzieherinnen vom ersten Jahr ihrer Anstellung und ihre Weiterbildungsbedürfnisse). Στο: Β. Οικονομίδης (επιμ.), Εκπαίδευση και επιμόρφωση εκπαιδευτικών. Θεωρητικές και ερευνητικές προσεγγίσεις (Aus- und Weiterbildung der Lehrer. Theoretische und Forschungsansätze). Αθήνα: Πεδίο.

Δαμανάκης, Μ. (1994). Η ταυτότητα των Παιδαγωγικών Τμημάτων (Die Identität der Pädagogischen Fachbereiche). Στο: Γ.Κ. Παπάζογλου & Α.Μ. Δαβάζογλου (επιμ.), Παιδαγωγικά Τμήματα Δημοτικής Εκπαίδευσης: Παρόν και μέλλον (Pädagogische Fachbereiche für Grundschullehrerausbildung: Gegenwart und Zukunft). Αθήνα: Gutenberg, σελ. 72–81.

Δημαράς, Α. (επιμ.) (1974). Η μεταρρύθμιση που δεν έγινε (Die Reform, die nicht stattgefunden hat), Αθήνα: Εκδοτική Ερμής, τόμος Α & Β.

Δήμου, Γ. (1994). Ο κίνδυνος καθιέρωσης των Παιδαγωγικών Τμημάτων σε επαγγελματικές σχολές και η κατοχύρωση της πανεπιστημιακής τους ταυτότητας (Die Gefahr der Umwandlung der Pädagogischen Fachbereiche in Berufsschulen und die Absicherung ihrer universitären Identität). Στο: Γ.Κ.Παπάζογλου & Α.Μ. Δαβάζογλου (επιμ.), Παιδαγωγικά Τμήματα Δημοτικής Εκπαίδευσης: Παρόν και μέλλον (Pädagogische Fachbereiche für Grundschullehrerausbildung: Gegenwart und Zukunft). Αθήνα: Gutenberg, σελ. 82–86.

Διδασκαλική Ομοσπονδία Ελλάδας (ΔΟΕ). Πρακτικά 1ου Πανελληνίου Εκπαιδευτικού Συνεδρίου (Verhandlungen der 1. Panhellenischen Bildungskonferenz) (26–29/5/1983). Αθήνα: ΔΟΕ.

Ζιώγου-Καραστεργίου, Σ. (1983). Η μέση εκπαίδευση των κοριτσιών στην Ελλάδα (1830–1893) (Die Sekundarschulbildung der Mädchen in Griechenland 1830–1893), Διδακτορική διατριβή. Θεσσαλονίκη 1983.

Ηλιού, Μ. (1986). Προσχολική αγωγή και κατάρτιση νηπιαγωγών (Vorschulerziehung und Vorschullehrerinnenausbildung). Στο: Μ. Ηλιού (επιμ.), Παιδαγωγικό Συμπόσιο: Προσχολική αγωγή και κατάρτιση νηπιαγωγών (Pädagogisches Symposium: Vorschulerziehung und Vorschullehrerinnenausbildung) (Βόλος, 23–24 Σεπτεμβρίου 1985). Αθήνα: Πανεπιστήμιο Θεσσαλίας, σελ. 40–55.

Θεοφιλίδης, Χ. Η αποτελεσματική νηπιαγωγός όπως την αντιλαμβάνονται οι ίδιες οι νηπιαγωγοί (Die effiziente Vorschulerzieherin aus der Sicht der Vorschulerzieherinnen). Στο: Ε. Κούρτη (επιμ.), Η έρευνα στην Προσχολική Εκπαίδευση, τόμος Γ΄ (Die Forschung in der Vorschulbildung, Bd. 3). Αθήνα: Τυπωθήτω, σελ. 227–242.

Θωίδης, Ι. Παπαδοπούλου, Β. & Αργυροπούλου, Σ. (2011). Οι τελειόφοιτοι του Παιδαγωγικού Τμήματος Δημοτικής Εκπαίδευσης Φλώρινας αποτιμούν το Πρόγραμμα της Πρακτικής Άσκησης στο πλαίσιο του Προγράμματος Σπουδών (Die Absolventen des Fachbereichs für Grundschullehrer/innenausbildung in Florina bewerten das Praktikumsprogramm im Kontext des Ausbildungsprogramms), στο: Οικονομίδης, Β. (επιμ.), Εκπαίδευση & επιμόρφωση εκπαιδευτικών (Lehrerbildung und Weiterbildung), Αθήνα: Πεδίο, σελ. 521–533.

Κακανά, Δ. κ.α. (υπό δημοσίευση). Η αξιολόγηση της ικανοποίησης φοιτητών και φορέων που συμμετέχουν στο πρόγραμμα Πρακτικής Άσκησης (ΕΣΠΑ) του Πανεπιστημίου Θεσσαλίας (Die Evaluation der Zufriedenheit der Studenten und der Träger, die sich am Programm des Praktikums (ESPA) der Universität Thessalien beteiligen), Στα: Πρακτικά του συνεδρίου „Η Πρακτική Άσκηση στα Ανώτατα Εκπαιδευτικά Ιδρύματα" (Verhandlungen der Konferenz „Das Praktikum an den Hochschulen") 17–18/10/2013, Ηράκλειο Κρήτης που διοργανώθηκε από το Γραφείο Πρακτικής Άσκησης του Πανεπιστημίου Κρήτης.

Κακριδής, Φ. (1994). Εκπαιδευτική πολιτική: Ένα όνειρο (Bildungspolitik: Ein Traum). Στο: Γ.Κ. Παπάζογλου & Α.Μ. Δαβάζογλου (επιμ.), Παιδαγωγικά Τμήματα Δημοτικής Εκπαίδευσης: Παρόν και μέλλον (Pädagogische Fachbereiche für Grundschullehrerausbildung: Gegenwart und Zukunft). Αθήνα: Gutenberg, σελ. 44–48.

Καμπεζά, Μ. (2013). «Δεν αισθανόμαστε σιγουριά όταν...». Παράγοντες που θεωρούν οι φοιτητές και φοιτήτριες σημαντικούς για την αξιολόγηση της Πρακτικής τους Άσκησης („Wir fühlen uns unsicher, wenn ..." Faktoren, die die Studenten und Studentinnen als wichtig bei der Evaluation ihres Praktikums betrachten). Στο: Α. Ανδρούσου & Σ. Αυγητίδου (επιμ.), Η πρακτική άσκηση στην αρχική εκπαίδευση των εκπαιδευτικών: Ερευνητικές προσεγγίσεις (Die Praxis-Ausbildung in der Erstausbildung der Lehrer: Forschungsansätze). Αθήνα: Πανεπιστήμιο Αθηνών, Τμήμα Εκπαίδευσης και Αγωγής στην Προσχολική Ηλικία, σελ. 197–224.

Κασσωτάκης, Μ. (2002). Η παιδαγωγική επιστήμη στην Ελλάδα μετά το 1974. Κατάθεση βιωμάτων και εμπειριών σχετικά με την εξέλιξή της (Die Pädagogik in Griechenland. Erlebnisse und Erfahrungen aus ihrer Entwicklung). Στο: Δ. Χατζηδήμου, Ε. Ταρατόρη, & Μ. Κουγιουρούκη (επιμ.), Η εξέλιξη της παιδαγωγικής επιστήμης στην Ελλάδα τα τελευταία 50 χρόνια (Die Entwicklung der Pädagogik in Griechenland in den letzten 50 Jahren). Θεσσαλονίκη: Κυριακίδης, σελ. 161–200.

Κελπανίδης, Μ. (2007). Η παιδαγωγική Επιστήμη στην Ελλάδα μετά το 1982: προέλευση, ακαδημαϊκή εξέλιξη και προσανατολισμοί του διδακτικού-ερευνητικού προσωπικού της (Die Pädagogik in Griechenland nach 1982. Soziale Herkunft, akademischer Werdegang und Orientierungen ihres Lehr- und Forschungspersonals). Στο: Σύγχρονα παιδαγωγικά και εκπαιδευτικά θέματα. Χαριστήριος τόμος στον Ι.Σ. Μαρκαντώνη (Aktuelle pädagogische Themen. Festschrift für I.S. Markantonis). Αθήνα: Gutenberg, σελ. 17–42.

Κελπανίδης, Μ. (2012). Κοινωνιολογία της Εκπαίδευσης. Θεωρίες και πραγματικότητα (Bildungssoziologie. Theorien und Realität). Θεσσαλονίκη: Ζυγός.

Κορτέση-Δαφέρμου, Χ. Σφυρόερα, Μ. & Τσερμίδου, Λ. (2013). Αντιλήψεις, προσδοκίες και μετατοπίσεις των τριτοετών φοιτητών/τριών του ΤΕΑΠΗ σε σχέση με την Πρακτική τους Άσκηση: εστιάζοντας στα δεδομένα μιας ακαδημαϊκής χρονιάς (Ansichten, Erwartungen und Revisionen der Student/innen des 3. Studienjahres des Fachbereichs ΤΕΑΠΗ: Analyse der Daten eines akademischen Studienjahres). Στο: Α. Ανδρούσου & Σ. Αυγητίδου (επιμ.), Η πρακτική άσκηση στην αρχική εκπαίδευση των εκπαιδευτικών: Ερευνητικές προσεγγίσεις (Die Praxis-Ausbildung in der Erstausbildung der Lehrer: Forschungsansätze). Αθήνα: Πανεπιστήμιο Αθηνών, Τμήμα Εκπαίδευσης και Αγωγής στην Προσχολική Ηλικία, σελ. 257–288.

Κορυφίδης, Χ. κ.α. (επιμ.). (1983). Πρακτικά 1ου Πανελληνίου Εκπαιδευτικού Συνεδρίου Διδασκαλικής Ομοσπονδίας Ελλάδας (Verhandlungen der ersten panhellenischen Bildungskonferenz des Grundschullehrerverbandes) (26–29/5/1983). Αθήνα: ΔΟΕ.

Κοσσυβάκη, Φ. (2003). Η συμβολή του Προγράμματος Σπουδών του Παιδαγωγικού Τμήματος Δημοτικής Εκπαίδευσης του Πανεπιστημίου Ιωαννίνων στην εξέλιξη των παιδαγωγικών σπουδών στην Ελλάδα (Der Beitrag des Curriculums des Pädagogischen Fachbereichs der Universität von Ioannina in der Entwicklung des pädagogischen Studiums in Griechenland). Στο: Δ. Χατζηδήμου, Ε. Ταρατόρη & Μ. Κουγιουρούκη, (επιμ.), Η εξέλιξη της παιδαγωγικής επιστήμης στην Ελλάδα τα τελευταία 50 χρόνια (Die Entwicklung der Pädagogik in Griechenland in den letzten 50 Jahren). Θεσσαλονίκη: Κυριακίδης, σελ. 225–243.

Κυπριανός, Π. (2009). Συγκριτική ιστορία της ελληνικής εκπαίδευσης (Vergleichende Geschichte der griechischen Bildung). Αθήνα: Βιβλιόραμα.

Κυριαζοπούλου-Βαληνάκη, Τ. (1968). Νηπιαγωγός (Die Vorschullehrerin). Στο: Μεγάλη Παιδαγωγική Εγκυκλοπαίδεια. Αθήνα: Herder/Ελληνικά Γράμματα.

Κυριαζοπούλου-Βαληνάκη, Τ. (1977). Νηπιαγωγική (Pädagogik der frühen Kindheit), τόμος 4. Αθήνα: Αδελφοί Βλάσση.

Μάρκου, Γ. (1983). Η εκπαίδευση των εκπαιδευτικών και η διάσταση της θεωρίας και πράξης. Στο: Διδασκαλική Ομοσπονδία Ελλάδας (ΔΟΕ) Πρακτικά 1ου Πανελληνίου Εκπαιδευτικού Συνεδρίου (Verhandlungen der 1. Panhellenischen Bildungskonferenz) (26–29/5/1983). Αθήνα: ΔΟΕ, σελ. 302–307.

Μάρκου, Γ. (1994). Παιδαγωγικά Τμήματα: Quo vadis? (Pädagogische Fachbereiche: Quo vadis?), στο: Γ.Κ. Παπάζογλου & Α.Μ. Δαβάζογλου (επιμ.), Παιδαγωγικά Τμήματα Δημοτικής Εκπαίδευσης: Παρόν και μέλλον (Pädagogische Fachbereiche für Grundschullehrerausbildung: Gegenwart und Zukunft). Αθήνα: Gutenberg, σελ. 54–61.

Μιχαηλίδης, Π.Γ. (1994). Εξέλιξη των Παιδαγωγικών Τμημάτων (Die Entwicklung der Pädagogischen Fachbereiche). Στο: Γ.Κ. Παπάζογλου & Α.Μ. Δαβάζογλου (επιμ.), Παιδαγωγικά Τμήματα Δημοτικής Εκπαίδευσης: Παρόν και μέλλον (Pädagogische Fachbereiche für Grundschullehrerausbildung: Gegenwart und Zukunft). Αθήνα: Gutenberg, σελ. 49–53.

Μπιρμπίλη Μ. & Γρηγοριάδης, Α. (2012). Ο ρόλος του αποσπασμένου εκπαιδευτικού στην πρακτική άσκηση των παιδαγωγικών τμημάτων (Die Rolle des an die Universität versetzten Lehrers beim Praktikum der Pädagogischen Fachbereiche). Παιδαγωγική Επιθεώρηση, 54, σελ. 169–179.

Μπουζάκης, Σ. & Μπάκας, Ν. (1993). Ο θεσμός του νηπιαγωγείου στις μεταρρυθμιστικές προσπάθειες στη χώρα μας από την απελευθέρωση μέχρι σήμερα. Συμβολή στην ιστορία της προσχολικής αγωγής (Die Institution des Kindergartens bei den Reformversuchen in unserem Land von der Befreiung bis heute. Ein Beitrag zur Geschichte der Vorschulerziehung). Ανάτυπο από τα Πρακτικά του 2ου Συμποσίου για την Παιδεία. Αθήνα: Gutenberg.

Μπουζάκης, Σ., Τζήκας, Χ. & Ανθόπουλος, Κ. (1998). Η κατάρτιση των δασκάλων-διδασκαλισσών και των νηπιαγωγών στην Ελλάδα. Η περίοδος των ΠΑ/ΣΝ (1933–1990) (Die Ausbildung der Lehrer/innen und der Vorschullehrer/innen. Der Periode der Pädagogischen Akademien und der Fachschulen für Vorschullehrer/innen 1933–1990), τομ. Β΄. Αθήνα: Gutenberg.

Νόβα-Καλτσούνη, Χ. (2000). Η Εκπαίδευση στο νέο οικονομικο-κοινωνικό περιβάλλον και το μέλλον των Πανεπιστημιακών Παιδαγωγικών Τμημάτων (Die Bildung in der neuen sozio-ökonomischen Umwelt und die Zukunft der universitären Pädagogischen Fachbereiche). Σύγχρονη Εκπαίδευση, 112, σελ. 109–115.

Ξωχέλλης, Π. (1989). Εκπαίδευση και εκπαιδευτικός σήμερα: Προβλήματα και προοπτικές στη σύγχρονη εκπαίδευση (Schulbildung und Lehrer heute: Probleme und Perspektiven in der Bildung der Gegenwart). Θεσσαλονίκη: Κυριακίδης.

Ξωχέλλης, Π. (2003). Η Παιδαγωγική στην Ελλάδα και οι επιδράσεις της στο τελευταίο τέταρτο του 20ου αιώνα: εμπειρίες και εκτιμήσεις (Die Pädagogik in Griechenland und ihr Einfluss im letzten Viertel des 20. Jahrhunderts: Erfahrungen und Einschätzungen). Στο: Δ. Χατζηδήμου, Ε. Ταρατόρη & Μ. Κουγιουρούκη (επιμ.), Η εξέλιξη της παιδαγωγικής επιστήμης στην Ελλάδα τα τελευταία 50 χρόνια (Die Entwicklung der Pädagogik in Griechenland in den letzten 50 Jahren). Θεσσσαλονίκη: Κυριακίδης, σελ. 335–346.

Οικονομίδης, Β. (2007a). Οι φοιτητές κρίνουν την Πρακτική Άσκηση. Μελέτη περίπτωσης (Die Studenten beurteilen die Praktika. Eine Fallstudie) στο: Δ. Χατζηδήμου κ.α. (επιμ.), Ελληνική Παιδαγωγική και Εκπαιδευτική Έρευνα. Πρακτικά 5ου Συνεδρίου Παιδαγωγικής Εταιρείας Ελλάδος (Griechische Pädagogik und Bildungsforschung. Verhandlungen der 5. Tagung der Pädagogischen Gesellschaft Griechenlands) (Θεσσαλονίκη 24–26 Νοεμβρίου 2006, τόμος Β΄). Θεσσαλονίκη: Κυριακίδης, σελ. 205–214.

Οικονομίδης, Β. (2007b). Το Παιδαγωγικό Τμήμα Προσχολικής Εκπαίδευσης του Πανεπιστημίου Κρήτης (Der Pädagogische Fachbereich für Vorschulausbildung der Universität Kreta). Στο: Πανεπιστήμιο Πατρών: Παιδαγωγικό Τμήμα Δημοτικής Εκπαίδευσης. Εργαστήριο Ιστορικού Αρχείου Νεοελληνικής και Διεθνούς Εκπαίδευσης. Πρακτικά του 4ου Διεθνούς Επιστημονικού Συνεδρίου Ιστορίας της Εκπαίδευσης: Ιστορία της Πανεπιστημιακής Εκπαίδευσης (Verhandlungen der 4. Internationalen Wissenschaftlichen Tagung der Bildungsgeschichte: Geschichte der Hochschulbildung). Πάτρα 6–8 Οκτωβρίου. http://www. elemendu.upatras.gr/eriande/synedria/synedrio4/praktika1/.

Οικονομίδης, Β. (2011). Ζητήματα σχεδιασμού και οργάνωσης της διδασκαλίας στην Πρακτική Άσκηση των φοιτητών (Planungs- und Organisationsprobleme der Lehre im Praktikum). Στο: Β. Οικονομίδης (επιμ.), Εκπαίδευση & επιμόρφωση εκπαιδευτικών (Lehrerbildung und Weiterbildung). Αθήνα: Πεδίο, σελ. 561–569.

Οικονομίδης, Β. (2013). Η Πρακτική Άσκηση στην εκπαίδευση των νηπιαγωγών στην Ελλάδα (Das Praktikum in der Ausbildung der Vorschullehrer/innen in Griechenlan). Στο: Κ. Καρράς κ.α. (επιμ.), Εκπαίδευση και εκπαίδευση εκπαιδευτικών στον κόσμο (Bildung und Lehrerbildung in der Welt), Πρακτικά Συμποσίου. Ρέθυμνο: Πανεπιστήμιο Κρήτης, Παιδαγωγικό Τμήμα Δημοτικής Εκπαίδευσης.

Πανταζής, Σ. & Σακελλαρίου, Μ. (2012). Η εκπαίδευση των μελλοντικών εκπαιδευτικών – νηπιαγωγών στις Παιδαγωγικές Σχολές μέσα από τη δική τους οπτική: Μια πανελλήνια έρευνα (Die Ausbildung der künftigen Erzieher-Vorschullehrer in den Pädagogischen Fakultäten aus ihrer eigenen Sicht: Eine landesweite Untersuchung). Στο: Ν. Ανδρεαδάκης κ.α. (επιμ.), Εκπαίδευση εκπαιδευτικών. Σύγχρονες τάσεις και ζητήματα (Lehrerbildung: Aktuelle Trends und Themen). Αθήνα: Ίων, σελ. 47–68.

Παπακωνσταντίνου, Π. (1988). Τα Παιδαγωγικά Τμήματα ... σε άγονη γραμμή (Die Pädagogischen Fachbereiche ... auf einer wenig befahrenen Strecke). Σύγχρονη Εκπαίδευση, 38, σελ. 9–10.

Πολυχρονόπουλος, Π. (1986). Το πρόβλημα της καταρτίσεως του προγράμματος σπουδών για τα Παιδαγωγικά Τμήματα Νηπιαγωγών: Συμβολή στη λύση του (Das Problem des Aufbaus des Curriculums für die Pädagogischen Fachbereiche: Ein Beitrag zu seiner Lösung). Στο: Ηλιού, Μ. (επιμ.), Παιδαγωγικό Συμπόσιο: Προσχολική αγωγή και κατάρτιση νηπιαγωγών (Pädagogisches Symposion: Vorschulerziehung und Vorschullehrerinnenausbildung) (Βόλος, 23–24 Σεπτεμβρίου 1985). Αθήνα: Πανεπιστήμιο Θεσσαλίας, σελ. 143–148.

Πόρποδας, Κ. (1983). Η ταυτότητα της εκπαίδευσης των δασκάλων και των νηπιαγωγών στα Παιδαγωγικά Τμήματα των Πανεπιστημίων (Die Identität der Ausbildung der Lehrer/innen und der Vorschullehrer/innen in den Pädagogischen Fachbereichen der Universitäten). Στο: Διδασκαλική Ομοσπονδία Ελλάδας (ΔΟΕ) Πρακτικά 1ου Πανελληνίου Εκπαιδευτικού Συνεδρίου (Verhandlungen der 1. Panhellenischen Bildungskonferenz) (26–29/5/1983) Αθήνα: ΔΟΕ, σελ. 311–319.

Πυργιωτάκης, Ι. (2003). Παιδαγωγικά Τμήματα και Παιδαγωγική Επιστήμη: προς μία νέα γενεά παιδαγωγών; Και ποια; (Pädagogische Fachbereiche und pädagogische Wissenschaft: eine neue Generation von Pädagogen? Und was für eine?) στο: Δ. Χατζηδήμου, Ε. Ταρατόρη & Μ. Κουγιουρούκη (επιμ.), Η εξέλιξη της παιδαγωγικής επιστήμης στην Ελλάδα τα τελευταία 50 χρόνια (Die Entwicklung der Pädagogik in Griechenland in den letzten 50 Jahren). Θεσσσαλονίκη: Κυριακίδης, σελ. 373–386.

Σαΐτης, Χ. (1989). Η εξέλιξη της προσχολικής αγωγής στην Ελλάδα (Die Entwicklung der Vorschulerziehung in Griechenland). Σύγχρονη Εκπαίδευση, 49.

Σκούρα, Λ. (2007). Θέσεις και αντιπαραθέσεις σχετικά με την οργάνωση και αποστολή των πανεπιστημιακών Παιδαγωγικών Τμημάτων (Positionen und Gegen-Positionen in Bezug auf Organisation und Auftrag der universitären Pädagogischen Fachbereiche). Στο: Σ. Μπουζάκης (επιμ.), Πρακτικά του 4ου Διεθνούς Συνεδρίου Ιστορίας της Εκπαίδευσης (6–10/2006), Εργαστήριο Ιστορικού Αρχείου Νεοελληνικής και Διεθνούς Εκπαίδευσης, ΠΤΔΕ, Πανεπιστήμιο Πατρών. http://www.eriande.elemendu.upatras.gr/.

Σταμέλος, Γ. & Εμβαλωτής, Α. (2001). Ανιχνεύοντας το προφίλ των Παιδαγωγικών Τμημάτων (Auf der Suche nach dem Profil der Pädagogischen Fachbereiche). Στο: Επιστημονική Επετηρίδα ΠΤΔΕ Πανεπιστημίου Ιωαννίνων, τόμ. 14, σελ. 281–292.

Σταμέλος, Γ. (1999). Τα Πανεπιστημιακά Παιδαγωγικά Τμήματα (Die universitären Pädagogischen Fachbereiche). Αθήνα: Gutenberg.

Σταμέλος, Γ. (2008). Διεφθαρμένα ή χαοτικά (ελληνικά) πανεπιστήμια; Η περίπτωση των Παιδαγωγικών Τμημάτων (Korrupte oder chaotische (griechische) Universitäten? Der Fall der Pädagogischen Fachbereiche). Σύγχρονη Εκπαίδευση, 155, σελ. 51–73.

Ταρατόρη, Ε. (2003). Τα Παιδαγωγικά Τμήματα Δημοτικής Εκπαίδευσης του Δημοκριτείου Πανεπιστημίου Θράκης ως αρωγός στην εξέλιξη της Παιδαγωγικής Επιστήμης στη χώρα μας (Die Pädagogischen Fachbereiche der Dimokritos Universität Thrazien als Helfer in der Entwicklung der pädagogischen Wissenschaft in unserem Land). Στο: Δ. Χατζηδήμου, Ε. Ταρατόρη & Μ. Κουγιουρούκη (επιμ.), Η εξέλιξη της παιδαγωγικής επιστήμης στην Ελλάδα *τα τελευταία 50 χρόνια (Die Entwicklung der Pädagogik in Griechenland in den letzten 50 Jahren)*. Θεσσαλονίκη: Κυριακίδης, σελ. 421–428.

Τσιάκαλος, Γ. (1986). Σύζευξη θεωρίας και πράξης στα Παιδαγωγικά Τμήματα (Die Verbindung von Theorie und Praxis in den Pädagogischen Fachbereichen), στο: Ηλιού, Μ. (επιμ.), *Παιδαγωγικό Συμπόσιο: Προσχολική αγωγή και κατάρτιση νηπιαγωγών (Pädagogisches Symposion: Vorschulerziehung und Vorschullehrerinnenausbildung) (Βόλος, 23–24 Σεπτεμβρίου 1985)*. Αθήνα: Πανεπιστήμιο Θεσσαλίας, σελ. 149–160.

Υφαντή, Α. (2012). *Εκπαιδευτική πολιτική και σχεδιασμός για ένα σύγχρονο σχολείο (Bildungspolitik und Planung für die Schule der Gegenwart)*. Αθήνα: Λιβάνης.

Φλουρής, Γ. & Πασσιάς, Γ. (2011). Τα Παιδαγωγικά Τμήματα στην Ελλάδα (1983–2007). Η γενεαλογία της «κρίσης» και οι όψεις μιας παλίμψηστης εξουσίας (Die Pädagogischen Fachbereiche in Griechenland 1983–2007). Die Genealogie der „Krise" und die Facetten einer wiederhergestellten Herrschaft). Στο: Ν. Παπαδάκης & Ν. Χανιωτάκης (επιμ.), *Εκπαίδευση – Κοινωνία & Πολιτική. Τιμητικός τόμος για τον καθηγητή Ιωάννη Ε. Πυργιωτάκη (Bildung – Gesellschaft & Politik – Festschrift für Professor Ioannis E. Pyrgiotakis)*. Αθήνα: Πεδίο, σελ.535–565.

Φράγκος, Χ. (1986). *Σύγχρονα προβλήματα της αγωγής (Aktuelle Erziehungsprobleme)*. Αθήνα: Gutenberg.

Φωτοπούλου, Β. & Υφαντή, Α. (2011). Η συμβολή της Πρακτικής Άσκησης προπτυχιακών φοιτητών Δημοτικής Εκπαίδευσης στην ανάπτυξη της επαγγελματικής τους ταυτότητας (Der Beitrag des Praktikums der undergraduate-Studenten der Pädagogik zur Entwicklung ihrer beruflichen Identität). Στο: Β. Οικονομίδης (επιμ.), *Εκπαίδευση & επιμόρφωση εκπαιδευτικών (Lehrerbildung und Weiterbildung)*. Αθήνα: Πεδίο, σελ. 509–520.

Χανιωτάκης, Ν. (2011). Η Πρακτική Άσκηση υποψηφίων εκπαιδευτικών: αντιλήψεις των δασκάλων των Σχολείων Άσκησης (Das Praktikum von Lehrerkandidaten: Ansichten der Lehrer der Praktikums-Schulen). Στο: Β. Οικονομίδης (επιμ.), *Εκπαίδευση & επιμόρφωση εκπαιδευτικών (Lehrerbildung und Weiterbildung)*. Αθήνα: Πεδίο, σελ. 495–508.

Χαρίτος, Χ. (1996). *Το ελληνικό νηπιαγωγείο και οι ρίζες του. Συμβολή στην ιστορία της προσχολικής αγωγής (Der griechische Kindergarten und seine Wurzeln. Ein Beitrag zur Geschichte der Vorschulerziehung)*. Αθήνα: Gutenberg.

Χατζηδήμου, Δ., Ταρατόρη, Ε. & Κουγιουρούκη, Μ. (επιμ.). *Η εξέλιξη της παιδαγωγικής επιστήμης στην Ελλάδα τα τελευταία 50 χρόνια (Die Entwicklung der Pädagogik in Griechenland in den letzten 50 Jahren)*. Θεσσαλονίκη: Κυριακίδης.

Χρυσαφίδης, Κ. (2013). Πρακτική Άσκηση Φοιτητών Παιδαγωγικών Τμημάτων. Ανάμεσα στον πρακτικισμό και την αναποτελεσματική θεωρητικολογία (Das Praktikum der Studenten der Pädagogischen Fachbereiche: Zwischen theorielosem, praktischen „sich Durchwursteln" und dem ineffizienten Theoretisieren). Στο: Α. Ανδρούσου & Σ. Αυγητίδου (επιμ.), *Η πρακτική άσκηση στην αρχική εκπαίδευση των εκπαιδευτικών: Ερευνητικές προσεγγίσεις (Die Praxis-Ausbildung in der Erstausbildung der Lehrer: Forschungsansätze)*. Αθήνα: Πανεπιστήμιο Αθηνών, Τμήμα Εκπαίδευσης και Αγωγής στην Προσχολική Ηλικία, σελ. 173–196.

Wollons, R. (2012). *Νηπιαγωγεία: Η διάχυση μιας παγκόσμιας ιδέας (Kindergärten: Die Diffusion einer Weltidee)* Αθήνα: Παπαζήσης.

Deutsch- und englischsprachige Literatur

Balluseck, H. von (Hrsg.). (2008). Professionalisierung der Frühpädagogik. Perspektiven, Entwicklungen, Herausforderungen. Opladen & Farmington Hills: Barbara Budrich.

Beck, C. & Kosnik, C. M. (2006). Innovations in teacher education: A social constructivist approach. Albany, NY: State University of New York Press.

Bell, D. (1974). The Coming of Post-Industrial Society. London: Heineman.

Blochmann, E. (1968). Pädagogik des Kindergartens. In G. Bittner & E. Schmid-Cords (Hrsg.), Erziehung in früher Kindheit. München: Piper.

BMFSFJ (2003). Auf den Anfang kommt es an! Weinheim, Basel, Berlin: Beltz.

Brezinka, W. (1978). Metatheorie der Erziehung. München: Reinhardt.

Combe, A. & Helsper, W. (1996). Pädagogische Professionalität. Untersuchungen zum Typus pädagogischen Handelns. Frankfurt/M.: Suhrkamp.

Daiber, B. & Carle, U. (2008). Der Bachelor of Arts, „Fachbezogene Bildungswissenschaften an der Universität Bremen". In U. Carle & B. Daiber (Hrsg.), Das Kind im Blick: Eine gemeinsame Ausbildung für den Elementarbereich und die Grundschule. Hohengehren: Schneider, S. 56–83.

Diller, A. & Rauschenbach, Th. (Hrsg.). (2006). Reform oder Ende der Erzieherinnenausbildung? Beiträge zu einer kontroversen Fachdebatte, München: Deutsches Jugendinstitut.

Dippelhofer-Stiem, B. (2003). Beruf und Professionalität. In L. Fried et al. (Hrsg.), Pädagogik der frühen Kindheit. Weinheim, Basel, Berlin: Beltz, S. 122–153.

Dippelhofer-Stiem, B. (2006). Berufliche Sozialisation von Erzieherinnen. In L. Fried & S. Roux (Hrsg.), Pädagogik der frühen Kindheit. Weinheim, Basel: Beltz, S. 358–367.

Fthenakis, W. E. (Hrsg.). (2003). Elementarpädagogik nach PISA. Freiburg i. B.: Herder.

Fthenakis, W. E. & Oberhuemer, P. (Hrsg.). (2002). Ausbildungsqualität: Strategiekonzepte zur Weiterentwicklung der Ausbildung von Erzieherinnen und Erziehern. Neuwied, Kriftel, Berlin: Luchterhand.

Fthenakis, W. E. & Oberhuemer, P. (Hrsg.). (2004). Frühpädagogik international. Bildungsqualität im Blickpunkt. Wiesbaden: Verlag für Sozialwissenschaften.

Giesecke, H. (2000). Pädagogik als Beruf. Grundformen pädagogischen Handelns. Weinheim, München: Juventa.

Gregoriadis, A & Birbili, M. (2009). Exploring the role of student-teacher supervisors in Greek higher education: learning from the insiders, O. M. E. P., European Regional Meeting and Conference 2009: Current Issues in Preschool Education in Europe, 28–30 April 2009, Syros Greece, Conference Proceedings, pp. 149–164.

Grossmann, W. (1987). KinderGarten. Eine historisch-systematische Einführung in seine Entwicklung und Pädagogik. Weinheim/Basel: Beltz.

Hadjimanolis, E. (1972). Schule und Entwicklung. Ein Beitrag zur Schulanalyse und Entwicklungsstrategie. Dargestellt am Beispiel Griechenland. Köln/Berlin: Kiepenheuer & Witsch.

Kapsalis, A. (1974). Die griechische Vorschulerziehung im Zusammenhang mit der deutschen und der internationalen Vorschulbewegung, Dissertation. Tübingen: Universität Tübingen.

Kelpanides, M. (2013). Politische Union ohne europäischen Demos? Die fehlende Gemeinschaft der Europäer als Hindernis der politischen Integration. Baden-Baden: Nomos.

Metzinger, A. (2006). Geschichte der Erzieherinnenausbildung als Frauenberuf. In L. Fried & S. Roux (Hrsg.), Pädagogik der frühen Kindheit. Weinheim, Basel: Beltz, S. 348–358.

Oberhuemer, P. & Schreyer I. (2010). Kita-Fachpersonal in Europa. Ausbildungen und Professionsprofile. Opladen & Farmington Hills: Barbara Budrich.

OECD (2006). Starting Strong II: Early Childhood Education and Care. Paris: OECD.

Pyrgiotakis, I (1979). Zum Selbstverständnis des griechischen Volksschullehrers. Frankfurt/M.

Stichweh, R. (1994). Wissenschaft, Universität, Professionen. Frankfurt/M.: Suhrkamp.

Thole, W. et al. (Hrsg.). (2012). Datenreport Erziehungswissenschaft. Opladen, Berlin & Toronto: Barbara Budrich.

Tietze, W. (Hrsg.). (1998). Wie gut sind unsere Kindergärten? Neuwied, Kriftel, Berlin: Luchterhand.

Tippelt, R., Rauschenbach, Th. & Weishaupt, H. (Hrsg.). (2004). Datenreport Erziehungswissenschaft. Wiesbaden: Verlag für Sozialwissenschaften.

Ulich, M. & Thiersch, R. (2002). Der „Lernort Praxis" in der Erzieherinnen-Ausbildung. Fazit und Ausblick. In W. E. Fthenakis & P. Oberhuemer (Hrsg.), Ausbildungsqualität: Strategiekonzepte zur Weiterentwicklung der Ausbildung von Erzieherinnen und Erziehern. Neuwied, Kriftel, Berlin: Luchterhand, S. 175–181.

Vrinioti, K. (1990): Übergang vom Kindergarten zur Grundschule in Griechenland unter Berücksichtigung der Entwicklung seit der Bildungsreform 1982 und ihrer Auswirkungen auf die Erzieher/innen- und Lehrer/innenausbildung, Diplom-Arbeit. Frankfurt/M.: J. W. Goethe-Universität.

Vrinioti, K. (2009). Coeducation of preschool and primary school teachers as a basic factor in ensuring continuity in the transition from preschool to primary school: The approach of the School of Education of the University of Western Macedonia in the framework of the Comenius project "Early Years Transition Programme" (EASE). http://www.ease-eu.com/documents/course_description_greece.pdf.

Vrinioti, K. (2013). Professionalisation in early childhood education: a comparative view of emerging professional profiles in Germany (Bremen) and Greece, European Early Childhood Education Research Journal, 21, 1, 150–163.

Die Ausbildung frühpädagogischer Fachkräfte in den Niederlanden

Dezentralisierung, Inklusion und Beseitigung von Bildungsbenachteiligungen im holländischen Bildungssystem

Jef J. van Kuyk, CITO, The Netherlands

EINSTIEG

Die Niederländer sind ein Volk mit hohem Bildungsniveau. So liegt auch die Bildungsbeteiligung im oberen Bereich: Von den 16 Millionen Einwohnern nehmen derzeit fast 3,5 Millionen an irgendeiner Form von Bildungsprogramm teil. Ein Drittel jedes Sekundarschuljahrgangs erwirbt einen ersten Universitätsabschluss.

Dennoch wird das Land als traditionelles Wissenszentrum in den kommenden Jahren mit einer Reihe von Herausforderungen konfrontiert sein. Dazu zählen die Notwendigkeit weiterer Verbesserungen der Bildungsqualität, die Sicherstellung von Chancengleichheit für alle, die Förderung eines vielfältigen Bildungsangebots und an die Bedürfnisse der Zielgruppen angepasste Inhalte und Beratungsmöglichkeiten. Das größte Problem jedoch stellt der zunehmende Mangel an pädagogischen Fachkräften an den Schulen der Primar- und Sekundarstufe, den Universitäten und in der beruflichen Bildung dar.

In den Niederlanden beginnt der formale Bildungsweg mit der *Basisschool* genannten Primarstufe (im Folgenden „Basisschule"), in die seit 1985 der frühere Kindergarten und die Grundschule integriert sind (vgl. die Abbildung im Anhang zu diesem Beitrag, Seite 282). Gegenwärtig gibt es Pläne, Spielgruppen für Kinder von zwei bis vier Jahren in die Basisschule mit aufzunehmen. Daneben bestehen auch andere Einrichtungen für die Null- bis Vierjährigen. Sie werden ebenso wie die Spielgruppen von privaten Trägern betrieben. In diesem Beitrag lassen wir diese Einrichtungen jedoch außen vor, weil deren Personal eine andere Ausbildung hat als die pädagogischen Fachkräfte der Basisschule.

Wir geben zunächst einen Überblick über die unter dem Begriff VVE *(Voor en vroegschoolse Educatie)* firmierende Politik der niederländischen Regierung zur Förderung von Kindern mit besonderen Bedürfnissen und über die Struktur der Basisschule für Kinder von vier bis zwölf Jahren. Anschließend konzentrieren wir uns auf die Ausbildung der pädagogischen Fachkräfte für die Basisschule. Um die Inhalte und den Ausbildungsweg deutlicher zu machen, schildern wir ein konkretes Beispiel aus den Niederlanden. Anschließend wird die Ausrichtung der speziellen Programme im Rahmen der VVE-Politik dargestellt. Der Beitrag endet mit Schlussfolgerungen, welche Kompetenzen frühpädagogische Fachkräfte benötigen und wie eine besser darauf zugeschnittene Ausbildung aussehen könnte.

1. Grundzüge der VVE-Politik

Seit dem Jahr 2000 stellt die niederländische Regierung finanzielle Mittel für frühkindliche Bildung (VVE) zur Verfügung. Die Förderprogramme sollen die Entwicklungsmöglichkeiten von zwei- bis fünfjährigen Kindern, die aus benachteiligten Familien stammen und ein Risiko von Bildungs- bzw. Sprachdefiziten aufweisen, verbessern. Zur Zielgruppe gehören Kinder niederländischer Herkunft, deren Eltern über ein niedriges Bildungsniveau verfügen, sowie Kinder aus ethnischen Minderheiten, deren Muttersprache nicht Niederländisch ist. Um die frühkindliche Bildung und Betreuung für Vorschulkinder (Zwei- bis Vierjährige) kümmern sich Spielgruppen und Kitas. Die Basisschulen bieten VVE-Programme für Vier- und Fünfjährige an.

Seit August 2002 wird die Förderung im Rahmen des VVE-Programms aus den Budgets der kommunalen Haushalte zur Beseitigung von Bildungsnachteilen finanziert. Am 1. August 2006 wurde die frühkindliche Bildung und Betreuung in die Verantwortung der Kommunalbehörden übergeben. Frühkindliche Bildung im vorschulischen Bereich wird so von den Kommunen angeboten und finanziert, während die frühkindliche Bildung für Vier- bis Fünfjährige den Basisschulen obliegt. Das Budget für die Schulen wird anhand eines Gewichtungssystems (siehe dazu Kapitel 2.3) zugeteilt. Von 2006 bis 2010 bestand das Ziel darin, 70 Prozent der Zielgruppe sowohl im Vorschulbereich als auch in der Basisschuleingangsphase zu erreichen. Die gegenwärtigen Planungen gehen von einer hundertprozentigen Abdeckung aus. Die Kommunen stimmen sich dabei mit den Schulen ab, um einen reibungslosen Übergang vom vorschulischen Bereich in die Basisschule zu gewährleisten.

Die 31 größten Städte der Niederlande erhalten Mehrzweck-Zuwendungen, um Leistungsvorgaben auf verschiedenen Gebieten zu erfüllen, darunter fällt auch die Beseitigung von Bildungsnachteilen. Alle anderen Kommunen bekommen zweckgebundene Fördermittel. Diese finanziellen Mittel können entweder für die frühkindliche Bildung oder für Brückenklassen an den Basisschulen verwendet werden. Die Kommunen haben dabei auch einen gewissen Spielraum, um eigene Strategien für kompensatorische Politik zu entwickeln. Die von den Kommunen eingerichteten Programme frühkindlicher Bildung müssen mindestens drei Halbtage pro Woche umfassen und von qualifiziertem Personal durchgeführt werden. Im Jahr 2006 erreichten die Angebote im Rahmen der frühkindlichen Bildung etwa 49 Prozent der vorschulischen Zielgruppe und 69 Prozent der Zielgruppe an Basisschulen. Im Prinzip werden alle Kinder zwischen zwei- bis zweieinhalb und vier Jahren in Spielgruppen aufgenommen. In einzelnen Kommunen mag jedoch Kindern mit sozio-medizinischen Schwierigkeiten und Kindern, die Entwicklungsverzögerungen oder zumindest ein diesbezügliches Risiko aufweisen, der Vorzug gegeben werden. Eine der Hauptüberlegungen, die hinter dieser Politik stehen, betrifft die große Bedeutung, die der Förderung der kindlichen Entwicklung bereits in einem sehr frühen Stadium zugemessen wird (Fischer & Bidell 2006; Shonkoff & Philips 2000).

1.1 Spezielle Angebote für Eltern

Seit 1988 gibt es Projekte für jüngere Kinder, deren Eltern nur eine geringe Schulbildung haben und/oder zu den ethnischen Minderheiten gehören, die in den Niederlanden am stärksten repräsentiert sind (in der Hauptsache Eltern türkischer, marokkanischer, anderer afrikanischer und surinamischer Herkunft). Die Zielgruppen sind Kinder unter vier Jahren und ihre Eltern sowie Vier- bis Siebenjährige. Diese aufsuchenden Förderprogramme sollen Bildungsbenachteiligung vorbeugen, die Kinder auf den Eintritt in das niederländische Bildungssystem vorbereiten und sie während der ersten Basisschuljahre unterstützen. In der Anfangsphase wurden die Entwicklung und Umsetzung dieser Projekte vom Ministerium für Gesundheit, Wohlfahrt und Sport finanziert. Inzwischen liegt die Finanzierung bei den Kommunen. Die meisten dieser Projekte sind Bestandteil örtlicher kompensatorischer Politik.

1.2 Spezielle institutionelle Programme

Zusätzlich zu den bereits genannten Projekten riefen das Ministerium für Gesundheit, Wohlfahrt und Sport und das Ministerium für Bildung, Kultur und Wissenschaft im Jahr 1995 zwei neue institutionell angesiedelte Programme (*Kaleidoskop* und *Piramide*) sowie eine Reihe kleinerer, ähnlicher konzipierter Angebote frühkindlicher Bildung ins Leben. Auch diese institutionellen Angebote können in die kompensatorische Politik auf lokaler Ebene eingebunden sein. Die kommunalen Instanzen und Schulen genießen jedoch völlige Freiheit bei der Auswahl der Programme, die sie im Bereich der frühen Kindheit anbieten wollen. Dafür steht ihnen ein spezielles Handbuch zur Verfügung, das die verschiedenen Programme beschreibt.

Das *Kaleidoskop*-Programm (Hohmann, Banet & Weikart 1979) soll die Angebotsqualität in Spielgruppen und den ersten vier Jahren der Basisschule verbessern und setzt insbesondere bei der beruflichen Aus- und Weiterbildung des pädagogischen Personals an. Wichtige Punkte im Kaleidoskop-Programm, das dem amerikanischen High/Scope-Programm entspricht, sind Erfahrungen beim Planen, Durchführen und Reflektieren von Aktivitäten sowie sogenannte Schlüsselerfahrungen.

Piramide (van Kuyk 2003, 2009) ist ein umfassendes Methodenpaket, das sich an alle Kinder von null bis sechs Jahren richtet. Es deckt die wichtigsten Bereiche der kindlichen Entwicklung ab, wobei es Themen und Gegenstandsbereiche einbezieht, die die einzelnen Entwicklungsbereiche zusammenführen. Die vier wichtigsten Handlungsfelder sind: Spiel, eigeninitiatives Lernen, Projekte und fortlaufende Aktivitäten im Rahmen eines ganzheitlichen Ansatzes. Die gezielte Förderung der Sprachentwicklung von Kindern mit Migrationshintergrund und Kindern mit besonderen Bedürfnissen zieht sich durch das gesamte Programm.

Obwohl beide Programme letztlich für alle Kinder entwickelt wurden, besteht das Ziel im Rahmen der frühkindlichen Bildung darin:

- die Zahl der Kinder aus den Zielgruppen, die von den Angeboten vorschulischer Einrichtungen profitieren, zu erhöhen,
- die Qualität und die Inhalte der vorschulischen Angebote zu verbessern,
- Bildungsbenachteiligung innerhalb der Zielgruppen vorzubeugen,
- die Kooperation zwischen vorschulischen Einrichtungen und Basisschulen zu fördern und dadurch Kindern eine Entwicklung ohne Brüche zu ermöglichen,
- die Beteiligung und Unterstützung der Eltern zu stärken.

2. Die Basisschulbildung

Bis 1985 bestand, wie bereits erwähnt, eine institutionelle Trennung zwischen Kindergärten und Grundschulen, die sich jeweils um die Vier- bis Sechsjährigen bzw. die Sechs- bis Zwölfjährigen kümmerten. Als im Jahr 1985 das Grundschulgesetz von 1981 (WBO) in Kraft trat, wurden die bisherigen Kindergärten und Grundschulen unter der Bezeichnung Basisschule zu einem neuen Schultyp für Kinder von vier bis zwölf Jahren zusammengefasst. Förderschulen fielen unter das Interimsgesetz für den Förderunterricht (ISOVSO). Am 1. August 1998 wurden WBO und ISOVSO durch das Grundschulbildungsgesetz von 1998 (WPO) und das Gesetz über Fachkompetenzzentren (WEC) ersetzt. Die Basisschulbildung umfasst jetzt die Regelschulen der Basisstufe (BAO), Förderschulen der Basisstufe (SBAO) sowie Förderschulen der Sekundarstufe (VSO). Eines der Ziele des neuen Gesetzes besteht in der verstärkten Zusammenarbeit mit Förderschulen (Politik der inklusiven Beschulung – *Going to School Together policy*), sodass Kinder mit besonderen Bedürfnissen weitestmöglich in Regelschulen der Basisstufe aufgenommen werden können.

2.1 Generelle politische Strategie: Stärkung der Autonomie, Deregulierung und Dezentralisierung

Die „neue Ausrichtung" der Basis- und Sekundarschulbildung sowie die gesetzliche Neuregelung der Förderung durch Globalzuschüsse und die flexibleren Zeitpläne werden zu größerer Autonomie, zu Deregulierung und zu einer stärkeren Übertragung von Zuständigkeiten auf die Kommunen und ihre Schulbehörden führen.

2.2 Zukünftige Ausrichtung der Basisschulbildung

Im Einklang mit dieser Entwicklung hin zu größerer Autonomie, Deregulierung und Dezentralisierung sollen Bildungsinnovationen stärker von den Schulen selbst ausgehen, anstatt von der Regierung vorgegeben zu werden. Die Regierung wird zwar Qualitätsstandards definieren, aber den Schulen größere Spielräume geben, um Bildung in maßgeschneiderter Form anbieten zu können. Diese Neuerungen wurden in mehrjährigen Strategieplänen für die Zeit bis zum Jahr 2010 allgemein festgelegt. Die Pläne wurden in einem interaktiven Prozess entwickelt, an dem Vertreter des Bildungsministeriums, Schulleitungen, Schulbehörden, Eltern, Schülerinnen und Schüler, pädagogische Fachkräfte und andere am Bildungssystem Beteiligte mitwirkten.

Die Hauptstoßrichtung dieser Strategiepläne besteht darin, dass Fachkräfte in und im Umfeld der Schulen die Form der pädagogischen Arbeit bestimmen. Die Schulen formulieren ihre Ziele für Qualitätsentwicklung und Innovation selbst. Um diese Ziele zu erreichen, muss die Regierungspolitik an Innovationen anknüpfen, die schulintern vom pädagogischen Personal und anderen Fachkräften in Gang gesetzt wurden. Um die Schulen zu unterstützen, fördert die Regierung die Gründung einer berufsständischen Organisation für Entwicklung und Innovation. Die drei wichtigsten Bausteine dieser konzeptionellen Strategie lauten:

- Die Schulen verfolgen Professionalisierung, Qualität und Innovation auf der Grundlage ihrer eigenen Vorstellungen.
- Es gibt weniger inhaltliche Leistungsvorgaben, um den Schulen die Schaffung eigener Bildungsprofile zu ermöglichen.
- Die Einstellungs- und Beschäftigungsbedingungen werden weitgehend dezentralisiert.

2.3 Das Gewichtungssystem in der Basisschulbildung

Das Gewichtungssystem ist ein wichtiger Teil kompensatorischer Politik. Die letzten Änderungen an diesem System wurden am 1. August 2006 eingeführt, und der Prozess sollte in vier Phasen über einen vierjährigen Zeitraum hinweg abgeschlossen werden. Das neue System wird den realen Problemen besser gerecht; es konzentriert sich stärker auf benachteiligte Kinder, die keiner ethnischen Minderheit angehören, es soll Ausgrenzung verhindern und basiert weitgehend auf dem Bildungsniveau der Eltern, statt auf ihrer ethnischen Zugehörigkeit oder beruflichen Tätigkeit. Es gibt drei Gewichtungsfaktoren:

- Eine Gewichtung von 0,3, wenn das höchste Bildungsniveau beider Elternteile ein einfacher beruflicher Bildungsabschluss ist (*LBO, Lager Beroepsonderwijs* bzw. *VBO, Voorbereidend Beroepsonderwijs*)
- Eine Gewichtung von 1,2, wenn das höchste Bildungsniveau eines Elternteils Basisschulbildung und das des anderen Elternteils ein einfacher beruflicher Bildungsabschluss (LBO/VBO) ist
- Eine Gewichtung von 0 für alle anderen Kinder

Das „gewichtete" Budget einer Schule wird durch Addition aller „gewichteten" Kinder bestimmt. Die meisten Schulen nutzen das System, um zusätzliches Personal zu finanzieren, sodass die Gruppen und Klassen an Schulen mit einer großen Zahl „gewichteter" Kinder kleiner sind als an Schulen, wo dies nicht der Fall ist.

Das neue Gewichtungssystem wurde bis 2009 parallel zum alten System verwendet. Unter dem alten System wurde Kindern, deren Eltern ein niedriges Bildungsniveau aufwiesen, ein Gewichtungsfaktor von 1,25 zugeordnet; in Heimen oder Pflegefamilien lebende Kinder wurden mit 1,4 gewichtet; für Kinder aus nicht-sesshaften Familien galt der Gewichtungsfaktor 1,7, und Kindern mit nicht-niederländischem kulturellem Hintergrund wurde ein Faktor von 1,9 zugewiesen.

2.4 Community school – die integrative Netzwerkschule

Die Idee der integrativen Netzwerkschule geht auf eine Initiative von Kommunen und Schulbehörden zurück. Die städtischen Behörden arbeiten mit Schulen und anderen Institutionen wie der Polizei, Gesundheits- und Wohlfahrtsdiensten, Sport- und Kultureinrichtungen zusammen, um die Entwicklungschancen ihrer Schülerinnen und Schüler zu fördern. Eine solche Schule stellt ein Netzwerk innerhalb und im Umfeld der Schulen dar, in dem pädagogische und andere Fachkräfte mit dem Ziel zusammenarbeiten, Kinder in vielfältiger Weise in ihrer Entwicklung zu unterstützen. Die Netzwerkschule beruht auf der Vorstellung, dass Unterricht, die Betreuung von Kindern und Jugendlichen, Sport und Kultur auf die Bedürfnisse der Kinder und ihrer Eltern in ihrem Wohnumfeld zugeschnitten sein sollten.

Eine Netzwerkschule kann in einem einzigen Mehrzweckgebäude untergebracht sein, aber auch aus einer Reihe verschiedener Einrichtungen bestehen, die als Netzwerk zusammenwirken und sich über das ganze Viertel verteilen. Die Zahl der Netzwerkschulen wächst rasch an. Die niederländischen Kommunen hatten sich zum Ziel gesetzt, dass bis 2010 rund 1.200 solcher Schulen eingerichtet sein sollten.

Ziel der Netzwerkschulen ist es, Bildungsbenachteiligung, Schulabbruch, Lernschwierigkeiten und Verhaltensauffälligkeiten vorzubeugen. An Basisschulen kann dies durch vorschulische

Angebote für Zwei- bis Vierjährige (vor dem Eintritt in die Basisschule), Sozialarbeit, außerschulische Betreuung für Vier- bis Zwölfjährige und einen ausgedehnteren Schultag mit sportlichen und künstlerischen Aktivitäten sowie Projekten für ältere Kinder umgesetzt werden. Die Aktivitäten können auch die Eltern einbeziehen, denen Kurse und Unterstützung bei der Kindererziehung geboten werden.

Die Zentralregierung lässt einen großen Spielraum für Initiativen und Entscheidungsprozesse auf lokaler Ebene. Die Netzwerkschulen unterliegen keinen zentralenstaatlichen Regelungen. Die Zentralregierung bietet Unterstützung in Form finanzieller Förderprogramme und unterstützt die Entwicklung von Netzwerkschulen durch die Bereitstellung von Informationen. Für diesen Schultyp sind die kommunalen Behörden zuständig; sie überwachen Fortschritte und bewerten Prozesse und Ergebnisse. Es obliegt den Leitungsorganen der Schulen und beteiligten Organisationen, wie beispielsweise Betreuungs- und Sozialdiensten, den Kurs der jeweiligen Netzwerkschule und die Angebote an Aktivitäten festzulegen.

2.5 Flexibler Ansatz im Hinblick auf individuelle Bedürfnisse

Als Teil des generellen Trends zur Deregulierung möchte die Regierung die für spezielle Beschulung geltenden Regelungen minimieren. Ziel dessen ist es, das gegenwärtige System flexibler und einfacher zu gestalten und es dadurch zu verbessern. Durch geeignete Bildungsangebote sollen sich die Schulen besser auf die Bedürfnisse der Schülerinnen und Schüler und die Wünsche der Eltern einstellen können. Deshalb wurde 2010 die gesetzliche Unterscheidung zwischen Regel- und Förderschulen abgeschafft. Ein neues integriertes Finanzierungssystem wurde eingerichtet, welches das einzelne Schulkind zum Ausgangspunkt nimmt. Innerhalb des allgemeinen Gewichtungssystems berücksichtigt es die „Gewichtung von Bedürfnissen".

2.6 Leistungstest am Ende der Basisschulzeit

Mehr als 80 Prozent der Schulen verwenden den CITO-Test[106], der die Leistungen von Basisschulabgängerinnen und -abgängern messen soll, während 15 Prozent auf einen anderen Test zurückgriffen. Der Erziehungsminister erwartet, dass alle Schülerinnen und Schüler einen Leistungstest absolvieren. Daher wurde vorgeschlagen, dass im letzten Jahr der Basisschule ein obligatorischer Test der sprachlichen und mathematischen Kompetenzen aller Schülerinnen und Schüler eingeführt wird, um Leistungsvergleiche zwischen den Schulen zu ermöglichen. Dieses Konzept wurde 2011 in die Tat umgesetzt. Der CITO-Test ist nunmehr für alle Kinder verpflichtend.

---

[106] *CITO steht für Central Institute for Test Development und ist ein 1968 gegründetes staatliches Institut für Testentwicklung. Im letzten Schuljahr der Basisschule legen niederländische Schülerinnen und Schüler eine zentrale Prüfung ab, die die Entscheidung hinsichtlich der Wahl der passenden weiterführenden Schule erleichtern soll (http://www.uni-muenster.de/NiederlandeNet/nl-wissen/bildungforschung/vertiefung/bildung forschung/schulkarrieren.html) (Anm. d. Hrsg.).*

2.7 Altersstufen und Eingruppierung der Schülerinnen und Schüler

Den Regel- und Förderschulen der Basisstufe steht es frei, über ihre interne Organisation zu entscheiden. Jede Klasse kann eine oder mehrere Altersgruppen umfassen. Die meisten Basisschulen gruppieren ihre Schülerschaft in altershomogene Klassen. Andere haben altersheterogene Gruppen oder fassen die Kinder nach ihren Entwicklungs- bzw. Fähigkeitsniveaus zusammen. Im letztgenannten Fall wird die Einstufung des Kindes jedes Jahr überprüft. Es gibt insgesamt acht Jahrgangsgruppen. Jedes Kind fängt in der ersten Jahrgangsstufe an und rückt in aller Regel jedes Jahr eine Stufe weiter, bis es die oberste Klasse erreicht hat. Die Jahrgangsstufen 1 bis 4 (Vier- bis Achtjährige) werden als Unterstufe *(juniors)* und die Jahrgangsstufen 5 bis 8 (Neun- bis Zwölfjährige) als Oberstufe (*seniors*) bezeichnet.

Pädagogische Fachkräfte an Regel- und Förderschulen der Basisstufe sind dahingehend ausgebildet, alle Fächer über das gesamte Altersspektrum hinweg zu unterrichten (außer sensorische Koordination und Sport). Die Schulen können auch zusätzliche Fachlehrkräfte einstellen, um bestimmte Fächer wie Sport und sensorische Koordination, Religion, Kunst, Musik, Werken oder Friesisch zu geben.

2.8 Pädagogische Assistenzkräfte

Im Jahr 1997 wurde die Position der pädagogischen Assistenzkraft (*Onderwijs Assistent*) ins Leben gerufen, um Lehrkräfte der Jahrgangsstufen 1 bis 4 bei der unterrichtlichen Tätigkeit zu unterstützen. Pädagogische Assistenzkräfte helfen der Lehrkraft, die die Gruppe leitet, bei routinemäßigen Lehrtätigkeiten und betreuen die Kinder beim Erwerb praktischer Fertigkeiten. Das zahlenmäßige Verhältnis von pädagogischen Assistenzkräften und Fachlehrkräften zu Klassenleiterinnen bzw. -leitern wird von der Schule selbst entschieden.

2.9 Klassengröße

Das Ministerium legt keinerlei Vorgaben hinsichtlich der Mindest- oder Höchstzahl von Schülerinnen und Schülern pro Klasse fest. Am 1. Oktober 2005 zählte die durchschnittliche Unterstufenklasse 21 Kinder, während die Klassen der Oberstufe im Schnitt 23,4 Kinder umfassten.

3. Berufsausbildung

3.1 Höhere berufliche Bildung (HBO)

Die sogenannte höhere berufliche Bildung *(HBO, Hoger Beroeps Onderwijs)* bietet eine theoretische und praktische Ausbildung für Berufe, die eine höhere Qualifikation erfordern. Die zugehörigen Bildungsinstitutionen werden als *Hogeschools* bezeichnet und sind in etwa mit deutschen Fachhochschulen vergleichbar. Ihr Fokus liegt auf der Lehre, aber sie können auch angewandte Forschung im Kontext der vertretenen Fachrichtungen und Programme durchführen. Die *Hogeschools* bieten Bachelor- und Master-Programme an und leisten einen für die

Gesellschaft wertvollen Wissenstransfer. Außerdem tragen sie zur Weiterentwicklung der Berufe bei, für die sie ausbilden.

Für die Zulassung zur HBO müssen folgende Voraussetzungen erfüllt sein:

- Abschluss der höheren allgemeinbildenden Sekundarstufe *(HAVO, Hoger Algemeen Vormend Onderwijs)*
- Abschluss der mittleren Management- oder Fachausbildung an einer berufsbildenden Sekundarstufe *(MBO, Middelbaar Beroeps Onderwijs)*
- Abschluss einer höheren Sekundarschule[107] mit Universitätszugangsberechtigung *(VWO, Voorbereidend Wetenschappelijk Onderwijs)*

Bewerberinnen und Bewerber, die einen der genannten Bildungsabschlüsse besitzen, sind zwar im Prinzip zulassungsberechtigt; qua ministeriellem Erlass können jedoch zusätzliche Anforderungen hinsichtlich der im Rahmen des in der Sekundarstufe geltenden Kurssystems belegten Unterrichtsfächer definiert werden. Zusätzlich zu den genannten Voraussetzungen können die *Hogeschools* ergänzende Anforderungen stellen – sei es mit Blick auf den Beruf, für den ausgebildet wird, sei es für die Ausbildung selbst. So müssen zum Beispiel Bewerberinnen und Bewerber für Fächer im Bereich Tanz oder Sport und Bewegung die von der jeweiligen HBO-Einrichtung festgelegten Qualifikationen besitzen. Diese Anforderungen dürfen sich nur auf Aspekte beziehen, die im Zuge der bisherigen Schulkarriere der Studienanwärterinnen und -anwärter nicht abgedeckt wurden. Angehende Studierende müssen zuerst die betreffende *Hogeschool* kontaktieren, die dann entscheidet, ob die zusätzlichen Voraussetzungen erfüllt sind und eine Zulassung erfolgen kann.

3.2 Universitätsstudium

Die Universitätsbildung umfasst eine Ausbildung mit dem Ziel eigenständiger wissenschaftlicher Tätigkeit und/oder der Anwendung wissenschaftlichen Wissens in einem anderen beruflichen Kontext. Die Kernaufgabe der Universitäten liegt in Forschung und Lehre. Die Universitäten bieten grundständige Studiengänge an (d. h. solche, die zu einem ersten Abschluss führen), bilden wissenschaftliche und ingenieurstechnische Nachwuchskräfte aus und erbringen einen Wissenstransfer zum Wohle der Gesellschaft. Die universitäre Ausbildung umfasst sowohl das Studium akademischer Disziplinen als auch die Fachausbildung für bestimmte Berufe. Die Zulassung ist mit einem zum Universitätsstudium berechtigenden Sekundarschulabschluss (VWO), einem HBO-Zertifikat oder einem propädeutischen HBO-Zertifikat möglich.

3.3 Bachelor-Master-System

Das Bachelor-Master-System wurde 2002 eingeführt. Die Unterscheidung zwischen HBO und Universitätsbildung im Hinblick auf die jeweilige Zielorientierung blieb weiterhin bestehen. Inzwischen wurden alle vierjährigen HBO-Programme und die Mehrheit der universitären Studiengänge in Bachelor- und Masterprogramme umgewandelt. Ein universitärer Bachelor-Stu-

---

[107] *Diese sechsjährige sogenannte „voruniversitäre" oder „vorwissenschaftliche" Schulbildung zielt von vornherein auf den Erwerb der Hochschulzugangsberechtigung ab und ist insofern mit dem deutschen Gymnasium mit allgemeiner Hochschulreife vergleichbar (Anm. d. Hrsg.).*

diengang dauert drei Jahre und ein Masterabschluss ein bzw. zwei Jahre. Die Bachelor-Studiengänge der HBO erstrecken sich durchweg über vier Jahre. Akkreditiert sind derzeit (2012) 30 Bachelorprogramme auf HBO-Niveau (PABO) und 30 universitäre Masterprogramme (ALPO, siehe dazu Kapitel 5.4).

Die Einführung des Bachelor-Master-Systems und des Akkreditierungsverfahrens ist Teil der Entwicklung hin zu einem europaweit geltenden gemeinsamen und offenen System höherer Bildung. Die Studierenden haben mehr Wahlmöglichkeiten und können auch leichter von der Einrichtung, an der sie ihren Bachelorabschluss erworben haben, in ein Masterprogramm an einer anderen Einrichtung (in den Niederlanden oder im Ausland) wechseln.

4. Die Ausbildung pädagogischer Fachkräfte für die Basisschule

Pädagogische Fachkräfte an Basisschulen sind für das Unterrichten aller Fächer der Basisstufe und die Arbeit an Förderschulen qualifiziert. Die Mehrheit der an Förderschulen tätigen Fachkräfte verfügt zusätzlich über einen Masterabschluss in Sonderpädagogik. Dieser weiterführende Studiengang kann nach Abschluss des Pädagogikstudiums für die Basis- oder Sekundarstufe oder eines anderen Studiengangs belegt werden. Die Studierenden können sich für ein bestimmtes Feld spezialisieren (z. B. die Arbeit mit hörbehinderten oder verhaltensauffälligen Kindern) und erwerben eine im Abschlusszertifikat ausgewiesene Zusatzqualifikation. Die Ausbildungseinrichtungen entscheiden selbst über die Zulassung der Kandidatin bzw. des Kandidaten zum weiterführenden Studium. Dieser Studiengang ist allerdings keine obligatorische Voraussetzung; mit einer pädagogischen Qualifikation für die Regelschule ist es weiterhin möglich, auch im sonderpädagogischen Bereich zu arbeiten.

Durch die Zusammenführung von Kindergarten und Grundschule zum neuen Schultyp „Basisschule" wurden die beiden früheren Formen der pädagogischen Ausbildung – d. h. die Ausbildung in Frühpädagogik für die Arbeit mit Vier- bis Sechsjährigen und die Lehrerbildung für die Arbeit mit Sechs- bis Zwölfjährigen – zu einem integrierten HBO-Studiengang der Basisschulpädagogik zusammengefasst.

Das Bachelor-Master-System wurde hier am 1. September 2002 eingeführt. Um die Vergleichbarkeit von Studiengängen innerhalb der EU zu erleichtern, wurde ein neues, auf dem Studienaufwand beruhendes System auf Grundlage des *European Credit Transfer System* (ECTS) etabliert. Die Studierenden müssen pro Studienjahr 60 ECTS-Punkte erwerben (ein *Credit Point* entspricht einem Studienaufwand von 28 Stunden). Die bestehenden grundständigen Ausbildungsgänge der HBO wurden in Bachelorstudiengänge umgewandelt. HBO-*Hogeschools* bieten Pädagogikstudiengänge auf Bachelorniveau für die Basis- und Sekundarstufe (niedrige Sekundarschulqualifikation[108]) und auf Masterniveau für die Sekundarstufe (volle Sekundarschulqualifikation) an. An den Universitäten werden nur Masterstudiengänge für die Sekundarstufe (volle Qualifikation) durchgeführt.

[108] *Bei Qualifikationen für Sekundarschullehrkräfte wird zwischen der „niedrigen" Qualifikationsstufe (grade two), die zur Arbeit in den beiden unteren Jahrgangsstufen der allgemeinbildenden bzw. „voruniversitären" Sekundarstufe und allen Jahrgangsstufen der berufsbildenden Sekundarstufe berechtigt, und der „vollen" Qualifikation (grade one) unterschieden, mit der in allen Sekundarschultypen und -jahrgangsstufen unterrichtet werden darf (*http://www.european-agency.org/country-information/netherlands/national-overview/*) (Anm. d. Hrsg.).*

Die pädagogische Qualifikation für die Basisstufe kann sowohl an großen, multidisziplinären *Hogeschools* erworben werden als auch an monodisziplinären, die ausschließlich pädagogische Fachkräfte für die Basisschule ausbilden (*Pedagogische academie voor het basisonderwijs, PABO*). Über 30 HBO-Einrichtungen bieten Pädagogikstudiengänge für die Basisstufe an, einige an mehreren Standorten. Zusammen nehmen sie pro Jahr 8.000 bis 9.000 Studierende auf.

Alle Studiengänge erfordern einen Studienaufwand von 240 ECTS-Punkten, was einem vierjährigen Vollzeitstudium entspricht. Für Studierende mit bereits anderweitig erworbenen pädagogischen Qualifikationen oder Kompetenzen können jedoch Ausnahmen gemacht werden, sodass die Ausbildungseinrichtungen heute neben Regelstudiengängen auch kürzere, individuell zugeschnittene Programme anbieten.

4.1 Praxisanteil der Ausbildung

Die praktische pädagogische Arbeit ist ein wesentlicher Bestandteil der pädagogischen Ausbildung für die Basisstufe. Die praktische Ausbildung erfolgt in dem Bereich, in dem die Studierenden später zu arbeiten beabsichtigen, und ist ein obligatorischer Teil des Studiums. Einzelheiten hinsichtlich der Dauer des Praxisanteils müssen in den Studien- und Prüfungsbestimmungen der Ausbildungseinrichtung festgelegt werden. Rund ein Viertel der Gesamtstudienzeit ist der praktischen pädagogischen Arbeit gewidmet, die gleich im ersten Jahr beginnt. Die Praktika finden hauptsächlich an Basis- und Förderschulen statt.

Im August 2000 wurde die Position einer „Lehrkraft in Ausbildung" *(LIO, Leraar in Opleiding)* an Basisschulen eingeführt. Sofern die Schule eine freie Stelle hat, können Studierende im letzten Studienjahr für einen befristeten Zeitraum in Teilzeit angestellt werden. Sie erhalten einen Ausbildungs- und Einstellungsvertrag, wobei das Beschäftigungsarrangement insgesamt das Äquivalent einer fünfmonatigen Vollzeitanstellung nicht überschreiten darf. Die Lehrkraft in Ausbildung wird von einer vollqualifizierten Fachkraft betreut und übernimmt alle Aufgaben, die auch ein reguläres Mitglied des Kollegiums haben würde. Dadurch wird der Übergang vom Studium in die berufliche Praxis weniger abrupt, und die mit der pädagogischen Ausbildung betrauten Einrichtungen sind besser in der Lage, sich mit Blick auf die aktuellen Entwicklungen im Bildungssektor auf dem neuesten Stand zu halten.

4.2 Universitäres Pädagogikstudium

Wie bereits erwähnt, ist das Pädagogikstudium an Universitäten durchweg auf Masterniveau angesiedelt. Graduierte, die bereits über einen universitären Masterabschluss verfügen, können einen postgradualen Pädagogikstudiengang belegen, der zur „vollen" Qualifikation als Sekundarschullehrkraft führt. Auf Wunsch kann dieses Masterstudium auch von Studierenden aufgenommen und abgeschlossen werden, die sich ansonsten noch im Erststudium befinden. Die Teilzeit-, Vollzeit- und dualen Optionen sind alle auf einen Studienaufwand von 60 ECTS-Punkten ausgelegt, was einem einjährigen Vollzeitstudium entspricht. Absolventinnen und Absolventen eines universitären Pädagogikstudiums haben eine „volle" Qualifikation (grade one) als Lehrkraft für die Sekundarstufe. Die Universitäten sind darin übereingekommen, dass die Praxisausbildung 840 Stunden umfassen solle, von denen 250 an einer Schule stattfinden müssen, wobei die Studierenden eine Klasse für die Dauer von mindestens 120 Stunden übernehmen.

4.3 Schulbasierte berufsbegleitende Ausbildung

Zunehmend bilden Basisschulen ihr pädagogisches Personal selbst aus, zum Beispiel Studierende mit Ausbildungs- und Einstellungsvertrag, pädagogische Assistenzkräfte in der Weiterqualifikation zur Fachkraft und berufliche Quereinsteiger. Dadurch entsteht eine schulinterne Kultur des Lernens und Arbeitens. Die Schulen teilen sich die Verantwortung für die Aus- und Weiterbildung neuer wie auch bereits etablierter pädagogischer Fachkräfte mit den HBO-Ausbildungseinrichtungen. Um die Qualität der praktischen Ausbildung direkt am Arbeitsplatz Schule zu gewährleisten, muss eine Reihe grundsätzlicher Voraussetzungen erfüllt sein. Dabei handelt es sich um:

- eine enge Kooperation zwischen Schulen und Ausbildungseinrichtungen,
- eine Infrastruktur für Ausbildung und Supervision als Bestandteil einer integrierten Personalpolitik,
- Übereinkünfte der Schulen mit den Ausbildungseinrichtungen für pädagogische Fach- und Assistenzkräfte über die Aufteilung von Zuständigkeiten und Pflichten,
- von einer anerkannten Ausbildungseinrichtung ausgestellte Zertifikate zur Dokumentation der erworbenen Kompetenzen.

Seit 2006 hat die Regierung mehrere Pilotprojekte unterstützt, in denen die Schulen im Rahmen ihrer Personalpolitik einen Großteil der Verantwortung für die Ausbildung des Personals (wie pädagogische Fach- und Assistenzkräfte) selbst schultern. In einigen der Projekte wurde zudem untersucht, auf welche Weise die Ausbildung direkt am Arbeitsplatz mit Schulentwicklungsforschung verknüpft werden kann.

4.4 Zulassungsvoraussetzungen zum Studium der Pädagogik für die Basisstufe

Für die Zulassung zum Pädagogikstudium auf HBO-Niveau muss eines der folgenden Schulabschlusszertifikate vorliegen: HAVO (allgemeinbildende Sekundarstufe II), VWO (Universitätszugangsberechtigung) oder MBO (berufsbildende Sekundarstufe II). Im letztgenannten Fall muss die Jahrgangsstufe 4 der berufsbildenden Sekundarschule abgeschlossen sein (d. h. die mittlere Management- oder Fachausbildung). Bewerberinnen und Bewerber, die 21 Jahre oder älter sind und nicht über einen der genannten Abschlüsse verfügen, können ebenfalls zugelassen werden, sofern ihre mitgebrachten Qualifikationen als adäquat erachtet werden. Hinsichtlich der Zahl der Studienplätze bestehen keine seitens der Regierung vorgegebenen Beschränkungen (kein Numerus clausus).

4.5 Sprachliche und mathematische Kompetenzen

Seit dem akademischen Jahr 2006/2007 ist zu Beginn des Pädagogikstudiums für die Basisschule ein Test zu absolvieren, damit festgestellt werden kann, ob die Studierenden über die den Anforderungen entsprechenden Kenntnisse der niederländischen Sprache und der Mathematik verfügen. Wer den Test nicht besteht, erhält zusätzliche Unterstützung. Wird jedoch auch der Wiederholungstest am Ende des ersten Studienjahres nicht bestanden, darf das Studium nicht fortgesetzt werden.

4.6 Curriculum, besondere Kompetenzen und Spezialisierung

Um die Absolventinnen und Absolventen auf eine Tätigkeit im Bildungswesen vorzubereiten, sind die Curricula der pädagogischen Studiengänge so strukturiert, dass die Erfüllung der im Gesetz über Bildungsberufe *(WBIO, Wet Bureau Internationaal Onderwijs)* aufgeführten Kompetenzstandards sichergestellt ist. Es bestehen keine gesetzlich festgelegten Vorgaben hinsichtlich der Studienstruktur und des Curriculums. Der Aufbau der Lehre wird durch die von der jeweiligen Ausbildungseinrichtung erstellte Studien- und Prüfungsordnung geregelt. Der Gesetzgeber schreibt lediglich die den Studien- und Prüfungsordnungen zugrunde liegenden Prinzipien, Strukturen und Verfahren vor. Unterrichts- und Prüfungssprache ist Niederländisch.

4.7 Qualifikationen pädagogischer Fachkräfte für die Basisschule

Ein Zertifikat für pädagogische Arbeit in der Basisschule qualifiziert voll für:

- Unterricht in allen Fächern und allen Altersgruppen der Basisstufe
- Sonderpädagogische Arbeit auf Basis- und Sekundarstufenniveau.

Bei Abschluss der Ausbildung wird ein HBO-Zertifikat verliehen. Darin sind üblicherweise aufgeführt:

- der absolvierte Ausbildungsgang,
- die absolvierten Prüfungsbestandteile und
- die erworbene pädagogische Qualifikation (oder die erfüllten Kompetenzstandards).

Eine für die Basisstufe qualifizierte pädagogische Fachkraft kann, wie bereits erwähnt, alle Jahrgangsstufen in allen Fächern unterrichten; eine Ausnahme ist das Fach Sport, das sie nur in der ersten und zweiten Klasse unterrichten darf. Für Sportunterricht in den Jahrgangsstufen 3 bis 8 ist eine gesonderte postgraduale Qualifikation erforderlich.

4.8 Berufsbegleitende Weiterbildung

Niederländische Basisschulen verfügen über eigene Budgets für die berufsbegleitende Weiterbildung ihres pädagogischen Personals. Sie entscheiden sowohl über die konkreten Inhalte von Weiterbildungsmaßnahmen als auch darüber, welchen Bildungsträger sie in Anspruch nehmen. Der Gesetzgeber sieht keine speziell der beruflichen Weiterbildung dienenden Einrichtungen vor. Entsprechende Programme können von öffentlichen wie auch kommerziellen Anbietern durchgeführt werden. Ein Großteil des Angebots wird seitens der pädagogischen Ausbildungseinrichtungen abgedeckt (d. h. HBO-Einrichtungen und Universitäten mit Pädagogik-Fachbereichen). Mitunter werden die Weiterbildungsangebote in Kooperation mit den Schulbeiräten, einem der staatlichen Bildungsberatungszentren oder mit systemexternen Fachleuten organisiert.

4.9 Fortlaufende Kompetenzsicherung

Seit Inkrafttreten des Gesetzes über Bildungsberufe (WBIO) mit Beginn des Schuljahrs 2006/2007 ist jeder Schulträger verpflichtet, ein geeignetes Instrumentarium zu entwickeln, um sicherzustellen, dass das pädagogische Personal die geltenden Kompetenzstandards auf Dauer halten kann.

Im Jahr 2006 unterzeichneten Arbeitgeberverbände und Gewerkschaften des Basisschulsektors eine freiwillige Vereinbarung über die berufliche Aus- und Weiterbildung mit Angeboten für die Ausbildung und Unterstützung von Studierenden, Lehrkräften in Ausbildung und des regulären pädagogischen Personals.

Die finanzielle Ausstattung der Basisschulen wurde aufgestockt. Die Schulen haben jetzt die Möglichkeit, eine ihrer jeweiligen Situation angemessene Personal- und Ausbildungspolitik zu verfolgen. Bis 2008 mussten sie zudem ein Programm zur Unterstützung pädagogischer Nachwuchskräfte aufgelegt haben und mit den Ausbildungseinrichtungen Vereinbarungen über die Verteilung von Aufgaben und Zuständigkeiten treffen: Wann erhält das pädagogische Personal Teile seiner Ausbildung direkt am Arbeitsplatz Schule bzw. wann absolvieren Studierende der Pädagogik ihre Unterrichtspraktika?

4.10 Interne Evaluation in der höheren Bildung

Die höheren Bildungseinrichtungen sind für die Qualität ihrer Lehre und das zur Qualitätssicherung eingesetzte System verantwortlich. Ein derartiges Qualitätssicherungssystem kann drei unterschiedliche Elemente umfassen:

- Klar formulierte Ausbildungsziele
- Ein Kontrollsystem zur Beurteilung, ob die Ziele tatsächlich erreicht werden (dies beinhaltet auch ein funktionierendes System zur Dokumentation von Studienfortschritten und zur Erfassung von Erfolgs- bzw. Abbrecherquoten)
- Evaluation als das letzte und entscheidende Glied im Qualitätssicherungsprozess

Hier ist zwischen interner Evaluation (durch die eigenen Beschäftigten) und externer Evaluation (durch externe Expertenteams) zu unterscheiden. Interne Evaluationsverfahren befassen sich mit folgenden Bereichen:

- Lehre
- Abschlussqualifikationen
- (Lehr-)Inhalte
- Lehrprozesse
- Erfolgsquoten und -parameter
- Dienstleistungen für das gesellschaftliche Umfeld
- Strategische Ausrichtung der Institution

5. Beispiel eines Pädagogik-Studiengangs mit zwei Abschlussoptionen

Im folgenden Beispiel soll das Pädagogikstudium an der HAN *(Hogeschool van Arnhem en Nijmegen*[109]*)* vorgestellt werden, das den Studierenden die Möglichkeit bietet, zwischen zwei Programmen zu wählen. Das eine Programm führt zum HBO-Abschluss und das andere zum Universitätsabschluss. Der universitäre Pfad ist noch recht neu. Zunächst wird der Weg zum HBO-Abschluss beschrieben – der meistgewählte Zugang zum pädagogischen Berufsfeld – und anschließend das Modell mit Universitätsabschluss.

Die Ausbildung pädagogischer Fachkräfte gehört zum Kernprogramm der HAN. Die beiden Standorte der *Hogeschool* befinden sich in Arnheim (nur HBO-Programm) und Nimwegen (HBO-Programm und Universitätsprogramm in Kooperation mit der *Radboud Universiteit Nijmegen*), zwei Städten mit etwa 150.000 bis 200.000 Einwohnern, die im Osten des Landes nahe der deutschen Grenze liegen. In der Ausbildung pädagogischer Fachkräfte arbeiten beide Standorte eng zusammen.

5.1 Zur pädagogischen Fachkraft werden

Eine pädagogische Fachkraft vermittelt nicht nur Wissen, sie ist Pädagogin wie auch Bildungsorganisatorin, Teammitglied und Ansprechpartnerin der Eltern. Sie versorgt die Kinder mit Heftpflastern, begleitet sie auf Klassenfahrten, bringt ihnen das Singen bei, treibt Sport mit ihnen und schlichtet auf dem Schulhof. Sie unterstützt die Kinder dabei, die Welt zu entdecken. Zentraler Bestandteil der Arbeit ist es, den Entwicklungsprozess von Kindern zu stärken. Diese Aufgabe geht weit über die Vermittlung von Lesen, Schreiben und Rechnen hinaus. In Fächern wie Zeichnen, Theater, Musik, Tanz und Werken regt die pädagogische Fachkraft die Ausdrucksfähigkeiten der Kinder an.

Pädagoginnen und Pädagogen spielen eine wichtige Rolle. Und die Zusammenarbeit im Team ist von großer Bedeutung, um sich sicher sein zu können, dass die Fachkräfte allen Kindern gerecht werden: jenen mit besonderem Förderbedarf und den (Hoch-)Begabten, jenen mit Verhaltensauffälligkeiten wie auch den ganz Stillen. Im Team hat jede pädagogische Fachkraft ihre eigenen Verantwortlichkeiten und Zuständigkeitsbereiche, sei es für die Koordination der unteren bzw. oberen Jahrgangsgruppen, sei es für die interne Supervision oder in der Leitung. Im Studium besteht zudem die Möglichkeit, sich auf ein bestimmtes Fach zu spezialisieren, wie zum Beispiel Informations- und Kommunikationstechnologie, Kunst, Sport oder Naturwissenschaften.

Um einen allgemeinen Eindruck des Studiengangs und der an die Studierenden gestellten Anforderungen zu vermitteln, orientieren wir uns im Folgenden eng an einer Informationsbroschüre, mit der die HAN für das Pädagogikstudium wirbt.

Kompetenzen pädagogischer Fachkräfte

Was pädagogische Fachkräfte wissen und können sollten, ist ein Mix aus Wissen, Fertigkeiten und Einstellungen, die für eine angemessene Ausübung des Berufs erforderlich sind. Diese

---

[109] *Die Hogeschool van Arnhem en Nijmegen ist eine staatliche HBO-Einrichtung. Die Pädagogische Fakultät (Faculteit Educatie) ist eine von vier Fakultäten neben Wirtschaft, Technik sowie Gesundheits- und Sozialwesen (*http://www.han.nl*) (Anm. d. Hrsg.).*

Mischung wird gemeinhin als „professionelle Kompetenzen" bezeichnet. In Zusammenarbeit mit Weiterbildungsträgern und der niederländischen Regierung wurde ein Rahmengerüst von sieben (Basis-)Kompetenzen entwickelt, die Studierende zu „kompetenten Berufseinsteigerinnen und -einsteigern" machen sollen.

1. Pädagogische Kompetenz
In den Frühphasen der kindlichen Entwicklung beziehen sich die Kompetenzen einer pädagogischen Fachkraft auf die Schaffung einer sicheren Lernumgebung für die Gruppe und die pädagogische Arbeit. Dadurch gewährleistet sie, dass die Kinder ein Gefühl der Zugehörigkeit und des Willkommenseins in der Gruppe erfahren. Sie geht so auf die Kinder zu, dass diese sich wertgeschätzt fühlen und einander mit Respekt begegnen. Sie unterstützt die Kinder dabei, Verantwortung füreinander zu übernehmen, selbst initiativ zu werden und zunehmend selbstständig zu agieren.

2. Professionelle und edukative Kompetenz
Eine kompetente pädagogische Fachkraft gestaltet durch ihre Arbeit in der Gruppe eine wirkungsvolle Spiel- und Lernumgebung. Dies bedeutet, dass sie in der Lage ist, Lernziele auf die Kinder abzustimmen und individuellen Unterschieden Rechnung zu tragen. Sie kann die Kinder für ihre Lernaufgaben motivieren, sie herausfordern und ihnen zum Erfolg verhelfen. Sie weiß, welche Hilfestellung Kinder benötigen, um das Lernen – auch voneinander – zu lernen und kann sie zur Selbstständigkeit anregen.

3. Organisationskompetenz
Eine pädagogische Fachkraft mit guten Organisationskompetenzen stellt in ihrer pädagogischen Arbeit bzw. ihrer Kindergruppe eine klare, strukturierte und aufgabenbezogene Atmosphäre her. Sie stellt zum Beispiel sicher, dass die Kinder wissen, wo sie stehen und welchen Spielraum für Eigeninitiative sie haben – damit sie wissen, was sie warum und wie tun sollen.

4. Zwischenmenschliche Kompetenz
Eine pädagogische Fachkraft mit guten zwischenmenschlichen Kompetenzen begegnet den Kindern auf freundlich zugewandte Weise und gewährleistet so eine gute, kooperative Atmosphäre. Sie lenkt und leitet die Kinder, löst Konflikte mit und zwischen den Kindern etc.

5. Teamkompetenz
Eine teamkompetente pädagogische Fachkraft trägt zu einem guten pädagogischen und didaktischen Schulklima bei und gewährleistet dadurch echte kollegiale Zusammenarbeit und eine gute Organisation der Einrichtung. Dies beinhaltet zum Beispiel, dass sie gut mit anderen Teammitgliedern kommuniziert und kooperiert und sich konstruktiv an dienstlichen und anderen Besprechungen beteiligt.

6. Kompetenz in der Kooperation mit dem sozialen Umfeld
Eine in der Zusammenarbeit mit dem sozialen Umfeld kompetente pädagogische Fachkraft pflegt gute Beziehungen zu den Eltern und zu anderen Personen und Institutionen, die mit den der Kindertageseinrichtung und der Schule anvertrauten Kindern zu tun haben.

7. Reflexions- und professionelle Entwicklungskompetenz
Eine pädagogische Fachkraft mit Reflexions- und Entwicklungskompetenz überdenkt kontinuierlich ihre beruflichen Überzeugungen und fachlichen Fähigkeiten. Dies bedeutet zum Beispiel, dass sie weiß, was an ihrer pädagogischen Arbeit ihr selbst wichtig ist und welche Werte, Normen und Bildungskonzepte sie vertritt. Sie ist sich ihrer eigenen Kompetenzen, Stärken

und Schwächen voll bewusst und arbeitet systematisch an ihrer beruflich-fachlichen Weiterentwicklung.

Als Entscheidungshilfe für oder gegen ein Pädagogikstudium stellt die HAN-Informationsbroschüre den Studieninteressierten Fragen zu Eigenschaften, die eine pädagogische Fachkraft mitbringen sollte. Hier einige Beispiele: Fällt es Ihnen leicht, mit Kindern in Kontakt zu treten? Wenn ein Kind Sie bittet, bei einem Spiel mitzumachen, lassen Sie sich immer darauf ein? Sind Sie an der Entwicklung von Kindern interessiert?

5.2 Ausbildung pädagogischer Fachkräfte an der HAN

Die Studierenden arbeiten von Anfang an daran, ihre Kompetenzen zu entwickeln. Das Programm besteht aus drei Stufen. Auf jeder Stufe können die Studierenden die zugehörigen Kompetenzen herausbilden, bis sie am Ende der Ausbildung zur selbstständigen pädagogischen Arbeit befähigt sind. In jeder Phase erwerben sie theoretische Grundlagen und erhalten Unterstützung sowohl im Studium als auch bei der Durchführung ihrer Praktika.

In der Vergangenheit waren die Ausbildungsgänge für Elementarpädagogik (Kindergarten) und Primarpädagogik (Grundschule) institutionell getrennt. Heute gibt es ein einziges integriertes Ausbildungsprogramm für alle Studierenden der Pädagogik. Es ist zwar möglich, sich zu spezialisieren, jedoch wird die Altersgruppe der Jüngsten nicht gesondert berücksichtigt.

Aufgaben im Pädagogikstudium

Jede von einer pädagogischen Fachkraft zu erfüllende Aufgabe erfordert eine ganze Reihe von Kompetenzen. Es ist nicht sinnvoll, die mit einem Lehr-Lern-Arrangement verbundenen Fertigkeiten voneinander getrennt zu betrachten: Alle Kompetenzen werden gebraucht. Um die zu entwickelnden Fähigkeiten wirklich zu begreifen, müssen die Studierenden mit ihren zukünftigen beruflichen Aufgaben konfrontiert sein. Sie verknüpfen Theorie und Praxis miteinander. Die Ausbildung vermittelt den Studierenden theoretische Kenntnisse hinsichtlich der beruflichen Aufgaben. Im Rahmen des Praktikums führen sie diese Aufgaben aus und entwickeln dadurch die entsprechenden Kompetenzen. Die pädagogische Praxis wirft ihrerseits neue Fragestellungen und Lernziele auf. Und die Studierenden bringen diese Fragen in die theoretische Ausbildung ein, um sie dort zu diskutieren oder zu erforschen. Die Ergebnisse der Diskussion können wiederum in das Praktikum einfließen. Auf diese Weise finden Theorie und Praxis zueinander.

Der Praxiseinsatz wird gleich vom ersten Semester an organisiert. Die Studierenden erwerben Erfahrungen mit der jüngsten Altersgruppe (4–6 Jahre), den mittleren (7–9 Jahre) und den älteren Gruppen (10–12 Jahre) sowie in Sonderpädagogik. Praktika in der berufsbildenden Sekundarstufe oder im Ausland sind ebenfalls möglich. Die Studierenden verbringen meist einen oder zwei Tage pro Woche am Praktikumsplatz. Während des Abschlussjahrs kann die Zahl der Praxistage auf wöchentlich drei oder vier ansteigen.

Aktive Rolle der Studierenden im Lernprozess
Ein Studium der Pädagogik stellt beträchtliche Anforderungen an die Studierenden. Für jede Arbeitsaufgabe sind Ziele definiert, und von den Studierenden wird erwartet, sich aktiv um das Erreichen dieser Zielsetzungen zu bemühen. Auf jeder Stufe der Ausbildung stellt die HAN einen Persönlichen Entwicklungsplan (PEP) bereit, mittels dessen die bzw. der Studierende Studienplanung, Lernfelder und -aktivitäten festlegt. Der Spielraum, einen jeweils eigenen Weg zu verfolgen, ist sehr groß: Wenn die Studierenden auf Fragen stoßen – zum Beispiel im Praktikum oder bei einer Vorlesung – steht es ihnen frei, diese weiter zu vertiefen.

Anleitung und Betreuung

Im Pädagogikstudium an der HAN lernen die Studierenden nicht für sich allein, sondern voneinander und miteinander. Sie werden auch in ihrer fachlichen und persönlichen Entwicklung angeleitet. Die Studierenden besuchen inspirierende Lehrveranstaltungen und werden durch individuelles Coaching beim Verfassen ihres PEP wie auch bei anderen studienrelevanten Entscheidungen unterstützt. Im Praktikum werden sie von einer Mentorin bzw. einem Mentor – d. h. einer an der betreffenden Schule tätigen pädagogischen Fachkraft – angeleitet und zusätzlich von einer Lehrkraft aus der HAN betreut.

Kompetenznachweise

Die Studierenden müssen nachweisen, dass sie ihre Ziele erreicht haben. Zu diesem Zweck muss eine große Zahl an Leistungsnachweisen gesammelt werden, zum Beispiel ein schriftlicher Bericht über Unterrichtseinheiten, Video- oder Bildmaterial von der Teilnahme an der schulischen Wochenfeier, ein Beobachtungsbericht über ein Kind mit Lernschwierigkeiten, eine schriftliche Beurteilung seitens einer betreuenden Kraft (Dozentin/Dozent, Mentorin/Mentor) und Bemerkungen der Kinder in den Praktika. All diese Nachweise werden im digitalen Portfolio (DPF) abgelegt, einer Art Mappe mit den besten Arbeiten der bzw. des Studierenden. Die Bewertung des Portfolios erfolgt im Hinblick auf die Erreichung der formulierten Ziele. Eine gute Bewertung ist ein Beleg dafür, dass die bzw. der betreffende Studierende kompetent ist.

Bachelor of Education

Nach Abschluss des Pädagogikstudiums wird der Titel *Bachelor of Education* verliehen. Die Absolventinnen und Absolventen können dann entscheiden, ob sie weiterstudieren wollen, zum Beispiel in einem Masterprogramm. Dies ist an der HAN selbst möglich, aber auch an anderen Hochschulen in den Niederlanden oder im europäischen bzw. außereuropäischen Ausland. Der Bachelorgrad ist ein internationaler Standard und bietet gute Startvoraussetzungen für die weitere Bildungskarriere.

Berufliche Verpflichtungen einer pädagogischen Fachkraft

1. Lehren und Vermitteln

Wesentliche Aufgabe einer pädagogischen Fachkraft ist das Lehren bzw. Unterrichten. Sie muss Unterrichtseinheiten vorbereiten, durchführen und auswerten. Dies erfordert fachinhaltliches Wissen sowie die Fähigkeit, diese Inhalte auf das jeweilige Niveau der Kinder zu übertragen. Hierfür benötigt die pädagogische Fachkraft umfassende Kenntnisse über das kindliche Lernen.

2. Lernende anleiten

Eine pädagogische Fachkraft muss einfühlsam sein. Für sie sind die Reaktionen der Kinder ein Maßstab für die Qualität ihrer pädagogischen Arbeit. Damit diese Arbeit in sich konsistent und auf die Kinder abgestimmt ist, muss sie die Kinder genauestens beobachten. Mittels Beobachtung macht sich die pädagogische Fachkraft ein besseres Bild von den Kindern und ihrer Entwicklung.

3. Lernumgebungen gestalten

Eine pädagogische Fachkraft gestaltet eine optimale Lernumgebung und sucht nach Mitteln und Materialien, die auf die Bedürfnisse der Kinder in ihrer Gruppe zugeschnitten sind.

4. Mitwirkung in einer Organisation
Eine pädagogische Fachkraft ist immer auch Mitglied eines Teams und einer Schulgemeinschaft. Das bedeutet, dass sie bei gruppenübergreifenden Aktivitäten mit anderen Kolleginnen und Kollegen zusammenarbeitet. Kommunikativen Kompetenzen kommt daher große Bedeutung zu.

Der Pädagogikstudiengang in Nimwegen erarbeitet derzeit ein Curriculum, das eine neue Aufgabenbeschreibung enthalten soll. Sobald dieser Prozess abgeschlossen ist, wird die Darstellung des beruflichen Aufgabenfeldes den Studierenden über die Website der Hochschule (http://www.han.nl/opleidingen/bachelor/de/peadagogik/vt/l) zugänglich sein.

Studieninhalte und Kursfächer

An niederländischen Basisschulen sind die Unterrichtsfächer in sechs Lernfelder gruppiert. Eine pädagogische Fachkraft ist nicht nur für ein einzelnes Lernfeld zuständig, sie unterrichtet alle Fächer. Im Studium werden nicht nur die jeweiligen Fachinhalte thematisiert, sondern auch die zugehörige Fachdidaktik. Die sechs Lernfelder umfassen:

- Sprachen (Sprache und Sprachvermittlung, Englisch sprechen und schreiben)
- Mathematik
- Künste (Tanz, Theater, Bildende Kunst und Musik)
- Orientierung in der Welt (Naturwissenschaften und Technik, Geografie und Geschichte)
- Sport und Bewegung
- Pädagogik und Bildung, Lebens- und Kulturphilosophie

Zusätzlich besuchen die Studierenden unterstützende Kurse in Informations- und Kommunikationstechnologie.

Curriculum für die Arbeit mit der jüngsten Altersgruppe

Im zweiten Jahr können die Studierenden wählen, ob sie sich auf die Arbeit mit Vier- bis Achtjährigen oder mit Acht- bis Zwölfjährigen spezialisieren wollen. In der Praxis liegt der curriculare Schwerpunkt jedoch bei vier- bis sechsjährigen Kindern und nicht bei Vier- bis Achtjährigen. Dieser Teil des Studienprogramms hat einen Umfang von 22,5 Leistungspunkten nach ECTS. Das Curriculum enthält einzelne Elemente bzw. Informationen über verschiedene frühpädagogische Programme und Ansätze, zum Beispiel Reggio-Pädagogik, Basic Development, High/Scope und Piramide. Behandelt wird auch frühkindliche Bildung (VVE) in einer allgemeinen Perspektive.

5.3 Details des HBO-Studienprogramms

Sprach- und Mathematiktest

Seit der Anteil der Studienanfängerinnen und -anfänger mit niedrigerem Sekundarschulabschluss steigt, ist das Eingangsniveau sukzessive gesunken, und mitunter verfügen die Studierenden nicht über die Kenntnisse, die erforderlich sind, um die schulischen Fächer zu unterrichten. Es wird vorausgesetzt, dass sie mindestens das Wissens- und Verständnisniveau aufweisen, das Kinder am Ende der Basisschulzeit erworben haben sollten. Daher müssen die Studierenden denselben Sprach- und Mathematiktest bearbeiten, den niederländische Kinder zum Abschluss ihrer Basisschulbildung mit zwölf Jahren absolvieren. Studierende, die den Test nicht bestanden haben, können sich in einem Zusatzkurs auf die Testwiederholung vorbereiten. Wenn sie den Test auch im zweiten Anlauf nicht bestehen, dürfen sie das Pädagogikstudium nicht fortsetzen. An der HAN werden im Schnitt zwei Prozent der Studierenden allein aufgrund eines dieser beiden Tests abgelehnt bzw. vom Weiterstudium ausgeschlossen.

Studienstruktur

Das Pädagogikstudium besteht aus einem Hauptfach (210 Leistungspunkte) und einem Nebenfach (30 Leistungspunkte). Das Hauptfach ist in drei Phasen untergliedert: das Propädeutikum im ersten Jahr, die Kernphase und die Abschlussphase. Das Nebenfach kann entweder der Erweiterung oder der Vertiefung dienen. Eine Erweiterung wäre zum Beispiel die Auseinandersetzung mit Leitungsaufgaben oder ein Praktikum in der berufsbildenden Sekundarschule. Studierende können sich aber auch für eine vertiefende Spezialisierung entscheiden, wie die Arbeit mit hochbegabten Kindern oder Kindern mit anderen Familiensprachen. Jede Phase wird mit einer Beurteilung der gesammelten Nachweise abgeschlossen. Diese Nachweise belegen, dass die definierten Ziele erreicht wurden.

Propädeutikum oder erstes Studienjahr

Im ersten Jahr orientieren sich die Studierenden im Hinblick auf den zukünftigen Beruf, das Pädagogikstudium selbst und insbesondere auf ihre persönliche Entwicklung. Sie beginnen mit dem Praktikum und suchen nach Antworten auf alle Arten von Fragen: Wie gehe ich mit Kindern in einer Gruppe um? Was mache ich, wenn sie nicht zuhören? Ist diese Arbeit das Richtige für mich? Die bzw. der Studierende taucht in die Praxis ein, beginnt Kompetenzen zu entwickeln und setzt sich mit der Basisschulbildung auseinander. In dieser Studienphase wird auch getestet, ob die Sprach- und Mathematikkenntnisse dem geforderten Standard entsprechen.

Kernphase

Diese Phase beginnt mit dem zweiten Studienjahr. Allmählich entscheiden sich die Studierenden für eine Altersgruppe, auf die sie sich spezialisieren wollen: jüngere oder ältere Kinder. Sie lernen, erziehungswissenschaftliche und pädagogisch-didaktische Erkenntnisse mit der kindlichen Entwicklung in Einklang zu bringen. Die Studierenden beginnen mit der Gestaltung konkreter Unterrichtseinheiten, zum Beispiel anhand eines aktuellen Themas. Im Rahmen des Praktikums widmen sie den Unterschieden zwischen Kindern zunehmend Aufmerksamkeit, weil sie mittlerweile zu beobachten gelernt haben. Die Studierenden konzipieren nicht nur Unterrichtseinheiten, sondern lernen auch, diese auf das Niveau der Kinder abzustimmen.

Abschlussphase

Die Studierenden gestalten die Abschlussphase ihres Studiums selbst. Entscheidende Bedeutung kommt hierbei der gewählten Spezialisierung zu: Liegt der Fokus auf jüngeren oder älteren Kindern oder ist die Tätigkeit in der berufsbildenden Sekundarstufe das Ziel? Die Studierenden wählen Fächer zur Profilbildung, wie zum Beispiel Informations- und Kommunikationstechnologie oder das Thema „Kinder mit speziellem Betreuungsbedarf". Sie arbeiten an mindestens drei Tagen pro Woche mit ihrer eigenen Kindergruppe und verbringen den größten Teil der Abschlussphase direkt am Praktikumsplatz.

Schwerpunkt „Identität"

Als Studienort kann Arnheim oder Nimwegen gewählt werden. Im Laufe der Jahre haben beide Standorte eine jeweils eigene Identität ausgeprägt. Es ist wichtig, dass die Studierenden während des Studiums auch ihre Persönlichkeit weiterentwickeln. Aufgabe der Ausbildungseinrichtung ist es, ihre Studierenden in diesem Prozess der Identitätsfindung und -entwicklung zu unterstützen.

Ein wesentlicher Baustein der persönlichen Identität ist die Weltanschauung der bzw. des jeweiligen Studierenden. Alle Studierenden sind unterschiedlich. Ebenso verschieden sind die Kinder. Je größer die Vielfalt, desto reichhaltiger ist die Lernumgebung. Daher versuchen die Studierenden, selbst eine Vision von „guter Bildung" zu entwerfen und herauszufinden, welche Rolle sie darin als Pädagogin bzw. Pädagoge spielen. In diesem professionellen und persönlichen Entwicklungsprozess erhalten sie Unterstützung. Während des gesamten Studiums werden sie sich mit philosophisch-weltanschaulichen Fragestellungen auseinandersetzen und dabei allen religiösen Glaubensrichtungen dieselbe Offenheit entgegenbringen: Welche Geschichte können sie selbst erzählen? Wie gehen sie mit den Geschichten um, die von den Kindern eingebracht werden? Welche Werte vertreten sie?

Zwar entwickelt jede bzw. jeder Studierende eine eigene Lebensphilosophie oder Weltanschauung, aber diese muss nicht notwendigerweise religiös geprägt sein. Es mag sich ebenso gut um eine individuelle Sicht auf die Welt und das Leben handeln. Die Weltanschauung ist die Grundlage, auf der die Studierenden ihre Entscheidungen treffen. Beide Pädagogikstudiengänge der HAN stehen Angehörigen aller Konfessionen und Glaubensrichtungen offen. Nimwegen ist katholisch geprägt, daher können Studierende dort ein anerkanntes Zertifikat für katholische Religionslehre erwerben. In Arnheim ist das Pädagogikstudium dialogisch ausgerichtet. Es besteht auch die Möglichkeit, den formalen Abschluss wahlweise für christliche Erziehung oder das staatliche Schulwesen zu erwerben. Die Abschlussphase beider Programme bietet auch die Gelegenheit, sich auf jede andere Weltanschauung zu spezialisieren, wofür ebenfalls ein Zertifikat ausgestellt wird.

Studienform

Es kann zwischen Vollzeit- oder Teilzeitstudium gewählt, aber auch beides miteinander kombiniert werden. Der hauptsächliche Unterschied zwischen den beiden Studienformen liegt in der jeweiligen Zielgruppe selbst. Für Studierende, die direkt von der Sekundarschule kommen, ist das Vollzeitstudium wahrscheinlich die sinnvollste Option. Wenn die Studentin bzw. der Student bereits 21 Jahre oder älter ist und/oder tagsüber wenig Zeit hat, zum Beispiel aufgrund beruflicher oder familiärer Verpflichtungen, dann ist ein Teilzeitstudium die beste Wahl. Wer bereits über einen ersten HBO- oder Universitätsabschluss verfügt, kann das Studium in einer komprimierten Teilzeitvariante absolvieren.

Vollzeitstudium mit Tages- und Abendkursen

Vollzeitstudierende besuchen im Prinzip alle Lehrveranstaltungen als Tageskurse. Sie absolvieren das reguläre Programm nach einem festen Stundenplan. Für Studierende, die noch Anspruch auf den staatlichen Studienzuschuss haben, besteht in Arnheim auch die Möglichkeit eines Vollzeitstudiums in Abendkursen. Die Studierenden besuchen ihre Lehrveranstaltungen dann am Abend, während sie mindestens einen Tag (vorzugsweise zwei Tage) pro Woche am Praktikumsplatz verbringen.

Teilzeitstudium mit Tages- und Abendkursen

Sowohl in Arnheim als auch in Nimwegen besteht die Möglichkeit eines vierjährigen Teilzeitstudiums in Abendkursen. Die Studierenden haben geringere Präsenzzeiten und erarbeiten mehr im Selbststudium zuhause. Das Praktikum wird jedoch ebenfalls an mindestens einem

Tag pro Woche, vorzugsweise an zwei Tagen, abgeleistet. In Nimwegen ist ein Teilzeitstudium auch in Tageskursen möglich. Je nach Anzahl der Einschreibungen wird das Teilzeitprogramm an einem oder an beiden Standorten der HAN durchgeführt.

Komprimiertes Teilzeitprogramm

Wer schon einen HBO- oder Universitätsabschluss mitbringt, kann das auf zwei Jahre komprimierte Teilzeitstudium belegen. Es wird davon ausgegangen, dass diese Studierenden bereits über gewisse Kompetenzen verfügen und daher das Studium schneller durchlaufen können. Je nachdem, wie gut Vorkenntnisse und Studieninhalte miteinander korrespondieren, dauert das komprimierte Teilzeitprogramm zwischen zwei und zweieinhalb Jahren.

Studienbeginn

Sofern genug Einschreibungen vorliegen, beginnt das Pädagogikstudium an der HAN immer im Februar. Abgesehen vom späteren oder früheren Studienbeginn durchlaufen die Studierenden an der HAN dieselbe Ausbildung wie diejenigen im Programmpfad mit Universitätsabschluss (ALPO, siehe den folgenden Abschnitt), der jeweils im September startet.

5.4 Universitärer Pädagogikstudiengang für die Basisstufe (Academische Lerarenopleiding Primair Onderwijs, ALPO)

Dieses Programm richtet sich an Studierende, die ihr Pädagogikstudium mit dem Master of Education oder Master in Erziehungswissenschaft abschließen wollen. In Kooperation mit der *Radboud Universiteit Nijmegen* werden in diesem Studiengang wissenschaftlich qualifizierte Pädagoginnen und Pädagogen ausgebildet. Der Studienteil an der HAN folgt dem Curriculum des bereits beschriebenen Studiengangs, zusätzlich belegen die Studierenden Erziehungswissenschaft an der Radboud Universität, wo sie an einem oder zwei Tagen pro Woche Lehrveranstaltungen besuchen. Hinzu kommt das Praktikum mit im Schnitt einem Tag pro Woche. Zulassungsvoraussetzung für diesen fünfjährigen Studiengang ist die Universitätszugangsberechtigung VWO.

Programmziel

Mit Abschluss dieses fünfjährigen Studiengangs erwerben die Studierenden an der HAN den Bachelor of Education und an der *Radboud Universiteit* einen universitären Bachelorabschluss in Erziehungswissenschaft sowie einen Masterabschluss in Erziehungswissenschaft oder Sonderpädagogik. Der Bachelor of Education befähigt zur pädagogischen Arbeit mit Kindern zwischen vier und zwölf Jahren. Zusätzlich verfügen die Absolventinnen und Absolventen dieses Programms über die Fähigkeit, wissenschaftliche Erkenntnisse in die pädagogische Praxis zu übertragen, und können durch eigenständige Forschungstätigkeit einen Beitrag zu Innovation und Weiterentwicklung der Bildungsarbeit leisten.

Zwei Studienpfade

Die Studierenden können zwischen zwei Studienpfaden wählen, die beide fünf Jahre dauern und mit denselben Qualifikationen abgeschlossen werden.

1. Studienbeginn an der HAN
Hier absolvieren die Studierenden zuerst den Pädagogikstudiengang zum Bachelor of Education. Ob sie am gewünschten Standort (Arnheim oder Nimwegen) studieren können, hängt

letztlich von der Zahl der jeweiligen Einschreibungen ab, denn die HAN hat das Recht, Studierende einem der beiden Standorte zuzuweisen. Dort besuchen die Studierenden dann zunächst alle Lehrveranstaltungen des Pädagogikstudiengangs und bereits einige erziehungswissenschaftliche Kurse an der Universität. Sobald sie den Bachelor of Education abgeschlossen haben, der sie zur pädagogischen Arbeit in der Basisschule qualifiziert, können sie sich voll und ganz dem wissenschaftlichen Studium an der *Radboud Universiteit* widmen. Dieser Teil des Studiums wird mit dem Mastergrad in Erziehungswissenschaften oder Sonderpädagogik abgeschlossen.

2. Studienbeginn an der Radboud Universiteit Nijmegen (RUN)
Alternativ kann auch mit dem Studium der Erziehungswissenschaften an der *Radboud Universiteit* begonnen werden. Auf diesem Pfad absolvieren die Studierenden zuerst alle erziehungswissenschaftlichen Lehrveranstaltungen des Programms und parallel nur einzelne Kurse des Pädagogikstudiengangs an der HAN. Nach Erwerb des Masterabschlusses in Erziehungswissenschaften *(PWO, Pedagogische Wetenschap)* folgt der ausschließlich auf die Ausbildung zur pädagogischen Fachkraft konzentrierte Studienabschnitt. Wenn auch dieser Teil erfolgreich abgeschlossen ist, wird der Bachelor of Education verliehen und somit die Berechtigung zur pädagogischen Arbeit in der Basisschule.

Karriereaussichten

Absolventinnen und Absolventen des ALPO-Programms können als pädagogische Fachkräfte in der Basisschule arbeiten, und zwar sowohl im Regel- als auch im Förderunterricht. Neben der pädagogischen Tätigkeit – mit oder ohne Zusatzfunktion – ist auch eine Funktion in der Betreuungskoordination, in der Administration oder auf der Leitungsebene möglich. Wer das komplette ALPO-Programm absolviert hat, verfügt über drei Abschlüsse:

- Bachelor of Education (HAN)
- Bachelor in Erziehungswissenschaften (RUN)
- Master in Erziehungswissenschaften oder Sonderpädagogik (RUN)

Gesamtstudiendauer: zwei, drei, vier oder fünf Jahre

Wie lange das Studium effektiv dauert, hängt letztlich davon ab, wie schnell die bzw. der Studierende die zu erwerbenden Kompetenzen entwickelt. Um einen Anhaltspunkt zu geben: Sowohl das Vollzeit- als auch das Teilzeitprogramm dauern etwa vier Jahre. Den komprimierten Studiengang schließen die Studierenden im Allgemeinen in zwei bis drei Jahren ab. In Kombination mit dem universitären Masterabschluss (ALPO) dauert die Ausbildung fünf Jahre. Welche Variante auch gewählt wird, die Studierenden durchlaufen in jedem Fall die drei genannten Phasen – Propädeutikum, Kernphase und Abschlussphase – und wenden im Schnitt etwa 40 Stunden pro Woche für das Studium auf, den Praxisanteil mit eingerechnet. Falls nicht genügend Einschreibungen für einen regulären Studienbeginn vorliegen, wird ein Tutorienprogramm angeboten. Hier können die Studierenden schon bestimmte Bestandteile des Studiengangs belegen und diese auch mit Prüfungen abschließen.

Spezielles Aufnahmeverfahren bei bestimmten Abschlüssen

Häufig bewerben sich Interessierte für ein Pädagogikstudium, die über einen Berufsabschluss als pädagogische Assistenzkraft *(Onderwijs Assistent)* oder einen Abschluss in Sozialarbeit/Sozialpädagogik *(Sociaal Pedagogisch Werk)* verfügen. In beiden Fällen haben die Bewerberinnen und Bewerber bereits Erfahrung in der Arbeit mit Kindern. Sofern die entsprechenden Nachweise im Portfolio vorgelegt werden können, bekommen diese Studierenden eine gewisse Zahl an Leistungspunkten angerechnet. In einem Bewertungsverfahren werden die bereits erworbenen Kompetenzen überprüft, dann können die Studierenden zur nächsten (Programm-)Stufe aufrücken. Das erlaubt ihnen, den Studiengang schneller zu durchlaufen.

Einheitliche oder gemischte Gruppen

Ob Studierende das vierjährige Regelstudium absolvieren müssen oder für ein verkürztes „Schnellprogramm" (F-Stream) von dreieinhalb Jahren infrage kommen, wird in Arnheim anhand eines persönlichen Gesprächs und der Bewerbungsmappe entschieden. Im F-Stream sind Studierende mit beruflichen Abschlüssen als pädagogische Assistenzkraft (OA) bzw. in Sozialarbeit/Sozialpädagogik (SPW) während des ersten Halbjahres in einer Gruppe zusammengefasst. In Nimwegen sind die Studierendengruppen hinsichtlich der mitgebrachten schulischen Abschlüsse und/oder beruflichen Vorkenntnisse gemischt. Wenn sich im Laufe der ersten Monate zeigt, dass einzelne Studierende eine anspruchsvollere – vertiefende oder erweiternde – Perspektive verfolgen möchten, können sie auf Wunsch einer speziellen Gruppe mit zusätzlicher Betreuung zugeordnet werden.

Anerkennung ausländischer Bildungsabschlüsse

Studienbewerberinnen und -bewerber, die im Ausland erworbene Bildungsabschlüsse mitbringen, können diese zwecks Anerkennung „bewerten" lassen (deutsche Abschlüsse erfüllen die in den Niederlanden geltenden Standards). Hierfür müssen sie sich bei der zuständigen zentralen Zulassungsstelle SIA *(Stichting Innovatie Alliantie)* registrieren lassen, die überprüft, ob die vorgelegten Zeugnisse dem niederländischen Standard entsprechen. Ist der Bescheid positiv, können sie sich für den gewünschten Studiengang bewerben bzw. einschreiben. Zusätzlich besteht jedoch die Anforderung, das Zertifikat „Niederländisch als Zweitsprache" zu erwerben, d. h. die staatliche Sprachprüfung für Ausländer abzulegen. Prüfungsvorbereitende Kurse können an diversen regionalen Bildungszentren *(ROC, Regionaal Opleidings Centrum)* besucht werden. Die Sprachprüfung muss vor Studienbeginn erfolgreich abgelegt worden sein. Das Sprachenzentrum der HAN bietet einen speziellen Sprachkurs für Studierende aus Deutschland an. Der Kurs ist gebührenpflichtig und muss von den Studierenden selbst bezahlt werden. Weitere Informationen zu diesem Kurs und zur Bewerbung an der HAN finden sich unter http://www.han.nl/LRC.

Studiengebühren

In den Niederlanden ist höhere Bildung qua Gesetz kostenpflichtig. Die anfallenden Studiengebühren sind jährlich zu entrichten. Die Höhe des Betrags hängt davon ab, ob es sich um ein Vollzeit- oder ein Teilzeitstudium handelt. Wer bereits über einen Bachelorabschluss verfügt und noch einen weiteren Bachelorstudiengang belegen möchte, muss weitere Gebühren entrichten. Weitere Informationen zum Thema Studiengebühren finden sich unter http://www.han.nl/tuition.

Sonstige Kosten

Im ersten Studienjahr fallen für Bücher und sonstige Lehrmaterialien in etwa 950 Euro an. Da viele der Bücher auch im weiteren Verlauf des Studiums verwendet werden können, ist dieser Posten in den Folgejahren dann erheblich niedriger.

Finanzielle Unterstützung

In den Niederlanden können alle Studierenden, die nicht bei ihren Eltern leben, ein staatliches Basisstipendium *(Prestatiebeurs)* und gegebenenfalls auch einen verzinsten Studienkredit erhalten. Bei guten Studienleistungen muss das Basisstipendium später nicht oder nur teilweise zurückbezahlt werden. Die Ausstellung eines Studierendenausweises mit Chipkarte für öffentliche Verkehrsmittel ist an die Einschreibung an einer Schule oder Hochschule gebunden. Der Antrag hierfür kann online unter *ib-groep.nl* gestellt werden. Studierende im Teilzeitstudium haben weder Anspruch auf staatliche Studienfinanzierung noch auf die Chipkarte für öffentliche Verkehrsmittel.

5.5 Die zugrunde liegende Bildungsphilosophie

Der folgende Abschnitt basiert auf einer Literaturrecherche sowie auf Interviews, die in zwei pädagogischen Ausbildungseinrichtungen geführt wurden: an der *Hogeschool van Arnhem en Nijmegen* (HAN) und an der *Christelijke Hogeschool Windesheim Zwolle*. Sofern sich signifikante Unterschiede zwischen beiden Hochschulen zeigten, wird dies entsprechend vermerkt.

Die Ausbildung zur pädagogischen Fachkraft folgt dem Grundprinzip, dass die Studierenden Kompetenzen erwerben und diese unter Beweis stellen sollen. In den Niederlanden orientieren sich nahezu alle Institutionen, die Pädagoginnen und Pädagogen ausbilden, an den Kompetenzstandards, die von der Bildungsstiftung SBL *(Stichting Beroepskwaliteit Leraren)* anhand der Dublin-Deskriptoren entwickelt wurden. Die Kompetenzen werden grob umrissen als Kombination aus den Wissensinhalten, Fertigkeiten und Einstellungen, die mit den beruflichen Anforderungen korrespondieren. Die Professionalität einer angehenden pädagogischen Fachkraft wird auf Grundlage dieser Kompetenzstandards beurteilt. Ihr fachliches Können stellt sie primär durch ihre konkrete pädagogische Arbeit mit der Gruppe und ihre sonstigen Aktivitäten in der Einrichtung und dem schulischem Umfeld unter Beweis. Wenn Studierende hier mit einem breiten Spektrum an Situationen angemessen umgehen können, dann sind sie auf dem besten Weg, kompetente pädagogische Fachkräfte zu werden.

Die Studierenden müssen über theoretisches Wissen und viele weitere Fertigkeiten verfügen. Außerdem wird von ihnen konzeptuelle Reflexionsfähigkeit erwartet. Indem sie ihre eigenen Handlungen reflektieren und darüber Bezüge zur Theorie herstellen, entwickeln sie die Fähigkeit, Theorie und Praxis sinnvoll miteinander zu verbinden. Die Praxis wird von der Theorie bereichert und im theoretischen Rahmen verortet, umgekehrt liefert die Theorie Handlungsanleitungen, die ihrerseits die Praxis bereichern und begründen. Das Reflexions- und Komplexitätsniveau nimmt im Laufe des Studiums in dem Maß zu, wie sich die Studierenden weiterentwickeln. Wirklich für den Berufseinstieg kompetent zu sein, bedeutet zum Beispiel, dass sie in der Lage sein sollten, theoretische Konzepte in komplexer Weise in die eigene pädagogische Praxis zu integrieren. Schließlich wird von den Studierenden noch erwartet, ihre eigene professionelle Identität zu reflektieren. Hier liegt der Fokus auf ihren persönlichen Ansichten.

Die drei Handlungsfelder – pädagogische Arbeit mit den Kindern, Handeln in der Einrichtung und im schulischen Umfeld – sind in der Formulierung der Kompetenzen deutlich zu erkennen. Es gibt sechs definierte Kompetenzbereiche:

- Zwischenmenschliche Kompetenz
- Pädagogische Kompetenz
- Professionelle und edukative Kompetenz
- Organisationskompetenz
- Teamkompetenz
- Kooperationskompetenz (innerhalb und außerhalb der Schule)

Hinsichtlich der Pflichten und Verantwortlichkeiten einer pädagogischen Fachkraft lassen sich vier berufliche Rollen identifizieren:

- Zwischenmenschliche Rolle
- Pädagogische Rolle
- Professionelle und erzieherische Rolle
- Organisationale Rolle

Diese Berufsrollen füllt die pädagogische Fachkraft innerhalb von vier verschiedenen und für das Berufsfeld charakteristischen Handlungskontexten aus:

- Arbeit mit Kindern
- Arbeit mit Kolleginnen und Kollegen
- Funktionen in der Schule und im schulischen Umfeld
- Eigene berufliche Weiterentwicklung

Die Studierenden als Akteure ihrer eigenen Ausbildung

Wie an den meisten Institutionen, die pädagogische Fachkräfte für die Basisschule ausbilden, basieren auch die Studiengänge an der HAN und der Hochschule Windesheim auf einem sozialkonstruktivistischen Ansatz. Die Studierenden sind die entscheidenden Akteure ihrer eigenen Ausbildung. Im Laufe des Studiums und während der Praktika müssen sie ein Portfolio entwickeln und im Rahmen eines Begutachtungsverfahrens und in einem kriterienorientierten Gespräch ihre Kompetenzen unter Beweis stellen. Damit demonstrieren sie den Entwicklungsverlauf ihres Lernprozesses. Das Problem besteht allerdings darin, dass weder alle Studierenden noch alle Lehrenden in der Lage sind, dieses Modell adäquat anzuwenden. Zudem verfügen nicht alle Studierenden über ausreichende Wissensgrundlagen in den schulischen Unterrichtsfächern. Bereits das Zusammenstellen des Portfolios erfordert einen gewissen Kenntnisstand. Und nicht alle Studierenden sind auch ausreichend intrinsisch motiviert. Motivation von außen ist notwendig, damit sie die in ihrem Portfolio formulierten Ziele erreichen können.

Während der 1990er Jahre war das Ausbildungscurriculum primär auf die Unterrichtsfächer der Basisschule ausgerichtet und wies kaum inhaltliche Kohärenz auf. Um das Jahr 2000 herum entstand eine starke Bewegung hin zur nachfrageorientierten Ausbildung auf der Grundlage von Kompetenzen. Für Theorie war damals nur wenig Raum. Zehn Jahre später wird diesem Wissen wieder mehr Aufmerksamkeit geschenkt: ohne Wissen keine Kompetenzen. Die pädagogischen Ausbildungseinrichtungen haben mittlerweile zwar verbindliche Wissensgrundlagen eingeführt, der Schwerpunkt liegt jedoch auf der beruflichen Praxis sowie darin, die Studierenden an eine forschende Grundhaltung heranzuführen. Sowohl das Curriculum als auch das von den Studierenden im Rahmen der Praktika zu erarbeitende Portfolio basieren auf zu erwerbenden Kompetenzen. Aber Kompetenzentwicklung erfordert eine solide Wissensgrundlage. Themen wie „eine Gruppe leiten" oder „mit Unterschieden umgehen", mit denen sich die Studierenden im Praktikum auseinandersetzen, werden daher auch anhand relevanter Fachliteratur aus dem In- und Ausland bearbeitet.

Führend sind hier sozialkonstruktivistische Ansätze. Kooperatives Lernen spielt eine große Rolle, die eigenen Entscheidungen der Studierenden zählen ebenso wie Bewertungen in der Gruppe und der kritische Blick der Mitstudierenden. Im letzten Studienjahr entwickeln Studierende im Team ihr Konzept einer „idealen Schule". Als Grundlage dient von einer anderen Hochschule zur Verfügung gestelltes Daten- und Informationsmaterial über eine als mangelhaft bewertete Schule. Das Studierendenteam entwirft nun einen Plan, wie die Qualität dieser Schule verbessert werden kann.

An der HAN wurde Anfang des Jahres 2000 das Modell des nachfrageorientierten Lernens eingeführt. Die Studierenden sollten ihr eigenes digitales Portfolio erstellen. In der Praxis erwies sich der Ansatz jedoch als problematisch, da er ein sehr hohes Maß an Betreuung erfordert. Dies war aus Kostengründen nicht zu leisten. In der Folge erarbeitete die HAN ein Rahmenkonzept mit den beruflichen Aufgaben einer pädagogischen Fachkraft und ging dazu über, den Studierenden dementsprechende Arbeitsaufgaben zuzuweisen. Die von den Studierenden zu entwickelnden Kompetenzen sind integraler Bestandteil dieser an den Kompetenzstandards der SBL *(Stichting Beroepskwaliteit Leraren)* orientierten Aufgabenstellungen. Darüber hinaus steht es den Studierenden frei, eigene Schwerpunkte zu wählen. Das Bearbeiten jeder berufsbezogenen Aufgabenstellung bringt eine bestimmte Zahl an Leistungspunkten ein. In einem persönlichen Lerntagebuch, das dem digitalen Portfolio hinzugefügt wird, halten die Studierenden ihre Entwicklungsfortschritte fest. An der *Hogeschool Windesheim* wurde der nachfrageorientierte Ansatz aufgrund mangelnder Ergebnisqualität wieder aufgegeben.

Als Konsequenz aus den Erfahrungen der vergangenen zehn Jahre formuliert die HAN für den Studiengang ALPO (Kooperationsprogramm mit der *Radboud Universität*, siehe Kapitel 5.4) derzeit neue berufliche Aufgabenstellungen mit integrierten Kompetenzen. Der folgende Abschnitt zu Bewertungsverfahren zeigt den dazugehörigen Evaluationsbogen.

Bewertungsverfahren

Die Studierenden bearbeiten ihre berufsbezogenen Aufgabenstellungen und fügen sie ihrem digitalen Portfolio hinzu. Dafür erhalten sie sowohl von den Lehrenden als auch von Mitstudierenden ein Feedback. Sie setzen sich mit diesen Rückmeldungen auseinander und halten eine Präsentation. Außerdem müssen sie Leistungstests in den verschiedenen schulischen Lernfeldern absolvieren. In Abstimmung mit der Praktikumsschule entscheiden sich die Studierenden für ein bestimmtes praxisbezogenes Forschungsprojekt. Die möglichen Themengebiete werden von Lehrenden aus der *Hogeschool* (HAN bzw. Windesheim) vorgegeben, die das Projekt auch fachlich betreuen. Die Forschungsergebnisse werden von den zuständigen Lehrenden[110] begutachtet und bewertet. Im Übrigen können die Studierenden gemeinsam mit ihrer Mentorin bzw. ihrem Mentor an der Praktikumsschule darüber entscheiden, wann sie welche Aktivitäten planen. Diese Aktivitäten werden im vierten Studienjahr bewertet.

Evaluationsbogen der HAN für den ALPO-Studiengang (Bewertung hinsichtlich der neu formulierten professionellen Kompetenzstandards)

	vorhanden	teilweise vorhanden	nicht vorhanden
Zwischenmenschliche Kompetenz			
– Die basale Kommunikation der/des Studierenden ist durch responsives und einfühlsames Verhalten gekennzeichnet.			
– Die/der Studierende ist in der Lage, ihre/seine Handlungen umfassend mit verbaler und non-verbaler Kommunikation zu begleiten.			

[110] *Die Professur an einer niederländischen HBO-Institution heißt lectoraat (lector/lectrice) und ist mit den deutschen FH-Professorinnen/Professoren vergleichbar (das universitäre Pendant heißt hoogleraar) (Anm. d. Hrsg.).*

	vorhanden	teilweise vorhanden	nicht vorhanden
Fachinhalte und didaktische Kompetenz			
Die/der Studierende			
– versteht die Beziehungen zwischen Entwicklungsbereichen und Lernfeldern und kann durch dieses Wissen ein breites Spektrum an Lernmöglichkeiten anbieten.			
– kennt die mittelfristigen Lernziele frühkindlicher Bildung in den Bereichen Sprechen und Schreiben, Mathematik, Weltorientierung, Kunst und Bewegung.			

Innovative Lehrmethoden

Das innovativste Element im Bereich der Lehre ist die Nutzung von Informations- und Kommunikationstechnologien; aber hier befinden wir uns noch in der Experimentierphase. An einer der Ausbildungseinrichtungen wurde ein Projekt ins Leben gerufen, das die Studierenden zu einer forschenden und kritisch reflektierenden Herangehensweise befähigen soll: Es fördert den kritischen Blick auf die schulische Praxis, die eigene Person und die Quellenverwendung in der Fachliteratur. Dabei handelt es sich folglich um eine Art von Metakognition. Eine weitere Einrichtung entwickelt derzeit eine E-Learning-Umgebung. Dieses Projekt läuft sehr erfolgreich, allerdings gibt es beim öffentlichen Zugang zu E-Learning-Plattformen urheberrechtliche Konflikte mit Verlagen. Eine *Hogeschool* richtet auch eine „wikiartige" Lernumgebung ein, die von den Studierenden genutzt werden kann, zum Beispiel, indem sie gemeinsam verfasste Beiträge einstellen.

Forschung und Innovation

Obwohl Forschung nicht die oberste Priorität an den mit der Ausbildung pädagogischer Fachkräfte befassten *Hogeschools* hat, sehen wir doch, dass sie zunehmend an Gewicht gewinnt. Dies liegt insbesondere am Engagement der Lehrenden sowie daran, dass sich mittlerweile auch Universitäten an der pädagogischen Ausbildung beteiligen. Forschung ist wichtig, um die Praxis zu reflektieren, aber auch, weil die Studierenden in Forschungsvorhaben einbezogen werden können. Eines der Wesensmerkmale der Pädagogikstudierenden ist, dass sie zu forschenden pädagogischen Fachkräften werden. Forschung gilt als Motor der beruflichen Weiterentwicklung. Um dies zu verdeutlichen, sei ein Beispiel aus der *Iselinge Hogeschool* in Doetinchem angeführt, wo ein neuer Dozent Forschungsprojekte initiierte. Seit 2007 verfolgt diese Einrichtung ein Konzept zur Erforschung sozialkonstruktivistischen Lernens und kompetenzorientierter Ausbildung (Brouwer 2010). Die Leitfragen sind: Welche Lernumgebungen sind für pädagogische Fachkräfte am besten? Und welches sind die vielversprechendsten Merkmale dieser Lernumgebungen? Die Studierenden erstellen einen auf vier Jahre ausgelegten Forschungsplan: 1. Literaturrecherche; 2. Entwicklung eines Erhebungsinstruments (Beobachtungsskala, Fragebogen etc.); 3. Forschungsdurchführung an der Praktikumsschule; 4. Aktionsforschung und Masterarbeit.

Ein anderer Lehrender, ein Medienspezialist, startete ein Projekt zum kombinierten Einsatz verschiedener Medien im Bildungsprozess. Die Ziele sind: Initiieren einer neuen Unterrichtsmethode, Einsichten in die sich schnell wandelnde Medienwelt, Entwicklung eines digitalen Labors und Initiieren entsprechender Forschung. Für das Projekt gestaltete dieser Medienspezialist einen speziellen Film und ein Lernspiel, in dem eine pädagogische Fachkraft nach fünf neuen Bildungstrends sucht: Film und Video (Bewegung), Anwendungen (Freiheit), ernste Spiele (Vergnügen am Spiel), Geschichten erzählen (Geschichte) und soziale Netzwerke (Kontakt). Die Idee hinter diesem Projekt ist, eine Brücke zwischen der gegenwärtigen und der zukünftigen pädagogischen Rolle zu bauen – wie sieht diese 2020 aus? – und die gewonnenen Einsichten in innovative und originelle pädagogische Strategien umzusetzen (Cohensius 2011).

In Kooperation mit der *Open University* bietet die *Iselinge Hogeschool* zudem einen Studienpfad mit Universitätsabschluss an. Ausgehend von ihrem eigenen, in der Praxis entwickelten Forschungsinteresse erstellen die Studierenden hier ein pädagogisches Interventionskonzept, setzen es in die Praxis um, untersuchen den Verlauf und schreiben ihre Abschlussarbeit darüber. Die *Iselinge Hogeschool* initiierte auch Forschungsprojekte zu Themen wie Peer-Coaching, portable video interaction und zur Gestaltung digitaler Lernspiele. Ergebnisse dieser Forschungsarbeiten sind in der Literaturliste enthalten (Ackley et al. 2007; Brouwer 2009, 2010; Hennissen, Crasborn, Brouwer, Korthagen & Bergen 2010).

Auch die *Hogeschool Windesheim* bemüht sich schwerpunktmäßig um die Etablierung einer forschenden Grundhaltung, letztlich Voraussetzung und Ziel jeder Forschungstätigkeit. Die Studierenden arbeiten in Projektgruppen, die von Lehrenden betreut werden, welche ihrerseits an „Wissensgruppen" teilnehmen. Diese Projektarbeit bildet den Abschluss des forschungsorientierten Studienpfades für angehende pädagogische Fachkräfte.

In den Niederlanden werden alle höheren Bildungsinstitutionen regelmäßig von Akkreditierungskommissionen besucht, die das erreichte Programmniveau (Tests, Forschung, Literatur) evaluieren. Die landesweit vorgegebenen Wissensstandards und Tests bestimmen die Qualität des Curriculums. Ein Teil des Studienplans ist dem Entwurf von Forschungsprojekten vorbehalten. Evidenzbasierte Pädagogik wird in die Ausbildungsprogramme integriert. In den Wahlfächern werden, wie die angeführten Beispiele zeigen, neue Ideen entwickelt und erforscht. Andere Pädagogikstudiengänge profitieren von den so gewonnenen Forschungsergebnissen und geben sie an ihre Studierenden weiter. Wie Studierende optimal betreut und in der Entwicklung einer forschenden Grundhaltung unterstützt werden können, sind maßgebliche Fragestellungen. Die mit der Ausbildung pädagogischer Fachkräfte befassten niederländischen Bildungseinrichtungen tauschen hierzu Ideen und Forschungsergebnisse aus, und ihre Akteure kommen zur Intervision zusammen.

6. Programme für frühkindliche Bildung (VVE)

Wie zu Beginn des Beitrags beschrieben, existiert in den Niederlanden ein spezielles Bildungskonzept für die jüngsten Kinder. Mit dem Ziel, mehr und bessere frühkindliche Bildungsangebote für Kinder von null bis sechs Jahren in Kitas und Spielgruppen zu gewährleisten, trat 2010 das sogenannte OKE-Gesetz *(Ontwikkelingskansen door Kwaliteit en Educatie*, dt.: Entwicklungschancen durch Bildungsqualität) in Kraft. Kinder mit einem Entwicklungsrückstand, zum Beispiel Kinder aus Migrantenfamilien oder mit einem ländlichen Dialekt, können somit bereits frühzeitig gefördert werden, um den Rückstand auszugleichen. Spielgruppen (für Zwei- und Dreijährige) mit einem Bildungsprogramm, das derartige Defizite beheben soll, können mit Kitas kooperieren. Beide Einrichtungstypen werden besser aufeinander abgestimmt bzw. sind verpflichtet, sich zumindest gegenseitig zu konsultieren. Die Regelungen für

Kinderbetreuung, Spielgruppen und frühkindliche Bildung – einschließlich der Betreuungszuschüsse für die Eltern – werden harmonisiert. Das Hauptziel besteht darin, die Trennung zwischen Kindertagesbetreuung und Spielgruppen aufzubrechen, die Angebotsqualität zu steigern sowie eine verbesserte Zusammenarbeit mit der bzw. Anbindung an die Unterstufe der Basisschule zu gewährleisten. Dadurch entsteht ein umfassendes System von Einrichtungen, in denen frühkindliche Sprachdefizite identifiziert und behoben werden können.

Derzeit sind 60 Prozent aller zwei- bis dreijährigen Kinder an zwei halben Tagen pro Woche in einer Spielgruppe, 13 Prozent nehmen an einem VVE-Programm teil und 25 Prozent besuchen eine Kita. In den Niederlanden bieten aktuell rund 1.800 verschiedene Trägerorganisationen insgesamt etwa 4.250 Spielgruppen an. Über 80 Prozent dieser Angebote werden von den Kommunen finanziert. Außerdem haben Basisschulen die Möglichkeit, eine sogenannte „Nullgruppe" für Dreijährige einzurichten.

6.1 Neuregelung der Gewichtung

Ziel der Gewichtungsregelung (siehe Kapitel 2.3) ist es, die Basisschulen mit finanziellen Mitteln zur Prävention bzw. Beseitigung von Bildungsbenachteiligung auszustatten. Anfänglich war der ethnische Hintergrund das Gewichtungskriterium, aber inzwischen wird in der Hauptsache das elterliche Bildungsniveau herangezogen. Für Einzugsgebiete, in denen viele Eltern nur über ein niedriges Bildungsniveau verfügen, werden zusätzliche „Impulsmittel" bereitgestellt. Nach Maßgabe des OKE-Gesetzes müssen die Kommunen allen benachteiligten Kindern ein wirklich transparentes Netzwerk frühkindlicher Bildungs- und Betreuungseinrichtungen bieten.

6.2 VVE-Politik der niederländischen Regierung

Um die schulischen Probleme vieler Migrantenkinder in den Großstädten und das niedrige Bildungsniveau in manchen ländlichen Regionen anzugehen, führte die niederländische Regierung in den 1990er Jahren die ersten Maßnahmen im Bereich der frühkindlichen Bildung ein. Zunächst wurde ein Modellversuch mit zwei Programmen gestartet, der *Piramide*-Methode und dem US-amerikanischen High/Scope-Programm (mittlerweile *Kaleidoskop* genannt). Nach dreijähriger Laufzeit wurde der Modellversuch von zwei Universitäten ausgewertet. Die Ergebnisse waren durchweg positiv – sowohl im landesweit durchgeführten als auch im lokal begrenzt erprobten Programm. Nach diesem erfolgreichen Modellversuch beschloss die Regierung die Bereitstellung zusätzlicher Mittel, um den Kommunen zu ermöglichen, in benachteiligten Gebieten ein Netzwerk von an die Basisschulen angebundenen Spielgruppen einzurichten. Die Spielgruppen und Basisschulen setzten dabei ein gut strukturiertes und umfassend erforschtes Konzept – wie Piramide oder Kaleidoskop – ein und verknüpften es mit der Gewichtungsregelung.

Seit 2000 gibt es eine dezidierte frühkindliche Bildungspolitik (VVE) (siehe auch Kapitel 1). Akkreditierte VVE-Programme sind *Piramide* und *Kaleidoskop.* Seit einigen Jahren werden auch andere Ansätze und Konzepte akzeptiert, zum Beispiel *KO total, Starting Blocks* und *Trace* (Reggio). Starting Blocks wurde wissenschaftlich untersucht. Für die Entwicklung sprachlicher und mathematischer Fähigkeiten erwies sich das Programm als ineffektiv, aber es zeigten sich positive Effekte im sozial-emotionalen Bereich. Die anderen Programme unterliegen gleichermaßen der Qualitätsprüfung, auch wenn sie noch nicht wissenschaftlich erforscht sind. Sie konzentrieren sich auf verschiedene Entwicklungsbereiche wie sprachliche Entwicklung und Alphabetisierung, Entwicklung kognitiver und mathematischer Fähigkeiten, motorische und kreative

Entwicklung sowie soziale und emotionale Entwicklung. Drei andere VVE-Programme, in deren Mittelpunkt die sprachliche Entwicklung bzw. die Lesefähigkeit steht, werden ebenfalls akzeptiert. Schließlich gibt es noch effektive familienorientierte Ansätze, die von den Basisschulen eingesetzt werden, um die in der VVE-Politik vorgesehene Einbeziehung der Eltern zu realisieren.

7. Schlussfolgerungen

Die Ausbildung pädagogischer Fachkräfte in den Niederlanden stützt sich im Allgemeinen auf einen sozialkonstruktivistischen Ansatz. Selbststeuerung stellt ein wesentliches Instrument dar. Pädagogische Arbeit in „The Conceptual Age" ist ein komplexes Unterfangen. Die beste Methode, Übersicht über diese Komplexität zu gewinnen, ist das Denken in großen Zusammenhängen – ein metakognitives Denken. Es bietet die Chance, die gesamte Landschaft zu überblicken und sich bewusst zu machen, was getan werden muss.

In den Niederlanden werden pädagogische Fachkräfte für die Arbeit mit einer breiten Zielgruppe ausgebildet: mit Kindern von vier bis zwölf Jahren. Die angehenden Pädagoginnen und Pädagogen können sich auf die Altersgruppe von vier bis acht Jahren oder auf die Gruppe der Kinder von neun bis zwölf Jahren spezialisieren.

Allgemein lässt sich sagen, dass – gemäß des sozialkonstruktivistischen Ansatzes – der Persönlichkeitsentwicklung und Selbststeuerung im Rahmen des Pädagogikstudiums viel Raum gegeben wird. Dies bedeutet allerdings, dass Inhalten weniger Aufmerksamkeit gewidmet wird und die Arbeit mit Kindern unter vier Jahren kaum Berücksichtigung findet. Das Gesetz, das den Kindergarten und die Grundschule zur Basisschule zusammenführte, hat sich nach mehr als 25 Jahren als richtige Entscheidung erwiesen, da die Schwelle zwischen beiden Einrichtungen abgesenkt und der Übergang in die schulische Bildung erleichtert wurde. Gleichzeitig wurden aber auch die auf vorschulische Frühpädagogik spezialisierten Ausbildungsgänge eingestellt und ein integrierter Ausbildungsweg für die Arbeit mit vier- bis zwölfjährigen Kindern eingeführt. Zu jener Zeit, im Jahr 1985, verloren viele auf die Qualifizierung frühpädagogischer Fachkräfte spezialisierte Ausbilderinnen und Ausbilder ihre Arbeitsplätze bzw. konnten sich in dem neuen System nicht etablieren. Mittlerweile wurde zwar eine frühpädagogische Spezialisierungsoption eingerichtet, aber angesichts dieser Erfahrungen und des Mangels an Lehrenden mit entsprechender Expertise ist die Spezialisierung nicht besonders tragfähig.

Daher könnte es eine überzeugende Lösung sein, spezifisch frühpädagogische Ansätze – wie Montessori- und Reggio-Pädagogik, High/Scope oder Piramide – in die gegenwärtigen Pädagogikstudiengänge zu integrieren und die Studierenden für die Umsetzung dieser Konzepte zu qualifizieren. Frühpädagogische Professionalität und Expertise sind in den Konzepten bereits enthalten. Der Vorteil ist, dass die Inhalte explizit auf jüngere Kinder ausgerichtet sind und es eine klare Struktur gibt, anhand derer die pädagogischen Fachkräfte bzw. die Studierenden das Gesamtkonzept überblicken und erschließen können. Die Studierenden könnten die verschiedenen Ansätze und ihre Umsetzung direkt in der Praxis erproben, zum Beispiel die reichhaltige Spiel- und Lernumgebung (Montessori, Piramide, High/Scope), spielerisches, selbstgesteuertes Lernen, Projekte (Piramide), Arbeit mit Lernmaterialien (Montessori), Planen-Durchführen-Überprüfen und Schlüsselerfahrungen (High/Scope). Die Kombination aus einem sozialkonstruktivistisch orientierten Studium und der Anwendung von Bildungskonzepten mit klarem Inhalt und klarer Struktur kann die Qualität der Ausbildung pädagogischer Fachkräfte perspektivisch verbessern.

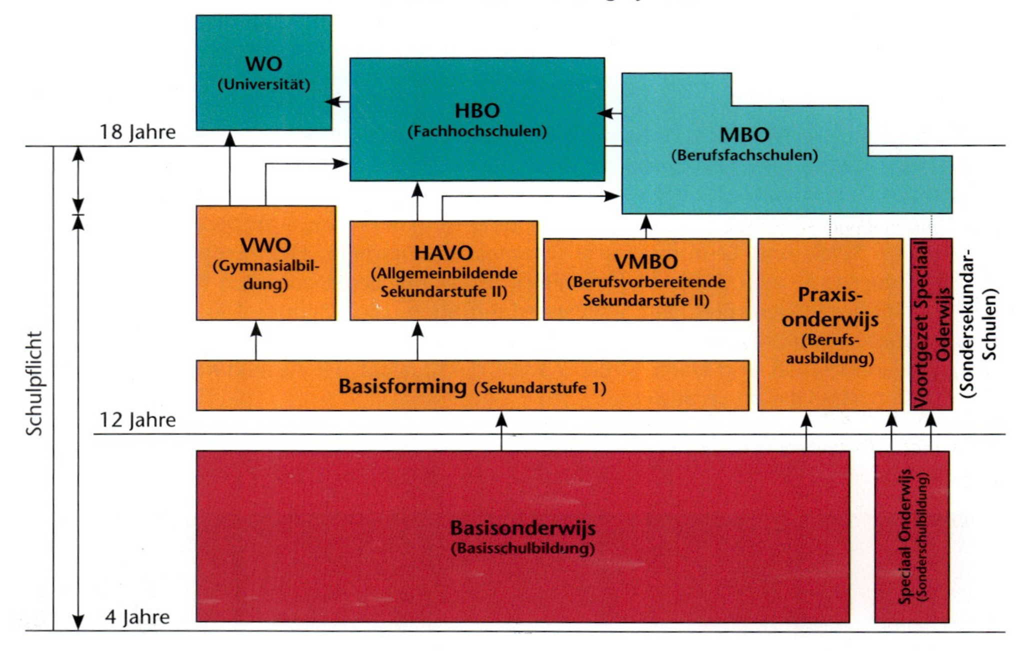

Erläuterungen/Abkürzungen:

- ***Basisonderwijs*** (dt. Basisschulbildung) → 4–12 J.; Regelschulen + Sonderschulen (Speciaal Ondenvijs)
- *Voortgezet Speciaal Ondenvijs* = Sekundarsonderschulen; sofern kein Übergang in die Regelschule der Sekundarstufe möglich ist, decken sie die restlichen Jahre der Schulpflicht ab (bis 16)

Voortgezet onderwijs (weiterführende Schulen)

- *Basisforming* (~ Sekundarstufe 1) → die ersten zwei bzw. drei Jahre der Sekundärschule (3 Jahre an VWO/HAVO, 2 Jahre an VMBO) findet bereits an den verschiedenen Sekundarschultypen statt.
- *VWO = Voorbereidendwetenschappelijk ondenvijs* (Gymnasialbildung) → 3 + 3 Jahre; VWO-Abschluss ermöglicht den direkten Universitätszugang
- *HAVO = Hoger algemeen voortgezet ondenvijs* (Allgemeinbildende Sekundärschule) → 3 + 2 Jahre; HAVO-Abschluss ermöglicht den Übergang in die HBO (~ Fachhochschule) oder MBO (~ Berufsfachschule)
- *VMBO = Voorbereidend mittelbaarberoepsondenvijs* (Berufsbildenden Sekundärschule) → 2 + 2 Jahre; die letzten beiden Jahre sind differenziert nach beruflichen Richtungen; ein Strang ermöglicht den Übergang ins 5. Jahr der HAVO, die anderen 3 Stränge ermöglichen den Zugang zur MBO (~ Berufsfachschule)

Beroepsonderwijs (berufliche Bildung)

- Mittelbaar beroepsondenvijs (~ Berufsfachschule) → 4 Jahre schulbasierte Berufsausbildung; nach Berufsfeldern und 4 Niveaustufen differenziert (letzteres hängt von Schulnoten/-pfad ab); berufliche Abschlüsse der Stufe 4 berechtigen zur Aufnahme eines HBO-Studiums

Hoger onderwijs (höhere Bildung)

- *HBO = Hoger beroepsondenvijs* (~ Fachhochschule) → i.d.R. 4 Jahre (bis Bachelorabschluss); praxisorientiertes, berufsqualifizierendes Studium; ein HBO-Abschluss ermöglicht das Weiterstudium an der Universität
- *Universiteit (Wetenschappelijk onderwijs)* → wissenschaftliches Hochschulstudium mit den Abschlüssen Bachelor, Master, PhD; Voraussetzungen: VWO oder HBO

Literatur

Ackley, B. C., Fallon, M. A. & Brouwer, N. (2007). Intake assessments for alternative teacher education. Moving from legitimation towards predictive validity. Assessment and Evaluation in Higher Education, 32, 657–665.

Brouwer, C. N. (2009). Teacher peer coaching with digital video. Evaluation of a four-year professional development program. Paper presented at the annual meeting of the American Educational Research Association, April 14, 2009, San Diego, CA.

Brouwer, C. N. (2010). Determining long-term effects of teacher education. In P. Peterson, E. Baker & B. McGaw (Eds.), International Encyclopedia of Education (Vol. 7, 3rd ed., pp. 503–510). Oxford: Elsevier.

Cohensius, J. (2011). Through the surface. Lectoraatsplan crossmediadidactiek 2010–2012 (Lector plan cross media didactics). Leer voor je leven. Iselinge, Ysselgroep: Doetinchem.

Eurydice (2007). The educational system in the Netherlands. Retrieved September 9, 2013, from http://eacea.ec.europa.eu/education/eurydice/documents/thematic_reports/085DE.pdf.

Fischer, K. W. & Bidell, T. R. (2006). Dynamic development of action and thought. In W. Damon and R. M. Lerner (Eds.), Theoretical models of human development (Handbook of child psychology, Volume 1, 6th ed., pp. 313–399). Hoboken, NJ: Wiley.

Hennissen, P., Crasborn, F., Brouwer, N., Korthagen, F. & Bergen, T. (2010). Uncovering mentor teachers' interactive cognitions during mentoring dialogues. Teaching and Teacher Education, 26, 207–214.

Hohmann, M., Banet, B. & Weikart, D. P. (1979). Young children in action: A manual for preschool educators. The cognitively oriented preschool curriculum. Ypsilanti, MI: High Scope Press.

Johnson, J. E., Christie, J. F. & Wardle, F. (2005). Play, development and early education. Boston: Pearson.

Kallenberg, T., Koster, B., Onstenk, J. & Scheepsma, W. (2011). Ontwikkeling door onderzoek: Een handreiking voor leraren [Entwicklung durch Forschung: Ein Leitfaden für Lehrer]. (2nd ed.). Amersfoort: ThiemeMeulenhoff.

Keenan, T. & Evans, S. (2009). An introduction to child development. (Sage Foundations of Psychology, 2nd ed.). Los Angeles, CA: SAGE.

Oosterheert, I. (2011). Leren over leren: Praktische leerpsychologie voor het basisonderwijs [Lernen über das Lernen: Praktische Lernpsychologie für den Primarbereich]. Groningen: Noordhoff.

Pink, D. H. (2006) A whole new mind: Why right-brainers will rule the future. New York, NY: Riverhead Books.

Roopnarine, J. L. & Johnson, J. E. (Eds.). (2013). Approaches to Early Childhood Education (6th ed.). Boston, MA: Pearson.

Shonkoff, J. P. & Philips, D. A. (Eds.). (2000). From neurons to neighborhoods: The science of early childhood development. Washington, DC: National Academy Press.

van Kuyk, J. J. (2003). Pyramide – die Methode für junge Kinder. Arnheim: Cito.

van Kuyk, J. J. (2007). The power of Pyramid. Atlanta, GA: Cito.

van Kuyk, J. J. , Bakker, P. et al. (2009). Piramide-boek voor kinderdagverblijven. Arnhem: Citogroep.

van Kuyk, J. J. (2013). The Piramide Method. In J. L. Roopnarine & J. E. Johnson (Eds.), Approaches to Early Childhood Education (6th ed., pp. 299–330). Boston, MA: Pearson.

Internet-Links

http://www.cito.nl

http://www.groenewoud.nl

http://www.han.nl (pabo-opleiingen) Arnhem-Nijmegen

http://www.iselingehogeschool.nl

http://www.minocw.nl -english

http://www.pabo-arnhem.nl

http://www.rijksoverheid.nl/ministeries/ocw

http://www.windesheim.nl

http://www.windesheim.nl (pabo opleidingen) Zwolle

II Internationale Beiträge zur Ausbildung frühpädagogischer Fachkräfte

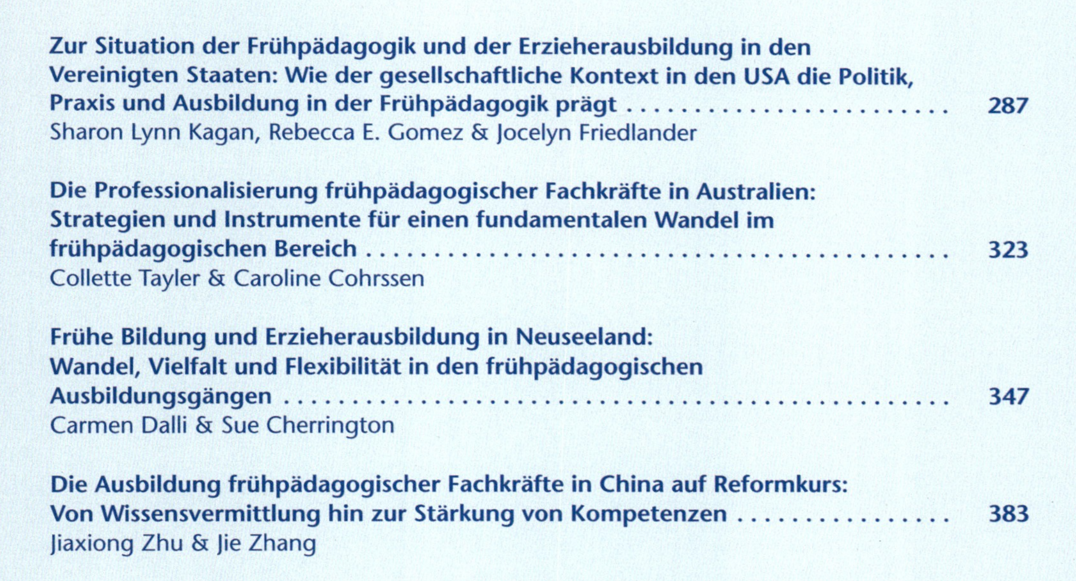

Zur Situation der Frühpädagogik und der Erzieherausbildung in den Vereinigten Staaten

Wie der gesellschaftliche Kontext in den USA die Politik, Praxis und Ausbildung in der Frühpädagogik prägt

Sharon Lynn Kagan, Rebecca E. Gomez & Jocelyn Friedlander
Columbia & Yale University, USA

EINSTIEG

In diesem Beitrag betrachten wir die in den USA gängige fachliche Qualifizierung der Beschäftigten im Bereich der frühkindlichen Bildung und Betreuung. Dem ersten Anschein nach dürfte es sich hierbei um ein nicht allzu kompliziertes Unterfangen handeln, da doch sehr viele Personen in entsprechenden Aufgabenfeldern arbeiten und man in einem so hoch entwickelten Land wie den Vereinigten Staaten zumindest einen systematischen Ansatz, wenn nicht gar ein System erwarten können müsste, das die fachliche Qualifizierung dieses Personals gewährleistet. Allerdings hängt die Qualifizierung für die Arbeit mit Kindern bis zum Schuleintrittsalter – wie so vieles im Bereich der frühkindlichen Bildung und Betreuung weltweit – vom jeweiligen gesellschaftlichen Kontext ab. Die Sozialgeschichte und die Wertvorstellungen eines Landes prägen nicht nur seine Politik, seine Praktiken und Leistungsangebote im Elementarbereich, sondern auch die Art und Weise, wie frühpädagogische Fachkräfte auf ihre Aufgabe fachlich vorbereitet werden.

Weil dieser Beitrag von der Grundannahme ausgeht, dass der gesellschaftliche Kontext Politik und Praxis prägt, wird im Anschluss die Geschichte der frühkindlichen Bildung und Betreuung in den Vereinigten Staaten kurz vorgestellt. Dabei konzentrieren wir uns auf die Rahmenbedingungen, die die Qualifizierung frühpädagogischer Fachkräfte in den Vereinigten Staaten geprägt haben, und geben einen Überblick über die gegenwärtige Personalstruktur im Elementarbereich. Danach gehen wir auf die mannigfaltigen Anforderungen an frühpädagogische Fachkräfte in den USA ein und präsentieren Datenmaterial zu den tatsächlich vorhandenen Qualifikationen der in der elementarpädagogischen Arbeit Beschäftigten.

Es folgt ein Überblick über die Programme zur Ausbildung der frühpädagogischen Fachkräfte, und wir konzentrieren uns anschließend auf die diversen dahinter stehenden Philosophien und Ausbildungsstrategien. Die sich auf nationaler Ebene abzeichnenden Ansätze der Systematisierung der fachlichen Aus- und Weiterbildung stellen einen weiteren Schwerpunkt unserer Ausführungen dar, und schließlich zeigen wir die erheblichen Spannungen und Herausforderungen auf, mit denen diejenigen konfrontiert sind, die die fachliche Qualifizierung frühpädagogischer Fachkräfte in den Vereinigten Staaten voranzutreiben versuchen.

Es überrascht nicht, dass in einem solch riesigen Land wie den Vereinigten Staaten und in einem vergleichsweise wenig entwickelten Fachbereich definitorische Unterschiedlichkeiten der Normalfall sind. Um unseren Bezugsrahmen zu verdeutlichen, seien die folgenden, in diesem Beitrag zugrunde gelegten Begriffe erläutert: *Frühkindliche Bildung und Betreuung* bezieht sich auf alle Einrichtungen und Programme, die für Kinder unterhalb des Schuleintrittsalters konzipiert sind und umfasst unabhängig von Trägerschaft, Finanzierung oder Sektor alle Arten von Betreuungs- und Bildungsangeboten. *Frühpädagogische Fachkräfte* sind Personen, die in der frühkindlichen Bildung und Betreuung tätig sind und deren Arbeit einen unmittelbaren Einfluss auf die Kinder hat; entsprechend schließt diese Definition pädagogische Fachkräfte *(teachers),* pädagogische Assistenzkräfte *(assistant teachers)* und pädagogische Hilfskräfte *(teacher aides)* mit ein. Der Begriff *Personal im Elementarbereich* ist weiter gefasst und meint sowohl frühpädagogische Fachkräfte als auch Leitungspersonal, Sozialarbeiterinnen und Sozialarbeiter, Fachkräfte in der aufsuchenden Sozialarbeit, Kinderpflegerinnen und Kinderpfleger, Dentalhygienefachkräfte oder Küchenpersonal. Er umfasst auch Personen, die außerhalb der Bildungs- und Betreuungseinrichtungen wirken und nur indirekt mit den Kindern zu tun haben, zum Beispiel das Personal in Beratungs- und Vermittlungsstellen, Leiterinnen und Leiter einschlägiger Organisationen und weitere Unterstützer von Kindesinteressen. Da wir in diesem Beitrag nicht alle im Elementarbereich tätigen Berufsgruppen abdecken können, befassen wir uns hauptsächlich mit der Gruppe, die am unmittelbarsten auf die Bildung und Betreuung und Entwicklung von Kindern einwirkt – mit den frühpädagogischen Fachkräften.

In diesem Beitrag unterscheiden wir auch zwischen fachlicher Ausbildung und fachlicher Weiterbildung. Die *berufsvorbereitende fachliche Ausbildung* umfasst das gesamte Spektrum an Aktivitäten, die die Einzelnen durchlaufen, und das Fachwissen, das sie sich aneignen müssen, bevor sie als bezahlte Fachkräfte in den Beruf eintreten können. Die *fachliche Weiterbildung,* die auch als *berufsbegleitende Qualifizierung* bezeichnet wird, bezieht sich auf die Angebote, die Fachkräfte im Laufe ihres aktiven Berufslebens wahrnehmen, sowie auf das Fachwissen, das sie sich dabei aneignen.

1. Die Entwicklung frühkindlicher Bildung und Betreuung in den Vereinigten Staaten

Um die Ausbildung frühpädagogischer Fachkräfte in den USA besser verstehen zu können, geben wir zunächst einen Überblick über die historische Entwicklung im Bereich der frühkindlichen Bildung und Betreuung sowie über die gegenwärtige Personalstruktur in diesem Feld. Ohne zu verstehen, wie sich der Bereich der frühkindlichen Bildung und Betreuung in den Vereinigten Staaten entwickelt und damit auch den Charakter und die Zusammensetzung seiner Beschäftigten geprägt hat, ist es schwierig – wenn nicht gar unmöglich –, die Idiosynkrasien zu begreifen, die für die Qualifizierung frühpädagogischer Fachkräfte in den USA typisch sind.

Der amerikanische Ansatz der frühkindlichen Bildung und Betreuung hat tief reichende historische Wurzeln. Getragen vom leidenschaftlichen Bestreben, die Macht der Regierung zu begrenzen, gab die frühe amerikanische Gesellschaft der Familie den Vorrang. Die Familie wurde als die entscheidende Sozialisationsinstanz betrachtet. Die Regierung sollte nur dann intervenieren, wenn Familien Beistand brauchten. So entwickelten sich frühkindliche Bildungs- und Betreuungsangebote – wie viele andere soziale Leistungsangebote auch – im Schatten der Regierung, ohne einen formalen Anspruch zu begründen.

Doch informell und etwas verstreut entstanden viele Angebote für die Bildung und Betreuung von Kindern, die bezeichnenderweise unterschiedliche Zielsetzungen und Ausrichtungen hatten. Drei Arten von Leistungsangeboten traten dabei besonders hervor: Es gründeten privatwirtschaftlich organisierte Sozialdienste in der Sorge um die gesellschaftliche Integration der oft armen Immigrantenkinder sogenannte *child care centers,* um die basalen Gesundheits- und Sicherheitsbedürfnisse der Kinder zu befriedigen und zugleich ihren Eltern die Erwerbstätigkeit zu ermöglichen. In solchen Einrichtungen mit meist langen Öffnungszeiten wurden mit relativ wenig Personal Kinder ab den ersten Lebenswochen aufgenommen. Im Laufe der Zeit verlangten Eltern der gehobeneren Schichten Leistungsangebote zur Förderung der Entwicklung und Sozialisation ihrer Kinder, was in eine zweite Variante der Kleinkindbetreuung mündete: die *private nursery schools.* Es entstanden auf unterschiedlichsten Wegen Hunderte solcher Einrichtungen, von denen einige mit kirchlichen Institutionen assoziiert waren. Diese *private nursery schools* unterschieden sich von den *child care centers* insofern, als sie hauptsächlich drei- und vierjährige Kinder aufnahmen, meistens halbtags oder nur für wenige Stunden geöffnet hatten und ihre Arbeit auf die frühkindliche Entwicklung und Bildung ausgerichtet war. Nachdem die Regierung sowohl den Wert der frühen Bildung und Betreuung für Kinder aus von Armut betroffenen Familien erkannt hatte, als auch den Umstand, dass sich diese Eltern die Angebote privater Anbieter nicht leisten konnten, führte sie ein drittes Leistungsangebot ein. Es zeichnete sich insbesondere durch einen umfassenden Ansatz der frühkindlichen Bildung und Betreuung aus und war unter anderem auf die entwicklungs- und bildungsbezogenen, sozialen und körperlichen Bedürfnisse der Kinder ausgerichtet. Diese Bemühung, den Bedürfnissen von Kindern umfassend gerecht zu werden, die insbesondere im öffentlich finanzierten nationalen Head-Start-Programm konkrete Formen annahm, diente einigen Bundesstaaten als Vorbild für eigene Anstrengungen. In jüngster Zeit hat das Engagement für die frühkindliche Bildung und Betreuung immens zugenommen, da sich die einzelnen Bundesstaaten zur Förderung von *Pre-Kindergarten-Programmen* (siehe Seite 296f.) verpflichtet haben. Noch unübersichtlicher wurde die Bildungs- und Betreuungslandschaft dadurch, dass die Regierung periodisch, in Zeiten nationaler Krisen – zum Beispiel während der beiden Weltkriege und der Weltwirtschaftskrise – in verstärktem Umfang Maßnahmen im Bildungs- und Betreuungsbereich finanzierte und förderte, von denen die meisten später wieder komplett eingestellt wurden.

Dieser knappe historische Abriss soll hier nicht weiter vertieft werden. Er dient lediglich zur Skizzierung des komplexen Charakters der frühkindlichen Bildung und Betreuung in den Vereinigten Staaten, der den Ausgangspunkt der Diskussion über die fachliche Aus- und Weiterbildung der frühpädagogischen Fachkräfte bildet. Mit einer Regierung, die sich nicht als regulärer Anbieter von Leistungen für Kinder bis zum formalen Schuleintrittsalter begreift, ist der Bereich der frühkindlichen Bildung und Betreuung in den USA in unsystematischer und auf jeden Fall inkohärenter Weise überwiegend im privatwirtschaftlichen Sektor gewachsen. Es entstanden Tausende einzelner Programme, deren zentrales gemeinsames Merkmal die Vielfalt ist. In der Vergangenheit unterschieden sich Programme im Elementarbereich je durch auf Gewinn ausgerichtete oder gemeinnützige Motivation und nach der inhaltlichen Orientierung, wobei die Leistungsangebote primär assimilativer, edukativer und/oder kompensatorischer Natur waren. Charakter und Qualität der Programme stellten sich auch von Bundesstaat zu Bundesstaat höchst unterschiedlich dar, wobei jeder Bundesstaat seinen eigenen Ansatz verfolgte und eigene Regularien und Richtlinien hatte.

Angesichts dieses historischen Vermächtnisses verwundert es kaum, dass die derzeitigen Programme im Bereich der frühkindlichen Bildung und Betreuung in den Vereinigten Staaten viele Sprachen sprechen und ein breites Spektrum aufweisen: von Angeboten im öffentlichen wie privaten, im gewinnorientierten wie gemeinnützigen Sektor über öffentlich finanzierte Programme wie dem Head-Start-Programm und einzelstaatliche Pre-Kindergarten-Programme sowie Programme für häusliche Betreuung *(home-based programs),* einschließlich Tagespflege *(family child care),* bis hin zur informellen Kinderbetreuung durch Verwandte, Freunde oder Nachbarn. Die heutigen frühkindlichen Bildungs- und Betreuungsangebote, die die Bildungslandschaft überziehen, sind nach wie vor so divers wie zahlreich und unterscheiden sich in praktisch allen Aspekten: in ihrem Hauptanliegen, den Finanzierungsquellen und verfügbaren Finanzmitteln, in Art und Grad der Regulierung, ihren Steuerungsmechanismen und Verantwortlichkeiten und – für diesen Beitrag besonders relevant – in den Anforderungen an die Qualifizierung des Fachpersonals.

1.1 Wer sind die frühpädagogischen Fachkräfte von heute?

Angesichts dieses hochsensiblen Entstehungscharakters der Leistungsangebote für Kinder ist zu erwarten, dass sich auch eine Abhandlung über das pädagogische Personal im Elementarbereich als eine sehr vielschichtige und herausfordernde Aufgabe erweist. Dies ist zum einen auf das generell zergliederte frühkindliche Bildungs- und Betreuungswesen zurückzuführen und zum anderen auf das Fehlen einer einheitlichen Terminologie zur Bezeichnung der Fachkräfte in diesem Feld.

Wir verwenden in diesem Kapitel zwar den weit gefassten Begriff der frühpädagogischen Fachkräfte und meinen damit Personen, die mit der Förderung der Entwicklung von mit ihnen nicht verwandten Kindern befasst sind; doch das U.S. Bureau of Labor Statistics (BLS) unterscheidet zwischen Betreuungskräften *(child care workers)* und pädagogischen Fachkräften für den vorschulischen Bereich *(preschool teachers).* Betreuungskräfte sind laut der Definition des BLS Personen, die gegen Bezahlung Kinder in privaten Haushalten, in Tagesgroßpflegestellen *(family child care homes),* in institutionellen Kinderbetreuungsprogrammen *(center-based child care programs)* und in Nachmittagsangeboten für Schulkinder *(after school programs)* betreuen. Pädagogische Fachkräfte für den vorschulischen Bereich können in ähnlichen Einrichtungen und Programmen arbeiten wie Betreuungskräfte, konzentrieren sich aber stärker auf den Bildungsauftrag. Ohne dass die erwähnte Differenzierung einen großen Unterschied machen würde, stellte das BLS gemäß seiner Definitionen fest, dass es im Jahr 2008 circa 1,3 Millionen Betreuungskräfte gab, von denen 33 Prozent selbstständig waren – zumeist als Anbieter häuslicher Kinderbetreuung *(family child care providers)* (U.S. Bureau of Labor Statistics 2011a). Weitere 457.200 Personen waren als pädagogische Fachkräfte im vorschulischen Bereich beschäftigt (U.S. Bureau of Labor Statistics 2011b).

An diesen Zahlen werden zwei Hauptprobleme sichtbar: Zum einen werden, wie bereits erwähnt, Betreuungskräfte und pädagogische Fachkräfte für den vorschulischen Bereich unterschiedlichen Kategorien zugeordnet – ein Problem, das wir im vorliegenden Beitrag überwinden wollen. Zum anderen sagen die Daten nichts über die Anzahl der Personen aus, die Kinder in informellen Familien- oder Verwandtschaftskontexten betreuen. Ungeachtet dieser Vorbehalte wird geschätzt, dass die Zahl der Beschäftigten im Elementarbereich – Leistungsanbieter aus institutionellen und informellen Kontexten eingeschlossen – insgesamt circa 2,3 Millionen Personen beträgt (Fowler, Bloom, Talan, Beneke & Kelton 2008).

Trotz der Unterschiede in der Berufsgruppenbezeichnung haben die frühpädagogischen Fachkräfte, wie wir sie hier definiert haben, viele wichtige Merkmale gemeinsam: Erstens sind sie mit einem geschätzten Anteil von 99 Prozent fast durchweg weiblich (Kagan, Kauerz & Tarrant 2008). Zweitens sind die frühpädagogischen Fachkräfte in aller Regel im Alter von Ende dreißig bis Mitte vierzig, was nach Region oder Einrichtung etwas schwanken kann. In Studien zu frühkindlicher Bildung und Betreuung in den einzelnen Bundesstaaten wurde zum Beispiel festgestellt, dass frühpädagogische Fachkräfte in institutionellen Kinderbetreuungsprogrammen häufig jünger sind als diejenigen in Tagesgroßpflegestellen und staatlichen Pre-Kindergarten-Einrichtungen (Fowler et al. 2008; Whitebook et al. 2006).

Drittens gehören die frühpädagogischen Fachkräfte überwiegend der weißen Bevölkerungsgruppe an, wobei ethnische Zugehörigkeit und kultureller Hintergrund nach Region und Einrichtung variieren können. In Regionen, in denen sogenannte Minderheiten die Bevölkerungsmehrheit darstellen, ist die ethnische Vielfalt unter den frühpädagogischen Fachkräften größer. Das trifft zum Beispiel auf Kalifornien zu, wo diese Berufsgruppe mehr Personen aus sogenannten Minderheitsgruppen als im nationalen Durchschnitt aufweist und die Demografie des Bundesstaates insgesamt deutlicher widerspiegelt als die Gruppe der Lehrkräfte im Primar- und Sekundarbereich. Studien in mehreren Bundesstaaten haben ergeben, dass unter den Anbietern häuslicher Kinderbetreuung und den pädagogischen Assistenzkräften *(assistant teachers)* eine größere ethnische Vielfalt besteht als bei den pädagogischen Fachkräften in institutionellen Angeboten für Kinder (Chase, Moore, Pierce & Arnold 2007; Marshall, Dennehy, Johnson-Staub & Robeson 2005; Whitebook et al. 2006). Bundesweit scheint die ethnische Vielfalt bei den pädagogischen Fachkräften in einzelstaatlichen Pre-Kindergarten-Einrichtungen am geringsten zu sein (Early et al. 2005; Hart & Schumacher 2005; Kagan et al. 2008). Wenn die ethnische Vielfalt unter den Kindern stärker wächst als in der Bevölkerung allgemein, vergrößert sich möglicherweise insgesamt die ethnische und kulturelle Kluft zwischen den frühpädagogischen Fachkräften und den Kindern in ihrer Obhut (Fowler et al. 2008).

Viertens sprechen frühpädagogische Fachkräfte mit den Kindern oft eine andere Sprache als Englisch. Laut Early et al. (2005) gaben zum Beispiel 32 Prozent der pädagogischen Fachkräfte im Pre-Kindergarten-Bereich an, mit den Kindern Spanisch zu sprechen, und Hart und Schumacher (2005) konnten dies bei 27 Prozent der Fachkräfte im Head-Start-Programm ebenfalls feststellen (aus den Studien geht allerdings nicht hervor, bei wie vielen dieser Fachkräfte Englisch nicht die Muttersprache ist). Bei einer bundesweit von ethnischer Vielfalt geprägten Kinderpopulation ist die ethnische, kulturelle und sprachliche Zusammensetzung des Personals im Elementarbereich natürlich von zunehmender politischer und wissenschaftlicher Bedeutung.

Fünftens werden frühpädagogische Fachkräfte allgemein schlecht bezahlt. Das BLS (2010a) schätzt das Durchschnittsjahreseinkommen auf $ 21.110, wobei das Jahreseinkommen der Untergruppe der Betreuenden in Kindertageseinrichtungen mit $ 19.330 noch geringer ist. Mit diesem Lohnniveau bewegen sich Betreuungskräfte knapp unterhalb der nationalen Armutsgrenze, die für eine vierköpfige Familie bei $ 22.050 liegt. Im Dienstleistungssektor gehören frühpädagogische Fachkräfte damit zu der am schlechtesten bezahlten Gruppe. Das durchschnittliche Jahreseinkommen von pädagogischen Fachkräften für den vorschulischen Bereich liegt mit $ 29.200 etwas höher. Der Durchschnittsverdienst variiert jedoch von Bundesstaat zu Bundesstaat, wobei in New York die pädagogischen Fachkräfte im vorschulischen Bereich durchschnittlich $ 38.000 und in Ohio $ 23.570 verdienen (U.S. Bureau of Labor Statistics 2010b). Eine Analyse der Einkommen nach Programmtyp ergibt weitere Ungleichheiten: Anbieter häuslicher Kinderbetreuung verdienen am wenigsten, während pädagogische Fachkräfte in den Pre-Kindergarten-Programmen der Bundesstaaten die höchsten Löhne erhalten (Kagan et al. 2008). In Massachusetts bekommt eine in einer Kinderbetreuungseinrichtung angestellte Fachkraft mit Bachelor-Abschluss in Frühpädagogik die Hälfte des Stundenlohnes einer pädagogischen Fachkraft in einer Pre-Kindergarten-Einrichtung in öffentlicher Trägerschaft (Marshall et al. 2005). Die Leistungen der sozialen Sicherung folgen ähnlichen Mustern. Viele frühpädagogische Fachkräfte sind zum Beispiel nicht über ihren Arbeitgeber krankenversichert, und bundesweit hat nahezu ein Fünftel aller Fachkräfte im Elementarbereich gar keine Krankenversicherung (Herzenberg, Price & Bradley 2005).

Angesichts einer solch niedrigen Entlohnung überrascht es nicht, dass im Bereich der frühkindlichen Bildung und Betreuung eine extrem hohe Personalfluktuation herrscht und viele frühpädagogische Fachkräfte in eine besser bezahlte Stellung im Primar- oder Sekundarbereich abwandern oder den Bildungssektor ganz verlassen. Auf nationaler Ebene lassen sich hier Trends in Abhängigkeit von Programmtypen beobachten: Zum Thema Beschäftigungsdauer stellen Saluja, Early und Clifford (2002) fest, dass Fachkräfte in der institutionellen Kinderbetreuung durchschnittlich 6,8 Jahre an ihrer Arbeitsstelle bleiben, während pädagogische Fachkräfte an öffentlichen Schulen und in konfessionell gebundenen Einrichtungen etwas länger (7,8 Jahre) an einem Arbeitsplatz beschäftigt sind. Doch viele frühpädagogische Fachkräfte geben ihre Arbeitsstelle schon viel früher auf. Speziell zum Thema Fluktuation stellte eine Studie in einem Bundesstaat fest, dass 28 Prozent der pädagogischen Fachkräfte und 41 Prozent der pädagogischen Assistenzkräfte innerhalb von zwei Jahren ihren Arbeitsplatz wechselten, wobei ein Zusammenhang zwischen Fluktuationsraten und Bezahlung besteht: Die am besten bezahlten Fachkräfte hatten auch die niedrigsten Fluktuationsraten (Fowler et al. 2008).

Die Ausbildungswege des pädagogischen Personals auszumachen, stellt sich angesichts der Entwicklung des Elementarbereichs und der Vielfalt seiner Programme als ein komplexes Unterfangen dar, das viele Fragen aufwirft: Um welche Fachkräfte geht es? Welche Kontexte sind zu berücksichtigen? Welche Bundesstaaten? In den folgenden Abschnitten werden wir diesen Fragen nachgehen, bitten unsere Leserinnen und Leser jedoch, nicht zu vergessen, dass die frühpädagogischen Fachkräfte in den USA ein ebenso vielgestaltiges Bild abgeben wie die Aus- und Weiterbildungspfade, die das angehende und bereits praktizierende Fachpersonal beschreitet. Die Bemühungen um fachliche Aus- und Weiterbildung verfolgen zwar das Ziel der Verbesserung der bestehenden Situation, werden aber voll und ganz von der Tatsache beherrscht, dass die in den unterschiedlichsten Programmtypen und in den verschiedenen Bundesstaaten arbeitenden frühpädagogischen Fachkräfte in der Regel unterbezahlt sind, keine zureichende Wertschätzung erfahren und einer sehr hohen Personalfluktuation ausgesetzt sind.

2. Frühpädagogische Fachkräfte in den USA: Anforderungen und Wirklichkeit

Vor diesem Hintergrund zeichnen wir nun die an Fachkräfte im Elementarbereich gestellten fachlichen Anforderungen nach sowie die verfügbaren Qualifizierungspfade, um diesen Anforderungen gerecht zu werden. Die Anforderungen spiegeln die zergliederte Struktur der frühkindlichen Bildung und Betreuung in den Vereinigten Staaten wider und variieren stark je nach a) Bundesstaat, in dem die Fachkraft wohnt, b) Art des Programms, in dem die Fachkraft arbeitet und c) Alter der Kinder, mit denen sie arbeitet. Unübersichtlicher wird die Situation noch dadurch, dass manche Anforderungen erfüllt sein müssen, bevor eine Fachkraft ihre pädagogische Arbeit mit Kindern aufnimmt, und andere Anforderungen wieder erst nachdem sie bereits im Feld tätig ist. Die qualifikatorischen Anforderungen, die im Zuge der fachlichen Ausbildung als Einstellungsvoraussetzung gegeben sein müssen, sind von Bundesstaat zu Bundesstaat und von Programm zu Programm verschieden; teils sind sie recht streng, teils sehr moderat und manchmal auch gar nicht existent. Die berufsvorbereitende Ausbildung beinhaltet typischerweise ein Studium an einer Hochschule, das im Allgemeinen mit dem *Associate Degree*[111] oder dem Bachelorgrad abgeschlossen wird. In manchen Fällen verlangt die fachliche Ausbildung auch, dass die Studierenden Praxiserfahrung in der pädagogischen Arbeit mit Kindern sammeln oder ein Zertifikat erwerben. Zertifizierung bezeichnet ein Verfah-

[111] *Ein unter dem Bachelor liegender Abschluss nach einem zweijährigen Studium an einem College, der in den USA als akademischer Grad gilt, aber z. B. in Europa nicht als Hochschulabschluss anerkannt wird (Anm. d. Hrsg.).*

ren, mittels dessen eine Person eine formale, zeitlich begrenzte Anerkennung eines bestimmten Status erhält, nachdem sie die Erfüllung festgelegter und standardisierter Anforderungen nachgewiesen hat (Rops 2007). Manchmal werden solche Zertifikate allein auf der Basis nachgewiesener Kompetenzen erteilt, manchmal auf der Grundlage formaler Studienleistungen in Verbindung mit nachgewiesenen Kompetenzen. Wenn solche Zertifikate von einem Bundesstaat vergeben werden, heißen sie Zulassungen *(certificates)* oder Lizenzen *(licenses)*.

Im Unterschied zu diesen Ansätzen der berufsvorbereitenden fachlichen Ausbildung werden Anforderungen, die frühpädagogische Fachkräfte berufsbegleitend erfüllen können oder müssen, als fachliche Weiterbildung oder berufsbegleitende Qualifizierung bezeichnet. Solche Anforderungen definieren Art und Umfang der regelmäßigen fachlichen Weiterbildung, die meistens einmal jährlich zu absolvieren ist und oft in Form von Erwachsenenbildung, Workshops, Online-Lernen oder als von zertifizierten Ausbilderinnen und Ausbildern durchgeführte Schulungen angeboten wird.

Angesichts der Vielfalt an Anforderungen und Qualifizierungsmaßnahmen haben wir jeweils konkrete Beispiele für die drei in der amerikanischen frühkindlichen Bildung und Betreuung wichtigsten Ansätze herausgegriffen: a) für die Kinderbetreuung, wie sie in lizenzierten Kinderbetreuungseinrichtungen und Tagesgroßpflegestellen angeboten wird, b) für das von der Bundesregierung finanzierte elementarpädagogische Programm Head Start für Kinder aus einkommensschwachen Familien und c) für einzelstaatliche Pre-Kindergarten-Programme. Jeder Ansatz wird zunächst im Hinblick auf seine Anforderungen und anschließend mit Blick auf die tatsächliche Situation im Feld beschrieben. Dabei sind zwei Aspekte zu beachten: Erstens unterscheiden sich die drei Ansätze signifikant und ermöglichen dadurch einen breiten Überblick über die idiosynkratischen Anforderungen an frühpädagogische Fachkräfte und deren Ausbildung in den Vereinigten Staaten. Zweitens kann das Bildungs- und Ausbildungsniveau im konkreten Fall trotz der definierten Anforderungen weit hinter diesen zurückbleiben. In einem durch Unterbezahlung und hohe Personalfluktuation gekennzeichneten Feld gilt es, Lücken beim pädagogischen Fachpersonal zu füllen, was oft dazu führt, dass die Einstellung unzureichend qualifizierten Personals zum Normalfall wird.

2.1 Kinderbetreuung

Institutionelle Kinderbetreuung: Anforderungen und Wirklichkeit

Institutionelle Kinderbetreuung wird sowohl privatwirtschaftlich und gewinnorientiert als auch in gemeinnütziger Trägerschaft angeboten. Entsprechende Einrichtungen sind mindestens sechs Stunden am Tag und oft auch länger geöffnet, um den Bedürfnissen der überwiegend berufstätigen Eltern entgegenzukommen. Normalerweise sind diese Leistungsangebote kostenpflichtig, wobei Eltern mit niedrigem Einkommen als Ausgleich häufig Zuschüsse vom Staat erhalten. Die Qualifikationsanforderungen an Fachkräfte in institutionellen Kinderbetreuungsprogrammen sind generell recht niedrig. Die meisten Bundesstaaten definieren keine Mindestqualifikationsanforderungen für diese Berufsgruppe in lizenzierten Betreuungseinrichtungen. Nur 16 Bundesstaaten und der District of Columbia formulieren hier Qualifikationsanforderungen, und zwar unterschiedlichster Art: Manche Bundesstaaten verlangen Schulungen im Umfang einer bestimmten Stundenzahl, Praxiserfahrung in der pädagogischen Arbeit mit Kindergruppen, ein Zertifikat oder auch eine Kombination dieser Qualifikationen (National Child Care Information Center 2010a). Eines der am häufigsten verlangten Qualifikationsnachweise ist der Child Development Associate (CDA). Es handelt sich dabei um ein kompetenzbasiertes Zertifikat, das an Fachkräfte im Elementarbereich vergeben wird und bundesweit anerkannt ist (siehe Seite 298f.). Die Bandbreite der Qualifikationsanforderungen in den einzelnen Bundesstaaten zeigt sich auch daran, dass frühpädagogische Fachkräfte zum Beispiel in Alabama innerhalb der ersten 30 Tage nach Arbeitsantritt zwölf Stunden Schulung oder ein persönliches Beratungsgespräch absolvieren müssen, während die Fachkräfte in Minnesota ein CDA-Zertifikat und Praxiserfahrung im Umfang von 1.560 Stunden vorweisen müssen (National Child Care Information Center 2010a). Weitere 17 Bundesstaaten verlangen, dass in einer Kindergruppe oder einem Programm mindestens eine Fachkraft – eine Kernfachkraft – auf einem höheren Niveau als die geltende qualifikatorische Mindestanforderung zertifiziert sein soll. In den meisten Fällen muss sie über ein Zertifikat in Frühpädagogik verfügen, während drei Bundesstaaten von Kernfachkräften einen Bachelor-Abschluss verlangen (a. a. O.).

Mehrheitlich setzen die Bundesstaaten bei Fachkräften in der institutionellen Kinderbetreuung zwar keine Fachausbildung voraus, die meisten verlangen aber berufsbegleitende fachliche Weiterbildung. 48 Bundesstaaten und der District of Columbia schreiben regelmäßige Weiterbildung vor, deren Umfang von jährlich drei vollen Stunden in Louisiana und Maryland bis zu jährlich 30 vollen Stunden in Maine reicht (a. a. O.).

Wie zu erwarten, weichen die Ausbildungsniveaus und Qualifikationen der Fachkräfte faktisch von den festgelegten Anforderungen ab, wobei es auch Abweichungen nach Programmtyp und Region gibt. Erschwerend kommt hinzu, dass der Begriff „institutionelle Kinderbetreuung" *(center-based)* meist unterschiedlich gebraucht wird. So wird zum Beispiel in manchen Studien das von der Bundesregierung aufgelegte Head-Start-Programm der Kategorie institutionelle Kinderbetreuung zugeordnet, obwohl dessen Standards strenger sind als die typischen einzelstaatlichen Zulassungsvoraussetzungen. Anhand einer nationalen Stichprobe von institutionellen Betreuungsangeboten unter Einbeziehung des Head-Start-Programms stellten Herzenberg et al. (2005) fest, dass 30 Prozent des Verwaltungspersonals *und* der pädagogischen Fachkräfte über einen Bachelor-Abschluss verfügten, 40 Prozent ein College besucht hatten und 30 Prozent maximal einen High-School-Abschluss vorweisen konnten. Diese Studie, deren Vergleichbarkeit mit anderen Untersuchungen dadurch erschwert wird, dass sie die Daten des Verwaltungspersonals und der Fachkräfte vermischt, registriert einen höheren Bildungsgrad als solche Studien, die das Head-Start-Programm unberücksichtigt lassen und ein niedrigeres Bildungsniveau bei Fachkräften in der institutionellen Kinderbetreuung feststellen (Marshall et al. 2005).

Abgesehen von den definitorischen Problemen differieren die Qualifikationen frühpädagogischer Fachkräfte in vielerlei Hinsicht. Ihre Qualifikationen unterscheiden sich je nach Projektträger, wobei Fachkräfte in gewinnorientiert arbeitenden Einrichtungen oft ein geringeres formales Bildungsniveau aufweisen als diejenigen in gemeinnützigen und konfessionell gebundenen Einrichtungen (Saluja et al. 2002). Die Qualifikationen können sich außerdem regional und von Bundesstaat zu Bundesstaat unterscheiden, was sowohl auf unterschiedliche Anforderungen als auch auf unterschiedliche Bildungsniveaus der jeweiligen Allgemeinbevölkerung zurückzuführen ist (Whitebook et al. 2006). Sie können auch danach variieren, ob die jeweiligen Programme Kinder aus einkommensschwachen Familien versorgen und die Einrichtung staatliche Zuschüsse in Form von Bildungsgutscheinen akzeptiert. In einer kalifornischen Studie stellte man fest, dass 20 Prozent der Fachkräfte in Programmen, die Bildungsgutscheine akzeptierten, einen Bachelor-Abschluss hatten, wohingegen in Programmen, die keine Bildungsgutscheine akzeptierten, der prozentuale Anteil dieser Gruppe mit 32 Prozent höher war (a. a. O.). Festzuhalten ist weiterhin, dass nicht alle Fachkräfte mit solchen Abschlüssen auch eine formale Ausbildung in Frühpädagogik aufweisen können. In Illinois zum Beispiel haben fast drei Viertel der Fachkräfte mindestens einen Associate Degree, aber nur 42 Prozent verfügen über einen Abschluss mit Schwerpunkt Frühpädagogik (Fowler et al. 2008). Neben formalen Abschlüssen können Fachkräfte in der institutionellen Kinderbetreuung noch andere Arten der Zertifizierung vorweisen. Manche wählen das CDA-Zertifikat, das in einigen wenigen Bundesstaaten verlangt wird, als eine Möglichkeit der Höherqualifizierung (Kagan et al. 2008).

Häusliche Tagespflege: Anforderungen und Wirklichkeit

Häusliche Tagespflege wird ausschließlich im privatwirtschaftlichen Sektor angeboten und findet bei Privatpersonen zu Hause statt. Eine kleine häusliche Tagespflegestelle *(family child care center/home)* kann bis zu sechs nicht miteinander verwandte Kinder von der Geburt bis zum Erreichen des Schulalters betreuen, während eine Tagesgroßpflegestelle *(family child care group home)* sieben bis 15 Kinder betreuen darf. Die Mindestqualifikationen von Anbietern häuslicher Kinderbetreuung sowohl in kleinen als auch großen Tagespflegestellen sind generell niedriger als die von pädagogischen Fachkräften in der institutionellen Kinderbetreuung.

Die qualifikatorischen Anforderungen an das Personal wie auch die einschlägigen Vorschriften hängen von der Größe der Tagespflegestelle ab. Tagesgroßpflegestellen, die eine höhere Anzahl von Kindern betreuen, unterliegen generell strengeren Bestimmungen als kleine Tagespflegestellen. Insgesamt verlangen nur neun Bundesstaaten vom Personal in kleinen Tagespflegestellen eine entsprechende Qualifikation; 15 Bundesstaaten setzen eine solche beim Personal in Tagesgroßpflegestellen voraus, zum Beispiel einen Befähigungsnachweis wie das CDA-Zertifikat oder Schulungen in einem bestimmten Stundenumfang. Viele Bundesstaaten verlangen von Anbietern häuslicher Kinderbetreuung regelmäßige fachliche Weiterbildung, wobei dies in 38 Bundesstaaten für Betreuungskräfte in kleinen Tagespflegestellen und in 37 Bundesstaaten für Betreuungskräfte in Tagesgroßpflegestellen gilt (National Child Care Information Center 2010b).

Erwartungsgemäß weist das Personal in häuslichen Tagespflegestellen generell ein geringeres formales Bildungs- und Ausbildungsniveau auf, als das in Kinderbetreuungseinrichtungen der Fall ist. Herzenberg et al. (2005) stellten fest, dass mehr als die Hälfte (56%) maximal einen High-School-Abschluss vorweisen konnte, 32 Prozent ein College besucht hatten und elf Prozent über einen Bachelor-Abschluss verfügten. Rund drei Prozent der Anbieter häuslicher Kinderbetreuung besitzen das bundesweit gültige CDA-Zertifikat (Kagan et al. 2008). Obwohl die Anbieter häuslicher Kinderbetreuung generell zur regelmäßigen Weiterbildung einmal jährlich verpflichtet sind, nehmen viele von ihnen die Weiterbildungsangebote nicht wahr (a.a.O.). Eine Studie zu Anbietern häuslicher Kinderbetreuung in Minnesota stellte zum Beispiel fest, dass in den zwölf Monaten vor der Untersuchung nur 20 Prozent der in lizenzierten häuslichen Betreuungsprogrammen Tätigen an regelmäßig zu absolvierender Weiterbildung teilgenommen hatten (Chase et al. 2007). Zu den Gründen für die Nichtteilnahme zählen zum Beispiel hohe Kosten, der damit verbundene Zeitaufwand, fehlende Verkehrsmittel oder die Unterrichtssprache (Hamm, Gault & Jones-DeWeever 2005).

2.2 Das Head-Start-Programm: Anforderungen und Wirklichkeit

Head Start ist ein auf Bundesebene finanziertes und verwaltetes Programm, das umfassende Leistungen für drei- und vierjährige Kinder anbietet. Es läuft in allen Bundesstaaten sowie in Indianerreservaten und ist kostenlos für Kinder, deren Eltern den strikten Bestimmungen nach als „arm" gelten. Die Bundesregierung hat in einer Reihe von Vorschriften bestimmte Standards für Head Start festgelegt, darunter qualifikatorische Mindestanforderungen an die im Programm arbeitenden frühpädagogischen Fach- und Assistenzkräfte. Diese Anforderungen beziehen sich sowohl auf die formalen Abschlüsse als auch auf die fachliche Qualifizierung. Im

Head-Start-Programm muss in jeder Kindergruppe mindestens eine Fachkraft arbeiten, die a) über ein Associate Degree, einen Bachelor- oder einen höheren Abschluss in Frühpädagogik verfügt, b) ein Associate Degree oder einen Bachelor-Abschluss in einer anderen Fachrichtung plus Studienleistungen, die einem Hauptfachstudium in Frühpädagogik gleichwertig sind, sowie praktische pädagogische Erfahrungen in der Arbeit mit Kindern im Vorschulalter vorweisen kann oder c) Mitglied ist bei *„Teach for America"*, einem alternativen Zertifizierungsprogramm, in dem frische Hochschulabsolventinnen und -absolventen zu pädagogischen Fachkräften ausgebildet und bundesweit an unterversorgte Schulen in öffentlicher Trägerschaft vermittelt werden. Ferner verlangte das Head-Start-Programm bis 2013 von mindestens der Hälfte seiner frühpädagogischen Fachkräfte bundesweit a) einen Bachelor- oder höheren Abschluss in Frühpädagogik oder b) einen Bachelor- oder höheren Abschluss in einer anderen Fachrichtung plus Studienleistungen, die einem Hauptfachstudium der Frühpädagogik gleichwertig sind, sowie pädagogische Praxiserfahrung in der Arbeit mit Kindern im Vorschulalter. Bis 2013 wurde von allen pädagogischen Mitarbeiterinnen und Mitarbeitern in Head-Start-Projekten verlangt, dass sie a) das CDA-Zertifikat vorweisen können, b) in einem Programm zum Erwerb der CDA-Qualifikation eingeschrieben sind, das innerhalb von zwei Jahren abgeschlossen sein muss, oder c) einen Associate Degree oder Bachelor-Abschluss vorweisen können oder in einem Programm eingeschrieben sind, das zu diesen Abschlüssen führt. Die Head-Start-Bestimmungen sehen auch vor, dass das pädagogische Personal mindestens 15 Stunden im Jahr an berufsbegleitenden fachlichen Weiterbildungsmaßnahmen teilnehmen muss (Administration for Children and Families 2008).

Faktisch hatten im Jahr 2010 rund 24 Prozent der Fachkräfte in Head-Start-Projekten einen Bachelor-Abschluss in Frühpädagogik, weitere 13 Prozent Bachelor-Abschlüsse in anderen Fachrichtungen. Mehr als ein Viertel (27 %) besaß einen Associate Degree in Frühpädagogik; fünf Prozent hatten einen über den Bachelorgrad hinausreichenden Abschluss in Frühpädagogik und weitere zwei Prozent einen über dem Bachelorgrad liegenden Abschluss in einer anderen Fachrichtung. Das CDA-Zertifikat besaßen18 Prozent der pädagogischen Fachkräfte, und rund sechs Prozent konnten kein Zertifikat vorweisen (Office of Head Start 2011). Wenn ab 2013 die neuen Anforderungen an pädagogische Fachkräfte greifen, werden sich diese Zahlen in Zukunft wahrscheinlich verändern.

2.3 Einzelstaatliche Pre-Kindergarten-Programme: Anforderungen und Wirklichkeit

Derzeit laufen insgesamt 52 einzelstaatlich finanzierte Pre-Kindergarten-Programme in 40 Bundesstaaten. Diese Programme orientieren sich im Allgemeinen an den Bedürfnissen gefährdeter Kinder, können aber je nach Bundesstaat auch auf eine breitere Zielgruppe ausgerichtet sein. Pre-Kindergarten-Programme sind tendenziell bildungsorientiert – was bei Kinderbetreuungsprogrammen der Fall sein kann, aber nicht muss – und stellen der Tendenz nach strengere Ausbildungsanforderungen an das pädagogische Personal. Was formale Abschlüsse anbelangt, verlangen 27 dieser Programme von den frühpädagogischen Kernfachkräften mindestens einen Bachelor-Abschluss. Die weiteren Programme stellen Mindestanforderungen auf dem Niveau des Associate Degree oder des CDA-Zertifikats, und in einigen Programmen brauchen die pädagogischen Fachkräfte lediglich einen High-School-Abschluss vorzuweisen. In 45 einzelstaatlichen Programmen müssen pädagogische Fachkräfte außerdem eine Ausbildung speziell für den Pre-Kindergarten-Bereich vorweisen, während in allen Bundesstaaten für die Fachkräfte einmal jährlich eine Weiterbildungsmaßnahme vorgeschrieben ist (Barnett et al. 2010). Die Einstellungsvoraussetzungen für pädagogische Mitarbeiterinnen und Mitarbeiter sind im Allgemeinen niedriger als die für Kernfachkräfte, wobei die Bundesstaaten vom pädagogischen Personal mehrheitlich einen High-School-Abschluss, das CDA-Zertifikat oder einen Associate Degree verlangen (a. a. O.).

De facto haben Fachkräfte in den Pre-Kindergarten-Programmen der einzelnen Bundesstaaten im Durchschnitt ein höheres Bildungsniveau als die Beschäftigten in anderen elementarpädagogischen Einrichtungen. Darüber hinaus jedoch bestehen in den Qualifikationen der Fachkräfte in Pre-Kindergarten-Programmen von Bundesstaat zu Bundesstaat große Unterschiede. Eine landesweite Studie ergab, dass insgesamt 73 Prozent des pädagogischen Personals einen Bachelor- oder höheren Abschluss hatten, 14 Prozent einen Associate Degree und 13 Prozent höchstens einen High-School-Abschluss vorweisen konnten (Gilliam & Marchesseault 2005). Allerdings verschleiern diese landesweit erhobenen Daten die erheblichen Unterschiede zwischen den einzelnen Bundesstaaten. In Florida zum Beispiel, wo die Fachkräfte in Pre-Kindergarten-Programmen lediglich das CDA-Zertifikat vorweisen müssen, hatten 65 Prozent der Fachkräfte ein CDA-Zertifikat, elf Prozent einen Associate Degree, 21 Prozent einen Bachelor-Abschluss und drei Prozent einen höheren Studienabschluss (Barnett et al. 2010). Dagegen verfügten in Delaware, wo pädagogische Fachkräfte ebenfalls das CDA-Zertifikat vorweisen müssen, 53 Prozent dieser Beschäftigtengruppe über einen Bachelor-Abschluss. Diese Zahlen zeigen, dass die tatsächlichen Qualifikationsprofile des Fachpersonals in Bundesstaaten mit ähnlichen Einstellungsvoraussetzungen recht unterschiedlich sein können. Die beiden genannten Bundesstaaten unterscheiden sich wiederum stark von Bundesstaaten wie Maryland und Illinois, wo fast 100 Prozent der pädagogischen Fachkräfte in Pre-Kindergarten-Programmen einen Bachelor-Abschluss vorweisen können (a. a. O.).

Der kurze Überblick über die Anforderungen an frühpädagogische Fachkräfte und deren tatsächliche berufliche Qualifikationen unterstreicht die in diesem Feld bestehende Vielfalt. Hinsichtlich der beruflichen Anforderungen und Qualifikationen gelten für frühpädagogische Fachkräfte im Allgemeinen weniger strenge Regeln als für Lehrkräfte im Primar- und Sekundarbereich. Weitere Verallgemeinerungen sind aber kaum möglich: Das mit der Bildung und Betreuung jüngerer Kinder beauftragte Personal kann so gut wie keine elementarpädagogische Ausbildung haben, aber auch über formale Bildungsabschlüsse und Fachausbildungen verfügen.

Im Folgenden stellen wir die unterschiedlichen Möglichkeiten der fachlichen Aus- und Weiterbildung für frühpädagogische Fachkräfte in den USA vor.

3. Drei Pfade der fachlichen Aus- und Weiterbildung

Nachdem wir die Ausbildungsanforderungen an frühpädagogische Fachkräfte umrissen haben, untersuchen wir im Folgenden die Pfade zur Erlangung der erforderlichen Qualifikationen. Angesichts der Tatsache, dass die Anforderungen an das pädagogische Personal in den Vereinigten Staaten so unterschiedlich sind, ist auch die Vielfalt der fachlichen Aus- und Weiterbildungsmöglichkeiten für frühpädagogische Fachkräfte nicht verwunderlich.

In diesem Abschnitt beschreiben wir drei typische berufsqualifizierende Pfade: Die ersten beiden Wege sind im Allgemeinen mit einer berufsvorbereitenden Ausbildung verbunden, während der dritte Weg auf die berufsbegleitende Qualifizierung ausgerichtet ist. Wir beginnen mit dem sogenannten kompetenzbasierten Pfad und wenden uns dann den zwei- und vierjährigen akademischen Studiengängen an einer Hochschule zu. Die dritte Option schließlich beschreibt Möglichkeiten der fachlichen Weiterbildung, die frühpädagogische Fachkräfte über ihr gesamtes Berufsleben hinweg nutzen können.

3.1 Der erste Pfad: Kompetenzbasierte Zertifikate

Der kompetenzbasierte Qualifikationspfad wird fast immer freiwillig beschritten und verlangt von den Bewerberinnen und Bewerbern den Nachweis, dass sie die Arbeit mit Kindern planen und konkret umsetzen können. Um ein auf nachgewiesenen Kompetenzen beruhendes Zertifikat zu erwerben, müssen die Kandidatinnen und Kandidaten bestimmte Materialien vorbereiten, sich eigenständig Lerninhalte aneignen sowie Evaluationen durchführen. Die entsprechenden Unterlagen werden dann den zuständigen Organisationen, Verbänden oder Behörden zur Prüfung vorgelegt, die dann das Zertifikat verleihen. Darüber hinaus und im Unterschied zu anderen qualifizierenden Maßnahmen müssen die Betreffenden ihr pädagogisches Können in Anwesenheit einer erfahrenen Fachkraft unter Beweis stellen, die nach festgelegten Kriterien über die Befähigung entscheidet.

Um den Charakter kompetenzbasierter Zertifikate zu verdeutlichen, konzentrieren wir uns hier auf zwei nationale, weithin bekannte Qualifikationsnachweise. Landesweit geltende Zertifikate sind ein Ansatz der fachlichen Aus- und Weiterbildung, der frühpädagogischen Fachkräften bestimmte Vorteile bringt. Erstens werden die hier diskutierten kompetenzbasierten Zertifikate von nationalen Organisationen vergeben und sind deshalb nicht nur in einzelnen Bundesstaaten, sondern bundesweit anerkannt. Folglich bietet diese Qualifikation der betreffenden Fachkraft mehr Mobilität als die von einzelnen Bundesstaaten vergebenen Zertifikate oder Zulassungen. Zweitens erfüllen kompetenzbasierte Zertifikate mehrere Zwecke: Sie können das Sprungbrett in einen formalen Studiengang sein oder Fachkräften, die bereits einen Abschluss und/oder eine einzelstaatliche Lehrzulassung besitzen, ihre Befähigung zur elementarpädagogischen Arbeit aber offiziell anerkannt haben möchten, als Zusatzqualifikation dienen. Deshalb stoßen kompetenzbasierte Zertifikate im Bereich der frühkindlichen Bildung auf großes Interesse und sind recht beliebt. Die beiden nachstehend beschriebenen bundesweit geltenden Zertifikate unterscheiden sich primär im Niveau der Kompetenzen, die zum Erwerb der Qualifikation notwendig sind.

Das Child-Development-Associate-Zertifikat

Das CDA-Zertifikat ist im Feld der Frühpädagogik das vielleicht auf breitester Basis offiziell anerkannte kompetenzbasierte Zertifikat, das alle frühpädagogischen Fachkräfte beim *Council for Professional Recognition*, einer explizit zur Förderung des CDA-Zertifikats gegründeten nationalen Organisation, erwerben können. Das CDA-Zertifikat gilt gewissermaßen als Eintrittskarte, als „entscheidendes Sprungbrett für eine Berufskarriere im Elementarbereich" (Council for Professional Recognition 2011, S. 1), wobei es vielen frühpädagogischen Fachkräften den Weg zu einem Studium ebnet.

Alle, die ein CDA-Zertifikat erwerben möchten, müssen die gleichen Anforderungen erfüllen, d. h. sechs Ziele erreichen. Dabei bietet das Verfahren zum Nachweis der Zielerreichung den Kandidatinnen und Kandidaten jedoch sehr viel Spielraum. Während die sechs Ziele zwar für alle Bewerberinnen und Bewerber gleich sind, unterscheiden sich die zu bearbeitenden Aufgabenbereiche je nach Programm oder Einrichtung, in der der einzelne arbeitet, und je nach Alter der Kinder in seiner Obhut. Wer zum Beispiel Säuglinge und Kleinstkinder betreut, wird höchstwahrscheinlich ein CDA-Zertifikat im Bereich der Säuglings- und Kleinstkindbetreuung *(Infant and Toddler CDA)* erwerben, d. h. Kompetenzbereiche im Rahmen der Betreuung und Bildung von Kindern von der Geburt bis zum Alter von 36 Monaten abdecken (Council for Professional Recognition 2011). Die Bewerberinnen und Bewerber müssen 120 Stunden zielbezogene fachliche Weiterbildung und 480 volle Stunden Praxiserfahrung in der Arbeit mit Kindern nachweisen (a. a. O.). Sie werden bei ihrer pädagogischen Arbeit von einem Gutachter oder einer Gutachterin beobachtet, der bzw. die die pädagogische Befähigung nach einem standardisierten Kriterienkatalog beurteilt. Zum Schluss erstellen die Prüflinge eine Mappe mit allen erforderlichen Materialien und Unterlagen. Diese wird dem *Council for Professional Recognition* vorgelegt, der die Bewerbung begutachtet und das CDA-Zertifikat vergibt. Das Zertifikat hat eine Laufzeit von drei Jahren und verleiht den Fachkräften im Elementarbereich eine Form der offiziellen und ausnahmslos in allen 50 Bundesstaaten gültigen Anerkennung.

Frühpädagogische Fachkräfte, die ein CDA-Zertifikat erwerben möchten, müssen pädagogische Aufgaben in sechs Kompetenzbereichen bearbeiten. Diese sind als generelle Ziele formuliert, die dann in Form konkreter Standards für jeden Bereich spezifiziert sind. Die vom *Council für Professional Recognition* (2011) festgelegten Ziele lauten: a) Schaffung eines sicheren und gesunden Lernumfeldes, b) Förderung der körperlichen und geistigen Fähigkeiten der Kinder, c) Unterstützung der sozialen und emotionalen Entwicklung der Kinder, d) Aufbau kooperativer und unterstützender Beziehungen zu den Familien, e) Gewährleistung einer guten Verwaltung der frühpädagogischen Programme und f) Verpflichtung zu professionellem Handeln. In diesen sechs Zielen spiegelt sich das, was im Feld der frühkindlichen Bildung und Betreuung gemeinhin als gute fachliche Praxis anerkannt und in wegweisenden Schriften zum Elementarbereich, wie zum Beispiel in *Developmentally Appropriate Practices* (Der entwicklungsgemäße Ansatz) von Copple und Bredekamp (2008), beschrieben wird. Diese Ziele decken alle Aspekte des frühpädagogischen Programms ab – vom physischen Umfeld bis zur sozialen und emotionalen Entwicklung des Kindes – und sind Ausdruck der in den USA in diesem Bereich geltenden Wertvorstellungen. So findet sich zum Beispiel das Ziel, eine Beziehung zu den Familien der Kinder aufzubauen, in vielen pädagogischen Ausbildungsprogrammen als zentrale Maxime wieder.

Das CDA-Zertifikat ist auf individueller und staatlicher Ebene eine weithin anerkannte Option zur fachlichen Qualifizierung, die von vielen Bundesstaaten empfohlen und sowohl finanziell als auch mit speziellen Programmen unterstützt wird. Fördermaßnahmen bestehen zum Beispiel aus Stipendien für Pädagoginnen und Pädagogen im Elementarbereich zur Deckung der Prüfungsgebühren und in finanziellen Anreizen für Einrichtungen, die CDA-Kurse neu einrichten.

National Board for Professional Teaching Standards

Der *National Board for Professional Teaching Standards* (NBPTS) ist eine auf Bundesebene angesiedelte Organisation, die die Qualität der pädagogischen Arbeit vom Elementar- bis zum Sekundarbereich verbessern soll. Sie wurde gegründet, um strengere Qualifikationsstandards für Lehrkräfte festzulegen, auf die Einhaltung dieser Standards hinzuwirken und ihre Umsetzung zu dokumentieren (National Board for Professional Teaching Standards 2001). Unabhängig davon, mit welchen Altersstufen die pädagogischen Fachkräfte befasst sind, verlangt die NBPTS-Zertifizierung von allen Kandidatinnen und Kandidaten, dass sie zehn Beurteilungen verfassen und eine Mappe mit Materialien zusammenstellen, in denen sie ihre Fachkenntnisse und die in ihrer pädagogischen Arbeit angewendeten Methoden dokumentieren (a. a. O.). Das NBPTS-Zertifikat beruht auf fünf Grundprinzipien, die besagen, dass Lehrkräfte a) sich zur Förderung der Lernprozesse bei Schülerinnen und Schülern bekennen, b) über entsprechendes Wissen in den eigenen Unterrichtsfächern verfügen, c) die Lernprozesse bei Kindern und Jugendlichen angemessen anleiten und strukturieren, d) sich zum systematischen und reflektierten Arbeiten verpflichtet fühlen und e) sich an einschlägigen Lerngemeinschaften zur Verbesserung der Bildungspraxis beteiligen. Wer diesen Zertifizierungsprozess erfolgreich abgeschlossen hat, wird als NBPTS-zertifizierte pädagogische Fachkraft *(National Board Certified teachers)* bezeichnet. Das Zertifikat ist zehn Jahre lang gültig und muss danach erneuert werden (National Board for Professional Teaching Standards 2002).

Während im Rahmen einer NBPTS-Zertifizierung alle pädagogischen Fachkräfte die genannten allgemeinen Anforderungen erfüllen müssen, bietet der Ausschuss aufgrund des stark zergliederten Bildungssektors (z. B. in Elementar- und Primarbereich) auch verschiedene Zertifikate mit fachlichen Schwerpunkten an. So können zum Beispiel Pädagoginnen und Pädagogen, die mit Kindern zwischen drei und acht Jahren arbeiten, ein Zertifikat erwerben, das ihre Arbeitspraxis nach bestimmten Standards beurteilt, die sich auf ihr Wissen über die kindliche Entwicklung, die Unterschiedlichkeit von Kindern, eine der kindlichen Entwicklung angemessene Beurteilungspraxis, integrierte Curricula und den Aufbau partnerschaftlicher Beziehungen zu den Familien und Gemeinden beziehen. Im Unterschied zum CDA-Zertifikat wird das NBPTS-Zertifikat nur an Pädagoginnen und Pädagogen vergeben, die bereits in einem Bundesstaat zertifiziert sind und demnach einen vierjährigen Studiengang in Elementar- oder Primarpädagogik abgeschlossen haben.

Die NBPTS-Zertifizierung verschafft frühpädagogischen Fachkräften mehr Mobilität, da viele Bundesstaaten das Zertifikat als hinreichende Voraussetzung für ihre eigene Zertifizierung anerkennen, sodass die Fachkräfte ohne zusätzliche Qualifizierungsmaßnahmen in allen Bundesstaaten arbeiten können. Untersuchungen haben zudem gezeigt, dass Kinder, die von NBPTS-zertifizierten pädagogischen Fachkräften unterrichtet wurden, in Leistungstests besser abschnitten als Kinder, die es mit Pädagoginnen und Pädagogen ohne NBPTS-Zertifikat zu tun hatten (Hakel, Koenig & Elliot 2008). Aufgrund dieser beiden Vorteile – mehr Mobilität und wissenschaftlich nachgewiesener Zusammenhang zwischen Schülerleistungen und NBPTS-Zertifizierung – ist das NBPTS-Zertifikat für frühpädagogische Fachkräfte zu einem sehr angesehenen und tragfähigen Qualifikationsnachweis geworden.

3.2 Der zweite Pfad: Die Ausbildung an Hochschulen

Der zweite Weg, den Fachkräfte im Elementarbereich einschlagen können und der sich gerade zur beliebtesten Ausbildungsoption in diesem Feld entwickelt, führt nach einem zwei- bzw. vierjährigen Studium an einem College oder einer Universität zu einem Hochschulabschluss. Wie die anderen im Elementarbereich angeboten Ausbildungsoptionen sind auch die zwei- und vierjährigen Studiengänge an einer Hochschule von Institution zu Institution und von Bundesstaat zu Bundesstaat verschieden sowie an zahlreiche einzelstaatliche Regularien und Anforderungen geknüpft (Kagan et al. 2008). Während manche zwar die Auffassung vertreten, dass aufgrund fehlender einheitlicher Anforderungen an elementarpädagogische Ausbildungsprogramme wenig über die an den Hochschulen angebotenen Möglichkeiten und Abläufe der pädagogischen Ausbildung bekannt sei (Whitebook & Ryan 2011), gibt es jedoch de facto nationale Akkreditierungsprogramme für die elementarpädagogischen Ausbildungskomponenten, die tatsächlich ein Instrument der Standardisierung und Qualitätssicherung darstellen. Leider sind nicht alle einschlägigen Hochschulen akkreditiert. Von den Hochschulen mit vierjährigen Studiengängen in Frühpädagogik sind 70 Prozent durch die national anerkannte Akkreditierungsstelle für Lehrerbildung (National Council for Accreditation of Teacher Education 2010) erfasst. Die Zahl der Hochschulen mit akkreditierten zweijährigen Studiengängen in Frühpädagogik ist wesentlich geringer (Lutton, persönliche Mitteilung 2011).

In dem Maße, wie die Systematisierung der professionellen Ausbildung im Bereich der frühkindlichen Bildung und Betreuung voranschreitet, wächst der Akkreditierungsdruck auf die Hochschulen – aus zwei Gründen: Erstens fühlt sich der Sektor der frühkindlichen Bildung und Betreuung zur Sicherung der Qualität dieser Ausbildungsprogramme verpflichtet. Zweitens besteht die Notwendigkeit, die hochschulübergreifende Anerkennung von Studienleistungen zu erleichtern. Im Folgenden beschreiben wir gemeinsame Merkmale der verschiedenen Studiengänge sowie den Prozess der Akkreditierung von Colleges und Universitäten mit zwei- und vierjährigen Studiengängen in Frühpädagogik.

Zweijährige Studiengänge an Colleges: Associate-Degree-Programme

Die *National Association for the Education of Young Children* stellt fest, dass die an Colleges angebotenen zweijährigen Associate-Degree-Programme „für viele Gruppen beim Zugang zur Hochschulbildung und zu den Positionen, die eine entsprechende Ausbildung voraussetzen, eine entscheidende Rolle spielen“ (National Association for the Education of Young Children 2011, S. 15). Traditionell ist der Abschluss des Associate Degree an der Berufspraxis ausgerichtet. Von daher sind die zu erbringenden Studienleistungen in den Associate-Degree-Programmen (meistens als Associate of Arts (AA)[112] oder Associate of Applied Science (AAS)[113] bezeichnet) stark praxisbezogen. Für den Bereich der frühkindlichen Bildung bedeutet dies, dass Studierende während ihrer Ausbildung praktische Erfahrung sammeln, sodass sie mit dem Eintritt in den Beruf in der Lage sind, effektiv mit Kindern zu arbeiten.

Die meisten im Bereich der Frühpädagogik angesiedelten Associate-Degree-Programme bieten einen Studiengang, der Themen wie kindliche Entwicklung, das Curriculum und seine Umsetzung in der pädagogischen Praxis beinhaltet sowie irgendeine Form des Praktikums vorschreibt (Maxwell, Lim & Early 2006). Darüber hinaus weisen die zweijährigen Ausbildungsprogramme in Frühpädagogik jedoch extreme Unterschiede auf. So werden zum Beispiel unterschiedliche Kurskombinationen zu Themenfeldern wie Entwicklung von Säuglingen und Kleinstkindern, Beziehungen zu Familien oder kulturelle Kompetenz angeboten.

Hochschulen, die einen solchen AA-Abschluss anbieten, sind zwar beliebt, können aber aus Kapazitätsgründen nur begrenzt auf die Bedürfnisse der im elementarpädagogischen Bereich Tätigen eingehen. Studien zu zwei- und vierjährigen frühpädagogischen Studiengängen an Colleges zeigen, dass es diesen Institutionen an qualifizierten Lehrkräften mangelt (Early & Winton 2001; Pianta 2007). Dies ist primär darauf zurückzuführen, dass es für Fachkräfte im elementarpädagogischen Bereich in den USA zu wenig Möglichkeiten gibt, sich auf einem über dem Bachelor-Grad liegenden Niveau zu qualifizieren (National Association for the Education of Young Children 2011). Der Mangel an qualifizierten Lehrkräften an Hochschulen ist bei zweijährigen Studiengängen problematisch, weil sich 50 Prozent aller Studierenden im Bereich der Frühpädagogik dafür einschreiben (American Association of Colleges for Teacher Education 2009). So wird es in den kommenden Jahren darauf ankommen, sowohl die Qualität von zweijährigen Studiengängen an den Colleges als auch die Zugangsmöglichkeiten zu verbessern – gerade weil diese Angebote in der Ausbildung von Fachkräften für den Elementarbereich und bei deren Vorbereitung auf die Praxis eine zentrale Rolle spielen.

---

[112] *Abschluss in Studienprogrammen in den Sozialwissenschaften, Geisteswissenschaften und General Studies (Anm. d. Hrsg.).*

[113] *Abschluss in anwendungsorientierten Studiengängen, die auf ein Hauptfach z. B. im kaufmännischen, technischen, medizinischen oder IT-Bereich ausgelegt sind und in die Berufstätigkeit führen (Anm. d. Hrsg.).*

Vierjährige Studiengänge an Colleges: Bachelor-und Graduiertenprogramme

Vierjährige Studiengänge an Colleges schließen im Allgemeinen mit dem Bachelor-Grad ab, wobei einige auch Studiengänge in Frühpädagogik anbieten. Zusätzlich zum Bachelor-Abschluss verfügt eine kleinere Zahl von Hochschulen mit vierjährigen Studiengängen auch über Master- und Promotionsprogramme in Frühpädagogik. Bachelor-, Master- und Promotionsprogramme werden traditionell von den erziehungswissenschaftlichen Fachbereichen der Hochschulen angeboten, wobei bislang die in der pädagogischen Arbeit zu vermittelnden Bildungsinhalte über solche Inhalte gestellt werden, die sich mit der sozialen und emotionalen Entwicklung des Kindes und dem Aufbau von Beziehungen zu seiner Familie befassen. Dies ist teilweise der Tatsache geschuldet, dass in den Erziehungswissenschaften der Begriff der frühen Kindheit oft als die Phase von der Geburt bis zum Alter von acht Jahren gefasst wird und der Blick sich allgemein eher auf den Elementar- und Primarbereich (Kindergarten bis zur dritten Schulklasse) richtet (Whitebook & Ryan 2011). Die Fokussierung auf bestimmte Bildungsinhalte ist inzwischen etwas weniger stark ausgeprägt, da die Hochschulen auf einzelstaatlicher Ebene dazu gedrängt werden, in ihre Lehrpläne Inhalte aus allen Bereichen der kindlichen Entwicklung aufzunehmen. Doch in vielen Ausbildungsprogrammen fehlt immer noch eine angemessene Berücksichtigung der sozialen und emotionalen Entwicklung von Kindern und deren Herangehensweisen an das Lernen.

Sicherung von Konsistenz und Qualität: Funktion und Prozess der Akkreditierung

Angesichts der bundesweit deutlichen Unterschiede in Inhalt, Qualität und Struktur der an Hochschulen angebotenen frühpädagogischen Studiengänge kann unmöglich behauptet werden, dass es *den* typischen Studiengang gibt. Die Ausbildungsprogramme unterscheiden sich deutlich in ihrer Qualität und den an die Studierenden gestellten Anforderungen. Um diese Inkonsistenzen zu überwinden und insgesamt die Qualität der Studiengänge zu steigern, ist ein freiwilliges Akkreditierungsprogramm für Hochschulen mit zwei- und vierjährigen Studiengängen eingerichtet worden. An vielen Hochschulen unterziehen sich Fachbereiche und Fakultäten diesem Akkreditierungsprozess. Die akkreditierten Einrichtungen mit frühpädagogischen Studiengängen müssen selbstverständlich die im Bereich der frühkindlichen Bildung geltenden Standards erfüllen.

Die bei der Akkreditierung von frühpädagogischen Studiengängen an amerikanischen Hochschulen maßgeblichen Standards wurden von einem Konsortium entwickelt, das sich aus Organisationen wie der *National Association for the Education of Young Children* (NAEYC), dem *National Council for Accreditation of Teacher Education* (NCATE) und der *American Association for Colleges of Teacher Education* (AACTE) zusammensetzt. Auf der Basis wissenschaftlicher Forschungsergebnisse über die kindliche Entwicklung setzt der Akkreditierungsprozess Standards, die definieren, was frühpädagogische Fachkräfte am Ende der Ausbildung wissen und können müssen. Diese sogenannten *NAEYC Standards for Initial & Advanced Early Childhood Professional Preparation Programs* (National Association for the Education of Young Children 2011, S. 1) sind um bestimmte Kernthemen herum organisiert, die als „gemeinsamer Nenner" der sich darauf beziehenden Programme gelten können. Diese Themen beinhalten zum Beispiel das Bekenntnis zu professionellem Handeln, die Achtung der Unterschiedlichkeit von Kindern und des Anspruchs auf Inklusion, die Integration des breiten Spektrums von Altersstufen und Einrichtungen bzw. von Angeboten im Elementarbereich, einen Katalog geteilter Zielvorstellungen für die pädagogische Ausbildung und einen multidisziplinären Ansatz in der Ausbildung (a. a. O., S. 10).

Darüber hinaus sollen die Ausbildungsprogramme sieben zentrale Standards erfüllen: a) Förderung der kindlichen Entwicklungs- und Lernprozesse, b) Aufbau von Beziehungen zu Familien und dem lokalen Umfeld, c) Beobachtung, Dokumentation und Beurteilung zur Förderung der Kinder und ihrer Familien, d) Anwendung entwicklungsförderlicher Ansätze, e) Nutzung der Fachkenntnisse zur Entwicklung sinnvoller Curricula, f) Entwicklung von Professionalität und g) Praxiserfahrung im Feld der Frühpädagogik. Die zentralen Standards gelten für Associate-, Bachelor- und Graduiertenprogramme gleichermaßen, wenngleich die daraus abgeleiteten speziellen Anforderungen sich je nach Abschlussart unterscheiden. Auf die genannten Themen und Standards wird in dem Abschnitt, der die gängigen Philosophien und pädagogischen Ansätze in den professionellen Aus- und Weiterbildungsprogrammen aufgreift, noch näher eingegangen.

3.3 Der dritte Pfad: Regelmäßige/erfahrungsbasierte fachliche Weiterbildung

In den meisten Berufen ergeben sich im Laufe der Praxis Gelegenheiten zur fachlichen Weiterentwicklung. Das Feld der frühkindlichen Bildung und Betreuung ist hier keine Ausnahme: Frühpädagogische Fachkräfte nehmen an Fort- und Weiterbildungsaktivitäten teil, die ihre fachliche Weiterentwicklung über das gesamte Berufsleben hinweg fördern. Die einzelnen Aktivitäten unterscheiden sich je nach ihrer Art, Dauer und Intensität.

Fachliche Weiterbildung ohne Leistungsnachweis

Zur fachlichen Weiterbildung ohne Leistungsnachweis zählen wir im weitesten Sinne alle Arten berufsbezogener Aktivitäten, die außerhalb eines formalen Bildungsrahmens stattfinden (z. B. Konferenzen oder Workshops). Derzeit wird in 48 von 50 Bundesstaaten von frühpädagogischen Fachkräften verlangt, regelmäßig an beruflichen Weiterbildungsmaßnahmen teilzunehmen (National Child Care Information Center 2010a). In den meisten Bundesstaaten sind die Fachkräfte zu Weiterbildungsmaßnahmen in Themenbereichen verpflichtet, die zum Kernbestand frühpädagogischen Wissens zählen, während sie in einigen Bundesstaaten eine bestimmte Anzahl von Stunden in speziellen Wissensbereichen absolvieren müssen (Administration for Children and Families 2010). Die Anzahl der geforderten Weiterbildungsstunden schwankt jedoch von Bundesstaat zu Bundesstaat beträchtlich, was auch für Inhalt und Qualität der Maßnahmen gilt. Die Inhalte berufsbegleitender Weiterbildungen werden auch nur selten überprüft, sodass die Qualität der Fortbildungen ohne Leistungsnachweis schwer sicherzustellen ist.

Anerkennung von Praxiserfahrung

Zahlreiche frühpädagogische Fachkräfte, die den größten Teil ihres Berufslebens in diesem Feld gearbeitet haben, können zwar einen großen Erfahrungsschatz vorweisen, oft aber keine formale Ausbildung. In dem Maße, wie die Bundesstaaten die formalen Ausbildungsanforderungen erhöhen, bemühen sich viele von ihnen um eine offizielle Anerkennung ihrer Praxiserfahrung. Entsprechend werden nun in vielen Bundesstaaten an Colleges Leistungsnachweise für Praxiserfahrung aus dem Feld der Frühpädagogik vergeben und dadurch die in der Praxis gewonnenen Kenntnisse und Fähigkeiten dieser Berufsgruppe anerkannt (Kagan & Gomez 2011). Das Verfahren der Vergabe von Leistungsnachweisen für Praxiserfahrung ist dem Zertifizierungsvorgang ähnlich: Die Kandidatinnen und Kandidaten müssen eine Mappe zur Dokumentation ihrer Erfahrung in einem spezifischen Kompetenzbereich erstellen. Der erziehungswissenschaftliche Fachbereich der betreffenden Hochschule begutachtet die Zusammenstellung und vergibt den Leistungsnachweis.

Teach for America

Das Programm *Teach for America* (TFA) ist ein Ansatz zur Schulreform, der gegenwärtig auf dem Vormarsch ist. Es vermittelt leistungsstarke Hochschulabsolventinnen und -absolventen für einen Zeitraum von zwei Jahren an Schulen mit einem hohen Anteil armer Kinder als Strategie zur Verbesserung deren schulischer Leistungen (Teach for America 2011). TFA-Kräfte werden aufgrund ihrer sehr guten Leistungen in Bachelor-Studiengängen rekrutiert – unabhängig davon, ob sie Kurse mit pädagogischen Schwerpunkten besucht haben.

Untersuchungen zum TFA-Programm kommen zu gemischten Ergebnissen: Während einige Wissenschaftlerinnen und Wissenschaftler das Programm als sehr effektiv beurteilen (Decker, Mayer & Glazerman 2004), stößt es bei anderen auf Kritik (Darling-Hammond 2010). Als Strategie der fachlichen Weiterbildung verfolgt das Programm das Ziel, TFA-Kräfte durch Praxiserfahrung in ihrer Entwicklung zu fördern.

Seit Kurzem greift das TFA-Programm auch in Einrichtungen des Elementarbereichs. Mittlerweile arbeiten bundesweit etwa 300 TFA-Kräfte in elementarpädagogischen Einrichtungen in 22 Gemeinden (Teach for America 2011). Ein frühpädagogisches Angebot wird auf der Grundlage des Anteils von armen Kindern in einer Gemeinde als potenzieller Einsatzort für TFA-Kräfte identifiziert. In solchen Fällen werden TFA-Kräfte eingesetzt, denen die Arbeit mit Kindern aller Altersstufen – von Säuglingen und Kleinkindern bis zu Fünfjährigen – zugewiesen werden kann. TFA-Kräfte sammeln durch ihre Arbeit mit Kindern in frühpädagogischen Programmen Praxiserfahrung, die ihnen den Weg in eine dauerhafte Berufskarriere im Elementarbereich ebnen kann.

➔ Mit der Beschreibung der verschiedenen Pfade der beruflichen Qualifizierung haben wir einen Überblick über die unterschiedlichen Arten der institutionellen Angebote und Programme zur fachlichen Aus- und Weiterbildung gegeben. Ihre Unterschiedlichkeit ist Stärke und Schwäche zugleich: Aufgrund der vielfältigen Optionen können Interessierte einerseits den Weg wählen, der ihren Bedürfnissen und Lebensumständen am besten entspricht und ihnen deshalb – angesichts komplexer Lebenslagen und zahlreicher Verpflichtungen – die vielleicht dringend benötigten Alternativen bietet. Andererseits ist es aufgrund der Vielfalt der Optionen nicht nur schwierig, den Komplex der fachlichen Aus- und Weiterbildung zu beschreiben, sondern auch kompliziert, ihn zu beurteilen. Weiterhin lässt die Existenz so unterschiedlicher Aus- und Weiterbildungspfade darauf schließen, dass die Erfahrungen der frühpädagogischen Fachkräfte sowie die Pädagogik, die sie selbst erlebt haben, wenig einheitlich sind.

Um diese Unterschiede besser verstehen zu können, wenden wir uns der Diskussion der in den USA gängigen curricularen und pädagogischen Ansätze der Aus- und Weiterbildung frühpädagogischer Fachkräfte zu.

4. Merkmale der frühpädagogischen Ausbildung in den USA

Angesichts einer Realität, die – wie gezeigt – durch die Abwesenheit eines einheitlichen Ansatzes der fachlichen Aus- und Weiterbildung von frühpädagogischen Fachkräften und eine Vielfalt von Qualifizierungswegen und einschlägigen Bildungseinrichtungen gekennzeichnet ist, untersuchen wir nun die gängige pädagogische Praxis im Bildungsbereich. Es soll angemerkt werden, dass es zur gegenwärtigen Praxis im pädagogischen Feld unterschiedliche Ansichten und sicherlich innerhalb des anschließend dargestellten Bezugsrahmens eine gewisse Variationsbreite geben mag. Unsere Analyse legt allerdings nahe, dass trotz der divergierenden Qualifikationspfade auch einige informelle Gemeinsamkeiten bestehen, die den gemeinsamen Nenner der fachlichen Aus- und Weiterbildung im Elementarbereich bilden. Wir betrachten zunächst die Ziele der frühkindlichen Bildung und Betreuung sowie die Aufgabe der frühpädagogischen Fachkräfte in diesem Zusammenhang und wenden uns dann der Diskussion von Ansätzen der Frühpädagogik zu.

4.1 Die Ziele frühkindlicher Bildung und die Rolle frühpädagogischer Fachkräfte

Wenn wir eine in der amerikanischen Ausbildung frühpädagogischer Fachkräfte vorherrschende Bildungsphilosophie nennen müssten, würden wir den von Vygotsky vertretenen sozialkonstruktivistischen Ansatz anführen (Berk & Winsler 1995; Bodrova & Leong 2007). Allgemein besteht eine deutliche Tendenz zu der Auffassung, dass Kinder aktiv in den Lernprozess eingebunden werden sollen. Kinder werden als Akteure ihrer eigenen Entdeckungen und als Konstrukteure ihres Weltverständnisses betrachtet. Das Lernumfeld des Kleinkindes gilt als eine Art „Inkubator", der die Entwicklung des neugierigen, kreativ und eigenständig denkenden Individuums fördert. Über das Spiel wird das Kind in den Lernprozess eingebunden, während Sprache das Vehikel des Verstehens darstellt, wobei Kinder das Recht und das Bedürfnis haben, in beide Bereiche einzutauchen (Vygotsky 1978). Die vorherrschende Bildungsphilosophie steht ferner für einen umfassenden Ansatz zur Förderung der kindlichen Entwicklung, der die soziale, emotionale, physische und kognitive Entwicklung des Kindes gleichermaßen würdigt. Nicht zuletzt wird die Individualität des Kindes hervorgehoben und den kulturellen Unterschieden in den kindlichen Lebenswelten ebenso wie den verschiedenen kindlichen Lernansätzen und Lernstilen besondere Aufmerksamkeit geschenkt.

Diese in dem Werk *Developmentally Appropriate Practice* (Copple & Bredekamp 2008) vielleicht besonders überzeugend erfassten Wertvorstellungen determinieren dabei kein ganz bestimmtes Curriculum. Geleitet von einer Reihe fester Prinzipien ist es vielmehr so, dass die frühpädagogischen Fachkräfte mit den unterschiedlichsten Curricula und Instrumenten arbeiten. Das Fehlen eines einheitlich vorgegebenen Curriculums für die Frühpädagogik bürdet sowohl den Fachkräften selbst als auch den Ausbildungsprogrammen eine schwere Last auf. Frühpädagogische Fachkräfte sind bei der Förderung einer der kindlichen Entwicklung angemessenen Bildungsarbeit in der Tat die entscheidenden Personen. Sie gelten in ihrer pädagogischen Rolle als effektiv, sofern sie das Lernumfeld in einer für die Entwicklung des Kindes und seiner Lernprozesse optimalen Weise planen und gestalten. Pädagogische Fachkräfte gelten zudem auch als Moderatoren, die das Fragen und Forschen des Kindes strukturieren und auf ein immer komplexeres und anspruchsvolleres Niveau heben. In Erfüllung dieser Aufgaben müssen Pädagoginnen und Pädagogen eine empathische Lerngemeinschaft bilden, angemessene curriculare und pädagogische Erfahrungen vorbereiten, regelmäßig die Entwicklungsfortschritte beurteilen und die so gewonnen Daten zur Förderung der persönlichen Entwicklung der Kinder und Jugendlichen nutzen. Qualitativ anspruchsvolles pädagogisches Arbeiten geht deshalb in hohem Maße gezielt und niemals konzeptionslos vor, auch wenn es flexibel auf die spontanen Interessen der Kinder eingeht (a. a. O.). Von frühpädagogischen Fachkräften wird außerdem erwartet, dass sie auf Wechselseitigkeit beruhende Beziehungen zu den Familien der Kinder aufbauen.

4.2 Elemente der Ausbildung frühpädagogischer Fachkräfte

Es stellt sich nun die Frage, wie sich diese allgemeinen Ziele und Aufgaben in der frühpädagogischen Ausbildung im Kontext von 50 Bundesstaaten mit unzähligen Finanzierungsquellen und einer Fülle von Ausbildungsprogrammen niederschlagen. Wie bereits erwähnt, hat die *National Association for the Education of Young Children* Standards der fachlichen Aus- und Weiterbildung als Richtschnur für die Akkreditierung von zwei- und vierjährigen Ausbildungsprogrammen in Frühpädagogik festgelegt. Die Standards, die seit 25 Jahren verfeinert und zuletzt 2009 überarbeitet wurden, sind als Bekenntnis zur Exzellenz für das gesamte Feld konzipiert und werden für zahlreiche pädagogische Ausbildungsprogramme als relevant erachtet – für informelle Schulungen bis hin zu Studiengängen mit Associate Degree, Bachelor- und Master-Abschlüssen und zur Promotion. Als fundiertes, allgemein akzeptiertes Leitbild der pädagogischen Aus- und Weiterbildung stellen die Standards eine Grundlage für die unterschiedlichsten Programme dar, indem sie das Wissen und die Erfahrungen von Gemeinden, betroffenen Familien und der praktisch tätigen Pädagoginnen und Pädagogen integrieren. Demgemäß sind die Standards durch Themen charakterisiert, die die gemeinsamen Wertvorstellungen des Berufsstandes unterstreichen und einen multidisziplinären Ansatz betonen. Darüber hinaus sollen sie kontextübergreifende Maßstäbe setzen, indem sie die fachliche Weiterbildung von Fachkräften fördern, die mit Säuglingen und Kleinkindern, Vorschul- und Grundschulkindern arbeiten und in den verschiedenartigen Einrichtungen und Programmen der frühkindlichen Bildung und Betreuung tätig sind.

Genauer gesagt, sind diese Standards das „Bindemittel" in der Aus- und Weiterbildung frühpädagogischer Fachkräfte. Wie erwähnt, „skizzieren sie allgemeine Erwartungen an fachliches Wissen, Können und Berufseinstellung in sechs Kernbereichen. Sie formulieren das, was die frühpädagogischen Fachkräfte von morgen wissen und können sollten" (National Association for the Education of Young Children 2009, S. 3). Die Standards beruhen auf der Erkenntnis, dass „alle Fachkräfte im Elementarbereich über die Entwicklung und das Lernen des Kindes von der Geburt bis zum Alter von acht Jahren umfassend Bescheid wissen, mit den entsprechenden Curricula und Beurteilungsansätzen vertraut sein und für mindestens zwei von insgesamt drei Entwicklungsphasen – die des Säuglings und Kleinkindes, des Pre-Kindergarten- und Vorschulkindes sowie die des Kindes in den ersten Grundschulklassen – theoretisch und praktisch qualifiziert sein sollten" (a. a. O., S. 4). Die sechs Kernstandards sind in der bereits erwähnten NAEYC-Schrift ausführlich beschrieben und werden im Folgenden zusammenfassend dargestellt:

1. **Förderung der kindlichen Entwicklung und der Lernprozesse:** Frühpädagogische Fachkräfte müssen kindliche Eigenheiten und Bedürfnisse sehr genau kennen und verstehen; sie müssen über die vielfältigen Einflüsse auf die Entwicklung und das Lernen des Kindes Bescheid wissen und diese Kenntnisse der kindlichen Entwicklung zur Schaffung eines fördernden und fordernden Lernumfeldes nutzen.

2. **Aufbau von Beziehungen zu Familien und Gemeinden:** Frühpädagogische Fachkräfte sollten Familiencharakteristiken kennen und verstehen. Sie müssen Familien und Gemeinden in einer Weise begegnen und unterstützen, die auf Respekt und Gegenseitigkeit beruht, und diese an der kindlichen Entwicklung teilhaben lässt.
3. **Beobachtung, Dokumentation und Beurteilung zur Förderung der Kinder und ihrer Familien:** Frühpädagogische Fachkräfte sollten die Ziele, Vorteile und Einsatzmöglichkeiten des Instruments der Beurteilung zur Förderung der kindlichen Entwicklung verstehen. Sie sollten mit verschiedenen Ansätzen der Beurteilung, einschließlich Beobachtung und Dokumentation, vertraut sein.
4. **Anwendung entwicklungspsychologischer Methoden/Ansätze zur Beziehungsgestaltung mit Kindern und ihren Familien:** Frühpädagogische Fachkräfte sollten positive Beziehungen und unterstützende Interaktionen als Grundlage ihrer Arbeit mit Kindern begreifen. Sie müssen wissen, wie sie ein breites Repertoire an Unterrichts- und Lernstrategien nutzen und Selbstreflexion zur Verbesserung ihrer eigenen Berufspraxis einsetzen können.
5. **Nutzung von Fachkenntnissen zur Entwicklung sinnvoller Curricula:** Frühpädagogische Fachkräfte sollten über wissenschaftliche Fachkenntnisse verfügen und mit dem „Handwerkszeug" relevanter wissenschaftlicher Disziplinen vertraut sein. Sie müssen die mit einzelnen Wissenschaftsdisziplinen verbundenen Inhalte und Prozesse kennen und anwenden können, um die frühkindliche Erfahrung sinnvoll und anspruchsvoll zu gestalten.
6. **Entwicklung von Professionalität:** Frühpädagogische Fachkräfte müssen sich als Mitglieder ihrer Berufsgruppe begreifen und entsprechend handeln. Sie sollten sich über die berufsethischen Prinzipien im Klaren sein und als kenntnisreiche, reflektierte und kritische Lernende und Denkende agieren. Sie sind dazu aufgerufen, sich für den elementarpädagogischen Bereich zu engagieren und sachkundige Verfechter von Kindesinteressen und ihres Berufs zu sein.

Diese Standards sind aus vielen Gründen wichtig: Erstens einen sie das Berufsfeld durch hohe einrichtungsübergreifende Anforderungen an die pädagogische Ausbildung und die Bildungsabschlüsse. Zweitens sind sie vom Feld für das Feld entwickelt worden und stellen deshalb allgegenwärtige Richtlinien für die Ausbildung frühpädagogischer Fachkräfte dar. Drittens werden die Standards von vielen Hochschulen zur Verbesserung der angebotenen Abschlüsse benutzt. Hyson, Tomlinson und Morris (2009) untersuchten 231 (von insgesamt etwa 1.200) Hochschulen, die einen Abschluss in Frühpädagogik anbieten, und stellten fest, dass über 70 Prozent die Standards zur Verbesserung ihrer Studiengänge nutzen. Viertens bedeuten die Standards die Basis für die Akkreditierung von Hochschulen, die danach Abschlüsse für zukünftige frühpädagogische Fachkräfte vergeben können. Zur Erfüllung der Kriterien müssen die eine NAEYC-Akkreditierung *(Early Childhood Associate Degree Accreditation* oder Akkreditierung für Bachelor-, Master- und Promotionsprogramme als Teil des *National Council for Accreditation of Teacher Education)* anstrebenden Hochschulen nachweisen, dass ihre Programme den Standards entsprechende Lernchancen bieten; sie müssen zur Messung der Fortschritte der Studierenden in den entsprechenden Bereichen Beurteilungssysteme entwickeln, entsprechende Daten erheben und zusammenführen und diese dann zielführend verarbeiten, um die Qualität der Lehre und Lerninhalte zu verbessern. Im Grunde genommen stellen die Standards den einzigen allgemein geltenden Grundpfeiler in der Ausbildung frühpädagogischer Fachkräfte in den Vereinigten Staaten dar.

4.3 Strategien der Pädagogik

Davon ausgehend, dass die genannten Standards den Kernbestand dessen repräsentieren, *was* es in der Aus- und Weiterbildung frühpädagogischer Fachkräfte zu vermitteln und anzueignen gilt, wenden wir uns nun den Strategien der Pädagogik zu, bei denen es darum geht, *wie* dieser zu beherrschende Kernbestand vermittelt und angeeignet wird. Gegenwärtig warten die Versuche der fachlichen Weiterbildung frühpädagogischer Fachkräfte regelmäßig mit immer neuen Ansätzen auf. Angesichts des begrenzten Rahmens dieser Analyse beschränken wir die Betrachtung hier auf einige wenige, die jedoch eine Vorstellung von der Art und Vielfalt der momentan gängigen Strategien der Pädagogik geben.

Praktische Erfahrungen im Feld

Die vielleicht wirksamste Art, Theorie und Praxis miteinander zu verbinden, ist die konkrete Praxiserfahrung im Feld bzw. die angeleitete Praxiserfahrung in speziell ausgewiesenen pädagogischen Einrichtungen *(clinical experience)*[114]. Derlei Praxiserfahrung kann auf unterschiedlichste Weise erworben werden: Anfängerinnen und Anfänger im pädagogischen Feld können zum Beispiel in der Kindergruppe oder im Unterricht praktische Erfahrungen sammeln. Gruppen oder Klassen, in denen angehende pädagogische Fachkräfte hospitieren, müssen aufgrund ihrer charakteristischen Merkmale sowie der Möglichkeiten des pädagogischen Einsatzes und der Vorbildfunktion sorgfältig ausgewählt werden.

Praxiserfahrungen in der Gruppe oder im Klassenzimmer bedürfen der Unterstützung durch eine gelingende, zeitnahe Betreuung und Anleitung durch Gruppenleiterinnen und -leiter bzw. Klassenlehrer und -lehrerinnen. Beobachtungen im Feld können unter diesen Bedingungen für die angehende Fachkraft sehr hilfreich sein. Praktische Erfahrungen im Feld sind auch für diejenigen sinnvoll, die eventuell in diesem Bereich arbeiten möchten, aber noch unentschlossen sind. Für alle, die ein Studium aufnehmen oder ihre pädagogische Kompetenzen weiterentwickeln möchten, kann Praxiserfahrung in einer Weise organisiert werden, dass sie systematisch an persönliche Reflexionen und Rückmeldungen von Kolleginnen und Kollegen oder Mentorinnen und Mentoren gekoppelt wird.

Was die konkrete Intention auch sein mag: Praxiserfahrung im Feld bietet eine fruchtbare und unverzichtbare Grundlage für die berufliche Weiterentwicklung. Damit bietet sich stets Gelegenheit, theoretisches Wissen mit praktischer Erfahrung zu verbinden und erlaubt den Lernenden, neue Hypothesen und Strategien auszuprobieren. Damit aber solche Bemühungen sinnvoll sind, müssen sie gut geplant, im zeitlichen Ablauf geordnet werden und so angelegt sein, dass Studierende unterschiedlichste Kontexte und Erfahrungsbereiche kennenlernen können. Nicht zuletzt müssen die Lehrenden und Betreuenden hinter der Strategie der Felderfahrung stehen, damit die Fülle des Erlebten sinnvoll evaluiert und in den Erfahrungsschatz der Studierenden integriert werden kann.

---

[114] *Der Begriff bezieht sich auf den in den USA verbreiteten clinical approach der Lehrerbildung (siehe http://www.learningfirst.org/visionariesElizabethBondy oder http://blogs.indeprendent.co.uk), mit dem die Kluft zwischen pädagogischer Theorie und Praxis geschlossen werden soll. Wie in der Medizinausbildung werden die Lehramtskandidatinnen und -kandidaten in sogenannten ausgewählten teaching hospitals, in „Lehrschulen" – ähnlich den akademischen Lehrkrankenhäusern – oder „Ausbildungsschulen" an der Seite von erfahrenen Lehrkräften oder Mentorinnen bzw. Mentoren betreut und ausgebildet. Die Studierenden lernen die Unterrichtspraxis kennen und erleben die Kinder und Jugendlichen in ihrem schulischen Alltag. In dieser in der Praxis stattfindenden Ausbildung verlagert sich die fachliche Vorbereitung auf den Beruf von der Hochschule auf das Betätigungsfeld einer Lehrkraft: in die Schule (Anm. d. Hrsg.).*

Lehrcoaching

Auf der Grundlage der Erkenntnisse über Praxiserfahrung im Feld entsteht gerade eine Reihe von Strategien, die auf eine individuell zugeschnittene und konkret-praktische fachliche Weiterbildung abstellen. Ein viel beachteter Ansatz ist das Lehrcoaching: Die gecoachte Person wird hier im Lernprozess aktiv unterstützt, indem diejenige oder derjenige langfristig in individualisierte, intensive und praxisbezogene Reflexions- und Erfahrungsprozesse eingebunden wird (Garet, Porter, Desimone, Birman & Yoon 2001). Beim Coaching können Pädagoginnen und Pädagogen unter der Anleitung eines versierten und vertrauten Mitglieds aus dem Kollegenkreis oder eines professionellen Coaches neue Arbeitsansätze ausprobieren.

Lehrcoaching läuft normalerweise in drei Phasen ab: Zuerst findet ein der Beobachtung vorangehendes Planungsgespräch statt, in dem die gecoachte Fachkraft Lernziele für Kinder festlegt und Maßnahmen zur Zielerreichung konzipiert. In der zweiten Phase zeichnet der Coach auf Video auf, wie die Fachkraft ihr Konzept umsetzt. Beide schauen sich anschließend die Aufzeichnung getrennt an, um den Lernprozess der Kinder zu beurteilen und zu prüfen, ob sich Erkenntnisse für die pädagogische Arbeit der Fachkraft gewinnen lassen. In der dritten Phase sehen Coach und pädagogische Fachkraft die Aufzeichnung nochmals gemeinsam an und sprechen darüber, wobei sie beide in offener Weise über die gemachten Erfahrungen reflektieren. Am Ende dieser Phase setzen Fachkraft und Coach neue Ziele, und der Prozess beginnt von vorne. Pädagoginnen und Pädagogen berichten, dass diese Abfolge geordneter Schritte zu einer wesentlichen Verbesserung ihrer fachlichen Arbeit geführt habe (Skiffington, Washburn & Elliott 2011). Dies ist nur ein Coachingansatz unter vielen, aber die Kernelemente sind bei allen Ansätzen ähnlich: eine intensive, reflektierende, offene Diskussion auf der Grundlage von Praxiserfahrung mit Kindern.

Persönliche fachliche Weiterbildungspläne

Im Unterschied zur Stellenbeschreibung oder Leistungsbeurteilung ist der persönliche fachliche Weiterbildungsplan ein Instrument, das pädagogische Fachkräfte für sich selbst entwerfen. Er beinhaltet an den Standards orientierte persönliche und berufliche Ziele und beschreibt die zur Erreichung der formulierten Ziele erforderlichen Strategien. Beim Aufstellen eines solchen Plans müssen sich frühpädagogische Fachkräfte fragen, was sie bereits wissen und was sie zur Verbesserung ihrer pädagogischen Arbeit lernen möchten. Dann müssen sie entscheiden, wie sie dabei am besten vorgehen sollen (Sugarman 2011). Ein persönlicher fachlicher Weiterbildungsplan kann Pädagoginnen und Pädagogen bei der Erfüllung der fachlichen Standards und der Steigerung der Qualität ihrer Arbeit unterstützen (Rous, Buyssee & Castro 2008). Der wichtigste Aspekt besteht hier vielleicht darin, dass ein solcher Plan die Kraft zur Veränderung in der betreffenden Person selbst verortet und einen Anreiz zur qualifikatorischen Verbesserung bietet. Ein persönlicher fachlicher Weiterbildungsplan ist ein Instrument, das eine frühpädagogische Fachkraft eigenständig anwenden kann. Es wird oft aber auch erfolgreich als Bestandteil eines Coachingprozesses benutzt, wobei der persönliche fachliche Weiterbildungsplan die Fortentwicklung dokumentiert.

Online-Lernen

Neue Technologien und stark steigende Reisekosten haben das Online-Lernen zu einem Standardinstrument der fachlichen Weiterbildung werden lassen. Es hat den Vorteil, eine kostengünstige Form der Betreuung Studierender zu ermöglichen, von denen viele Bildungswege außerhalb der traditionellen Pfade beschreiten. Online-Lernen trägt auch zur Bildung von Lerngemeinschaften bei und kann – effektiv eingesetzt – ein unterstützendes Umfeld bieten, in dem neue Ideen und Ansätze ausprobiert werden können. Die Vorteile des Online-Lernens werden gesteigert, wenn Moderatoren Hilfestellungen geben und die Lernenden eine sich gegenseitig unterstützende Online-Lerngemeinschaft bilden. Einige Studierende empfinden Online-Lernen angenehmer als den herkömmlichen Unterricht im Kontext einer Lehrveranstaltung (Whitehead, Rudick & South 2011).

Online-Lernende profitieren von Moderatoren, die sich nicht als individuelle Coaches begreifen, sondern ihre Aufgabe im Aufbau von E-Learning-Gemeinschaften und in der Förderung fruchtbarer Diskurse sehen: Die Moderatoren fördern den Austausch, anstatt selbst unmittelbar die Kursinhalte zu vermitteln. Ein Ansatz des Online-Lernens, der zur Verbreitung der CDA-Zertifizierung beitragen soll, wird so zutreffend als *High Tech, High Touch* bezeichnet, weil hier die Vermittlung von Inhalten per Internet, eine miteinander verbundene Gemeinschaft von Lernenden und in den Beruf eingebettete praktische Tätigkeiten miteinander kombiniert werden. In manchen Fällen wird die Effektivität des Online-Lernens durch den Einsatz von Videoaufzeichnungen, schnelles Feedback und reflektierte Online-Diskussionen noch gesteigert (Cerniglia 2011).

Lerngemeinschaften

Viele Einrichtungen im Elementarbereich haben nur eingeschränkte Möglichkeiten und Ressourcen, um regelmäßige fachliche Weiterbildung zu ermöglichen. Pädagogische Fachkräfte, die ihren fachlichen Horizont weiterentwickeln möchten, entschließen sich manchmal aus eigenem Antrieb zur Bildung einer Lerngemeinschaft. Auch wenn solche Lerngemeinschaften unterschiedlicher Natur sein können, sind die Teilnehmenden typischerweise an fachlicher Weiterentwicklung interessiert und bereit, ihre Freizeit dafür zu opfern, zu einem gewissen Grad Führungsaufgaben zu übernehmen und sich von Kollegen oder Kolleginnen beraten zu lassen (Illari 2010).

Lerngemeinschaften bilden sich, um zum Beispiel neue Curricula zu analysieren, sich mit einem gemeinsamen Problem beim Lernen oder einem sozialen Problem in Zusammenhang mit dem Programm zu befassen bzw. um neue Ansätze und Ideen zu erkunden. Lerngemeinschaften setzen sich ihre eigenen Ziele, weisen einzelnen Mitgliedern Funktionen zu und nehmen die Teilnehmenden für die Erfüllung der zugewiesenen Aufgaben in Verantwortung. In einigen Lerngemeinschaften coachen oder betreuen sich die Teilnehmenden gegenseitig; andere Lerngemeinschaften beschränken sich auf den Austausch von Informationen und Ideen. Unabhängig von ihrer Struktur werden Lerngemeinschaften immer beliebter und sind ein ausgezeichnetes Instrument zur Gemeinschaftsbildung und Unterrichtsverbesserung.

Weiterbildung des Lehrpersonals in Ausbildungseinrichtungen

Das Aufkommen neuer Ansätze in der fachlichen Aus- und Weiterbildung und neuer Technologien zur Unterstützung des Lernprozesses bedeutet, dass das Lehrpersonal in den pädagogischen Ausbildungseinrichtungen ebenfalls der Förderung bedarf. Angesichts der sich ständig wandelnden Ausbildungslandschaft im Elementarbereich geben wir einige Empfehlungen zur Personalentwicklung in Ausbildungseinrichtungen: Erstens müssen die Dozentinnen und Dozenten, die zukünftige und schon praktizierende frühpädagogische Fachkräfte ausbilden, für ihre Funktion entsprechend qualifiziert sein und selbst in erheblichem Umfang direkte Praxiserfahrung in diesem Feld haben. Zweitens sollten sie über einen Hochschulabschluss in Frühpädagogik oder verwandten Bereichen verfügen und Kompetenzen in der Erwachsenenbildung vorweisen können. Und drittens sollten sie die Möglichkeit haben, ihre Fähigkeiten und Kompetenzen durch regelmäßige Weiterbildung und einen förderlichen Austausch zu steigern.

Dieser knappe Abriss der vorherrschenden Auffassungen und der verschiedenen pädagogischen Strategien legt zwei Dinge nahe: Erstens gibt es trotz der vielen unterschiedlichen Qualfizierungspfade im Feld der Frühpädagogik einige theoretische und pädagogische Gemeinsamkeiten, die als gemeinsamer Nenner der Aus- und Weiterbildung gelten können. Solche Gemeinsamkeiten finden sich jedoch vor allem auf der Makroebene; in den einzelnen Teilbereichen des frühpädagogischen Unterfangens gibt es demgegenüber weiterhin stark ausgeprägte unterschiedliche Vorstellungen, wie die elementarpädagogische Ausbildung und der berufliche Werdegang idealiter auszusehen haben. Zweitens wächst im amerikanischen Kontext das Engagement auf dem Feld der fachlichen Weiterbildung. Sie ist als Eckpfeiler von Qualität unbestritten und gehört damit zu den Bereichen der frühpädagogischen Bildung, denen die meiste Aufmerksamkeit zuteil wird. Die fachliche Aus- und Weiterbildung ist so chaotisch strukturiert und zugleich so wichtig für die Qualität der frühkindlichen Bildung und Betreuung, dass die Bundesstaaten Systeme zur Ausbildung und Qualifizierung frühpädagogischer Fachkräfte zu entwickeln beginnen.

Diesen umfassenden und systematischen Bemühungen wenden wir uns nun zu.

5. Ansätze der frühpädagogischen Aus- und Weiterbildung auf der Systemebene

Wir haben die zergliederte Struktur der fachlichen Weiterbildung frühpädagogischer Fachkräfte in den USA ausführlich diskutiert. Im Wesentlichen stellt die Weiterbildung eine Ansammlung zusammenhangsloser Programme und Initiativen dar – gleichsam ein „Nichtsystem". Doch seit einigen Jahren versuchen viele Bundesstaaten, Organisationen im Bereich der frühkindlichen Bildung und Betreuung sowie die Bundesregierung fachliche Weiterbildungssysteme mit dem Ziel zu entwickeln, das „Nichtsystem" auf eine kohärente Grundlage zu stellen. Im Folgenden umreißen wir einige wegweisende Entwicklungen im Bereich der Ansätze, die die frühpädagogische Aus- und Weiterbildung auf der Systemebene angehen.

5.1 Systeme der fachlichen Aus- und Weiterbildung

Ein System der fachlichen Aus- und Weiterbildung[115] ist mehr als eine Ansammlung von Programmen und Initiativen, wie wir sie bisher diskutiert haben. Es reicht über die einzelnen Programme hinaus und dient zur Schaffung einer stabilen, dauerhaften Infrastruktur, auf deren Grundlage die einzelnen Programme koordiniert, finanziert, verwaltet und in ihrer Qualität gesichert werden können. In vielen Bundesstaaten fehlen momentan sowohl die nötige Infrastruktur als auch die Bausteine, die ein fachliches Aus- und Weiterbildungssystem ausmachen. Ohne ein solches System haben die Fachkräfte im Elementarbereich weder Zugang zu

[115] *Die Autorinnen weisen in einer Fußnote darauf hin, dass sich der Begriff professional development system im amerikanischen Diskurs im Bereich der frühkindlichen Bildung und Betreuung typischerweise auf das System sowohl der fachlichen Ausbildung als auch der Weiterbildung von Personen bezieht, die mit Kindern arbeiten. Sie verwenden den Begriff hier in diesem erweiterten Sinne. Im Folgenden wird der Begriff entsprechend als „System der fachlichen Aus- und Weiterbildung" übersetzt (Anm. d. Hrsg.).*

einer fachlichen Aus- noch zu einer fachlichen Weiterbildung, wie wir sie hier beschrieben haben. Einige wenige Bundesstaaten haben tatsächlich fachliche Aus- und Weiterbildungssysteme, in denen entsprechend spezifische Strategien und Qualifikationspfade erkennbar sind, die auf einen systemorientierten Ansatz abzielen.

Um ein System der fachlichen Aus- und Weiterbildung zu schaffen, das Zugang ermöglicht und Qualität fördert, ist eine Reihe von Grundbausteinen erforderlich (LeMoine & NGA Center for Best Practices 2010). Bei dem ersten Grundbaustein handelt es sich um einen koordinierten politischen Maßnahmenkatalog, der Mindestqualifikationen für die Beschäftigten im Elementarbereich festlegt und strukturierte berufliche Entwicklungspfade aufzeigt, anhand derer sich frühpädagogische Fachkräfte bei der Verfolgung ihrer beruflichen Ziele orientieren können. In der Festlegung dessen, was das frühpädagogische Personal wissen und können muss, bringt dieser Maßnahmenkatalog die in einem Bundesstaat geltende Wertgrundlage zum Ausdruck. Die Politik sollte dabei auch Fragen einer leistungsgerechten Entlohnung des Personals im Elementarbereich berücksichtigen, da dieses extrem unterbezahlt ist und oft auch keine sozialen Sicherungsleistungen wie Krankenversicherung etc. erhält (Kagan et al. 2008). Aus Sicht der Wissenschaft und der Verfechter von Mindeststandards in der frühkindlichen Bildung und Betreuung sind Fragen der leistungsgerechten Entlohnung ein notwendiger Baustein einer Politik zur Förderung der fachlichen Aus- und Weiterbildung – vor allem deshalb, weil einschlägige Studien wiederholt auf den Zusammenhang zwischen angemessener Entlohnung, Qualität der Fachkräfte und Verweildauer am Arbeitsplatz (Whitebook & Ryan 2011; Kagan et al. 2008) hingewiesen haben.

Der zweite Grundbaustein eines fachlichen Aus- und Weiterbildungssystems besteht aus wissenschaftlich begründeten Standards zur Definition dessen, was frühpädagogische Fachkräfte wissen und können sollten. Im Unterschied zu Standards, die der Akkreditierung von Ausbildungseinrichtungen oder der Zertifizierung von frühpädagogischen Fachkräften zugrunde liegen, legen wissenschaftlich begründete Standards die Grundqualifikationen des Personals im Elementarbereich fest. Wissenschaftliche Untersuchungen zum frühpädagogischen Fachpersonal belegen eindeutig, dass die meisten unter ihnen nicht angemessen auf effektives Arbeiten mit Kindern vorbereitet wurden (LeMoine & NGA Center for Best Practices 2010; LeMoine 2008; Pianta 2007) – ein Umstand, der nach strengen Standards verlangt. Solche Standards können ein gemeinsames Fundament für eine bessere Vorbereitung der Beschäftigten im Elementarbereich schaffen und so einem zergliederten Feld Kohärenz verleihen.

Der dritte Grundbaustein eines fachlichen Aus- und Weiterbildungssystems besteht aus der Sicherung des Zugangs zu Aus- und Weiterbildungsmöglichkeiten (LeMoine 2008). Es müssen dabei unterschiedliche Dimensionen der Zugangsproblematik berücksichtigt werden, wie Ort und Kosten von Aus- und Weiterbildungsmaßnahmen und die Verfügbarkeit unterschiedlicher Arten der fachlichen Aus- und Weiterbildung, um den Bedürfnissen der Beschäftigten im Elementarbereich gerecht zu werden. Die Sicherung des Zugangs bedeutet, bezahlbare Möglichkeiten der fachlichen Aus- und Weiterbildung zu schaffen und klar strukturierte Ausbildungspfade – vom Hochschuleintritt bis zur Promotion – einzurichten. Zugangssicherung bedeutet auch, dass die Bundesstaaten sich mit Fragen von Diversität und Inklusion auseinandersetzen müssen, eben damit, „wie mit Vielfalt und Inklusion umzugehen ist – und das heißt auch, eine Vielzahl von Möglichkeiten der Information und der konkreten fachlichen Aus- und Weiterbildung anzubieten" (LeMoine 2008, S. 12).

Der vierte Grundbaustein eines fachlichen Aus- und Weiterbildungssystems liegt in der Verfügbarkeit von Daten (LeMoine & NGA Center for Best Practices 2010). Die Bundesstaaten müssen systematisch Daten über Kinder, ihre Familien und die Beschäftigten im Elementarbereich erheben. Dieses Datenmaterial wird dann zur Entwicklung von Strategien und Programmen im Aus- und Weiterbildungsbereich und mithin zur Verbesserung der Qualität der pädagogischen Aus- und Weiterbildung genutzt werden.

Der fünfte und sechste Grundbaustein eines fachlichen Aus- und Weiterbildungssystems gehören zusammen: Governance und Finanzierung (LeMoine 2008). Governance und Finanzierung des frühpädagogischen Bereichs meinen die Mittel zur Entwicklung und Umsetzung eines fachlichen Aus- und Weiterbildungssystems. Kagan und Kauerz (2008) definieren Governance im Elementarbereich als Sicherstellung, dass die vielen unterschiedlichen Programme für Kinder und ihre Familien von guter Qualität, zugänglich, angemessen finanziert und kosteneffizient sind und auch in ihrem Auftrag und Leitbild unterstützt werden. Governance ist auch der Prozess, bei dem eine staatliche Instanz Entscheidungskompetenzen im öffentlichen und privatwirtschaftlichen Sektor zuweist. In Bezug auf ein System der fachlichen Aus- und Weiterbildung bedeutet das eine Verwaltungsstruktur mit der Befugnis, die mit den bereits erwähnten Grundbausteinen des fachlichen Aus- und Weiterbildungssystems verbundenen politischen Maßnahmen und Programme umzusetzen. Um politische Maßnahmen und Programme realisieren, wissenschaftlich begründete Standards entwickeln, Zugangsmöglichkeiten fördern und Daten erheben zu können, braucht es eine adäquate Finanzierung. Ohne solide finanzielle Basis ist ein systemorientierter Ansatz der fachlichen Aus- und Weiterbildung im Elementarbereich nicht umsetzbar.

In Bundesstaaten, die diese Grundbausteine verwenden und auf dem Weg zur Entwicklung eines fachlichen Aus- und Weiterbildungssystems bereits fortgeschritten sind, zeigen sich positive Ergebnisse in Bezug auf die kindliche Entwicklung, die auf eine bessere Qualität der Programme und eine entsprechend bessere Ausbildung der Beschäftigten im Bereich der Frühpädagogik zurückgeführt werden (Office of Child Development and Early Learning 2011). Zwar wird in vielen Bundesstaaten mit einzelnen oder mehreren dieser Grundbausteine eines fachlichen Aus- und Weiterbildungssystems gearbeitet, doch kein einziger verfügt bislang über ein voll funktionsfähiges System (LeMoine & NGA Center for Best Practices 2010). Im Bewusstsein dieser Situation werden jedoch systemorientierte Ansätze der fachlichen Aus- und Weiterbildung bundespolitisch unterstützt und beginnen entsprechend zu greifen – eine große Chance für den Bereich der frühkindlichen Bildung und Betreuung.

5.2 Das Projekt Teacher Education and Compensation Helps (T.E.A.C.H.)

Auch wenn in den USA kein voll funktionsfähiges fachliches Aus- und Weiterbildungssystem existiert, lassen sich doch Ansätze zur Integration einiger der beschriebenen Grundbausteine erkennen. Das im Elementarbereich angesiedelte Projekt *Teacher Education and Compensation Helps* (T.E.A.C.H.) vergibt zum Beispiel Stipendien an Betreuungskräfte, damit sie ein Zertifikat oder einen Hochschulabschluss in Frühpädagogik erwerben können. Nach erfolgreichem Abschluss erhalten die Absolventinnen und Absolventen dann eine höhere Bezahlung. T.E.A.C.H. ist ein in 24 Bundesstaaten implementiertes Programm der fachlichen Weiterbildung, das zur Behebung der allgegenwärtigen Probleme wie niedriges Ausbildungsniveau, Unterbezahlung und hohe Personalfluktuation im Elementarbereich beitragen soll (Child Care Services Association 2011). Die Stipendien, die T.E.A.C.H. für den frühpädagogischen Bereich vergibt, verknüpfen Weiterbildung mit besserer Bezahlung.

Hauptziele des Projekts sind: a) Vergabe von Stipendien für Weiterbildungsmaßnahmen, b) Vertiefung des Fachwissens und Steigerung des beruflichen Status der mit kleinen Kindern Arbeitenden und mithin Verbesserung der Betreuungsqualität, c) Sicherstellung besserer und qualifikationsabhängiger Bezahlung und d) Verringerung der „Personalfluktuation dadurch, dass die oben genannten Ziele gefördert werden und zugleich von den Stipendiaten verlangt wird, sich nach Ablauf ihres Stipendiums für ein Jahr zur Arbeit im Bereich der Kinderbetreuung zu verpflichten" (a. a. O.).

T.E.A.C.H verlangt bemerkenswerterweise von den am Programm beteiligten Bundesstaaten, dass sie mit den Hochschulen niedrigere Gebühren für die von den Stipendienempfängerinnen und -empfängern belegten Kurse aushandeln müssen. In den 24 Bundesstaaten, die derzeit T.E.A.C.H.-Stipendien ausloben, gibt es somit Beziehungen in der institutionellen Koordination zwischen den staatlichen Hochschulen und der staatlichen Instanz, die für Leistungsangebote im Elementarbereich zuständig ist. Die Umsetzung von T.E.A.C.H. hat demnach den zusätzlichen Vorteil, dass die unterschiedlichen Segmente des frühpädagogischen Feldes – wie Hochschulen und Regierung des jeweiligen Bundesstaates – miteinander vernetzt werden, was die Entwicklung des Aus- und Weiterbildungssystems beschleunigt (Russell, persönliche Mitteilung 2010).

5.3 Systeme der Qualitätsentwicklung und -sicherung

In Zusammenhang mit den diskutierten systemorientierten Ansätzen im frühpädagogischen Feld stehen auch die auf einzelstaatlicher Ebene entwickelten Systeme zur Evaluation und Entwicklung der Qualität elementarpädagogischer Programme (*Quality Rating and Improvement Systems – QRIS*; im Folgenden auch „Qualitätssicherungssysteme" genannt, Anm. d. Hrsg.) im betreffenden Bundesstaat (Mitchell 2009). Ähnlich den Hotel- und Restaurantklassifizierungen sind Systeme der Qualitätsbewertung und -verbesserung auch hier meist freiwilliger Natur und vergeben nach bestimmten Qualitätskriterien Sterne an teilnehmende Programme im Elementarbereich. Die Kernelemente eines solchen Qualitätssicherungssystems beziehen sich typischerweise auf die Bereiche Programmsteuerung, die Programmstandards, die Finanzierung, Kommunikation, die Rechenschaftspflichten und das Personal (a. a. O.). Innerhalb eines Qualitätssicherungssystems werden auf einzelstaatlicher Ebene für jeden dieser sechs Bereiche Kriterien auf der Basis guter frühpädagogischer Praxis festgelegt.

Festzuhalten ist, dass Systeme der Qualitätssicherung – obwohl sie etwas anderes sind als Systeme der fachlichen Aus- und Weiterbildung – oft jedoch eine entscheidende Triebkraft für die Entwicklung des Aus- und Weiterbildungssystems darstellen. Obwohl die Qualitätssicherungssysteme auch einen Fokus auf Qualifikationen des Personals richten, sind sie breiter angelegt und müssen auf unterschiedliche Aspekte eines Programms, wie zum Beispiel dessen Umfeld und Verwaltung, die Beziehungen zu Familien und Gemeinden und – was für unsere Diskussion relevant ist – die Qualifikationen des Personals einwirken. Die Qualitätssicherungssysteme legen typischerweise einen wesentlichen Schwerpunkt auf die fachliche Weiterbildung als ein Schlüsselelement im Streben nach einer höheren „Sternenbewertung", wobei mit jeder Höherklassifizierung das Niveau der erforderlichen Mindestqualifikationen des Personals steigt. Viele Qualitätssicherungssysteme bieten diverse Anreize zur Erreichung höherer Qualifikationsniveaus. Manchmal werden frühpädagogische Programme für die Erfüllung der zur Erreichung der jeweiligen Stufen des Qualitätssicherungssystems erforderlichen Standards finanziell belohnt. Auch Einzelpersonen können für den Erwerb zusätzlicher Qualifikationen finanziell bedacht werden. Das Qualitätssicherungssystem Keystone STARS[116] zum Beispiel be-

---

[116] *Eine Initiative des Office of Child Development and Early Learning zur kontinuierlichen Verbesserung der Qualität im Bereich der frühkindlichen Bildung in Pennsylvania (Anm. d. Hrsg.).*

lohnt Beschäftigte in frühpädagogischen Programmen, die Keystone STARS angeschlossen sind, mit einem *Education and Retention Award* (Auszeichnung für Ausbildung und Arbeitsplatzkontinuität). Wer in Vollzeit beschäftigt ist und einen Bachelor-Abschluss in Frühpädagogik hat, wird mit rund $ 3.000 ausgezeichnet (Child Trends 2010). Auf der Basis einer soliden Finanzierung und Governance-Praxis sowie gekoppelt mit einem auf Standards basierten System bieten solche finanziellen Anreize dem Personal im Elementarbereich große Vorteile, die aber nur auf der Grundlage substanzieller Investitionen in allen Bereichen des Qualitätssicherungssystems realisiert werden können.

6. Aktuelle Herausforderungen in der Aus- und Weiterbildung frühpädagogischer Fachkräfte

Trotz vieler neuer Versuche, die fachliche Aus- und Weiterbildung von pädagogischen Fachkräften im Elementarbereich zu verbessern, bleiben enorme Herausforderungen. Die im Folgenden beschriebenen und größtenteils der zergliederten Struktur der Frühpädagogik geschuldeten Probleme sind zwar nicht neu, es ist aber nach wie vor wichtig, sie als Ausdruck der real existierenden Situation und als potenzielle Themen auf der Zukunftsagenda deutlich zu markieren.

6.1 Fehlende Daten und Forschungsdefizite

Zunehmend wächst die Einsicht, dass zur Veränderung einer gesellschaftlichen Agenda präzise Daten von entscheidender Bedeutung sind. Die fachliche Aus- und Weiterbildung im frühpädagogischen Bereich leidet in dieser Hinsicht unter Mängeln. Was wir über die Beschäftigten im Elementarbereich wissen, stammt größtenteils aus einzelnen Untersuchungen im kleinen Maßstab, die oft nur in einigen wenigen Bundesstaaten durchgeführt wurden. Es mangelt nicht nur an einer belastbaren Datengrundlage bezüglich der Merkmale des Personals im Bereich der Frühpädagogik, sondern auch an Daten zu dessen Ausbildung und zum Verhältnis zwischen Ausbildung und Qualität der Arbeit. Ebenso begrenzt ist das nach Bundesstaaten aufgeschlüsselte Wissen über das Personal im Elementarbereich, das es erlauben würde, die Auswirkungen der jeweiligen bundesstaatlichen Politik auf die Zusammensetzung und Qualität der Beschäftigten in diesem Feld zu erkennen. Ohne diesbezügliche Daten lässt sich sehr wenig über langfristige Personalentwicklungen im Elementarbereich aussagen.

Im Idealfall würden die Kapazitäten zur Forschung und Datenerhebung so ausgebaut werden, dass einerseits Beschäftigtendaten regelmäßig systematisch erfasst und anderseits experimentelle und quasi-experimentelle Untersuchungen durchgeführt werden. Im Hinblick auf die Datenlage sollte eine nationale Datenbank aufgebaut werden, die auf individueller und organisationaler Ebene zuverlässige und vergleichende Daten zum Personalbestand liefert. Langfristig und regelmäßig erhobene Daten könnten einen Beitrag zur Fundierung wichtiger politischer Entscheidungen und zur Verbesserung der fachlichen Aus- und Weiterbildung leisten. Neben dem Aufbau einer langfristig angelegten Datenbank würde das Feld der Frühpädagogik auch von der Durchführung empirischer Untersuchungen profitieren, die Erkenntnisse darüber liefern, welche Arten fachlicher Aus- und Weiterbildung die Qualität der pädagogischen Arbeit verbessern und die größten Vorteile für die Kinder versprechen. Untersuchungen zu den verschiedenen Ansätzen des Kostenmanagements einschließlich Kosten-Nutzen-Analysen wären ebenfalls sehr hilfreich. Ein weiterer Schwerpunkt empirischer Arbeiten könnte der Zusammenhang zwischen den Merkmalen der Beschäftigten im Elementarbereich und den Bedürfnissen von Kindern verschiedener Altersstufen, unterschiedlicher sozialer Herkunft und mit unterschiedlichem sprachlichem Hintergrund sein. Weil sich ein wesentlicher Teil der frühkindlichen Bildung und Betreuung im privatwirtschaftlichen Sektor abspielt, wären auch sektorenübergreifende Vergleichsdaten zur Effektivität und Qualität der Fachkräfte und zu den fachlichen Qualifikationsbemühungen begrüßenswert.

6.2 Fehlende Regelungen zur Anerkennung von Studienleistungen zwischen Hochschulen mit zwei- und mit vierjährigen Studiengängen

Da die Voraussetzungen für die Zertifizierung frühpädagogischer Fachkräfte von Bundesstaat zu Bundesstaat und von Programm zu Programm unterschiedlich sind, steuern die einen den Associate Degree und die anderen wiederum den höheren Bachelor- und Master-Abschluss oder die Promotion an. Leider sind die Pfade zwischen diesen Abschlüssen und den vergebenden Hochschulen vielfach steinig und zerklüftet. Oft werden die an einer Hochschule erbrachten Leistungen von anderen Hochschulen nicht anerkannt. Manchmal müssen Studierende bereits absolvierte Kurse wiederholen, um die Anforderungen ihrer neuen Hochschule erfüllen zu können. Bewegungen zwischen den Hochschulen sind meist ein komplexes Unterfangen. Wo bereits Fortschritte gemacht wurden, sind die Kurse und Anforderungen zwischen den betreffenden Institutionen klar abgestimmt, was den Übergang von einer Hochschule zur anderen erleichtert. In solchen Fällen sind dann die Möglichkeiten des Wechsels von einer Hochschule zu einer anderen transparent, und bereits erbrachte Leistungen werden anerkannt.

6.3 Das Spannungsfeld zwischen praktischen Kompetenzen und theoretisch angeeignetem Fachwissen

Die fachliche Aus- und Weiterbildung frühpädagogischer Fachkräfte ist von einem permanenten Spannungsverhältnis zwischen einem kompetenzbasierten und einem auf den Erwerb theoretischen Fachwissens zentrierten Ansatz geprägt. In der Vergangenheit wurden mit dem CDA-Zertifikat und der NBPTS-Zertifizierung Qualifikationspfade geschaffen, die auf dem Nachweis erworbener praktischer Kompetenzen beruhen, während sich die meisten Hochschulen auf die Vermittlung und Aneignung theoretischen Wissens konzentrieren. Im Zuge der stärkeren Betonung von individuellem Coaching, Lerngemeinschaften und persönlichen fachlichen Weiterbildungsplänen besteht nun eine spürbare Tendenz zur Kombination beider Ansätze. Statt einen Entweder-oder-Ansatz der fachlichen Weiterbildung zu verfolgen, wird in der Bildungsplanung heute auf die Unerlässlichkeit und den notwendigen ergänzenden Charakter beider Ansätze hingewiesen. Eine allein auf praktische Kompetenzen zielende Ausbildung kann zur unreflektiert routinierten Ausführung von Tätigkeiten führen, während eine allein auf theoretischem Wissen beruhende Ausbildung nicht in der Lage ist, das pädagogische Personal mit dem notwendigen Rüstzeug für die Bewältigung der typischen alltäglichen Herausforderungen im frühpädagogischen Feld auszustatten. Eine Herangehensweise, die beides zu einem integrierten Ansatz der fachlichen Aus- und Weiterbildung zusammenbindet, wird zusehends zur Norm.

6.4 Das Spannungsfeld zwischen einer am Kind und einer an Standards orientierten Pädagogik

In der momentan vielleicht am hitzigsten geführten Debatte geht es um die Rolle von Standards im Bereich der frühkindlichen Bildung. Die Formulierung von Standards, die festlegen, was Kinder wissen und können sollten, ist auf dem Vormarsch – eine Entwicklung, die zuweilen als Abwertung eines Wissens und einer Praxis wahrgenommen wird, die über Jahrhunderte hinweg das Kind ins Zentrum des Curriculums rückte. Obwohl alle Bundesstaaten Standards für Kinder im Vorschulalter und die meisten auch Standards für Säuglinge und Kleinkinder formulieren, sind viele frühpädagogische Fachkräfte der Ansicht, dass solche Standards von einer am Kind orientierten Pädagogik wegführen und diese durch von außen gesetzte Ziele ersetzen. Die Befürworter von Standards behaupten das Gegenteil. Ihnen zufolge bringen Standards Klarheit darüber, was es Kindern zu vermitteln gilt, schreiben dabei aber nicht den anzuwendenden pädagogischen Ansatz vor. Anders ausgedrückt: Standards sind auf den Inhalt gerichtet, während die Pädagogik sich mit dem Prozess befasst. Unabhängig von der jeweiligen Einstellung dazu sind Standards nunmehr auf absehbare Zeit die Realität. Infolgedessen müssen Curriculum und Lernprozess bei der Aus- und Weiterbildung frühpädagogischer Fachkräfte so ausgestaltet werden, dass die Zielorientierung der Standards und die Achtung vor dem kindlichen Sein, wie sie sich in einer am Kind orientierten Pädagogik manifestiert, gut miteinander vereinbar sind.

6.5 Das Spannungsfeld zwischen Konvention und Innovation

In den Vereinigten Staaten genießt die Aus- und Weiterbildung von Pädagoginnen und Pädagogen derzeit eine nie da gewesene Aufmerksamkeit – sei es im Elementarbereich oder in der Regelschule. Die Anforderungen an pädagogische Fachkräfte und das sie qualifizierende Bildungspersonal sind zweifellos gestiegen. Eine einzelne Strategie wird nicht mehr ausreichen, um die Fülle von Erfahrungen zu vermitteln, die pädagogische Fachkräfte für die Bewältigung ihrer anspruchsvollen Aufgaben benötigen.

Es wurde bereits darauf hingewiesen, dass die angeleitete Praxiserfahrung *(clinical practice)* eindeutig zunehmend an Beliebtheit gewinnt, wobei die individuell zugeschnittene fachliche Weiterbildung hier zu den wichtigsten Förderstrategien zählt. Der praxisbasierte Ansatz hat in der pädagogischen Ausbildung schon immer eine Rolle gespielt, wird jetzt aber mit mehr Nachdruck betrieben.

Statt nur einer einzigen Praxisphase am Ende eines pädagogischen Ausbildungsprogramms sind jetzt angeleitete Praxisphasen zu einem früheren Zeitpunkt und auch häufiger vorgesehen. Das konventionelle Modell wird so gestaltet, dass Innovation Einzug halten kann. Neulingen im pädagogischen Feld stehen heute mehr Bildungspfade zur Verfügung, auch angetrieben durch neue Technologien. Anstatt eines einzigen vorgezeichneten Qualifikationspfads entwickelt das mit der pädagogischen Aus- und Weiterbildung betraute Personal heute mannigfaltige Angebote, die Studienleistungen mit formalen Leistungsnachweisen und Schulungen ohne Leistungsnachweis umfassen können, ebenso wie angeleitete Praxiserfahrung *(clinical experience)* und Erfahrungen in der Kindergruppe oder im Klassenzimmer.

6.6 Das Spannungsfeld zwischen der Finanzierung direkter Leistungsangebote für Kinder und der Finanzierung fachlicher Aus- und Weiterbildung

Gegenwärtig befinden sich die USA mitten in einer tiefen Finanzkrise, die Auswirkungen auf die Ausgabenpolitik der Regierung hat. In vielen Bundesstaaten werden unzählige Programme im Bereich der frühkindlichen Bildung und Betreuung gestrichen. Auch die Bundesstaaten, die ihre Leistungsangebote für Kinder nicht zurückfahren, sehen von jeglicher Erweiterung ab. Bei derart begrenzten Ressourcen wird die Bereitstellung von Mitteln für die Investition in fachliche Aus- und Weiterbildung von Pädagoginnen und Pädagogen zu einer Herausforderung. Darüber hinaus herrscht die Grundüberzeugung vor, dass die Ausbildung in den meisten Bereichen Sache des Einzelnen und nicht des Staates ist. Auch wenn in gewissem Umfang Stipendien vergeben werden, die im Allgemeinen auf hochtechnische Bereiche beschränkt sind, in denen Personalmangel herrscht, so werden in den meisten Fällen individuelle Kredite zur Finanzierung der Berufsausbildung aufgenommen. Angesichts dieser Grundüberzeugung und der leeren Staatskassen sieht sich die öffentliche Hand nur begrenzt in der Pflicht, die Aus- und Weiterbildung frühpädagogischer Fachkräfte zu fördern. Selbst dort, wo sich Bemühungen um Förderung zeigen, werden diese oft als Konkurrenz zur Bereitstellung zusätzlicher Leistungsangebote für Kinder gesehen und entsprechend gegeneinander ausgespielt. Irrigerweise wird fachliche Aus- und Weiterbildung vielfach als etwas angesehen, das den Leistungsangeboten für Kinder die Mittel entzieht. Deshalb sind nicht nur zusätzliche finanzielle Ressourcen erforderlich, sondern auch ein Einstellungswandel aufseiten der Politik, Investitionen in die Aus- und Weiterbildung als wesentlichen Bestandteil der frühkindlichen Bildung und Betreuung anzuerkennen.

→ Dieser Beitrag hat ein Bild der fachlichen Aus- und Weiterbildung der frühpädagogischen Fachkräfte als einen in gewissem Grade verwirrenden und hochgradig idiosynkratischen Prozess gezeichnet. Wir bitten die Leserschaft um Nachsicht, wenn sich das Verständnis der einzelnen Facetten dieser Angebote als schwierig erwiesen haben sollte. Unser Ziel war es, ein tief verwurzeltes und chaotisches Nichtsystem durchschaubar zu machen. Wenn die Leserschaft jedoch am Ende der Lektüre dieses Beitrags mehr weiß als am Anfang und einen Eindruck von der Komplexität der fachlichen Aus- und Weiterbildung in den Vereinigten Staaten gewonnen hat, dann haben wir unsere Aufgabe teilweise erfüllt. Und wenn die Leserinnen und Leser auch verstehen, welch ungeheures Maß an Engagement den Fachkräften in diesem Feld zur Systematisierung und Qualitätsverbesserung abverlangt wird, dann haben wir unser Ziel zur Gänze erreicht. Von dem Gelingen dieser Anstrengungen wird es abhängen, ob amerikanischen Kindern gute Entwicklungs- und Bildungschancen geboten werden.

Literatur

Administration for Children and Families (2008). Statutory degree and credentialing requirements for Head Start teaching staff.(ACF-IM-HS-08-12). Retrieved August 6, 2013, from http://eclkc.ohs.acf.hhs.gov/hslc/standards/IMs_and_PIs_in_PDF/PDF_IMs/IM2008/ACF-IM-HS-08-12.pdf.

Administration for Children and Families (2010). 2012–2013 Child Care and Development Fund Plan. Washington, D.C.: U.S. Department of Health and Human Services.

American Association of Colleges for Teacher Education (2009). Teacher preparation makes a difference. Retrieved August 6, 2013, from http://aacte.org/pdf/Publications/Resources/Teacher%20Preparation%20Makes%20a%20Difference.pdf.

Barnett, W. S., Epstein, D. J., Carolan, M. E., Fitzgerald, J., Ackerman, D. J. & Friedman, A. H. (2010). The state of preschool 2010: State preschool yearbook. New Brunswick, NJ: National Institute for Early Education Research.

Berk, L. E. & Winsler, A. (1995). Scaffolding children's learning: Vygotsky and Early Childhood Education. (Research into practice, Vol. 7). Washington, D. C.: National Association for the Education of Young Children.

Bodrova, E. & Leong, D. J. (2007). Tools of the mind: The Vygotskian approach to Early Childhood Education. (2nd ed.). Englewood Cliffs, NJ: Merrill.

Cerniglia, E. G. (2011). Modeling best practice through online learning: Building relationships. Young Children, 66 (3), 54–59.

Chase, R., Moore, C., Pierce, S. & Arnold, J. (2007).Child care workforce in Minnesota: 2006 statewide study of demographics, training and professional development. Report prepared for the Minnesota Department of Human Services. Saint Paul, MN: Wilder Research.

Child Care Services Association (2011). T.E.A.C.H. early childhood: Then and now, 2010 annual report. Chapel Hill, NC: Child Care Services Association.

Child Trends, Inc. & Mathematic Policy Research, Inc. (2010). Pennsylvania keystone STARS: QRIS profile. Washington, DC: Office of Planning, Research, and Evaluation.

Copple, C. & Bredekamp, S. (Eds.). (2009). Developmentally appropriate practice in early childhood programs serving children from birth through age 8 (3rd ed.). Washington, D.C.: National Association for the Education of Young Children.

Council for Professional Recognition (2011). How to earn your CDA. Retrieved July 5, 2011, from http://www.cdacouncil.org.

Darling-Hammond, L. (2010). The flat world and education: How America's commitment to equity will determine our future. New York, NY: Teachers College Press.

Decker, P. T., Mayer, D. P. & Glazerman, S. (2004). The effects of Teach for America on students: Findings from a national evaluation. Retrieved August 6, 2013, from http://www.mathematica-mpr.com/publications/pdfs/teach.pdf.

Early, D., Barbarin, O., Bryant, D., Burchinal, M., Chang, F., Clifford, R. & Barnett, W. S. (2005). Pre-kindergarten in eleven states: NCEDL's multi-state study of pre-kindergarten and study of state-wide early education programs (SWEEP). Chapel Hill, NC: University of North Carolina.

Early, D. M. & Winton, P. J. (2001). Preparing the workforce: Early childhood teacher preparation at 2- and 4-year institutions of higher education. Early Childhood Research Quarterly, 16 (3), 285–306.

Fowler, S., Bloom, P. J., Talan, T. N., Beneke, S. & Kelton, R. (2008). Who's caring for the kids? The status of the early childhood workforce in Illinois—2008. Retrieved August 6, 2013, from http://ecap.crc.illinois.edu/pubs/whos-caring/whos_caring_report_2008.pdf.

Garet, M. S., Porter, A. C., Desimone, L., Birman, B. F. & Yoon, K. S. (2001). What makes professional development effective? Results from a national sample of teachers. American Educational Research Journal, 38 (4), 915–45.

Gilliam, W. S. & Marchesseault, C. M. (2005). From capitols to classrooms, policies to practice: State-funded prekindergarten at the classroom level: Part 1. Who's teaching our youngest students? Teacher education and training, experience, compensation and benefits, and assistant teachers. New Haven, CT: Yale University, Yale Child Study Center.

Hakel, M. D., Koenig, J. A. & Elliot, S. (Eds). (2008). Assessing accomplished teaching: Advanced-level certification programs. Washington, DC: National Research Council of the National Academies Press.

Hamm, K., Gault, B. & Jones-DeWeever, A. (2005). In our own backyards: Local and state strategies to improve the quality of family child care. Retrieved August 6, 2013, from http://www.iwpr.org/publications/pubs/in-our-own-backyards-local-and-state-strategies-to-improve-the-quality-of-family-child-care.

Hart, K. & Schumacher, R. (2005). Making the case: Improving Head Start teacher qualifications requires increased investment (Head Start Series, Paper No. 1). Washington, DC: Center for Law and Social Policy.

Herzenberg, S., Price, M. & Bradley, D. (2005). Losing ground in early childhood education: Declining workforce qualifications in an expanding industry, 1979–2004. Washington, DC: Economic Policy Institute.

Hyson, M., Tomlinson, H. B. & Morris, C. A. S. (2009). Quality improvement in early childhood teacher education: Faculty perspectives and recommendations for the future. Early Childhood Research and Practice, 11 (1). Retrieved August 6, 2013, from http://ecrp.uiuc.edu/v11n1/hyson.html.

Ilari, B. (2010). A community of practice in music teacher training: The case of Musicalização Infantil. Research Studies in Music Education 32 (1), 43–60.

Kagan, S. L. & Gomez, R. E. (2011). B. A. Plus: Reconciling reality and reach. In E. F. Zigler, W. S. Gilliam & W. S. Barnett (Eds.), The pre-k debates: Current controversies and issues (pp.68–72). Baltimore, MD: Paul H. Brookes.

Kagan, S. L. & Kauerz, K. (2008). Governing American early care and education: Shifting from government to governance and from form to function. In S. Feeney, A. Galper & C. Seefeldt (Eds.), Continuing issues in early childhood education (3rd ed., pp. 12–32). Columbus, OH: Pearson Merrill Prentice Hall.

Kagan, S. L., Kauerz, K. & Tarrant, K. (2008). Early care and education teaching workforce at the fulcrum: An agenda for reform. New York, NY: Teachers College Press.

LeMoine, S. (2008). Workforce designs: A policy blueprint for state early childhood professional development systems. NAEYC Public Policy Report. Retrieved August 6, 2013, from http://www.naeyc.org/files/naeyc/file/policy/ecwsi/Workforce_Designs.pd.f

LeMoine, S. & National Governors' Association Center for Best Practices (2010). Issue brief: Building an early childhood professional development system. Retrieved August 6, 2013 from http://www.nga.org/files/live/sites/NGA/files/pdf/1002EARLYCHILDPROFDEV.PDF.

Marshall, N. L., Dennehy, J., Johnson-Staub, C. & Robeson, W. W. (2005). Massachusetts capacity study research brief: Characteristics of the current early education and care workforce serving 3–5 year-olds. Retrieved August 6, 2013, from http://www.wcwonline.org/earlycare/workforcefindings2005.pdf.

Maxwell, K. L., Lim, C. I. & Early, D. M. (2006). Early childhood teacher preparation programs in the United States: National report. Chapel Hill, NC: University of North Carolina, Frank Porter Graham Child Development Institute.

Mitchell, A. (2009). Quality rating and improvement systems as the framework for early care and education system reform. Retrieved August 6, 2013, from http://www.earlychildhoodfinance.org/downloads/2009/QRISasSystemReform_2009.pdf und http://www.buildinitiative.org.

National Association for the Education of Young Children (2009). NAEYC standards for early childhood professional preparation programs. Retrieved August 6, 2013, from http://www.naeyc.org/files/naeyc/file/positions/ProfPrepStandards09.pdf.

National Association for the Education of Young Children (2011). 2010 NAEYC standards for initial and advanced early childhood professional preparation programs. Washington, DC: National Association for the Education of Young Children.

National Board for Professional Teaching Standards (2001). Early childhood/generalist standards for teachers of students ages 3 to 8.(2nd ed.) Arlington, VA: National Board for Professional Teaching Standards.

National Board for Professional Teaching Standards (2002). What teachers should know and be able to do. Retrieved August 6, 2013, from http://www.nbpts.org/sites/default/files/documents/certificates/what_teachers_should_know.pdf.

National Child Care Information Center (2010a). Minimum requirements for preservice qualifications and annual ongoing training hours for center teaching roles in 2008.Retrieved August 6, 2013, from http://www.leg.state.nv.us/Session/76th2011/Exhibits/Assembly/ED/AED685F.pdf.

National Child Care Information Center (2010b). Minimum preservice qualifications, orientation/initial licensure, and annual ongoing training hours for family child care providers in 2008. Retrieved July 5, 2011, from http://nccic.acf.hhs.gov/pubs/cclicensingreq/cclr-famcare.html.

National Council for Accreditation of Teacher Education. (2010). The road less traveled: How the developmental sciences can prepare educators to improve student achievement: Policy recommendations. Retrieved August 6, 2013, from http://www.ncate.org/LinkClick.aspx?fileticket=gY3FtiptMSo%3D&tabid=706.

Office of Child Development and Early Learning (2011). Program reach and risk assessment: FY 2009–2010. Pennsylvania Departments of Education and Public Welfare. Retrieved August 6, 2013 from http://www.ocdel-research.org/Reports/Reach%20and%20Risk/2009-2010/2009-2010_Reach_and_Risk_Feb11.pdf.

Office of Head Start (2011). Head Start program information report. Retrieved August 6, 2013, from https://hses.ohs.acf.hhs.gov/pir/reports;jsessionid=26755a9d436f008fcd47bf6e3a5a.

Pianta, R. C. (2007). Preschool is school, sometimes: Making early childhood education matter. Education Next 7 (1), 44–49.

Rops, M. S. (2007). Credentialing, licensure, certification, accreditation, certificates: What's the difference? Retrieved August 6, 2013, from http://msrops.blogs.com/akac/files/Credentialing_Terminology.pdf.

Rous, B., Buyssee, V. & Castro, D. (2008). Professional development and systems building overlap. Paper presented at the Child Care Policy Research Consortium, July, 2008, Washington, DC.

Saluja, G., Early, D. M. & Clifford, R. M. (2002). Demographic characteristics of early childhood teachers and structural elements of early care and education in the United States. Early Childhood Research & Practice, 4(1). Retrieved August 6, 2013, from http://ecrp.uiuc.edu/v4n1/saluja.html.

Skiffington, S., Washburn, S. & Elliot, K. (2011). Instructional coaching: Helping preschool teachers reach their full potential. Young Children, 66(3), 12–19.

Sugarman, N. A. (2011). Putting yourself in action: Individual professional development plans. Young Children, 66(3), 27–33.

Teach for America (2011). Early childhood education initiative. Retrieved August 6, 2013, from http://www.teachforamerica.org.

U.S. Bureau of Labor Statistics (2010a). Occupational employment and wages, May 2010: Childcare workers. Retrieved August 6, 2013, from http://www.bls.gov/oes/2010/may/chartbook_2010.pdf.

U.S. Bureau of Labor Statistics. (2010b). Occupational employment and wages, May 2010: Preschool teachers, except special education. Retrieved August 6, 2013, from http://www.bls.gov/oes/2010/may/chartbook_2010.pdf.

U.S. Bureau of Labor Statistics (2011a). Occupational outlook handbook, 2010–2011 edition: Child care workers. Retrieved August 6, 2013, from http://www.bls.gov/oco/ocos170.htm.

U.S. Bureau of Labor Statistics. (2011b). Occupational outlook handbook, 2010–2011 edition: Teachers—preschool, except special education. Retrieved August 6, 2013, from http://www.bls.gov/oco/ocos317.htm.

Vygotsky, L. S. (1978). Mind in society: The development of higher psychological processes. Cambridge, MA: Harvard University Press.

Whitebook, M. & Ryan, S. (2011). Degrees in context: Asking the right questions about preparing skilled and effective teachers of young children. National Institute for Early Education Research, Policy Brief, 22. Retrieved 6 August 2013 from http://nieer.org/publications/policy-matters-policy-briefs/policy-brief-%E2%80%93-degrees-context-asking-right-questions.

Whitebook, M., Sakai, L., Kipnis, F., Lee, Y., Bellm, D., Almaraz, M. & Tran, P. (2006). California early care and education workforce study: Licensed child care centers and family child care providers. Retrieved August 6, 2013, from http://www.irle.berkeley.edu/cscce/wp-content/uploads/2006/01/statewide_highlights.pdf.

Whitehead, L. C., Rudick, S. & South, K. (2011). High tech, high touch: An innovative approach to professional development for CDA candidates. Young Children, 66 (3), 48–53.

Die Professionalisierung frühpädagogischer Fachkräfte in Australien

Strategien und Instrumente für einen fundamentalen Wandel im frühpädagogischen Bereich

Collette Tayler & Caroline Cohrssen

Melbourne Graduate School of Education, Australia

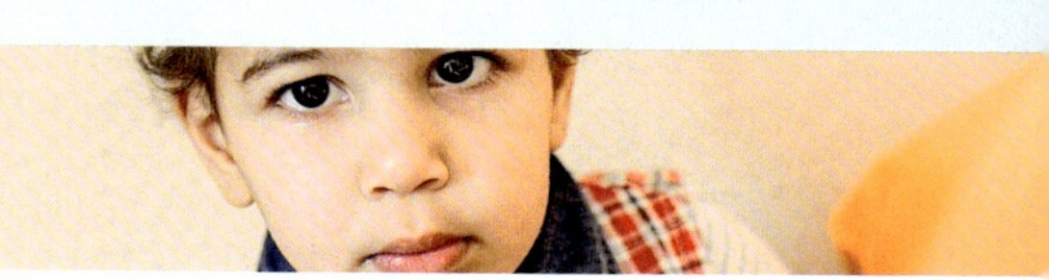

Das australische System der frühkindlichen Bildung und Betreuung hat während der vergangenen Jahre einen bedeutenden Wandel erfahren. Dahinter steht ein strategisches Interesse an der Entwicklung von Bildungskapital, dem sich die politisch Verantwortlichen sowohl auf Bundes- als auch auf Landesebene verpflichtet sehen. Dieser politische Richtungswechsel, einschließlich koordinierter Maßnahmen zur Weiterentwicklung des mit frühkindlicher Bildung und Betreuung befassten Berufsstandes, basiert auf der allgemeinen Erkenntnis, dass der Lebensabschnitt „Frühe Kindheit" von großer Bedeutung für das spätere Wohlergehen, Bildungserfolge und sozialen Erfolg ist.

In der *Melbourne Declaration*, einer von führenden Bildungsfachleuten gemeinsam mit Vertretern der zuständigen Ministerien des Bundes, der Bundesstaaten und Territorien[117] verfassten Erklärung zu den Leitbildern und Zielen des australische Bildungswesens, wird die Notwendigkeit der Schaffung von Bildungskapital bereits in der Präambel hervorgehoben: „Im 21. Jahrhundert hängt die Fähigkeit Australiens, all seinen Bürgern eine hohe Lebensqualität zu bieten, von der Wettbewerbsfähigkeit im Rahmen der globalen Wissens- und Innovationsökonomie ab. Bildung vermittelt jungen Menschen das Wissen, die Kenntnisse, Fertigkeiten und Werte, um Chancen nutzen zu können und sich den Herausforderungen unserer Zeit selbstbewusst zu stellen [...]" (Ministerial Council on Education, Employment, Training and Youth Affairs[118] 2008).

Der vorliegende Beitrag skizziert zunächst den derzeit in Australien zu beobachtenden Wandel auf dem Feld der frühkindlichen Bildung und Betreuung und erläutert das typische Qualifikationsprofil frühpädagogischer Fachkräfte. Anschließend wenden wir uns pädagogischen Ausbildungsgängen zu, wobei einige der in jüngster Zeit vollzogenen Veränderungen nachgezeichnet werden. In der Fokussierung auf Lernergebnisse und familienzentrierte Arbeit zeigt sich eine Abkehr von am Prinzip der „Entwicklungsangemessenheit" orientierten Methoden

---

[117] *Das Commonwealth of Australia ist ein föderal verfasster Staat mit sechs Bundesstaaten (States) und zwei sogenannten Territorien (Territories). Die Spitze der Exekutive besteht aus der auch als „Commonwealth" bezeichneten Bundesregierung und den Regierungen der Bundesstaaten und Territorien (Anm. d. Hrsg.).*

[118] *Ministerial Councils sind die ständigen Ministerkonferenzen zur Koordination zwischen den auf Bundes- und Bundesstaatsebene zuständigen Fachministerien (vergleichbar z. B. der deutschen Kultusministerkonferenz). Die genaue Zusammensetzung, Benennung sowie das Aufgabengebiet hängen vom jeweiligen Zuschnitt der einzelnen Ressorts und somit von politischen Prioritätensetzungen ab (Anm. d. Hrsg.).*

(Bredekamp & Copple 1997) hin zu einer verstärkt evidenzbasierten Pädagogik, die das einzelne Kind darin unterstützt, sein Potenzial voll auszuschöpfen. Es wird davon ausgegangen, dass der sanfte Übergang vom Elternhaus in die Kindertageseinrichtung und von dort weiter in stärker formalisierte Bildungskontexte – wie etwa die Schule – erleichtert wird, wenn die frühpädagogischen Fachkräfte schon den Jüngsten optimale emotionale und instruktionale Unterstützung bieten können. Die berufsvorbereitende Ausbildung soll frühpädagogische Fachkräfte mit dem für die Förderung des Lernens und der Entwicklung des einzelnen Kindes erforderlichen Fachwissen und -können ausstatten und sie in die Lage versetzen, in den unterschiedlichen kulturellen, sozialen, geografischen und Bildungsmilieus des australischen Kontinents gleichermaßen erfolgreich pädagogisch tätig zu sein. Die Entwicklung und Umsetzung derartiger Ausbildungsgänge stellt eine beträchtliche Herausforderung dar.

1. Frühpädagogische Angebote im Wandel

Im vorschulischen Bereich wurde in Australien historisch zwischen frühkindlicher Bildung und Kinderbetreuung unterschieden. Frühkindliche Bildung war gemeinhin die Aufgabe von „Kindergärten" bzw. institutionell eigenständigen Einrichtungen, die sich zumindest während der letzten 50 Jahre auf frühes Lernen und kindliche Entwicklung konzentrierten und Kinder auf den Übergang in das schulische Bildungssystem vorbereiteten. Ganztägig geöffnete Kindertageseinrichtungen wurden hingegen als ein Betreuungsangebot verstanden, das in erster Linie an berufstätige Eltern gerichtetet war. Diese Unterscheidung nach Bildungs- und Betreuungsangeboten geht auf die europäische Kindergartenbewegung in der zweiten Hälfte des 19. Jahrhunderts zurück. In Australien verweist der Begriff „Kindergarten" auch heute noch auf Programme, in denen Kinder von ausgebildeten frühpädagogischen Fachkräften spielerisch an das Lernen herangeführt werden –, was den Kindergarten von jenen Einrichtungen unterscheidet, die Ganztagsbetreuung und allgemeine erzieherische Leistungen bieten. Seit den 1970er Jahren wurden die Kinderbetreuungsangebote massiv ausgeweitet. Das in diesem Zusammenhang neu rekrutierte Personal verfügte in der Regel nicht über einen Hochschulabschluss in Frühpädagogik, sondern lediglich über Qualifikationen für die Arbeit in den sogenannten *Children's Services*[119].

Australische Kindergärten bieten ihre Dienste in aller Regel auf Stunden- oder Halbtagsbasis an. In legislativer und administrativer Hinsicht unterlagen Elementareinrichtungen bislang entweder der Bildungsgesetzgebung des Bundes bzw. der einzelnen Bundesstaaten und Territorien oder den jeweiligen gesetzlichen Regelungen für Kinderbetreuung im Rahmen der *Children's Services*. Die derzeitige Weiterentwicklung der berufsvorbereitenden Ausbildungsgänge, die frühpädagogische Fachkräfte aller Einrichtungstypen (Kindergarten, Tageseinrichtung, Tagespflegestelle und Grundschuleingangsstufe) zur Arbeit im Rahmen der neuen Prioritätensetzungen befähigen sollen, ist nur im Kontext des Strukturwandels zu verstehen, der im Laufe der letzten fünf Jahre den gesamten Elementarbereich erfasst hat.

---

[119] *Unter dem Begriff „Children's Services" werden in Australien gemeinhin alle Angebote und Einrichtungen subsumiert, die – zumindest in der Vergangenheit – keinen dezidierten Bildungsauftrag hatten und vorrangig die Vereinbarkeit von Elternschaft und Berufstätigkeit erleichtern sollten. Dazu gehören Krippen, Kindertageseinrichtungen und private Tagespflegestellen, die nach Bedarf ganztägig oder stundenweise in Anspruch genommen werden können. Im Gegensatz zum klassischen Kindergarten oder zu Vorschulen nehmen sie auch Kinder unter drei Jahren auf (Anm. d. Hrsg.).*

In der *Adelaide Declaration* von 1999 wurde eingeräumt, dass Verbesserungen hinsichtlich Status und Qualität des pädagogischen Personals zwingende Voraussetzungen sind, wenn Bildungsstandards erhöht und die Qualität von Bildungsplänen und somit auch das Vertrauen der Öffentlichkeit in das australische Bildungssystem gesteigert werden sollen (MCEETYA 1999). Zahlreiche internationale Forschungsarbeiten, zum Beispiel von Darling-Hammond und Kollegen (2001), lassen darauf schließen, dass die Qualifikation der Lehrkräfte – gemessen an Fachwissen, Fachkompetenz und Erfahrung – einen stärkeren Einfluss auf Bildungserfolge der Kinder hat als die Faktoren Armut, Hautfarbe und elterliches Bildungsniveau (MCEETYA 2003). Die bildungspolitischen Akteure haben sich auf breiter Basis zur Verbesserung der Qualität der pädagogischen Ausbildung und Praxis sowie zur Einführung landesweiter Standards für pädagogische Arbeit verpflichtet, gelten diese doch als Schlüssel zur Erhöhung des Bildungsstands in Australien.

Im Jahr 2003 veröffentlichte die Bildungsministerkonferenz mit dem *National Framework for Professional Standards for Teaching* (MCEETYA 2003) einen Rahmenplan, in dem grundlegende Bausteine und Dimensionen erfolgreicher pädagogischer Arbeit umrissen wurden. Diese Standards ermöglichten erstmals eine landesweite gemeinsame „Sprache" – sowohl innerhalb der einzelnen Schulgemeinschaften als auch quer durch die Lehrerverbände und die allgemeine Öffentlichkeit. Entscheidend ist, dass der Rahmenplan darauf abzielt, die für pädagogische Ausbildungsgänge geltenden Vorgaben bundesweit, d.h. in allen Staaten und Territorien Australiens, aufeinander abzustimmen und „die intuitiven Einsichten und impliziten Wissensbestände, die gute pädagogische Praxis kennzeichnen, explizit herauszuarbeiten und so dem ganzen Berufsstand zugänglich zu machen" (MCEETYA 2003, S. 2).

Im *National Framework for Professional Standards for Teaching* werden sechs Hauptziele genannt:

1. Bundesweite Verständigung über die Grundlagen dessen, was Lehrkräfte wissen und können müssen, um Schülerinnen und Schüler beim Lernen zu unterstützen und Lernprozesse zu verbessern
2. Formulierung von Qualitätsstandards für hochwertige pädagogische Arbeit, die Lehrkräften als erstrebenswerte Zielstellung für die eigene Praxis dienen können, und Sicherstellung des bundesweiten Zugangs zu Weiterbildungsmöglichkeiten, die dazu dienlich sind, dieses Qualitätsniveau zu erreichen
3. Schaffung der Voraussetzungen für eine bundesweite Anerkennung hoher Qualitätsstandards in der Lehre
4. Schaffung der Voraussetzungen für die bundesweite Angleichung von Standards für die Absolventinnen und Absolventen pädagogischer Ausbildungsgänge
5. Stärkung der Lehrererstausbildung und Sicherstellung des bundesweiten Engagements für eine effektive und angemessene Berufsvorbereitung von Pädagoginnen und Pädagogen
6. Schaffung der Voraussetzungen für ein langfristiges Engagement der Bundes-, Staats- und Territorienregierungen bei der Förderung der beruflichen Weiterentwicklung von Pädagoginnen und Pädagogen

Allerdings blieb die Frühpädagogik bei der Formulierung dieser Ziele weitgehend unberücksichtigt, da die Ausbildung frühpädagogischer Fachkräfte in vielen Teilen Australiens bisher vor allem auf die Bereitstellung von Personal für Kindergärten für Drei- bis Fünfjährige gerichtet war und diese nicht als Teil des schulischen Bildungssystems galten. Auch bei der Weiterentwicklung der professionellen Standards für Lehrkräfte wurde kaum auf die Einbeziehung frühpädagogischer Fachkräfte und ihrer Arbeit geachtet. Daher führten weder die bundesweite Priorisierung der Lehrerbildung noch die Verständigung auf gemeinsame Ziele für das (schulische) Lernen zu einer nennenswerten Neuausrichtung, Ausweitung oder Weiterentwicklung der frühkindlichen Bildung bzw. der Kindergärten.

Der 2006 von der Organisation für wirtschaftliche Zusammenarbeit und Entwicklung (OECD) veröffentlichte Bericht *Starting Strong II* macht deutlich, dass die australischen Investitionen im Bereich der vorschulischen Bildung (d. h. der Kindergärten) lediglich 0,1 Prozent des Bruttoinlandsprodukts betrugen, während der Durchschnittswert aller untersuchten Länder bei 0,45 Prozent lag. Unter 32 Ländern rangierte Australien damit an 30. Stelle. Diese Zahlen beziehen sich nur auf Ausgaben für Vorschuleinrichtungen. Andere Angebots- und Einrichtungsformen im Elementarbereich (z. B. Kindertageseinrichtungen), bei denen in diesem Zeitraum eine sprunghafte Expansion zu verzeichnen war, blieben unberücksichtigt. Allerdings erfüllten diese Investitionen im Bereich der Kinderbetreuung nicht die Mindestkriterien (Vorhandensein pädagogischer Fachkräfte und eines pädagogischen Konzepts), die eine Aufnahme in die Rubrik „Investitionen in frühkindliche Bildung" erlaubt hätten. Wenn auch die von der OECD ausgewiesenen Zahlen folglich die staatlichen Ausgaben für den Gesamtkomplex der frühkindlichen Bildung und Betreuung nur unvollständig erfassen, waren die Ausgaben in diesem Bereich doch recht gering. Im Jahr 2008 fasste der Council of Australian Governments[120] den Beschluss, sich dieser Problematik zu stellen, und legte unter anderem fest, den gesamten Elementarbereich zu reformieren und bis 2013 allen Kindern im letzten Jahr vor dem Schuleintritt Zugang zu qualitativ hochwertigen frühpädagogischen Angeboten mit akademisch qualifizierten frühpädagogischen Fachkräften zu verschaffen.

2. Infrastrukturwandel im Elementarbereich

Mit dem erklärten Ziel, das Bildungskapital aller Menschen in Australien in signifikantem Maße zu erhöhen, vereinbarte die Bundesregierung ein Partnerschaftsabkommen mit den Regierungen der Bundesstaaten und Territorien. Im Elementarbereich wurden dazu Strategien zur Verbesserung der Bildungsergebnisse aller Kinder wie auch zur Steigerung der Personalqualität und der Verbleibsraten qualifizierter Fachkräfte quer durch alle Einrichtungs- und Angebotstypen entwickelt. Wer im Jahr 2008 in den verschiedensten Segmenten des äußerst facettenreichen australischen Elementarbereichs tätig war, hatte maximal eine berufliche Ausbildung mit Zertifikat[121] abgeschlossen, und insgesamt verfügten nur einige wenige Beschäftigte über einen Hochschulabschluss in Frühpädagogik. Der von allen Regierungsebenen getragene Beschluss, die frühkindliche Bildung und Betreuung zu reformieren, die Personalqualität zu ver-

---

[120] *Der Council of Australian Governments ist das höchste regierungsübergreifende Gremium Australiens. Es besteht aus dem amtierenden Premierminister des Bundes, den Premierministern der einzelnen Bundesstaaten und Territorien sowie dem Präsidenten der Australian Local Government Association (vergleichbar dem Deutschen Städtetag). Seine Aufgabe besteht in der Initiierung, Entwicklung und Überwachung der Umsetzung politischer Vorhaben von nationaler Tragweite, die der Zusammenarbeit zwischen den föderalen Ebenen bedürfen (siehe http://www.coag.gov.au) (Anm. d. Hrsg.).*

[121] *In Australien existiert mit dem Australian Qualifications Framework (AQF) ein landesweit einheitlicher Rahmen für alle Qualifikationen, die nach der Pflichtschulzeit erworben werden. Insgesamt gibt es 17 unterschiedliche Qualifikationsstufen, unterteilt nach den Bereichen weiterführende Schule, berufliche Ausbildung und Hochschulbildung. Im Bereich der beruflichen Ausbildung (Vocational Education and Training, VET) gibt es fünf Qualifikationstypen, unter denen sogenannte Zertifikate (Certificates) und Diplome (Diplomas) die untersten Stufen darstellen (Anm. d. Hrsg.).*

bessern und den Verbleib der Fachkräfte zu sichern, veränderte die Struktur des gesamten Elementarbereichs in signifikanter Weise. Sowohl in der frühpädagogischen Praxis als auch in der berufsvorbereitenden Ausbildung frühpädagogischer Fachkräfte hat dieser Prozess seit dem Jahr 2008 an Dynamik gewonnen.

Das Jahr 2009 markierte einen Wendepunkt in der Zusammenarbeit aller australischen Regierungsebenen. Mit dem *National Quality Framework for Early Childhood* wurde ein nationaler Rahmenplan für Qualitätsentwicklung im Elementarbereich eingeführt. Ihm folgten ein Bundesgesetz zur Regelung von Angeboten und Leistungen *(Education and Care Services Law Bill)* und bundesweit vereinheitlichte (Ausführungs-)Bestimmungen *(Education and Care Services National Regulations),* ein neuer nationaler Qualitätsstandard und ein neues Verfahren zur Qualitätskontrolle und -bewertung, das für alle zum Elementarbereich gehörenden Einrichtungs- und Angebotstypen verbindlich ist – für Tageseinrichtungen und Kindergärten, institutionelle und häusliche Anbieter ebenso wie für an Schulkinder gerichtete Angebote außerhalb der regulären Schulzeiten. All die genannten Regelungen traten im Januar 2012 in Kraft, für die Umsetzung einiger Vorgaben – wie zum Beispiel das höhere Qualifikationsniveau des Personals oder kleinere Gruppengrößen – ist ein Übergangszeitraum bis 2020 vorgesehen. Mit dem *Early Years Learning Framework for Australia* wurde zudem ein Rahmenplan für frühkindliche Bildung verabschiedet (DEEWR 2009). Dieser Bildungsrahmenplan ist Teil der neuen nationalen Qualitätsstandards für Leistungsangebote im Elementarbereich. In diesem Rahmenplan, der die diversen Curricula der einzelnen Bundesstaaten zusammenführt, sind allgemeine Lernziele für das Vorschulalter kodifiziert, die nun erstmalig in allen Staaten bzw. Territorien Australiens gelten. Für den Bundesstaat Victoria stellt dies überhaupt die erste Einführung eines Rahmenplans für frühkindliche Bildung dar. Hier wurde diese Entwicklung sehr begrüßt und der Geltungsbereich des Rahmenplans auf alle Programme und Angebote für Kinder unter acht Jahren ausgeweitet.

Laut der neuen bundesweiten Bestimmungen für Einrichtungen im Bereich der frühkindlichen Bildung und Betreuung gilt ein Bachelorabschluss in Frühpädagogik als qualifikatorische Mindestanforderung für die pädagogische Arbeit im Kindergarten, und Kindertageseinrichtungen müssen für die Wahrnehmung von Leitungsaufgaben schrittweise frühpädagogische Fachkräfte mit Hochschulabschluss einstellen, wobei die genauen Zielzahlen über die Kindergruppengrößen zu ermitteln sind.

Um diesen fundamentalen Systemwandel im Elementarbereich zu steuern, wurde im Januar 2012 eine nationale Lenkungs- und Aufsichtsbehörde – *Australian Children's Education and Care Quality Authority* – eingerichtet. Diese Behörde[122], die der australischen Bundesregierung und den Regierungen der Bundesstaaten bzw. Territorien gemeinsam untersteht, soll landesweit Verbesserungen auf dem Gebiet der frühkindlichen Bildung und Betreuung vorantreiben (http://www.acecqa.gov.au).

Das Aushandeln von Vereinbarungen, die sich auf eine angemessene Berufsvorbereitung von Fachkräften für den Elementarbereich beziehen, ist jedoch ein recht komplexes und zeitaufwändiges Unterfangen. In einem föderal verfassten Staatswesen mit bislang einzelstaatlich geregelter Gesetzgebung und Dienstaufsicht, mit unterschiedlichen Gepflogenheiten bei der Akkreditierung von Bildungsgängen und mit abweichenden Auffassungen bezüglich der Ziele

---

[122] *Die Australian Children's Education and Care Quality Authority steht im Rang einer sogenannten „Statutory Authority", einer speziellen Rechtsfigur politisch-administrativer Systeme in britischer Tradition: Derartige Behörden verfügen in gewissem Maße über eigene legislative Befugnisse, d. h. sie können im Rahmen der für ihre Arbeit grundlegenden Gesetze (Law Bills) selbst Verordnungen (Regulations) erlassen und sind gleichzeitig für deren Umsetzung zuständig (Anm. d. Hrsg.).*

frühpädagogischer Arbeit im Verhältnis zu den Aufgaben der *Children's Services* wird die Umsetzung eines derart umfassenden Systemwandels noch gewisse Zeit in Anspruch nehmen. Unter Zustimmung der zuständigen Ministerkonferenz, des *Ministerial Council for Education, Early Childhood Development and Youth Affairs* (MCEECDYA), und des *Australian Institute for Teaching and School Leadership* (AITSL)[123] wurden 2011 mit den *National Professional Standards for Teachers* neue landesweit geltende professionelle Standards für pädagogische Fachkräfte ausgegeben. „Zum ersten Mal haben wir in Australien landesweit konsistente Standards, die als Grundlage für die Zulassung und Zertifizierung von Lehrkräften dienen werden", so der Vorsitzende der Bildungsministerkonferenz (MCEECDYA 2011). Allerdings wurden diese Standards hauptsächlich mit Blick auf den Primar- und Sekundarschulbereich entwickelt. Zwar waren auch frühpädagogische Fachkräfte aus der Grundschuleingangsstufe am Entwicklungsprozess beteiligt, ihre Kolleginnen und Kollegen aus dem vorschulischen Bereich blieben jedoch weitgehend außen vor. Gleichzeitig arbeitete die renommierte Nichtregierungsorganisation *Early Childhood Australia*[124] an der Entwicklung von Standards für frühpädagogische Fachkräfte in vorschulischen Einrichtungen, um ihren weithin anerkannten Ethik-Kodex für Beschäftigte im Elementarbereich entsprechend zu ergänzen. Diese Standards für frühpädagogische Fachkräfte weisen zwar in der Tat Ähnlichkeiten mit den erwähnten *National Professional Standards for Teachers* auf, sie sind aber dennoch nicht dasselbe. Die in Australien gegenwärtig existierenden Ausbildungsgänge für frühpädagogische Fachkräfte nehmen auf beide Standards Bezug.

Die beschriebenen Entwicklungen basieren auf der Erkenntnis, dass erfolgreiche pädagogische Arbeit einer Reihe von Kompetenzen bedarf, die sowohl über pädagogisches Theoriewissen als auch über die Fähigkeit zur Wissensvermittlung hinausgehen. Die *National Professional Standards for Teachers* ordnen den drei Kernbereichen pädagogischer Arbeit (fachliches Wissen, fachliche Praxis und fachliches Engagement) sieben zentrale Standards zu. Diese Standards weisen Schnittmengen auf, greifen ineinander und sind aufeinander bezogen, und sie werden von Einrichtungen des tertiären Bildungssektors als Maßstab für berufspraktische Kompetenz herangezogen.

Zu den gegenwärtig laufenden Entwicklungsvorhaben auf diesem Gebiet gehört auch die Kooperation zwischen dem *Institute of Teaching and School Leaderhip* und der Aufsichtsbehörde *Australian Children's Education and Care Quality Authority*. Letztere ist für die Akkreditierung aller in Australien angebotenen Ausbildungsgänge im Bereich der frühkindlichen Bildung und Betreuung zuständig. Das Ziel dieser Kooperation ist die Zusammenarbeit von Fachkräften aus dem Elementarbereich mit für die Schule ausgebildeten Lehrkräften, um die *National Professional Standards for Teachers* in allen Elementareinrichtungen, die pädagogische Fachkräfte beschäftigen, zur Anwendung zu bringen. Zusätzlich besteht eine Kooperation mit der für die Zulassung von Lehrkräften zuständigen *Australian Teacher Registration Authority*. So soll sichergestellt werden, dass alle pädagogischen Fachkräfte – unabhängig vom institutionellen Kontext – einem einheitlichen Anerkennungs- und Registrierungsverfahren unterliegen.

---

[123] *Das Australian Institute for Teaching and School Leadership (AITSL) ist eine von der Bundesregierung finanzierte öffentlich-rechtliche Körperschaft, deren Aufgaben im Bereich der Schulentwicklung und fachlichen Weiterbildung von Lehr- und Leitungskräften liegen (siehe http://www.aitsl.edu.au) (Anm. d. Hrsg.).*

[124] *Early Childhood Australia ist die führende, landesweit operierende NRO zur Vertretung der Interessen und Bedürfnisse von Kindern unter acht Jahren. Die Organisation arbeitet mit den Regierungen und politischen Parteien ebenso wie mit Beschäftigtenvertretungen (Gewerkschaften, Berufsverbänden), Elternverbänden und Wissenschaftlern zusammen. Die von ihr erarbeiteten Standards und Leitlinien gelten als vorbildlich und sind ein allgemein anerkannter Bezugsrahmen (siehe http://www.earlychildhoodaustralia.org.au) (Anm. d. Hrsg.).*

3. Qualifikationen für die Arbeit im Vorschulbereich und in den Children's Services: Umsetzung eines neuen Leitbildes

In Australien bezieht sich der Begriff „Vorschule" in aller Regel auf Bildungsangebote, die während der letzten ein bis zwei Jahre vor der regulären Einschulung in Anspruch genommen werden können. Vorschulische Bildung für drei- bis fünfjährige Kinder wird zumeist stundenweise angeboten; das Kind besucht die Vorschule üblicherweise an drei oder vier Tagen pro Woche für jeweils circa drei Stunden. Zudem besteht eine zeitliche Koppelung an das Schuljahr[125]. Traditionell stehen Vorschuleinrichtungen in öffentlicher Trägerschaft, d.h. sie werden von den Bundesstaaten bzw. Territorien unterhalten, die den genauen Zeitraum vorschulischer Bildung auch jeweils unterschiedlich festlegen. In einigen Gebietskörperschaften heißt die Vorschule „Kindergarten", während dieser Terminus anderenorts das – häufig als Vorbereitungsjahr geltende – erste Jahr der Grundschuleingangsstufe bezeichnet.

Die in Australien bestehenden Ausbildungsmöglichkeiten für das Berufsfeld der frühkindlichen Bildung und Betreuung sind in aller Regel in zwei Bereichen angesiedelt – in der beruflichen Bildung *(Vocational Education and Training*[126]*)* und in der Hochschulbildung *(Higher Education).* Zwischen diesen beiden Bereichen bestehen erhebliche Unterschiede, sei es hinsichtlich des Bildungsauftrags und der Prioritätensetzung, der administrativen Strukturen, der Finanzierungsmodi, der geltenden Curricula oder der pädagogischen Ausrichtung. Berufsbildende Einrichtungen qualifizieren typischerweise Fachkräfte für Kindertageseinrichtungen, die auf diesem Weg spezifische Nachweise wie das *Certificate III* und/oder das *Diploma in Children's Services*[127] erwerben. Hingegen bilden die Hochschulen in der Regel die an Vorschulen und Schulen tätigen pädagogischen Fachkräfte aus und bieten im Bereich der Frühpädagogik drei- oder vierjährige Undergraduate-Studiengänge[128] und ein- oder zweijährige Graduiertenprogramme[129] an. Frühpädagoginnen und -pädagogen können im Prinzip in allen Elementareinrichtungen eingesetzt werden – und sind auch überall anzutreffen –, gelten aber nicht automatisch als für alle Bereiche *innerhalb* einer Einrichtung qualifiziert. So kann die Tätigkeit zum Beispiel auf die Arbeit mit drei- bis fünfjährigen Kindern beschränkt

---

[125] Dies hat primär arbeitsrechtliche Gründe: Frühpädagogische Fachkräfte mit staatlicher Zulassung als Lehrkraft haben Anspruch auf dieselben Arbeitszeitregelungen wie Lehrkräfte an öffentlichen Schulen, inklusive der Ferienzeiten zwischen den meist zehnwöchigen Unterrichtsphasen (Anm. d. Hrsg.).

[126] Nichtakademische Ausbildungsgänge werden in Australien unter der Bezeichnung Vocational Education and Training (VET) zusammengefasst. Die entsprechenden Ausbildungseinrichtungen – Fachschulen etc. – firmieren unter dem Sammelbegriff Technical and Further Education Institutions (TAFE) (Anm. d. Hrsg.).

[127] Qualifikationsstufen nach AQF (Australian Qualification Framework): Die genannten Zertifikate und Diplome werden von TAFE-Ausbildungseinrichtungen vergeben (Anm. d. Hrsg.).

[128] In Australien umfasst die als „undergraduate" bezeichnete erste Stufe des zweistufigen Studiensystems neben Studiengängen zum Bachelor-Abschluss auch die in Deutschland unbekannten Abschlüsse Advanced Diploma und Associate Degree. Da ein Bachelorabschluss in Frühpädagogik mittlerweile die Mindestanforderung für eine Anerkennung als frühpädagogische Fachkraft darstellt, spielen andere Abschlüsse kaum noch eine Rolle. Insofern ist im Weiteren nur noch von Bachelorstudiengängen die Rede (Anm. d. Hrsg.).

[129] Gemäß AQF führen Graduiertenstudiengänge zum Graduate Certificate bzw. Graduate Diploma (zumeist 1-jährige Programme), zum Masterabschluss oder zur Promotion (mindestens 2-jähriges Graduiertenstudium, wobei der Masterabschluss keine Voraussetzung für eine Promotion darstellt) (Anm. d. Hrsg.).

werden, sofern der absolvierte Studiengang keine speziellen Kurse und Praktika im Umgang mit Säuglingen und Kleinstkindern umfasste oder die frühpädagogischen Fachkräfte noch keine Zusatzausbildung in *Children's Services* abgeschlossen haben. Umgekehrt dürfen Fachkräfte mit einer Ausbildung in *Children's Services* keine pädagogische Tätigkeit in einer Vorschuleinrichtung ausüben, es sei denn, sie erwerben eine entsprechende akademische Qualifikation und/oder erfüllen die Anforderungen für die staatliche Anerkennung als Pädagogin bzw. Pädagoge.

Die politischen Initiativen zur Steigerung des Anteils der im Elementarbereich Beschäftigten mit entsprechenden Hochschulabschlüssen wurden an einer ganzen Reihe australischer Universitäten in jüngster Zeit aufgegriffen, indem bereits im Elementarbereich tätigen Fachkräften neue Wege der Aufwertung ihrer Diplome zu akademischen Abschlüssen geboten werden. Ein Beispiel dieser Art bietet die University of South Australia in Adelaide, die schon seit langem eine Exklusivvereinbarung mit einer ortsansässigen berufsbildenden Einrichtung unterhält, wonach Credit Points im Umfang eines vollen Studienjahres für das erste oder zweite Jahr des Bachelorstudiengangs anrechenbar sind.

In Canberra wird durch die Verzahnung berufsbildender und akademischer Ausbildungsgänge ebenfalls seit vielen Jahren ein innovatives Qualifizierungsmodell für den Elementarbereich praktiziert. Es beruht auf der Zusammenarbeit zwischen der University of Canberra und der Berufsfachschule Canberra Institute of Technology, die ein gemeinsames Programm mit einer Doppelqualifikation anbieten: dem *Bachelor of Education* in Frühpädagogik und dem *Diploma of Community Services in Children's Services* (Gibson, Leslie & Batt 2002). Das gemeinsame Programm entstand aufgrund der Notwendigkeit, die verfügbaren Mittel so effizient wie möglich einzusetzen, und folgt dem Trend zu interinstitutioneller Kooperation und Partnerschaft (a. a. O.). Die Studierenden absolvieren das *Diploma in Children's Services* während der ersten beiden Jahre des insgesamt vierjährigen Studiengangs. Dieses Kooperationsprogramm vermittelt den Studierenden sowohl die handlungspraktischen Kenntnisse einer beruflichen Ausbildung als auch das Theoriewissen eines Hochschulstudiums. Das Programm läuft erfolgreich, es bringt hoch qualifizierte Fachkräfte hervor und wurde von der Zielgruppe gut angenommen (a. a. O.).

Infolge der unterschiedlichen Ursprungs- und Entwicklungsgeschichte sowohl hinsichtlich der Angebote als auch der Ausbildungswege im Bereich frühkindlicher Bildung und Betreuung unterscheiden sich auch die Qualifikationen und Anstellungsbedingungen der beschäftigten Fachkräfte, einschließlich ihres Zugangs zu beruflicher Weiterbildung. Je nachdem, ob eine Fachkraft in einer Kindertageseinrichtung, einer Vorschule oder Schule tätig ist, gelten jeweils andere Bestimmungen. In den meisten Bundesstaaten bzw. Territorien gilt der *Bachelor of Education* mit Spezialisierung auf die frühe Kindheit als Mindestqualifikation für die Arbeit als Lehrkraft in der Grundschuleingangsstufe oder als frühpädagogische Fachkraft in der Vorschule. In Victoria gestattet dieser Abschluss in Frühpädagogik jedoch lediglich die Arbeit im vorschulischen Bereich –, um auch in der Grundschule tätig werden zu dürfen, benötigen die Absolventinnen und Absolventen einen speziell auf die Pädagogik der Grundschuleingangsstufe ausgerichteten Studienschwerpunkt. Während des vergangenen Jahrzehnts hat eine erhebliche Anzahl von Beschäftigten mit Abschlüssen in *Children's Services* eine akademische Zusatzqualifikation in Pädagogik absolviert, und in einigen Teilen Australiens haben einige frühpädagogische Fachkräfte Kurse in *Children's Services* besucht, um ein Diplom zu erwerben, das sie zur Arbeit in allen Tätigkeitsfeldern des Elementarbereichs berechtigt.

Bundesweit als Qualifikation für die Tätigkeit in einer Kindertageseinrichtung anerkannt sind die akkreditierte zweijährige Berufsausbildung in Kinderpflege (ein nach dem Sekundarschulabschluss erworbenes *Diploma* in *Children's Services*) sowie akkreditierte dreijährige Studiengänge in *Early Childhood Studies*[130]. Sowohl für die Vorschule als auch den Primar- und Sekundarschulbereich gilt der Abschluss eines vierjährigen Bachelorstudiums als Mindestqualifikation.

Der berufsbildende Sektor (TAFE-Einrichtungen) bezieht den Begriff „Frühe Kindheit" auf den Bereich, für den ausgebildet wird, also auf die sogenannten *Children's Services*. Ein *Diploma* in *Children's Services* wird in den meisten Gebietskörperschaften Australiens als Mindestqualifikation für die Leitung einer Kindertageseinrichtung anerkannt. Inhaltlich deckt die Ausbildung das Angebots- und Leistungsspektrum für Kinder vom Säuglingsalter bis zum zwölften Lebensjahr ab, außerschulische (Nachmittags-)Betreuung gehört demnach dazu. Eine akademische Qualifizierung bieten australienweit alle Universitäten an, die Abschlüsse in Frühpädagogik auf Bachelor- und Graduiertenniveau vergeben. Die Mehrheit dieser Studiengänge befasst sich mit frühkindlichen Entwicklungs- und Lernprozessen von der Geburt bis zum achten Lebensjahr, obwohl vielerorts der größte Teil des Programms – einschließlich der praktischen Anteile – der pädagogischen Arbeit mit Drei- bis Fünfjährigen gewidmet ist.

Nachdem seit Januar 2012 landesweit einheitliche Bestimmungen in Bezug auf die Qualifikationsanforderungen für frühpädagogische Fachkräfte gelten, könnte Australien in den kommenden fünf Jahren als Fallstudie für die Berufsvorbereitung im Elementarbereich dienen, da sowohl an den Universitäten als auch an den berufsbildenden Einrichtungen in signifikantem Umfang mit einer Neuausrichtung der Zusammensetzung und Durchführung entsprechender Studien- und Ausbildungsgänge zu rechnen ist. In einem föderal verfassten Land, in dem die Bereitstellung frühkindlicher Bildung und Betreuung bislang einer Vielzahl unterschiedlicher Standards und Regelungen unterlag, kommt dies einem echten Durchbruch gleich. Ab 2012 ist für die Zulassung und Akkreditierung aller für den Elementarbereich qualifizierenden Ausbildungsgänge nur noch eine einzige Behörde zuständig: die *Australian Children's Education and Care Quality Authority*. Für die Steuerung der Berufsvorbereitung auf dem Gebiet frühkindlicher Bildung und Betreuung stellt diese Entwicklung einen Meilenstein dar, gilt sie doch ausnahmslos für alle Tätigkeiten im Elementarbereich. Hinzu kommt, dass die Zusammenarbeit zwischen den drei mit der Weiterentwicklung des landesweit einheitlichen Ansatzes befassten Institutionen[131] eventuell dazu betragen könnte, eine Vision Wirklichkeit werden zu lassen und Fachkräfte im Elementarbereich – egal, in welcher Art Einrichtung sie tätig sind – Lehrkräften an Primar- und Sekundarschulen gleichzustellen. Zumindest für das pädagogische Fachpersonal des Elementar-, Primar- und Sekundarbereichs dürfte die Gleichstellung hinsichtlich der Rahmenbedingungen und der Anerkennung im Bereich des Machbaren liegen.

---

[130] *Diese Studiengänge sind nicht zwangsläufig auf Frühpädagogik ausgerichtet und vergeben zumeist auch keinen Bachelor of Education. Daher erhalten Absolventinnen und Absolventen solcher Programme die in den meisten Bundesstaaten als Voraussetzung für die Tätigkeit als frühpädagogische Fachkraft verlangte Anerkennung als Lehrkraft nicht ohne den Nachweis einer Zusatzqualifikation (Anm. d. Hrsg.).*

[131] *Dies sind das Institute of Teaching and School Leadership, die Australian Children's Education and Care Quality Authority (Aufsichtsbehörde für den Elementarbereich) und die Australian Teacher Registration Authority (Zulassungsbehörde für Lehrkräfte). Die beiden Letztgenannten stehen im Rang einer „statutory authority", und gemäß dem föderalen australischen System existieren zusätzlich zu den Bundesbehörden entsprechende Stellen in den einzelnen Bundesstaaten bzw. Territorien (Anm. d. Hrsg.).*

4. Die Philosophie der Ausbildung frühpädagogischer Fachkräfte im Wandel

Bis in die 1960er Jahre waren frühpädagogische Ausbildungsgänge an Colleges für Kindergartenpädagogik *(Kindergarten Teacher Colleges)* angesiedelt, die sich in hohem Maße auf die Konzepte von Rousseau und Fröbel stützten (Prochner 2010). Diese Colleges richteten ihre Lehre praxisnah auf Angebote für Kinder vom Säuglingsalter bis zum fünften Lebensjahr aus, vor allem aber auf die Gestaltung von Lernerfahrungen für die Gruppe der Drei- bis Fünfjährigen. Die Einrichtungen waren staatlich unabhängig, erhielten nur in geringem Umfang öffentliche Mittel und erhoben Schulgebühren.

Als die australische Regierung in den frühen 1970er Jahren zusätzlich zu den Universitäten den Aufbau von Fachhochschulen – sogenannten *Colleges of Advanced Education* – vorantrieb, gingen die Colleges für Kindergartenpädagogik in diesen neuen Einrichtungen auf. In der Folge kam es zu einer Ausdifferenzierung zwischen der meist universitär angesiedelten Lehrerbildung für den Sekundarschulbereich mit ihrer stärker „(fach-)wissenschaftlichen" Ausrichtung und der praxisorientierten Collegeausbildung von pädagogischen Fachkräften für den Elementar- und Primarbereich. Von jener Zeit an konnten Colleges pädagogische Abschlüsse auf Bachelorniveau vergeben. Theorien zur kindlichen Entwicklung und entwicklungsangemessene Methoden galten in diesem Zusammenhang als das Fundament, auf dessen Grundlage Pädagoginnen und Pädagogen lernen, „angemessen und korrekt zu handeln und Kinder zu verstehen" (MacNaughton 2003, zit. nach Krieg 2010, S. 30). Die Studiengänge einiger Colleges standen unter starkem Einfluss der „neuen" Bildungssoziologie, und angesichts einer sich im Wandel befindlichen, zunehmend von Diversität und Multikulturalismus geprägten australischen Gesellschaft bereitete dies den Boden für eine grundlegende Auseinandersetzung mit der philosophischen Ausrichtung und der Zielsetzung berufsvorbereitender Ausbildungsgänge im Bereich der Elementar- und Primarpädagogik.

In den 1990er Jahren wurden die Colleges den Universitäten angegliedert. Nun sollte sich das wissenschaftliche Personal in der Forschung ebenso engagieren wie in der Lehre, und auf der inhaltlichen Ebene wurden entwicklungspsychologische Ansätze durch soziokulturelle und poststrukturalistische Theorien als tragendes Element pädagogischer Studiengänge zunehmend infrage gestellt. Inmitten all dieser Auseinandersetzungen stand auch das Hochschulsystem als Ganzes zeitweise vor großen gesellschaftlichen, epistemologischen und finanziellen Herausforderungen. Aufgrund der Abhängigkeit von staatlicher Finanzierung stellte sich die Frage, was Grundlagenforschung auszeichnet und was das Wesen anwendungsorientierter Studiengänge ausmacht. Der Dissens darüber, welches Wissen berufsvorbereitende pädagogische Studiengänge ihren Studierenden vermitteln sollten, wurde so noch weiter verschärft. Studiengänge der Frühpädagogik folgten vorzugsweise dem Muster, einerseits Themengebiete wie Bildungsphilosophie, -geschichte und -soziologie zu behandeln sowie gleichzeitig ein breites Spektrum inhaltlicher wie organisatorisch-praktischer Fragen zu diskutieren. Dabei ging es zum Beispiel um die Fokussierung auf eine bestimmte Altersgruppe (Säuglingsalter bis fünf bzw. acht Jahre versus drei bis acht Jahre) und die entsprechende Spezialisierung, die Abgrenzung von Betreuung und Bildung, die Gewichtung allgemeinbildender und berufsbezogener Studienanteile, die konkrete Ausgestaltung von Praxisanteilen, die Anknüpfungspunkte zu Studiengängen der Primarpädagogik sowie um Zulassungsvoraussetzungen oder die Frage, ob die Spezifizierung „Pädagogik der frühen Kindheit" auf Abschlussurkunden aufzuführen ist (Tayler 1991).

Mit der Angliederung der Colleges an die Universitäten wurde die Trennung zwischen Studiengängen der Elementar-, Primar- und Sekundarpädagogik sukzessive abgemildert. Zudem entwickelte sich ein Trend hin zu einer eher generalistischen statt spezialisierten Ausbildung. Infolgedessen kam es zu einer Ausdifferenzierung zwischen verschiedenen Modellen berufsvorbereitender Studiengänge der Frühpädagogik. Während einige Universitäten Abschlüsse anbieten, die für die Arbeit mit Kindern vom Säuglingsalter bis zum achten Lebensjahr ausgewiesen sind, fokussieren andere speziell das Vorschulalter, und wieder andere bieten generalistische Pädagogik-Studiengänge, die die gesamte Spanne von der Geburt bis zum Alter von zwölf Jahren abdecken und innerhalb des Programms ein gewisses Maß an Spezialisierung erlauben. Grundsätzlich wurden pädagogische Studiengänge theoretischer, da die Studierenden nun weniger Zeit direkt im Praxisfeld verbringen als zu Zeiten der Collegeausbildung. Während Einrichtungen des berufsbildenden Sektors in Programmen, die mit Zertifikaten und Diplomen abschließen, auf kompetenzbasierte Lehrmethoden setzen, stützen sich universitäre Studiengänge auf konzeptionelle Ansätze, wobei die Praxisimplikationen theoretisch-abstrakter Konzepte im Rahmen benoteter Studienleistungen erfasst werden sollen.

Erst vor Kurzem formulierte *Early Childhood Australia* Mindestanforderungen, die frühpädagogische Ausbildungsgänge zum Wohle des Berufsstandes erfüllen sollen: (1) die Entwicklung allgemeiner pädagogischer Kenntnisse und Fertigkeiten; (2) die Entwicklung von Kompetenzen zur Zusammenarbeit mit Eltern, Familien und dem weiteren Umfeld; (3) die Erarbeitung von pädagogischen Konzepten, die das einzelne Kind in seiner sozialen, körperlichen und kognitiven Entwicklung und bei der Entwicklung seiner Beziehungen und Einstellungen angemessen fördern – wozu auch gehört, ein breites Spektrum an Interessen, Lernstilen und Fähigkeiten wahrnehmen zu können; (4) die Entwicklung eines Verständnisses hinsichtlich der Einflussfaktoren, die im Bereich frühkindlicher Bildung derzeit von Bedeutung sind. Seitens der Ausbildungseinrichtungen werden diese Standards je nach spezifischem Hintergrund in Forschung und Lehre recht unterschiedlich interpretiert.

5. Paradigmenwechsel und die Suche nach der „richtigen" Fachkraft für den Elementarbereich

Die Eingliederung von Frühpädagogik-Studiengängen in den universitären Rahmen führte auch dazu, dass die Frage nach einer der heutigen Gesellschaft angemessenen Berufsvorbereitung pädagogischer Fachkräfte zu einem spezifischen Forschungsgegenstand wurde. In einer Studie zu den epistemologischen Überzeugungen frühpädagogischer Fachkräfte untersuchten Brownlee und Berthelsen (2006), in welcher Weise die in der Ausbildung gemachten Erfahrungen einen prägenden Einfluss auf diese Überzeugungen haben und sich dadurch auch auf die anschließende berufliche Praxis und die Lernergebnisse der Kinder auswirken. Unter Verwendung des 3P-Modells hochschulischen Lernens von Biggs als dem konzeptionellen Rahmen erfolgreicher pädagogischer Ausbildung argumentieren die Autorinnen, dass die Art der Ausbildung, die frühpädagogische Fachkräfte erhalten, ihre epistemologischen Überzeugungen mit Blick auf Lernzugänge beeinflusst und somit Auswirkungen auf ihre pädagogische Praxis und letztendlich auch auf die Qualität des frühkindlichen Lernens hat. Daher plädieren sie für das „Lehren in Zusammenhängen" *(connected teaching)*, das es den Studierenden ermöglicht, ihre eigenen Kenntnisse, Erfahrungen und Überzeugungen mit theoretischen Wissensbeständen in Beziehung zu setzen. Dies könne durch den Ansatz der „relationalen Pädagogik" erreicht werden (Baxter Magolda 1996b, zit. nach Brownlee & Berthelsen 2006).

Kennzeichnend für die Anwendung relationaler Pädagogik in der Ausbildung frühpädagogischer Fachkräfte ist unter anderem, die angehenden Pädagoginnen und Pädagogen als Wissende zu respektieren, den Lernprozess an ihre Erfahrungen anzubinden und sie zur Reflexion im Sinne eines konstruktivistischen Lernzugangs anzuregen. Durch relationale Pädagogik werden die Studierenden dazu ermutigt, „persönliche Überzeugungen und Erfahrungen an Theorien und empirischen Belegen zu prüfen, wodurch die bestehenden Vorstellungen entweder validiert werden oder sich zeigt, dass sie einer Revision bedürfen und in einer förderlichen Lernumgebung neu entworfen werden müssen" (Brownlee & Berthelsen 2006, S. 10). Die epistemologischen Überzeugungen der Studierenden werden in Australien mittlerweile in etlichen pädagogischen Ausbildungsgängen thematisiert. Allerdings ist das Forschungsgebiet noch recht neu, und obwohl zunehmend Belege für die Effektivität dieser (Ausbildungs-)Strategie vorliegen, gibt es noch keinen empirischen Nachweis für den Zusammenhang zwischen Ansätzen relationaler Pädagogik in der Berufsvorbereitung und verbesserten Lernergebnissen derjenigen Kinder, die von solchermaßen ausgebildeten Fachkräften pädagogisch betreut werden.

Gordon und Debus (2002) berichten über eine Studie, die an einer Universität im ländlichen New South Wales durchgeführt wurde. Innerhalb eines bestehenden Frühpädagogik-Studiengangs sollten dort mithilfe kontextbezogener Modifikationen Lernzugänge ermöglicht werden, die stärker in die Tiefe gehen statt an der Oberfläche zu verharren. Zu den Modifikationen gehören Bausteine wie Gruppenarbeit mit problembasierten Lernaufgaben und das Führen von Lerntagebüchern zur Förderung von Selbstreflexion. Durch das Zusammenführen inhaltlich ähnlich gelagerter Lehrfächer werden fächerübergreifende Vernetzung wie auch die Verknüpfung von Theorie und Praxis befördert, und anstelle der bisher üblichen Prüfungsverfahren findet die Bewertung nun bevorzugt auf Grundlage schriftlicher Hausarbeiten statt. Die Befunde der Studie legen die Abkehr von einer auf herkömmlichen Vermittlungskonzepten beruhenden akademischen Lehre nahe, die nach Ansicht der Autoren zu rein oberflächlichem und reproduzierendem Lernen führten, und sprechen für bedeutungsorientierte konstruktivistische Ansätze, die „tiefes Lernen" ermöglichen. Laut Gordon und Debus (2002) steigert der Einsatz von Methoden des tiefen Lernens die Lernqualität und bestärkt das Vertrauen der angehenden pädagogischen Fachkräfte in ihre Selbstwirksamkeit, was sich wiederum positiv auf die pädagogische Praxis auswirkt. Dieses Argument wurde bislang noch nicht durch den Nachweis eines tatsächlich verbesserten Praxishandelns und daraus resultierenden Steigerungen kindlicher Lernerfolge empirisch belegt.

Um die Entwicklung pädagogischer Einsicht und Kompetenz zu befördern, setzen die meisten pädagogischen Ausbildungsgänge in der einen oder anderen Weise auf Strategien der Reflexion und Selbstreflexion. Reflektierendes Praxishandeln ist ein Mittel zur Verknüpfung von Theorie und Praxis. Noble (2008) empfiehlt den Aufbau sogenannter „communities of practice" in Form von Lernzirkeln, in denen kleine Gruppen von Studierenden ihr pädagogisches Handeln zusammen mit praxiserfahrenen Fachkräften kritisch reflektieren. Diese Vorgehensweise erlaubt den Teilnehmenden, neues Wissen zu generieren und neue Einsichten zu gewinnen, da sie auf ein breites Spektrum an Rückmeldungen seitens ihrer in unterschiedlichem Maße praxiserfahrenen Gesprächspartnerinnen und -partner zurückgreifen und von deren Erkenntnissen profitieren können. Dieser Ansatz fördert selbstgesteuertes Lernen sowie jene Lernprozesse, die im Kontext gemeinsam und dialogisch bearbeiteter Fragestellungen entstehen (Karasi & Segar 2000, nach Noble 2008).

Empirisch begründete und theoretisch fundierte Strategien zur praktischen Umsetzung pädagogischer Ausbildungsgänge erfordern wirksame Instrumente, um Entscheidungen hinsichtlich der Programmgestaltung zu realisieren und in ihren Auswirkungen zu überprüfen. Dies betrifft die Art, Ausrichtung, Schwerpunktsetzung, Durchführung und die Ergebnisse eines jeglichen Programms zur Ausbildung pädagogischer Fachkräfte. Lehren und Lernen sind gleichermaßen komplexe Prozesse. Im Zuge der Entwicklung und Einführung pädagogischer Studiengänge wird die Kooperation mit Elementareinrichtungen an den meisten Universitäten ausgiebig diskutiert und kritisch reflektiert. Die University of Melbourne führte zum Beispiel 2008 das *Melbourne Modell* ein, wonach Bewerberinnen und Bewerber für Studiengänge der Pädagogik bereits über einen ersten Hochschulabschluss verfügen müssen und in einem zweijährigen Studium zum *Master of Teaching* für die pädagogische Tätigkeit qualifiziert werden. Seitdem existiert auch ein ganz neuartiges Programm, das angehende frühpädagogische Fachkräfte auf die Arbeit in den verschiedenen – für Kinder vom Säuglingsalter bis zum achten Lebensjahr zur Verfügung stehenden – Einrichtungstypen vorbereitet. Herzstück des Modells ist der regelmäßige allwöchentliche Einsatz in sogenannten „integrierten Praxislernorten" *(integrated professional learning sites),* die in Kooperation mit den zuständigen örtlichen Behörden eingerichtet wurden. An diesen Lernorten werden die Lernprozesse und das Praxishandeln der Studierenden von drei Seiten unterstützt: erstens durch Expertinnen und Experten für fachliche Praxis von der Universität Melbourne, zweitens durch spezielle Lehrbeauftragte (fachlich besonders ausgewiesene Praktikerinnen und Praktiker) und drittens durch Fachkräfte aus den örtlichen Elementareinrichtungen. Alle Beteiligten konzentrieren sich schwerpunktmäßig auf die Verknüpfung von Theorie und Praxis. Die Fachkräfte aus den Elementareinrichtungen vor Ort, wo die Studierenden ihre Praxiseinsätze absolvieren, erhalten im Gegenzug Unterstützung bei ihren Aktivitäten zur Umsetzung der nationalen Qualitätsstandards, einschließlich der fünf Lernziele für Kinder. Statt den Blick einzig und allein auf die Vermittlung praktisch-pädagogischer Fertigkeiten zu richten, erkennt dieses Konzept an, dass die Kooperation zwischen Fachleuten mit ganz unterschiedlichen Wissensbeständen und Fertigkeiten, die gemeinsam auf bessere (Lern-)Ergebnisse hinarbeiten, in einem ausgesprochen facettenreichen Feld mit vielfältigen Qualifikationsarten und -niveaus von hohem Wert ist (Tayler 2012).

Der Einsatz empirisch basierter Instrumente und Methoden unmittelbar im Feld ist ein zentraler Bestandteil des Melbourner Programms. Die pädagogische Arbeit mit Kindern ab drei Jahren wird mithilfe des von Pianta und Kollegen entwickelten *Classroom Assessment Scoring System* (CLASS) analysiert (Pianta, LeParo & Hamre 2008), wohingegen zur Bewertung der Arbeit mit Kleinst- und Kleinkindern auf Methoden des *Abededarian Approach Australia*[132] (Sparling 2007) zurückgegriffen wird. Die Praxiswirksamkeit der nach diesem Modell ausgebildeten Nachwuchsfachkräfte wird erst seit Kurzem wissenschaftlich untersucht. Die bislang positiven Befunde zeigen aber bereits einen Einfluss auf die Einstellungspolitik mancher Arbeitgeber im Elementar-, Primar- und Sekundarbereich, die nun gezielt nach Absolventinnen und Absolventen dieser neuen Studiengänge suchen. Es wird allerdings noch einige Jahre dauern, bis ausreichend Belege für die Auswirkungen dieser Form der Berufsvorbereitung auf die Lern- und Entwicklungsergebnisse von Kindern vorliegen.

---

[132] *Abecedarian Approach Australia (kurz: 3A) ist ein seit über 30 Jahren erprobtes und ständig weiterentwickeltes Baukastenprogramm, welches verschiedenste methodisch-didaktische Elemente umfasst (z. B. die Lernspiele LearningGamesTM). Gerade im Bereich der frühen Sprachförderung und der Arbeit mit gefährdeten Kindern sind Erfolge empirisch belegt (vgl. Pungello et al. 2010).*

6. Lehrforschung in Studiengängen der Frühpädagogik

In den vergangenen zehn Jahren wurden in einer Reihe von Bachelor-Studiengängen der Frühpädagogik Ansätze zur Einführung von Lehrforschung unternommen, die in Graduiertenprogrammen bereits einen gewissen Verbreitungsgrad genießt. Zwar stellt Forschung inzwischen durchaus ein Unterrichtsthema dar, aber in Bachelor-Studiengängen ist es immer noch eher unüblich, die Studierenden in der ganzen Bandbreite quantitativer und qualitativer Forschungsmethoden zu schulen. Bei der inhaltlichen Einbeziehung forschungsbezogener Themenstellungen verfolgen die einzelnen Universitäten unterschiedliche Ansätze (Patterson et al. 2002). Insgesamt liegt der Schwerpunkt eher auf qualitativen Methoden und Aktionsforschung, und nur vereinzelt gilt die Durchführung eines fundierten Forschungsprojektes als Voraussetzung für den erfolgreichen Abschluss des Studiengangs.

An einigen Universitäten, wie zum Beispiel der Charles Sturt University, wurde für die fortgeschrittenen Bachelorstudierenden ein forschungsbezogenes Schwerpunktfach eingeführt, damit sie den berufspraktischen Wert von Forschung kennen und schätzen lernen. Für die Einbeziehung von Forschungsarbeit in Frühpädagogik-Studiengänge spricht laut Harrison und Kollegen (2006) eine Reihe gewichtiger Gründe. Unter anderem könne so sichergestellt werden, dass frühpädagogische Fachkräfte empirisch begründete pädagogische Entscheidungen treffen (vgl. auch Gray & Campbell-Evans 2002). Außerdem werde der Zusammenschluss von im Elementarbereich tätigen Fachkräften zu einer „Forschungsgemeinschaft" gefördert. Forschung zum Bestandteil frühpädagogischer Ausbildungsgänge zu machen, gilt als entscheidender Schritt, damit frühpädagogische Fachkräfte zu *Akteurinnen* bzw. *Akteuren* der Bildungsforschung werden können (Harrison, Dunn & Coombe 2006).

Ein anderes Beispiel für die inhaltliche Einbeziehung von Forschung in einen Studiengang der Frühpädagogik wird bei Patterson und Kollegen (2002) vorgestellt. Um sich von Anfang an in forschungsorientiertem Lernen zu üben, konnten Studierende an der Macquarie University in Sydney schon im ersten Studienjahr den Schwerpunkt „pädagogische Fachkräfte als Forschende" *(teachers as researchers)* belegen. Forschungskenntnisse und -kompetenzen bereits im ersten Studienjahr zu vermitteln, galt hier als innovativer Baustein, der dazu beitragen sollte, dass die so ausgebildeten frühpädagogischen Fachkräfte Forschungsergebnisse rezipieren und selbst Forschung betreiben. Parallel zur Entwicklung von Kompetenzen in Informations- und Kommunikationstechnologien beinhaltete das Studienmodul die Konzeption und Durchführung eines zweistufigen Forschungsprojekts. Im Rahmen eines breiter angelegten Forschungsvorhabens unter der Leitung von Patterson untersuchten die Studierenden in Kleingruppen spezifische Aspekte studentischen Lernens und erwarben so eigene forschungspraktische Erfahrungen. Der Kurs wurde in einem flexiblen Modus angeboten, d. h. die Studierenden konnten zwischen Präsenzveranstaltungen und Lehrformaten zum Selbststudium wählen. Die Auswertung der studentischen Rückmeldungen ergab, dass die Kursteilnehmerinnen und -teilnehmer sich im Umgang mit ihren neu erworbenen Forschungskenntnissen sicher fühlten (Patterson et al. 2002).

Von einer soliden Forschungsausbildung, wie sie zum Beispiel in den Gesundheits- oder Ingenieurwissenschaften anzutreffen ist, sind die beschriebenen Ansätze noch ein gutes Stück entfernt. Im Zuge der verstärkten Einführung berufsvorbereitender Graduiertenprogramme ist davon auszugehen, dass dem Thema Forschung innerhalb pädagogischer Studiengänge zukünftig größeres Gewicht zukommen wird. Die im März 2011 von der zuständigen Ministerkonferenz[133] genehmigte Neufassung des *Australian Qualifications Framework* (AQF) schreibt

[133] *Ministerial Council on Tertiary Education and Employment (Anm. d. Hrsg.)*

für die Qualifikation zum *Master of Teaching*, die im Bereich frühpädagogischer Ausbildungsgänge zunehmend eine Rolle spielt, eine Forschungskomponente vor. Dementsprechend wird erwartet, dass die Studierenden „ein umfangreiches forschungsbasiertes Studien- oder Studienabschlussprojekt planen und durchführen" (Australian Qualifications Framework Council 2001). Bis 2014 müssen die Universitäten diese Forschungskomponente in ihre Graduiertenstudiengänge integriert haben. Dies erweitert die Zugangsmöglichkeiten zu Promotionsprogrammen, die auf dem Fachgebiet der Frühpädagogik momentan lediglich in Form forschungsbezogener Wahlfächer innerhalb der Masterstudiengänge oder über ein einjähriges Aufbaustudium zum *Honours Degree*[134] gegeben sind.

Angesichts des neuen *National Quality Framework* entwickeln berufsvorbereitende (Pädagogik-)Studiengänge in Australien derzeit ihre Curricula weiter. In Forschungsvorhaben, welche die Programme selbst zum Gegenstand haben, ist daher ein verstärkter Fokus auf Wirksamkeitsforschung zu beobachten – also auf die Frage, ob die Studierenden im Rahmen des Studiums tatsächlich die für die pädagogische Arbeit im Elementarbereich erforderlichen Kompetenzen erwerben. Diese Evaluationen werden in aller Regel organisationsintern durchgeführt, indem die Universitäten Struktur und Inhalte ihrer eigenen Studiengänge überprüfen und überarbeiten. Das verstärkte politische Interesse an qualitativ hochwertigen Leistungsangeboten für die Jüngsten hat zur Konsequenz, dass sowohl den Universitäten als auch der Regierung daran gelegen ist, die Wirksamkeit pädagogischer Ausbildungsgänge zu ermitteln.

7. Das australische Early Years Learning Framework und die etablierte Praxis

Aus den bisherigen Ausführungen wird offensichtlich, dass es keine vorherrschende Theorieperspektive oder inhaltliche Struktur gibt, die als „die australische Philosophie" der universitären Ausbildung für die Arbeit im Elementarbereich zu bezeichnen wäre. Es ist unvermeidlich, dass gleichgesinnte Wissenschaftlerinnen und Wissenschaftler, die ähnliche theoretische Auffassungen vertreten, von ganz bestimmten Ausbildungseinrichtungen angezogen werden. Universitäre Studiengänge der Frühpädagogik befassen sich typischerweise mit Themengebieten wie frühkindliche Entwicklung, dem Elementarcurriculum, Pädagogik und Bewertungsverfahren, Theorien und Philosophien frühkindlicher Bildung und Betreuung, mit beruflicher Praxis, familienorientierter Arbeit, themen- bzw. fachspezifischer Methodik und Didaktik (z. B. für Lesen und Schreiben, Mathematik und Naturwissenschaften) und individualisiertem Lernen. Letzteres kann auch die pädagogische Arbeit mit Kindern mit besonderen Bedürfnissen beinhalten. Die jeweilige Gewichtung der einzelnen Themengebiete unterscheidet sich von Hochschule zu Hochschule.

In berufsvorbereitenden Bachelor-Studiengängen der (Früh-)Pädagogik hat es eine gewisse Tradition, die Studierenden in Lernformen einzubinden, die ihnen den Zugang zu praxisbasiertem Lernen und *learning by doing* eröffnen sollen. Die angehenden frühpädagogischen Fachkräfte werden allgemein darin bestärkt, kindliche Lern- und Entwicklungsprozesse auf spielerischem Wege und durch die Interaktion in kleinen Gruppen zu fördern. Die im Elemen-

---

[134] *Das Honours Degree ist ein erweiterter Bachelor-Abschluss mit dezidiert wissenschaftlicher Ausrichtung, der i. d. R. als Zugangsvoraussetzung zu Graduiertenprogrammen gefordert wird. Der Erwerb des Honours Degree setzt einen überdurchschnittlichen Abschluss in einem regulären Undergraduate-Studiengang voraus (Anm. d. Hrsg.).*

tarbereich tätigen Fachkräfte und führende Interessenverbände – wie *Early Childhood Australia* – machen sich dafür stark, die Frühpädagogik als ein spezielles Gebiet der Pädagogik anzuerkennen. Ein wesentlicher Unterschied zwischen Ausbildungsgängen für den Elementarbereich und der Ausbildung von Grundschullehrkräften besteht darin, dass die Frühpädagogik das vom Kind selbst initiierte, spielbasierte Lernen in den Mittelpunkt stellt. Um ihre Studierenden mit der kindlichen Entwicklung vertraut zu machen, greifen Studiengänge, die sich mit der frühen Kindheit befassen, Inhalte aus einem breiten Spektrum an Disziplinen auf, wie zum Beispiel Kinderpsychologie, Neurowissenschaften, Sprachforschung und Erziehungswissenschaften. Der Blick auf das „ganze Kind" und die Würdigung seiner Interessen und Entscheidungen sind weitere Leitmotive der Frühpädagogik. Das Spiel gilt als zentrales Mittel zur Förderung der kognitiven, sozialen, emotionalen und physischen Entwicklung des Kindes –, und die Rolle der frühpädagogischen Fachkraft besteht darin, Kindern eine reichhaltige Lernumgebung zu bieten, die ihnen hilft, die Welt zu interpretieren und einen eigenen Lernzugang zu entwickeln. Frühpädagoginnen und -pädagogen sollen die individuellen Lernbedürfnisse eines Kindes einschätzen, verstehen, unterstützen und erweitern können.

Hinsichtlich der Fragen, wie intentionale pädagogische Arbeit konkret zu gestalten ist, und wie sie sich zu spielbasierten und kindzentrierten Programmkonzepten verhält, stellt die Einführung des bundesweit geltenden Rahmenplans *Early Years Learning Framework* (DEEWR 2009) eine gewisse Herausforderung dar. Alle frühpädagogischen Ausbildungsgänge werden sich mit den dort formulierten allgemeinen Lernzielen für Kinder auseinandersetzen müssen. Der Rahmenplan beruft sich explizit auf bestimmte Theoriemodelle und Praxisprinzipien und vertritt den Ansatz einer maßgeschneiderten, evidenzbasierten Pädagogik. Darin liegt vielleicht seine größte Stärke: Er ist kein Curriculum im engen Sinne, sondern eher eine Art Handlungsrahmen für den Umgang mit kindlichen Lernneigungen, der es ermöglicht, sich auf unterschiedliche Zugänge zu stützen und gleichzeitig allgemeingültige Zielsetzungen zu verfolgen.

Ganz gleich, um welche Art einer Elementareinrichtung es sich handelt, verpflichtet der Rahmenplan die Fachkräfte auf einen evidenzbasierten und „intentionalen" Ansatz der pädagogischen Arbeit. Die Förderung der kindlichen Lern- und Entwicklungsprozesse soll unter Beachtung fünf zentraler Grundsätze erfolgen: (1) Kinder haben ein ausgeprägtes Identitätsempfinden; (2) Kinder stehen in Beziehung zu ihrer Umwelt und gestalten sie mit; (3) Kinder haben einen ausgepägten Sinn für ihr persönliches Wohlbefinden; (4) Kinder sind souveräne und aktive Lerner; (5) Kinder können effektiv kommunizieren. Es wird davon ausgegangen, dass pädagogische Arbeit im Elementarbereich entlang dieser Grundsätze den Übergang in das schulische Bildungssystem erleichtert und sich positiv auf die langfristigen Erfolgsaussichten der Kinder auswirkt.

Der Rahmenplan beinhaltet eine Reihe handlungspraktischer Prinzipien: (1) sichere, respektvolle und auf Gegenseitigkeit beruhende Beziehungen, (2) Partnerschaften, (3) hohe Erwartungen und Chancengerechtigkeit, (4) Wertschätzung von Diversität, (5) kontinuierliche Weiterbildung und reflektierende Praxis. Zur Umsetzung der Prinzipien können die frühpädagogischen Fachkräfte auf ein breites Spektrum pädagogischer Strategien und Konzepte zurückgreifen. Diese reichen von Entwicklungsmodellen in der Tradition von Piaget bis hin zur Einbeziehung eines poststukturalistischen Identitätsbegriffs. Es wird davon ausgegangen, dass die Diversität australischer Familien weitaus mehr umfasst als schlichte religiöse, sprachliche oder ethnische Unterschiede und ein soziokultureller Zugang der Schlüssel ist, um Kinder bei der Herausbildung ihres Identitäts- und Gemeinschaftsgefühls zu unterstützen.

Frühpädagoginnen und -pädagogen müssen sich der Stärken und Schwächen unterschiedlichster theoretischer Perspektiven und ihrer praktischen Anwendung bewusst werden, denn nur so können sie geeignete Strategien identifizieren und einsetzen, die jedem Kind sowohl individualisiertes Lernen als auch die Erfahrung individueller Zuwendung ermöglichen. Unmissverständlich ist das *Early Years Learning Framework* in seiner an Vygotsky angelehnten Vorstellung einer frühpädagogischen Fachkraft, die den Rahmen für kindliche Lernprozesse schafft, um den Kindern einen sanften Übergang in das schulische Bildungssystem zu ermöglichen.

8. Die Struktur der Ausbildung frühpädagogischer Fachkräfte

Angesichts der unterschiedlichen Entstehungs- und Entwicklungslinien ist es kaum verwunderlich, dass die berufsvorbereitenden Ausbildungsgänge für die Arbeit im Elementarbereich in Australien ebenso vielschichtig wie facettenreich sind. Das Spektrum reicht von Studienangeboten, die sich dezidiert auf die pädagogische Arbeit mit Kindern im Vorschulalter konzentrieren, bis hin zu solchen, die die gesamte Spanne von der Geburt bis zum Alter von zwölf Jahren abdecken. Mehrheitlich liegt der Fokus jedoch auf der Arbeit mit Kindern vom Säuglingsalter bis zum fünften bzw. achten Lebensjahr. Die Zulassungsvoraussetzungen unterscheiden sich von Hochschule zu Hochschule, wobei die renommiertesten Universitäten in aller Regel auch die striktesten und höchsten Anforderungen stellen[135]. Berufsvorbereitende Studiengänge werden als Vollzeit- oder Teilzeitstudium auf Bachelorniveau oder als Graduiertenprogramm angeboten. Die am weitesten verbreitete Form der Ausbildung frühpädagogischer Fachkräfte ist der drei- oder vierjährige Bachelor-Studiengang. In der Regel wird ein derartiges Studium direkt nach Abschluss der Sekundarschule, d. h. nach der 12. Klasse, aufgenommen, obgleich Studienanfängerinnen und -anfänger jenseits des zwanzigsten Lebensjahres ebenfalls keine Seltenheit sind. Einige Universitäten haben ihre Bachelor-Programme inzwischen eingestellt –, dazu gehören vor allem jene Hochschulen, die bereits in der Mitte des 19. Jahrhunderts gegründet wurden und über eine lange Tradition in Forschung und Lehre verfügen, wie zum Beispiel die University of Melbourne und die University of Western Australia in Perth. Diese Hochschulen bieten nunmehr ausschließlich Studiengänge auf Master-Niveau an und lassen Absolventinnen und Absolventen aller Fachrichtungen zu, die ihre berufliche Zukunft in der Pädagogik sehen. Diese Entwicklung trägt einem neuen Typus der „Fachkraft im Elementarbereich" Rechnung – einer Fachkraft, die in einem multidisziplinären Feld operiert, in dem Betreuung, Bildung und Gesundheit eng miteinander verbunden sind (Tayler 2012).

Auf staatlicher Ebene bzw. in den einzelnen Territorien wurden Studiengänge der Frühpädagogik bis Dezember 2011 von führenden Organisationen wie *Early Childhood Australia* anerkannt. Sofern der belegte Studiengang auch die pädagogische Arbeit mit Kindern über fünf Jahren zum Gegenstand hat, erhalten die Absolventinnen bzw. Absolventen eine vorläufige Zulassung, mit der sie sowohl im Elementarbereich als auch als Grundschullehrkräfte tätig werden können. Hingegen fällt die Anerkennung nichtakademischer Abschlüsse wie des *Certificate III* oder *Diploma in Children's Services* in den Zuständigkeitsbereich einer anderen Be-

[135] *Zwar ist die Anerkennung und Einstufung von Schulabschlüssen und bereits erbrachten Studienleistungen durch das AQF auf Bundesebene gesetzlich geregelt, die Hochschulen sind jedoch in der Festlegung ihrer jeweiligen Anforderungen autonom. Dies betrifft zum einen die geforderten Abschlussnoten, umfasst aber häufig auch Elemente wie individuelle Auswahlgespräche oder schriftlich-mündliche Gruppentests. Es ist allgemein die Regel, Motivationsschreiben und Empfehlungen zu fordern (Anm. d. Hrsg.).*

hörde, sodass die zugehörigen Ausbildungsgänge getrennt von universitären Programmen akkreditiert werden. Zwar ist eine solche Berufsausbildung in aller Regel nicht der Hauptzugangsweg zum Tätigkeitsfeld Frühpädagogik, aber es wurde bereits ausgeführt, dass eine wachsende Zahl von im Elementarbereich Beschäftigten mit Qualifikationen in *Children's Services* die Möglichkeit nutzt, diese Abschlüsse als Studienleistungen anerkennen zu lassen und mittels eines Universitätsstudiums zur Qualifikation als frühpädagogische Fachkraft „aufzuwerten". Angesichts der Vielzahl an Qualifikationsmöglichkeiten, die in Australien im Bereich der Frühpädagogik angeboten werden, würde eine detaillierte Darstellung jedes einzelnen Programms den Rahmen unseres Beitrags sprengen – auf *berufsvorbereitende Studiengänge* treffen die nachfolgend beschriebenen Schwerpunktsetzungen jedoch mehrheitlich zu.

Ziel der Programme ist die Herausbildung breitgefächerter pädagogischer Kenntnisse und Fertigkeiten. Die Studierenden sollen die notwendigen Voraussetzungen erwerben, um mit Eltern, Familien und dem erweiterten Umfeld des Kindes zu interagieren; sie sollen das pädagogische Können entwickeln und umsetzen, das einem ganzheitlichen Verständnis von Betreuung, Bildung und kindlicher Entwicklung zuträglich ist, und die sozialen und kulturellen Einflüsse auf kindliche Lern- und Entwicklungsprozesse nachvollziehen können. Die Studierenden besuchen Vorlesungen und Seminare und beteiligen sich an Online-Plattformen. Nachzuweisen sind Kenntnisse über verschiedene grundlegende Dokumente und Quellen, wozu gesetzliche Regelungen, geltende Rahmenpläne, zentrale politische Positionspapiere und wissenschaftliche Referenzmaterialien gehören.

Hinzu kommt die praktische Ausbildung in verschiedenen Elementareinrichtungen, die sowohl aus semesterbegleitenden wöchentlichen Praxistagen als auch aus mehrwöchigen „Blockpraktika" bestehen kann, während derer die Studierenden zunächst täglich am Praktikumsplatz hospitieren und später selbstständig pädagogisch arbeiten. Diese Praktika eröffnen die Möglichkeit zur praktischen Erfahrung mit jeder relevanten Altersgruppe – von Unter- und Über-Dreijährigen bis hin zu Kindern im Schulalter. Für die Betreuung und Beurteilung der Praktikantin bzw. des Praktikanten ist in aller Regel die leitende pädagogische Fachkraft der jeweiligen Einrichtung zuständig. Beurteilt wird insbesondere die Fähigkeit der Studierenden, im Zuge der pädagogischen Arbeit theoretische Perspektiven und evidenzbasierte Bildungspläne kritisch zu reflektieren und gleichzeitig die vielfältigen curricularen Lernzielvorgaben in einer der kindlichen Entwicklung angemessenen Form umzusetzen – kurz: ihre pädagogische Kompetenz.

Early Childhood Australia (2011) formuliert die Standardanforderungen für studentische Praktika wie folgt: „Alle Bachelor-Studiengänge müssen ein betreutes pädagogisches Praktikum im Umfang von mindestens 100 Tagen beinhalten, welches in einer lizenzierten Elementareinrichtung abzuleisten ist (davon mindestens 20 Praxistage mit der Altersgruppe 0–2 und mindestens 45 Praxistage mit der Altersgruppe 3–5). Berufsvorbereitende Graduiertenstudiengänge der Frühpädagogik müssen ein betreutes pädagogisches Praktikum in einer lizenzierten Elementareinrichtung beinhalten, welches eine Mindestdauer von 45 Tagen bei einjährigen Programmen und eine Mindestdauer von 60 Tagen bei 18-monatigen bzw. zweijährigen Programmen aufweist. In beiden Fällen muss das betreute Praktikum mindestens 20 Praxistage mit der Altersgruppe 0–2 und mindestens 25 Praxistage mit der Altersgruppe 3–5 umfassen. Als ´Praxistag´ im Sinne dieser Minimalanforderungen anrechenbar sind Tage, an denen die Praktikatin bzw. der Praktikant über den vollen Zeitraum des pädagogischen Angebots in der Elementareinrichtung anwesend ist. Die Praxisanteile des Studiums sollten Kontinuität aufweisen, zum Beispiel durch den Einsatz in derselben Einrichtung oder die Arbeit mit derselben Altersgruppe über einen Zeitraum von mindestens zwei Wochen" (ECA 2011).

Im Zentrum dreijähriger Studiengänge stehen die kindliche Entwicklung, das Elementarcurriculum sowie Pädagogik und Didaktik. Die Lehrveranstaltungen rund um das Elementarcurriculum behandeln vor allem das Thema Lesen und Schreiben, aber mathematische, naturwissenschaftliche und technische Bildung, Gesundheitserziehung, Sport- und Kunstpädagogik werden meist ebenfalls thematisiert. Hingegen legen Studiengänge, die auf die Arbeit mit Kindern unterhalb des Schulalters ausgerichtet sind, den Schwerpunkt weniger auf Fachunterricht und -didaktik. In wesentlich höherem Maße als in Programmen, die die pädagogische Arbeit mit der Altersgruppe der Drei- bis Achtjährigen bzw. Drei- bis Zwölfjährigen zum Gegenstand haben, liegt der Fokus hier auf den bildungsphilosophischen Grundlagen frühkindlicher Bildung.

Die Lehrinhalte eines vierjährigen Bachelor-Studiengangs der Frühpädagogik beziehen sich zu rund 60 Prozent unmittelbar auf das Elementarcurriculum. Dieses Gebiet umfasst drei Teile: Lesen und Schreiben, Rechnen und alles andere wie Naturwissenschaften, Technologie, Kunst, Gesundheit und Wohlbefinden. Die verbleibenden 40 Prozent des Studienprogramms stehen für erziehungswissenschaftliche Inhalte und die Kontextualisierung von Bildungsprozessen zur Verfügung. Allerdings ist es bei vielen Studiengängen schwierig, eine eindeutige Unterscheidung zwischen curriculumbezogenen und erziehungswissenschaftlichen Lehrinhalten zu treffen, da es in der Programmstruktur oftmals zu erheblichen Überschneidungen kommt. Themengebiete wie Theorien kindlicher Entwicklung oder fachliche Praxis können ebenfalls in andere Lehrfächer integriert sein.

Diese Gewichtung mag angehenden frühpädagogischen Fachkräften zwar ein im Sinne der Förderung von Lernprozessen ausreichendes pädagogisches Theoriewissen mit auf den Weg geben (Shulman 1986), aber vermittelt ihnen nicht die praktischen Fertigkeiten, die erforderlich sind, um effektiv familienorientiert zu arbeiten und das Elementarcurriculum so umzusetzen, dass es in einem zunehmend multikulturellen Umfeld den Bedürfnissen aller Kinder gerecht wird. MacNaughton und Hughes (2007) haben darauf hingewiesen, dass die Ausbildung frühpädagogischer Fachkräfte in dieser Hinsicht dringend reformbedürftig sei. Die Herausforderung besteht nun allerdings darin, dies ohne Abstriche an der von den zuständigen *Teaching Institutes* und Akkreditierungsstellen geforderten Vermittlung des fachspezifischen methodisch-didaktischen Wissens zu bewerkstelligen, das angehende Pädagoginnen und Pädagogen dazu befähigen soll, im Rahmen frühkindlicher Bildung über einen spielerischen Zugang Lernprozesse zu initiieren. Wie bereits ausgeführt, obliegt die Akkreditierung sämtlicher Ausbildungsgänge im Bereich der Frühpädagogik seit Januar 2012 der *Australian Children's Education and Care Quality Authority*. Zumindest wird es durch diese Neuregelung leichter, sich einen umfassenden Überblick über Ausbildungsgänge aus allen Teilen Australiens zu verschaffen.

9. Innovationspotenzial

Überall in Australien machen Ausbildungsgänge für den Elementarbereich intensiven Gebrauch von internetgestützten Technologien und Lernmanagementsystemen. Dies gilt gleichermaßen für akademische und nichtakademische Ausbildungseinrichtungen. Die internetgestützten Lernumgebungen werden so eingesetzt, dass sie den Studierenden einen Rahmen für die Auseinandersetzung mit neuesten Erkenntnissen bieten und sie bei der Entwicklung kultureller Sensibiltät und der Herausbildung von Führungs-, Team- und Problemlösungskompetenzen unterstützen. Online-Lernumgebungen umfassen Blogs, Wikis, Diskussionsforen, Chatrooms, Plattformen für Ankündigungen und Lehr- bzw. Lernmaterialien sowie Links zu den wichtigsten weiterführenden Internetseiten. Ein Beispiel hierfür bietet die University of

Western Sydney, deren Frühpädagogik-Studiengänge ein Blended-Learning-Konzept anwenden, das Präsenzveranstaltungen wie Vorlesungen und Tutorien mit E-Learning in Form von Weblinks, E-Mails, Online-Studienmodulen, Online-Tests und Online-Foren für den Austausch und die Diskussion von Seminararbeiten verbindet (Marsh 2001; Ashton & Elliott 2007). Die flexibel gestalteten Blended-Learning-Kurse beinhalten internetgestützte Elemente wie Verfahren zur Selbstbewertung und die Nutzung von Internetressourcen ebenso wie ganz traditionell allein oder in der Gruppe zu bearbeitende Aufgabenstellungen. Hinzu kommt die Zusammenarbeit sowohl in realen als auch in virtuellen Lernumgebungen. Leitbild dieser „Heutagogik" – dieses Weges, das Lernen zu lernen – ist die eigenverantwortliche Aneignung von Wissen (Ashton & Elliott 2007). Auf diese Weise wird selbstgesteuertes Lernen ermöglicht, und erwachsenen Studierenden, die Studium, Erwerbsarbeit und familiäre Verpflichtungen vereinbaren müssen, eröffnen sich flexible Lernoptionen. Diese Form der Programmgestaltung ist „eher geeignet, den Fähigkeiten und Neigungen der Lernenden im 21. Jahrhundert entgegenzukommen und die Entwicklung des komplexen Merkmalsgefüges zu befördern, das heute am Arbeitsplatz gefordert wird" (a. a. O., S. 172).

Diese Studienmodelle zielen darauf ab, studentisches Lernen zu optimieren und Abbrecherquoten zu senken. Durch Methoden wie E-Learning und online geführte Diskussionen teilen Studierende und Lehrende Wissen miteinander, wodurch sich die Rolle der Lehrenden wandelt. Aus traditionellen „Wissensvermittlern" werden „Wissensmakler" (Singh 2003, zitiert nach Ashton & Elliott 2007).

Um der unter frühpädagogischen Fachkräften verbreiteten Skepsis gegenüber der Nutzung von Technik bei der Umsetzung des Elementarcurriculums zu begegnen, führte die University of Canberra ein Projekt durch, das Bachelor-Studierenden des ersten Studienjahres in einem zweiwöchigen Intensivkurs zu „technikunterstütztem Lernen" Kompetenzen im Umgang mit und dem Einsatz von Technik vermitteln sollte (Campbell & Scotellaro 2009). In diesem Programm werden Präsenzveranstaltungen mit Online-„Vorlesungen" in Form von Podcasts, Videos, Experteninterviews, PowerPoint-Präsentationen und anderen Online-Ressourcen verknüpft. In den Präsenzveranstaltungen sollen die Studierenden größere Kompetenz und Sicherheit bei der Nutzung der verschiedenen Plattformen, Softwareprogramme und Online-Ressourcen erwerben. In ihrer Kurzstudie zur Wirksamkeit des Projektes konnten Campell und Scotarello feststellen, dass das Programm dazu beitrug, positive Einstellungen hinsichtlich der Nutzung von Informations- und Kommunikationstechnologie in der pädagogischen Praxis zu befördern. Die Studierenden beurteilten die Vermittlungsform ebenfalls als zweckmäßig und gut in Elementareinrichtungen einsetzbar.

Der zunehmende finanzielle Druck, dem die Universitäten während der vergangenen zehn Jahre ausgesetzt waren, hat ironischerweise zu einem verstärkten Einsatz von Online-Technologien geführt. Wenn Instrumente des E-Learning dynamisch sein und individuelles Lernen wirksam fördern sollen, bedürfen sie allerdings einer exzellenten didaktischen Aufbereitung und Gestaltung. Lediglich eine Internetseite oder ein Lernmanagementsystem zur Verfügung zu stellen reicht nicht aus, um den Studierenden wirklich eindrucksvolle Lernerfahrungen zu ermöglichen. Es sollte aber hinzugefügt werden, dass E-Learning erst in jüngster Zeit Eingang in pädagogische Ausbildungsgänge gefunden hat und die Kombination mit Präsenzlernen noch weiter erprobt und ausgebaut werden muss.

10. Fazit

Die Ausbildung frühpädagogischer Fachkräfte ist in Australien derzeit sowohl im Wachstum als auch im Wandel begriffen. Bereits 2008 legte das *Australian Bureau of Statistics* Prognosen vor, wonach die Zahl der Vierjährigen bis 2011 um 30 Prozent zunehmen sollte (ABS 2008). Da die seit 2012 geltenden Bestimmungen mindestens eine akademisch qualifizierte pädagogische Fachkraft pro Elementareinrichtung fordern, liegt es angesichts der gegenwärtigen landesweiten Absolventenzahlen und des prognostizierten Zuwachses an Kindern im Vorschulalter nahe, von einem zukünftigen Mangel an Frühpädagoginnen und -pädagogen mit den entsprechenden Qualifikationen auszugehen. So besteht nicht nur der Druck, frühpädagogische Ausbildungsgänge gemäß der neuen politischen Vorgaben und Zielsetzungen für den Elementarbereich umzugestalten, sondern auch die Herausforderung, mehr Studierende zu gewinnen. Aufgrund der steigenden Nachfrage nach qualifizierten Mitarbeiterinnen und Mitarbeitern wird gleichzeitig die Zuwanderung von Fachkräften als Strategie zur Personalentwicklung genutzt, und Personen mit einer Qualifikation in Frühpädagogik gehören zu den bevorzugten Einwandererkategorien.

Die neu entwickelten berufsvorbereitenden Ausbildungsgänge für frühpädagogische Fachkräfte stehen vor vielfältigen Herausforderungen, eröffnen aber auch Chancen. Oftmals führen die heutigen Pädagogikstudiengänge ihre Studierenden an neue Theorien und Perspektiven heran und machen sie mit den jeweils aktuellsten politischen Leitlinien und Maßnahmen vertraut – und erwarten dann, dass die Studierenden all dies im Rahmen ihrer Praktika zur Anwendung bringen. Am Praktikumsort beurteilen die mit der Betreuung der Studierenden befassten Mitarbeiterinnen und Mitarbeiter deren Praxiskompetenzen jedoch weiterhin auf der Grundlage ihrer ganz eigenen Perspektiven auf und Theorien über Pädagogik und Lernen. Möglicherweise wissen sie so die von den Studierenden mitgebrachten neuesten theoretischen Erkenntnisse nicht zu würdigen. Derartige Probleme treten im Zuge jeder großangelegten Reform auf. In manchen Studiengängen ist man sich dessen bewusst und bereitet die Studierenden auf solche Situationen vor, erwartet aber auch, dass diese während des Praxiseinsatzes Einfluss auf ihre Vorgesetzten nehmen und „das Feld verändern", indem sie neuartige Konzepte erproben. Durch die spezifische Verbindung von Studieninhalten, Aufgabenstellungen und Prüfungsformen sowohl theoretischer als auch praktischer Natur werden den Studierenden Erfahrungsmöglichkeiten eröffnet, die sie in die Lage versetzen sollen, Theorie und Praxis in einem schrittweisen Prozess des Lernens und Verstehens miteinander zu verknüpfen. Das Handlungsfeld „Ausbildung frühpädagogischer Fachkräfte" wird auch weiterhin mit diesen charakteristischen Dilemmata und Herausforderungen konfrontiert sein, die der kritischen Reflexion und fachlich-professioneller Führung bedürfen – ganz gleich, ob es sich dabei um Bachelor- oder um Graduiertenstudiengänge handelt.

Literatur

Ashton, J. & Elliott, R. (2007). Juggling the balls – study, work, family and play: Student perspectives on flexible and blended heutagogy. European Early Childhood Education Research Journal, 15 (2), 167–181.

Australian Bureau of Statistics (ABS). (2008). Population Projections, Series B, Australia, 2006 to 2101. Retrieved August 21, 2013, from http://www.abs.gov.au/AUSSTATS/abs@.nsf/DetailsPage/3222.02006%20to%20 2101?OpenDocument.

Australian Government Department of Education, Employment and Workplace Relations (2009). Belonging, being and becoming: The early years learning framework for Australia (EYLF). Canberra: Commonwealth of Australia.

Australian Qualifications Framework Council (2011). Australian qualifications framework. Retrieved July 06, 2012, from http://www.aqf.edu.au/Portals/0/Documents/Handbook/Aust%20Qualifications%20Framework %20First%20Edition%20July%202011_FINAL_LOCKED.pdf.

Biggs, J. (1993). What do inventories of students' learning processes really measure? A theoretical view and clarification. The British Journal of Educational Psychology, 63, 3–19.

Bredekamp, S. & Copple, C. (1997). Developmentally appropriate practice in early childhood programs. Washington, DC: National Association for the Education of Young Children.

Brownlee, J. (2004). An investigation of teacher education students' epistemological beliefs: Developing a relational model of teaching. Research in Education, 72, 1–18.

Brownlee, J. & Berthelsen, D. (2006). Personal epistemology and relational pedagogy in early childhood teacher education programs. Early Years: An International Journal of Research, 26, 17–29.

Campbell, A. & Scotellaro, G. (2009). Learning with technology for pre-service early childhood teachers. Australasian Journal of Early Childhood, 34 (2), 11–18.

Coates, H. & Goedegebuure, L. (2010). The real academic revolution. Why we need to reconceptualise Australia's future academic workforce, and eight possible strategies for how to go about this. (Research briefing). Melbourne: L. H. Martin Institute.

Darling-Hammond, L., LaFors, J. & Snyder, J. (2001). Educating teachers for California's future. Teacher Education Quarterly, 28, (1), 9–55.

Diaz, C. J. (2004). Difference and diversity at the University of Western Sydney. Teaching Education, 15 (1), 97–101.

Early Childhood Australia (2010). The code of ethics. Retrieved November 07, 2012, from http://www.earlychildhoodaustralia.org.au/code_of_ethics/early_childhood_australias_code_of_ethics.html.

Early Childhood Australia (2011). The guidelines and process for the approval of pre-service early childhood teacher education programmes. Retrieved November 07, 2012, from http://www.earlychildhoodvictoria.org.au/edit/teacher_education/GUIDELINES_AND_PROCESS_FOR_THE_APPROVAL_OF_PRE-SERVICE_EC_TEACHER_EDUCATION_PROGRAMMES_-_MARCH_2011.PDF.

Early Childhood Strategy Division, Department of Education Early Childhood Development & Victorian Curriculum and Assessment Authority (2009). Victorian early years learning and development framework. For all children from birth to eight years. Melbourne: Early Childhood Strategy Division, Department of Education Early Childhood Development & Victorian Curriculum and Assessment Authority.

Gibson, H., Leslie, C. & Batt, J. (2002). Educating early childhood professionals: A collaborative approach in the ACT. Australian Journal of Early Childhood, 27 (2), 26–31.

Gordon, C. & Debus, R. (2002). Developing deep learning approaches and personal teaching efficacy within a pre-service teacher education context. The British Journal of Educational Psychology, 72, 483–511.

Gray, J. & Campbell-Evans, G. (2002). Beginning teachers as teacher researchers. Australian Journal of Teacher Education, 27 (1), Article 4.

Harrison, L.J., Dunn, M. & Coombe, K. (2006). Making research relevant in preservice early childhood teacher education. Journal of Early Childhood Teacher Education, 27, 217–229.

Krieg, S. (2010). The professional knowledge that counts in Australian contemporary early childhood teacher education. Contemporary Issues in Early Childhood, 11, 144–155.

MacNaughton, G. & Hughes, P. (2007). Teaching respect for cultural diversity in Australian early childhood programs: A Challenge for professional learning. Journal of Early Childhood Research, 5, 189–204.

Marsh, H.W. (2001). Distinguishing between good (useful) and bad workloads on students' evaluations of teaching. American Educational Research Journal, 38, 183–212

Melbourne Graduate School of Education (2011). Review of the effectiveness of vocational education and training (VET) and higher education courses leading to an early childhood qualification. Retrieved October 20, 2011, from http://www.edfac.unimelb.edu.au/cres/projects/EarlyChildhoodSurvey2.html.

Ministerial Council for Education, Early Childhood Development and Youth Affairs (MCEECDYA) & the Australian Institute for Teaching and School Leadership (AITSL). (2011). National Professional Standards for Teachers. Retrieved January 22, 2013, from http://www.aitsl.edu.au/verve/_resources/AITSL_National_Professional_Standards_for_Teachers.pdf

Ministerial Council on Education, Employment, Training and Youth Affairs (MCEETYA). (1999). The Adelaide Declaration on National Goals for Schooling in the Twenty-First Century. Retrieved January 22, 2013, from http://www.mceetya.edu.au/mceecdya/adelaide_declaration_1999_text,28298.html.

Ministerial Council on Education, Employment, Training and Youth Affairs (MCEETYA). (2003). National Framework for Professional Standards for Teaching. Carlton South: MCEETYA.

Ministerial Council on Education, Employment, Training and Youth Affairs (MCEETYA). (2008). Melbourne Declaration on Educational Goals for Young Australians. Retrieved January 22, 2013, from http://www.mceecdya.edu.au/verve/_resources/national_declaration_on_the_educational_goals_for_young_australians.pdf.

Noble, K. (2007). Communities of practice: Innovation in Early Childhood Education and Care teacher and practitioner preparation. The International Journal of Learning, 14 (9), 133–138.

Organisation for Economic Cooperation and Development (OECD). (2006). Starting Strong II: Early Childhood Education and Care. Paris: OECD.

Patterson, C., Sumsion, J., Cross, T., McNaught, M., Fleet, A., Talay-Ongan, A. & Burgess, C. (2002). Teaching as inquiry: Engaging preservice teachers with research. Australian Journal of Early Childhood, 27 (2), 21–25.

Perry, B., Dockett, S., Kember, T. & Kuschert, K. (1999). Collaboration between schools and universities in early childhood teacher education. Teaching in Higher Education, 4, 383–396.

Piaget, J. (1965). The moral judgment of the child. New York, NY: Free Press.

Pianta, R.C., La Paro, K.M. & Harme, B.K. (2008). Classroom Assessment Scoring System: manual Pre-K. Baltimore, MD: Paul H Brookes.

Prochner, L. (2010). A history of Early Childhood Education in Canada, Australia, and New Zealand. Vancouver: University of British Columbia Press.

Pungello, E. P., Kainz, K., Burchinal, M., Wasik, B. H., Sparling, J. J., Campbell, F. A. et al. (2010). Early educational intervention, early cumulative risk and the early home environment as predictors of adult outcomes within a high-risk sample. Child Development, 81, 410–426.

Rousseau, J. (1955). Emile (B. Foxley, Trans.). New York, NY: Dutton. (Originaltitel erschienen 1762).

Ryan, M., Carrington, S., Selva, G. & Healy, A. (2009). Taking a 'reality check': Expanding pre-service teachers' views on pedagogy and diversity. Asia-Pacific Journal of Teacher Education, 37, 155–173.

Shulman, L. (1986). Those who understand: Knowledge growth in teaching. Educational Researcher, 15, (2), 4–14.

Sparling, J. (2007). The Creative Curriculum® Learning Games®. Birth – 36 Months. Bethesda, MD: Teaching Strategies.

Sparling, J. (2010). The Abecedarian Approach Australia. Melbourne: Melbourne Graduate School of Education.

Tayler, C. (1991). Preferred models of early childhood teacher education: A Western Australian perspective. Australian Journal of Teacher Education, 16 (1), 11–21.

Tayler, C. (2012). Learning in Australian Early Childhood Education and Care settings: Changing professional practice. Education: 3–13 International Journal of Primary, Elementary and Early Years Education, 40, 7–18.

Vygotsky, L. S. (1978). Mind in society: The development of higher mental processes. Cambridge, MA: Harvard University Press.

Watson, L. (2006). Pathways to a profession. Education and training in Early Childhood Education and Care. Canberra: Department of Education, Science and Training.

Watson, L. & Axford, B. (2008). Characteristics and delivery of Early Childhood Education degrees in Australia. PART A. Final Report. Retrieved November 07, 2012, from http://www.deewr.gov.au/Earlychildhood/Policy_Agenda/EarlyChildhoodWorkforce/Documents/Final_Report_PART_A.pdf.

Whitington, V., Ebbeck, M., Diamond, A. & Hoi Yim, B. (2009). A pathway to enhancing professionalism: Building a bridge between TAFE and university early childhood qualifications. Australasian Journal of Early Childhood, 34 (1), 27–35.

Frühe Bildung und Erzieherausbildung in Neuseeland

Wandel, Vielfalt und Flexibilität in den frühpädagogischen Ausbildungsgängen

Carmen Dalli & Sue Cherrington

Victoria University of Wellington, New Zealand

Aotearoa Neuseeland ist ein kleines Land in der südlichen Hemisphäre mit 4,4 Millionen Einwohnern, darunter 15 Prozent indigene Māori. Die Māori nennen das Land *Aotearoa*; die Verwendung der Doppelbezeichnung Aotearoa Neuseeland ist politisch motiviert und erkennt die Māori als die ursprünglichen Bewohner *(tangata whenua)* des Landes an. Die Bevölkerung Aotearoa Neuseelands zeichnet sich durch zunehmende ethnische Diversität aus. Laut Prognosen dürfte sie sich im Jahr 2026 folgendermaßen zusammensetzen: 57 Prozent Bewohner europäischer Abstammung, 17 Prozent Māori, 16 Prozent asiatischer und 10 Prozent pazifischer Herkunft (Statistics New Zealand 2011).

Weite Teile des Landes sind bis heute durch landwirtschaftliche Nutzung und kleinstädtische oder verstreute Siedlungsformen geprägt, die überwiegende Mehrheit der Bevölkerung lebt jedoch in den städtischen Ballungsgebieten. Dort finden sich auch die meisten pädagogischen Ausbildungsstätten. Viele Anbieter frühpädagogischer Ausbildungsgänge nutzen mittlerweile die Möglichkeiten der Breitbandtechnologie und bieten ihre Programme zudem online an.

Im städtischen Raum steht Familien ein breiteres Angebot an frühkindlicher Bildung und Betreuung zur Verfügung als in ländlichen Gebieten. Insgesamt gibt es im Elementarbereich mehr als 20 unterschiedliche Formen von lizenzierten und mit Gruppen arbeitenden Einrichtungen; hinzu kommt eine wachsende Zahl unterschiedlichster Anbieter von häuslicher Tagespflege und zertifizierter Spielgruppen. Während der letzten fünf Jahre konnte das Einrichtungs- und Leistungsangebot im Bereich frühkindlicher Bildung und Betreuung eine jährliche Zuwachsrate von zwei bis fünf Prozent verzeichnen.

1. Frühkindliche Bildung und Betreuung in Aotearoa Neuseeland

Zum Erwerb einer Lizenz müssen Kindertageseinrichtungen bestimmte bauliche, Gesundheits- und Personalstandards erfüllen, die in einem dreistufigen, zuletzt 2008 aktualisierten Regelwerk festgelegt sind (Ministry of Education 2008a). Das Bildungsgesetz *(Education Act)* von 1989 bildet die oberste Stufe, dann folgen die Ausführungsbestimmungen *(Education Regulations)* für Kindertageseinrichtungen und für Spielgruppen aus dem Jahr 2008, und auf der dritten Stufe werden konkrete Kriterien für die im laufenden Betrieb geltenden Anforderungen benannt, die die verschiedenen Einrichtungstypen zur Erfüllung der gesetzlich vorgeschriebenen Standards einhalten müssen. Bei der Lizenzierung wird primär zwischen pädagogisch geleiteten Einrichtungen (wie Kindergärten oder in Netzwerken organisierte häusliche Anbieter) und den von Eltern getragenen Angeboten (wie Spielgruppen oder *ngākōhangareo*[136]) unterschieden – da Familienmitglieder mit anwesend sind, gelten für Letztere andere Qualifikationsanforderungen an das Personal. *Ngākōhangareo* sind institutionell angebotene Sprachimmersionsprogramme, die sich an Kinder unter sechs Jahren und ihre ganze Familie richten. Die meisten dieser Einrichtungen sind an den *Te Kōhanga Reo National Trust*[137] angeschlossen und werden auf Grundlage der zwischen dem Bildungsministerium und dem Trust vereinbarten Kriterien lizenziert. Spielgruppen können sich zertifizieren lassen, wenn sie unter Leitung einer pädagogisch qualifizierten Fachkraft mindestens einmal wöchentlich für maximal vier Stunden zusammenkommen. Lizenzierten und zertifizierten Angeboten bzw. Einrichtungen stehen höhere finanzielle Zuwendungen zu als jenen ohne Lizenz, und sie müssen sich in einem dreijährigen Turnus der Auditierung durch das *Education Review Office* (ERO) unterziehen. Das Auditierungsverfahren beruht auf den im *Revised Statement of Desirable Objectives and Practices* (Ministry of Education 1996b) aufgeführten Zielsetzungen und Grundsätzen guter fachlicher Praxis sowie auf Indikatoren, die sich an den Prinzipien des Elementarcurriculums *Te Whāriki* (Ministry of Education 1996a) orientieren.

Obwohl sie erst mit sechs Jahren schulpflichtig werden, besuchen fast alle Kinder die Grundschule bereits ab dem fünften Geburtstag.[138] Laut statistischer Daten vom Juli 2011 hatten 94,7 Prozent der damaligen Erstklässlerinnen und Erstklässler vor ihrem Schuleintritt ein frühpädagogisches Angebot wahrgenommen, und 61 Prozent aller Kinder unter fünf Jahren waren in einer Kindertageseinrichtung angemeldet. Bei den Dreijährigen lag die Rate bei 90,5 Prozent und bei den Vierjährigen sogar bei 98,5 Prozent (Ministry of Education 2012). Im internationalen Vergleich betrachtet, sind diese Zahlen sehr hoch. Die stärksten Zuwachsraten gibt es derzeit bei Kleinkindern bis zum Alter von zwei Jahren, die zuletzt 17 Prozent aller angemeldeten Kinder ausmachten.

---

[136] *Ngakōhangareo sind spezielle Sprachimmersionsprogramme. Sie wurden ab dem Jahr 1981 eingerichtet, um die Māori-Sprache und -kultur zu fördern, und setzen bei der Gestaltung und Durchführung ihrer Aktivitäten stark auf die Einbeziehung der traditionellen Großfamilie (whānau), d. h. auf die Mitarbeit von Familienangehörigen der teilnehmenden Kinder (http://www.kohanga.ac.nz).*

[137] *Der Te Kōhanga Reo National Trust ist der Dachverband aller Einrichtungen zur Förderung der Māori-Sprache und -kultur. Diese Einrichtungen wurden zu Beginn der 1980er Jahre zunächst vom Department of Māori Affairs initiert und unterstehen seit 1990 dem Bildungsministerium (Ministry of Education), da ihre Aktivitäten vor allem (sprach-)edukativer Natur sind und sich hauptsächlich an Kinder und Jugendliche richten (Anm. d. Hrsg.).*

[138] *Die Eingangsklasse an staatlichen Grundschulen hat kein festes Schuljahr mit einheitlichem Einschulungstermin, sondern nimmt Kinder ab fünf Jahren kontinuierlich über das ganze Jahr hinweg auf. Ab der zweiten Klasse gibt es ein reguläres Schuljahr, insofern ist der Besuch der Eingangsklasse von unterschiedlicher Dauer, i. d. R. zwischen 6 und 18 Monaten (Anm. d. Hrsg.).*

1.1 Die Ausbildung frühpädagogischer Fachkräfte im politischen Kontext

Seit die politisch-administrative Zuständigkeit für Kindertageseinrichtungen 1986 vom Sozialministerium *(Department of Social Welfare)* auf das Bildungsministerium *(Department of Education,* später umbenannt in *Ministry of Education*) überging, verfügt Aotearoa Neuseeland über ein integriertes Bildungs- und Betreuungssystem. Somit wird nicht mehr zwischen Kinderbetreuungspolitik und Vorschulpolitik unterschieden, was sich auch in der zur Bezeichnung von Kindertageseinrichtungen verwendeten Terminologie widerspiegelt: Die Begriffe „Kinderbetreuung“ *(childcare)* bzw. „Tagesbetreuung“ *(daycare)* wurden durch „Bildung und Betreuung“ *(education and care)* ersetzt.

Dieser Entwicklung auf der politischen Ebene folgte 1988 die Zusammenführung kinderpflegerischer und frühpädagogischer Ausbildungsgänge zu einem gemeinsamen dreijährigen Studiengang mit *Diploma*[139], der an Pädagogischen Colleges *(Colleges of Education)* angeboten wurde. Nachdem die ersten Absolventinnen und Absolventen des integrierten Ausbildungsgangs ihre Arbeit in dem noch immer stark ausdifferenzierten Feld aufgenommen hatten, sich auf sektorübergreifenden Konferenzen trafen und dieselben Weiterbildungskurse besuchten, bildete sich sukzessive ein ganz neues Zusammengehörigkeitsgefühl heraus, und die historisch begründeten Trennlinien zwischen Bildung und Betreuung lösten sich langsam auf. Der Zusammenschluss der beiden größten im Elementarbereich aktiven Beschäftigtenvertretungen *(Early Childhood Workers Union* und *Kindergarten Teachers Association)* zu einer gemeinsamen Gewerkschaft namens *Combined Early Childhood Union of Aotearoa* (CECUA) verstärkte diesen Trend noch weiter. Die CECUA schloss sich 1993 mit der Grundschullehrergewerkschaft *New Zealand Educational Institute (NZEI) Te Riu Roa* zusammen – eine strategische Allianz, die in den späten 1990er Jahren eine hocheffektive Kampagne zur Schaffung von Einkommensgleichheit zwischen den in Kindertageseinrichtungen tätigen frühpädagogischen Fachkräften und Grundschullehrkräften durchführte. Dieses Ziel wurde 2002 erreicht; nachdem die Angleichung an die Gehälter der Grundschullehrkräfte zunächst nur die in Kindergärten beschäftigten Frühpädagoginnen und -pädagogen betraf, wurde die Maßnahme später auf alle im Bereich der frühkindlichen Bildung und Betreuung tätigen Fachkräfte mit pädagogischer Qualifikation ausgeweitet.

In administrativer Hinsicht hat das neuseeländische Bildungssystem den Vorteil, dass die relevanten politischen Entscheidungen auf nationaler Ebene – d. h. zentral – getroffen werden und keine zusätzliche regionale oder kommunale Regierungsebene in die Umsetzung vor Ort

---

[139] In Aotearoa Neuseeland ist das Diploma of Teaching der traditionell von Colleges of Education vergebene Abschluss, d. h. eine Art Lehrerdiplom. Allerdings sind Diplomas im New Zealand National Qualifications Framework (NZQF), dem seit 1989 landesweit geltenden Instrument zur Bewertung und Einstufung nachschulischer Bildungsabschlüsse, eine Stufe unterhalb des Bachelorabschlusses angesiedelt, da eine geringere Gesamtzahl an Credit Points erworben werden muss und die Inhalte weniger wissenschaftlich ausgerichtet sind. Bis Ende der 1980er Jahre bestand eine klare Trennung zwischen Hochschulbildung (mit akademischen Abschlüssen) und außeruniversitärer Ausbildung (mit berufsbildenden Abschlüssen), wobei das Diploma letzteren zugerechnet wurde. Die Schaffung des NZQF beseitigte diese Trennung. Es kommt nun nicht mehr darauf an, welche Art Bildungseinrichtung ein Programm anbietet, sondern ob dieses bestimmte Vorgaben an Form, Inhalt und Umfang erfüllt. Seither bieten auch Universitäten eher praxisorientierte Studiengänge mit Diploma an, und nicht-universitäre Träger haben Programme mit akademischen Abschlüssen (z. B. Bachelor) im Angebot (Anm. d. Hrsg.).

involviert ist. Das sowieso schon ausgesprochen komplexe Feld frühkindlicher Bildung und Betreuung kann demnach nicht durch die lokale Politik weiter verkompliziert werden.

Die umfangreichen politischen Maßnahmen im Bereich frühkindlicher Bildung und Betreuung (vgl. z. B. Dalli 2010) hatten während des vergangenen Jahrzehnts auch erhebliche Auswirkungen auf die Ausbildung frühpädagogischer Fachkräfte und auf die Professionalisierung des Berufsfeldes. Besonders die Verabschiedung einer Zehnjahresstrategie für frühkindliche Bildung und Betreuung im Jahr 2002 führte zu einer beispiellosen Zunahme der Einschreibungen in frühpädagogischen Ausbildungsgängen, wodurch letztlich Professionalisierungsprozesse innerhalb des gesamten Elementarbereichs forciert wurden. Eingedenk dessen, dass qualitativ hochwertige frühkindliche Bildung und Betreuung in entscheidendem Maße von qualifizierten frühpädagogischen Fachkräften abhängt (Ministry of Education 2002, S. 6), verfolgte das Strategiekonzept drei Ziele: a) Steigerung der Teilnahme an qualitativ hochwertigen Angeboten im Bereich frühkindlicher Bildung und Betreuung, b) Verbesserung der Angebots- und Einrichtungsqualität und c) Förderung der Kooperation zwischen elementarpädagogischen Einrichtungen und anderen Erbringern kinder- und familienbezogener Leistungen (Ministry of Education 2002, S. 2).

Im Sinne der zweiten Zielsetzung führte das Bildungsministerium unter anderem einen Stufenplan ein, wonach bis 2012 alle Beschäftigten pädagogisch geleiteter Kindertageseinrichtungen über die Mindestqualifikation einer dreijährigen Ausbildung mit *Diploma* oder Bachelorabschluss verfügen und somit die Voraussetzungen für eine vorläufige Anerkennung als pädagogische Fachkraft durch den *New Zealand Teachers Council*[140] erfüllen sollten.

Zwischen 2002 und 2008 bemühten sich alle diese Einrichtungen, der Vorgabe zu entsprechen. Die Regierung unterstütze die Bemühungen ihrerseits durch finanzielle Anreize, wie zum Beispiel höhere Zuwendungen für Einrichtungen, die den Anteil frühpädagogisch qualifizierter und zugelassener Fachkräfte aktiv auszubauen suchten, und durch die gezielte Vergabe von Stipendien für Studierende der Frühpädagogik. Aufseiten all jener Beschäftigten, die über keine entsprechende Qualifikation verfügten, entstand landesweit eine große Nachfrage nach pädagogischen Ausbildungsgängen – Fernstudiengänge und berufsbegleitende Angebote inbegriffen –, wodurch die Programmanbieter unter beträchtlichen Druck gerieten, ihre Standards zu halten und gleichzeitig den Bedarf zu decken.

Im November 2008 kam die Entwicklungsdynamik in Richtung einer durchgängig qualifizierten Mitarbeiterschaft jedoch abrupt zum Stillstand, da die neu gewählte Regierung die Zielvorgabe absenkte. Nunmehr sollten bis 2012 nur noch 80 Prozent der Beschäftigten pädagogisch geleiteter Kindertageseinrichtungen über eine Qualifikation als frühpädagogische Fachkraft verfügen. Gleichwohl hatte sich das Beschäftigtenprofil im Bereich der frühkindlichen Bildung und Betreuung zu diesem Zeitpunkt bereits in signifikanter Weise gewandelt.

---

[140] Der New Zealand Teachers Council (NZTC) ist eine öffentlich-rechtliche Körperschaft zur Selbstregulierung des pädagogischen Berufsstandes bzw. aller pädagogischen Tätigkeitsfelder vom Elementarbereich bis zur Sekundarstufe. Unter anderem vergibt der NZTC die staatliche Anerkennung als Lehrkraft/pädagogische Fachkraft (registered teacher) und legt die dafür zu erfüllenden qualifikatorischen Voraussetzungen fest. Dazu gehört auch die Anerkennung von Ausbildungsprogrammen als Qualifikationspfad im Sinne der Vorgaben (Anm. d. Hrsg.).

1.2 Beschäftigte im Elementarbereich: Qualifikationsprofile

Frühpädagogische Fachkräfte gelten als „qualifiziert", wenn sie eine vom *New Zealand Teachers Council* (NZTC) anerkannte pädagogische Erstausbildung mit Spezialisierung auf die frühe Kindheit vorweisen können. Das Spektrum anerkannter Qualifikationen ist breit und reicht von dreijährigen Programmen mit *Diploma of Teaching* in Frühpädagogik bzw. als äquivalent geltenden Abschlüssen bis hin zu vierjährigen Bachelorstudiengängen oder einjährigen Aufbaustudiengängen zum *Graduate Diploma*[141]. Nach erfolgreichem Abschluss einer der genannten Ausbildungspfade kann die Anerkennung als pädagogische Fachkraft beantragt werden. Anschließend ist eine mentorierte Probezeit unter Aufsicht einer bereits anerkannten pädagogischen Fachkraft zu absolvieren. Wer die vom NZTC festgelegten Kriterien erfüllt, erhält danach die Zulassung als *fully registered teacher*. Bis dahin gilt die erteilte Anerkennung lediglich als vorläufig, und die Nachwuchsfachkräfte firmieren unter der Bezeichnung *provisionally registered teachers* (PRTs).

Die alljährlich im Juli erhobenen Bildungsdaten weisen für 2011 einen Anteil frühpädagogisch qualifizierter Fachkräfte von insgesamt 69,1 Prozent aus. Im Vergleichsjahr 2007 waren es erst 60 Prozent – in absoluten Zahlen ausgedrückt, bedeutet dies einen Anstieg von 15.192 auf 20.644 Personen (Ministry of Education 2012), was für den genannten Zeitraum einer durchschnittlichen jährlichen Zuwachsrate von zwei Prozent entspricht. Im Vergleich zu den 2002, also vor Inkrafttreten des Strategieplans für frühkindliche Bildung und Betreuung ermittelten 56 Prozent frühpädagogisch qualifizierter Fachkräfte (Harkness 2004) war eine Gesamtzunahme um 13,1 Prozent zu verzeichnen. Im Juli 2011 verfügten zudem 71 Prozent aller pädagogisch tätigen Fachkräfte über die Anerkennung durch den *New ZealandTeachers Council*[142] (Ministry of Education 2012).

Der Zuwachs an qualifizierten und vom *New Zealand Teachers Council* anerkannten Mitarbeiterinnen und Mitarbeitern ging mit einer deutlichen Zunahme der Zahl pädagogisch geleiteter Kindertageseinrichtungen einher. Der größere prozentuale Anteil an frühpädagogisch qualifizierten Fachkräften bedeutet, dass im Gegenzug der Gesamtanteil der Beschäftigten ohne derartige Qualifikation zwischen 2007 und 2011 von 40 auf 30 Prozent zurückging. Zu diesen 30 Prozent gehören zum einen Beschäftigte, deren frühpädagogische Qualifikationen als *nicht ausreichend* gelten, da sie entweder (wie z. B. das einjährige Zertifikat in Frühpädagogik) unterhalb der qualifikatorischen Mindestanforderung eingestuft sind – also kein dreijähriges Studium mit *Diploma* oder Bachelorgrad beinhalten – oder aus postgradualen Abschlüssen in Frühpädagogik bestehen, die aber nicht zur Zulassung als *registered teacher* berechtigen (z. B. manche Mastergrade oder Promotionen). Zum anderen umfasst die Kategorie der „Nichtqualifizierten" jene Beschäftigten, die als Grund- oder Sekundarschullehrkräfte ausgebildet und zugelassen sind, aber keine spezielle Qualifikation in Frühpädagogik mitbringen. Von den genannten 30 Prozent nicht adäquat qualifizierter Mitarbeiterinnen und Mitarbeiter war zum Erhebungszeitpunkt knapp über die Hälfte (51 %; N = 3.244) in einem frühpädagogischen Ausbildungsgang eingeschrieben, dessen Abschluss die Anerkennung als frühpädagogische Fachkraft ermöglicht (a. a. O.).

---

[141] *Das Graduate Diploma ist ein erweitertes (oder „aufgewertetes") Diploma, das im New Zealand National Qualifications Framework auf derselben Stufe steht wie der Bachelorabschluss (Anm. d. Hrsg.).*

[142] *Die statistischen Angaben zur Gesamtzahl der „registered teachers" umfassen auch Lehrkräfte an Grund- und Sekundarschulen, also pädagogisches Personal ohne dezidierte Qualifikation in Frühpädagogik.*

2. Frühpädagogische Ausbildungsgänge: Wandel, Vielfalt und Flexibilität

Die Ausbildung frühpädagogischer Fachkräfte in Aotearoa Neuseeland zeichnete sich während der letzten zehn Jahre durch Prozesse des Wandels, große Angebotsvielfalt und zunehmend flexiblere Studienformen aus.

2.1 Programme und Anbieter

Wurden frühpädagogische Ausbildungsgänge noch in den 1990er Jahren einzig an *Colleges of Education*[143] angeboten, so zeigt sich mittlerweile ein ganz anderes Bild. In einer 2005 durchgeführten Analyse frühpädagogischer Ausbildungsangebote heißt es, „die Komplexität und Diversität auf dem Gebiet frühkindlicher Bildung und Betreuung wird in Neuseeland nirgendwo offensichtlicher als in der Anzahl und Unterschiedlichkeit pädagogischer Qualifikationsmöglichkeiten und in der großen Zahl der Anbieter" (Kane 2008, S. 13).

Diese Vielfalt findet sich bis heute. Im Jahr 2012 werden frühpädagogische Studiengänge[144] an insgesamt 21 Institutionen angeboten, darunter sieben Universitäten, sieben staatliche Berufsakademien *(Institutes of Technology* bzw. *Polytechnics*[145]*)*, fünf private Bildungsträger und zwei *Wānanga*[146]. Diese Institutionen unterhalten zusammengenommen 36 ausgewiesene und vom *New Zealand Teachers Council* anerkannte Ausbildungsgänge in Frühpädagogik; sie reichen vom klassischen dreijährigen *Diploma*-Programm über das drei- oder vierjährige Bachelorstudium bis hin zum einjährigen Aufbaustudium mit *Graduate Diploma.*

Der stärkste Zuwachs war zuletzt im Segment der Bachelor- und Aufbaustudiengänge zu verzeichnen. Während dreijährige Studiengänge zum *Diploma of Teaching* in Frühpädagogik noch 2005 den am häufigsten angebotenen Qualifizierungspfad darstellten, ging ihre Anzahl seither kontinuierlich zurück (siehe Tabelle 1) – obwohl das *Diploma of Teaching* vom Bildungsministerium auch weiterhin als Maßstab für die Anerkennung pädagogischer Qualifikationen herangezogen wird. Drei der sechs *Diploma*-Studiengänge werden von privaten Bildungsträgern angeboten, einer von der Berufsakademie in Waiariki und zwei weitere sind an Universitäten angesiedelt *(Auckland University of Technology* und *Canterbury University in Christchurch).* Die *Diploma*-Programme weisen oftmals einen speziellen Fokus auf, indem sie zum Beispiel einen bestimmten weltanschaulich-philosophischen Ansatz vertreten oder einen kulturspezifischen Schwerpunkt setzen. So setzt sich der an der Auckland University of Technology (AUT)

---

[143] *Zu diesem Zeitpunkt waren alle pädagogischen Ausbildungsgänge (der Elementar-, Primar- und Sekundarpädagogik) an sechs Colleges of Education angesiedelt. Zwischen 1991 und 2007 wurden die Colleges der jeweils nächstgelegenen Universität angegliedert.*

[144] *Obwohl die Anbieter teilweise nicht zum Hochschulsektor gehören, handelt es sich um Ausbildungsgänge, die zu akademischen Qualifikationen führen, d. h. die Anbieter sind durchweg für die Vergabe derartiger Abschlüsse zugelassen. Daher werden diese Programme im weiteren Beitrag i. d. R. als „Studiengänge" bezeichnet (Anm. d. Hrsg.)*

[145] *Institutes of Technology (früher Polytechnics) sind nicht-akademische Berufsbildungseinrichtungen, die aber seit der Ausbildungsreform Ende der 1980er Jahre auch Abschlüsse auf akademischem Niveau anbieten dürfen, sofern diese die Vorgaben für akademische Programme erfüllen und entsprechend akkreditiert sind.*

[146] *Wānanga sind staatliche tertiäre Bildungseinrichtungen, deren Lehrangebot dezidiert auf Kultur und Weltsicht der Māori ausgerichtet ist. Gelehrt wird mehrheitlich in der Sprache der Māori.*

angebotene Studiengang explizit mit dem Pasifika-Kulturkreis[147] auseinander, das Programm des privaten Trägers Bethlehem Tertiary Institute folgt einer christlichen Philosophie, und das ebenfalls private New Zealand College of Early Childhood Education bietet eine Kombination aus *Diploma of Teaching* in Frühpädagogik und einer zertifizierten Ausbildung in Kinderpflege.

Tabelle 1: Frühpädagogische Qualifikationen im Vergleich (2005 und 2012)

Qualifikationsniveau/Abschlussart	2005	2012
4-jähriges Bachelorstudium	1	2
3-jähriges Bachelorstudium	12	21
3-jähriges Studium mit *Diploma*	18	6
1-jähriges Aufbaustudium zum *Graduate Diploma*	3	7

Ein *vierjähriger* Bachelorstudiengang wird derzeit lediglich von der Victoria University in Wellington und der University of Otago angeboten. Das Programm der Victoria University besteht aus einer Doppelqualifikation mit *Bachelor of Arts* (im Hauptfach „Frühe Kindheit") und *Bachelor of Teaching* in Frühpädagogik. Dies eröffnet die Option, die frühpädagogische Spezialisierung mit einem multidisziplinären Studium zu kombinieren. An der University of Otago können sowohl der *Bachelor of Education* als auch das *Graduate Diploma of Education and Teaching* in Frühpädagogik erworben werden. Studierende beider Studiengänge haben die Möglichkeit, sich auf ein bestimmtes fachliches Gebiet[148] zu spezialisieren und dementsprechend ausgerichtete Praktika zu absolvieren.

Im Vergleich zu lediglich acht Anbietern im Jahr 2005 haben derzeit 17 Institutionen zusammengenommen 21 in Frühpädagogik ausgewiesene *dreijährige* Bachelorstudiengänge im Angebot. Diese Entwicklung liegt darin begründet, dass die für die Akkreditierung von Studiengängen und -abschlüssen zuständige *New Zealand Qualifications Authority* während der letzten zehn Jahre einer Reihe von staatlichen wie auch privaten Berufsbildungsträgern (d. h. außeruniversitären Einrichtungen) die Vergabe von Bachelorgraden gestattete. Außerdem erweiterten zwei bereits akkreditierte *Wānanga* ihr Studienangebot um eine Ausbildung in Frühpädagogik. Einige der dreijährigen Bachelorstudiengänge weisen bestimmte Spezialisierungsmöglichkeiten auf, zum Beispiel umfasst der an der Auckland University of Technology angebotene *Bachelor of Education* in Frühpädagogik Wahloptionen in Montessori-, Waldorf- und Pasifika-Pädagogik.

Im Segment der einjährigen Aufbaustudiengänge zum *Graduate Diploma of Teaching* in Frühpädagogik hat die Zahl der Anbieter seit 2005 ebenfalls beträchtlich zugenommen. Studierende, die bereits über einen von der *New Zealand Qualifications Authority* anerkannten ersten Abschluss auf Diploma- oder Bachelorniveau verfügen, können mittlerweile an sechs Universitäten ein auf Frühpädagogik spezialisiertes *Graduate Diploma of Teaching* erwerben. Ein weiteres Angebot besteht bei einem privaten Bildungsträger. Einige dieser Aufbaustudiengänge stehen auch Bewerberinnen und Bewerbern offen, die über ein staatlich anerkanntes *Diploma*

---

[147] *Pasifika ist die Sammelbezeichnung für die pazifische Inselwelt (v. a. Polynesien).*

[148] *Die Option wird vor allem von Studierenden der – parallel laufenden – grundschullehrerbildenden Studiengänge ergriffen. Im Bereich der Frühpädagogik kann dies z. B. eine Spezialisierung auf Sprachförderung oder mathematisch-naturwissenschaftliche Frühbildung beinhalten (http://www.otago.ac.nz/education/undergraduate/otago022581.html) (Anm. d. Hrsg.).*

in Grundschulpädagogik verfügen. An zwei Hochschulen *(Massey University* und *University of Otago)* wird ein erster Abschluss in einer pädagogischen Disziplin verlangt, während die anderen Hochschulen Erstabschlüsse jeglicher Fachrichtung akzeptieren.

Aufbaustudiengänge zum *Graduate Diploma of Teaching* in Frühpädagogik machen einen immer größeren Anteil des Qualifizierungsangebots für pädagogische Nachwuchsfachkräfte aus, allerdings bietet zum gegenwärtigen Zeitpunkt keine einzige neuseeländische Hochschule ein *postgraduales* Studium der Frühpädagogik an. Ein 2010 vom Bildungsministerium veröffentlichter Bericht zum Pflichtschulbereich (Ministry of Education 2010b) diskutiert den Vorschlag, lehrerbildende Studiengänge generell auf Graduiertenniveau anzusiedeln. Im Zuge einer im Vorfeld der Haushaltsberatungen am 16. Mai 2012 abgegebenen Presseerklärung bestätigte die Bildungsministerin (Parata 2012), dass im Pflichtschulbereich die postgraduale Qualifikation „als Mindestanforderung an alle Nachwuchslehrkräfte" eingeführt werden solle; die Frühpädagogik wurde in diesem Zusammenhang jedoch nicht erwähnt. Im Elementarbereich riefen die Pläne große Besorgnis hervor, unter anderem hinsichtlich der möglichen Auswirkungen auf die gerade erst erreichte Einkommensgleichstellung von qualifizierten frühpädagogischen Fachkräften und Grundschullehrkräften.

2.2 Angebots- und Durchführungsmodi

Die organisatorische Struktur und die konkreten Durchführungsmodi frühpädagogischer Studiengänge zeichnen sich durch dieselbe Vielfalt aus wie das Angebotsspektrum selbst (siehe Tabelle 2). Bislang gehörten Frühpädagogik-Studiengänge zum Segment der Präsenzprogramme, aber im Jahr 2012 stützen sich nur noch zwei Drittel der angebotenen Studiengänge ausschließlich auf diese herkömmliche Form des Studiums. Stattdessen nutzen die Programmanbieter zunehmend die Möglichkeiten der Breitbandtechnologie und richten Fernstudiengänge ein oder setzen auf eine Kombination aus Präsenz- und Onlinelernen. Hinzu kommen direkt an die Praxis angebundene berufsbegleitende Studiengänge *(centre/field-based programmes)*. Derzeit werden alle Frühpädagogik-Qualifikationen als Vollzeitstudium angeboten, wobei 16 Programme zusätzlich mit speziellen Teilzeitoptionen werben (TeachNZ 2011).

Tabelle 2: Formen frühpädagogischer Ausbildungsgänge

Durchführungsform	Zahl der in dieser Form angebotenen Programme[146]
Präsenzstudium	24
Fern-/Onlinestudium	12
Berufsbegleitendes Studium	9

Fernstudienangebote

Einige der Ausbildungsprogramme werden nur im Fernstudium angeboten, mitunter kann auch zwischen Präsenz- und Fernstudium gewählt werden. Fernstudiengänge setzen auf

[149] *In der Tabelle werden einige Studiengänge mehrfach gezählt, da sie in verschiedener Form absolviert werden können.*

einen Methodenmix aus Onlinelehre und Onlinelernen, schriftlichen Studienmaterialien und themenspezifischen Blockseminaren.

Berufsbegleitende Studienangebote

Unmittelbar praxisangebundene berufsbegleitende Studiengänge – sogenannte *centre-based* bzw. *field-based programmes* – wurden 1991 als Innovation zunächst am Wellington College of Education eingeführt (das College fusionierte 2005 mit der Victoria University of Wellington). Dieses Programm ist speziell darauf ausgerichtet, gering qualifizierten Beschäftigten des Elementarbereichs die Möglichkeit einer berufsbegleitenden Weiterqualifizierung zur anerkannten pädagogischen Fachkraft zu eröffnen. Im Rahmen des politischen Strategiekonzepts für frühkindliche Bildung und Betreuung *Pathways to the future: Ngā Huarahi Aratahi ECE strategic plan* (Ministry of Education 2002), welches unter anderem auf die Schaffung einer durchweg pädagogisch qualifizierten, d. h. aus *registered teachers* bestehenden Mitarbeiterschaft abzielt, wurde das berufsbegleitende Studienmodell mittlerweile flächendeckend von anderen Ausbildungseinrichtungen übernommen. Die in diesen Programmen eingeschriebenen Studierenden besuchen in der Regel an einem Tag pro Woche Lehrveranstaltungen (oder ein- bis zweiwöchige Blockseminare), absolvieren einen Teil der vorgeschriebenen Praktika an ihrem eigenen Arbeitsplatz und leisten pro Studienjahr ein weiteres Praktikum in einer anderen Kindertageseinrichtung ab.

3. Frühpädagogische Ausbildungsgänge: Richtlinien und Anforderungen

3.1 Te Whariki: Das neuseeländische Elementarcurriculum

Im Jahr 1996 wurde in Aotearoa Neuseeland ein innovatives Elementarcurriculum namens *Te Whāriki* eingeführt. In der Māori-Sprache steht dieser Begriff für eine „geflochtene Matte"; im Deutschen wird diese Art des Kunsthandwerks als „Flechtarbeit" bezeichnet. Obwohl *Te Whāriki* erst im Zuge der 2008 erfolgten Überarbeitung der Rechtsvorschriften offiziell Bestandteil der für lizenzierte Elementareinrichtungen geltenden gesetzlichen Bestimmungen (Ministry of Education 2008b) wurde, zeigte sich sein Einfluss auf frühpädagogische Ausbildungsgänge bereits zu einem wesentlich früheren Zeitpunkt (Kane 2005; Nuttall 2003).

Curriculare Richtlinien für ein von Vielfalt geprägtes Feld

Das in Englisch und Māori abgefasste Elementarcurriculum verabschiedet sich von herkömmlichen Konzepten, die den Zweck eines Curriculums darin sehen, klare Zielvorgaben für einzelne Lerngegenstände oder Entwicklungsschritte zu formulieren, wie zum Beispiel für die körperliche, geistige, emotionale und soziale Entwicklung des Kindes. Stattdessen konzeptualisiert *Te Whāriki* das Curriculum als „die Gesamtsumme aller – unmittelbaren und mittelbaren – Erfahrungen, Aktivitäten und Ereignisse, die in einem eigens auf die Förderung kindlicher Lern- und Entwicklungsprozesse ausgerichteten Umfeld stattfinden" (Ministry of Education 1996a, S. 10). Die Metapher der „geflochtenen Matte" *(whāriki)* versinnbildlicht, dass das Curriculum als Geflecht von Erfahrungen verstanden wird, als „ein Bilderteppich von wachsender Komplexität und (Inhalts-)Fülle" (May & Carr 1993, S. 9). Dieses Verständnis unterscheidet sich von Auffassungen, denen zufolge Lernprozesse aus aufeinander aufbauenden Schritten bestehen (vgl. z. B. Eisner 1985).

Mit der *Whāriki*-Methapher wird anerkannt, dass unterschiedliche elementarpädagogische Einrichtungen ihr Curriculum zwar unter Rückgriff auf gemeinsam geteilte Grundsätze, d.h. aus denselben „Strängen" flechten, diese aber auf eine für die jeweilige Organisationsphilosophie und -form spezifische Weise einsetzen. Somit gilt *Te Whāriki* auch als ein Curriculum, das die Vielfältigkeit des Elementarbereichs respektiert.

Erarbeitet wurde *Te Whāriki* unter der Leitung eines vierköpfigen bikulturellen Wissenschaftlerinnenteams, bestehend aus den *Pākehā*[150] Helen May und Margaret Carr sowie den vom *Te Kōhanga Reo National Trust* beauftragten Māori Tilly und Tamati Reedy. Mit ihrer Arbeit einher ging ein intensiver Prozess des Austauschs mit allen im Feld der frühen Kindheit engagierten Akteursgruppen. Royal Tangaere (2000) analysierte *Te Whāriki* aus der Perspektive einer Māori. Sie schreibt: „Es repräsentiert die Welt der Māori und basiert auf den Traditionen und Wertvorstellungen *(tikanga Māori),* die unseren Wissensfundus darstellen, sowie auf Māori-Pädagogik *(ahuatanga Māori)* durch die Weitergabe der Māori-Sprache [...]. Für die Weitergabe von Sprache und Kultur *(kōhangareo)* ist *Te Whāriki* ein Māori-Curriculum gleichsam von der Wiege bis zur Bahre. Der Schlüssel für die Lern- und Entwicklungsprozesse der Kinder *(mokopuna)* liegt in der Einbeziehung und Beteiligung von Eltern, Großfamilien *(whānau)* und pädagogischen Fachkräften *(kaiako/kaimahi).* So gesehen ist es nicht unüblich, wenn das Lernprogramm für unsere Kinder von Eltern, *kaiako/kaimahi* und den Ältesten gemeinsam geplant, umgesetzt und evaluiert wird" (S. 29).

Te Whāriki fand schnell internationale Beachtung als vorbildliches Curriculum und war eines von vier Modellcurricula, die im Rahmen eines 2003 in Stockholm durchgeführten OECD-Symposiums zu Elementarcurricula und Frühpädagogik vorgestellt und von der bildungspolitischen Fachöffentlichkeit diskutiert wurden (Laevers 2005; OECD 2004).

Philosophische und theoretische Leitbilder des Te Whāriki: Soziokulturalismus und Gemeinschaften der Lernenden

Te Whāriki versteht Lernen im Sinne des Curriculums als einen gemeinsamen Konstruktionsprozess, an dem Kinder und pädagogisches Personal gleichermaßen beteiligt sind. Dieser Prozess ist in ein Umfeld eingebettet, das von vier Prinzipien bestimmt wird: Empowerment *(whakamana),* ganzheitliche Entwicklung *(holistic development/kotahitanga),* Familie und Gemeinschaft *(family and community/whānautangata)* und Beziehungen *(relationships/ngahononga).* Zu diesen vier curricularen Prinzipien hinzu kommen noch fünf Stränge („Flechtstränge"): Wohlergehen *(well-being/manaatua),* Zugehörigkeit *(belonging/manawhenua),* Forschergeist *(exploration/manaaotuuroa),* Kommunikation *(communication/manareo)* und Mitwirkung *(contribution/manatangata).* Die Realisierung eines solchen Curriculums verlangt, dass die frühpädagogischen Fachkräfte über eine fachliche Wissensbasis verfügen, die sich sowohl auf traditionelles Expertenwissen zu kindlicher Entwicklung und Curriculumforschung stützt als auch auf Erkenntnisse aus anderen Disziplinen.

In Aotearoa Neuseeland hatte die Einführung von *Te Whāriki* zur Folge, dass sich die pädagogische Praxis der elementarpädagogischen Einrichtungen in ebenso signifikanter Weise änderte wie die inhaltliche Struktur der frühpädagogischen Ausbildungsgänge – zum Verständnis des Phänomens „Lernen" werden seither verstärkt soziokulturelle Ansätze herangezogen.

---

[150] *Als Pākehā bezeichneten die Māori ursprünglich die ersten europäischen Siedler. Heute gehört der Begriff als Bezeichnung für Neuseeländerinnen bzw. Neuseeländer mit überwiegend europäischen Wurzeln zum allgemeinen Wortschatz des neuseeländischen Englisch (Anm. d. Hrsg.).*

Aus einer soziokulturellen Perspektive betrachtet, ist Lernen eine menschliche Tätigkeit, die sich immer dann vollzieht, wenn ein Individuum gemeinsam mit anderen im Rahmen kultureller Institutionen an Prozessen der sozialen Interaktion teilnimmt (Rogoff 1997). Diese Auffassung steht im Gegensatz sowohl zu erwachsenenzentrierten als auch zu kindzentrierten Lernmodellen, welche Rogoff (1997, S. 211) als gleichermaßen „einseitig" bezeichnet. Rogoff beschreibt erwachsenenzentrierte Modelle dergestalt, dass sie „Lernen als das Ergebnis von Lehren verstehen", wobei „Erwachsene ihre eigene Zuständigkeit darin sehen, Kinder mit Wissen anzufüllen, als wären Kinder Behältnisse und Wissen ein Füllgut" (a.a.O.). Kindzentrierte Lernmodelle gingen hingegen von „einer aktiveren Rolle der Kinder als Lernende aus, sodass Kinder als Konstrukteure von Wissen gesehen werden und die Einmischung von Erwachsenen als potenziell lernhemmend gilt" (a.a.O., S. 212). Rogoff verwirft beide Ansätze und schlägt stattdessen das Alternativmodell einer „Gemeinschaft der Lernenden" vor, in der alle Beteiligten eine aktive und verantwortliche Rolle übernehmen. Sie führt weiter aus, dass in einer Gemeinschaft der Lernenden „sowohl die erwachsenen als auch die noch nicht erwachsenen Mitglieder als aktiv verstanden werden: Keine Seite ist allein wissend und gibt allein die Richtung vor, und keine Seite hat per definitionem eine passive Rolle" (a.a.O., S. 213).

Unter neuseeländischen Expertinnen und Experten für frühkindliche Bildung und Betreuung sind diese theoretischen Konzepte mittlerweile weithin anerkannt, und im Rahmen der frühpädagogischen Aus- und Weiterbildung wird viel Mühe darauf verwandt, die pädagogische Signifikanz eines derartigen Lernbegriffs herauszuarbeiten.

Ab den späten 1990er Jahren wurde der soziokulturelle Diskurs über die Gemeinschaften der Lernenden auch unter Verweis auf Bildungsphilosophen wie John Dewey, Pierre Bourdieu und Paolo Freire geführt. Zusätzlich bestärkt wurden Konzepte des kooperativen Lernens im Elementarbereich durch die Rezeption maßgeblicher wissenschaftlicher Arbeiten, zum Beispiel von Kleinkindforscherinnen wie Elly Singer (1993, 1996) und Gunilla Dahlberg (Dahlberg, Moss & Pence 1999), die zu Beginn des neuen Jahrtausends in Aotearoa Neuseeland als Hauptrednerinnen auf großen Fachkonferenzen zum Thema „Frühe Kindheit" jenes kritische Moment beförderten, das sich in Teilen der mit frühpädagogischer Ausbildung befassten Fachöffentlichkeit zu regen begonnen hatte. Insbesondere rückte Singers Argumentation, dass die kindliche Lebenswirklichkeit des „shared care" bislang von der Forschung ignoriert wurde und es zum Verständnis der konkreten Beschaffenheit kindlicher Erfahrungen erforderlich sei, die traditionelle Überlegenheitshaltung aufzugeben und stattdessen in die lokalen Kontexte zu gehen und dort kooperative Beziehungen aufzubauen, ins Zentrum der wissenschaftlichen Debatten und beeinflusste auch die Fachdiskurse innerhalb frühpädagogischer Ausbildungsgänge. Ebenso einflussreich war Gunilla Dahlbergs Arbeit mit Stockholmer Pädagogennetzwerken, die dazu anregte, Kindertageseinrichtungen als Orte zu begreifen, an denen alle Beteiligten gemeinsam Sinnzusammenhänge, Wissen und Gemeinschaft konstruieren (vgl. z.B. Mitchell 2008).

Nachdem diese theoretischen und philosophischen Diskurse sich zunächst vorrangig auf akademische Kreise beschränkt hatten, fanden sie während der ersten Dekade des neuen Jahrtausends zunehmend auch unter Praktikerinnen und Praktikern Verbreitung und trugen zweifellos dazu bei, das Gesicht der frühpädagogischen Praxis in Aotearoa Neuseeland nachhaltig zu verändern.

3.2 Frühpädagogische Ausbildungsgänge: Anforderungen und Standards

Historisch wurden Studiengänge der Frühpädagogik an *Colleges of Education* von jenen Mitgliedern des Lehrkörpers entwickelt und ausgestaltet, die über Expertise im Praxisfeld verfügten. Formelle und informelle kollegiale Netzwerke boten zwar institutionsübergreifende Diskussionsforen zu Programmgestaltung und -inhalten, aber die Studiengänge wurden kaum einer öffentlichen Überprüfung unterzogen, und es gab keine allgemein verbindlichen formalen Anforderungen. Forschung zu pädagogischen Ausbildungsgängen im Allgemeinen und zu solchen der Frühpädagogik im Besonderen war ebenfalls rar.

Ausbildungsinhalte

Im Rahmen einer 2005 von Bildungsministerium und *New Zealand Teachers Council* gemeinsam in Auftrag gegebenen, wegweisenden Untersuchung pädagogischer Ausbildungsgänge für den Elementar-, Primar- und Sekundarbereich stellte Kane (2005) fest, dass sich „die Inhalte frühpädagogischer Qualifikationen in Struktur und Schwerpunktsetzung ganz beträchtlich" von den klassischen lehrerbildenden Qualifikationen für die Primar- und Sekundarschule unterscheiden, welche vorrangig auf erziehungswissenschaftliche, curriculum- und fachunterrichtsbezogene sowie fachpraktische Studieninhalte ausgerichtet seien. Frühpädagogik-Studiengänge hingegen zeichnen sich Kane zufolge dadurch aus, dass a) integrierte Module/Lehrveranstaltungen weit verbreitet sind und b) sich das fachunterrichtsbezogene Studium, sofern vorgeschrieben, nicht auf die zentralen Lernfelder des Elementarcurriclums bezieht – welche in der Regel Bestandteil des Curriculumstudiums sind –, sondern auf drei spezifische Gebiete: individuelle Arbeits- und Studiertechniken, Gesundheitswissenschaften und Kulturwissenschaften. Wobei der Schwerpunkt auf kulturellem Wissen per se liege und nicht auf seiner Anwendung in Kindertageseinrichtungen (2005, S. 91).

An anderer Stelle führt Kane aus, dass dieses integrierte Studienkonzept „von der ganzheitlichen und integrierten Philosophie des Elementarcurriculums *Te Whāriki* beeinflusst" sei: Modultitel wie „Kindliches Wohlergehen und Zugehörigkeit" oder „Frühe Kindheit im Kontext" spiegeln diesen holistischen Ansatz und die Anpassung von Studienplan, Inhalten und pädagogisch-didaktischen Konzepten an die Stränge und/oder Prinzipien von *Te Whāriki*. Bei konventionelleren Modultiteln wie „Naturwissenschaft und Technik in der frühkindlichen Bildung" wird der Bezug zu den Prinzipien und/oder Strängen von *Te Whāriki* typischerweise durch die Modulbeschreibung hergestellt. Die weitreichendste Auslegung des integrierten Ansatzes, wie sie von einigen wenigen Anbietern vertreten wird, beinhaltet im Bereich Curriculumstudium Module, die sich einer Reihe von Fächern mit stark pädagogisch-didaktischem Fokus annähern (a.a.O., S. 96).

Hinsichtlich der Inhalte frühpädagogischer Studiengänge im Untersuchungsjahr 2005 konstatiert Kane: „Kurse zu Arbeits- und Studiertechniken sind vor allem Bestandteil der Studiengänge zum Diploma of Teaching; gesundheitswissenschaftliche Kurse (einschließlich Ernährungswissenschaften) setzen sich mit den besonderen Anforderungen der gruppenbasierten Arbeit mit sehr kleinen Kindern auseinander und weisen eine gewisse Schnittmenge mit Inhalten auf, die in Ausbildungsprogrammen für Kinder-/Tagespflege vermittelt werden. Kulturwissenschaftliche Anteile (vor allem zur Māori-Kultur) finden sich in den meisten Studiengängen, obwohl diese Inhalte an einigen Institutionen in andere inhaltliche Stränge – wie Erziehungswissenschaften, Curriculumstudium oder fachliche Praxis – eingebettet sind" (a.a.O., S. 91).

Im Rahmen dieser zusammenfassenden Beschreibung macht der Bericht aber auch deutlich, dass sich frühpädagogische Qualifizierungswege sowohl auf Diploma- als auch auf Bachelorniveau durch großen Variantenreichtum auszeichnen und viele Programme über Alleinstellungsmerkmale verfügen. Dies steht in Einklang mit der amtlichen Mitteilung *Education (Early Childhood Education Curriculum Framework) Notice 2008* und den darin ausgeführten Anforderungen an Kindertageseinrichtungen. Unter Punkt 4 heißt es dort, dass „lizenzierte Anbieter frühkindlicher Bildung und Betreuung und zertifizierte Spielgruppen die Prinzipien und Stränge des Elementarcurriculums umsetzen [müssen]" (Ministry of Education 2008b, S. 1). Gleichzeitig sollten sie aber über den Gestaltungsspielraum verfügen, die Einzigartigkeit der Einrichtung und spezielle Alleinstellungsmerkmale in ihrem Programm zum Ausdruck zu bringen.

Monitoringverfahren

Seit 2012 unterliegen Form und Inhalt aller Pädagogikstudiengänge – vom Elementar- bis zum Sekundarbereich – denselben Rahmenvorgaben seitens des *New Zealand Teachers Council*[151]: a) den allgemeinen Richtlinien für die Lehrererstausbildung *Approval, review and monitoring processes and requirements for initial teacher education programmes* (New Zealand Teachers Council 2010) und b) den Standards für Absolventinnen bzw. Absolventen lehrerbildender Studiengänge *Graduating Teachers Standards* (New Zealand Teachers Council 2007). Letztere umfassen insgesamt sieben Standards, die drei Bereichen zugeordnet sind – *fachliches Wissen, fachliche Praxis, professionelle Werte und Beziehungen* – und von denen jeder eine Reihe spezifischer Anforderungen beinhaltet (siehe Tabelle 3, S. 361 f.).

Der *New Zealand Teachers Council* ist auch für die Genehmigung pädagogischer Ausbildungsgänge zuständig. Der beantragende Programmanbieter stellt eine umfangreiche Dokumentation zusammen und muss sich dem mehrtägigen Besuch einer Zulassungskommission unterziehen. Nach erfolgter Genehmigung ernennt der *New Zealand Teachers Council* ein Aufsichtsgremium, das zum Zweck der Qualitätskontrolle regelmäßige Besuche abstattet und dabei unter anderem mit der Studiengangsleitung, Lehrenden, Studierenden und anderen beteiligten Akteuren (z. B. Beratergruppen) zusammenkommt. Bislang fanden diese Kontrollen alljährlich statt, aber derzeit wird ein neues Monitoringsystem eingeführt, wonach die jährlichen Besuche des Aufsichtsgremiums auf die ersten drei Jahre nach Genehmigung eines ein- bis dreijährigen Studiengangs bzw. die ersten vier Jahre nach Genehmigung eines vierjährigen Programms beschränkt bleiben. Wenn die Kontrollberichte während dieses Zeitraums zufriedenstellend ausfallen, sollen die Besuche auf einen zweijährigen Turnus reduziert werden. Die ebenfalls unter der Ägide des *New Zealand Teachers Council* durchgeführten umfassenden Überprüfungs- und Bewertungsverfahren gehen mit wesentlich größerem Aufwand einher als die Besuche des Aufsichtsgremiums und fanden traditionell alle fünf Jahre statt (bei manchen Programmanbietern auch in kürzeren Zeitabständen). Zukünftig sollen diese Überprüfungen generell in einem sechsjährigen Turnus vorgenommen werden.

Obwohl der beschriebene Anforderungsrahmen den Anbietern frühpädagogischer Ausbildungsgänge immer noch ein gewisses Maß an Autonomie bei der konkreten Programmgestaltung gewährt, sind die Kerninhalte der meisten Studienpläne aus Erziehungs- und Kulturwissenschaften, Curriculumstudien und fachlicher Praxis (einschließlich der Praktika) zusammengesetzt. Eine Konsequenz der strengen fachlichen Anforderungen besteht darin,

---

[151] *Von der Einhaltung der Rahmenvorgaben hängt nicht ab, ob ein pädagogischer Ausbildungsgang überhaupt angeboten werden kann, sondern ob seine Absolventinnen bzw. Absolventen die Zulassung als registered teacher beantragen können. Wie auf Seite 351 erwähnt, gibt es auch pädagogische Abschlüsse – sogar auf Master- und Doktoratsniveau – die vom New Zealand Teachers Council nicht anerkannt werden und daher keine Zulassung als Lehrkraft/pädagogische Fachkraft ermöglichen.*

dass die meisten Programme ihren Studierenden nur wenig Möglichkeit zur freien Kurswahl einräumen.

Die Graduating Teacher Standards

Einige der in den *Graduating Teacher Standards* (GTSs) formulierten Anforderungen spiegeln die einzigartige kulturelle und politische Landschaft Aotearoa Neuseelands wider, insbesondere mit Blick auf das Verhältnis zwischen Māori und Nicht-Māori, das 1840 im Vertrag von Waitangi[152] rechtskräftig fixiert wurde. So sollen die Absolventinnen und Absolventen pädagogischer Ausbildungsgänge zum Beispiel über das erforderliche Wissen und die Bereitschaft verfügen, um mit allen Lernenden – Māori oder Nicht-Māori – gleichermaßen effektiv zu arbeiten. Die Programmanbieter müssen sowohl im Rahmen des initialen Genehmigungsverfahrens als auch in der fortlaufenden Programmevaluation darlegen, auf welche Weise ihr Studiengang die Studierenden dazu befähigt, die genannten Standards zu erfüllen. Ebenfalls vorzulegen sind eine umfassende Rahmenkonzeption des Studiengangs sowie eine detaillierte Übersicht über Studienablaufplan und -curriculum. Die Rahmenkonzeption muss sich auf Forschungsergebnisse stützen, die im Kontext des Pädagogikstudiums und des zukünftigen Tätigkeitsfelds der Studierenden relevant sind.

Seit 2001 verlangt der *New Zealand Teachers Council* von Anbietern pädagogischer Studiengänge zusätzlich den Nachweis, dass ihre Absolventinnen und Absolventen kulturell sensibilisiert wurden – vor allem hinsichtlich Lernender mit Māori-Hintergrund – und über die Kenntnisse und Einstellungen verfügen, die für eine inklusive Arbeit mit Kindern mit besonderen Lernbedürfnissen erforderlich sind.

Geforderte Kenntnisse und Kompetenzen

Zweifellos sind fachinhaltliches Wissen und fachspezifische Kompetenzen gleichermaßen wichtige Bausteine im Profil einer frisch qualifizierten frühpädagogischen Fachkraft. Wie die Tabelle 3 zeigt, spiegelt sich dies auch in den *Graduating Teacher Standards* wider. Begrifflich sind die Standards meist so gefasst, dass der Akzent auf Wissen und Verstehen liegt. Da die Absolventinnen und Absolventen gleichzeitig ihre Kompetenzen hinsichtlich bestimmter praktischer Fertigkeiten unter Beweis stellen müssen, beinhaltet jeder Standard zudem eine Reihe spezifischer Handlungsanforderungen.

---

[152] *Der am 6. Februar 1840 geschlossene Vertrag von Waitangi ist das älteste neuseeländische Verfassungsdokument und heute UNESCO-Welterbe. Unterzeichner waren insgesamt 500 Māori-Häuptlinge und ein Vertreter der britischen Krone. Der Vertrag machte Neuseeland einerseits zur britischen Kolonie und versuchte andererseits, die infolge der wachsenden Zahl europäischer Siedler zunehmenden Landnutzungskonflikte zwischen Pākehā und Māori zu regeln. Der Vertrag von Waitangi ist bis heute geltendes Recht und der 6. Februar ist als „Waitangi Day" neuseeländischer Nationalfeiertag (siehe auch: http://www.unesco.org/new/en/communication-and-information/flagship-project-activities/memory-of-the-world/register/full-list-of-registered-heritage/registered-heritage-page-8/the-treaty-of-waitangi/#c187850).*

Tabelle 3: Graduating Teacher Standards des New Zealand Teachers Council

Bereiche	*Graduating Teacher Standards*	Spezifische Anforderungen
Fachliches Wissen	**Standard 1: Ausgebildete pädagogische Fachkräfte wissen, was es zu vermitteln gilt**	a. Sie verfügen über Fachwissen, das den Lernenden und Lerngebieten eines Programms angemessen ist. b. Sie verfügen über pädagogisch-didaktische Kenntnisse, die den Lernenden und Lerngebieten eines Programms angemessen sind. c. Sie verfügen über Kenntnis der in Aotearoa Neuseeland für die verschiedenen Bildungseinrichtungen jeweils geltenden Curricula. d. Sie verfügen über das pädagogisch-didaktische und fachliche Wissen, um Lernende mit Englisch als Zweitsprache im Sinne des Curriculums zu fördern.
	Standard 2: Ausgebildete pädagogische Fachkräfte verstehen Lernende und ihre Lernprozesse	a. Sie verfügen über Kenntnisse zu relevanten Theorien und Forschungsergebnissen in den Bereichen Pädagogik, menschliche Entwicklung und Lernen. b. Sie verfügen über Kenntnisse zu relevanten Theorien, Prinzipien und Zielsetzungen von Beurteilungs- und Bewertungsverfahren. c. Sie sind in der Lage, metakognitive Strategien für unterschiedlich Lernende zu entwickeln. d. Sie sind in der Lage, den Lernenden und Lernkontexten angemessene Inhalte aus dem Curriculum auszuwählen.
	Standard 3: Ausgebildete pädagogische Fachkräfte verstehen den Einfluss kontextueller Faktoren auf Lehren und Lernen	a. Sie verstehen die komplexen Einflüsse individueller, sozialer und kultureller Faktoren auf Lehrende und Lernende. b. Sie verfügen über Kenntnisse der Māori-Kultur *(tikanga)* und -Sprache *(tereo Māori)* und können im bikulturellen Kontext Aotearoa Neuseelands wirksam arbeiten. c. Sie verstehen Bildungsprozesse im bi- und multikulturellen, sozialen, politischen, ökonomischen und historischen Kontext Aotearoa Neuseelands.

Bereiche	*Graduating Teacher Standards*	Spezifische Anforderungen
Fachliche Praxis	**Standard 4: Ausgebildete pädagogische Fachkräfte nutzen fachliches Wissen zur Planung und Gestaltung sicherer, qualitativ hochwertiger Lehr- und Lernumgebungen**	a. Sie stützen sich in Planung, Lehre und Evaluation auf fachliche und pädagogisch-didaktische Kenntnisse. b. Sie gestalten und sequenzieren unterschiedliche Lernerfahrungen, um Lernerfolge zu beeinflussen und zu fördern. c. Sie stellen hohe Erwartungen an alle Lernenden, konzentrieren sich auf das Lernen und erkennen Diversität wertschätzend an. d. Sie verfügen über beruflich relevante Kenntnisse in gesprochenem und geschriebenem Englisch und/oder Māori, im Rechnen und in Informations- und Kommunikationstechnologien. e. Sie sind in der Lage, Kenntnisse über Sprache und Kultur der Māori in einer der jeweiligen lokalen Māori-Gemeinschaft *(tereo Māorimengātikanga-a-iwi)* angemessenen Weise einzusetzen. f. Sie setzen sich für die physische und emotionale Sicherheit der Lernenden ein und verfügen über Strategien zu deren Förderung.
	Standard 5: Ausgebildete pädagogische Fachkräfte nutzen evidenzbasierte Methoden der Lernförderung	a. Sie setzen sich zum Zweck der Praxisreflexion und -verbesserung systematisch und kritisch mit empirischen Befunden auseinander. b. Sie sammeln, analysieren und verwenden Daten aus Bewertungsverfahren, um Lernen zu fördern und Planungsprozesse zu stützen. c. Sie sind in der Lage, Daten aus Bewertungsverfahren in angemessener Weise gegenüber Lernenden, Eltern/Betreuern und Mitarbeitern zu kommunizieren.
Professionelle Werte und Beziehungen	**Standard 6: Ausgebildete pädagogische Fachkräfte entwickeln positive Beziehungen zu Lernenden und Mitgliedern von Lerngemeinschaften**	a. Sie erkennen den Einfluss unterschiedlicher Wertvorstellungen und Überzeugungen auf die Lernenden und ihre Lernprozesse an. b. Sie verfügen über das Wissen und die Bereitschaft zur effektiven Zusammenarbeit mit Kollegen, Eltern/Betreuern, Familien/*Whānau* und dem erweiterten Umfeld. c. Sie bauen tragfähige Beziehungen zu den Lernenden auf. d. Sie fördern eine Lernkultur, die unterschiedlichste Lernende wirksam einbindet. e. Sie zeigen in der pädagogischen Praxis Respekt gegenüber der Sprache und Kultur der Māori in ihrer jeweiligen lokalen Ausprägung *(tereo Māorimengātikanga-a-iwi).*

Bereiche	*Graduating Teacher Standards*	Spezifische Anforderungen
Professionelle Werte und Beziehungen	**Standard 7: Ausgebildete pädagogische Fachkräfte sind engagierte Mitglieder ihres Berufsstandes**	a. Sie halten sich an den Ethikkodex des *New Zealand Teachers Council (Ngā Tikanga Matatika).* b. Sie kennen und verstehen die ethische, professionelle und rechtliche Verantwortung pädagogischer Fachkräfte. c. Sie kooperieren mit allen für das Lernen und das Wohlergehen der Lernenden verantwortlichen Personengruppen. d. Sie sind in der Lage, eine individuelle und professionelle Philosophie des Lehrens und Lernens zu entwickeln, zu artikulieren und zu begründen.

3.3 Unterschiede zwischen Studiengängen

Trotz der übergreifend geltenden Rahmenanforderungen weichen die in Aotearoa Neuseeland angebotenen Frühpädagogik-Studiengänge punktuell voneinander ab. Dies gilt nicht allein für die Bandbreite des Anbieterspektrums und für Länge, Art und Durchführungsform der Studiengänge, sondern auch für die ihnen zugrunde liegenden philosophischen oder kulturspezifischen Weltanschauungen. Beispielhaft anzuführen wären hier Studiengänge, die auf ganz bestimmte Einrichtungstypen (z. B. Kindertageseinrichtungen mit Waldorf- oder Montessori-Pädagogik) vorbereiten oder für die Arbeit mit bestimmten Gemeinschaften (z. B. Māori- oder Pasifika-Communities[153]) qualifizieren sollen.

Es gibt aber noch andere, weniger offensichtliche Unterschiede. Wie bereits erwähnt, besteht die Anforderung, Frühpädagogik-Studiengänge auf wissenschaftliche Forschung zu stützen und das Lehrpersonal aktiv in Forschungsarbeit und forschungsbasierte Lehre einzubinden – bei der Genehmigung und Überprüfung von Studiengängen scheinen der *New Zealand Teachers Council* bzw. die für außeruniversitäre Anbieter zuständige *New Zealand Qualifications Authority* den Begriff „Forschungsaktivität" jedoch sehr breit auszulegen. Die Qualifikationen des in den einzelnen Ausbildungseinrichtungen tätigen Lehrpersonals unterscheiden sich ebenfalls beträchtlich; die Bandbreite reicht von Abschlüssen auf Bachelorniveau bis hin zu Doktorgraden (Kane 2005). Abweichende Auffassungen bestehen auch hinsichtlich des Theorie/Praxis-Nexus, wobei einige Studiengänge deutlich stärkeren Wert auf forschungsbasierte Lehre und die personelle Verbindung von Forschung und Lehre legen als andere.

[153] *Dies umfasst auch die pädagogische Tätigkeit in Sprachimmersionsprogrammen für Māori (Kōhanga Reo-Einrichtungen) oder Angehörige der verschiedenen Pasifika-Communities.*

3.4 Studienzugangsvoraussetzungen

Die Zulassung zum Studium wird sowohl durch die vom *New Zealand Teachers Council* festgelegten Zugangsvoraussetzungen als auch durch anbieterseitig formulierte Bedingungen geregelt (z. B. indem das Erreichen einer bestimmten Punktzahl im Rahmen des *Guaranteed Entry Score*[154] gefordert wird).

Die Zulassungsanforderungen des *New Zealand Teachers Council* (NZTC, undatiert) hängen vom angestrebten Abschluss ab. Für die Zulassung zu einem Diploma- oder Bachelorstudiengang der Pädagogik muss die Qualifikationsstufe 3 des *National Certificate of Educational Achievement* (NCEA)[155] vorliegen, sofern die Bewerberinnen und Bewerber noch unter 20 Jahre alt sind. Bei älteren Bewerberinnen und Bewerbern ist nachzuprüfen, ob sie über die für den Hochschulzugang geforderten Lese-, Schreib- und Rechenkompetenzen verfügen. Wer sich für ein Aufbaustudium zum *Graduate Diploma* bewirbt, muss einen von der *New Zealand Qualifications Authority*[156] anerkannten Hochschulabschluss auf Stufe 7 des *New Zealand National Qualifications Framework* (d. h. Bachelor oder äquivalent) mitbringen. Alle Pädagogikstudiengänge stellen zusätzlich Anforderungen hinsichtlich der englischen Sprachkompetenz sowie der Lese-, Schreib- und Rechenkompetenz. Weiterhin verlangt wird eine Eignung zur pädagogischen Tätigkeit.

Überprüft wird diese Eignung üblicherweise anhand von Referenzen, eines polizeilichen Führungszeugnisses und im Rahmen persönlicher Auswahlgespräche. Die Durchführung dieser Auswahlgespräche kann sich von Anbieter zu Anbieter unterscheiden. Bei Bewerbungen von außerhalb bzw. aus dem Ausland wird mitunter auf internetgestützte Videointerviews zurückgegriffen. Neben Einzelgesprächen gibt es auch gruppenbasierte Verfahren, bei denen die Bewerberinnen und Bewerber zwecks Beurteilung ihrer zwischenmenschlichen und kommunikativen Fähigkeiten eine gemeinsame Aufgabenstellung bearbeiten müssen.

In den Anforderungen des *New Zealand Teachers Council* wird betont, dass pädagogische Arbeit eine „sprachlich anspruchsvolle Tätigkeit [ist], die ein hohes Maß an Fähigkeit zur erfolgreichen Interaktion mit Einzelpersonen, kleinen und größeren Gruppen voraussetzt" (NZTC,

---

[154] *Zum Erreichen der von Regierungsseite vorgegebenen festen Zielgrößen für Einschreibungen greifen viele tertiäre Bildungseinrichtungen auf das Instrument des Guaranteed Entry Score (GES) zurück, welches Studienbewerberinnen und -bewerbern den Zugang garantiert (wenn auch nicht unbedingt zum gewünschten Studiengang), sofern sie in ihrem letzten Sekundarschuljahr eine festgelegte Anzahl von „achievement standards" auf Stufe 3 des National Certificateof Educational Achievement (NCEA) erreicht haben. Der GES ist erheblich höher angesetzt als die Anzahl der „achievement standards" auf Stufe 3, die für die allgemeine Zulassung zum Hochschulstudium gefordert ist.*

[155] *Das National Certificate of Educational Achievement (NCEA) wurde 2004 als neuer Sekundarschulabschluss eingeführt. In den Jahrgangsstufen 11–13 der Sekundarschule besteht ein abgestuftes Kurssystem, in dem Credit Points gesammelt werden wie an der Hochschule. Kurse der Niveaustufe 3 werden üblicherweise im 13. Schuljahr besucht, und für die Zugangsberechtigung zur Universität müssen mindestens 80 Punkte auf dieser Stufe erworben werden (für jede Stufe gibt es mit dem „achievement standard" zusätzlich eine Bewertung: bestanden (A), gut bestanden (M), exzellent bestanden (E)). Die drei Stufen des NCEA entsprechen den Stufen 1–3 des New Zealand National Qualifications Framework (NQF), welches alle in Aotearoa Neuseeland möglichen Bildungsabschlüsse in insgesamt zehn Stufen einteilt (http://www.nzqa.govt.nz) (Anm. d. Hrsg.).*

[156] *Die New Zealand Qualifications Authority ist eine dem Bildungsministerium unterstellte Behörde, die für die Anerkennung und Einstufung aller nach der Sekundarschule erworbenen (Aus-)Bildungsabschlüsse zuständig ist.*

undatiert) und dies somit ein wichtiges Auswahlkriterium bei der Vergabe von Pädagogikstudienplätzen darstellt. Die Programmanbieter sind zudem verpflichtet, alle Bewerberinnen und Bewerber auf ihre Lese-, Schreib- und Rechenkompetenzen hin zu prüfen, und müssen gewährleisten, dass Studierende mit unzureichenden Kenntnissen vor dem Studienabschluss entsprechende Nachprüfungen ablegen. Kenntnisse im Umgang mit Informationstechnologien, die sowohl in der pädagogischen Arbeit als auch bei Verwaltungsvorgängen eine Rolle spielen, sind ebenfalls im Laufe des Studiums zu überprüfen. Strenge Bestimmungen gelten für Bewerberinnen und Bewerber mit Englisch als Fremd- oder Zweitsprache: Sofern kein neuseeländischer Sekundarschulabschluss vorliegt bzw. der erste Hochschulabschluss nicht in Aotearoa Neuseeland oder Australien erworben wurde, ist in jeder der vier Testkategorien des *IELTS (Academic)*[157] ein Ergebnis auf mindestens Stufe 7 nachzuweisen.

3.5 Studiendauer und Credit Points

Wie in Abschnitt 1.2 erläutert, gilt in Aotearoa Neuseeland ein dreijähriges Studium mit *Diploma of Teaching* in Frühpädagogik als Mindestqualifikation für frühpädagogische Fachkräfte. Dreijährige Studiengänge umfassen in der Regel 360 Credit Points. Tabelle 1 (siehe S. 353) zeigt, dass die Mehrzahl der Anbieter mittlerweile auf dreijährige Bachelorstudiengänge (mit ebenfalls 360 Credit Points) und auf einjährige Programme zum *Graduate Diploma of Teaching* umgestellt hat. Letztere umfassen zwischen 120 und 160 Credit Points. Die vierjährigen Bachelorstudiengänge der Victoria University of Wellington und der Otago University umfassen 540 bzw. 468 Credit Points.

3.6 Anknüpfungspunkte zu postgradualen Studiengängen

Postgraduale Studiengänge werden nur an Universitäten und von zwei *Wānanga* angeboten und stehen daher in keiner unmittelbaren Beziehung zu den außerhalb dieser Institutionen angesiedelten Bachelorstudiengängen oder Programmen mit *Diploma of Teaching*. Die Zulassung zum Graduiertenstudium in einer pädagogischen Disziplin (z. B. zu einem Masterstudiengang oder einem Programm mit *Postgraduate Diploma*[158]) setzt in der Regel entweder einen *Bachelor of Education* bzw. *Bachelor of Teaching* oder ein *Graduate Diploma of Teaching* voraus. Letzteres gilt insbesondere für Bewerberinnen und Bewerber mit *Diploma of Teaching* als erstem Abschluss. Einige Universitäten ermöglichen die Zulassung zum Graduiertenstudium auch auf der Grundlage nachgewiesener Berufserfahrung, ohne dass ein erster Hochschulabschluss vorliegt.

---

[157] Das International English Language Testing System (IELTS) ist ein international standardisierter Sprachtest zur Ermittlung der englischen Sprachkompetenz, den es in zwei Versionen gibt: General Test (z. B. für Immigration) und Academic Test (für das Studium in einem englischsprachigen Land bzw. englischsprachigem Studiengang). Getestet werden alle vier sprachlichen Fertigkeiten (Hören, Sprechen, Lesen, Schreiben). Ein Testergebnis von 7 auf der 9-stufigen Wertungsskala bedeutet einen „guten Sprachgebrauch mit gelegentlichen Fehlern" (http://www.britishcouncil.de/d/english/ielts.htm) (Anm. d. Hrsg.).

[158] Den Abschluss Diploma gibt es auf drei Niveaustufen: Diploma (Undergraduate, Stufe 6 des New Zealand National Qualifications Framework (NZQF)), Graduate Diploma (Bacheloräquivalent, Stufe 7 des NZQF) und Postgraduate Diploma (Stufe 8 des NZQF, Äquivalent zu dem erweiterten Bachelorabschluss „Honours Degree"). Der Masterabschluss steht auf Stufe 9 und die Promotion auf Stufe 10, der obersten Stufe des NZQF.

Gegenwärtig verfügen nur sehr wenige der in pädagogisch geführten Einrichtungen tätigen frühpädagogischen Fachkräfte über einen Masterabschluss in frühkindlicher Bildung oder einer anderen pädagogischen Disziplin (Auskunft von T. Tupou, Ministry of Education, vom 16.01.2012). Angesichts der wachsenden Zahl an Fachkräften mit Eingangsqualifikationen auf Bachelorniveau ist jedoch davon auszugehen, dass sich dies im Laufe der Zeit ändern wird. Hinsichtlich ihrer Relevanz und Eignung für den Elementarbereich weisen die derzeit bestehenden Graduiertenstudiengänge jedoch erhebliche Unterschiede auf: Einige der Programme bieten auf Kleinst- und Kleinkindpädagogik spezialisierte Kurse, während andere eher breit aufgestellt sind und sämtliche pädagogischen Tätigkeitsfelder vom Elementar- bis zum Sekundarbereich abdecken oder sich mit bildungspolitischen und administrativen Handlungsfeldern befassen (d. h. an Führungskräfte oder politische Akteure gerichtet sind). Ebenso unterschiedlich sind die Abschlussanforderungen. Nicht immer muss eine Abschlussarbeit verfasst oder ein Forschungsprojekt durchgeführt werden, einige Programme lassen sich rein durch den erfolgreichen Besuch von Lehrveranstaltungen abschließen.

3.7 Anknüpfungspunkte zwischen Studiengängen der Elementar- und Primarpädagogik

Studiengänge der Elementar- und der Primarpädagogik laufen in der Regel gänzlich voneinander getrennt. Bis noch vor Kurzem waren die Massey University und die Otago University die einzigen Anbieter, deren Studiengänge auf die pädagogische Arbeit mit Kindern vom Säuglingsalter bis zum achten Lebensjahr vorbereiten und daher sowohl den Elementarbereich als auch die Unterstufe der Grundschule *(Junior Primary)* einbeziehen. Zudem bieten mehrere Universitäten separate Programme in Elementar- und Primarpädagogik an, in denen die Studierenden eine Reihe fachübergreifender Lehrveranstaltungen gemeinsam besuchen. Diese liegen üblicherweise in Bereichen wie allgemeine Bildungspraxis und -politik, Lernen und Entwicklung und *Te Ao Māori*[159]. Der Studiengang zum *Graduate Diploma of Teaching* in Frühpädagogik an der Victoria University of Wellington beinhaltet zum Beispiel drei gemeinsame Lehrveranstaltungen mit den Schwesterprogrammen der Primar- und Sekundarpädagogik: a) Lernende im Kontext, b) *Mātauranga Māori*[160] im Bildungswesen und c) Lehrende im Kontext. Diese Kurse behandeln erstens Lern- und Entwicklungstheorien, zweitens Māori-Pädagogik und Zugänge zu erfolgreicher pädagogischer Arbeit mit Māori sowie drittens die Entwicklung pädagogischer Identität und Weiterbildung, professionelle Pflichten und ethisch verantwortliches Handeln.

Für die Trennung zwischen Studiengängen der Elementar- und der Primarpädagogik gibt es mehrere Gründe. Erstens bildet knapp über die Hälfte der Anbieter elementarpädagogischer Studiengänge gar keine Grundschullehrkräfte aus, sodass in diesen Einrichtungen keine Gelegenheit zur fachübergreifenden Zusammenarbeit gegeben ist. Viel entscheidender ist aber, dass in Aotearoa Neuseeland mit dem Elementarcurriculum *Te Whāriki* und dem alten *National Curriculum* für die Pflichtschule bis vor Kurzem auf recht unterschiedlichen curricularen und pädagogischen Konzepten basierende, sektorspezifische Rahmenpläne galten. *Te Whāriki* richtet den Fokus auf die fünf Lerndispositionen „'Interesse entwickeln', 'Engagement entwickeln', 'Beharrlichkeit angesichts von Schwierigkeiten zeigen', 'Ideen oder Gefühle ausdrü-

---

[159] *Te Ao Māori bezeichnet das Weltbild der Māori, ein Pflichtfach für Studierende ohne Māori-Hintergrund.*

[160] *Mātauranga Māori ist „das Kennen und Verstehen aller sichtbaren und unsichtbaren Dinge im Universum" und wird im neuseeländischen Kontext oft als die Synthese aus traditionellen (indigenen) und modernen Formen des Wissens- und Erkenntnisgewinns bzw. der Weitergabe von Wissen und Erkenntnis verstanden (http://www.natlib.govt.nz) (Anm. d. Hrsg.).*

cken' und 'Verantwortung übernehmen oder einen anderen Standpunkt wahrnehmen'" (Carr & Claxton 2002, S. 22). Die Schlüsselkompetenzen, die in einer 2007 veröffentlichten überarbeiteten Fassung des Grundschulcurriculums (Ministry of Education 2007) formuliert wurden, weisen hierzu deutliche Parallelen auf, sodass seither größere Schnittmengen zwischen beiden Rahmenplänen gegeben sind.

3.8 Universitäre Studiengänge der Frühpädagogik: ein Praxisbeispiel

Wie in Abschnitt 2.1 bereits erwähnt, gibt es kein Standardcurriculum für Frühpädagogik-Studiengänge. Abgesehen davon, dass die Vorgaben des *New Zealand Teachers Council* einzuhalten sind, haben die Anbieter ansonsten Gestaltungsfreiheit. Der nachfolgend vorgestellte Studiengang kann daher nicht als Matrix oder typisches Modell gelten, sondern stellt lediglich ein Beispiel dar, mit dem die Autorinnen aus ihrer eigenen Hochschule vertraut sind: der Frühpädagogik-Studiengang mit *Bachelor of Arts/Bachelor of Teaching* (BA/B Teach ECE) an der Victoria University of Wellington.

Der 2002 als Reaktion auf neue fachliche, wissenschaftliche und branchenspezifische Entwicklungen im Bereich der frühkindlichen Bildung konzipierte vierjährige Studiengang soll umfassend ausgebildete frühpädagogische Nachwuchsfachkräfte hervorbringen, die in der Lage sind, in einer von Diversität geprägten Gesellschaft professionell mit Lerngemeinschaften zu arbeiten und sich dabei in einem selbstgesteuerten Prozess kontinuierlich weiterzuentwickeln. Die Studienstruktur ist so angelegt, dass die Studierenden fachliche Kompetenzen und wissenschaftliches Theoriewissen miteinander verknüpfen können.

Mit diesem Programm wurde ein neuartiger Qualifizierungsweg für frühpädagogische Fachkräfte geschaffen, welcher analog zu den vierjährigen Studiengängen aufgebaut ist, die Lehrkräfte für die Primar- und Sekundarschule ausbilden. Der *BA/B Teach (ECE)* qualifiziert somit für dieselbe tarifliche Einstufung wie der Abschluss eines lehrerbildenden Studiums.

Der Teilstudiengang zum *Bachelor of Arts* umfasst insgesamt sechs Veranstaltungen im Hauptfach „Frühe Kindheit" und acht weitere, die frei aus dem Bachelorkursangebot der geistes- und sozialwissenschaftlichen Fakultät wählbar sind. Für den *Bachelor of Education* in Frühpädagogik müssen 18 Lehrveranstaltungen an der erziehungswissenschaftlichen Fakultät besucht werden. Die Kurse sind dem fachlichen Niveau des ersten, zweiten und dritten Studienjahres zugeordnet, verteilen sich aber über die vierjährige Dauer des Studiums[161].

Konzeptioneller Aufbau: Pädagogische Wissensgebiete innerhalb eines Ökosystems

Der Studiengang basiert auf einem Verständnis von Wissen und Erkenntnis als einem System miteinander verschränkter Bereiche. Dieser Auffassung nach ist der Lernweg einer angehenden frühpädagogischen Fachkraft kein linearer und endlicher Prozess, sondern besteht aus

[161] Im neuseeländischen Studiensystem sind Lehrveranstaltungen verschiedenen Niveaustufen zugeordnet (vergleichbar mit Einführungs-/Grund-/Vertiefungskurs). Kurse für das erste Studienjahr heißen *level 100,* jene für das zweite und dritte Studienjahr analog *level 200* bzw. *level 300*. Es steht den Studierenden weitgehend frei, zu welchem Zeitpunkt sie diese Kurse jeweils absolvieren; wichtig ist allein, dass sie die vorgeschriebene Anzahl an Kursen jeder Niveaustufe nachweisen können (Anm. d. Hrsg.).

immer neuen Erfahrungen, die sich durch viele Überscheidungspunkte zwischen Wissen, Kompetenzen und Fertigkeiten auszeichnen und fortwährend Gelegenheit zu Reflexion und Weiterentwicklung bieten.

Auf der konzeptionellen Ebene führt der Studiengang vier pädagogische Wissensgebiete (vgl. z. B. Grossman 1990; New Zealand Teachers Council 2007) zusammen: a) Kenntnis des Kontextes, b) allgemeines pädagogisches Wissen, c) themenbezogenes pädagogisch-didaktisches Wissen und d) curriculumbezogenes Wissen. Hinzu kommt das Studium verwandter Disziplinen. Spezifische Kompetenzen und Fertigkeiten gelten als integraler Bestandteil aller vier pädagogischen Wissensgebiete.

Kenntnis des Kontextes

Frühpädagogische Fachkräfte müssen die sozialen und politischen Kontexte kennen, in denen Bildung allgemein und frühkindliche Bildung verortet sind (May 1997, 2001; Soto 2005). Der unmittelbare Einrichtungskontext frühkindlicher Bildungsangebote wird durch Ereignisse im näheren und weiteren Umfeld, durch das Bildungswesen im Allgemeinen und durch die historischen Gegebenheiten und sozio-politischen Verhältnisse einer Gesellschaft ebenso beeinflusst, wie die Kindertageseinrichtung auch ihrerseits auf all diese Gegebenheiten Einfluss nimmt (Bronfenbrenner 1979; May 2001; Yelland 2005).

Allgemeines pädagogisches Wissen

Wissen über Lernende und Lernen versetzt Pädagoginnen und Pädagogen in die Lage, sich dem Zyklus aus Beobachtung, Analyse, Planung, Umsetzung und Evaluierung von Lernprozessen in ebenso kritisch-reflektierender Weise anzunähern wie der effektiven und angemessenen Einschätzung des kindlichen Lernens. Damit pädagogische Fachkräfte die Kunst der Pädagogik (Eisner 1998) entfalten und in reflektierter, responsiver, reziproker und respektvoller Weise mit Kindern interagieren können (Carr 2001; Eraut 1994; Dunkin & Hanna 2001; Katz & Chard 1989; MacNaughton & Williams 2009; Smith 1996; Wood & Attfield 2005), ist es zwingend erforderlich, dass sie ein breites Spektrum pädagogischer Strategien kennen und einzusetzen wissen (MacNaughton & Williams 2009; Moyles et al. 2002; Siraj-Blatchford et al. 2002).

Pädagogisch-didaktische Kenntnisse

Pädagogisch-didaktisches Wissen baut auf Erkenntnissen auf, die von den Studierenden selbst eingebracht werden, und bezieht wissenschaftliche Erkenntnisse über Kleinkinder als Lernende mit ein. Ebenfalls zu berücksichtigen sind Inhalt und Anforderungen des Elementarcurriculums *Te Whāriki*, einschließlich der zugehörigen Leitlinien für gute fachliche Praxis *Revised Statement of Desirable Objectives and Practices* (Ministry of Education 1996a, b) und Qualitätssicherung *Quality in Action: Te Mahi Wha i Hua* (Ministry of Education 1998).

Curriculumbezogenes Wissen

Das Elementarcurriculum *Te Whāriki* versteht sich als ein Flechtwerk aus Erfahrungsmöglichkeiten, die nicht subjektgebunden sind, sondern sich dann eröffnen, wenn frühpädagogische Fachkräfte professionell agieren und fundiertes Expertenwissen in ihre Handlungspraxis zu integrieren verstehen. Die Kenntnis des Elementarcurriculums und der diesbezüglichen Curriculumforschung gehört ebenso zum Kanon des Expertenwissens wie Kenntnisse auf dem Gebiet der kindlichen Entwicklung und der soziokulturellen Theorie. Mit diesem curricularen Ansatz wird anerkannt, dass der Wissenserwerb in der frühen Kindheit eine andere Qualität besitzt als die in fachunterrichtlichen Bahnen gelenkten Lernprozesse älterer Kinder. Jüngere Kinder integrieren oder verknüpfen Wissen, Erfahrungen und Lernen innerhalb eines sozialen Kontexts auf ganzheitliche Weise. Frühpädagogische Fachkräfte benötigen daher eine solide Allgemeinbildung (Cullen 1996; Fleer 1992) und eine ganze Palette an Kenntnissen und Kompetenzen, um im Rahmen ihrer pädagogischen Planung und Praxis kreativ auf Kinder und deren Lebensumstände eingehen zu können. In der frühpädagogischen Praxis umfasst curriculumbezogenes Wissen demnach sowohl die Kenntnis der im Curriculum verankerten Inhalte und Verfahrensweisen als auch die des Kontexts (Hedges 2000; Jordan 2004; Wood & Attfield 2005).

Die Abbildung 1 zeigt, wie die Beziehungen zwischen den einzelnen Wissensgebieten im Rahmen des Studiengangs als ökologisches System (Bronfenbrenner 1979) konzeptualisiert werden.

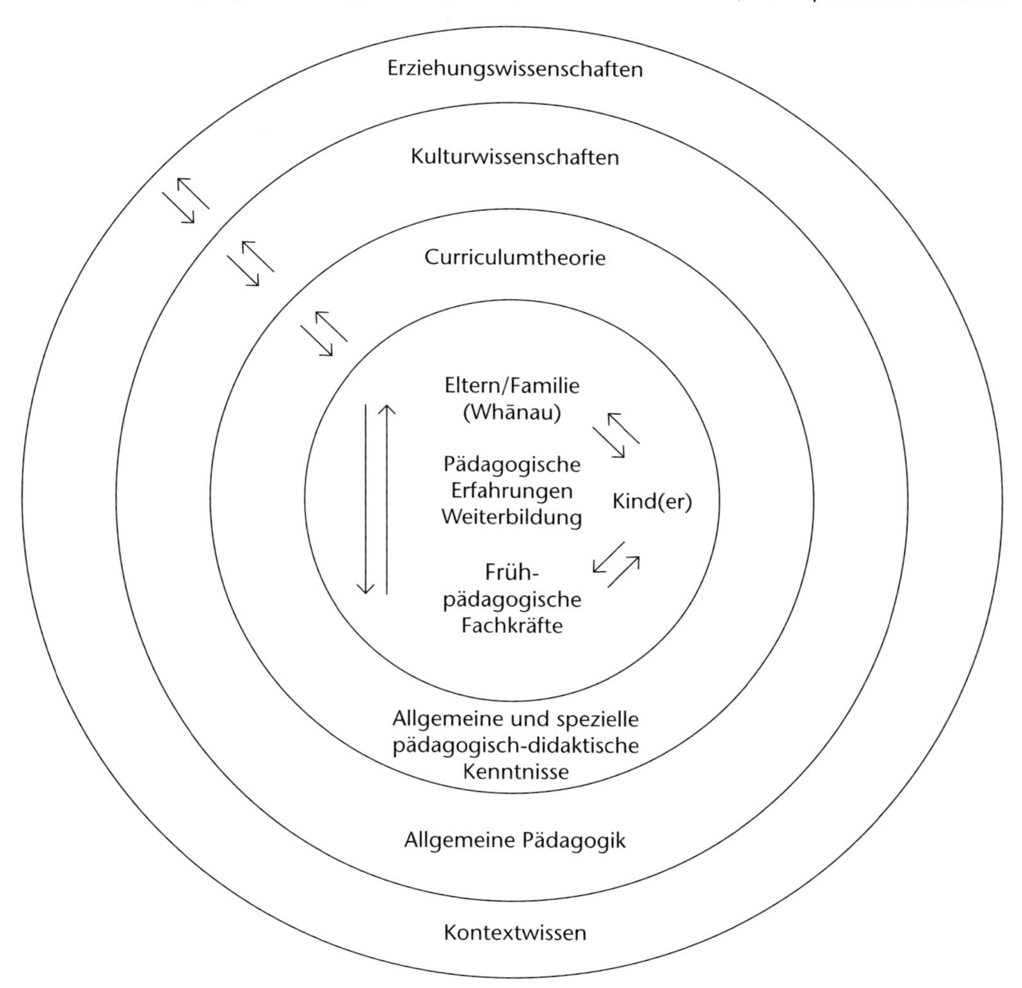

Abbildung 1: Bei der Entwicklung des BA/B Teach (ECE) an der Victoria University verwendete Adaption des ökologischen Modells menschlicher Entwicklung nach Bronfenbrenner (1979)

Wissensinhalte aus verwandten Disziplinen

Sowohl das Elementarcurriculum *Te Whāriki* als auch der Strategieplan für den Elementarbereich *Ngā Huarahi Arataki/Early Childhood Strategic Plan* (Ministry of Education 2002) verstehen Frühpädagogik als ein multidisziplinäres Feld, das sich auf Erkenntnisse aus diversen Fachgebieten stützt, wie zum Beispiel aus der Sozialpolitik, den Gesundheitswissenschaften, Kulturwissenschaften und Familienstudien sowie aus dem Bereich der Bildenden Künste und ganz allgemein den Geisteswissenschaften. Diese Auffassung von frühkindlicher Bildung spiegelt einen weltweiten Trend (vgl. z. B. OECD 2004) und findet ihren Ausdruck auch in der deutlichen Zunahme an wissenschaftlicher Auseinandersetzung mit der frühen Kindheit.

Inhaltliche Stränge des Studiengangs

Die Umsetzung der konzeptionellen Grundlagen in die konkrete Studienorganisation erfolgt in Form von vier Strängen, die durch Lehrveranstaltungen aus beiden Teilstudiengängen – *Bachelor of Arts* und *Bachelor of Teaching* (ECE) – abgedeckt werden. Die vier Stränge sind: a) Auseinandersetzung mit dem Kontext *(Addressing the Context),* b) Arbeiten mit Kindern *(Working with Children),* c) Entwicklung von Professionalität *(Becoming professional)* und d) verwandte Disziplinen *(Related Disciplines).* Die Stränge sind miteinander verwoben und stehen in enger Beziehung zu den in unterschiedlichsten frühpädagogischen Kontexten abzuleistenden studentischen Praktika.

Auseinandersetzung mit dem Kontext

Der Strang „Auseinandersetzung mit dem Kontext" umfasst die Lehrveranstaltungen im Hauptfach „Frühe Kindheit", dem Kernstück des Teilstudiengangs zum *Bachelor of Arts.* Darüber hinaus vermitteln die im Rahmen des Teilstudiengangs zum *Bachelor of Teaching* (ECE) angesiedelten Kurse zu Kultur und Weltsicht der Māori *(Te Ao Māori)* Einsichten in die unterschiedlichen theoretischen und kulturellen Kontexte frühpädagogischer Arbeit und bieten allgemeinpädagogisches Wissen aus indigener Perspektive.

Die Kurse im zum *Bachelor of Teaching* gehörenden Hauptfach Frühpädagogik befassen sich mit der Entwicklung von Theoriekonzepten zum Thema „Lernen und Lehren" und mit dem gesellschaftlichen Kontext pädagogischer bzw. elementarpädagogischer Institutionen. Im Rahmen dieser über alle vier Studienjahre verteilten Lehrveranstaltungen müssen sich die Studierenden mit folgenden Themengebieten auseinandersetzen: a) Philosophische und historische Entwicklungen auf dem Gebiet der frühkindlichen Bildung, b) Zusammenhang zwischen frühpädagogischer Praxis und Erkenntnissen über kindliche Entwicklung, c) Auseinandersetzung mit den multidisziplinären Debatten rund um die Bereitstellung von Angeboten und Leistungen im Elementarbereich, d) Interaktionsdynamiken zwischen Kindern und Erwachsenen in einrichtungstypischen Gruppenkonstellationen und e) Bedeutung Erwachsener als Fürsprecher von Kindern und Familien.

Die Lehrveranstaltungen im Segment *Te Ao Māori* bauen inhaltlich aufeinander auf und behandeln drei zentrale Elemente: 1) den Vertrag von Waitangi *(Te Tiriti o Waitangi),* 2) die Sprache der Māori *(Te Reo Māori)* und 3) die Wertvorstellungen der Māori *(Ngātikanga Māori).* Der im ersten Studienjahr angesiedelte Kurs soll die Studierenden in die Lage versetzen, sich kritisch mit Kulturbegriffen auseinanderzusetzen, die Bedeutung des Vertrags von Waitangi zu verstehen und sich aus der Perspektive angehender frühpädagogischer Fachkräfte Sprache und Kultur der Māori anzunähern. Der Kurs auf dem Niveau des zweiten Studienjahrs macht die Studierenden mit den unterschiedlichen Lesarten von Staatsbürgerschaft vertraut, die in Aotearoa Neuseeland anzutreffen sind. Zudem sollen sie die pädagogischen Konzepte der Māori erkunden und verstehen lernen, sich weiter mit der Māori-Sprache und ihrer Verwendung in Kindertageseinrichtungen befassen und die Bedeutung der Māori-spezifischen Komponente des Elementarcurriculums *(Ngāwahanga Māori o Te Whāriki)* erfassen. Ziel des abschließenden Kurses im dritten Studienjahr ist es, dass die Studierenden Kolonisierungsprozesse verstehen lernen, ihr Wissen über indigene pädagogische Konzepte und ihre Sprachkenntnisse in *Te Reo Māori* weiter vertiefen. Hierzu gehört auch die Verwendung von Redensarten, Sprichwörtern *(Whakatauaki),* traditionellem Liedgut *(Waiata)* sowie zunehmend komplexerer Sprachmuster im institutionellen Kontext englischsprachiger Kindertageseinrichtungen (Hohepa et al. 1996; Ritchie 1996).

Arbeiten mit Kindern
Die Lehrveranstaltungen des Strangs „Arbeiten mit Kindern" vermitteln pädagogisch-didaktische und curriculumbezogene Kenntnisse, die auf den Prinzipien, Strängen und Zielsetzungen von *Te Whāriki* basieren. Kultur, Erkenntnisse über kindliche Entwicklung, soziokulturelle Ansätze des Lehrens und Lernens, Curriculum und professionelle Praxis werden hier zueinander in Beziehung gesetzt.

Während des ersten Studienjahres sind im Segment *Curriculumstudien* drei Lehrveranstaltungen zu absolvieren. Einer der Kurse vermittelt einen Überblick über Theorien des kindlichen Lernens im Kontext des Elementarcurriculums *Te Whāriki*, insbesondere mit Bezug auf die darin verankerten curricularen Prinzipien, den Strang „forschendes Lernen" und den spielerischen Zugang. Im zweiten Kurs können die Studierenden das Wissen und die Kompetenzen erwerben, um im Rahmen ihrer Arbeit im Elementarbereich eine sichere, gesunde und nachhaltige Lebensweise zu fördern. Die Veranstaltung behandelt auch die Themen Differenz und Diversität und setzt sich mit der Frage auseinander, wie sich beides auf das wachsende Ich-Bewusstsein des Kindes auswirkt. Hier wird an die curricularen Stränge „Wohlergehen" und „Zugehörigkeit" und die diesbezüglichen Zielsetzungen des *Te Whāriki* angeknüpft. Mit dem Ziel, die Studierenden zur erfolgreichen Arbeit mit Kleinst- und Kleinkindern und ihren Familien zu befähigen, behandelt der dritte Kurs im Segment Curriculumstudien ausgewählte theoretische und bildungsphilosophische Grundlagen der Kleinst- und Kleinkindpädagogik.

Im zweiten Studienjahr folgen drei weitere Kurse. Der erste befasst sich mit Spracherwerbstheorien und multimodalen Ansätzen zur Förderung der Lese- und Schreibkompetenzen von Kleinkindern. Die Rolle der pädagogischen Fachkraft bei der Förderung der frühkindlichen Entwicklung in den Bereichen Musik, Bewegung, Sport und Spiel bzw. im Rahmen des Einsatzes in frühpädagogischen Programmen steht im Zentrum des zweiten Kurses. Die dritte Veranstaltung behandelt Theorien zur kognitiven Entwicklung im Kleinst- und Kleinkindalter und Wege zur Förderung und Erweiterung des kindlichen Denkens, insbesondere mit Blick auf die Lernfelder Mathematik, Naturwissenschaften und Technik. Im vierten Studienjahr werden die Studierenden an Aktionsforschung herangeführt. Diese Forschungsmethodik eröffnet die Möglichkeit, Praxisforschung zu betreiben und dadurch Expertise in bestimmten Bereichen der curricularen Praxis frühkindlicher Bildung zu entwickeln.

Professionalität entwickeln
Aufbauend auf dem in den anderen Studiensträngen erworbenen Wissen können sich die Studierenden im Strang „Professionalität entwickeln" grundlegende pädagogisch-fachliche Kenntnisse und Kompetenzen aneignen. Dieser Strang trägt durch seine Kombination aus Lehrveranstaltungen, Tutorienprogramm und Praxiskomponenten zur Herausbildung kritisch reflektierender und professionell agierender Fachkräfte bei. An das Konzept der reflektierenden Praxis führt einer der Kurse des ersten Studienjahres heran, der die Studierenden auch darauf vorbereiten soll, Kinder als Individuen wahrzunehmen und auf dieser Grundlage mit ihnen zu arbeiten. In diesem Zusammenhang werden zudem die während der Praxiseinsätze erwarteten professionellen Kompetenzen und Verhaltensweisen diskutiert, und die Studierenden setzen sich mit dem Einfluss ihres eigenen kulturellen Hintergrundes auf ihre pädagogische Praxis auseinander. Zur Vorbereitung auf ihren zweiten Praxiseinsatz besuchen die Studierenden während des zweiten Studienjahrs Kurse, in denen sie Konzepte der bikulturellen Pädagogik sowie die in der pädagogischen Arbeit gebräuchlichen Dokumentationsverfahren kennenlernen.

Im dritten Studienjahr ist ein weiteres Praktikum zu absolvieren. Im begleitenden Tutorium lernen die Studierenden, wie sie das Elementarcurriculum in die pädagogische Praxis umsetzen und kindliche Lernprozesse unterstützen können. Die Veranstaltungen des dritten Studienjahrs dienen auch der Entwicklung relationaler Kompetenz im Umgang mit Erwachsenen und in der partnerschaftlichen Zusammenarbeit mit Eltern, Familien bzw. traditionellen Großfamilien *(whānau)* und dem erweiterten Umfeld. Ebenfalls entwickelt werden sollen Kompetenzen, die erforderlich sind, um sich im Rahmen frühpädagogischer Programme den Fragen von Inklusion und Diversität zu stellen (Creaser & Dau 1996; Derman-Sparks 1989). Im vierten und letzten Studienjahr stehen zwei Kurse mit integrierten Praktika auf dem Programm. Sie befassen sich mit der professionellen, ethischen und pädagogischen Rolle frühpädagogischer Fachkräfte in Aotearoa Neuseeland und sollen sicherstellen, dass die Studierenden für den Übergang in die berufliche Praxis gerüstet sind. Praktikumsbegleitend werden Fortgeschrittenenkurse zu folgenden Themen angeboten: 1) Dokumentation pädagogischer Arbeit, 2) Übergang vom Elementarbereich in die Schule und (3) Zusammenführung von Wissensbeständen der Lernenden, der Lehrenden und des Umfelds, um so Lernangebote zu konzipieren. Die Praktika sind rund um Übungen angeordnet, die den Studierenden Gelegenheit geben, ihre eigene pädagogische Praxis eingehend zu reflektieren. Ebenfalls im letzten Studienjahr angesiedelt ist ein Kurs, der sich mit professioneller Verantwortlichkeit hinsichtlich der geltenden Rechtsvorschriften und mit Verfahren zur Überprüfung der eigenen Leistung befasst.

Die in jedem einzelnen Studienjahr enthaltenen Praxisanteile ermöglichen den Studierenden, ihre wachsenden Kenntnisse auf den Gebieten Theorie-, Kontext-, Curriculum- und Fachwissen Schritt für Schritt an die in einer Vielzahl frühpädagogischer Programme und Einrichtungen gesammelten Praxiserfahrungen anzubinden. Somit wird die Praxis in dynamischer und kritisch-reflektierender Weise auf neueste Erkenntnisse gestützt.

Verwandte Disziplinen: Wahlfächer

Die acht Wahlfächer im Teilstudiengang zum *Bachelor of Arts* bieten den Studierenden die Möglichkeit, ihre Perspektiven auf Bildungsprozesse zu erweitern und sich Kenntnisse aus verwandten Disziplinen anzueignen. Hier besteht die Alternativoption, entweder ein weiteres Hauptfach[162] aus dem Angebotskatalog des BA-Studiengangs auszuwählen oder – im Rahmen der Studienordnung – jeweils einzelne Kurse aus verschiedenen Fächern zu belegen. Zum Abschluss des Teilstudiengangs zum *Bachelor of Arts* müssen neben dem Hauptfach „Frühe Kindheit“ noch insgesamt acht weitere Lehrveranstaltungen absolviert werden. Dazu gehören drei Kurse auf dem Niveau des ersten Studienjahres, zwei auf dem Niveau des zweiten und weitere drei auf dem Niveau des dritten Studienjahres.

Lehrmethoden und Prüfungsverfahren

Studiengänge der Frühpädagogik setzen recht unterschiedliche Lehrmethoden ein, was teilweise auch der Größe der Studierendenjahrgänge und der jeweiligen Programmphilosophie geschuldet ist. Die typische Lehrform, insbesondere in Präsenzstudiengängen, besteht jedoch aus der Kombination von Vorlesungen, Tutorien und Workshops. Fernstudiengänge arbeiten mit einem Mix aus internetgestützten Lernaktivitäten – wie zum Beispiel dem „Besuch“ von Videovorlesungen und der Teilnahme an asynchronen oder synchronen Onlinediskussionen und -foren – und schriftlichen Lernmaterialien. Zusätzlich müssen Fernstudiengänge Präsenzveranstaltungen im Umfang von jährlich bis zu zwei Unterrichtswochen enthalten (NZTC, undatiert). Umgekehrt integrieren Präsenzstudiengänge in zunehmendem Maße internetgestützte Lernaktivitäten in ihre Vermittlungskonzepte.

Die zeitliche Gewichtung zwischen Präsenzlernen und Selbststudium unterscheidet sich je nach Studiengang bzw. Anbieter. Jeder zu erwerbende Credit Point soll mit einer Lernzeit im

---

[162] Im neuseeländischen Studiensystem gibt es innerhalb eines Studiengangs noch die Unterteilung in verschiedene Haupt- und Nebenfächer, die auf dem Abschlusszeugnis ausgewiesen werden (Anm. d. Hrsg.).

Umfang von zehn Stunden einhergehen, wodurch 120 Punkte pro Studienjahr einem Vollzeitstudium entsprechen. Der von uns exemplarisch vorgestellte Studiengang erwartet von den Studierenden, ungefähr 20 Prozent ihrer Studienzeit für die Teilnahme an Lehrveranstaltungen aufzuwenden und die übrige Zeit für das Selbststudium, Vor- und Nachbereitung von Lehrveranstaltungen, Kurslektüre und Prüfungsvorbereitungen inbegriffen.

Für die Durchführung und den erfolgreichen Abschluss der berufspraktischen Anteile des Studiums gibt der *New Zealand Teachers Council* strenge Richtlinien vor. Im Rahmen der fachlichen Qualifizierung müssen Studierende eines drei- oder vierjährigen Studiengangs pädagogische Praktika im Gesamtumfang von mindestens 20 Wochen ableisten; bei einjährigen Studienprogrammen sind mindestens 14 Wochen gefordert. Die Praktikumskomponente soll so in das Gesamtkonzept des Studiengangs eingebettet sein, dass den Studierenden Gelegenheit zur Verknüpfung von Theorie und Praxis geboten wird. Während der Praktika in Kindertageseinrichtungen werden die Studierenden von erfahrenen pädagogischen Fachkräften betreut und bewertet. Lehrende aus dem Studiengang führen regelmäßige Besuche durch und geben ihrerseits eine Bewertung der Praktikumsleistungen ab.

Die Bewertung der Praktikumsleistungen erfolgt in aller Regel kompetenzbasiert, wobei die Bewertungsstandards zumeist an den vom *New Zealand Teachers Council* festgelegten Standards für Absolventinnen und Absolventen pädagogischer Studiengänge – den *Graduating Teachers Standards* – orientiert sind. Zur Bewertung der in Lehrveranstaltungen erbrachten Leistungen wird auf ein breites Spektrum unterschiedlicher Verfahren zurückgegriffen: Neben den konventionellen Prüfungsformen des tertiären Bildungswesens (z. B. schriftliche Hausarbeiten, Tests und Klausuren) werden auch Strategien genutzt, die die Kooperationsfähigkeit der Studierenden fördern und zur Festigung des erworbenen Wissens beitragen. Hierzu gehören in der Gruppe zu bearbeitende Aufgabenstellungen und interaktive Formen der Leistungskontrolle, wie zum Beispiel Präsentationen. Das Bearbeiten von Entscheidungsfällen und verwandte Prüfungsverfahren, die auf der Auseinandersetzung mit realen Beispielen pädagogischer Dilemmata und kritischer Situationen basieren, kommen ebenfalls zur Anwendung.

4. Nach zwei Jahrzehnten des Wandels: Besonderheiten der gegenwärtigen Ausbildungssituation frühpädagogischer Fachkräfte

Ein Rückblick auf die letzten beiden Jahrzehnte macht deutlich, dass sich die Ausbildung frühpädagogischer Fachkräfte in Aotearoa Neuseeland entscheidend gewandelt hat.

4.1 Neue Anbieter und Ausweitung der Ausbildungsangebote

Zu Beginn der 1990er Jahre war der Beschluss, die bisher getrennten Ausbildungswege für die Tätigkeitsfelder Kinderpflege und Kindergartenpädagogik abzuschaffen, gerade erst praxiswirksam geworden, und an den *Colleges of Education* stand die erste Studierendenkohorte der neuen, integrierten dreijährigen *Diploma*-Studiengänge kurz vor dem Abschluss. Zu diesem Zeitpunkt gab es insgesamt sechs Anbieter frühpädagogischer Studiengänge. Hingegen bieten heute (2012) insgesamt 21 tertiäre Bildungseinrichtungen Qualifikationen in Frühpädagogik an, darunter Universitäten, Berufsakademien *(Institutes of Technology und Polytechnics)*, *Wānanga* und private Bildungsträger.

Ein charakteristisches Merkmal der Ausbildung frühpädagogischer Fachkräfte im Jahr 2012 ist die Ausweitung des Anbieterspektrums. Neben traditionellen tertiären Bildungseinrichtungen – *Colleges of Education* und Universitäten – konnten sich mit den privaten Bildungsträgern neue Akteure etablieren. Staatliche Berufsakademien *(Institutes of Technology und Polytechnics)* sind mittlerweile ebenfalls auf diesem Gebiet aktiv (siehe Tabelle 4). Gleichzeitig wurde auch das Angebotsspektrum erheblich verbreitert und umfasst nun sowohl dreijährige Studiengänge mit *Diploma* als auch Programme mit Qualifikationen auf Bachelorniveau und Aufbaustudiengänge zum *Graduate Diploma*.

Tabelle 4: Anbieter von Frühpädagogik-Studiengängen (geordnet nach ihrem jeweiligen Gesamtangebot an pädagogischen Qualifikationen, Stand 2012)

Frühpädagogik *und* lehrerbildende Studiengänge	Nur Frühpädagogik & andere *nicht-lehrerbildende* Studiengänge	Nur Frühpädagogik
Universitäten – Auckland University of Technology (Elementar-, Primar- und Sekundarpädagogik) – Massey University (Elementar-, Primar- und Sekundarpädagogik) – University of Waikato (Elementar-, Primar- und Sekundarpädagogik) – University of Canterbury (Elementar-, Primar- und Sekundarpädagogik) – University of Otago (Elementar-, Primar- und Sekundarpädagogik) – Victoria University of Wellington (Elementar-, Primar- und Sekundarpädagogik)	***Institutes of Technology*** – Eastern Institute of Technology – Manukau Institute of Technology – Unitec Institute of Technology – Waiariki Institute of Technology – Waikato Institute of Technology	***Private Bildungsträger*** – New Zealand College of Early Childhood Education – New Zealand Tertiary College – Rangi Ruru Early Childhood College – Te Tari Puna Ora o Aotearoa/New Zealand Childcare Association
Wānanga – Te Wānanga o Raukawa (Elementar- und Primarpädagogik) – Te Wānanga o Awanuiārangi (Elementar- und Primarpädagogik	***Polytechnics*** – The Open Polytechnic of New Zealand – Whitireia Community Polytechnic	
Private Bildungsträger – Bethlehem Tertiary Institute (Elementar-, Primar- und Sekundarpädagogik)		

Aus Tabelle 4 wird ersichtlich, dass zusätzlich zu den sechs Universitäten, die pädagogische Studiengänge für den Elementar-, Primar- und Sekundarbereich anbieten, auch zwei *Wānanga* sowohl Elementar- als auch Primarpädagogik im Programm haben und ein christlich ausgerichteter privater Bildungsträger ebenfalls das gesamte Spektrum vom Elementar- bis zum Sekundarbereich abdeckt. Sieben *Institutes of Technology* und *Polytechnics* bieten – neben ihren ansonsten eher traditionell gewerblich-technischen Ausbildungsgängen – im pädagogischen Bereich ausschließlich Frühpädagogik an. Hinzu kommen vier private Bildungsträger, die Frühpädagogik jeweils als ihren einzigen tertiären Ausbildungsgang führen. Unter diesen ist der Träger *Te Tari Puna Ora o Aotearoa/New Zealand Childcare Association* die einzige Organisation, die sich nicht allein auf die Ausbildung frühpädagogischer Fachkräfte beschränkt, sondern darüber hinaus auch berufliche Weiterbildung und Unterstützungsleistungen für pädagogisches Personal und Leitungskräfte anbietet und als Interessenvertretung des Elementarbereichs politische Lobbyarbeit betreibt.

4.2 Marktorientierung

Die beschriebenen Entwicklungen verweisen auf eine deutlich erhöhte Nachfrage nach frühpädagogischen Qualifikationen, was sich auf das politische Strategiekonzept für frühkindliche Bildung (Ministry of Education 2002) und die darin enthaltenen Anreize zur Beschäftigung qualifizierter Fachkräfte zurückführen lässt. Aus Statistiken des Bildungsministeriums geht hervor, dass die Studierendenzahlen zwischen 2005 und 2010 um jährlich mehr als 1.000 zugenommen haben, wobei die größten Zuwächse im Segment der Studiengänge mit Abschlüssen auf Bachelorniveau zu verzeichnen waren (nach Auskunft von T. Tupou, Ministry of Education, vom 16.01.2012; siehe Tabelle 5). Von 2010 auf 2011 ging die Zahl der sich in Ausbildung befindlichen frühpädagogischen Nachwuchsfachkräfte allerdings um zehn Prozent zurück (Ministry of Education 2012). Diese neuesten Daten untermauern die im Elementarbereich herrschende Befürchtung, dass die von der Regierung beschlossene Herabsetzung der Zielvorgabe, nach der das pädagogische Personal von Kindertageseinrichtungen ab 2012 nicht mehr zu 100, sondern nur noch zu 80 Prozent aus akademisch qualifizierten frühpädagogischen Fachkräften zu bestehen hat, die Professionalisierungsdynamik im Bereich pädagogisch geführter Einrichtungen abbremsen könnte.

Die Entwicklungstrends zeigen aber auch, dass tertiäre Bildungseinrichtungen die Möglichkeiten zur Diversifizierung ihres Studienangebots recht flexibel zu nutzen wissen, und dass private Bildungsträger sehr schnell zu einem wichtigen Baustein der frühpädagogischen Ausbildungslandschaft werden konnten. In der Zusammenschau wird deutlich, dass sich die Ausbildung frühpädagogischer Fachkräfte zunehmend am Markt orientiert – ein Trend, der möglicherweise mit den Entwicklungstendenzen im Angebots- und Leistungsspektrum des neuseeländischen Elementarbereichs vergleichbar ist. Daraus ergeben sich gewisse Probleme: Angesichts der großen Anbietervielfalt und den damit einhergehenden beträchtlichen Unterschieden im Bereich der Steuerungs- und Führungsstrukturen und der institutionellen Werte stehen frühpädagogische Ausbildungsgänge – und der Elementarbereich insgesamt – derzeit vor der großen Aufgabe, die Qualität der Nachwuchsfachkräfte auch in Zukunft sicherzustellen. Dies betrifft insbesondere die Absolventinnen und Absolventen dreijähriger Bachelorstudiengänge.

Tabelle 5: Zahl der Studierenden in Frühpädagogik-Studiengängen nach Abschlussart (Entwicklung Juli 2005–Juli 2010)

Abschlussart	Jahr (Juli-Daten)					
	2005	2006	2007	2008	2009	2010
Diploma of Teaching in Frühpädagogik (oder Äquivalent) mit NZTC-Anerkennung	1.740	1.908	1.854	1.973	1.875	1.713
Bachelor of Teaching in Frühpädagogik (oder Äquivalent) mit NZTC-Anerkennung	296	413	599	868	1.173	1.357
Graduate Diploma of Teaching in Frühpädagogik mit NZTC-Anerkennung	507	481	469	472	445	493
Gesamt	2.543	2.802	2.922	3.313	3.493	3.563

4.3 Schnelles Wachstum als Herausforderung

Der Zuwachs an Studiengängen und Studierenden stellt die Programmanbieter zunehmend vor die Herausforderung, eine ausreichende Zahl adäquater Praktikumsplätze in Kindertageseinrichtungen zu sichern, damit ihre Studierenden die geforderten Praxiseinsätze ableisten können. Es besteht das Risiko, die Einrichtungen mit Praktikantinnen und Praktikanten zu überfluten und sie womöglich als Kooperationspartner zu verlieren. Kane (2005) führte dieses Problem auf das unter den Anbietern frühpädagogischer Studiengänge um sich greifende Konkurrenzdenken zurück – daran hat sich bis heute nichts geändert. So konkurrierten im Jahr 2005, zum Zeitpunkt von Kanes Untersuchung, allein in der Stadt Auckland zehn Programmanbieter um Praktikumsplätze in örtlichen Einrichtungen. Inzwischen ist die Zahl der hier angebotenen Studiengänge auf 14 angewachsen, darunter neun direkt vor Ort als Präsenzstudium oder berufsbegleitend durchgeführte Programme und fünf Fernstudiengänge, die auch für in Auckland lebende Bewerberinnen und Bewerber attraktiv sein dürften.

Damit stellt sich gleichzeitig das Problem, eine ausreichende Zahl angemessen qualifizierter und erfahrener Fachkräfte zu finden, die als *Associate Teachers*[163] fungieren können (Kane 2008). Viele der infrage kommenden Fachkräfte mit entsprechender Qualifikation und Berufserfahrung unterstützen bereits Kolleginnen und Kollegen in der berufsbegleitenden Weiterqualifizierung oder sind selbst gerade dabei, ihre *Diplomas* zu Bachelorabschlüssen aufzuwerten.

Darüber hinaus stehen die Anbieter frühpädagogischer Studiengänge vor der zunehmend schwierigen Aufgabe, geeignete Dozentinnen bzw. Dozenten zu rekrutieren und halten zu

[163] *Associate Teachers sind in Kindertageseinrichtungen (oder Schulen) beschäftigte pädagogische Fachkräfte, die Studierende im Praktikum betreuen und als Mentorinnen bzw. Mentoren fungieren. In den meisten Programmen müssen die Associate Teachers die Arbeit der ihnen anvertrauten Studierenden auch bewerten, obgleich die abschließende Bewertung – ob das Praktikum bestanden wurde oder nicht – in der Zuständigkeit des Studiengangs liegt.*

können: Zum einen führt die Ausweitung der Studienangebote natürlich auch zu einer größeren Nachfrage nach hochqualifizierten akademischen Lehrkräften, und zum anderen eröffnen sich durch die neuen pädagogischen Hochschulabschlüsse verstärkt Beschäftigungsmöglichkeiten jenseits der Lehrtätigkeit – zum Beispiel in der Bildungspolitik oder auch außerhalb des Bildungssektors –, wodurch das potenzielle Bewerberfeld nochmals kleiner wird.

4.4 Zunehmende Professionalisierung der Frühpädagogik

Auf der positiven Kehrseite sind hingegen die erfreuliche und lang überfällige Aufmerksamkeit, die der frühkindlichen Bildung während des letzten Jahrzehnts zuteil wurde, und die daraus erwachsenen Impulse für die Professionalisierung der Frühpädagogik zu verzeichnen (vgl. z. B. Dalli 2010). Unserer Ansicht nach geht damit auch ein gewisses Maß an höherer gesellschaftlicher Wahrnehmung des elementarpädagogischen Berufsfeldes einher. Allerdings zeigen Studien, in denen im Beruf stehende wie auch in Ausbildung befindliche Frühpädagoginnen und -pädagogen nach ihrer Wahrnehmung des eigenen Berufsstandes gefragt wurden (Kane & Mallon 2006), dass die Frühpädagogik aus Sicht der Befragten gesellschaftlich weiterhin generell unterbewertet wird und kein hohes Sozialprestige genießt. Nach Ansicht der von Kane und Mallon Befragten kommt der Frühpädagogik zwar eine gesellschaftlich entscheidende Rolle zu, doch waren sie auch der Überzeugung, dass diese Bedeutung gemeinhin falsch verstanden und frühpädagogischen Fachkräften weniger Respekt und Anerkennung entgegengebracht werde als ihren Lehrerkolleginnen und -kollegen aus der Primar- und Sekundarschule. Überdies schien es vielen der Befragten, als hätten gerade Kolleginnen und Kollegen aus den anderen pädagogischen Tätigkeitsfeldern oftmals dieselben negativen Einstellungen gegenüber der Frühpädagogik (Kane 2008).

4.5 Reger wissenschaftlicher Fachdiskurs

Neben all den Entwicklungen auf der politischen bzw. der Makroebene, welche die Ausbildung frühpädagogischer Fachkräfte seit 1990 nachhaltig veränderten, stellt die Verbreiterung der theoretischen Grundlagen, auf die sich frühpädagogische Praxis stützt, ein weiteres charakteristisches Merkmal der gegenwärtigen Ausbildungslandschaft dar. Traditionellerweise berief sich die neuseeländische Frühpädagogik auf spielbasierte, an Piaget orientierte Konzepte des Lehrens und Lernens, die auch in den zugehörigen Ausbildungsgängen vermittelt wurden. Die zwischen 1988 und 1990 erfolgte Einführung der neuen dreijährigen Programme zum *Diploma of Teaching* (ECE) bot bereits eine erste Gelegenheit, die der Ausbildung zugrunde liegenden Theorieperspektiven auszuweiten und zum Beispiel soziokulturelle Ansätze einzubeziehen – die entscheidende Wende kam jedoch mit der Veröffentlichung des Elementarcurriculums *Te Whāriki* (in seiner Rohfassung von 1993 bzw. der Endfassung von 1996). In der Folge bildete sich eine lebhafte Diskussionskultur heraus, an der Dozentinnen und Dozenten ebenso beteiligt waren wie Fachkräfte aus der Praxis. Wie von Cullen (1996) vorhergesehen, erwiesen sich die im *Te Whāriki* eingeführten konzeptionellen Veränderungen wie auch die Vorstöße zur Einbeziehung soziokultureller Ansätze in die pädagogische Praxis angesichts des eher niedrigen Qualifikationsniveaus der Beschäftigten zunächst als große Herausforderung; aber die vom Bildungsministerium finanzierten umfassenden Weiterbildungsprogramme konnten maßgeblich zur Verbreitung der theoretischen Bezugssysteme und Konzepte beitragen und waren insofern ein entscheidender Baustein des Veränderungsprozesses. Nuttall und Edwards (2007) hielten fest: „[Es] besteht kein Zweifel, dass die Diskussion soziokultureller Theorien zum wichtigen Merkmal der meisten frühpädagogischen Ausbildungsgänge in Aotearoa Neuseeland wurde, größtenteils motiviert durch die Notwendigkeit, frühpädagogische Fachkräfte auf die Ausdeutung des Elementarcurriculums vorzubereiten" (S. 13).

Entscheidenden Einfluss, sowohl auf die Ausbildungsgänge als auch auf die Frühpädagogik im Allgemeinen, hatten zudem die Arbeiten von Margaret Carr und Kollegen zu Beobachtungsverfahren – insbesondere zu jenen, in denen es um die Dokumentation der Prozesse geht, im Zuge derer sich aus kindlichen Lerninteressen und Stärken bestimmte Lerndispositionen herausbilden. Das von Carr (2001) entwickelte Konzept der *Lerngeschichten* – das wie *Te Whāriki* auf einem soziokulturellen Paradigma basiert – ist inzwischen ein offiziell anerkanntes Bewertungsverfahren, das in pädagogischen Ausbildungsgängen ebenso Verbreitung gefunden hat wie im Feld insgesamt. Dies zeigt sich auch an den Modellbeispielen frühkindlicher Bildung, die in den vom Bildungsministerium herausgegebenen Handreichungen *Kei Tua o te Pae* (Ministry of Education 2004, 2009) vorgestellt werden.

4.6 Forschungsbasierte Lehre

Im Zuge der genannten Veränderungsprozesse kam es auch zur sukzessiven Abkehr von einem eher „handwerklichen" Verständnis pädagogischer Arbeit und hin zu einem Ansatz, der sich auf empirische Evidenz und Praxisreflexion stützt und diese seinerseits zu befördern sucht. Obwohl diese Entwicklung durchaus mit internationalen Trends in der Ausbildung frühpädagogischer Fachkräfte in Einklang steht, zeichnet sich die spezifisch neuseeländische Variante dadurch aus, dass es hier im Laufe des vergangenen Jahrzehnts gezielte und systematische Bemühungen gab, im Elementarbereich tätige Fachkräfte in die pädagogische Forschung einzubeziehen: Pädagogische Teams sollten an etablierte Forschergruppen angebunden werden, um gemeinsame Projekte durchzuführen. Eine derartige Initiative war zum Beispiel ein Aktionsforschungsprogramm, das als Teil der Zehnjahresstrategie für frühkindliche Bildung von 2002 bis 2008 vom Bildungsministerium finanziert wurde (Ministry of Education 2002). Das Programm bot Kindertageseinrichtungen die Möglichkeit, sich für die Auszeichnung als „innovative Einrichtung" *(Centre of Innovation, CoI)* zu bewerben und im Rahmen des Auswahlverfahrens innovative Praxis unter Beweis zu stellen. Jedes erfolgreiche pädagogische Team bekam eine wissenschaftliche Begleitperson vermittelt, mit der zusammen es ein dreijähriges Aktionsforschungsprojekt zur Dokumentation, Erforschung und Weiterverbreitung seiner innovativen Praxis durchführte. Auf diese Weise konnten 20 Teams in die Praxisforschung einsteigen; die Teammitglieder wurden zu „forschenden pädagogischen Fachkräften" *(teacher-researchers),* und ihre Arbeit fand durch Forschungsberichte, Konferenzbeiträge, Weiterbildungsworkshops und eine Buchreihe große mediale Verbreitung (Ministry of Education, CoI Homepage; Meade 2010a). Ein Ergebnis des Programms war, dass wissenschaftliche Forschung in den Augen der pädagogischen Fachkräfte, die nun selbst Forschungserfahrung sammelten, ihren geheimnisvollen Nimbus verlor; im Prozess des Forschens lernten sie, wie Forschung funktioniert, und durch die Weitergabe ihrer Erkenntnisse und Erfahrungen trugen sie zur Entmystifizierung und folglich zur Demokratisierung von Forschung bei. Darüber hinaus mündete das Aktionsforschungsprogramm in viele von forschenden Praktikerinnen und Praktikern verfasste Publikationen und andere Arbeitsergebnisse – wie zum Beispiel pädagogische Ressourcen (vgl. z. B. Childspace Institute 2010a, 2010b) –, die den Gebrauchswert des forschungsbasierten Praxishandelns illustrieren. Neben Forschungsberichten aus dem In- und Ausland stellen diese Ressourcen für frühpädagogische Ausbildungsgänge in Aotearoa Neuseeland ein wertvolles Gut dar, und viele greifen regelmäßig darauf zurück.

Während der letzten 20 Jahre hat die Ausbildung frühpädagogischer Fachkräfte in Aotearoa Neuseeland einen Transformationsprozess durchlaufen. Diese Entwicklung ist untrennbar mit jenen Dynamiken verbunden, die für das weitere politische, gesellschaftliche und wissenschaftliche Umfeld frühkindlicher Bildung bestimmend sind, und zu denen Ausbildungsgänge im Bereich der Frühpädagogik schon immer ihren aktiven Beitrag geleistet haben. Wie die frühkindliche Bildung insgesamt ist auch die Ausbildung frühpädagogischer Fachkräfte in Aotearoa Neuseeland in mehrfacher Hinsicht „erwachsen geworden" (Miller, Dalli & Urban 2012). Sie konnte sich in vielen tertiären Bildungseinrichtungen auf Augenhöhe mit den lehrerbildenden Studiengängen etablieren und trägt in entscheidendem Maße zur Professionalisierung des Elementarbereichs bei. Zum Abschluss sei aber zugleich hinzugefügt, dass wir auch die sich neu stellenden Herausforderungen im Blick behalten sollten – nicht zuletzt jene, die aus dem schnellen Wachstum des Feldes resultieren. Die jüngsten Äußerungen aus der Politik, wonach für die Arbeit im Pflichtschulbereich demnächst eine postgraduale Qualifikation erforderlich sein soll, für die Arbeit im Elementarbereich hingegen nicht, gefährden die gerade erst errungene Gleichstellung frühpädagogischer Fachkräfte mit ihren Kolleginnen und Kollegen aus dem schulischen Bildungswesen. Weitere Veränderungen könnten uns so unmittelbar bevorstehen.

Literatur

Bronfenbrenner, U. (1979). The ecology of human development: Experiments by nature and design. Cambridge, MA: Harvard University Press.

Carr, M. (2001). Assessment in Early Childhood settings: Learning stories. London: Paul Chapman.

Carr, M. & Claxton, G. (2002). Tracking the development of learning dispositions. Assessment in Education, 9, 9–37.

Carr, M., May, H., Podmore, V. N., Cubey, P., Hatherly, A. & Macartney, B. (2000). Learning and teaching stories: Action research on evaluation in Early Childhood. Final report to the Ministry of Education. Wellington: New Zealand Council for Educational Research (NZCER).

Childspace Institute (2010a). Peaceful caregiving as curriculum. A guide to respectful care practices (DVD).

Childspace Institute (2010b). Caring with respect. A series of 5 wall friezes. Wellington: Childspace Institute.

Creaser, B. & Dau, E. (Eds.). (1996). Theantibias approach in Early Childhood. Australia: Harper Educational Publishers.

Cullen, J. (1996). The challenge of TeWhāriki for future developments in Early Childhood Education. Delta, 48 (1), 113–126.

Dahlberg, G., Moss, P. & Pence, A. (1999). Beyond quality in education and care. Post modern perspectives. London: Palmer Press.

Dalli, C. (2010). Towards the re-emergence of a critical ecology of the Early Childhood profession in New Zealand. Contemporary Issues in Early Childhood, 11, 61–74.

Derman-Sparks, L. (1989). Anti-bias curriculum: Tools for empowering young children. Washington, DC: National Association for the Education of Young Children (NAEYC).

Dunkin, D. & Hanna, P. M. (2001). Thinking together: Quality adult: Child interactions. Wellington: New Zealand Council for Educational Research (NZCER).

Eisner, E. W. (1985). The educational imagination. On the decision and evaluation of school programs. (2nd ed.). New York, NY: Macmillan Publishing Company.

Eisner, E. W. (1998). The kind of schools we need: Personal essays. Portsmouth, NH: Heinemann.

Eraut, M. R. (1994). Developing professional knowledge and competence. London: Falmer Press.

Fleer, M. K. (1992). Identifying teacher-child interactions which scaffold scientific thinking in young children. Science Education, 76, 373–397.

Grossman, P. L. (1990). The making of a teacher: Teacher knowledge and teacher education. New York, NY: Teachers' College Press.

Harkness, C. (2004). Qualifications and registration in the Early Childhood Education teacher-led workforce. Sector overview and service type breakdown. Wellington: Ministry of Education.

Hedges, H. (2000). Teaching in Early Childhood: Time to merge constructivist views so learning through play equals teaching through play. Australian Journal of Early Childhood, 25 (4), 16–21.

Hohepa, M., McNaughton, S. & Jenkins, K. (1996). Māori pedagogies and the roles of the individual. New Zealand Journal of Educational Studies, 3 (1), 29–40.

Jordan, B. (2000). Extending children's thinking in thinking in the early years. Paper presented at the WCE Spring Research Seminar, Wellington.

Jordan, B. (2004). Scaffolding learning and co-constructing understandings. In A. Anning, J. Cullen & M. Fleer (Eds.), Early Childhood Education: Society and culture. London: Sage Publications.

Kane, R. (2005). Initial teacher education policy and practice. Final Report. New Zealand: Ministry of Education.

Kane, R. (2008). Perceptions of teachers and teaching: A focus on Early Childhood Education. Wellington: New Zealand Ministry of Education.

Kane, R. & Mallon, M. with Butler, P., Sullman, M., Godin-McKerras, L. & Ward, R. (2006). Perceptions of teachers and teaching. Wellington: New Zealand Ministry of Education.

Katz, L. & Chard, S. C. (1989). Engaging children's minds: The project approach. Norwood, NJ: Ablex.

Laevers, F. (2005). The curriculum as means to raise the quality of Early Childhood Education: Implications for policy. European Early Childhood Education Research Journal, 13, 17–29.

MacNaughton, G. & Williams, G. (2009). Techniques for teaching young children: Choices for theory and practice. (3rd ed.). French Forest: Pearson Education.May, H. (1997). The discovery of Early Childhood: The development of services for the care and education of very young children. Mid eighteenth century Europe to mid twentieth century New Zealand. Auckland: Auckland University Press/ New Zealand Council for Educational Research (NZCER).

May, H. (2001). Politics in the playground. Wellington: Bridget Williams Books.

May, H. & Carr, M. (1993). Choosing a model: Reflecting on the development process of TeWhariki, National Early Childhood Curriculum Guidelines in New Zealand. International Journal of Early Years Education, 1(3), 7–22.

Meade, A. (2003). Shaping Early Childhood today: The role of the leader. Paper presented at the Eighth Early Childhood Convention, Palmerston North.

Meade, A. (Ed.). (2010). Dispersing waves. Innovation in Early Childhood Education. Wellington: New Zealand Council for Educational Research (NZCER).

Miller, L., Dalli, C. & Urban, M. (Eds.). (2012). Early Childhood grows up: Towards a critical ecology of the profession (International perspectives on Early Childhood Education and Development, Bd. 6). Dordrecht: Springer.

Ministry of Education (1993). Te Whāriki: Draft guidelines for developmentally appropriate practice in Early Childhood Services. Wellington: Learning Media.

Ministry of Education (1996a). Te Whāriki: Early childhood curriculum. Wellington: Learning Media.

Ministry of Education (1996b). Revised Statement of Desirable Objectives and Practices (DOPs) for chartered Early Childhood Services in New Zealand. Retrieved October 18, 2012, from http://www.lead.ece.govt.nz/~/media/Lead/Files/DOPsForCharteredEarlyChildhoodServicesInNewZealand.pdf.

Ministry of Education (1998). Quality in action: Implementing the revised statement of desirable objectives and practices in New Zealand Early Childhood Services. Wellington: Learning Media.

Ministry of Education (2002). Pathways to the future: Ngā Huarah i Arataki. A 10-year strategic plan for Early Childhood Education. Wellington: Learning Media.

Ministry of Education (2004). Kei Tua o te Pae Assessment for learning: Early Childhood exemplars: Books 1–9. Wellington: Learning Media.

Ministry of Education (2007). The New Zealand Curriculum. Retrieved October 18, 2012, from http://nzcurriculum.tki.org.nz/Curriculum-documents/The-New-Zealand-Curriculum.

Ministry of Education (2008a). Education (Early Childhood Services) Regulations, 2008. Retrieved October 18, 2012, from http://www.legislation.govt.nz/regulation/public/2008/0204/latest/DLM1412501.html?search=ts_regulation_early+childhood_resel&sr=1.

Ministry of Education (2008b). The Education (Early Childhood Education Curriculum Framework) Notice 2008. Retrieved October 18, 2012, from http://www.lead.ece.govt.nz/ManagementInformation/RegulatoryFrameworkForECEServices/EarlyChildhoodEducationCurriculumFrameworkForAotearoaNewZealand.aspx.

Ministry of Education (2009). Kei Tua o te Pae Assessment for learning: Early Childhood exemplars: Books 10–20. Wellington: Learning Media.

Ministry of Education. (2010a). Annual ECE Summary Report 2010. Wellington: New Zealand Ministry of Education.

Ministry of Education (2010b). A vision for the teaching profession. Education workforce advisory committee report to the Minister of Education. Wellington: New Zealand Ministry of Education.

Ministry of Education (2012). Annual ECE Census Summary Report 2011. Retrieved January 10, 2012, from http://www.minedu.govt.nz/.

Ministry of Education (Centre of innovation (COI) website). Retrieved October 18, 2012, from http://www.educate.ece.govt.nz/Programmes/CentresOfInnovation/DocumentsandResources.aspx.

Mitchell, L. (2008). A new debate about children and childhood: Can it make a difference to Early Childhood pedagogy and policy? Unpublished dissertation, Victoria University of Wellington.

Moyles, J., Adams, S. & Musgrove, A. (2002). Study of pedagogical effectiveness in early learning (Research Report No 363). United Kingdom: Department for Education and Skills.

New Zealand Teachers Council (2007). Graduating teacher standards. Wellington: New Zealand Teachers Council.

New Zealand Teachers Council (2010). Approval, review and monitoring processes and requirements for initial teacher education programmes. Wellington: New Zealand Teachers Council.

New Zealand Teachers Council (2011). Towards full registration. A support Kit. Retrieved October 18, 2012, from http://www.teacherscouncil.govt.nz/prt/TFR2011.pdf.

New Zealand Teachers Council (n. d.). Approval, review and monitoring processes and requirements for Initial Teacher Education Programmes. Retrieved October 18, 2012, from http://www.teacherscouncil.govt.nz/te/itefinal.stm#11.

Nuttall, J. (Ed.). (2003). Weaving Te Whariki. Aotearoa New Zealand's Early Childhood curriculum document in theory and practice. Wellington: New Zealand Council for Educational Research (NZCER).

Nuttall, J. & Edwards, S. (2007). Theory, policy, and practice: Three contexts for the development of Australasia's early childhood curriculum documents. In L. Keesing-Styles & H. Hedges (Eds.), Theorising Early Childhood practice: Emerging dialogues (pp. 3–25). Castle Hill, NSW: Pademelon Press.

O'Connor, A. & Diggins, C. (2003). Reflective practice for Early Childhood educators. Lower Hutt: Open Mind.

Organisation for Economic Co-operation and Development (OECD). (2004). Starting Strong: Curricula and pedagogies in Early Childhood Education and Care: Five curriculum outlines. Paris: OECD.

Parata, H. (2012). Budget 2012: Extra $511.9 million for education. Retrieved October 18, 2012, from http://www.national.org.nz/Article.aspx?articleId=38507.

Ritchie, J. (1996). The bicultural imperative within the New Zealand draft curriculum guidelines for early childhood education, 'Te Whariki'. Hamilton, NZ: University of Waikato.

Rogoff, B. (1994). Developing understanding of the idea of communities of learners. Mind, culture and activity, 1, 212–232.

Rogoff, B. (1997). Evaluating development in the process of participation: theory, methods, and practice building on each other. In E. Amsel & A. Renninger (Eds.), Change and development (pp. 265–285). Hillsdale, NJ: Erlbaum.

Royal Tangaere, A. (2000). He taonga, temokopuna. Childrens' Issues, 4 (1), 27–31.

Singer, E. (1993). Shared care for children. Theory and Psychology.3, 429–449.

Singer, E. (1996). Children, parents and caregivers: Three views of care and education. In E. Hujala (Ed.), Childhood education. International perspectives (pp. 159–170). Oulu, FIN: Association for Childhood Education International.

Siraj-Blatchford, I. (2009). Quality teaching in the early years. In A. Anning, J. Cullen & M. Fleer (Eds.), Early Childhood Education: Society and culture (pp. 147–157, 2nd ed.). London: Sage.

Siraj-Blatchford, I., Sylva, K., Muttock, S., Gilden, R. & Bell, D. (2002). Researching effective pedagogy in the early years. (Research Report No. 356, Department for Education and Skills). London: Her Majesty's Stationery Office (HMSO).

Smith, A. (1996). The Early Childhood curriculum from a socio-cultural perspective. Early Childhood Development and Care, 115, 51–64.

Soto, L. D. (Ed.). (2005). The politics of Early Childhood Education: Rethinking childhood. New York, NY: Peter Lang.

Statistics New Zealand (2011). National ethnic populations projections 2006 (base)-2026 update. Retrieved October 18, 2012, from http://www.stats.govt.nz/browse_for_stats/population/estimates_and_projections/NationalEthnicPopulationProjections_HOTP2006-26.aspx. TeachNZ (2011). Early Childhood Teacher Education qualifications 2012. Wellington: New Zealand Ministry of Education.

Te One, S. (2002). The fence, or exploring the challenges of socio-cultural assessment. Early Childhood Folio, 6, 22–26.

Wood, E. & Attfield, J. (2005). Play, learning and the Early Childhood curriculum (2nd ed.). London: Paul Chapman.

Yelland, N. (Ed.). (2005). Critical issues in Early Childhood Education. Berkshire: Open University Press.

Die Ausbildung frühpädagogischer Fachkräfte in China auf Reformkurs

Von Wissensvermittlung hin zur Stärkung von Kompetenzen

Jiaxiong Zhu & Jie Zhang

East China Normal University, Shanghai/China

EINSTIEG

In China umfasst der Begriff „Frühkindliche Bildung" pädagogische Angebote für Kinder von der Geburt bis zum Alter von sechs Jahren. Elementarpädagogische Einrichtungen für Kinder zwischen drei und sechs Jahren werden als *Kindergarten*[164] bezeichnet, jene für Kinder unter drei Jahren heißen *Krippen*. Infolge der Bemühungen, frühkindlicher Bildung und Betreuung für beide Altersgruppen denselben Wert beizumessen, werden Krippen seit einigen Jahren verstärkt in Kindergärten integriert. In den meisten ländlichen Regionen, Verwaltungsbezirken und Kleinstädten sowie auch in einigen Großstädten bieten Kindergärten oder Grundschulvorklassen häufig einjährige frühpädagogische Programme für Kinder zwischen fünf und sechs Jahren an. Ohne derartige Angebote kämen diese Kinder womöglich nie in den Genuss eines Kindergartenbesuchs. Vergleichbar mit Kindergärten legen auch Grundschulvorklassen im Allgemeinen einen stärkeren Akzent auf die Vermittlung formalen Wissens und wenden didaktische Methoden an, die denen der Grundschule ähneln (Zhu & Wang 2005).

[164] *Der chinesische Kindergarten (幼儿园, yòu ér yuán) ist eine Ganztageseinrichtung, die von der Ausgestaltung her traditionell eher der deutschen Vorschule entspricht. Daher wird das pädagogische Personal dort als „Lehrkräfte" bezeichnet, das die Kinder „unterrichtet". In diesem Beitrag werden diese Beschäftigten als „frühpädagogische Fachkräfte" bezeichnet (Anm. d. Hrsg.).*

1. Organisatorische Aspekte der Ausbildung frühpädagogischer Fachkräfte

Die für Bildungsinvestitionen zur Verfügung stehenden Mittel sind in China sowohl auf nationaler als auch auf kommunaler Ebene zumeist recht begrenzt. Bei der Verteilung des Bildungsbudgets konzentriert sich die Regierung vor allem auf die neunjährige Pflichtschulzeit[165]. Frühkindliche Bildung dagegen ist nicht obligatorisch. Seit über zehn Jahren wendet die Regierung nun bereits lediglich 1,3 Prozent der gesamten staatlichen Bildungsausgaben für den vorschulischen Bereich auf. Bei vorschulischen Angeboten gibt es im Wesentlichen zwei Formen der Trägerschaft: zum einen nicht-staatliche Einrichtungen in privater oder kommunaler Trägerschaft und zum anderen Einrichtungen, die von verschiedenen staatlichen Bildungsbehörden unterhalten werden.

1.1 Das typische Qualifikationsprofil frühpädagogischer Fachkräfte und verschiedene Ausbildungs-Modelle

Der zumeist fakultative Charakter frühkindlicher Bildung führt dazu, dass der soziale und ökonomische Status frühpädagogischer Fachkräfte niedrig ist. Weder die berufsvorbereitende noch die berufsbegleitende Qualifizierung ist optimal. Laut offizieller Statistiken sind in chinesischen Kindergärten derzeit 898.552 Frühpädagoginnen und -pädagogen in Vollzeit sowie 133.465 Leitungskräfte tätig, woraus sich eine Gesamtzahl von 1.032.017 Fachkräften ergibt. Von diesen pädagogischen Fach- und Leitungskräften verfügen 10,34 Prozent über einen Bachelorgrad oder höheren Abschluss und weitere 47,21 Prozent über eine zwei- bzw. dreijährige Collegeausbildung[166]. Demnach hat annähernd die Hälfte der pädagogischen Fach- und Leitungskräfte keine fachliche Ausbildung auf mindestens Collegeniveau absolviert (Ministry of Education in People's Republic of China 2009).

Ab dem Jahr 1950 wurden chinesische Frühpädagoginnen und -pädagogen über vier Jahrzehnte hinweg vornehmlich an berufsbildenden weiterführenden Schulen ausgebildet, die nach Abschluss der unteren Mittelschule besucht werden konnten. Nach weiteren drei Schuljahren wurde dort die Qualifikation als frühpädagogische Fachkraft erworben. Während dieser 40 Jahre gab es in China mehr als 60 berufsbildende weiterführende Schulen speziell für

---

[165] *In China besteht eine neunjährige Schulpflicht, die sechs Jahre Primarschul- und drei Jahre Sekundarschulbesuch umfasst Die Sekundarschule, die auch als „Mittelschule" (初级中学, chūjí zhōngxué) bezeichnet wird, gliedert sich in die obligatorische Unterstufe (Klassen 7–9) und die daran anschließende Oberstufe (Klassen 10–12), deren Besuch jedoch freiwillig ist. Es gibt allgemeinbildende Oberstufen zum Erwerb der Hochschulreife und berufsbildende Oberstufen, an denen Zertifikate für bestimmte Berufe erworben werden können (z. B. für die Arbeit mit Kindern). Zugangsvoraussetzung ist in jedem Fall der erfolgreiche Abschluss der unteren Mittelschule (Anm. d. Hrsg.).*

[166] *China hat vom US-Hochschulsystem die englische Bezeichnung „College" übernommen. Auch in China kann ein College entweder eine separate Einrichtung sein, die Abschlüsse bis zum Bachelorniveau vergibt, oder das Undergraduate-Segment einer Universität bezeichnen. Die Studiengänge dauern i. d. R. zwischen zwei bis drei Jahren (Associate Degree) und vier Jahren (Bachelor Degree). Colleges, die als höchsten Abschluss das Associate Degree anbieten, werden als Junior Colleges bezeichnet – hier gibt es auch Institutionen, die eine Kombination aus Mittelschuloberstufe und zwei- bis dreijähriger Collegeausbildung bieten, d. h. insgesamt fünf Jahre besucht werden. Im allgemeinen Sprachgebrauch wird häufig nicht trennscharf zwischen College und Universität unterschieden.*

Frühpädagoginnen und -pädagogen. Ausbildungsgänge in Frühpädagogik wurden darüber hinaus auch von anderweitig ausgerichteten weiterführenden Fachschulen oder (Berufs-) Fachschulen angeboten.

Im Laufe des vergangenen Jahrzehnts wurde dann das ältere dreistufige System der elementarpädagogischen Ausbildung (berufsbildende weiterführende Schule, Junior College und 4-jähriges College) allmählich in ein zweistufiges System aus Junior College und College umgewandelt. Allerdings führte dieser Transformationsprozess nicht zu einheitlichen Resultaten. Einige der berufsbildenden weiterführenden Schulen wurden zu dreijährigen fachlich gebundenen Colleges ausgebaut, während andere an nahegelegene pädagogische Hochschulen oder Universitäten angegliedert wurden, sofern diese auch den Erwerb von Associate Degrees[167] ermöglichten. Zusätzlich zu Präsenzstudiengängen in Vollzeit bieten die auf der zentralen bzw. kommunalen Ebene zuständigen staatlichen Behörden auch berufsvorbereitende und berufsbegleitende Qualifizierungsprogramme an, die im Fern- oder Selbststudium, in Teilzeit oder per E-Learning absolviert werden können. Infolgedessen kam eine große Zahl frühpädagogischer Fachkräfte in den Genuss einer mindestens dreijährigen Collegeausbildung. In einigen wohlhabenderen Regionen Chinas verfügen mittlerweile fast alle Frühpädagoginnen und -pädagogen über eine derartige Qualifikation.

Im Zuge einer allgemeinen Lehrerbildungsreform haben einige der Universitäten und Colleges, die elementarpädagogische Ausbildungsgänge anbieten, nun auch Graduiertenstudiengänge mit Vollzeitprogrammen eingerichtet (darunter Master- und Promotionsstudiengänge sowie Postdoc-Programme). In jüngster Zeit entwickelten einige dieser Institutionen zudem berufsbegleitende weiterbildende Teilzeitmasterstudiengänge für bereits im Beruf stehende Pädagoginnen und Pädagogen.

Der Staatsrat der Volksrepublik China[168] erließ am 3. November 2010 ein fünf Punkte umfassendes politisches Massnahmenpaket für frühkindliche Bildung, das explizit „die verbesserte Ausbildung frühpädagogischer Fachkräfte" beinhaltete. Anhand der konkreten Einzelmassnahmen zeigt sich, dass die Regierung zu diesem Zweck nicht allein auf den Auf- und Ausbau qualitativ hochwertiger Hauptfachstudiengänge an Universitäten und Colleges setzt, sondern auch versucht, das alte Ausbildungsmodell der berufsbildenden Schulen für Absolventinnen und Absolventen der Mittelschulunterstufe wiederzubeleben. Dies bedeutet jedoch keinesfalls einen Rückwärtstrend, sondern ist ein richtungsweisender Schritt, um dem Mangel an frühpädagogischen Fachkräften vor allem im ländlichen Raum zu begegnen.

1.2 Studiengänge für frühpädagogische Fachkräfte: Curricula an Universitäten und Colleges

Auf der curricularen Ebene gibt es keine landesweit für alle Universitäten bzw. Colleges geltenden Standards und Anforderungen für die Ausbildung frühpädagogischer Fachkräfte. Dennoch weisen die Curricula der einzelnen Hochschulen keine wesentlichen Unterschiede auf. Zumeist bestehen sie aus einer Kombination allgemeinbildender Grundkurse (z. B. Chinesisch, Englisch, Politik und Computertechnologie), berufsbezogener fachwissenschaftlicher Kurse (z. B. Themengebiete wie kindliche Entwicklung, Spiel, Kindergartencurriculum), künstlerischer Fächer

---

[167] *Das Associate Degree ist ein am US-System orientierter berufsbefähigender Abschluss nach zwei- oder dreijährigem Studium. Die Ausbildungsinhalte sind stark auf die berufliche Praxis ausgerichtet (Anm. d. Hrsg.).*

[168] *Der Staatsrat (国务院 guówùyuàn) ist das höchste zentrale Verwaltungsorgan der Volksrepublik China (Anm. d. Hrsg.).*

(z. B. Gesang, Tanz, Zeichnen, Klavierspiel) und einem Praktikum im Kindergarten. Der Hauptunterschied liegt eher darin, dass die Bachelorstudiengänge zumeist theorieorientierter sind, während Programme zum Erwerb eines Associate Degree im Allgemeinen größeres Gewicht auf die künstlerischen Fächer legen. Allerdings werden inzwischen auch unterschiedliche curriculare Ansätze entwickelt, da einige Universitäten weiterhin das traditionelle Ausbildungskonzept zu verbessern suchen. So wurde zum Beispiel an einigen Universitäten das obligatorische Praktikum modifiziert und ausgeweitet, weil sukzessive erkannt worden war, dass Studierende bei der Verknüpfung von Theorie und Praxis Unterstützung benötigen.

Ein typischer universitärer Studiengang zur Ausbildung frühpädagogischer Fachkräfte für Kindergärten sieht folgendermaßen aus:

- Zulassungsvoraussetzungen: Die Bewerberinnen und Bewerber müssen die Oberstufe der Sekundarschule abgeschlossen haben und sich der zentralen Aufnahmeprüfung für Hochschulen unterziehen. Die Universitäten und Colleges lassen nach Massgabe der Prüfungsergebnisse zum Studium zu. Einige Hochschulen führen zusätzlich Bewerbungsgespräche durch, um die Kandidatinnen und Kandidaten auf ihre Eignung für diesen Beruf zu prüfen.
- Das Studium dauert vier Jahre.
- Abschluss ist der Bachelorgrad.
- Studierende mit Bachelorabschluss können die Aufnahmeprüfung zur Graduiertenschule absolvieren und sich für ein Masterprogramm bewerben.
- Pädagogische Ausbildungsgänge für den Elementar- und den Primarbereich sind in der Regel organisatorisch getrennt. Mit dem Ziel, die Kluft zwischen Kindergarten und Grundschule zu überwinden, laufen jedoch derzeit an einigen Universitäten Planungen für eine Ausbildung, die es den pädagogischen Fachkräften ermöglicht, sowohl im Kindergarten als auch mit der ersten oder zweiten Grundschulklasse zu arbeiten. Dies ist zum Beispiel an der East China Normal University in Shanghai der Fall.
- Das typische Curriculum eines universitären Bachelorstudiengangs in Frühpädagogik setzt sich aus einem Pflicht- und einem Wahlbereich zusammen. Die Lehrveranstaltungen umfassen im Einzelnen:

  a) Allgemeinbildendes Curriculum: Englisch, Sport, Militärwesen[169], Berufsberatung und Karriereplanung, angewandte Computertechnologie, chinesische Geschichte, Politik, Mathematik etc.

  b) Grundlagencurriculum im Hauptfach Pädagogik: Formale Logik, westliche und chinesische Kultur, menschliche Anatomie und Physiologie, Sonder- und Heilpädagogik, Einführung in die Kunstpädagogik, pädagogische Theorien, allgemeine Psychologie, pädagogische Psychologie, erziehungswissenschaftliche Forschungsmethoden, chinesische und außerchinesische Bildungsgeschichte.

  c) Berufsbezogenes fachwissenschaftliches Curriculum im Hauptfach Frühpädagogik: Die Pflichtveranstaltungen bereiten auf die konkrete pädagogische Arbeit im Kindergarten vor. Sie beinhalten die Auseinandersetzung mit dem Kindergartencurriculum sowie Spiel-, Kunst- und Gesundheitspädagogik, sprachliche und naturwissenschaftliche Bil-

[169] *Militärwesen gehört an chinesischen Hochschulen zum für alle Studierenden obligatorischen Kanon. Die Kurse werden von Militärangehörigen durchgeführt und umfassen sowohl Grundzüge militärischer Theorie bzw. der chinesischen Verteidigungsdoktrin als auch eine mehrwöchige einfache militärische Grundausbildung (Anm. d. Hrsg.).*

dung und die Förderung der sozialen Kompetenz von Kindern im Vorschulalter. Hinzu kommen Themen wie die Zusammenarbeit mit Familien und Gemeinden, Kinderpflege, gesetzliche Regelungen und politische Richtlinien zu frühkindlicher Bildung, fachliche Weiterbildung in der Berufspraxis etc. Ferner wird noch eine Vielzahl von Wahlfächern angeboten, darunter die folgenden Module: Lehrveranstaltungen rund um die pädagogische Arbeit im Kindergarten (z. B. Evaluation von Entwicklungsfortschritten der Kinder und der Einrichtungsqualität, Schaffung eines förderlichen Lernumfelds im Kindergarten, Kinderliteratur), Lehrveranstaltungen zur pädagogischen Arbeit mit Klein- und Kleinstkindern, zum Englischlernen im Kindergarten und zum Einsatz von Medientechnologien. Außerdem gibt es diverse semesterweise wechselnde Einzelveranstaltungen wie Workshops oder Vorträge, in denen Lehrende ihre Forschungsschwerpunkte vorstellen (z. B. Theaterpädagogik im Kindergarten).

d) Künstlerische Fächer: Musik, bildende Kunst, Tanz, Choreografien für Kindertanz, Spielen von Musikinstrumenten etc.

e) Praxiskurse und Praktika: Planen und Realisieren von pädagogisch ausgerichteten Aktivitäten, Beobachten und Analysieren kindlichen Verhaltens, das eigentliche Praktikum im Kindergarten etc.

2. Reform der frühpädagogischen Ausbildung und die zugrunde liegende Bildungsphilosophie

Im Vergleich zur Situation vor zehn Jahren hat die Reform der frühkindlichen Bildung weitreichende inhaltliche wie auch methodische Veränderungen in der Ausbildung von Studierenden mit Hauptfach Frühpädagogik bewirkt. Der wesentlichste Punkt ist ein grundlegender Wandel des zugrunde liegenden Verständnisses von Bildung und Lernen.

2.1 Von der Vermittlung theoretischer Wissensinhalte hin zur Entwicklung von Kompetenzen

Seit den späten 1980er Jahren treibt die chinesische Regierung eine landesweite Reform auf dem Gebiet der frühkindlichen Bildung voran, wobei das Hauptaugenmerk der Curriculumreform gilt. So wurden im Curriculum für den Elementarbereich die Akzente neu gesetzt: An die Stelle der Vermittlung von Kenntnissen und Fertigkeiten ist nun die Förderung der kindlichen Entwicklung und der Entfaltung von Fähigkeiten getreten, und statt des Bildungsergebnisses wird jetzt der Bildungsprozess betont. Hervorgehoben werden weniger die einheitlichen curricularen Standards als vielmehr Diversifizierung und Autonomie bei der Weiterentwicklung und Umsetzung des Curriculums.

Vor Beginn der Reformen lag die Curriculumentwicklung in den Händen jener Fachleute aus Bildungsplanung und -verwaltung, die letztlich auch kontrollierten, ob diese Vorgaben in den einzelnen pädagogischen Einrichtungen erfüllt wurden. Die Ausbildung im Bereich der Frühpädagogik folgte daher dem paradigmatischen Leitbild, Fachkräfte heranzubilden, die den Geist der Planvorgaben im Bereich frühkindlicher Bildung zuverlässig umsetzen. Dieses Leitbild basierte auf einer „technischen Rationalität", wonach die Ausbildung von Frühpädagoginnen und -pädagogen aus der Vermittlung von formalen Wissensinhalten und dem Bereitstellen von repetitiven Übungsformen zu ihrer weiteren Verankerung zu bestehen habe.

Nun gilt die Curriculumreform als Kernstück der gesamten Reformbestrebungen im Bereich der Frühpädagogik. Diese Entwicklung hat das traditionelle Leitbild der frühpädagogischen Ausbildung in seinen Grundfesten erschüttert. Mittlerweile schreibt eine Unzahl an nationalen und lokalen Gesetzen, Richtlinien und Bestimmungen vor, dass Kindergärten all ihre Aktivitäten rund um das neue Elementarcurriculum organisieren. Von den frühpädagogischen Fachkräften verlangt dies verstärkt, sich mit den kindlichen Interessen, Bedürfnissen und Erfahrungen auseinanderzusetzen und die Kinder in die Auswahl und Gestaltung der gemeinsamen Aktivitäten mit einzubeziehen. Das bisherige Leitbild der Ausbildung, wonach Pädagoginnen und Pädagogen lediglich „ausführende Organe" zu sein haben, wird so vor eine ernste Herausforderung gestellt.

Durch die Reform des Curriculums wird pädagogischen Fachkräften eine Schlüsselposition zugewiesen, in der sie sich eingehend mit kindlichen Lernprozessen und Erfahrungen befassen müssen. Die praktische Umsetzung des neuen Curriculums verlangt den Pädagoginnen und Pädagogen wesentlich mehr ab als das reine Erfüllen standardisierter curricularer Vorgaben, da sie nun selbst Entscheidungen hinsichtlich der konkreten Ausgestaltung und Durchführung treffen sollen.

Daher halten viele Hochschulen ihre Lehrkräfte an, Lehrinhalte und -methoden in einer Weise zu überarbeiten, die die Studierenden bei ihrer zukünftigen Tätigkeit im Kindergarten zum selbstständigen Denken und Handeln befähigt. Gerade altgedienten Ausbilderinnen und Ausbildern, die bisher daran gewöhnt waren, als „buchstabengetreu ausführende Organe" zu schulen, fällt die Umstellung jedoch recht schwer.

→ Die Reform der Hochschulausbildung frühpädagogischer Fachkräfte zeichnet sich also durch zwei wesentliche Merkmale aus:

- Die Bemühungen laufen parallel zur Reform des Elementarcurriculums. Viele der neuen pädagogischen Theorien und Konzepte, auf denen die gesamte Reform der frühkindlichen Bildung in China beruht, werden in die Ausbildungspläne frühpädagogischer Studiengänge integriert.
- Im Vordergrund steht, dass die angehenden Fachkräfte zukünftig den Freiraum haben sollen, selbst über die Umsetzung der Inhalte und die Ausgestaltung des Kindergartencurriculums zu entscheiden. Um dazu in der Lage zu sein, genügt nicht allein Bücherwissen; sie müssen vielmehr auch lernen, selbstständig zu planen und Entscheidungen zu treffen. Demnach sollten Studiengänge der Frühpädagogik im Kern auf die Entwicklung dieser Kompetenzen abzielen.

2.2 Von der Vermittlung theoretischer Wissensinhalte hin zur Entwicklung von Erfahrungswissen

In der Ausbildung frühpädagogischer Fachkräfte zeichnet sich in China noch ein weiterer Trend ab: Statt die Studierenden lediglich im Auswendiglernen von Bücherwissen anzuleiten, geht es zunehmend darum, ihnen den Aufbau eigenen Erfahrungswissens in den verschiedensten Praxisfeldern zu ermöglichen. Dies liegt darin begründet, dass nun auch in China eine Reihe von epistemologischen und pädagogischen Theorien rezipiert wird (z. B. der Konstruktivismus nach Piaget oder sozialkonstruktivistische Theorien), die in den letzten Jahren innerhalb der universitären Forschung und Lehre sukzessive die Wahrnehmung für die Bedeutung des sogenannten impliziten bzw. des Erfahrungswissens geschärft haben – eine Form des Wissens, das nur die Studierenden selbst aktiv aufbauen können. Angesichts der gravierenden regionalen Unterschiede, die im Bereich frühkindlicher Bildung innerhalb Chinas anzutreffen sind, hat die Rezeption diverser soziokultureller oder sozialökologischer Theorien einen Prozess in Gang gesetzt, der ebenfalls dazu beiträgt, die bestehende Form der frühpädagogischen Ausbildung zu überdenken. Die entscheidende Frage ist, wie die Studierenden darin unterstützt werden können, ein höheres Maß an Erfahrungswissen im Kontext ihrer zukünftigen Arbeitsorte zu entwickeln. All diese genannten Aspekte stellen für die Ausbildung frühpädagogischer Fachkräfte eine große Herausforderung dar und haben zunehmend den Ruf nach einem Paradigmenwechsel laut werden lassen.

Der technologische Fortschritt und die Wissensexplosion des industriellen und des postindustriellen Zeitalters haben im Laufe des 20. Jahrhunderts praktisch die gesamte Welt erfasst. Im als Informationszeitalter geltenden 21. Jahrhundert steht Wissensentwicklung im Zentrum eines jeglichen Bildungsauftrags. Infolgedessen müssen Lehrende bei der Wissensvermittlung eine ganz neue Rolle übernehmen. Sowohl in der Ausbildung frühpädagogischer Fachkräfte als auch bei der Entwicklung und Umsetzung des Elementarcurriculums basierten die herkömmlichen Leitbilder auf einem zu überwindenden Verständnis von Wissen. Danach gilt Wissen als objektiv, universell gültig und wertneutral, wodurch kontextabhängige Unterschiede und kulturelle Vielfalt unberücksichtigt bleiben. Pädagoginnen und Pädagogen konnten diese Form des Wissens nicht nur nahtlos in ihre pädagogische Praxis übertragen, sondern wendeten das vorgegebene methodische Repertoire auch pauschal auf alle pädagogischen Anforderungen an, sobald sie sich diese Wissensbestände einmal angeeignet hatten. Im heutigen Zeitalter der Wissensökonomie sind pädagogische Fachkräfte jedoch gefordert, den ihnen anvertrauten Kindern Hilfestellungen zu geben, damit diese sich das für die kompetente Bewältigung ihres weiteren Lebens relevante Wissen aneignen können. Pädagoginnen und Pädagogen sollen den Kindern Lernprozesse ermöglichen, die ebenso motivierend wie von praktischem Nutzen sind, zu innovativem Denken anregen und das Beobachtungsvermögen fördern. Gleichzeitig sind die Kinder aufgefordert, so lange Fragen zu stellen, bis sie schließlich selbstständig Lösungswege und Antworten entwickeln und diese kritisch durchdenken und überprüfen können.

Die Welt ist heute einem rasanten Wandel unterworfen. Die Globalisierung und das Aufeinandertreffen unterschiedlicher Ideologien stellen die frühkindliche Bildung in Theorie und Praxis vor neue Probleme und Herausforderungen – zum Beispiel im Umgang mit kultureller und sprachlicher Diversität, mit lokalem Wissen oder dem Prozess der Dekolonisation. China entwickelt sich in Richtung einer multikulturellen Gesellschaft, in der Menschen aus dem ländlichen Raum in die Städte strömen, aus weniger entwickelten Regionen in die besser entwickelten abwandern oder aus anderen Ländern zuwandern. Dieser Trend spiegelt sich auch in den zwischenmenschlichen Beziehungen und den Lebensstilen, auf allen politischen Ebenen, im Wirtschaftsleben und in den kulturellen Vorstellungen wider. All diese Aspekte nehmen in direkter oder indirekter Weise Einfluss auf die frühkindliche Bildung.

Die paradigmatischen Leitsätze des traditionellen Elementarcurriculums und der herkömmlichen pädagogischen Ausbildungsgänge kreisen um die Kerngedanken von Strukturierung, Systematisierung, Zentralisierung, Standardisierung und Uniformität –, wobei Komplexität, Gegensätzlichkeit, Vielfalt, historische und kontextgebundene Besonderheit und – vor allem – kulturelle Angemessenheit unberücksichtigt bleiben. Mit seinem von universellen Prinzipien abgeleiteten Verständnis kindlicher Entwicklungs- und Bildungsprozesse geht das standardisierte Curriculum nicht auf den familiären und kulturellen Hintergrund des einzelnen Kindes, seine sozialen Beziehungen und seine individuelle Geschichte ein. Das ist nicht nur ungerecht, sondern auch wenig zielführend. Stattdessen müssen Pädagoginnen und Pädagogen sich selbst wie auch die Kinder, mit denen sie arbeiten, als in vielfältige und komplexe Beziehungsgefüge eingebunden begreifen. Sie müssen die Kinder darin unterstützen, ihre eigene Kultur zu akzeptieren, zu respektieren, sich mit ihr zu identifizieren und sie weiterzuentwickeln. Zusammengefasst geht es darum, innerhalb dieses komplexen sozialen Beziehungsgefüges in Prozessen der Kooperation, des Austauschs und der argumentativen Auseinandersetzung gemeinsam mit anderen Menschen Wissen und Kultur hervorzubringen.

Wenn zukunftsfähige pädagogische Arbeit dergestalt begriffen wird, liegt auf der Hand, dass angehende frühpädagogische Fachkräfte in der Ausbildung darauf vorbereitet werden müssen, in ihrer alltäglichen pädagogischen Praxis mit ständig wechselnden und mehr oder weniger einzigartigen Konstellationen situativ umzugehen. Obwohl Pädagoginnen und Pädagogen sich in ihrem fachlichen Handeln durchaus an explizitem und exaktem theoretischen Wissen orientieren können, umfasst dies nur in geringem Umfang Konzepte und Fertigkeiten, die in der konkreten pädagogischen Arbeit anwendbar sind. Insofern sind die pädagogischen Fachkräfte auf ihren eigenen Erfahrungsschatz und ihre pädagogischen Einsichten angewiesen, um in den unterschiedlichsten Praxissituationen unabhängige Entscheidungen fällen zu können.

Allerdings verläuft die wirtschaftliche Entwicklung in China extrem uneinheitlich. Dieses Ungleichgewicht wirkt sich zwangläufig auch auf die Ausbildung frühpädagogischer Fachkräfte aus. Vielerorts, insbesondere in Regionen mit Entwicklungsdefiziten, stehen frühpädagogische Ausbildungsgänge vor der vorrangigen Aufgabe, zunächst eine ausreichende Grundversorgung mit qualifiziertem pädagogischem Personal zu gewährleisten, anstatt gleich höhere Qualitätsstandards zu formulieren. Übermäßige Erwartungen an frühpädagogische Fachkräfte zu stellen, wäre hier nicht praxistauglich und würde vielfältige Probleme hervorrufen.

→ In China sollten Studiengänge der Frühpädagogik folglich darauf abzielen, die Studierenden beim selbstständigen Erwerb von breit gefächertem, flexibel anwendbarem und kontextsensitivem Erfahrungswissen zu unterstützen. Geleitet von dieser Erkenntnis, wurde in einigen Programmen damit begonnen, den Schwerpunkt auf die Verbindung von Theorie und Praxis zu legen und den Studierenden ein höheres Maß an Praxiserfahrung wie auch verstärkt Gelegenheit zur kritischen Analyse, Reflexion und Diskussion zu bieten. Diese Neuausrichtung der frühpädagogischen Ausbildung steht jedoch erst ganz am Anfang und konnte bislang noch nicht systematisch als neues Leitbild etabliert werden. Faktisch setzt zudem die Mehrheit des in der Ausbildung tätigen Lehrpersonals weiterhin auf die herkömmlichen Lehrmethoden. Dennoch sind wir davon überzeugt, dass sich das neue Paradigma in der Zukunft durchsetzen wird.

3. Diskurs- und Forschungsorientierung in frühpädagogischen Ausbildungsgängen

Innerhalb frühpädagogischer Ausbildungsgänge findet bislang weder eine offizielle oder systematische Programmevaluation statt, noch gibt es spezielle Unterstützungsangebote für die Lehrenden, obgleich die Lehr- und Leitungskräfte der betreffenden Hochschulen oder Fakultäten im Allgemeinen darum bemüht sind, ihre Studiengänge auf der Grundlage ihrer eigenen Lehrerfahrungen sowie informeller Interviews, Erhebungen oder Gruppendiskussionen zu reflektieren und zu verbessern. Allerdings werden Struktur, Inhalt und Qualität frühpädagogischer Studiengänge zunehmend zum Gegenstand von Forschung. Die an der Ausbildung frühpädagogischer Fachkräfte maßgeblich beteiligten Colleges und Universitäten halten mittlerweile Jahreskonferenzen ab, um sich über Reflexionsprozesse, Forschungsergebnisse und programmatische Verbesserungen auszutauschen.

Mit Blick auf Forschung als Bestandteil der Ausbildung lässt sich festhalten, dass Studierende in Bachelorprogrammen zu eigener Forschungsarbeit oder auch gar zur Bewerbung für universitäre Forschungsprogramme ermutigt werden. Ebenso sind Lehrveranstaltungen zu „erziehungswissenschaftlichen Forschungsmethoden" gemeinhin ein wichtiger Bestandteil der Ausbildung. In der Vergangenheit beinhaltete dies hauptsächlich quantitative Forschungsmethoden, aber inzwischen haben auch qualitative Methoden Eingang in den Studienplan gefunden. Zum Erwerb des Bachelorgrades müssen überdies alle Studierenden eine forschungsbasierte Abschlussarbeit verfassen.

Wie bereits erwähnt, bestärken einige Ausbildungsgänge ihre Studierenden darin, „reflektierende Praxisexpertinnen und -experten" zu werden und so ihr eigenes Erfahrungswissen aufzubauen. In den stärker weiterentwickelten Regionen Chinas wurde für die berufliche Weiterbildung pädagogischer Fachkräfte sogar das Motto „Lehrende zur Forschung befähigen" geprägt. In jüngster Zeit ist die Einsicht gereift, dass es hier nicht darum gehen kann, von frühpädagogischen Fachkräften Forschung auf akademischem Niveau zu erwarten, sondern vielmehr darum, sie bei der Entwicklung eines eigenen Erkenntnisinteresses zu unterstützen. Dies impliziert eine reflexive Auseinandersetzung mit der eigenen beruflichen Praxis in ihren konkreten Alltagskontexten. Weithin gilt daher der Ansatz, die fachliche Weiterentwicklung durch Auseinandersetzung mit der eigenen Handlungspraxis direkt vor Ort im Kindergarten anzusiedeln – als eine effektive Methode zur Förderung forschend tätiger frühpädagogischer Fachkräfte und somit auch zur beruflichen Weiterbildung insgesamt. Hierbei sollen Frühpädagoginnen und -pädagogen an die Aktionsforschung herangeführt und so in ihrer fachlichen Entwicklung gefördert werden. Der Ansatz verabschiedet sich von der Vorstellung, Pädagoginnen und Pädagogen müssten objektives Wissen und fachliches Anwendungswissen in Kontexten abseits ihres Berufsalltags erwerben und ermutigt sie stattdessen, selbst im Rahmen ihrer pädagogischen Praxis Forschung zu betreiben und umgekehrt ihre pädagogische Praxis in diese Forschung einzubetten. Durch eine systematisch in den Arbeitskontext eingebundene Auseinandersetzung mit den eigenen Erfahrungen können die frühpädagogischen Fachkräfte ihr Praxishandeln reflektieren und verbessern. Ein derartiger Aktionsforschungsansatz fördert Selbsterkenntnis und das bessere Verstehen des eigenen beruflichen Alltagshandelns. Leitender Gedanke dieses neuen Konzepts der berufsbegleitenden Weiterbildung ist, dass frühpädagogische Fachkräfte die im Zuge ihrer pädagogischen Tätigkeit gemachten Erfahrungen wie auch die Kontexte dieser Arbeit selbst sinnhaft interpretieren. Empfohlen wird, das eigene berufliche Handeln zu reflektieren, sich kontinuierlich mit dem Arbeitsumfeld auseinanderzusetzen und zielführende Entscheidungen zur Umsetzung des Elementarcurriculums zu treffen. Wie bereits erwähnt, stellt dieses neue Leitbild der berufsbegleitenden Weiterbildung die Tatsache in Rechnung, dass Frühpädagoginnen und -pädagogen Entscheidungen treffen müssen, dabei aber nicht für jedes pädagogische Problem sofort eine eindeutige Lösung bereit haben können. Sie planen und handeln in einem Feld, in dem alle Erkenntnis- und Entscheidungsprozesse großer Unsicherheit unterliegen und es stets mehrere Möglichkeiten und Optionen gibt. Letztlich profitiert ihre pädagogische Praxis von der Auseinandersetzung mit Komplexität und Unsicherheit, da auf diese Weise Handlungsfähigkeit im Umgang mit permanenter Veränderung gefördert wird.

Die unmittelbar im Kindergarten angesiedelte Weiterbildung ist ein berufsbegleitend konzipierter Gruppenprozess, der in einen sich ständig weiterentwickelnden Kontext eingebettet ist. Entscheidend für den Erfolg der Weiterbildung ist daher, dass die frühpädagogischen

Fachkräfte als Gruppe dauerhaft zusammenarbeiten. Die gemeinsame Sinnkonstruktion wie auch die Forschungszusammenarbeit sind als diskursives Verfahren angelegt. Alle am Diskurs Beteiligten können ihre Ideen und Denkprozesse einbringen und sich entsprechend miteinander austauschen. Sie können zu den geäußerten Ideen Position beziehen, sie bewerten, sich davon inspirieren lassen, sie einfach hinnehmen oder ihnen widersprechen. Das Aufeinandertreffen unterschiedlicher Perspektiven kann letztlich dazu beitragen, dass die am Prozess Beteiligten ihre pädagogischen Konzepte überdenken und verbessern. Diese Form der berufsbegleitenden Weiterbildung unmittelbar vor Ort im Kindergarten kommt in weiten Teilen Chinas schon seit Jahren zur Anwendung und wirkt sich äußerst positiv auf die fachliche Weiterentwicklung der dort tätigen frühpädagogischen Fachkräfte aus. Es sollte nunmehr darüber nachgedacht werden, den Aktionsforschungsansatz auch in die berufsvorbereitenden Ausbildungsgänge einzuführen.

Nach Erwerb des Bachelorgrades haben die Studierenden die Möglichkeit, das wissenschaftliche Studium fortzusetzen, zum Beispiel durch Teilnahme an einem Master- oder Promotionsstudiengang. Da chinesische Universitäten ihre Auslandsbeziehungen während der letzten zwei bis drei Jahre erheblich ausgebaut haben, bieten sich vom Bachelor- bis zum Promotionsprogramm in zunehmendem Umfang Optionen für Studienaufenthalte im Ausland. Von den damit verbundenen Erfahrungsmöglichkeiten haben bereits zahlreiche Studierende profitiert.

4. Innovationspotenzial

Das chinesische System zur Ausbildung frühpädagogischer Fachkräfte hat in den letzten Jahren enorme Fortschritte gemacht. Ehrlicherweise muss aber hinzugefügt werden, dass ein erheblicher Verbesserungsbedarf bestand und immer noch viele Probleme zu lösen sind. Dennoch könnten zwei Bausteine des Systems als innovativ erachtet werden oder gar eine Vorbildfunktion für andere Länder einnehmen:

Zum einen wurde ein verhältnsmäßig gut funktionierendes System zur berufsbegleitenden Weiterbildung frühpädagogischer Fachkräfte etabliert. Mit ihrem umfassenden Maßnahmenkatalog zur Sicherung, Stärkung und Verbesserung der entsprechenden Weiterbildungsprogramme hat die Regierung entscheidend zu dieser Entwicklung beigetragen. So führte das Bildungsministerium im Dezember 2011 ein nationales Schulungsprogramm für frühpädagogische Fachkräfte ein. Es wird aus Sondermitteln der Regierung finanziert und von den acht renommiertesten chinesischen Bildungsinstitutionen getragen. An diesem Programm nehmen rund 600 ausgewählte Frühpädagoginnen und -pädagogen aus allen Teilen des Landes teil. Die Professionalisierungsmaßnahme soll sie dazu befähigen, die Umsetzung des neuen Elementarcurriculums voranzutreiben und sich vor Ort in der Aus- und Weiterbildung neuer Fachkräfte zu engagieren. Zweifellos wird dieses Programm wichtige Impulse zur Steigerung des fachlichen Niveaus chinesischer Frühpädagoginnen und -pädagogen geben können.

Auch im Bereich der berufsvorbereitenden Ausbildung hat die Regierung einige Maßnahmen ergriffen, um junge Menschen mit herausragenden schulischen Leistungen für das Berufsfeld der Frühpädagogik zu gewinnen. So wurde zum Beispiel eine Reihe renommierter staatlicher Hochschulen angehalten, in Frühpädagogik-Studiengängen keine Studiengebühren zu erheben und Studierende aus allen Teilen Chinas aufzunehmen. Im Gegenzug sind die Absolventinnen und Absolventen dazu verpflichtet, nach Abschluss des Studiums einige Jahre in Kindergärten ihrer Heimatregion oder in anderen ländlichen Gebieten zu arbeiten. Obgleich diese Regelung sicherlich an die weitere Entwicklung angepasst werden muss, wird die frühkindliche Bildung gerade im ländlichen Raum und in bislang benachteiligten Provinzen zweifelsohne davon profitieren können.

Vor dem Hintergrund der allgemeinen Bildungsreform und angesichts des Stellenwertes, den die Regierung der Frühpädagogik beimisst, gehen wir davon aus, dass das System der frühkindlichen Bildung in China auch weiterhin im Wandel sein und somit in Zukunft noch mehr Innovationspotenzial entfalten wird. Im Übrigen sehen wir innovativen Anregungen aus anderen Ländern mit Interesse entgegen.

Literatur

Hu, S., Jiang, Y. & Qian, Q. (2009). On construction and development of kindergarten teaching team in China during the past 60 years since the founding of PRC (Chinese). Early Childhood Education, Issue 10.

Ministry of Education in People's Republic of China (2009). China education statistical yearbook. Beijing: People's Education Press.

Zhu, J. (2001). Introduction and reflection on staff training in China (Paper presented at the International Conference on Teacher Education, Shanghai, China).

Zhu, J. (2002). Early Childhood Care and Education in P. R. of China. In K. Meesook, C. Myŏng-nim, P. Hye-young, K. Kyunghee, K. Han'guk Kyoyuk & Unesco (Eds.), 2002 KEDI-UNESCO Bangkok joint seminar and study tour on Early Childhood Care and Education. Seoul: Korean Educational Development Institute Press.

Zhu, J. (2004). Reflection on the two-decade reform in early childhood curriculum in Mainland China. Hong Kong Journal of Early Childhood, 3 (2), 5–8.

Zhu, J. (2008). Early childhood teacher education in China. Reflection Journal of Education for Teaching, 34 (4), 361–369.

Zhu, J. & Wang, X. C. (2005). Contemporary Early Childhood Education and Research in China. In B. Spodek & O. Saracho (Eds.), International perspectives on research in Early Childhood Education. New York, NY: Information Age Publishing.

Zhu, J. & Zhang, J. (2008). Contemporary trends and developments in Early Childhood Education in China. Early Years, 28, 173–182.

III Historische Entwicklung und aktueller Stand der Ausbildung frühpädagogischer Fachkräfte in Deutschland

Die Debatte um die Qualifizierung frühpädagogischer Fachkräfte in Deutschland

Auf dem Wege einer begonnenen, aber unvollendeten Reform

Wassilios E. Fthenakis, Freie Universität Bozen, Italien & Universität Bremen

Marike Daut, Projekt „Natur-Wissen schaffen", Universität Bremen

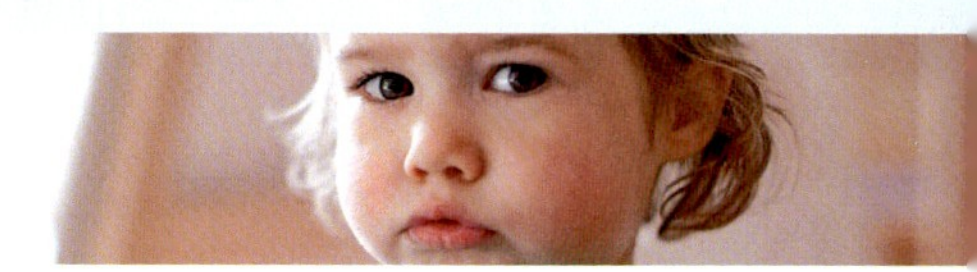

1. Von der Betreuerin zur professionellen Fachkraft

1.1 Geschichte des Erzieher/innenberufs

EINSTIEG

Das Wissen über die historische Entwicklung des Erzieher/innenberufs kann dazu beitragen, den aktuellen Stand der Ausbildung und des Berufsbilds besser zu verstehen. Auch die Debatte um die Reform der Ausbildung lässt sich leichter nachvollziehen, wenn man die Argumente, Bedenken und Reformwünsche in die historische Entwicklung einordnen kann.

Die Entstehung des Berufs der Erzieherin bzw. des Erziehers hat sich in Deutschland hauptsächlich an den „vermeintlichen Anforderungen der jeweiligen Kindergartenpraxis" orientiert und sich diesen angepasst (von Derschau 1987, S. 67). Deshalb muss man hier eher von einer kontinuierlichen Entwicklung dieses Berufs statt von einem sachbezogenen Reformprozess sprechen.

Bis in das 19. Jahrhundert hinein galt die institutionelle Betreuung von jungen Kindern als Armenpflege. Die Einrichtungen hatten vor allem die Funktion der Verwahrung der ihnen anvertrauten Kinder. Dementsprechend hielt man es nicht für notwendig, den in diesen Institutionen arbeitenden Personen eine besondere Ausbildung zukommen zu lassen. Stattdessen wurde die Arbeit mithilfe von strengen Anweisungen und engen Ordnungsrahmen unter der Aufsicht von ehrenamtlichen Frauen, Pfarrern oder Schulbehörden organisiert (von Derschau 1987).

In der ersten Hälfte des 19. Jahrhunderts wurden dann andere Funktionen der Institution erkannt: Die Einrichtungen sollten körperlich, geistig und seelisch auf die Schule und die Arbeitswelt vorbereiten und außerdem zur Entfaltung der Persönlichkeit beitragen. Mit diesen neuen Funktionen der institutionellen Betreuung wurde auch die fachliche Qualifizierung des Personals wichtig (a. a. O.).

So bildete Theodor Fliedner ab 1836 „Kleinkinderschul-Lehrerinnen" in kostenpflichtigen Kursen aus, die zunächst zwei bis drei Monate, später dann ein Jahr dauerten. Hier spielte der fürsorgerische Aspekt der Betreuung eine wichtige Rolle. Ab 1854 war diese Ausbildung nur noch Frauen zugänglich, die in den Kursen religiöse Inhalte vermittelt bekamen und praktische Anleitungen erhielten (von Balluseck 2008; von Derschau 1987).

Fröbel gründete 1840 den ersten Kindergarten mit einem Bildungsanspruch für Kinder aller Schichten (von Balluseck 2008). Er forderte, den Kindergarten als erste Stufe eines Volksbildungssystems einzuführen und anzuerkennen. Damit einhergehend stellten er und seine Schüler/innen hohe Ansprüche an die Ausbildung: Wichtig war das Erlernen von Gesetzen der Natur, die Vermittlung pädagogischer und psychologischer Grundlagen, die Reflexion des pädagogischen Handelns und Unterweisungen im praktischen, spielerischen Tun. Beobachtung, Methodik, musische Gewandtheit und Einfühlungsvermögen sollten ebenfalls zu den Inhalten der Ausbildung gehören. Fröbels Ziel war es, Männer und Frauen gleichermaßen auszubilden. Es wurden mit der Zeit jedoch immer mehr Frauen und immer weniger Männer ausgebildet, zudem konnten nicht alle der anspruchsvollen Ziele Fröbels in der Ausbildung umgesetzt werden (von Derschau 1987).

Ende des 19./Anfang des 20. Jahrhunderts näherten sich die Einrichtungen in kirchlicher Trägerschaft und die Einrichtungen, die sich auf Fröbel beriefen, inhaltlich an. Parallel dazu wurde auch die Ausbildung der in diesen Einrichtungen Beschäftigten angeglichen (a. a. O.).

Wenngleich Fröbel und dann SPD, KPD und Schulreformer/innen im 19. Jahrhundert forderten, den Kindergarten als erste Stufe des Bildungssystems zu etablieren, wurden die frühpädagogischen Einrichtungen in das Fürsorgesystem statt in das Bildungssystem eingegliedert. Konfessionelle Träger befürworteten bis ins 20. Jahrhundert diese Zuordnung in den Fürsorgebereich, später dann als Wohlfahrtsbereich bezeichnet (von Balluseck 2008). Zur Folge hatte diese administrative Zuordnung, dass die fürsorgerische Idee gegenüber dem Bildungsgedanken dominierte. Zudem gab es eine schwächere Reglementierung für den Elementarbereich als dies im Bildungs-/Schulbereich der Fall war (Tenorth 2000; vgl. auch von Balluseck 2008). Die Zurückhaltung des Staates und die damit an die freien Träger übertragene Verantwortung lassen sich neben anderen Faktoren auch finanziell begründen: Der Staat musste weder für Betreuungs- noch für Ausbildungskosten aufkommen (Erning 1987, S. 41). Auch deshalb mussten sich Eltern an der Finanzierung der Betreuung ihrer jungen Kinder beteiligen, während ein Schulbesuch seit 1888 für Eltern kostenlos war (von Balluseck 2008).

Durch diese Zuordnung zum Wohlfahrtsbereich konnten sich im Elementarbereich unterschiedliche Akteure mit verschiedenen Interessen behaupten. Der Staat war im Gegensatz zum Schulbereich nicht gezwungen, Reglementierungen und Standards für die Ausbildung und die Finanzierung der frühpädagogischen Fachkräfte aufzustellen. Von Balluseck macht diese Gründe für „die schleppende Professionalisierung des Erzieherinnenberufs" (2008, S. 19) verantwortlich.

Im Jahr 1911 wurden in Preußen[170] staatliche Bestimmungen über Zugangsvoraussetzungen, Lehrpläne, Prüfungsordnungen und die Dauer der Ausbildung zur Kindergärtnerin (ein Jahr) erlassen. 1929 wurden die kostenpflichtigen Ausbildungen zur Kindergärtnerin und zur Hortnerin zusammengelegt, die Ausbildungsdauer betrug nun zwei Jahre. Zugangsvoraussetzung war der mittlere Schulabschluss (von Balluseck 2008).

Im Nationalsozialismus galten eine deutsche Abstammung sowie nationalsozialistische Ziele und Vorstellungen als Zulassungsvoraussetzung für die Ausbildung zur Kindergärtnerin (a. a. O.).

Nach dem Zweiten Weltkrieg betrachtete man in der BRD den Kindergarten zwar als notwendig, aber auch mit Skepsis, da die Überzeugung vorherrschte, die Familie sei für die Erziehung der Kinder zuständig (a. a. O.).

---

[170] Andere Länder folgten Preußen nach (von Balluseck 2008).

Im Jahr 1967 wurden in der BRD die Ausbildungen zur Kindergärtnerin und Hortnerin mit der zur Jugendpflegerin und Heimerzieherin an Fachschulen für Sozialpädagogik (in Bayern: Fachakademien) zusammengelegt. Zulassungsvoraussetzung war der mittlere Schulabschluss und ein einjähriges Praktikum. Die Ausbildungsdauer betrug drei Jahre und führte zum Abschluss „staatlich anerkannte(r) Erzieher(in)" (Amthor 2003, S. 443; vgl. auch von Balluseck 2008, S. 32). Jugendleiter/innen und Sozialarbeiter/innen wurden an Höheren Fachschulen, später an Fachhochschulen zur Sozialpädagogin/zum Sozialpädagogen ausgebildet; Zulassungsvoraussetzung war das Abitur (Kruse 2004, S. 81). Dadurch konnten sich Erzieherinnen und Erzieher nicht mehr problemlos weiterqualifizieren, da sie in der Regel nicht über die Hochschulreife verfügten und die Ausbildungen getrennt stattfanden (Ebert 2006, S. 208; vgl. auch von Balluseck 2008).

Im Jahr 1970 formulierte der Deutsche Bildungsrat folgende Empfehlung: „Für die Erfüllung der neuen Aufgaben im Elementarbereich wäre der Einsatz von Sozialpädagogen als allein voll ausgebildeten Fachkräften im Elementarbereich wünschenswert, wenn nicht überhaupt eine Eingliederung der Fachkräfteausbildung in die Lehrerausbildung, wenigstens für die Leiter der Kindergärten, erfolgt" (Deutscher Bildungsrat 1970, S. 118f.). Zudem gab es die Forderung nach einem gestuften Bildungssystem mit dem Elementarbereich als erste Stufe (Deutscher Bildungsrat 1970, S. 112).

Der Erzieher/innenberuf unterlag somit lange Zeit einer Ideologisierung der Fürsorge und Mütterlichkeit („weibliche Natur"). Man glaubte, für den Elementarbereich sei keine höhere Ausbildung nötig, die Mütterlichkeit der Frauen sei ausreichend. Dies führte, so von Balluseck (2008), erstens zu Ausbildungsdefiziten und zweitens zur Entwicklung des Erzieher/innenberufs als Frauendomäne.

In der DDR hatte der Staat ein großes Interesse an einer Erwerbstätigkeit der Frauen und seinem Einfluss auf die Kindererziehung. Deshalb wurden Vorschulerziehung und Erzieher/innenausbildung zentral gesteuert. Die Krippen waren dabei dem Gesundheitsbereich, Kindergarten und Hort der Schuladministration zugeordnet (von Balluseck 2008). Die Ausbildung zur Erzieherin bzw. zum Erzieher in Krippe und Kindergarten dauerte drei Jahre, die Ausbildung zur Horterzieherin bzw. zum Unterstufenlehrer vier Jahre. Beide Ausbildungsgänge wurden an Fachschulen angeboten. Die Zugangsvoraussetzung war ein mittlerer Schulabschluss (a.a.O.). Sozialberufe hatten also in der DDR politisch und gesellschaftlich einen höheren Stellenwert als in der BRD. Fachkräfte hatten in diesem Bereich – Staatstreue vorausgesetzt – gute Aufstiegschancen (Rauschenbach, Beher & Knauer 1996, S. 159).

1.2 Arbeitsfelder und Einsatz frühpädagogischer Fachkräfte

Das Arbeitsfeld, die Berufsbezeichnung und der Einsatz frühpädagogischer Fachkräfte in Kindertageseinrichtungen haben sich über viele Jahre hinweg entwickelt. Heute arbeiten in Kindertageseinrichtungen nicht nur Erzieherinnen und Erzieher, sondern pädagogische Fachkräfte mit unterschiedlichen Berufsabschlüssen, die an unterschiedlichen Ausbildungsstätten erworben werden (Steinebach & Arbeitsgruppe „Erzieher/innenausbildung" 2008):

- Kinderpfleger/innen, Sozialassistent/innen (Berufsfachschulen)
- Erzieher/innen (Fachschulen/Fachakademien)
- Sozialpädagog/innen, Sozialarbeiter/innen, frühpädagogische Fachkräfte (Diplomstudiengang an Fachhochschulen, inzwischen B.A./M.A.-Studiengänge)

- Erziehungswissenschaftler/innen (Diplom- und Magisterstudiengänge an Universitäten, inzwischen zum Teil B.A./M.A.-Studiengänge)[171]

Im Jahr 2007 erhob die Bertelsmann Stiftung die Berufsausbildungsabschlüsse des pädagogischen Personals in Kindertageseinrichtungen und fasst die Ergebnisse folgendermaßen zusammen:

„Im Bundesdurchschnitt verfügen knapp drei Viertel des pädagogischen Personals über einen Fachschulabschluss. Die Anteile des Personals mit Fachschulabschluss bewegen sich im Bundesländervergleich zwischen 52 und 94%. Die zweitgrößte Gruppe des pädagogischen Personals sind die Kinderpflegerinnen. Im Bundesdurchschnitt haben sie einen Anteil von 13,5%; dabei liegt die Spannbreite zwischen 0,3 und 37,5%. Der Anteil des pädagogischen Personals mit Hochschulabschluss liegt im Bundesdurchschnitt bei 3,4%" (2008, S. 15).

Im Jahr 2002 waren 86 Prozent aller beschäftigten Erzieherinnen und Erzieher im Bereich der Kindertageseinrichtungen tätig (Beher 2006, S. 83f.). In Deutschland liegt der Anteil männlicher Beschäftigter in Kindertageseinrichtungen und Hort bei vier Prozent (Oberhuemer 2006a, S. 243). 70 Prozent des pädagogischen Personals in Kindertageseinrichtungen in Deutschland sind in der Kindergartenarbeit tätig, 16 Prozent arbeiten altersübergreifend, acht Prozent arbeiten mit Kindern im Schulalter und sechs Prozent mit Unter-Dreijährigen (Rauschenbach 2009).

Bei den Leitungskräften in den Einrichtungen lag der Anteil des Personals mit Hochschulabschluss im Jahr 2008 bei 21,6 Prozent, allerdings unterscheiden sich hier die Bundesländer stark: Überdurchschnittlich viele Leitungskräfte mit akademischem Abschluss gibt es in Berlin, Hessen, Schleswig-Holstein, Hamburg und Bremen (in Hamburg und Bremen über 50 Prozent). In Nordrhein-Westfalen, dem Saarland, in Brandenburg, Mecklenburg-Vorpommern, Sachsen-Anhalt und Thüringen gibt es überdurchschnittlich wenige Akademikerinnen und Akademiker in Leitungsposition in Kindertageseinrichtungen (Brandenburg hat mit 8,3 Prozent akademischer Leitungskräfte die niedrigste Quote). In Berlin, Mecklenburg-Vorpommern, Rheinland-Pfalz, Sachsen, Sachsen-Anhalt und Thüringen ist im Zeitraum 2006 bis 2008 ein deutlicher Anstieg der Quote akademischer Leitungskräfte in Kindertageseinrichtungen zu beobachten (Fuchs-Rechlin 2009, S. 18). In den meisten anderen Ländern stagniert die Quote oder verringert sich wie in Niedersachsen und Bremen sogar. Damit steigt vor allem in den ostdeutschen Bundesländern und in Berlin der Anteil an Akademikerinnen und Akademikern unter den Leitungskräften in Kindertageseinrichtungen. Bei allen anderen Beschäftigten in Kindertageseinrichtungen (Gruppenleitung, Zweitkräfte, gruppenübergreifend Tätige, Fachkräfte zur Förderung von Kindern nach SGB VIII/XII) lässt sich in den letzten Jahren keine signifikante Veränderung des Anteils akademischer Fachkräfte feststellen (Fuchs-Rechlin 2009, S. 19).

Erzieherinnen und Erzieher, die also den größten Anteil an pädagogischem Personal in Kindertageseinrichtungen ausmachen, arbeiten jedoch nicht nur in dieser Institution, sondern werden auch in weiteren Arbeitsfeldern beschäftigt. Dazu zählen (Steinebach & Arbeitsgruppe „Erzieher/innenausbildung" 2008, S. 7):

- Kindertagespflege
- Schulkindbetreuung

---

[171] *Vier Prozent aller Absolventinnen und Absolventen eines erziehungswissenschaftlichen Studiengangs nannten als belegten Studienschwerpunkt die Pädagogik der frühen Kindheit; diesen Schwerpunkt kann man an fünf Universitäten in Deutschland studieren (Thole & Cloos 2006, S. 60).*

- Offene Kinder- und Jugendarbeit
- Einrichtungen für Menschen mit Behinderungen
- Einrichtungen für Hilfen zur Erziehung
- Jugendsozialarbeit

Beher (2006) vermutet darüber hinaus ein zukünftiges Arbeitsfeld für Erzieherinnen und Erzieher in Ganztagsschulen.

Insgesamt konstatiert die Arbeitsgemeinschaft für Jugendhilfe eine „Pluralität der Ausbildungsebenen, der Träger sowie der bildungspolitischen Akteure und Instanzen" im Elementarbereich (2004, S. 3):

- Es gibt verschiedene Träger von Berufsfachschulen, Fachschulen, Fachhochschulen und Universitäten, die Kommunen, Länder, Kirchen, Freie Wohlfahrtspflege und auch kommerzielle Anbieter umfassen.
- Die freien Träger als Verantwortliche für die Ausbildung sind einerseits Garant „für die enge Verzahnung von Ausbildung und beruflicher Praxis (...), andererseits ein Strukturprinzip, das zu der Komplexität der Qualifizierungslandschaft beiträgt" (a. a. O.).
- Jugendhilfe und Kultus unterliegen der Länderhoheit, wodurch uneinheitliche, länderspezifische Regelungen und eine „kaum systematisierbare Fülle von Sonderentwicklungen" entstehen (a. a. O.).

Da Erzieherinnen und Erzieher den größten Anteil an pädagogischem Personal in Kindertageseinrichtungen ausmachen, soll deren Ausbildung an Fachschulen für Sozialpädagogik im nächsten Abschnitt genauer betrachtet werden.

1.3 Ausbildung von Erzieherinnen und Erziehern an Fachschulen für Sozialpädagogik

KMK-Rahmenvereinbarung über Fachschulen

Die Ausbildung zur Erzieherin/zum Erzieher erfolgt an Fachschulen bzw. Fachakademien. Die genauen Verfahrensregeln zum Unterricht an den einzelnen Fachschulen[172] unterliegen gemäß der Kulturhoheit der Länder den Bundesländern.

Die Kultusministerkonferenz (KMK) beschloss im November 2002 jedoch eine Rahmenvereinbarung über Fachschulen, in der neben allgemeinen Bestimmungen für Fachschulen und den dort angesiedelten Fachbereichen Agrarwirtschaft, Gestaltung, Technik und Wirtschaft auch der Fachbereich Sozialwesen (Fachrichtungen Sozialpädagogik und Heilerziehungspflege) thematisiert wird (Sekretariat der Ständigen Konferenz der Kultusminister in der Bundesrepublik Deutschland 2002).

---

[172] *In Bayern erfolgt die Ausbildung zur Erzieherin/zum Erzieher an Fachakademien. Zur besseren Lesbarkeit wird diese Ergänzung im weiteren Verlauf nicht jedes Mal vorgenommen. Wenn von Fachschulen gesprochen wird, sind damit auch die Fachakademien gemeint.*

Die KMK hat damit zwar auf Bundesebene eine Rahmenvereinbarung verabschiedet, diese hat jedoch nur Empfehlungscharakter und sichert höchstens die gegenseitige Anerkennung der Ausbildungsabschlüsse und „eine tendenzielle Angleichung der Ausbildungsunterschiede zwischen den Ländern" (Arbeitsgemeinschaft für Jugendhilfe 2004, S. 3).

In der Rahmenvereinbarung wird für die Fachschule für Sozialpädagogik das Ziel formuliert, einen staatlich postsekundären Berufsabschluss nach Landesrecht zu erwerben. Hierzu sollen bis zum Abschluss an der Fachschule mindestens 2.400 Unterrichtsstunden und 1.200 Stunden Praxis erbracht werden. Die Ausbildung führt zu der Abschlussbezeichnung „Staatlich anerkannter Erzieher/Staatlich anerkannte Erzieherin" (Sekretariat der Ständigen Konferenz der Kultusminister der Länder in der Bundesrepublik Deutschland 2002, S. 1, 25).

Zur Fachschule für Sozialpädagogik wird laut Rahmenvereinbarung zugelassen, wer über einen mittleren Schulabschluss oder einen gleichwertig anerkannten Bildungsabschluss sowie über eine abgeschlossene Berufsausbildung oder eine gleichwertige Qualifizierung verfügt (Sekretariat der Ständigen Konferenz der Kultusminister der Länder in der Bundesrepublik Deutschland 2002). Formal wird die Ausbildung zur Erzieherin/zum Erzieher damit dem tertiären bzw. postsekundären Bildungssektor zugeordnet (Arbeitsgemeinschaft für Jugendhilfe 2004, S. 44). Einige Autoren stellen jedoch fest, dass an den Fachschulen für Sozialpädagogik faktisch „überwiegend SchülerInnen ausgebildet [werden], die über keine abgeschlossene, reguläre berufliche (Erst-)Ausbildung verfügen" (Rauschenbach 1997, S. 272; vgl. auch Arbeitsgemeinschaft für Jugendhilfe 2004, S. 4). Deshalb wird bei den Fachschulen für Sozialpädagogik häufig von „unechten" Fachschulen" gesprochen (Rauschenbach 1997, S. 272; vgl. auch Schmidt 2005, S. 717f.). Die Bundesländer versuchen zwar, dieses Strukturdefizit durch Zugangsregelungen zu schließen. Die Folge ist jedoch ein oft „unüberschaubares Regelungsdickicht" (Arbeitsgemeinschaft für Jugendhilfe 2004, S. 4).

Die Ausbildung inklusive beruflicher Vorbildung soll laut Rahmenvereinbarung mindestens vier, in der Regel fünf Jahre dauern, wobei davon mindestens zwei, normalerweise drei Jahre an der Fachschule geleistet werden (Sekretariat der Ständigen Konferenz der Kultusminister der Länder in der Bundesrepublik Deutschland 2002).

Die Fachschulen für Sozialpädagogik sind zu etwa 60 Prozent in öffentlicher und zu 40 Prozent in freier, meist kirchlicher Trägerschaft. Etwa die Hälfte der Ausbildungsstätten ist an Berufs- oder Berufsfachschulen angegliedert (Dreyer & Sell 2007, S. 16; Thole & Closs 2006).

Laut KMK-Rahmenvereinbarung wird der Unterricht an Fachschulen für Sozialpädagogik von folgenden Personen erteilt:

- „In der Regel Lehrkräfte mit der Befähigung für das Lehramt für Fachrichtungen des beruflichen Schulwesens sowie Lehrkräfte mit abgeschlossenem Studium an einer Universität oder gleichgestellten Hochschule oder Kunsthochschule mit mehrjähriger Berufserfahrung und pädagogischer Eignung
- Sonstige Fachkräfte mit mehrjähriger Berufserfahrung und pädagogischer Eignung" (Sekretariat der Ständigen Konferenz der Kultusminister der Länder in der Bundesrepublik Deutschland 2002, S. 3)

Faktisch gibt es jedoch trotz dieser Empfehlungen keine bundeseinheitliche Qualifizierung der Lehrkräfte, die Rekrutierung erfolgt sehr unterschiedlich (Schmidt 2005). Anfang der 1990er Jahre verfügten etwa sieben Prozent der Lehrkräfte an einer Fachschule für Sozialpädagogik über einen Abschluss mit der beruflichen Fachrichtung Sozialpädagogik (Rauschenbach 1997, S. 275).

Rauschenbach (1997, S. 274) beschreibt vier Gruppen von Lehrkräften an Fachschulen für Sozialpädagogik:

1. Lehrkräfte unterschiedlicher Fachrichtungen, die mindestens über das 1. Staatsexamen verfügen (ca. 47 Prozent)
2. Akademiker/innen ohne Lehramtsabschlüsse, z. B. mit einem Diplom-Abschluss (ca. 22 Prozent)
3. Absolvent/innen einer Fachhochschule bzw. einer kirchlichen höheren Fachschule (ca. 27 Prozent)
4. Fachkräfte ohne akademischen Abschluss, z. B. staatlich anerkannte Erzieher/innen (ca. 5 Prozent)

Es zeigt sich also, dass die Lehrkräfte an den Fachschulen für Sozialpädagogik sehr unterschiedlich ausgebildet sind. Eine spezifische Ausbildung für den Lehrberuf an einer Fachschule gibt es nur an wenigen Standorten in Deutschland: an den Universitäten Dortmund, Bamberg, Lüneburg, Dresden, Kassel und Chemnitz, wobei der Studiengang in Chemnitz zukünftig nicht mehr angeboten wird. In diesen Studiengängen wird als erstes Fach Sozialpädagogik belegt, zudem sind die Erziehungswissenschaften und ein zweites Fach (z. B. Psychologie, Deutsch, Englisch, Sport) Schwerpunkte im Studium. Die Studierenden streben das 1. Staatsexamen an und können nach einem Referendariat das 2. Staatsexamen erhalten (vgl. auch Rauschenbach 1997, S. 275; Weiterbildungsinitiative Frühpädagogische Fachkräfte 2009a).

Etwa 60 Prozent der Lehrkräfte an Fachschulen sind Frauen (Rauschenbach 1979, S. 274), es gibt jedoch – verglichen mit der hohen Anzahl weiblicher Absolventinnen – ein „quantitatives Missverhältnis zwischen männlichen Lehrenden und weiblichen Lernenden" (Arbeitsgemeinschaft für Jugendhilfe 2004, S. 2) in sozialen Berufen.

In der KMK-Rahmenvereinbarung werden neben strukturellen Rahmenvereinbarungen auch inhaltliche und methodisch-didaktische Empfehlungen formuliert. So wird etwa beschrieben, über welche Kompetenzen Fachkräfte verfügen sollten und welches Bild vom Kind zugrunde liegen sollte, um Kinder und Jugendliche zu erziehen (Sekretariat der Ständigen Konferenz der Kultusminister der Länder in der Bundesrepublik Deutschland 2002, S. 21 f.). Die KMK-Rahmenvereinbarung empfiehlt, in mindestens 360 Unterrichtsstunden den Erwerb von fachrichtungsübergreifenden/berufsübergreifenden Kompetenzen (z. B. Methoden-, Personal-/Sozial- und Lernkompetenzen) zu ermöglichen. In mindestens 1.800 Unterrichtsstunden sollen fachrichtungsbezogene Lernbereiche und damit der Erwerb erweiterter beruflicher Handlungskompetenz im Mittelpunkt stehen (a. a. O., S. 6, 26).

Die KMK-Rahmenvereinbarung wird als Reformschritt (Bauer 2006, S. 121) gesehen, da sie statt Fächerunterricht, wie er an vielen Fachschulen bis dahin Usus war, Lernbereiche formuliert:

- „Kommunikation und Gesellschaft
- Sozialpädagogische Theorie und Praxis
- Musisch-kreative Gestaltung
- Ökologie und Gesundheit
- Organisation, Recht und Verwaltung
- Religion/Ethik nach dem Recht der Länder" (Sekretariat der Ständigen Konferenz der Kultusminister der Länder in der Bundesrepublik Deutschland 2002, S. 26)

Weiterhin werden didaktisch-methodische Grundsätze beschrieben, die beispielsweise ermöglichen sollen (a. a. O., S. 24 f.):

- ein Konzept der Berufsrolle zu entwickeln,
- die Kompetenz zu erwerben, „eigenverantwortlich und zielorientiert adressatenbezogene Betreuungs- und Pflege- sowie Bildungs- und Erziehungsprozesse zu gestalten und zu begründen",
- eigenverantwortliches Handeln zu entwickeln, dieses zu dokumentieren, zu überprüfen, weiterzuentwickeln und an wechselnde Anforderungen der Praxis anzupassen.

Da die KMK-Rahmenvereinbarungen, wie erwähnt, nur empfehlenden Charakter haben, gibt es eine große Vielfalt an Ausbildungsinhalten und Curricula an den Fachschulen für Sozialpädagogik in Deutschland. Auf diese Pluralität wird im nächsten Abschnitt näher eingegangen.

Pluralität der Fachschulen für Sozialpädagogik: Ausbildungsinhalte und Curricula

Neben der KMK-Rahmenvereinbarung gibt es in den Bundesländern zusätzliche Gesetze und Regelungen, die für die Fachschulen relevant sind. Dazu gehören:

- „Schulgesetze der Bundesländer
- Ausbildungs- und Prüfungsordnungen der 16 Bundesländer
- Durchführungsbestimmungen und gemeinsame Empfehlungen verschiedener beteiligter Ministerien
- Lehrpläne und Richtlinien" (Dreyer & Sell 2007, S. 16)

Aus diesen vielfältigen Vorgaben heraus haben sich die Fachschulen für Sozialpädagogik in den letzten Jahren weiterentwickelt, allerdings wurden die Curricula meist isoliert voneinander entwickelt. Heute bestehen viele Unterschiede, aber auch einige Gemeinsamkeiten in den Curricula der Länder:

- In den verschiedenen Bundesländern gibt es in den jeweiligen Fachschulen eine Einteilung des Unterrichtsinhalts in Lernfelder, Lernbereiche, Module oder Fächer (Müller-Neuendorf 2006, S. 170). So orientiert sich das Curriculum in Nordrhein-Westfalen an vier Lernfeldern, in Hamburg gibt es 22 Lernfelder in sechs Fächern, und die rheinland-pfälzischen Fachschulen unterrichten in zwölf Modulen plus zwei Modulen zur Profilbildung (Küls 2008). Laut der Kommission Kindertagesstätten, Tagespflege, Erziehung in der Familie (2001) gibt es jedoch eine bundesweite Tendenz zu lernfeldorientiertem Unterricht.
- In allen Bundesländern wird dem Praxisbezug eine hohe Bedeutung zugestanden (Müller-Neuendorf 2006). In der Ausbildung ist eine Orientierung an beruflichen Aufgabenstellungen und Themen feststellbar. Zudem lässt sich beobachten, dass das selbstgesteuerte und handlungsorientierte Lernen, also das Lernen an konkreten Problemstellungen, einen hohen Stellenwert hat (Kommission Kindertagesstätten 2001; Müller-Neuendorf 2006).
- Bundesweit zeigt sich eine Orientierung am Persönlichkeitsprinzip: Die Studierenden werden als Individuen gesehen, die während der Ausbildung in Verknüpfung mit Fach- und Methodenkompetenz ihre sozialen und personalen Kompetenzen stärken sollen (Küls 2008).
- Die meisten Curricula für Fachschulen beinhalten „erstens berufsbezogene fachtheoretische und fachpraktische und zweitens einen allgemeinbildenden Lernbereich" (Thole & Cloos 2006).

- Die Curricula in den Bundesländern unterscheiden sich hinsichtlich ihres Wissenschaftsbezuges. So haben Bayern und Nordrhein-Westfalen beispielsweise an wissenschaftlichen Disziplinen orientierte Fächer, während etwa in Sachsen kein Wissenschaftsbezug thematisiert wird (Küls 2008).
- Weitere Unterschiede zeigen sich bei der Festlegung der zu erlangenden Kompetenzen in der Ausbildung (a. a. O., S. 83), in der Regelung der Ausbildungszeit sowie in der bildungssektoriellen Zuordnung (postsekundärer oder tertiärer Sektor) (Thole & Cloos 2006).

Die Unterschiedlichkeit der Curricula ist äußerst problematisch, denn es gibt keine fachliche Begründung dafür, dass frühpädagogische Fachkräfte je nach Bundesland unterschiedliche Kompetenzen erwerben und später dann entsprechend der jeweiligen Qualifikation in der Kindertageseinrichtung unterschiedlich arbeiten, pädagogisch handeln und mit den Kindern umgehen. Wenn Lernfelder als das „Gesamt der Tätigkeitszusammenhänge einer Erzieherin" (Küls 2008, S. 83) verstanden werden, mit welcher Begründung können diese dann in den Ländern unterschiedlich sein?

Noch problematischer erscheint die Situation der Ausbildung frühpädagogischer Fachkräfte in Deutschland, wenn man neben den enormen Varianzen der Curricula und der strukturellen Organisation der Fachschulen für Sozialpädagogik zusätzlich die Diskrepanzen dieser Fachschulausbildung zu Studiengängen auf (Fach-)Hochschulniveau betrachtet. Im folgenden Abschnitt soll deshalb ein exemplarischer Überblick über die erst seit wenigen Jahren verfügbaren, noch in der Entwicklungsphase befindlichen Ausbildungsgänge für frühpädagogische Fachkräfte auf Hochschulniveau gegeben werden.

1.4 Ausbildung frühpädagogischer Fachkräfte auf Hochschulniveau an Universitäten, Fachhochschulen und Pädagogischen Hochschulen in Deutschland

Seit 2004 wird an der Alice-Salomon-Hochschule in Berlin der Bachelor-Studiengang „Erziehung und Bildung im Kindesalter" angeboten. Dieser war der erste Studiengang auf Hochschulebene, mit dem frühpädagogische Fachkräfte für die Arbeit in Kindertageseinrichtungen ausgebildet wurden. Mittlerweile werden an elf Universitäten, 37 Fachhochschulen, sieben Pädagogischen Hochschulen (in Baden-Württemberg) und an vier Einrichtungen freier Träger insgesamt 59 Studiengänge für die Arbeit im Elementarbereich angeboten (Weiterbildungsinitiative Frühpädagogische Fachkräfte 2009a, Stand Frühjahr 2009). Einige davon befinden sich noch in einer Erprobungsphase (Dreyer & Sell 2007). Seit 2007 gibt es in Deutschland erste Absolventinnen und Absolventen dieser Studiengänge (Robert Bosch Stiftung 2008).

Die Studiengänge führen zu *unterschiedlichen Abschlüssen.* Die meisten Studiengänge enden mit einem Bachelor-Abschluss, der dann auch zu einem weiterqualifizierenden Master-Studium berechtigt. Mit den internationalen Studiengängen „European Master in Early Childhood Education and Care" in Halle sowie dem Studiengang „Childhood research and education – Kindheitsforschung und Lehre" in Dresden kann ein Masterabschluss erworben werden. Einige Studiengänge haben andere Abschlüsse, beispielsweise ein Zertifikat der Universität, wie etwa der berufsbegleitende Studiengang „Frühkindliche Bildung" an der Universität Bremen.

Auch im *Modus der Durchführung und der Zulassung* zeigen sich Unterschiede: Einige Studiengänge sind berufsbegleitende oder berufsintegrierende Studiengänge, die sich entweder ausschließlich oder unter anderem an qualifizierte Erzieherinnen und Erzieher richten. Hier wird teilweise vorausgesetzt, dass die Studierenden während ihres Studiums einer Teilzeitbeschäftigung als Erzieherin bzw. Erzieher nachgehen. So soll gewährleistet werden, dass eine enge Verzahnung von Theorie und Praxis stattfindet, die die Studierenden beispielsweise durch Forschungsarbeiten und -projekte mitgestalten. Einige Studiengänge sind Fernstudiengänge oder werden anteilig als Online-Seminare durchgeführt (z. B. Hochschule Fulda). Neben den berufsbegleitenden und berufsintegrierenden Studiengängen gibt es grundständige Vollzeitstudiengänge, zu denen Studierende zugelassen werden, die über eine (Fach-)Hochschulreife verfügen.

Die neuen Studiengänge orientieren sich an Kompetenzen und Zielen, die die Fachkräfte für ihre spätere Arbeit in Kindertageseinrichtungen benötigen. Sie sind in interdisziplinären Modulen organisiert und ihre Qualität sowie Markttauglichkeit werden durch ein Akkreditierungsverfahren überprüft (Kösler & Steinebach 2006). Im Gegensatz zur Ausbildung von Erzieherinnen und Erziehern an Fachschulen für Sozialpädagogik fokussieren die neuen Studiengänge zumeist auf die Frühpädagogik: Nicht eine altersübergreifende Breitbandausbildung für die sozialpädagogische Arbeit mit Menschen bis ins Erwachsenenalter ist das Ziel, sondern die Studierenden sollen für die spezifische Arbeit im frühpädagogischen Praxisfeld ausgebildet werden (Viernickel 2009).

Auslöser für die Debatte und den Akademisierungsschub im Hinblick auf die Qualifizierung frühpädagogischer Fachkräfte sind die PISA-Ergebnisse, der europäische Vergleich der Ausbildungen[173] und die gestiegenen Anforderungen an frühpädagogische Fachkräfte. So müssen diese künftig über fundierte didaktische, analytische, planerische, kommunikative, organisatorische und reflexive Kompetenzen sowie betriebswirtschaftliche Kenntnisse verfügen, um hinreichend für die Anforderungen in Kindertageseinrichtungen qualifiziert zu sein.

Was ist nun das Besondere an diesen Studiengängen?

Zunächst unterscheiden sich die *Inhalte* der „neuen" Ausbildung auf (Fach-)Hochschulniveau von denen der „traditionellen" Ausbildung auf Fachschulniveau. Es geht bei den neuen Studiengängen neben dem Erwerb von Handlungskompetenzen um einen wissenschaftlichen Zugang zur Frühpädagogik, um Theorien und empirische Befunde. Zudem haben die Studiengänge die Beschäftigung mit Forschungsmethoden, den Erwerb der Fähigkeit zur konzeptionellen Arbeit, Wissensmanagement und die sozial- und bildungspolitische Diskussion im Elementarbereich zum Inhalt (vgl. auch Strehmel 2009).

Allerdings sind die Inhalte der Studiengänge recht divergent. So bieten einige (Fach-)Hochschulen ein generalistisches Studium für alle Berufsfelder der Sozialen Arbeit an, andere ein spezifisches, ausdifferenziertes Studium (vgl. auch Arbeitsgemeinschaft für Jugendhilfe 2004, S. 5). So nimmt zum Beispiel in den Studiengängen an den Universitäten in Bremen und Erfurt sowie an der Pädagogischen Hochschule Schwäbisch Gmünd die Verknüpfung zur Grundschulpädagogik eine besondere Stellung ein, und die Pädagogische Hochschule Karlsruhe fokussiert in erster Linie auf Sprachförderung und Bewegungserziehung.

Andere Studiengänge sind nicht nur bezüglich ihrer Inhalte spezifisch, sondern auch bezüglich ihres *Qualifikationsziels:* So bilden etwa die Fernstudiengänge in Koblenz und Remagen in erster Linie für Leitungspositionen im Elementarbereich aus.

Die Studiengänge bieten zudem *erweiterte Einsatzmöglichkeiten* für die Absolventinnen und Absolventen. Diese sollen zwar vorrangig in den Arbeitsfeldern eingesetzt werden, die auch Erzieherinnen und Erzieher innehaben, die in einer Fachschule ausgebildet wurden. Sie sollen

---

[173] Nur in Deutschland und Malta gibt es keine Regierungsbeschlüsse, die eine Ausbildung von frühpädagogischen Fachkräften auf Hochschulniveau anstreben.

also direkt in den Kindertageseinrichtungen, in der pädagogischen Arbeit wirken. Darüber hinaus können diese Fachkräfte aber auch national und international zum Beispiel in der Familienberatung, in den Kindheitswissenschaften, in Leitung und Management pädagogischer Institutionen, im Bereich der Frühen Hilfen sowie in der außerschulischen Kinder- und Jugendarbeit eingesetzt werden (Strehmel 2009).

Als zunehmend problematisch erweist sich bei den neuen Studiengängen die unzureichende *Verfügbarkeit ausreichend einschlägig qualifizierter akademischer Lehrkräfte* an den (Fach-) Hochschulen. Aufgrund der zahlreichen neuen Studiengänge wird auch eine Vielzahl an qualifizierten Dozenten und Professoren an den Hochschulen benötigt. Es werden aber kaum genügend auf die Frühpädagogik spezialisierte Akademikerinnen und Akademiker, geschweige denn promovierte Akademikerinnen und Akademiker vorhanden sein, um den Bedarf an wissenschaftlichem Personal für die neuen Studiengänge abzudecken. An vielen Hochschulen werden deshalb zum Beispiel auch Fachkräfte aus der Schulpädagogik oder der Psychologie – und hier nicht nur Psychologen mit entwicklungspsychologischem Hintergrund – eingesetzt werden. Wenn dies auch nicht per se eine schlechtere Ausbildung an den Hochschulen bedeutet, sondern die verschiedenen Fachdisziplinen und Perspektiven durchaus als Bereicherung verstanden werden können, so muss dennoch reflektiert werden, wie an den (Fach-)Hochschulen ein klares frühpädagogisches Profil entstehen kann und wie gewährleistet wird, dass die Dozentinnen und Dozenten auch die frühpädagogische Praxis und Theorie kennen.

Ein weiteres Problem der neuen Studiengänge könnte zukünftig darin liegen, dass die Absolventinnen und Absolventen *in Konkurrenz zu anderen Fachkräften stehen,* beispielsweise zu den an Fachschulen ausgebildeten Erzieherinnen und Erziehern oder den an Hochschulen ausgebildeten Fachkräften im Bereich der Sozialpädagogik, der Sozialen Arbeit oder der Erziehungswissenschaft (Viernickel 2009, S. 135).

Die in Deutschland in den letzten Jahren durch vielfältige Einzelinitiativen der Fachhochschulen und Universitäten entstandenen Studiengänge weisen somit zum Teil große Unterschiede bezüglich Zielgruppe, Qualifizierungsziele, Inhalte und Schwerpunkte sowie Studienabschlüsse auf. Vielfalt kann zwar grundsätzlich als Bereicherung gesehen werden, allerdings führt die aktuelle Entwicklung in Deutschland unweigerlich zu der Frage, ob sich die Diversität der Studiengänge rechtfertigen lässt, wenn man die spätere Arbeit in Kindertageseinrichtungen betrachtet: Die Fachkräfte stehen an allen Orten vor ähnlichen Aufgaben und benötigen in ganz Deutschland ein bestimmtes Berufsprofil, um den Aufgaben im Alltag der Kindertageseinrichtungen kompetent begegnen zu können. Eine *Vergleichbarkeit der Studiengänge* ist derzeit jedoch kaum möglich. Stellt ein Arbeitgeber eine Absolventin bzw. einen Absolventen eines solchen Studiengangs ein, so kann er kaum auf ein einheitlich geltendes Berufsprofil zurückgreifen, um die Qualifikation der Fachkraft einordnen zu können.

Da es bislang in vielen Studiengängen noch keine bzw. nur wenige Absolventinnen und Absolventen gibt, somit also noch kaum Erfahrungswerte vorliegen, geschweige denn systematische, umfassende Evaluationen vorhanden wären, lässt sich über die Qualität der neuen Studiengänge und die Berufschancen der Absolventinnen und Absolventen zurzeit noch kein Urteil abgeben. Allerdings ist zu befürchten, dass sich bei der derzeitig schlechten Bezahlung und den schwierigen Rahmenbedingungen im Elementarbereich viele Absolventinnen und Absolventen nicht für die direkte Arbeit mit Kindern entscheiden, sondern eher beratende oder leitende Tätigkeiten übernehmen werden bzw. einen Master-Abschluss anstreben.

Zudem ist festzustellen, dass die Studiengänge sich nicht nur strukturell und inhaltlich stark unterscheiden, sondern auch nur wenige Studiengänge auf sozialkonstruktivistischen Grundlagen aufbauen, wie sie an international anerkannten Ausbildungsorten für pädagogische Fachkräfte (z. B. in den USA) üblich sind und sich als sehr effektiv erwiesen haben

Eine Chance der neuen Studiengänge besteht vor allem darin, eine gesellschaftliche und damit einhergehend auch eine tarifliche Aufwertung frühpädagogischer Fachkräfte herbeizuführen. In der aktuellen Debatte werden die Hoffnungen, Chancen, Herausforderungen und Probleme einer Reform der Erzieher/innenausbildung deutlich.

Der PiK-Orientierungsrahmen

Einen wesentlichen Impuls zur Konkretisierung der Ausbildungsgänge lieferte das Projekt „Profis in Kitas" (PiK) der Robert Bosch Stiftung. Im Rahmen dieses Programms wurde 2008 ein übergreifender, nicht standortgebundener Orientierungsrahmen entwickelt, der Empfehlungen zum Aufbau Frühpädagogischer Studiengänge liefert (Robert Bosch Stiftung 2008). Der PiK-Orientierungsrahmen behandelt drei Dimensionen: den „Prozess frühpädagogischen Handelns", einzelne „Handlungsfelder" und die „professionelle Haltung", die im Studium kontinuierlich entwickelt werden soll.

Zum *Prozess frühpädagogischen Handelns* gehören (a. a. O.):
- Wissen und Verstehen
- Analyse und Einschätzung
- Forschung und Recherche
- Planung und Konzeption
- Organisation und Durchführung
- Evaluation

Die *Handlungsfelder* sind (a. a. O.):
- Das Kind in Beziehung zu sich und anderen
- Kind und Welt
- Eltern und Bezugspersonen
- Institutionen und Team
- Netzwerke

Die dritte Dimension, die *professionelle Haltung,* „bezieht sich einerseits auf ein professionelles Rollen- und Selbstverständnis im Sinne eines Habitus, andererseits auf die anzustrebende beständige Weiterentwicklung in der Persönlichkeit der pädagogischen Fachkraft" (Robert Bosch Stiftung 2008, S. 25).

Der Orientierungsrahmen beinhaltet 28 „Bausteine", an denen sich Hochschulen, die einen frühpädagogischen Studiengang anbieten möchten, orientieren können. Jeder Baustein hat dieselben Gliederungspunkte:
- Vorbemerkungen: Relevanz des Themas
- Theoretische Perspektiven
- Qualifikationsziele
- Bildungsinhalte
- Lernergebnisse und zu erwerbende Kompetenzen
- Lehr- und Lernmethoden zur Umsetzung
- Literaturliste

Thematische Inhalte der Bausteine sind (a. a. O.):
- Bausteine 01–11: Grundlagen der Frühpädagogik
- Bausteine 12–22: Bildungsbereiche

- Bausteine 23–27: Arbeitsfeld und Institution
- Baustein 28: Praktische Studien

Eine Expertengruppe, bestehend aus Vertreterinnen und Vertretern der Bundesarbeitsgemeinschaften der konfessionellen und öffentlichen Fachschulen bzw. Fachakademien, in Absprache mit der Robert Bosch Stiftung und unter fachlicher und organisatorischer Begleitung durch die „Weiterbildungsinitiative Frühpädagogische Fachkräfte" (Weiterbildungsinitiative Frühpädagogische Fachkräfte 2009a, Abschnitt 2.1), erstellte ebenfalls einen Qualifikationsrahmen für die Fachschule. Dieser soll eng an den Orientierungsrahmen zum Aufbau Frühpädagogischer Studiengänge anknüpfen und orientiert sich terminologisch am „Deutschen Qualifikationsrahmen für Lebenslanges Lernen".

2. Die Diskussion zur Professionalisierung frühpädagogischer Fachkräfte in Deutschland

Die Debatte über die Qualität im Elementarbereich, die beispielsweise durch die PISA-Ergebnisse, durch die Aussagen des „Forum Bildung" und durch die OECD-Rezeption ausgelöst wurde, schließt auch die Debatte über die Qualifizierung der pädagogischen Fachkräfte ein, da diese für die Qualität in Kindertageseinrichtungen mitverantwortlich sind (Bauer 2006; Steinebach & Arbeitsgruppe „Erzieher/innenausbildung" 2008; König & Pasternack 2008; Oberhuemer 2006b, 2008b; vgl. auch Fthenakis 2002). Zwar wird der Reformdiskurs schon seit drei Jahrzehnten geführt, aber erst die neuesten Ereignisse haben die Diskussion ernsthaft in Bewegung gebracht (Rauschenbach 2006, S. 26; vgl. auch Oberhuemer 2005a, S. 11). Die Erzieher/innenausbildung kann somit als bislang „vergessener Klient der Bildungsreform" (Fthenakis 2002, S. 15) bezeichnet werden.

Der Diskurs um eine Reform der Erzieher/innenausbildung wird auf zwei Ebenen geführt: Auf der ersten Ebene werden gesetzliche Bestimmungen und Vereinbarungen zum Anlass genommen, eine Reform der Ausbildung voranzutreiben. Hier ist beispielsweise das Tagesbetreuungsausbaugesetz (TAG) zu nennen, aber auch die Vereinbarungen und Ziele des Bologna-Prozesses[174].

Auf einer zweiten Ebene stehen qualitativ-inhaltliche Aspekte – die gesellschaftliche pädagogische Debatte – im Mittelpunkt. Anlass zur Notwendigkeit einer Reform bietet auf dieser Ebene die Erkenntnis, dass frühpädagogische Fachkräfte vor neuen Herausforderungen stehen, für die sie entsprechend qualifiziert werden müssen. So wird zum Beispiel die Bedeutung der frühen Bildung, aufbauend auf einem sozialpädagogischen Bildungsverständnis, stärker betont (Steinebach & Arbeitsgruppe „Erzieher/innenausbildung" 2008, S. 6). Nur eine Reform der Ausbildung könne demnach den neuen Anforderungen gerecht werden (Wehrmann 2008, S. 85). So sei beispielsweise eine „theorie- und wissenschaftsgestützte Qualifikation der Fachkräfte" (Steinebach & Arbeitsgruppe „Erzieher/innenausbildung" 2008, S. 6) notwendig. Pädagogische Fachkräfte spielen unbestritten eine wichtige Schlüsselrolle in der Begleitung von Bildungs- und Erziehungsprozessen und in der innovativen Weiterentwicklung von Kindertageseinrichtungen. Die Ausbildung und berufsbezogene Fort- und Weiterbildung dieser

---

[174] *Der europäische Hochschulraum. Gemeinsame Erklärung der Europäischen Bildungsminister: 19.06.1999. Bologna, 1999.*

Fachkräfte sind demnach zentrale Instrumente der Qualitätssicherung im System der Tageseinrichtungen für Kinder.

Dass Erzieherinnen und Erzieher selbst ihre Ausbildung in verschiedenen Bereichen als unzureichend einschätzen, zeigt sich in der Arbeit von Thole und Cloos anhand der wenigen empirischen Studien, die zu dieser Fragestellung vorliegen (2006, S. 49ff.):

- Die Erzieherinnen und Erzieher fühlen sich durch ihre Ausbildung überwiegend gut auf ihre erzieherische Tätigkeit vorbereitet. Dabei empfinden sie sich vor allem für die Arbeit mit dem Kind befähigt.
- Die Vorbereitung auf den Umgang mit spezifischen Problemen, wie beispielsweise Integration oder Zusammenarbeit mit den Familien, schätzen sie hingegen als eher schlecht ein.
- Als mangelhaft wird auch die Wissensvermittlung bewertet. So wird der unzureichende Aufbau von Wissensressourcen kritisiert.
- Zudem scheint die Ausbildung nicht hinreichend zu einer Entwicklung des Berufsbewusstseins zu führen.

2.1 Sechs Argumentationslinien für eine Reform der Erzieher/innenausbildung

Die strukturellen und qualitativ-inhaltlichen Begründungsmuster für eine Ausbildungsreform beziehen sich im Kern auf sechs wesentliche Argumentationslinien, die im Folgenden kurz dargestellt werden (vgl. auch Bennett 2006):

1. Neuere wissenschaftliche Erkenntnisse über Kinder, Kindheit, Bildung und Erziehung
2. Zunehmend komplexe und anspruchsvolle Anforderungen an den Beruf der Erzieher/innen
3. Anspruch auf berufliche Mobilität und Beschäftigung in vergleichbaren Tätigkeitsfeldern innerhalb der Europäischen Union
4. Notwendige Verknüpfung von Ausbildung und Forschung
5. Qualifizierungs- und Berufsperspektiven für Männer
6. Verbesserung des beruflichen Fortbildungssystems

Neuere wissenschaftliche Erkenntnisse über Kinder, Kindheit, Bildung und Erziehung

Seit der Aufklärung wurde das Weltbild in westlichen Gesellschaften durch die Prämisse der Moderne geprägt. Heute werden diesbezügliche Annahmen – zum Beispiel ein Verständnis von Fortschritt als kontinuierlich und linear, eine Auffassung von Wissen als objektiv und nachweisbar – zunehmend infrage gestellt. Es gewinnen andere, postmodernistische Sichtweisen an Bedeutung. Ungewissheit, Komplexität, Vielfalt, Multiperspektivität und kontextbezogenes Wissen sind dabei zentrale Erklärungsmodelle für unser Weltverständnis. Dieser Paradigmenwechsel eröffnet und erfordert einen neuen Blick auf die pädagogische Theorie und Praxis – und damit auch auf die Aus- und Weiterbildung pädagogischer Fachkräfte (Fthenakis 2002).

So sind in den letzten drei Jahrzehnten Theorien zum Lernen und Lehren weitgehend vom Konstruktivismus beeinflusst worden, einer Bewegung, die Piaget viel zu verdanken hat. Piaget postulierte gewisse mentale Strukturen, um den qualitativ unterschiedlichen Arten Rechnung zu tragen, mit denen Kinder während ihrer Entwicklung mit ihrer Umgebung interagieren. Auf dieser Grundlage erfolgte die Beschreibung der intellektuellen Entwicklung von Kindern von der Geburt bis zur Adoleszenz in einem Stufenmodell, zweifellos der bekannteste, aber auch umstrittenste Teil von Piagets Arbeit (Bliss 1996).

Piaget war an der Entwicklung des Wissens im Allgemeinen und demzufolge am epistemischen Subjekt interessiert, sein Interesse galt nicht dem einzelnen Kind. Daher können und wollen seine Vorstellungen individuelle Unterschiede nicht berücksichtigen. Er zieht weder den Einfluss von Faktoren wie der sozialen und emotionalen Entwicklung des Kindes in Betracht, noch kulturell-soziale Kontexte des Lernens, wie häusliche Umgebung, Klassenzimmer etc. Piaget betonte, dass das Alter, in dem ein Kind eine bestimmte Stufe erreicht, variabel, die Reihenfolge der Stufen jedoch unveränderlich sei.

In der pädagogischen, der entwicklungspsychologischen und der pädagogisch-psychologischen Literatur werden in der Nachfolge von Piaget im Wesentlichen drei konstruktivistische Strömungen unterschieden: der radikale Konstruktivismus, der soziale Konstruktivismus sowie eine Variante, die die mentale Konstruktion von Realität in pädagogischen Anwendungskontexten in den Mittelpunkt stellt (vgl. z.B. Gerstenmaier & Mandl 2000; O´Connor 1998; Oerter & Noam 1999).

Im *radikalen Konstruktivismus* (von Glasersfeld 1996), der stark durch die Biologie geprägt ist, wird die Auffassung vertreten, dass jegliche Wahrnehmung eine Konstruktion des Individuums darstellt und somit objektive Erkenntnis unmöglich sei. Jedem Subjekt sei somit ausschließlich die eigene Realität zugänglich. Es wird davon ausgegangen, dass Wahrnehmung über das Gehirn als einem operational geschlossenen System erfolgt. Es gibt kein Abbild einer äußeren Realität, sondern ausschließlich innere Konstruktionen, die durch die Struktur des kognitiven Systems determiniert sind. Information wird nicht vorgefunden, sondern nach Maßgabe der Strukturdeterminanten des Systems aus den, über die Sensoren eingehenden Impulsen erst erzeugt. Dementsprechend könne es keine *Wahrheit* in der Erkenntnis geben, welche durch den Begriff der *Viabilität* ersetzt wird. Eine Konstruktion ist dann viabel, wenn sie zur Anpassung des Subjekts an die Gegebenheiten beiträgt.

Der *Sozialkonstruktivismus,* auch als postmoderner Konstruktivismus (Cobb & Yackel 1996; Prawat 1996) bezeichnet, geht maßgeblich auf die sozialpsychologischen Theorien von C.H. Cooley (1902/1970) und G.H. Mead (1934/1974) zurück. In der entwicklungs- und pädagogisch-psychologischen Literatur gilt Vygotsky (1979) als wesentlicher Vertreter dieser Richtung. Die Gemeinsamkeit postmoderner konstruktivistischer Ansätze wird darin gesehen, dass sie die Vorstellung ablehnen, Wissen sei im Individuum lokalisierbar. Lernen und Verstehen werden hingegen als genuin soziale Aktivitäten aufgefasst. Kulturelle Aktivitäten und Werkzeuge (wie z.B. Gegenstände, Symbolsysteme, Sprache) werden als integrale Bestandteile der geistigen Entwicklung betrachtet (Palinscar 1998).

Das Interesse der kognitiven und pädagogischen Psychologie an postmodernen konstruktivistischen Perspektiven geht auf einen Paradigmenwechsel zurück, der als „soziokulturelle Revolution" (Voss, Wiley & Carretero 1995) beschrieben wurde. Wurden intellektuelle Fähigkeiten und Lernen vorher aus einer auf das Individuum bezogenen Perspektive betrachtet, so hat sich in der Folge zunehmend die Auffassung durchgesetzt, dass intellektuelle Fähigkeiten durch soziale Interaktion erworben und entwickelt werden. Denken, Lernen und Wissen sind aus dieser Perspektive nicht nur sozial beeinflusst oder geformt, sondern als genuin soziale Phänomene zu behandeln (Rogoff 1997). In diesem Sinne gelten Kognitionen als kollaborativer Prozess und Gedanken als internalisiertes Sprechen. Dementsprechend kann das Ziel entwicklungspsychologischer Forschung darin gesehen werden, die Transformation sozial geteilter Aktivitäten in individuelle internalisierte Prozesse zu untersuchen, zu deren Verständnis immer die gesamte Person im Kontext zu betrachten ist (Bruner 1986; John-Steiner & Mahn 1996).

Gemeinsam ist somit den sozialkonstruktivistischen Ansätzen, dass es hierbei nicht das isolierte Individuum ist, das in Auseinandersetzung mit der physikalischen Welt Wissen konstruiert, sondern es von Anfang an um den in soziale Zusammenhänge eingebetteten ganzen Menschen geht, der soziale Bedeutung entschlüsselt und mit anderen ko-konstruiert. Dem eigenen Platz in der Welt Sinn zu verleihen, heißt, soziale Bedeutungen zu verstehen. Nur auf diesem Weg sei es möglich, an der sozialen Welt teilzuhaben und sich aktiv beteiligen zu können. Aus dieser Perspektive sind Bedeutungs- und Wissenskonstruktion genuin soziale Prozesse.

Im dritten konstruktivistischen Bereich, welcher die aktuelle Theoriebildung und Forschung in der Lernpsychologie prägt, werden *Positionen eines kognitiven und eines sozialen Konstruktivismus* verbunden. Einige Autoren greifen zur Formulierung ihrer Prinzipien gleichermaßen auf Piaget wie auf Vygotsky zurück, ohne diese in ein widersprüchliches Verhältnis zu stellen (Gisbert 2004). So richteten Piaget und Vygotsky beide ihren Fokus auf die „spontane" Entwicklung von Konzepten und Begriffen, aber nicht in gleichem Sinne (Bliss 1996): Piagets Hauptaugenmerk liegt auf der spontanen Entwicklung von Wissen und nicht auf dem Wissen, das Kindern in der Schule vermittelt wird. Wissen kommt aus seiner Sicht durch die konstruktive Interaktion eines Individuums mit seiner Umgebung zustande. Aus Sicht von Vygotsky wird hingegen angenommen, dass die Entwicklung eines Systems wissenschaftlicher Begriffe mit einer Art des Lernens verknüpft ist, aus der heraus sich höhere geistige Funktionen entwickeln. Schulisches Lernen und Lehren lieferten den sozialen Rahmen, der für die Entwicklung dieser höheren Funktionen notwendig ist. Vygotskys wesentliches Interesse galt somit den Auswirkungen des schulischen Lernens und Lehrens auf die kognitive Entwicklung.

Piagets und Vygotskys Ideen ergänzen sich gegenseitig und tragen wesentlich zu unserem Verständnis des Lehrens und Lernens, insbesondere im schulischen Unterricht, zum Beispiel in den Naturwissenschaften, bei.

Ein weiterer wesentlicher Faktor ist, dass nicht nur die Kinderrechtsbewegung in der Folge der UN-Konvention von 1989 (Der Bundesminister für Frauen und Jugend 1993) eine neue Sichtweise von Kindern und Kindheit anmahnt, sondern auch eine wachsende Zahl sozio-kognitiver und kindheitssoziologischer Studien zu dieser Schlussfolgerung kommt: Das Bild des Kindes verschiebt sich von dem eines unreifen, hilfsbedürftigen und vom Erwachsenen abhängigen Wesens hin zu einem Verständnis von Kindern als eigenständige Individuen mit großem Entwicklungspotenzial und als Träger eigener Rechte. Das „reiche", kompetente Kind voller Möglichkeiten ist kein „Objekt" von Bildungsbemühungen seitens der Erwachsenen, sondern eigenaktives Subjekt im Bildungsprozess im Kontext sozialer Interaktionen und Beziehungen. Die Kinder selbst rücken in den Mittelpunkt der Betrachtung – die Kinder, wie sie sind, und nicht, wie sie sein sollten. Eine Analyse internationaler Trends in der Curriculumentwicklung für die frühen Kindheitsjahre weist auf eine wachsende Zahl von entsprechend soziokulturell orientierten Ansätzen hin (z. B. in Schweden, Neuseeland) (Fthenakis & Oberhuemer 2004).

Die frühpädagogische Bildung unterliegt in der Folge einer Neuorientierung, wie sie auch in Deutschland etwa in der Zusammenfassung der Studie „Konzeptionelle Neubestimmung von Bildungsqualität in Tageseinrichtungen für Kinder mit Blick auf den Übergang zur Grundschule" dargestellt ist: In dem durch das Bundesministerium für Bildung und Forschung veröffentlichten Band „Auf den Anfang kommt es an: Perspektiven für eine Neuorientierung frühkindlicher Bildung" findet sich der Forschungsstand zu aktuellen Themen der Bildungsdiskussion, wie lernmethodische Kompetenz, Resilienz und Transitionen (Bundesministerium für Bildung und Forschung 2007).

Internationale Forschungsergebnisse zeigen, dass gelingende Lernprozesse in frühpädagogischen Einrichtungen von der Qualifizierung der Fachkräfte abhängig sind: So zeigten beispielsweise Sylva et al. (2004) in ihrer Längsschnittstudie in England und Wales – mit 3.000 Kindern im Alter von drei bis sieben Jahren –, dass Fachkräfte mit einer Hochschulausbildung nachhaltige Lernprozesse der Kinder effektiver unterstützen als geringer qualifizierte Fachkräfte und geringer qualifizierte Fachkräfte von der Zusammenarbeit mit ihren besser qualifizierten Kolleginnen und Kollegen profitieren können.

Zunehmend komplexe und anspruchsvolle Anforderungen an den Beruf der Erzieher/innen

Das berufliche Anforderungsprofil von Erzieherinnen und Erziehern unterliegt auch aus einer weiteren Perspektive einem grundsätzlichen qualitativen Wandel. In der aktuellen Bildungsdebatte sowie in den Bildungsplänen werden erweiterte und qualitativ hochwertige Forderungen an den Beruf formuliert: Erzieherinnen und Erzieher sollen individualisiert und präventiv mit Kindern arbeiten, sie sollen etwa die Sprachentwicklung der Kinder effektiv begleiten, die lernmethodische Kompetenz stärken, naturwissenschaftliche, mathematische und technische Kompetenz sowie Medienkompetenz unterstützen, die Kinder beobachten, ihre Lern- und Entwicklungsprozesse dokumentieren und die eigene Arbeit evaluieren und reflektieren.

Darüber hinaus setzen die Zielvorgaben des Kinder- und Jugendhilfegesetzes von 1990 ein Rollenverständnis voraus, das bis heute weit über das gängige Berufsprofil in Ausbildung und Öffentlichkeit hinausgeht. Kindorientierung und Familienorientierung, Bildungsauftrag und Dienstleistungsauftrag, individuelle Bedarfsorientierung und Gemeinwesenorientierung gehören zum Aufgabenspektrum von Tageseinrichtungen für Kinder (Oberhuemer 2001). Auch deshalb wird international von den meisten Wissenschaftlern und Forschern betont, dass frühpädagogische Fachkräfte mindestens auf dem Bachelor-Niveau ausgebildet werden sollten (Education, Audiovisual and Culture Executive Agency 2009, S. 109).

Erzieherinnen und Erzieher in Deutschland haben die Möglichkeit, ihr Arbeitsfeld interessant und vielseitig zu gestalten. Sie sind nicht in eine eng geregelte Institutionskultur eingebunden. Sie haben die Möglichkeit, auf die Nachbarschaft und Gemeinde einzuwirken und auch flexibel auf gesellschaftspolitische Veränderungen zu reagieren. Sie können Tageseinrichtungen als multifunktionale Einrichtungen gestalten: als Bildungseinrichtung, als Kommunikationszentrum und Dienstleistungszentrum für Familien, als Diskussionsforum für kinderpolitische Belange. Allerdings entspricht dieses Berufsprofil kaum dem aktuellen Ausbildungsprofil. Kind- und Familienorientierung sowie vernetztes Arbeiten im Umfeld setzen analytische, kommunikative, organisatorische und reflexive Kompetenzen voraus. Sie machen differenzierte Kenntnisse, Kommunikationsformen und Kooperationsstrategien erforderlich. Solche Kompetenzen, neueste psychologische und pädagogische Erkenntnisse und pädagogische Grundhaltungen, die für eine qualifizierte Arbeit mit Kindern, aber auch mit Erwachsenen in einer Vielfalt von Zuständigkeiten notwendig sind, gilt es in der Ausbildung von frühpädagogischen Fachkräften zu vermitteln.

Anspruch auf berufliche Mobilität und Beschäftigung in vergleichbaren Tätigkeitsfeldern innerhalb der Europäischen Union

Mit der Verabschiedung der beiden Richtlinien zur Anerkennung beruflicher Abschlüsse in den Jahren 1988 und 1992 wurde die berufliche Mobilität innerhalb der Europäischen Union vereinfacht (Dreyer & Sell 2007). Für Erzieherinnen und Erzieher, die in Deutschland ausgebildet sind, zeigen sich jedoch Schwierigkeiten: In den meisten EU-Staaten werden pädagogische Fachkräfte auf Hochschulniveau ausgebildet, sodass Erzieherinnen und Erzieher aus Deutschland in anderen Ländern kaum die Chance haben, als gleichwertige und gleichbesoldete

Fachkräfte neben ihren höher qualifizierten Kollegen eingestellt zu werden. Weitere Hürden sind über die KMK-Rahmenvereinbarung (Sekretariat der Ständigen Konferenz der Kultusminister der Länder in der Bundesrepublik Deutschland 2002) hinausgehende bundeseinheitliche Bestimmungen zur Ausbildungsstruktur, die im Vergleich zum Hochschulbereich geringen Teilnahmemöglichkeiten an EU-Förderprogrammen für Fachschulen und Fachakademien sowie die fehlende Förderung von Auslandspraktika.

Die Auseinandersetzung mit europäisch-internationalen Entwicklungen ist aber nicht nur eine arbeitsmarktpolitische Angelegenheit, sie ist eine fachliche und fachpolitische Notwendigkeit. Im Kontext der Globalisierung und ihrer sozialen und kulturellen Folgen wird es auch für Pädagoginnen und Pädagogen zunehmend wichtig, den kulturellen Hintergrund, der ihre Weltsicht prägt, bewusst wahrzunehmen und kritisch zu überprüfen. So gewinnen Kenntnisse von und Erfahrungen mit anderen Systemen und Denkmodellen bereits in der Ausbildung an Bedeutung – nicht zuletzt auch, weil sich die Bildungs- und Erziehungsarbeit in Tageseinrichtungen schon längst an einer wachsenden Kulturenvielfalt orientieren muss. Eine reflektierende Grundhaltung anderen Vorstellungen und Sichtweisen gegenüber ist heute eine Basiskompetenz für Multiperspektivität und die Umsetzung einer „Pädagogik der Vielfalt". Auch deshalb wäre es für frühpädagogische Fachkräfte in Ausbildung und Beruf wichtig, als gleichwertig qualifizierte Fachkräfte in den EU-Ländern tätig werden zu können.

Notwendige Verknüpfung von Ausbildung und Forschung

Die Fachschulen für Sozialpädagogik in Deutschland sind nur wenig in Forschungs- und Entwicklungsvorhaben der Universitäten und wissenschaftlichen Institute eingebunden. Bis heute gibt es lediglich vereinzelt Untersuchungen und Modellprojekte im Ausbildungsbereich. In anderen europäischen Ländern ist die Einbindung in Forschungsprojekte selbstverständlich: Die Dozenten haben hier sowohl einen Lehr- als auch einen Forschungsauftrag. Nicht selten haben diese Lehrkräfte auch eine berufsbiografische Verbindung zur Praxis. Diese Verknüpfung stärkt die Sensibilität für praxisrelevante Forschungsfragen und für Handlungsforschung als Methode der Selbstevaluation und reflexiven Praxis. Beides sind wichtige Voraussetzungen für Innovation und Erneuerung innerhalb des Feldes. In Deutschland ist die Verknüpfung zwischen Ausbildung und Forschung auszubauen.

Ein zentrales Ziel der Ausbildung frühpädagogischer Fachkräfte ist es, Kompetenzen zu vermitteln, die sie dazu befähigen, theoretisch und empirisch fundierte fachliche Konzepte in reflektierter Weise für ihre Praxis zu nutzen. In Bezug auf die Entwicklung von Ausbildungsgängen, insbesondere im Hinblick auf die Akademisierung der Ausbildung, stellt sich hierbei die Frage nach der *Sicherstellung des Theorie-Praxis-Bezugs* in der Ausbildung (und der weiteren beruflichen Praxis) durch geeignete strukturelle und hochschuldidaktische Maßnahmen. Hierbei zeigt sich die besondere Bedeutung der *Forschungskompetenz* als Schlüsselkompetenz in der Professionalisierung von Fachkräften.

Grundsätzlich deckt sich die Entwicklung hin zu einer stärkeren Forschungsorientierung in Ausbildung und Praxis mit dem veränderten Verständnis von Wissen und Wissenschaft in der postmodernen Gesellschaft (vgl. Brew 2003). Bei einem Verständnis von Wissen als in bestimmten Sinnbezügen sozial konstruiert und auch immer nur in bestimmten Sozialbezügen gültig, folgt daraus unter anderem eine *veränderte Konzeption der Beziehung zwischen wissenschaftlicher Erkenntnis und fachlich fundierter Ausbildung.* In der Aus- und Weiterbildung von frühpädagogischen Fachkräften kann es gemäß dieser Auffassung nicht vorrangig darum gehen, feststehendes Fachwissen, das in einem institutionell und personell von der Ausbildung getrennten Forschungskontext entstanden ist, fachlich korrekt und didaktisch angemessen zu vermitteln. Forschung und Lehre sind aus dieser Perspektive vielmehr als eng miteinander verwoben zu sehen. Sie stellen zwei Aspekte des Prozesses dar, in dem Wissen gemeinsam von Lehrenden und Lernenden konstruiert wird.

Aus einer sozialkonstruktivistischen Sicht ist die Entwicklung von Forschungskompetenz in der Aus- und Weiterbildung also eine unerlässliche Bedingung, da der kritisch-reflektive Umgang mit wissenschaftlichem Wissen und der eigenen Praxis, der hierbei von der Fachkraft gefordert wird, von Grund auf einer forschungsorientierten Haltung entspricht. Die Praxis der Fachkraft ist nach diesem Konzept als Forschungszyklus angelegt: Sie nützt wissenschaftliches Wissen (wie auch ihr Erfahrungswissen) zur Analyse von Praxissituationen, entwickelt Hypothesen über angemessene Handlungsstrategien, setzt diese um und bewertet das Ergebnis im Lichte ihrer Hypothesen, verändert diese gegebenenfalls und tritt erneut in den Forschungszyklus ein.

Diese Bedeutung der Forschungskompetenz wird in der aktuellen Diskussion zur Professionalisierung von frühpädagogischen Fachkräften als ein zentrales Argument für die Akademisierung der Ausbildung angeführt: Eine akademische Ausbildung bilde die notwendige Voraussetzung für die Entwicklung eines forschungsbezogenen und reflektiven Habitus, den frühpädagogische Fachkräfte für professionelles Handeln in komplexen, unsicheren und höchst bedeutsamen Situationen benötigten (Nentwig-Gesemann 2007; König & Pasternack 2008). Ein Forschungsbezug in der Ausbildung sei insbesondere notwendig, damit frühpädagogische Fachkräfte sich nicht nur einschlägiges Fachwissen aneignen, sondern grundlegend eine kritisch fragende, forschende Haltung entwickeln.

Neben ihrer Bedeutung für die Professionalisierung der Fachkraft stellt Forschungskompetenz eine notwendige Voraussetzung dafür dar, die bislang unbefriedigende Forschungstätigkeit im frühpädagogischen Feld zu verbessern. Hiermit ist die Fähigkeit gemeint, sich in Kooperation mit der Wissenschaft an Studien zu beteiligen. Eng damit verbunden ist das Ziel, wissenschaftlichen Nachwuchs für die frühpädagogische Forschung zu qualifizieren. So besteht aktuell in der Frühpädagogik ein Mangel an fachspezifisch qualifizierten Wissenschaftlerinnen und Wissenschaftlern.

Das klassische Modell der europäischen, am Humboldtschen Verständnis orientierten Universität, an der Forschung und Lehre eine Einheit bilden, ist prinzipiell geeignet, die genannten Zielsetzungen zu erfüllen: In einer Universität dieses Typus sind die Lehrenden aktiv in die Forschung eingebunden, sodass sich vielfältige Möglichkeiten ergeben, Studierende von Anfang an in aktuelle Forschungsvorhaben einzubeziehen (Brew 2003; Huber 2003). Im Sinne der Partizipation der Studierenden und der gemeinsamen Konstruktion neuer Einsichten sollte die Teilnahme der Studierenden an der Forschung jedoch über reine Hilfstätigkeiten hinausgehen. So sollte gewährleistet sein, dass die Studierenden auch an der Entwicklung von Fragestellungen und Forschungsstrategien sowie an der Auswertung, Interpretation und Darstellung der Ergebnisse teilhaben können.

Im Hinblick auf Ausbildungsgänge für stark praxisbezogene Berufe kommt hinzu, dass auch die *Praxisperspektive* einzubeziehen ist. Dies ist nicht nur für die Praxisrelevanz der Forschung von Bedeutung, der Praxisbezug bildet vielmehr speziell für das Ziel einer forschungsorientierten Haltung der Studierenden eine wichtige Voraussetzung: Auf diese Weise können Studierende Forschung als für die eigene Tätigkeit relevant erkennen, entsprechendes persönliches Engagement entwickeln und die Forschungsorientierung in ihr Konzept der eigenen Berufsrolle integrieren.

Für die Entwicklung einer forschungsorientierten Haltung und von Forschungskompetenz in der Ausbildung sowie für die Entwicklung der frühpädagogischen Grundlagenforschung ist somit eine gleichberechtigte Schwerpunktsetzung auf Forschung, Lehre und Praxis anzustreben.

Qualifizierungs- und Berufsperspektiven für Männer

Die seit 2010 bestehende, deutschlandweit tätige, an die Katholische Hochschule für Sozialwesen in Berlin angegliederte und vom BMFSFJ geförderte Koordinationsstelle „Männer in Kitas“[175] verfolgt das Ziel, dazu beizutragen, dass der Anteil männlicher Fachkräfte in Kindertagesstätten mittel- und langfristig gesteigert wird. Hauptaufgaben hierbei sind Information, Vernetzung und Unterstützung der Praxis sowie strategische Beratung von Trägern und Politik.

Cremers et al. (2010) tragen folgende Argumente zu den Qualifizierungs- und Berufsperspektiven von Männern in Einrichtungen der Kindertagesbetreuung vor: Es wird davon ausgegangen, dass Kinder in den ersten Lebensjahren vom Umgang mit beiden Geschlechtern profitieren, dass sie nicht nur weibliche, sondern auch männliche Rollenmodelle brauchen. In Deutschland sei der Erzieherberuf jedoch bislang wenig attraktiv für Männer gewesen. Mit Blick auf eine geschlechtsbewusste Pädagogik und das Recht der Kinder auf Umgang mit beiden Geschlechtern sei dies eine noch zu lösende Frage für Politik, Ausbildung und Anstellungsträger.

Weiterhin seien in Deutschland bislang nur wenige Studien dem Thema „Männliche Pädagogen in Kindertagesstätten“ gewidmet worden. Die empirische Basis dieser Studien sei sehr schmal, entsprechend vorsichtig sind die Befunde zu bewerten. Es finden sich jedoch weitgehend ähnliche Ergebnisse, die im Folgenden kurz dargestellt werden sollen:

- Bundesweit liegt der Anteil männlicher Fachkräfte im pädagogischen Bereich der Kindertagesstätten derzeit bei etwa drei Prozent.
- Positive Erfahrungen mit Kindern, wie zum Beispiel im Zivildienst, stellen häufig für Männer „Brücken“ in den Erzieherberuf dar.
- Das Berufsfeld „Kindertageseinrichtung“ gewinnt für Männer an Attraktivität, wenn sie eine Leitungsstelle übernehmen (können) oder besser bezahlt werden.
- Männliche Fachkräfte messen der relativ schlechten Entlohnung ihrer Arbeit dann eine geringere Bedeutung bei, wenn sie für ihre Arbeit soziale Anerkennung erfahren und ihre Arbeitsbedingungen eine professionelle und mit ausreichenden Ressourcen ausgestattete Bildungs- und Betreuungsarbeit mit den Kindern zulassen.
- Männer interessieren sich eher für die Arbeit in einer Kita, wenn dort schon andere Geschlechtskollegen beschäftigt sind.
- Männliche Fachkräfte sind allseits sehr erwünscht.
- Männliche Fachkräfte müssen für eine Anstellung genauso qualifiziert sein und dem Stellenprofil entsprechen wie ihre Mitbewerberinnen.
- Die Erfahrungen mit männlichen Fachkräften werden allseits als sehr positiv und bereichernd bewertet.
- Kitas, die männliche Fachkräfte beschäftigen, sind für viele Eltern attraktiver, unter anderem auch, weil sie sich so neue Impulse für die eigene Erziehung erhoffen.
- Die Zusammenarbeit zwischen Erziehern und Erzieherinnen wird ebenfalls positiv beschrieben.
- Männliche Fachkräfte sind nicht nur für Jungen, sondern auch für Mädchen wichtig.

---

[175] *http://www.koordination-maennerinkitas.de.*

Als Barrieren für eine Steigerung des Männeranteils in Kitas werden folgende Aspekte angeführt:

- Die Entlohnung und gesellschaftliche Anerkennung im Erzieherberuf sind nicht leistungsentsprechend.
- Die Aufstiegschancen im Erzieherberuf sind gering.
- Die Ausbildung lässt sich ohne staatliche Finanzierung (BAföG) bzw. ohne finanzielle Unterstützung der Eltern nicht oder nur unter starken Zusatzbelastungen absolvieren.
- Das veraltete, stereotype Berufsbild lässt den Erzieherberuf als unattraktiv erscheinen.
- Es bestehen immer noch latente Bedenken gegenüber männlichen Fachkräften in der frühkindlichen Pädagogik.
- Eine als dominant wahrgenommene „weibliche Kultur" in der Frühpädagogik kann bei Männern „Deplatzierungseffekte" auslösen.
- Trägerverantwortliche und Kita-Leitungen verfolgen bislang keine verbindlichen und nachhaltigen Strategien bzw. Qualitätsziele zur Erhöhung des Männeranteils.
- Die Politik hat sich (bisher) nicht des Themas angenommen.

Grundsätzlich weisen Cremers et al. (2010) auch darauf hin, dass der Arbeitsalltag in den Kitas von einer geschlechtertypischen Aufgabenverteilung durchzogen sei, wobei dies meist – bewusst oder unbewusst – in beiderseitigem Einvernehmen von Erziehrinnen und Erziehern geschehe. Aus gleichstellungspolitischen Gründen sei es daher wichtig, auch in diesem Bereich auf verschiedenen Ebenen Prozesse der Geschlechtersensibilisierung zu initiieren und zu evaluieren sowie eine gleichstellungsorientierte Politik weiterzuführen.

In einem Beitrag von Rohrmann et al. (2010) werden drei wesentliche Argumentationslinien kritisch betrachtet, aus denen sich verschiedene und zum Teil widersprüchliche Erwartungen an männliche Fachkräfte ergeben:

1. **In Kindertagesstätten fehlt das männliche Element:** Die Beteiligung von Männern wird deshalb für wichtig gehalten, weil sie der Dominanz des „Weiblichen" im Leben von Kindern etwas entgegensetzen sollen, indem sie zum Beispiel männertypische Bereiche und Aktivitäten übernehmen oder als Modell für männertypische Bewältigungsstrategien fungieren. Stillschweigend werde hierbei vorausgesetzt, dass Männer qua Geschlecht automatisch über eine für diesen Zweck geeignete Sicht und das entsprechende Verhalten verfügen.
2. **Jungen brauchen männliche Identifikationsfiguren:** Diese Aussage sei mittlerweile fast zu einem Glaubenssatz geworden. Dabei gerate manchmal aus dem Blick, wie Männer eigentlich sein müssten, um als Vorbild geeignet zu sein. Zudem werde nur wenig thematisiert, inwiefern Männer auch für die Entwicklung von Mädchen wichtig sind.
3. **Geschlechtergerechte Erziehung benötigt Männer und Frauen:** Anders als bei den beiden vorher genannten Argumenten stehen hier die Chancengleichheit und das Miteinander der Geschlechter im Vordergrund. Von Männern werde in diesem Zusammenhang keine, wie auch immer geartete „Männlichkeit" erwartet, sondern eine kritische Auseinandersetzung mit geschlechtstypischem Verhalten und Machtverhältnissen.

Widersprüche zwischen den geschilderten Argumentationslinien ergeben sich nach Rohrmann et al. (2010) in erster Linie daraus, dass jeweils völlig unterschiedliche Begriffe und Theorien von „männlich" und „weiblich" zugrunde gelegt würden. Auch international werde die Bedeutung männlicher Fachkräfte kontrovers gesehen. Kritisch werde festgestellt, dass sie nur dann zum Ziel einer geschlechtergerechten Pädagogik beitragen könnten, wenn sie selbst Genderkompetenz entwickelt haben und geschlechtsstereotype Einstellungen und Verhaltensweisen von Kindern infrage stellen (vgl. Browne 2004; Norwegian Ministry of Education and Research 2008).

Verbesserung des beruflichen Fortbildungssystems

Ebenso wichtig wie eine fundierte Ausbildung für die Arbeit in Tageseinrichtungen ist ein qualifiziertes System der Fort- und Weiterbildung. In Deutschland sind die unterschiedlichen Fortbildungsangebote unkoordiniert und nicht aufeinander abgestimmt. Nur auf Landesebene werden vereinzelt koordinierte und trägerübergreifende Formen der Fortbildung entwickelt und erprobt (z.B. in Bayern). Es fehlt insbesondere ein Fortbildungsangebot, das mit dem Ausbildungsangebot verknüpft ist und Erzieherinnen bzw. Erziehern ermöglicht, ein Berufsprofil zu entwickeln und bundesweit eine Anerkennung ihrer Aus- und Weiterbildungsmaßnahmen zu erreichen.

Erst aktuell gibt es Bemühungen, dieses Problem zu lösen. Die „Weiterbildungsinitiative Frühpädagogische Fachkräfte" (WiFF) möchte:

- „die Qualität der Weiterbildungsinhalte, Formate und Strukturen fördern,
- die Durchlässigkeit zwischen Aus- und Weiterbildungswegen unterstützen,
- didaktische Konzepte für die Weiterbildung der Fachkräfte generieren" (2009a).

→ Die hier dargestellten Aspekte, d.h. die neueren wissenschaftlichen Erkenntnisse über Kinder und über Bildung, die komplexen Anforderungen pädagogischer Arbeit, die Mobilität in der EU, die notwendige Verknüpfung von Ausbildung und Forschung, die erforderlichen Bemühungen zur Erhöhung des Anteils männlicher Fachkräfte in den Kindertageseinrichtungen sowie die erstrebenswerte Verbesserung des Fort- und Weiterbildungssystems liegen der aktuellen Debatte um eine Reform der Ausbildung frühpädagogischer Fachkräfte zugrunde.

2.2. Grundsätzliche Fragen, die bei einer Reform der Erzieher/innenausbildung berücksichtigt werden müssen

Der Reformdiskurs ist noch nicht abgeschlossen. Eine Fülle von offenen, sehr unterschiedlich bzw. nicht zufriedenstellend beantworteten Fragen bestimmt die Diskussion. Dabei lassen sich strukturelle und inhaltliche Aspekte unterscheiden. Um den Stand der Diskussion nachvollziehen zu können, sollte man sich diese Fragen vor Augen führen.

Die Diskussion struktureller Fragen einer Ausbildungsreform in der Literatur geht von unterschiedlichen Voraussetzungen aus: Während einige Autoren die grundsätzliche Frage stellen, ob eine Reform der Erzieher/innenausbildung überhaupt nötig ist und wie diese gegebenenfalls aussehen sollte, gehen andere davon aus, dass nur eine Akademisierung der Ausbildung zu den gewünschten inhaltlichen Reformen führen kann. Hier stehen dann strukturelle Fragen zur Ausbildung auf Hochschulniveau im Mittelpunkt.

←

Wesentliche Fragen auf der strukturellen Ebene

Bezüglich möglicher Reformen stellen sich folgende wesentliche Fragen auf der strukturellen Ebene:

- Wie kann in Deutschland hinsichtlich der Qualität sozialer Leistungen und damit auch hinsichtlich der Ausbildung frühpädagogischer Fachkräfte eine Vergleichbarkeit mit EU-Staaten gewährleistet werden? (Bauer 2006)
- Müssen alle Fachkräfte in frühpädagogischen Einrichtungen akademisch ausgebildet werden? (Dreyer & Sell 2007)
- (Wie) können bei einer Akademisierung genügend Studierende mit Hochschulzugangsberechtigung gewonnen werden (Mehrbedarf von circa 10.000 Personen mit Hochschulzugangsberechtigung pro Jahr)? (Rauschenbach 2006) Welche Personengruppe wird durch diese Zulassungsvoraussetzung ausgeschlossen? (von Balluseck 2008)
- Sollen Fachschulen ersetzt werden oder soll ihr Niveau angehoben werden? (Rauschenbach 2006; Nottebaum 2006) Sollen Fachschulen sukzessiv umgewandelt werden? (Dreyer & Sell 2007)
- Ist das Nebeneinander von Fachschule, Fachhochschule und Universität förderlich? (Steinebach & Arbeitsgruppe „Erzieher/innenausbildung" 2008) Welche Auswirkungen haben Reformen auf den jeweiligen Bereich? (Rauschenbach 2006)
- Soll die Akademisierung auf Universitäts- oder Fachhochschulebene stattfinden? (Dreyer & Sell 2007)
- Werden auf (Fach-)Hochschulniveau Bachelor-Abschlüsse (wie z. B. in Schweden; Grimlund 2008) oder Master-Abschlüsse (wie z. B. in Island; Dyrfjöro 2008) für Erzieherinnen und Erzieher angestrebt?
- Welche Berufsbezeichnung sollen die neuen Abschlüsse erhalten (z. B. Bachelor „Frühe Kindheit")? (Steinebach & Arbeitsgruppe „Erzieher/innenausbildung" 2008)
- Rauschenbach (2006, S. 26) kritisiert die Debatte „im Ausbildungssystem über das Ausbildungssystem". Wie werden die „Erfordernisse des Berufsfeldes, die Regeln des Arbeitsmarktes sowie die Interessen der Träger" bei einer Reform der Ausbildung berücksichtigt?
- (Wie) können Ungleichheiten durch die föderale Organisation der Ausbildung überwunden bzw. als Vorteil im Sinne der Vielfalt genutzt werden? (vgl. auch Karsten 2006, S. 136 f.)
- Welche Mindeststandards für die Ausbildung frühpädagogischer Fachkräfte sind notwendig? (Steinebach & Arbeitsgruppe „Erzieher/innenausbildung" 2008) Ist eine bundesweite Verständigung auf fachliche Standards in der Ausbildung sinnvoll, um vergleichbare Niveaus der Qualifizierung zu gewährleisten und der „Zerfaserung der bisherigen Qualifizierungsformen" entgegenzuwirken? (Arbeitsgemeinschaft für Jugendhilfe 2004, S. 8) Wie werden entsprechende Ressourcen geschaffen, um diese Standards auch umsetzen zu können? (a. a. O.)
- Können und sollen durch vermehrte Modularisierung der Ausbildungsinhalte international vergleichbare Qualitätsstandards entwickelt und verstärkt an veränderte Praxiserfordernisse angepasst werden? (Steinebach & Arbeitsgruppe „Erzieher/innenausbildung" 2008)
- Sollen Elementar- und Primarpädagoginnen gemeinsam ausgebildet werden, um der Tatsache Rechnung zu tragen, „dass die menschliche Entwicklung vor allem im Altersbereich

von drei bis 13 Jahren sehr komplex ist und sich übergangslos von Kindergarten in die Schule hinein fortsetzt"? (Wehrmann 2008, S. 88) Für welche Altersstufen soll die Ausbildung qualifizieren (3 bis 6, 0 bis 10, 3 bis 13 Jahre)? (Oberhuemer 2006a)

- Ist die Elementarbildung Teil der schulischen Bildung? Wie kann ein eigener Bereich der Frühpädagogik weiterhin etabliert werden? (Steinebach & Arbeitsgruppe „Erzieher/innenausbildung" 2008; vgl. auch Oberhuemer 2005b)
- Wie können vermehrt auch Männer als frühpädagogische Fachkräfte gewonnen und eingesetzt werden? (vgl. auch Beher 2006)[176] Wie kann dem Trend entgegengewirkt werden, dass Leitungs- und Planungsaufgaben im Elementarbereich eher in Männerhand, Interaktions- und Beziehungsaufgaben eher in Frauenhand liegen? (Arbeitsgemeinschaft für Jugendhilfe 2004; vgl. auch Karsten 1998/1999)
- Wie gestaltet sich die Durchlässigkeit der unterschiedlichen Ausbildungsmöglichkeiten und welche Spezialisierungen sind möglich und nötig? (Steinebach & Arbeitsgruppe „Erzieher/innenausbildung" 2008) Wie wird eine „vertikale und horizontale Mobilität individueller Berufskarrieren" ermöglicht? (Bauer 2006, S. 114[177]) Von vertikaler Durchlässigkeit spricht man bei der „Ermöglichung des Aufstiegs im Bildungssystem angesichts unterschiedlichster Strukturen beruflicher und hochschulischer Bildung" (Kruse 2008, S. 59) zum Beispiel im Übergang von beruflicher Ausbildung zum Hochschulstudium, vom Studienabschluss in die berufliche Praxis etc. Mit horizontaler Durchlässigkeit ist der „Übergang innerhalb einer Ebene des Systems gemeint, so z. B. in Studiengänge mit gleichem Abschluss an anderen Hochschulen (...) oder in anderen Ländern Europas" (a. a. O.).
- Wie können unterschiedliche Qualifizierungen im Bereich der Sozialen Arbeit aufeinander aufbauen? Wie können Module konzipiert werden, die flexibel und aufeinander bezogen sind und die bei professioneller Weiterqualifizierung angerechnet werden können? Wie kann als Voraussetzung dafür ein Konsens aller Beteiligten über die Inhalte und Zulassungsvoraussetzungen erreicht werden? (Arbeitsgemeinschaft für Jugendhilfe 2004)
- Wie können Reformen und damit einhergehende Veränderungen der Bezahlung von Fachkräften finanziert werden? (z. B. Bauer 2006) So wird konstatiert, dass die Kosten für die Akademisierung entgegen allgemeiner Vermutungen tragbar seien, unter anderem wegen des Geburtenrückgangs und dem längerem Berufsverbleib bei gleichzeitiger schrittweiser Überführung der Fachschulen auf Fachhochschul-Niveau (König & Pasternack 2008; Pasternack & Schildberg 2005).
- (Wie) können bei einer Akademisierung genügend entsprechend qualifizierte Lehrpersonen bereitgestellt werden? (Dreyer & Sell 2007)
- Wie können Ausbildungs- und Studienkonzepte auf (Fach-)Hochschulniveau zu einem Abschluss mit staatlicher Anerkennung führen? (Deutscher Verein für öffentliche und private Fürsorge 2007) Wie gelingt der Berufseinstieg für BA-/MA-Absolventen? Werden sie entsprechend ihres Abschlusses eingestellt und bezahlt? (vgl. auch Strehmel 2009)
- Sollte es eine Verpflichtung zur Fortbildung für Erzieherinnen und Erzieher geben, um dem lebenslangen Lernen und den sich verändernden Herausforderungen gerecht zu werden? (Oberhuemer 2005b, S. 31; Wehrmann 2008, S. 91)

---

[176] *Beispiele für Aktionspläne, um Männer für den Elementarbereich zu gewinnen, beschreiben Hauglund und Spence (2008) für Norwegen (1991: 3 % männliche Fachkräfte; 2008: 10 %) und Schottland.*

[177] *Vgl. auch Müller-Neuendorf 2006; Arbeitsgemeinschaft für Jugendhilfe 2004; Kruse 2008.*

Die Vielfalt der strukturellen Fragen zeigt auf, welche Dynamik und Komplexität hinter dem bereits eingeleiteten Reformprozess stehen. Betrachtet man die oft divergierenden Reformbemühungen, wie beispielsweise die Einführung von neuen Studiengängen zur Ausbildung von Erzieherinnen und Erziehern mit unterschiedlichen Abschlüssen und Inhalten, so wird deutlich, dass es nicht gelungen ist, *vor* der Einleitung der Reformschritte einen Konsens über deren Gestaltung zu finden und alle Fragen zufriedenstellend zu beantworten.

Der sicherlich wichtigste Aspekt einer Reform der Erzieher/innenausbildung betrifft die inhaltliche Ausgestaltung, die qualitative Dimension der Reform. Diese wird jedoch in der aktuellen Debatte vergleichsweise weit weniger berücksichtigt. In der Diskussion um eine Reform der Ausbildung scheinen in Deutschland von daher strukturelle und administrative Fragen gegenüber inhaltlichen und konzeptionellen Überlegungen im Vordergrund zu stehen.

Wesentliche Fragen auf der inhaltlichen Ebene

Bezüglich möglicher Reformen stellen sich folgende wesentliche Fragen auf der inhaltlichen Ebene:

- Sollen die Bewerberinnen und Bewerber für eine Ausbildung auf ihre persönliche und menschliche Eignung hin überprüft werden, weil Fachkompetenzen erlernbar sind, weniger aber für den Beruf wichtige personale und soziale Kompetenzen? (vgl. hierzu Wehrmann 2008)
- Ist eine generalistische (z. B. für alle infrage kommenden Arbeitsfelder) oder eine spezialisierte Ausbildung (z. B. auf das Arbeitsfeld Kindertageseinrichtungen bezogen) notwendig? (Beher 2006; vgl. auch Oberhuemer 2006a)
- (Wie) können bei einer Akademisierung der Ausbildung ausreichende praktische Kenntnisse vermittelt werden? (Dreyer & Sell 2007; Prott 2006; von Balluseck 2008) (Wie) kann gewährleistet werden, dass bei einer Ausbildung auf Hochschulniveau neben wissensbasierten Kompetenzen und wissenschaftlich fundierten Reflexionskompetenzen auch biografisches und erfahrungsbezogenes Lernen berücksichtigt wird (bisher eher in Fachschulen)? (vgl. auch Bauer 2006, S. 32) (Wie) kann gewährleistet werden, dass Ausbildungsmodule nicht „einer Logik der Wissenschaftsdisziplinen folgen, sondern vielmehr einer Logik der Praxiserfordernisse entsprechen"? (Prott 2006, S. 226)
- Wie kann der im Jahr 2004 von der OECD für Deutschland festgestellte Maternalismus[178] bei der Vorstellung von pädagogischer Professionalität und damit auch in der Ausbildung reflektiert werden? (Rabe-Kleberg 2006[179]) Wie wird dabei berücksichtigt, dass eine Geschlechterorientierung dem traditionellen Rollenmuster entspricht und eine Akademisierung bei beiden Geschlechtern auf die Fachlichkeit, nicht auf das Geschlecht fokussieren sollte? (vgl. auch von Balluseck 2008)

---

[178] *„Maternalismus wird (...) als Prinzip bzw. Phänomen verstanden, das als Erklärung für grundlegende Vorbehalte gegen angeblich zu frühe sowie gegen ganztägige Bildung, Erziehung und Betreuung in Kindertageseinrichtungen und auch in Schulen herangezogen werden kann. Maternalismus kann aber auch allgemeiner als ein bestimmtes kulturelles Verständnis von Mütterlichkeit begriffen werden und als ein für Deutschland spezifischer gesellschaftlicher Umgang mit Müttern, ihrer Form von Arbeit und ihren Kompetenzen" (Rabe-Kleberg 2006, S. 96, zitiert nach Randall 2000).*

[179] *Eine Reflexion dieser Frage findet sich bei Rabe-Kleberg (2006).*

- Wie kann der fortschreitenden Interkulturalität und Internationalität in den Ausbildungsinhalten und bei den Studierenden Rechnung getragen werden? (Arbeitsgemeinschaft für Jugendhilfe 2004, S. 9)
- Wie können Forschung, wissenschaftliche Begleitung und Evaluation ausgebaut werden? (Steinebach & Arbeitsgemeinschaft „Erzieher/innenausbildung" 2008) Wie kann „ein Dialog zwischen Wissenschaft, Praxis und Ausbildung auf Augenhöhe" stattfinden? (Ebert 2006, S. 261)

In diesen Fragen wird die Befürchtung deutlich, dass bei einer Reform, insbesondere bei einer Akademisierung der Erzieher/innenausbildung, eine den Hochschulen zugeschriebene wissenschaftsbasierte Ausbildung die den Fachschulen zugeschriebene handlungs- und praxisorientierte Ausbildung verdrängen könnte. Richtig ist sicherlich, dass der Lernort Praxis – unabhängig vom formalen Niveau der Ausbildungsstätte – eine besondere Rolle in der Ausbildung von frühpädagogischen Fachkräften spielen muss.

2.3 Debatte über eine Akademisierung der Erzieher/innenausbildung

International besteht in der Forschung weitgehende Einigkeit, dass frühpädagogische Fachkräfte mindestens auf dem Bachelorniveau oder auf einem höheren Niveau sowie spezialisiert für die besonderen Anforderungen des Elementarbereichs ausgebildet werden sollten (Education, Audiovisual and Culture Executive Agency 2009, S. 109).

In Deutschland hingegen diskutiert man immer noch, ob eine Akademisierung der Erzieher/innenausbildung notwendig ist. Diese Forderung ging jedoch nicht von den Universitäten aus und wurde von diesen auch nicht forciert. Dies führte wohl dazu, dass die Kultusminister durch die Wissenschaft nicht unter Druck gesetzt wurden, eine Akademisierung voranzutreiben (von Balluseck 2008, S. 39). Es war vielmehr die Gewerkschaft Erziehung und Wissenschaft (GEW), die 1993 eine Akademisierung der Ausbildung zur Erzieherin/zum Erzieher forderte (a. a. O.). Die Deutsche Gesellschaft für Erziehungswissenschaft formulierte erst im Jahr 2005 eine positive Stellungnahme zur Akademisierung. Die Bundesarbeitsgemeinschaft katholischer Ausbildungsstätten für Erzieherinnen/Erzieher (BAGKAE), der Bundesverband evangelischer Ausbildungsstätten für Sozialpädagogik (BeA) und die Bundesarbeitsgemeinschaft öffentlicher und freier nicht konfessionell gebundener Ausbildungsstätten für Erzieher/innen (BöfAE) schrieben hingegen im Jahr 2004 in einem gemeinsamen Positionspapier, dass andere Ausbildungsformen als die Fachschulausbildung den qualitativen Anforderungen einer Ausbildung zur Erzieherin/zum Erzieher „nicht in vergleichbarem Ausmaß gerecht werden" (Bundesarbeitsgemeinschaft katholischer Ausbildungsstätten für Erzieherinnen/Erzieher et al. 2004). Gleichzeitig formulierten sie notwendige Reformschritte für die Fachschulen (z. B. Fachhochschulreife als Zulassungsvoraussetzung, Festlegung inhaltlich-didaktischer Standards, Modularisierung und Durchlässigkeit) (a. a. O.).

Einige Autoren (z. B. Lüllmann 2007) sind der Überzeugung, nur mittels Akademisierung könnten strukturelle Bedingungen der Erwerbstätigkeit als Erzieherin/Erzieher (z. B. Bezahlung), öffentliche Wahrnehmung (z. B. gesellschaftliche Anerkennung) und persönliche Professionalisierung gestärkt werden. In der aktuellen Debatte finden sich folgende weitere Empfehlungen zur Umsetzung einer Akademisierung:

Die Arbeitsgemeinschaft für Jugendhilfe (2004, S. 9) empfiehlt „mittelfristige und längerfristige Entwicklungen (...), die vor dem Hintergrund der derzeitigen Situation als aufeinander aufbauend bzw. nachfolgend zu betrachten sind":

- die Fachhochschulreife als Eingangsvoraussetzung für Fachkräfte „zur Stabilisierung und Entwicklung der Qualität",
- eine längerfristige Akademisierung der Ausbildung von Erzieher/innen,
- verbindliche Qualifizierungsstandards für das Lehrpersonal der auszubildenden Erzieher/innen (Lehramtsstudium, Berufsfeldkenntnis),
- keine fachlich ausdifferenzierten grundständigen Studiengänge; stattdessen breit angelegte, fachlich einschlägige, sozialpädagogische, grundlegende Studiengänge,
- eine bessere Zuordnung der Tätigkeitsbereiche, Beschäftigungs- und Arbeitsfelder für die jeweils vorhandenen pädagogischen Qualifizierungen; Festlegung von Mindestqualifikationen für die jeweiligen Tätigkeiten.

Der Deutsche Verein für öffentliche und private Fürsorge e.V. (2007) fordert:

- „neben grundständigen und berufsqualifizierenden Erst-Studiengängen forschungsorientierte Masterstudiengänge und damit Promotionsmöglichkeiten zu etablieren, um die Forschung im Bereich der Frühpädagogik zu verstärken",
- die Entwicklung von Instrumenten zur Qualitätssicherung (z.B. Fachberatung, Fachaufsicht) sowie
- eine wissenschaftliche Begleitung und Evaluation der unterschiedlichen Ausbildungsformen.

Es wird somit deutlich, dass die Forderung nach einer Akademisierung der Ausbildung nicht von allen Akteuren gleichermaßen forciert wird, dass es klare Befürworter gibt, aber auch Bedenken geäußert werden. Es kann zwar nicht davon ausgegangen werden, dass ein formal höherer Ausbildungsabschluss automatisch zu besserer Qualität im Elementarbereich führt. Allerdings gibt es sicherlich bei einer differenzierten Betrachtung der Möglichkeiten und Grenzen einer Akademisierung auch Chancen zur Verbesserung.

Es sind im Weiteren zwei Formen der Umsetzung von Akademisierung denkbar: Einerseits können Fachschulen als „Aninstitutionen" mit entsprechender Modularisierung an Hochschulen angeknüpft werden. Andererseits kann die grundständige Ausbildung zur Erzieherin/zum Erzieher direkt an der Hochschule erfolgen (Arbeitsgemeinschaft für Jugendhilfe 2004, S. 9).

Ziel einer Akademisierung und eine Erwartung an die akademisch ausgebildeten frühpädagogischen Fachkräfte ist beispielsweise ein hohes Niveau der reflektierten Umsetzung von Praxisansätzen. Weiterhin sollen die Fachkräfte den Entwicklungsbedarf in der Praxis fachlich feststellen können, daraufhin wissenschaftlich reflektiert Konzeptionen entwickeln und diese professionell umsetzen. Es geht darum, ein eigenes Berufsqualifikationsprofil, ein Berufsbewusstsein zu entwickeln. Frühpädagogische Fachkräfte sollen außerdem durch die akademische Ausbildung Teamkompetenz, Organisationsentwicklungskompetenz und Teamentwicklungskompetenz erwerben. Zusätzlich wird von diesen Fachkräften ein hohes Maß an Flexibilität und emotionaler Stabilität erwartet (Strehmel 2009).

Bei allen hohen Erwartungen und den großen Hoffnungen, die in eine Akademisierung der Erzieher/innenausbildung gesetzt werden können, sollte man jedoch berücksichtigen, dass eine breitflächige Akademisierung aller frühpädagogischen Fachkräfte derzeit nicht möglich ist. Die (relativ) geringe Anzahl der Studienangebote bei relativ hohem Bedarf an neu ausgebildeten

Fachkräften würde dazu führen, dass „eine Akademisierung nur der nachwachsenden ErzieherInnengeneration (...) unter den gegebenen Verhältnissen mehr als 60 Jahre beanspruchen" würde (Dreyer & Sell 2007, S. 89; vgl. auch Bauer 2006; Jugendministerkonferenz 2005).

Vorrangig gegenüber der Entscheidung, ob die Reformen der Erzieher/innenausbildung auf akademischer Ebene durchgeführt werden sollen, muss im Mittelpunkt der Reformdebatte die Frage stehen, welche Kompetenzen frühpädagogische Fachkräfte zur Erfüllung ihrer Aufgaben brauchen, um eine hohe Qualität im Elementarbereich zu sichern. Wenn die Ziele einer Ausbildung zur frühpädagogischen Fachkraft auf diese Weise festgelegt sind, kann anschließend überprüft werden, auf welchem formalen Ausbildungsniveau und durch welche didaktisch-methodischen Ansätze diese Ziele erreicht werden können.

3. Anforderungen an eine Ausbildung frühpädagogischer Fachkräfte

3.1 Reflexion des Verständnisses von Professionalität

Seit dem Ende des Zweiten Weltkrieges galt für Schulen in allen westlichen Ländern, dass die Verantwortung für Inhalte, Lehre und Didaktik, Lernen und Beurteilung in der Hand der einzelnen Lehrkraft lag. Heute sind besonders Inhalt und das Ergebnis des Lernprozesses in den Vordergrund gerückt, was dazu führt, dass von staatlicher Seite Standards formuliert und umgesetzt werden. Auf ähnliche Weise lässt sich diese Entwicklung auch im Elementarbereich beobachten. So wurden beispielsweise seit 1996 in den meisten europäischen Ländern Curricula für den Elementarbereich eingeführt (in Deutschland erst seit 2003; Oberhuemer 2006c, S. 368). Einerseits können sich Fachkräfte durch die Curricula in ihrer Arbeit gestärkt fühlen und professionell weiterentwickeln, andererseits können die Curricula aber auch als Vorgabe „von oben" verstanden werden, vom eigenen Verständnis von Spiel, Lernen und Betreuung abweichen und zu mehr Kontrolle der Arbeit führen. Deshalb ist es notwendig, dass Fachkräfte ihre persönlichen und professionellen Überzeugungen im Zusammenhang mit den in den Bildungsplänen festgelegten Bildungszielen reflektieren können. Sie sollten die Curricula nicht gezwungenermaßen implementieren müssen, sondern dazu befähigt werden, sie interpretieren und professionell umsetzen zu können (Oberhuemer 2005a, S. 12). In diesem Sinne könne von einer „demokratischen Professionalität" (democratic professionalism) als Ziel gesprochen werden.

Im Gutachten der Vereinigung der Bayerischen Wirtschaft (vbw 2012) wird der Begriff der Professionalisierung pragmatisch im Sinne einer stärker wissenschaftlich abgesicherten Form von Beruflichkeit und im Sinne der Suche nach einer Steigerung von Effektivität und Verbesserung der Qualität der pädagogischen Arbeit verwendet und umfasst nicht nur die bloße Akademisierung der Arbeit an sich.

Professionalität ist darüber hinaus, ähnlich wie das Bild vom Kind, ein historisch, sozial-kulturelles, ökonomisch und politisch beeinflusstes Konzept. Das Verständnis von frühpädagogischer Professionalität ist immer abhängig von den Funktionen, die die Frühpädagogik in einer Gesellschaft erfüllen soll (Oberhuemer 2008c, S. 138).

Nach Hoffmann (2013) bleibt festzuhalten, dass der jeweils gewählte Professionalisierungsbegriff selbst immer eine Qualität hat, die nicht selten schnell programmatisch werde. Der Begriff sei deshalb besonders geeignet, politisch verwendet zu werden. Dem nahezu inflationären Gebrauch des Begriffs stünden jedoch nur wenige Definitionsversuche gegenüber (z.B. Thole 2010; vbw 2012; von Balluseck 2008). Eine begriffliche Annäherung erscheine von daher notwendig. Das bedeute, Professionalisierung sei nicht nur in ihrer Abbildung unterschiedlich, sondern grundsätzlich auch von Form, Inhalt und strukturellen Folgen beeinflusst, von Strategien, die sich im Wettbewerb um die Teilhabe und Partizipation an Forschungsmitteln und/oder zur Durchsetzung von pädagogischen Konzepten und Ideologien befinden.

Wenn man im Kontext von Professionalisierung den Fokus weg von einer berufsbezogenen hin zu einer feldbezogenen Forschung legt, werde man bemerken, dass es im Bereich der Frühpädagogik gerade hier noch an Untersuchungen fehle, die selbstreflexiv die eigenen Konstitutionsbedingungen der Diskurse und ihre Folgen für das Feld untersuchen. Es mangele mithin an Selbstreflexivität der Wissenschaftsdisziplin. Löse man sich von einem reinen Strukturmodell von Professionalisierung und beziehe spezifisches Wissen mit ein, das zur Lösung spezifischer Probleme hilfreich ist (Rabe-Kleberg 2006, S. 243), gehe es vorrangig nicht mehr um eine nur an normativen Kriterien festgelegte Messung des Status quo von Professionalisierung, sondern um die Suche nach Entwicklungspotenzialen und hemmenden Faktoren im Feld selbst. Professionalisierung werde dann als relationales Konstrukt deutlich und nicht als formale Beschreibung. Solche Untersuchungen zur Professionalisierung stünden jedoch noch aus und würden auch in der Wissenschaftsdisziplin selbst bislang kaum als Anspruch erhoben.

Es müsse deshalb nach Hoffmann (2013) bei einer Arbeitsdefinition bleiben. Professionalisierung soll (nach Dewe & Otto 2011a, S. 1131) als berufsgruppenspezifischer sozialer Handlungsprozess verstanden werden, der den ambivalenten Verlauf der Etablierung von Professionen als besondere Berufsform der Gesellschaft thematisiert, welche die soziale Makroebene betrifft. Dabei wird, die bereits genannten Punkte ergänzend, von einem relationalen Prozess ausgegangen, der sich in einem abgegrenzten Feld empirisch konstituiere und über die originäre Berufsgruppe hinausgehe, insofern also die Genese und die Konstituierungsbedingungen des Feldes selbst bewusst einbeziehe. Die Profession und der Professionalisierungsprozess stünden somit in unmittelbarem Zusammenhang mit der zugewiesenen Rolle der Institutionen selbst, aber eben auch mit denen, die hier Gestaltungs- und Verhinderungsmacht jenseits demokratisch gewählter Volksvertreter haben.

Erste Schritte einer umfassenderen Betrachtung des Feldes sind nach Hoffmann (2013) jedoch erkennbar. Ob diese Schritte letztlich positive Effekte für den Professionalisierungsprozess haben werden, hänge auch davon ab, inwieweit es gelinge, fördernde und bremsende Faktoren hierfür zu identifizieren. Dazu seien allerdings die Handlungsmechanismen zwischen den Akteuren des Feldes in ihrer Relevanz für den Prozess genauer in den Blick zu nehmen, was ein eigenes, relational orientiertes Forschungsfeld darstellen würde.

3.2 Aufgaben und Kompetenzen frühpädagogischer Fachkräfte

Frühpädagogische Fachkräfte stehen inzwischen vor einer Vielzahl komplexer Anforderungen, denen sie im pädagogischen Alltag kompetent begegnen müssen:

- Sie sollten die aktuellen wissenschaftlichen Erkenntnisse der Neurobiologie und Entwicklungspsychologie kennen sowie Sozialisationstheorien, Gendertheorien und den Ansatz der geschlechtsbewussten Erziehung, Interkulturalität und -religiosität und Ethik in ihre Arbeit einbeziehen (Steinebach & Arbeitsgruppe „Erzieher/innenausbildung“ 2008).
- Frühpädagogische Fachkräfte müssen die Bildungspläne und den Bildungsauftrag in der Kindertageseinrichtung umsetzen (a.a.O.). Sie sind für eine qualifizierte Förderung der Kinder verantwortlich.
- Sie arbeiten eng mit den Familien der Kinder zusammen und wirken beim Aufbau und bei der Umsetzung von familienunterstützenden Leistungen durch die Kinder- und Jugendhilfe

mit (Steinebach & Arbeitsgruppe „Erzieher/innenausbildung" 2008; Dreyer & Sell 2007; Oberhuemer 2006a).

- In immer mehr Kindertageseinrichtungen werden Kinder unter drei Jahren, Kinder mit besonderen Förderbedürfnissen oder auch Schulkinder aufgenommen (vgl. auch Steinebach & Arbeitsgruppe „Erzieher/innenausbildung" 2008; Oberhuemer 2006a). Die Fachkräfte sollen alle Kinder in ihren Lern- und Entwicklungsprozessen begleiten (Diller & Rauschenbach 2006; Dreyer & Sell 2007) und die vorhandene Diversität nutzen (Arbeitsgemeinschaft für Jugendhilfe 2004). Sie müssen mit Lehrkräften in den Grundschulen kooperieren und sollten bestenfalls über Wissen zu Konzepten der Primarpädagogik verfügen (Steinebach & Arbeitsgruppe „Erzieher/innenausbildung" 2008).
- Notwendig ist eine Vernetzung mit Fachdiensten und regionalen Organisationen, um allen Anforderungen der Kinder und ihrer Familien gerecht zu werden (Dreyer & Sell 2007).
- Frühpädagogische Fachkräfte sollen durch ihre Arbeit dazu beitragen, soziale Ungerechtigkeit aufzuheben und jedem Kind zu individuellen und gleichberechtigten Startchancen in die Bildungsbiografie zu verhelfen (vgl. auch Diller & Rauschenbach 2006).
- Zudem müssen frühpädagogische Fachkräfte Management-Aufgaben und formative Evaluationsaufgaben (z. B. Dokumentation, Selbstevaluation, Handlungsforschung) übernehmen (Oberhuemer 2006a; Steinebach & Arbeitsgruppe „Erzieher/innenausbildung" 2008).
- Sie sollen die Bildungsprozesse der Kinder wahrnehmen und im Dialog mit ihnen bewusst reflektieren und organisieren. Beobachtung wird als Basis des pädagogischen Handelns gesehen. Pädagogische Konzepte müssen in Abhängigkeit des spezifischen Kontextes entwickelt und beurteilt werden (Steinebach & Arbeitsgruppe „Erzieher/innenausbildung" 2008).
- Die Fachkräfte begegnen multikulturellen, mehrsprachigen und „internationalisierten" Lebenswelten der Kinder (Steinebach & Arbeitsgruppe „Erzieher/innenausbildung" 2008, S. 7; vgl. auch Arbeitsgemeinschaft für Jugendhilfe 2004).
- Frühpädagogische Fachkräfte haben die Aufgabe, demokratische Grundsätze in ihrer Arbeit mit den Kindern und den Familien umzusetzen (Steinebach & Arbeitsgruppe „Erzieher/innenausbildung" 2008).
- Es ist wichtig, dass Fachkräfte einen Zugang zu ihren Emotionen finden, dass sie ihr „inneres Bewertungssystem" reflektieren, auf eigene Gefühle achten und vertrauen (Ebert 2006, S. 271).

Die Jugendministerkonferenz (2005) fordert für eine qualifizierte sozialpädagogische Ausbildung auf allen Ebenen

- „die Stärkung von Wahrnehmungs-, Deutungs- und Reflexionskompetenz;
- die Stärkung von didaktischer Kompetenz im Kontext des Bildungsauftrages;
- die Ausprägung von Beobachtungs- und Diagnosekompetenz;
- die Stärkung organisationsbezogener Kompetenzen;
- die Förderung der Persönlichkeitsbildung;
- die Entwicklung der Kompetenz, Freiwillige in die Arbeit einzubeziehen und bürgerschaftliches Engagement zu mobilisieren."[180]

---

[180] *TOP 10: Aufgabenprofile und Qualifikationsanforderungen in den Arbeitsfeldern der Kinder- und Jugendhilfe (2005).*

Diese Kompetenzen, die frühpädagogische Fachkräfte idealerweise während ihrer Ausbildung erwerben sollen, müssen jedoch in ein Gesamtkonzept der Qualität eingebettet werden. Die Qualität in Kindertageseinrichtungen ist nach Sell und Haderlein (2007) von folgenden Rahmenbedingungen abhängig:

- **Rahmenbedingung Persönlichkeit:** Die Fachkraft verfügt über eine hohe Kompetenz zum Aufbau von Beziehungen. Ob diese Kompetenz bei angehenden Fachkräften vorhanden ist, sollte bei der Auswahl von Bewerberinnen und Bewerbern sowie in den Ausbildungscurricula berücksichtigt werden.
- **Rahmenbedingung Ausbildung:** Eine hohe Ausbildungsqualität ist notwendig.
- **Rahmenbedingung Leitungsqualität:** Die Leitung einer Kindertageseinrichtung muss in Personal-, Finanz-, Verwaltungs-, Organisations-, Vernetzungs- und Teammanagement ausgebildet sein. Ihre Persönlichkeit, insbesondere ihre Kompetenz zum Aufbau von Beziehungen, spielt eine große Rolle. Die Leitung sollte deshalb über einen höheren Ausbildungsabschluss als den Fachschulabschluss verfügen; außerdem sollte sie regelmäßig an Fortbildungen teilnehmen.
- **Rahmenbedingung Trägerqualität:** Diese wurde zwar im Rahmen der Nationalen Qualitätsinitiative (Fthenakis, Hanssen, Oberhuemer & Schreyer 2003) definiert, wird aber in Deutschland dennoch kaum berücksichtigt.
- **Rahmenbedingung Qualität des Teams:** Diese kann durch eine reflektierte Auswahl des Personals und durch Teambegleitung gesichert werden. Besondere Herausforderungen sind hier unterschiedliche Altersgruppen und Ausbildungsniveaus im Team, der Umgang mit Stress und Burn-out sowie veränderte Anforderungen an die frühpädagogische Arbeit.
- **Rahmenbedingung Familienintegrationsqualität:** Von großer Bedeutung ist eine hohe Qualität der Bildungs- und Erziehungspartnerschaft zwischen Eltern und Fachkräften.
- **Rahmenbedingung Vernetzungsqualität:** Hier sind Vernetzung und Zusammenarbeit der verschiedenen Akteure der Kinder- und Jugendhilfe sowie eine ausgeprägte Sozialraumorientierung wichtig.

Nach Betz (2013) können drei Problemstellungen skizziert werden, die aufgrund der genannten politischen Schwerpunktsetzungen derzeit nicht im Mittelpunkt der (fach-)politischen Debatte stehen, aber diskussionswürdig sind:

1. In der Konstruktion des unabdingbaren Fortbildungsbedarfs werde ausgeklammert, dass die Qualifizierung und stetige Weiterbildung nicht durch entsprechende Rahmenbedingungen abgefedert würden, zum Beispiel im Hinblick auf Finanzierung der Fortbildungen, Vertretungsregelungen, Beachtung der Fortbildungstage bei der Personalbemessung. Es zeige sich, dass derzeit die Fachkräfte im Spannungsfeld zwischen den (fach-)politisch artikulierten Erwartungen an ihre stetige Fort- und Weiterbildung und den realen Möglichkeiten ihrer Umsetzung stünden.
2. Das Bild der „guten" Fachkraft werde so konstruiert, dass sie ihr pädagogisches Handeln an politisch und meist auch wissenschaftlich legitimierten Vorgaben, wie den Bildungs- und Erziehungsplänen etc., ausrichte und damit die pädagogische Praxis nicht eigenwillig gestalte. Diese Vorstellung stehe nicht nur im Gegensatz zu professionstheoretischen Positionen, welche die Eigenwilligkeit, die Unvorhersehbarkeit und die Paradoxien des pädagogischen Geschehens betonen, und ignoriere eine Fülle von empirischen Forschungsdesideraten in der Kindheitspädagogik (Betz & Closs 2013), sondern unterscheide

sich auch von den Kompetenzmodellen, die auf die „Eigenaktivität des Subjekts" abzielen und den Situationsbezug sowie die aktuellen Anforderungen im Alltag betonen, denen die kompetente Fachkraft selbst organisiert, kreativ und reflexiv zu begegnen habe (Fröhlich-Gildhoff, Nentwig-Gesemann & Pietsch 2011). Hier wäre genauer zu untersuchen, welche Vorstellungen von kompetentem, professionellem Handeln und von der pädagogischen Fachkraft im politischen Diskurs betont und damit auch, welche Modelle der Professionalisierung hier favorisiert werden.

3. Die herausgearbeitete erforderliche Orientierung der Fachkraft in ihrem Handeln an wissenschaftlich-theoretischem Wissen gelte in der politischen, aber auch der wissenschaftlichen Debatte als unreflektierte Voraussetzung (vgl. u. a. vbw 2012). Dabei zeige sich eine klare Priorisierung zugunsten der Spracherwerbsforschung, der Entwicklungspsychologie sowie der empirischen Bildungsforschung in ihrer pädagogisch-psychologischen Ausrichtung sowie der Pädagogik der frühen Kindheit. Im Umkehrschluss bedeute dies, dass stärker sozialwissenschaftliches Wissen in den Bereichen Kindheit und/oder Ungleichheit, wenn überhaupt, eine untergeordnete Rolle spiele. Sozialwissenschaftlich fundiertes Wissen könnte jedoch unter anderem zu einer Reflexion der eigenen Rolle als Fachkraft anregen und, insbesondere mit Blick auf die eigenen Möglichkeiten aber auch Grenzen, zu mehr Chancengerechtigkeit beitragen.

➔ Insgesamt lässt sich Folgendes festhalten: Es ist notwendig, dass frühpädagogische Fachkräfte während ihrer Ausbildung lernen, ihr pädagogisches Handeln immer wieder zu individualisieren, zu reflektieren und an die jeweiligen Erfordernisse anzupassen. Pädagogisches Handeln ist nicht standardisierbar oder routinierbar, es kann nicht an feststehenden Regeln ausgerichtet werden (Ebert 2006). Es geht also um die Ausbildung von „Professionals" statt „Technical Experts". Während „Technical Experts" genau auf bestimmte Problemlagen zugeschnittene Fertigkeiten einsetzen, zeichnet sich das Verständnis von Professionalität im Sinne des „democratic professionalism" durch eine Orientierung an einem Wertmuster aus Rationalität, Selbstverwirklichung und sozialer Verantwortlichkeit aus. Statt statischer Anwendung von Fachwissen verwirklichen „Professionals" eine Interventionspraxis, die zwar auf Wissen aufbaut, aber Situationen der Ungewissheit und Einzelfälle berücksichtigt. Sie lösen Problemstellungen durch eine diskursive, demokratische Herangehensweise (König & Pasternack 2008; Oberhuemer 2005a). Dieses Verständnis von Professionalität beinhaltet die Kooperation, Partizipation und Vernetzung von Fachkräften mit den Entscheidungsträgern (Oberhuemer 2005a, S. 13).

3.3 Forderungen nach einer inhaltlichen Veränderung der Ausbildung

Aus den beschriebenen notwendigen Kompetenzen frühpädagogischer Fachkräfte leiten sich konsequenterweise Forderungen nach einer inhaltlichen Veränderung der Ausbildung ab. Fthenakis (2002, S. 18 ff.) nennt vier zentrale Forderungen für eine inhaltliche Reform der Erzieher/innenausbildung:

1. Notwendig ist ein Ausbildungssystem, das auf der Perspektive der Postmoderne aufbaut: Unsicherheit, Komplexität, Diversität, Nichtlinearität und Subjektivität der Welt werden hierbei als Bereicherung verstanden und folglich akzeptiert und genutzt. Welt und Wissen gelten als sozial konstruiert und sind durch Kontext und Werte beeinflusst. Diese Auffassung steht im Gegensatz zur Moderne, die Welt und Wissen als objektive Realität begreift.

2. Es wird eine Beschäftigung mit dem Bild vom Kind, das der Ausbildung zugrunde liegt, gefordert: Das Kind wird nicht als arm, unselbstständig und ohne Kompetenzen verstanden, wie dies zum Beispiel im Verständnis des Bildes vom Kind bei Locke, Rousseau, Piaget und Bowlby der Fall ist. Vielmehr ist das Kind ein kompetentes, einzigartiges Subjekt und „Mit-Gestalter von Wissen, Kultur und seiner eigenen Identität – und zwar von Anfang an" (S. 22). Der Sozialkonstruktivismus dient als theoretischer Bezugsrahmen für diese Auffassung.
3. Weiterhin müssen der vorherrschende theoretische Bezugsrahmen und die Implikationen der Ausbildung offengelegt und diskutiert werden: Ziel sollte dabei sein, von einer in Deutschland teilweise weiterhin feststellbaren konstruktivistischen[181] Sichtweise (Bildung als Selbstbildung) zu einer sozialkonstruktivistischen Perspektive (ko-konstruktive Bildungsprozesse) zu finden, die international anerkannt und empirisch belegt ist und außerdem die Grundlage moderner Bildungspläne im internationalen Raum darstellt.
4. Schließlich sollte eine kritische Würdigung des Konzepts der Erziehungsqualität erfolgen (siehe hierzu auch Moss 2000): Wenn Qualität durch standardisierbare, wert- und kontextfreie Kriterien definiert wird, die objektiv zeigen, was „gut" und „schlecht" ist, so ist der Qualitätsbegriff kritisch zu sehen, da Qualität dann ein „dekontextualisiertes Konzept" ist. Qualität wird dagegen spezifisch nach dem jeweiligen Kontext definiert und ist damit kulturell- und gesellschaftsspezifisch. „Evaluation ist demnach mit Prozessen der Reflexion, der Debatte und Rekonstruktion verknüpft" (S. 33).

Um eine inhaltliche Veränderung der Ausbildung zu erreichen, muss ein Konsens über die Reformbestrebungen erreicht werden. Neben den Vorstellungen der Fachkräfte und Wissenschaftlern im Elementarbereich sollten die Ziele der Ausbildung auch durch die Eltern und Kinder in den Tageseinrichtungen, durch die Wirtschaft (Karsten 2006, S. 138) und nicht zuletzt durch die Ausbildungsstätten selbst (Fthenakis 2002) mitbestimmt werden. Es ist zudem von zentraler Bedeutung, die „Adressat/innen" und „Abnehmer/innen" einer reformierten Ausbildung einzubeziehen (Karsten 2006, S. 138).

Es muss im Weiteren verhindert werden, dass in der zukünftigen Ausbildung frühpädagogischer Fachkräfte eine Lücke oder Kluft zwischen universitärem Studium und professioneller Praxis entsteht (Sorin 2005). Deshalb sollte eine „Balance von (Handlungs-)Situations-, (Fach-) Wissenschafts- und Persönlichkeitsorientierung" erreicht werden, um allen Anforderungen der Praxis gerecht werden zu können (Küls 2008, S. 84).

3.4 Forderungen nach didaktisch-methodischen Veränderungen in der Ausbildung

Neben inhaltlichen Reformen sind auch Reformen der Unterrichts-/Lehrpraxis in der Ausbildung frühpädagogischer Fachkräfte notwendig. Eine reformierte Ausbildung muss das Bildungsverständnis, das den Bildungsplänen zugrunde liegt, auch bei der didaktisch-methodischen Gestaltung berücksichtigen: Die Ausbildung muss dialogisch-partizipatorisch angelegt sein, wie zum Beispiel in Dänemark und Schweden (Fthenakis 2002). In der Berufsausbildung

---

[181] *Laut Fthenakis (2002) wird der Begriff „Konstruktivismus" so divergierend gebraucht, dass er keine eindeutige theoretische Zuschreibung erlaube; so könnten sowohl der radikale als auch der Sozialkonstruktivismus „unter dem Dach des Konstruktivismus" (S. 28) untergebracht werden.*

stehen die Fragen und Themen der angehenden Erzieherinnen und Erzieher im Mittelpunkt. Für sie sollten Lernen mit allen Sinnen sowie von Handeln begleitete Bildungsprozesse möglich sein (Diskowski 2009, S. 43).

Es geht also darum, in der Ausbildung frühpädagogischer Fachkräfte unabhängig vom Ausbildungsniveau eine neue Lernkultur umzusetzen: Es sollten „flexible Formen der Lernorganisation" möglich werden, um den individuellen Lernformen der Studierenden gerecht zu werden (Müller-Neuendorf 2006, S. 177). Die Lerninhalte in der Ausbildung müssen an vorhandenem Wissen und an Erfahrungen in der Praxis anknüpfen (Kösler & Steinebach 2006, S. 188). Wichtig ist ein Lehr-/Lernprozess, der aktives und selbstorganisiertes Lernen ermöglicht und sozialen Prozessen sowie Interaktionen Raum gibt (a. a. O.; Müller-Neuendorf 2006).

Insbesondere forschendes Lernen ist in der Ausbildung zur frühpädagogischen Fachkraft von zentraler Bedeutung. Forschendes Lernen meint Beobachten, Wahrnehmen, Interpretieren, eine „fragende Haltung" einnehmen, Reflektieren (Nentwig-Gesemann 2007):

- Es soll ein „forschungsorientierter professioneller Habitus" (Netwig-Gesemann 2007, S. 93) entwickelt werden, auf dessen Grundlage mit Unsicherheiten, Widersprüchen und Pluralität, wie sie in der heutigen Praxis faktisch vorkommen, professionell umgegangen werden kann. Dazu müssen Aktion und Reflexion bereits in der Ausbildung eng verzahnt werden. Konkret geht es darum, qualitative empirische Sozialforschung zu betreiben (z. B. Fallanalyse; qualitative Untersuchung des verbal-kommunikativen Handelns, der körperlichen Bewegungen, der Interaktionen und Handlungen). In der Folge dieses Habitus wird Realität als Konstruktion verstanden, ein Perspektivenwechsel wird erleichtert, Erfahrungen können in Wissen sowie in vorherige Erfahrungen eingeordnet und reflektiert werden, Verstehen und Erklären jenseits des Alltagsverständnisses werden möglich.
- Professionalisierung ist ein zirkulärer reflexiver Prozess, in dem sich Theorie und Praxis sowohl in der Ausbildung als auch danach gegenseitig bereichern: Kenntnisse und Kompetenzen werden in praktischem Handeln umgesetzt und dieses wird in Bezug auf das Wissen kritisch reflektiert. Diese Reflexion des Berufshandelns ist notwendig, um nicht Praxiszwängen und Routinen zu unterliegen.
- Durch forschendes Lernen kann reflexives Orientierungswissen aufgebaut werden, sodass das eigene (pädagogische) Handeln, das häufig implizitem Wissen oder dem „common sense" in der Praxis unterliegt, reflektiert werden kann. Dies geschieht durch den Bezug auf theoretisches Wissen, durch eine bewusste Distanzierung von der Situation sowie durch das Hinterfragen der eigenen Werte, Perspektiven und Annahmen.

Den didaktisch-methodischen Bemühungen in der Erzieher/innenausbildung sollte ein sozialkonstruktivistisches Verständnis von Lehren und Lernen zugrunde liegen.

3.5 Strukturelle Veränderungsmodelle

Eine weitere Ebene der Reform der Ausbildung frühpädagogischer Fachkräfte kann in strukturellen Veränderungen gesehen werden. Diese Dimension wird in der Literatur zur Reform einer Erzieher/innenausbildung meist sehr ausführlich behandelt, hier wurden bereits vielfältige Veränderungsprozesse in der Ausbildungspraxis eingeleitet. Es finden sich unterschiedliche Modelle der Höherqualifizierung frühpädagogischer Fachkräfte:

- **Status quo-Modell:** Reform im bestehenden System, zum Beispiel durch längeren Ausbildungszeitraum, höhere Zugangsvoraussetzungen (Binnenreform) (Sell 2004, S. 90)

- **Autonomie-Modell:** zum Beispiel eigenständige fachhochschulische oder universitäre Studiengänge (Bauer 2006; Sell 2004; vgl. auch Dreyer & Sell 2007)
- **Hybrid-Modell** (Aufstockungs-Modell, „Anrechnungsmodell"): zum Beispiel Anrechnung der Ausbildung zur Erzieherin/zum Erzieher (Einstufung der Erzieherin/des Erziehers in ein höheres Semester) (Sell 2004, S. 91)
- **Transformations-Modell:** sukzessive Anhebung auf Hochschulniveau, um Fachschulen in das Hochschulsystem zu überführen (a. a. O.)
- **Verbund-Modell Elementar- und Schulpädagogik:** partiell gemeinsame fach- und inhaltsbezogene Zusammenarbeit zwischen Elementar- und Schulpädagogik an Hochschulen (Bauer 2006; Sell 2004)
- **Bozener Y-Modell:** Anhebung auf Hochschulniveau und gemeinsame Grundausbildung von Erzieher/innen und Lehrkräften (Sell 2004)
- **Leadership-Modell:** Anhebung des Niveaus für Leitungskräfte (a. a. O.)
- **Integratives Kooperationsmodell** zwischen Fachschule und Fachhochschule (Bauer 2006, S. 127)

Auch bei strukturellen Veränderungen ist es notwendig, dass Fachschulen, Fachhochschulen und Universitäten sich austauschen, kooperieren und voneinander lernen (Thole & Cloos 2006). Die Reformen sollten bestenfalls gemeinsam entwickelt und umgesetzt werden (Bauer 2006). Dabei ist ein besonderes Augenmerk auf die Durchlässigkeit und Anschlussfähigkeit der unterschiedlichen Ausbildungsgänge zu richten.

Neben einer strukturellen Reform der Ausbildung muss auch das Fort- und Weiterbildungsangebot träger- und landesübergreifend besser koordiniert und standardisiert werden, um hier eine hohe Qualität zu erreichen und diese kontrollieren zu können (Wehrmann 2008, S. 98; vgl. Robert Bosch Stiftung 2008). Die Fort- und Weiterbildungsangebote sollten zudem ebenfalls akademisch gestützt werden (Dreyer & Sell 2007).

Im Rahmen eines strukturellen Reformprozesses muss zudem nach Antworten auf weitere, bislang ungeklärte, herausfordernde Fragen im Elementarbereich gesucht werden (von Balluseck 2008):

- Insgesamt sind bessere Arbeitsbedingungen in Kindertageseinrichtungen zu schaffen. Hierzu gehören ein verbesserter Personalschlüssel, angemessene Verfügungszeiten für das Fachpersonal, ein höherer Anteil am BIP (Bruttoinlandsprodukt) für den Elementarbereich, eine Reform der Kostenpflicht für Eltern, die höhere gesellschaftliche Anerkennung der Frühpädagogik sowie eine bessere Bezahlung der Erzieherinnen und Erzieher.
- Das Verhältnis zwischen Kindertageseinrichtungen und Schule sowie Kinder- und Jugendhilfe sollte sinnvoll neu bestimmt werden. Hier geht es vor allem um eine inhaltliche Debatte. Die Schule darf nicht zum Maßstab für Kindertageseinrichtungen werden, es müssen übergreifende gemeinsame Konzepte gefunden und entwickelt werden.
- Die beruflichen Weiterentwicklungschancen für frühpädagogische Fachkräfte müssen insgesamt ausgebaut werden.

Unter Beachtung der genannten Aspekte spricht der Aktionsrat Bildung (vbw 2012) in seinem Gutachten zur Professionalisierung in der Frühpädagogik im Hinblick auf Qualitätsniveau und -bedingungen des Personals in Kindertageseinrichtungen folgende Handlungsempfehlungen aus:

1. Zur Professionalisierung des Fachpersonals in der Frühpädagogik sollte ein koordiniertes Gesamtkonzept für die Aus-, Weiter- und Fortbildung auf verschiedenen Ebenen entwickelt werden. Dazu gehört auch, die Durchlässigkeit der verschiedenen Ausbildungsgänge sicherzustellen.

2. Die Hochschulstudiengänge für das pädagogische Personal in der frühkindlichen Bildung sollten deutschlandweit vereinheitlicht werden und sich auf Erziehungs-, Bildungs- und Betreuungsarbeit in Kindertageseinrichtungen spezialisieren. Die hochschulischen Ausbildungscurricula sollten sich auf die Vermittlung von professionellen Handlungskompetenzen beziehen. Dabei sollte auch besonderer Wert auf eine systematische und curricular ausformulierte Abstimmung mit dem Lernort Praxis gelegt werden. Die hochschulische Ausbildung sollte dabei vor allem für die Übernahme von Leitungsfunktionen – speziell im Hinblick auf Teambildungsaufgaben, pädagogische Führung, Supervision, Coaching und Anleitung sowie Vermittlung von Fachwissen an das Einrichtungsteam – qualifizieren.

3. Um die große Motivation im Hinblick auf eine höhere Qualifizierung von bereits in Kindertageseinrichtungen tätigen Erzieherinnen und Erziehern zu nutzen, sollten berufsbegleitende frühpädagogische Hochschulstudiengänge ausgeweitet werden.

4. Bis zum Jahr 2020 sollte in jeder Kindertageseinrichtung mindestens eine, auf Hochschulebene einschlägig ausgebildete Fachkraft – zentral in der Einrichtungsleitung – tätig sein. Um dieses Ziel zu erreichen, müssten die verfügbaren Ausbildungskapazitäten in etwa verdoppelt oder verdreifacht werden.

5. Um die Attraktivität der Hochschulausbildung und des Verbleibs im frühpädagogischen Feld zu steigern, wird empfohlen, die Vergütungen für die Absolventinnen und Absolventen der frühpädagogischen Hochschulstudiengänge auf das Niveau vergleichbarer Studiengänge außerhalb des frühpädagogischen Bereichs anzuheben.

6. Die fachschulische Ausbildung kann zwar weiterhin als Breitbandausbildung angelegt sein, sollte aber eine dezidierte Schwerpunktbildung in der Erziehungs-, Bildungs- und Betreuungsarbeit in Kindertageseinrichtungen ermöglichen. Die Ausbildungscurricula sollten sich ebenfalls auf die Vermittlung von professionellen Handlungskompetenzen beziehen. Die unterschiedlichen, auf Fach- und Hochschulebene erreichbaren Kompetenzniveaus müssen weiter ausdifferenziert und transparent gemacht werden.

7. Verpflichtende Fort- und Weiterbildungen des pädagogischen Personals in Kindertageseinrichtungen sollten als ein selbstverständlicher Standard betrachtet werden. Um darüber hinaus Anreize zur beruflichen Weiterentwicklung zu schaffen, sollte es dem in der Praxis tätigen frühpädagogischen Personal ermöglicht werden, über ein systematisches Weiterbildungsprogramm einen höheren Fachkräftestatus zu erreichen, dessen erfolgreicher Abschluss zertifiziert werden und zu einer höheren Vergütung führen sollte. Die Teilnahme sollte staatlich gefördert werden.

8. Mittelfristig sollte nur noch fachschulisch und hochschulisch ausgebildetes Personal in Kindertageseinrichtungen arbeiten, d. h. es sollte mittelfristig auf die Neueinstellung von Kinderpflegerinnen sowie Sozialassistentinnen verzichtet werden.

9. Nachdem der frühpädagogische Erziehungs-, Bildungs- und Betreuungsbereich an den Universitäten jahrzehntelang vernachlässigt wurde, müssen dringend Forschungs- und Ausbildungsstrukturen ausgebaut werden, um entsprechend wissenschaftlich qualifiziertes Personal zur Verfügung stellen zu können. Dazu muss die Anzahl der Professuren für Frühpädagogik deutlich erhöht werden.

3.6 Lernort Praxis als Besonderheit der Aus- und Weiterbildung frühpädagogischer Fachkräfte

Der Lernort Praxis nimmt bei der Aus- und Weiterbildung frühpädagogischer Fachkräfte eine besondere Rolle ein. Besonders an Fachschulen und auch an einigen Hochschulen wird mit unterschiedlichem Erfolg versucht, den Lernort Praxis neben dem Lernort Schule zu etablieren und ihm im Vergleich zum Lernen im Unterricht einen gleichberechtigten Stellenwert zu geben.

Die Funktionen des Lernorts Praxis werden in erster Linie darin gesehen, dass Studierende beispielsweise während der Praktika Wissen konkretisieren, Informationen sammeln und Erfahrungen aus der Praxis in die Ausbildungsstätte tragen können. Die Begleitung und gemeinsame Reflexion der angehenden Fachkräfte durch und mit Expertinnen und Experten aus Praxis und Lehre werden geschätzt. Diese Forschung ist als gemeinsamer Prozess von Studierenden, Praktikerinnen und Praktikern sowie Lehrenden zu verstehen, und der Gegenstand der Forschung ist die „Untersuchung von Bedingungen, fachlichen Konzepten und Wirkungen des Lebens und Handelns in Kindertageseinrichtungen" (Robert Bosch Stiftung 2008, S. 57).

Auch bei einer akademischen Ausbildung zur frühpädagogischen Fachkraft soll und muss der Lernort Praxis weiterhin bedeutsam bleiben. Das curriculare Verhältnis von theoretischer und praktischer Ausbildung muss bei einer Reform der Ausbildung reflektiert und weiterentwickelt werden (Steinebach & Arbeitsgruppe „Erzieher/innenausbildung" 2008, S. 9). Die Erfahrungen zeigen, dass Praxismentorinnen und -mentoren, Leitungen in den Einrichtungen, Träger der Einrichtungen und Lehrende bei der Planung, Durchführung, Reflexion und Evaluation der Praxisphasen eng und kontinuierlich kooperieren sollten (Robert Bosch Stiftung 2008, S. 56; Kommission Kindertagesstätten 2001). Um Praxiseinrichtungen als Lernorte nutzen zu können, muss deren Qualität hoch sein. Die Curricula der Ausbildungsstätten müssen den Einrichtungen bekannt und in deren Arbeit integriert sein (Steinebach & Arbeitsgruppe „Erzieher/innenausbildung" 2008). Hierbei wäre es natürlich ideal, wenn der Lernort Praxis an der Entwicklung der Curricula beteiligt würde (Kommission Kindertagesstätten 2001). Die Ausbildungsstätte sollte Anforderungen an die Einrichtungen des Lernorts Praxis formulieren und diese überprüfen (Steinebach & Arbeitsgruppe „Erzieher/innenausbildung" 2008), sie sollte transparente Kriterien zur Auswahl bereitstellen, die Zusammenarbeit dokumentieren und eine ständige Qualitätssicherung der Praxiseinrichtungen anstreben (Robert Bosch Stiftung 2008, S. 55). Zudem ist es wichtig, dass Praxismentorinnen und -mentoren für die besondere Aufgabe der Begleitung der Studierenden weitergebildet werden (Steinebach & Arbeitsgruppe „Erzieher/innenausbildung" 2008; vgl. auch Robert Bosch Stiftung 2008). Hier sind auch gemeinsame Fortbildungen von Lehrenden sowie Praxismentorinnen und -mentoren anzustreben (Kommission Kindertagesstätten 2001; vgl. auch Robert Bosch Stiftung 2008). Die Träger sollten den Einrichtungen des Lernorts Praxis geeignete Rahmenbedingungen zur Kooperation zur Verfügung stellen, zum Beispiel ein bestimmtes Zeitbudget, Supervision sowie Möglichkeiten zur Fortbildung (Kommission Kindertagesstätten 2001).

Neben der Ausbildung frühpädagogischer Fachkräfte sollte auch die Fort- und Weiterbildung der im Beruf stehenden Fachkräfte Theorie und Praxis verknüpfen und die in der Praxis arbeitenden Fachkräfte beteiligen. Dabei geht es darum, das Weiterbildungsangebot im Dialog mit der Praxis und an deren Bedürfnissen ausgerichtet zu gestalten (vgl. hierzu auch Schelle 2009).

4. Ausbildung frühpädagogischer Fachkräfte in Europa und die gegenwärtigen Reformbemühungen in Deutschland

Im Hinblick auf das Ziel einer Reform der Ausbildung frühpädagogischer Fachkräfte in Deutschland lohnt sich ein Blick über die Landesgrenzen hinaus. In anderen Ländern lassen sich einige innovative Beispiele für Ausbildungskonzepte finden. Es handelt sich hierbei im Übrigen beinahe ausschließlich um Modelle einer akademischen Ausbildung frühpädagogischer Fachkräfte.

Nicht nur in Deutschland, sondern in vielen europäischen Ländern (wie in Teil I des vorliegenden Bandes vielfach belegt) wird derzeit der Versuch unternommen, sowohl Qualität als auch gesellschaftliche Anerkennung der Kindertageseinrichtungen zu verbessern. Jenseits dieser Gemeinsamkeiten sind die Ansätze zur Professionalisierung der Berufsrolle frühpädagogischer Fachkräfte sehr unterschiedlich (Oberhuemer 2005a, S. 6), worauf auch der Beitrag von Pamela Oberhuemer in diesem Band näher eingeht.

Hier sollen nun ergänzend Strukturmodelle der Kindertagesbetreuung und Ausbildung im internationalen Vergleich dargestellt werden, die unterschiedliche Möglichkeiten der Gestaltung von Betreuung und Ausbildung beinhalten. Im Weiteren wird exemplarisch darauf verwiesen, wie in anderen, in diesem Band nicht näher betrachteten Ländern ein Reformprozess umgesetzt wurde. In der Folge werden Gemeinsamkeiten und Unterschiede der Ausbildung auf EU-Ebene vorgestellt. Zudem werden Projekte und Empfehlungen der Europäischen Kommission zur Ausbildung frühpädagogischer Fachkräfte dargestellt. Die Ausführungen dieses Kapitels schließen mit der Behandlung der Frage nach der beruflichen Anerkennung von Ausbildungen innerhalb der EU und der Implementation des Bologna-Prozesses.

4.1 Struktur- und Qualitätsmodelle der Kindertagesbetreuung und der Ausbildung im internationalen Vergleich

Oberhuemer (2005a, 2006a) unterscheidet drei Strukturmodelle der Kindertagesbetreuung und Ausbildung. Diese sind in der folgenden Tabelle dargestellt:

	Getrennte Strukturmodelle	Integrierte Strukturmodelle – außerhalb des schulischen Bildungssektors	Integrierte Strukturmodelle – innerhalb des schulischen Bildungssektors
Zuständigkeitsbereich(e)	Zwei Zuständigkeitsbereiche: – Betreuungssektor (meist Familien-, Gesundheits-, Wohlfahrtsressort) für Kinder unter 3/4 Jahren – Bildungssektor für Kinder ab 3/4 Jahren → Angebote können in staatlicher Hand (z. B. Flandern) liegen oder dem Marktmodell folgen (z. B. USA: sowohl staatliche als auch private, profitorientierte Angebote)	Für alle Kinder von 0 bis 6/7 Jahren; Zuständigkeit außerhalb des schulischen Bildungssektors	Für alle Kinder ab Geburt; Zuständigkeit innerhalb des schulischen Bildungssektors

	Getrennte Strukturmodelle	Integrierte Strukturmodelle – außerhalb des schulischen Bildungssektors	Integrierte Strukturmodelle – innerhalb des schulischen Bildungssektors
Länder	Belgien, Frankreich, Griechenland, Irland, Italien, Malta, Luxemburg, Niederlande, Polen, Portugal, Tschechische Republik, Ungarn	Dänemark, Finnland, Island, Norwegen, Deutschland, Österreich (allerdings durch Föderalismus z. T. hemmende Auswirkung auf integrierte Bildungs- und Betreuungspolitik)	Schweden, Schottland, England, Estland, Lettland, Litauen, Slowenien
Ausbildung	➔ Unterschiedliche Ausbildungssysteme und daraus folgend unterschiedliche Bezahlung: im Bildungssektor meist Hochschulausbildung, im Betreuungssektor oft formal niedrigeres Ausbildungsniveau; bei unterschiedlichen Anbietern (z. B. USA); große Unterschiede sowohl bei Ausbildung als auch hinsichtlich Curricula und Bildungsphilosophie	➔ Breitbandausbildung: häufig Ausbildung auch für andere sozialpädagogische Arbeitsfelder (nicht nur Kinder von 0 bis 6/7 Jahren)	➔ Integriertes Ausbildungskonzept (Ausnahmen: England, Schottland)

Quellen: Oberhuemer (2005a, S. 6 ff.); Oberhuemer (2006a, S. 233 ff.)

In der Debatte um eine Reform der Ausbildung spielt immer auch die Ausbildungsqualität eine große Rolle. Diese leitet sich laut König und Pasternack (2008) aus mehreren Aspekten ab: Kriterien für eine hohe Ausbildungsqualität lassen sich zum einen durch die Bildungspläne festlegen. So sollte es beispielsweise auch in der Ausbildung um ko-konstruktive Bildungsprozesse gehen. Zum anderen zeigt sich hohe Ausbildungsqualität darin, ob die ausgebildeten Fachkräfte den Anforderungen des Arbeitsfeldes angemessen begegnen können.

Qualitätskriterien für Ausbildungsgänge könnten demnach sein:

- **Wissenschaftlichkeit:** Erlernen von fach- und fachübergreifenden Kompetenzen sowie Methoden und Instrumenten (Weltzien 2005, S. 170)
- **Berufsfeldorientierung:** gelungener Theorie-Praxis-Transfer (a. a. O.)
- **Nachhaltigkeit und Qualitätssicherung:** Ausbildungsstätten als „lernende Systeme", Begleitforschung und Evaluation der Ausbildungsgänge, Beteiligung von Fachleuten aus Theorie und Praxis an Reformschritten (a. a. O.)
- **Hohe Qualität der Lehre:** wissenschaftsbasiert, Studium mit Selbststudienanteilen, Kombination von Lehre und Forschung, forschendes Lernen, Verknüpfung von Theorie und Praxis sowie Verbindung zwischen dem Erwerb von Wissen *und* Kompetenz (König & Pasternack 2008)

4.2 Ausgewählte Beispiele für Ausbildungskonzepte und -reformen

In dem vorliegenden Band werden Reformbemühungen in acht europäischen und vier außereuropäischen Ländern beschrieben, die als Reflexionsgrundlage für diesbezügliche Initiativen in Deutschland dienen können. Ergänzend dazu werfen wir nun einen kurzen Blick auf weitere europäische Länder, die vergleichbare Anstrengungen unternommen haben. Die hier erwähnten Beispiele von Ausbildungsreformen bzw. -weiterentwicklungen sind im Kontext des jeweiligen Landes zu sehen. Sie können deshalb sicher nicht in exakt der gleichen Form in einem anderen Land umgesetzt werden. Dennoch kann die Beschäftigung mit diesen Beispielen aufzeigen, wie eine Reform gestaltet werden könnte. Es geht darum, aufgrund der Kenntnis innovativer Ansätze Anregungen für die Ausbildungsreform in Deutschland zu gewinnen und zu diskutieren. Die Beiträge dieses Bandes sind in diesem Sinne zu verstehen. Es wird hierbei hingegen nicht das Ziel verfolgt, abschließend konkrete Vorschläge für die Ausgestaltung einer solchen Reform in Deutschland zu machen. Dies wäre auch nicht im Sinne der Grundhaltung in Bezug auf Innovationen, die in den vorgestellten Reformansätzen vermittelt wird. Vielmehr wird hier die Einleitung eines Ko-Konstruktionsprozesses empfohlen, an dessen Gestaltung sich alle für diese Herausforderung relevanten Instanzen beteiligen sollten. Wie in verschiedenen Kapiteln dieses Bandes dargelegt, sollten Reformbestrebungen unter anderem ihren Ausgang in bisher gewonnenen Erfahrungen und Erkenntnissen sowie bereits eingeleiteten Neuerungen nehmen, die mit der eigenen Expertise hinterfragt, ergänzt und optimiert werden müssen.

Beispiel Flandern

In den 1970er Jahren arbeiteten Fachkräfte in Kindertageseinrichtungen in Flandern stark medizinisch-gesundheitlich orientiert. So fand beispielsweise die Betreuung in einem Raum und nach festen Richtlinien statt (z. B. Lüftungszeiten, Temperaturmessungen etc.). In den 1980er Jahren wurden an der Universität Gent Untersuchungen durchgeführt, durch die die pädagogische Interpretation der Professionalität an Bedeutung gewann. So wurden zum Beispiel eine anregende Umgebung, die Beziehung zu den Eltern und Teamarbeit als wichtig erachtet. Fachkräfte und Wissenschaftler konstruierten im Rahmen dieser Untersuchungen gemeinsam neues praktisches pädagogisches Wissen (Peeters 2008, S. 23). In der Folge wurden Fachkräfte ohne (ausreichende) Qualifizierung in der Einrichtung fortgebildet (In-House-Trainings), um damit die medizinisch-gesundheitlich ausgerichteten Fachkräfte pädagogisch zu sensibilisieren.

In den 1990er Jahren kamen Zweifel an der Wirksamkeit dieser In-House-Trainings auf. Man befürchtete, diese seien nicht umfassend genug, und wichtige Kompetenzen – zum Beispiel zur Reflexion – könnten nicht vermittelt werden. Ausgehend von dieser Kritik wurde die Forderung nach einer Grundausbildung auf Bachelor-Niveau laut. Dabei sollte beispielsweise der Umgang mit (ethnischer) Vielfalt eine besondere Rolle spielen. Um dies zu erreichen, wurde ein Schwerpunkt auf den „reflektierenden Praktiker" gelegt, der sich selbst mittels Fragen in den Blick nimmt und mit anderen in einen Dialog tritt (z. B. mit Eltern).

In den letzten Jahren wird nun in Flandern verstärkt ein genderspezifisches Verständnis von Professionalität diskutiert; hierbei wird das weiblich orientierte Verständnis von Professionalität überdacht. Gleichzeitig wird diskutiert, wie während der pädagogischen Arbeit neue Kompetenzen entstehen können: „Diese handlungsbezogenen Kompetenzen ermöglichen es den Fachleuten, reflexiv auf komplexe Situation zu reagieren und praktisches Wissen zu gewinnen

– in Interaktion mit Kindern, Eltern und Kollegen" (Peeters 2008, S. 25). Gewarnt wird davor, frühpädagogische Fachkräfte rein technisch-instrumentell auszubilden (Peeters 2008).

Beispiel Luxemburg

In Luxemburg gibt es verschiedene Ausbildungen, die für den Elementarbereich qualifizieren: Vorschul- und Grundschulpädagogen werden in Luxemburg gemeinsam ausgebildet. Sie absolvieren ein vierjähriges Studium an einer Universität. Mindestens ein Semester müssen sie im Ausland studieren. Neben dieser Ausbildung gibt es eine dreijährige sozialpädagogische Ausbildung an einer Hochschule, wobei etwa ein Drittel der Ausbildungszeit in der Praxis verbracht wird (Oberhuemer 2008c).

Beispiel Dänemark

In Dänemark werden die frühpädagogischen Fachkräfte in einem dreieinhalbjährigen Studium ausgebildet. Sie werden für die Arbeit in verschiedenen sozialpädagogischen Feldern wie Elementarbereich, Vorschulklassen, außerschulische Angebote oder sonderpädagogische Einrichtungen qualifiziert. Der Beruf der frühpädagogischen Fachkraft ist in Dänemark gesellschaftlich sehr anerkannt, was sich auch in einer relativ hohen Zahl männlicher Fachkräfte zeigt. 2004 wurde in Dänemark eine Reform der Ausbildung durchgeführt, die ein seltenes Beispiel dafür ist, dass eine landesweite Evaluationsstudie zur professionellen Weiterentwicklung ausschlaggebend für die Inhalte einer Ausbildungsreform war. Eine Veränderung betraf beispielsweise die Ausweitung theoretischer Inhalte in der Ausbildung, um soziologische und anthropologische Grundlagen zu integrieren (Oberhuemer 2005a).

Beispiel Polen

In Polen findet die dreijährige Ausbildung für Fachkräfte mit Gruppen-/Leitungsfunktion in Kindertageseinrichtungen seit 2006 in Form eines universitären Studiums statt. In Kinderkrippen (Versorgungsgrad für die Unter-Dreijährigen liegt bei rund 4 %) arbeiten Fachkräfte, die eine zweijährige Ausbildung an einer Fachschule für Gesundheitspflege absolviert haben. Sowohl das formale Ausbildungsniveau als auch die Berufsprofile für die Arbeit mit Kindern von 0 bis 3 bzw. von 3 bis 6 Jahren unterscheiden sich in Polen damit grundlegend (Oberhuemer 2008b).

Beispiel Zypern

In Zypern stellen vor allem private Anbieter eine Betreuung der Unter-Dreijährigen zur Verfügung. Der Bereich ist offiziell dem Sozialministerium zugeordnet. Doch auch die zweijährige Ausbildung der Fachkräfte wird meist an privaten Hochschulen absolviert. Der Kindergarten für 3- bis 5,8-jährige Kinder wird administrativ dem Bildungssektor zugeordnet und befindet sich zumeist in staatlicher Trägerschaft. Dementsprechend werden die Fachkräfte für die Arbeit in den Kindergärten durch ein vierjähriges, spezialisiertes universitäres Studium ausgebildet. Die Professionalisierung der Fachkräfte im Elementarbereich kann somit in Zypern als „Zwei-Klassen-System" bezeichnet werden (Oberhuemer 2008b, S. 55).

Beispiel Estland

Fachkräfte in Estland absolvieren eine dreijährige Ausbildung an der Universität, um dann in Tageseinrichtungen mit Kindern von 0 bis 7 Jahren zu arbeiten. Der Elementarbereich ist dem Bildungsministerium zugeordnet (Oberhuemer 2008b).

Beispiel Slowenien

Auch Fachkräfte in Slowenien absolvieren eine dreijährige Ausbildung an der Universität. Sie arbeiten in Tageseinrichtungen für Kinder von 0 bis 6 Jahren. Der Elementarbereich ist dem Bildungsministerium zugeordnet (a. a. O.). 1995 wurde eine Reform des gesamten Elementarbereichs vorgenommen, die auf den Prinzipien der Demokratie, der Autonomie, der professionellen Kompetenz und Verantwortung, der Chancengleichheit, der Anerkennung von Diversität und der Einzigartigkeit sowie der Kooperation mit der Umwelt und insbesondere mit den Familien aufbaut. 1999 wurde der nationale Vorschul-Bildungsplan veröffentlicht (Vonta 2007, S. 8). Nur ein Prozent der Kinder, die eine vorschulische Institution in Anspruch nehmen, besuchen eine Einrichtung in freier Trägerschaft (Vonta 2007, S. 10). Im Schuljahr 2005/2006 waren 63,6 Prozent der null bis sechsjährigen Kinder in einer Vorschuleinrichtung (Vonta 2007, S. 14). In jeder Gruppe werden die Kinder durch einen „preschool teacher" und einen „teacher assistent" betreut.

Die pädagogischen Fachkräfte (preschool teachers) sind durch eine dreijährige universitäre Berufsausbildung für den Elementarbereich (seit den 1990er Jahren) oder durch ein adäquates vierjähriges Studium mit einem zusätzlichen einjährigen Training für den Elementarbereich qualifiziert. Angelehnt an den Bologna-Prozess soll zukünftig neben dem Bachelor im Elementarbereich auch ein Master im Elementarbereich erreicht werden können. Die Zweitfachkräfte (teacher assistents) absolvieren eine vierjährige Ausbildung an einer Berufsfachschule (secondary vocational school) (Vonta 2007). Leitungskräfte müssen insgesamt 144 Stunden in fünf oder sechs Trainingsmodulen absolvieren, um die Leitung einer Einrichtung übernehmen zu können. Die Module thematisieren beispielsweise Teamarbeit, Management und Organisation, Planungs- und Entscheidungskompetenz, pädagogische Leitung und Recht (Vonta 2007, S. 17).

In Slowenien gibt es zudem ein systematisches Fort- und Weiterbildungskonzept, durch das sich Fachkräfte kontinuierlich weiter professionalisieren können und das zu höheren Qualifikationen führt (kumulativer Erwerb von Credit Points und Erwerb von anerkannten Abschlüssen), die mit Gehaltserhöhungen einhergehen. Allen frühpädagogischen Fachkräften stehen pro Jahr mindestens fünf Fortbildungstage zur Verfügung (Oberhuemer 2008b, S. 57; Vonta 2007). Zudem können Fachkräfte durch Arbeiten außerhalb der Gruppe Credit Points sammeln (z. B. durch Veröffentlichungen) (Vonta 2007, S. 24).

Beispiel Malta

In Malta werden Kinder bereits ab dem Alter von fünf Jahren, faktisch sogar ab dem Alter von vier Jahren und neun Monaten, eingeschult. Die Kindergärten sind dem Bildungsministerium zugeordnet und befinden sich in staatlicher, kirchlicher oder privater Trägerschaft; sie sind meist an Schulen angebunden. Die Krippen sind dem Familien- und Sozialministerium zugeordnet und werden vorwiegend von privaten Anbietern betrieben. Die Fachkräfte, die in diesen Institutionen arbeiten (Kindergarten und Krippe), sind nicht auf Hochschulniveau ausgebildet (Oberhuemer 2008c; Sollars 2007). Private Anbieter stellen zum Teil Personal ohne Fachqualifizierung ein (z. B. Mütter, Tagesmütter), die zudem sehr schlecht bezahlt werden (z. T. liegt der Stundenlohn unter 5 Euro).

Die Qualifizierung von Frühpädagogen ist in Malta ein umstrittenes Thema. Dies ist auch darin begründet, dass gut ausgebildetes Personal die schlechten Arbeitsbedingungen (z. B. Bezahlung, Personalschlüssel) nicht akzeptieren würde. Die Ausbildung der Fachkräfte erfolgt entweder als Weiterbildung oder als grundständige zweijährige Ausbildung nach dem Schulabschluss. Sie werden für die Arbeit mit Kindern von 0 bis 5 Jahren ausgebildet. In staatlichen Kindergärten verfügen allerdings nur 3,7 Prozent über die zweijährige Ausbildung, in kirchlichen Einrichtungen immerhin 26,3 Prozent und in Kindergärten von privaten Anbietern 9,9 Prozent. Die formal niedrige Qualifizierung der Fachkräfte spiegelt sich auch in deren Bezeichnung wider: Sie werden „kindergarten assistents" genannt. Es wird erwartet, dass die Fachkräfte im Elementarbereich an jährlichen dreitägigen Fortbildungen teilnehmen, die vom Bildungssektor angeboten werden, allerdings thematisch nicht unbedingt mit der Arbeit mit Kindern von 0 bis 5 Jahren zu tun haben.

Das Bildungsministerium schlug angesichts der niedrigen Qualifizierung – auch im Vergleich zu anderen europäischen Staaten – im Jahr 2006 vor, dass jede Gruppe für drei- bis fünfjährige Kinder durch eine universitär ausgebildete Lehrkraft und einen Assistenten betreut wird. Allerdings wird dieser Vorschlag bisher nicht umgesetzt. Fachkräfte, die sich höher qualifizieren möchten, müssen dies meist im Ausland tun. Seit Herbst 2007 gibt es eine, von der EU geförderte Studienmöglichkeit für Frühpädagogik (Sollars 2007). Durch diese erhofft man sich die Ausbildung von Fachkräften, die dem Personal in den elementarpädagogischen Einrichtungen bei der Planung und Reflexion guter Arbeit helfen und die politischen Entscheidungsträger bei der Entwicklung und Implementation einer angemessenen Praxis unterstützen, welche die Lern- und Entwicklungsprozesse der jungen Kinder wertschätzt (Sollars 2007, S. 17).

4.3 Gemeinsamkeiten und Unterschiede in der Ausbildung frühpädagogischer Fachkräfte in der Europäischen Union

Sowohl auf struktureller als auch auf inhaltlicher Ebene der Ausbildungsgänge werden auf EU-Ebene Gemeinsamkeiten und Unterschiede deutlich. Viele europäische Ausbildungsgänge wurden – ausgelöst durch die europaweite Bildungsdebatte Ende der 1960er Jahre – reformiert (Dreyer & Sell 2007). Auch heute nehmen der Elementarbereich und die Ausbildung der dort tätigen Fachkräfte in der europaweiten bildungspolitischen Diskussion einen großen Stellenwert ein. Die Gründe hierfür sind vielfältig (Peeters 2008, S. 4):

- Zunächst gibt es ein wirtschaftliches Interesse am Ausbau des Elementarbereichs: Man erhofft sich vor allem eine höhere Beschäftigungsquote bei den Frauen.
- Zudem lassen sich demografische Begründungen finden: Durch eine gute Betreuungspolitik soll beispielsweise die Geburtenrate gesteigert werden.
- Als soziale Begründung lassen sich die Beteiligung und Einbeziehung der Familien mit ihren Kindern nennen.
- In der bildungspolitischen Debatte wird der Vorteil eines gut ausgestatten Elementarbereichs darin gesehen, dass auf diese Weise gut ausgebildete Bürgerinnen und Bürger erzogen werden.
- In der Qualitätsdiskussion geht man schließlich davon aus, dass eine effiziente Bildung gut ausgebildetes Personal benötigt.

Dieser Diskussion folgend, wird in allen EU-Ländern die Betreuung und Ausbildung im Elementarbereich kritisch hinterfragt. In beinahe allen Ländern dauert die Ausbildung zur frühpädagogischen Fachkraft mindestens drei Jahre. Etwa bei der Hälfte der Mitgliedstaaten erfolgt die Ausbildung an Universitäten (z. B. Bulgarien, Estland, Litauen, Luxemburg, Polen,

Slowenien, Zypern, Finnland, Frankreich, Griechenland, Ungarn, Irland, Portugal, Schweden, Spanien, Großbritannien, Italien). In einigen anderen Staaten existieren pädagogische Hochschulen (z. B. Belgien, Lettland, Dänemark, Niederlande) (Dreyer & Sell 2007; Oberhuemer 2008b; vgl. auch Oberhuemer 2006c). In einigen Ländern (Frankreich, Irland, Niederlande, Großbritannien) erhalten frühpädagogische Fachkräfte die gleiche Ausbildung wie Primarschulfachkräfte (Drey & Sell 2007; vgl. auch Oberhuemer 2006c).

Bei der Ausbildung für die Arbeit mit Unter-Dreijährigen sind die Unterschiede noch größer, hier findet sich ein „buntes Qualifikationsbild" (Oberhuemer & Schreyer 2008, S. 10). In der Slowakei verfügen etwa zehn Prozent aller frühpädagogischen Fachkräfte über einen Hochschulabschluss. Bis 2020 sollen hier alle frühpädagogischen Fachkräfte unter 50 Jahren einen B.A.-Abschluss besitzen. In Rumänien wurde 2005 beschlossen, ein grundständiges Hochschulstudium sowie berufsbegleitende Studiengänge für frühpädagogische Fachkräfte einzuführen (Oberhuemer 2008b, S. 56). Auch im Regierungsprogramm in Österreich ist – unter Budgetvorbehalt – festgelegt, die Ausbildung von frühpädagogischen Fachkräften „aufbauend oder ergänzend zu den Bundesbildungsanstalten für Kindergartenpädagogik an den Pädagogischen Hochschulen bis hin zur Einrichtung von Bachelor-Studiengängen" zu entwickeln (Republik Österreich o. J., S. 2004).

Diese Trends zeigen, dass inzwischen beinahe alle europäischen Länder eine Ausbildung auf Hochschulniveau anbieten bzw. anstreben. Eine Ausnahme bilden hier lediglich Deutschland und Malta, wo die Ausbildung nicht auf Hochschulniveau bzw. nur durch Eigeninitiative der Institutionen an Hochschulen stattfindet. In Deutschland werden zwar in jüngster Zeit Studiengänge eingeführt, allerdings geht diese Initiative von einzelnen Universitäten und Fachhochschulen aus. Es gibt hingegen weiterhin keine staatlichen Beschlüsse für eine Akademisierung der Erzieher/innenausbildung.

Durch die Autonomie der Hochschuleinrichtungen in den EU-Ländern und durch unterschiedliche Definitionen wesentlicher Fachbegriffe (z. B. Entwicklungspsychologie, Didaktik, Pädagogik) werden allgemeine Aussagen über die Inhalte der Ausbildungsgänge auf EU-Ebene erheblich erschwert. Alle Ausbildungsgänge sind jedoch sowohl fachwissenschaftlich als auch berufsbezogen angelegt. Hier lassen sich das simultane und das konsekutive Modell unterscheiden: In beinahe allen europäischen Ländern erfolgt eine berufsbezogene Ausbildung parallel zum fachwissenschaftlichen Studium (simultanes Modell). In Frankreich und zunehmend in Großbritannien findet die Ausbildung in einem konsekutiven Modell statt, wobei zunächst ein fachwissenschaftliches Studium absolviert wird, um dann eine berufsbezogene Ausbildung anzuschließen (Drey & Sell 2007).

Berufsprofil frühpädagogischer Fachkräfte in der EU

Betrachtet man die unterschiedlichen Berufsprofile in den europäischen Ländern, so lassen sich hier mindestens fünf verschiedene Formen der Qualifikation und Profession unterscheiden (Oberhuemer & Schreyer 2008, S. 13 & 62 f.):

- **Frühpädagogische Fachkräfte:** Die elementarpädagogische Ausbildung für Kinder von null Jahren bis zur Einschulung oder darüber hinaus hat autonomen Status. Die Ausbildung findet hier auf Hochschulniveau statt (z. B. Estland, Finnland, Lettland, Litauen, Slowenien, Spanien, Ungarn, Tschechische Republik).
- **Vorschulpädagogische Fachkräfte:** Hier konzentriert sich die Arbeit der Fachkräfte auf die letzten zwei bis drei Jahre vor der Einschulung der Kinder. Die Ausbildung erfolgt europaweit auf unterschiedlichem Qualifikationsniveau, das von der Fachschule bis zur Universität reicht (z. B. Belgien, Griechenland, Luxemburg).

- **Vor- und grundschulpädagogische Fachkräfte:** Diese Fachkräfte haben eine „schulpädagogische Orientierung" und unterrichten in Vorschulklassen. Sie werden auf Hochschulniveau ausgebildet (z. B. Frankreich, Niederlande, Irland).
- **Sozialpädagogische Fachkräfte:** Diese Fachkräfte werden für die altersübergreifende, sozialpädagogische Arbeit auf unterschiedlichen Ausbildungsebenen qualifiziert (z. B. Deutschland, Dänemark, Luxemburg).
- **Gesundheits-/Pflegefachkräfte:** Sie sind für Kinder im Alter von null bis drei Jahren zuständig und verfügen zumeist über eine Fachausbildung (Oberhuemer & Schreyer 2008; vgl. auch Education, Audiovisual and Culture Executive Agency 2009). Die Fachkräfte arbeiten in Krippen, Tageseinrichtungen oder Spielgruppen (Education, Audiovisual and Culture Executive Agency 2009, S. 110).

Aus den unterschiedlichen Profilen ergeben sich nach Dreyer und Sell Auswirkungen auf die Orientierung der Fachkräfte: „Diese verschiedenen Berufsrollen spiegeln z. T. sehr unterschiedliche kulturelle Konstrukte einer Fachkraft für die Arbeit mit Kindern wider. Diese Konstrukte wiederum haben eine Rückwirkung auf die Bilder, die die Fachkräfte von sich selbst haben. So werden VorschulpädagogInnen und LehrerInnen, die in einem regulierten Bildungssystem fest verankert sind, ihre Arbeit eher als kind- und bildungsorientiert sehen als Fachkräfte mit einer früh- oder sozialpädagogischen Orientierung. Diese sehen ihren Beruf zwar auch als kindorientiert, gleichzeitig jedoch auch als familien- und gemeindeorientiert" (2007, S. 63).

Länder mit bereichsübergreifenden Ausbildungskonzepten für Elementar- und Primarbereich

In sieben von 27 Ländern der EU (Stand: 2008) gibt es ein übergreifendes Ausbildungskonzept für Elementar- und Primarpädagog/innen: in Frankreich, Großbritannien, Irland, Italien, Luxemburg, den Niederlanden und in Schweden (Oberhuemer 2008a, S. 17). Die Ausbildungen sind sehr unterschiedlich: Die Ausbildungsdauer reicht von zwei Jahren (Frankreich, zusätzlich zu einem dreijährigen Studium) bis zu vier Jahren (z. B. Italien, Luxemburg). Der Fokus der Ausbildungskonzepte richtet sich auf Kinder von 3 bis 5/6 und 5/6 bis 11 Jahren (Frankreich, Großbritannien, Italien, Luxemburg, Schweden), von 4 bis 6 und 6 bis 11 Jahren (Irland) oder von 4 bis 8 oder 5 bis 12 Jahren (Niederlande). Zum Teil erfolgt während des Studiums eine Entscheidung zur Spezialisierung auf eine bestimmte Altersgruppe (z. B. in Italien). Auch die Ausbildungscurricula unterscheiden sich (Oberhuemer 2008a, S. 18 ff.).

Die europäische Vielfalt der Frühpädagogik zeigt sich nicht zuletzt bei der Betrachtung des Schuleintrittsalters. Während in nordischen Ländern wie Dänemark, Finnland, Schweden, Estland, Lettland und Litauen sowie außerdem in Bulgarien die Kinder im Alter von sieben Jahren eingeschult werden und das Schuleintrittsalter in Großbritannien, Malta, den Niederlanden und Zypern bei fünf Jahren oder jünger liegt, werden in allen anderen Ländern (vor allem in zentral-, ost- und südeuropäischen Ländern) die Kinder im Alter von sechs Jahren eingeschult (Oberhuemer 2008b).

4.4 Empfehlungen und Projekte der Europäischen Kommission und des Rates für die Aus- und Weiterbildung (früh-)pädagogischer Fachkräfte

Trotz der Vielfalt in der Umsetzung frühpädagogischer Arbeit und in der Ausbildung frühpädagogischer Fachkräfte gibt es auf EU-Ebene Bemühungen, gemeinsame Empfehlungen für die Bildung von Kindern auszusprechen. Diese beziehen sich meist auf den schulischen Bildungssektor, aber zum Teil implizit oder explizit auch auf den Elementarbereich. Für die Aus- und Weiterbildung von pädagogischen Fachkräften – auch hier werden meist Lehrkräfte angesprochen – bzw. ganz allgemein für die berufliche Erwachsenenbildung liegen ebenfalls Empfehlungen vor, die für den Elementarbereich interessant sind.

Zunächst ist festzustellen, dass die Bedeutung der Vorschulbildung in der EU anerkannt wird. Der Rat der Europäischen Kommission geht davon aus, „dass die Vorschulbildung sowohl zur Effizienz als auch zur Gerechtigkeit der Bildung beitragen kann" (Rat der Europäischen Union 2008a, S. 5). Eine Herausforderung bestehe darin, beispielsweise in die verbesserte Qualifizierung von Fachkräften in diesem Bereich zu investieren (a.a.O.). Die Europäische Kommission schlug für den Zeitraum 2009 und 2010 in einem strategischen Rahmen zur europäischen Zusammenarbeit im Bildungssektor folgende „prioritären Aspekte" – auch für den Vorschulbereich – vor: „Förderung eines allgemeinen, gerechten Zugangs und Stärkung der Qualität des Unterrichts und der Unterstützungsangebote für Lehrkräfte" (Kommission der Europäischen Gemeinschaften 2008, S. 11). Zudem soll die berufliche Entwicklung von pädagogischen Fachkräften (Lehrkräften) und Ausbildern durch eine „Konzentration auf Schlüsselelemente der Erstausbildung" sowie durch eine „Verbesserung des Angebots und der Qualität von Weiterbildungsangeboten für Lehrkräfte, Ausbilder und anderes Personal im Bildungswesen" vorangetrieben werden (Kommission der Europäischen Gemeinschaften 2008, S. 9). Die Zusammenarbeit der Europäischen Kommission und der Mitgliedstaaten soll durch die „Förderung von Kreativität und Innovation durch die Entwicklung spezifischer Lehr-Lernmethoden (einschließlich (...) der Aus-/Weiterbildung von Lehrkräften)" und durch den „Aufbau von Partnerschaften zwischen Bildungs-/Berufsbildungseinrichtungen und Unternehmen, Forschungseinrichtungen, Kulturakteuren und der Kreativwirtschaft" gestaltet werden (Kommission der Europäischen Gemeinschaften 2008, S. 12).

Im Jahr 1996 formulierte das Netzwerk Kinderbetreuung der Europäischen Kommission 40 Qualitätsziele für den Elementarbereich in EU-Ländern, die innerhalb von zehn Jahren erreicht werden sollten. In Bezug auf die Qualifizierung und Ausstattung von Personal wurden hier folgende Ziele formuliert (Oberhuemer 2007, S. 53):

- Frühpädagogischer Fachkräfte sollen mit Grundschullehrkräften gleich besoldet werden.
- 60 Prozent der frühpädagogischen Fachkräfte sollen über einen Hochschulabschluss verfügen.
- Der Anteil an männlichem Personal in Kindertageseinrichtungen soll mindestens bei 20 Prozent liegen.
- Alle Fachkräfte sollen über das Recht verfügen, an Fortbildungen teilzunehmen.

Diese Ziele wurden in Deutschland nicht bzw. nur unzureichend umgesetzt: So verdienen frühpädagogische Fachkräfte weniger als Lehrkräfte an Grundschulen, der Anteil männlicher Beschäftigter liegt nur bei etwa vier Prozent und der Anteil von akademisch ausgebildeten Fachkräften weit unter den geforderten 60 Prozent (vgl. auch Oberhuemer 2007).

Für bessere Mobilitätsmöglichkeiten von Fachkräften – und damit auch von Erzieherinnen und Erziehern – plädieren unter anderem der Rat der EU sowie die im Rat vereinigten Vertreter der Regierungen der Mitgliedstaaten in ihren Schlussfolgerungen zur Mobilität junger Menschen im November 2008. Demnach soll die Zusammenarbeit von Institutionen und Ländern durch „mehr Transparenz bei der Anerkennung von Abschlüssen sowie Studien- und Ausbildungszeiten" geprägt sein (Rat der Europäischen Union 2008b, S. 3). Weiter heißt es:

„Mit den verschiedenen bestehenden europäischen Instrumenten, wie beispielsweise dem Europäischen Qualifikationsrahmen (EQF), dem Europäischen System zur Anrechnung von Studienleistungen (ECTS) oder *Europass*, und den künftigen Instrumenten, wie beispielsweise dem europäischen Kreditpunktesystem für die berufliche Bildung (ECVET), soll es den europäischen Bürgern ermöglicht werden, ihre Qualifikationen und Kompetenzen besser auszuweisen und auszubauen und sich (über die Portale PLOTEUS und ‚Study in Europe') über Bildungsmöglichkeiten in ganz Europa zu informieren" (a. a. O.).

Besonders die „Mobilität von (…) in der Bildung Beschäftigten" soll durch entsprechende Programme verstärkt werden (Rat der Europäischen Union 2008b, S. 6). Für die Reform der Erzieher/innenausbildung ist also zu überlegen, wie Qualifikationsrahmen, das Europäische System zur Anrechnung von Studienleistungen (ECTS) und andere Instrumente der EU genutzt und in die Ausbildung frühpädagogischer Fachkräfte integriert werden können, um die Mobilitätschancen der Fachkräfte und die Chancen auf Anerkennung ihrer Qualifikation zu erhöhen.

Ausgehend vom Europäischen Qualifikationsrahmen und mit dem Ziel, „Gleichwertigkeiten und Unterschiede von Qualifikationen für Bildungseinrichtungen, Unternehmen und Beschäftigte transparenter zu machen und auf diese Weise Durchlässigkeit zu unterstützen" (Deutscher Qualifikationsrahmen für lebenslanges Lernen 2009, S. 3), wurde im Februar 2009 ein Diskussionsvorschlag eines Deutschen Qualifikationsrahmens für lebenslanges Lernen (DQR) vorgelegt. Im Rahmen des WiFF-Projektes hat Johanna Gebrande (2011) den DQR „im Lichte fach- und bildungspolitischer Stellungnahmen" diskutiert. Dieser zeigt acht Niveaustufen auf, die einheitlich strukturiert sind:

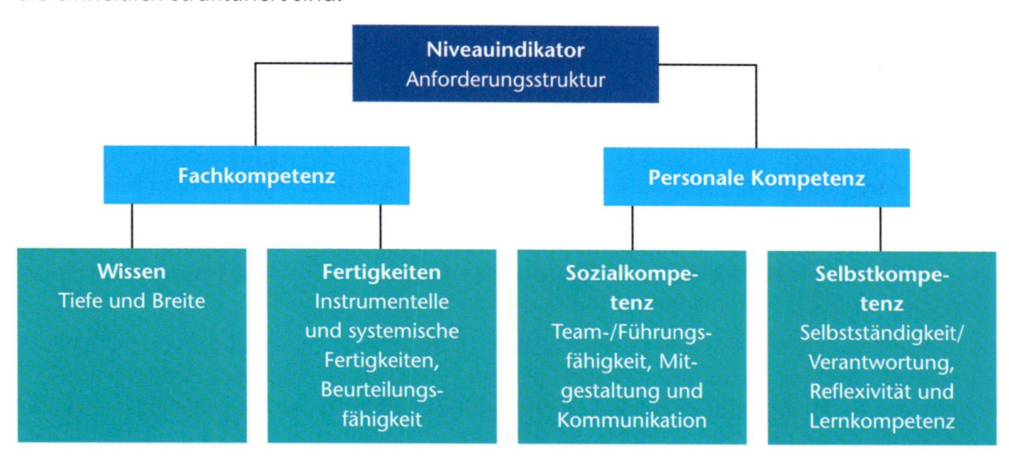

Quelle: Deutscher Qualifikationsrahmen für lebenslanges Lernen (2009, S. 4)

Der Europäische Qualifikationsrahmen bzw. der Deutsche Qualifikationsrahmen kann Richtlinie für das lebenslange Lernen von (früh-)pädagogischen Fachkräften sein. Der Qualifikationsrahmen kann in ein Kompetenzmodell für die Ausbildung frühpädagogischer Fachkräfte integriert werden: So sind auch für frühpädagogische Fachkräfte Wissen (z. B. entwicklungspsychologische Theorien) und Kompetenzen (z. B. im Umgang mit didaktisch-methodischen Ansätzen) wichtig. Ziel der Aus- und Weiterbildung muss der Aufbau sowie die Stärkung solcher Fachkompetenzen sein. Gleichzeitig muss durch Aus- und Fortbildung auch die personale Kompetenz entwickelt werden. In der frühpädagogischen Arbeit benötigen Fachkräfte soziale Kompetenzen wie Team- und Führungskompetenz, sie müssen sich aktiv und kreativ in die Arbeit einbringen und eine hohe Kommunikationskompetenz aufweisen. Zudem sind Reflexions- und Lernkompetenz sowie die Fähigkeit, verantwortlich und selbstständig zu arbeiten, in der frühpädagogischen Arbeit unabdingbar. Darum sollte die Aus- und Fortbildung frühpädagogischer Fachkräfte immer auch die Stärkung der Sozial- und Selbstkompetenz der Fachkraft zum Ziel haben.

Die Europäische Kommission fasste für den Zeitraum 2007 bis 2013 verschiedene Projekte zur allgemeinen und beruflichen Bildung in dem umfassenden „Programm für Lebenslanges Lernen" zusammen. Dieses vereint das Programm „Comenius" (alle Beteiligten in Vorschulen und Schulen), „Erasmus" (Hochschulbildung), „Leonardo da Vinci" (Berufliche Bildung) und „Grundtvig" (Erwachsenenbildung). Das Comeniusprogramm verfolgt unter anderem das Ziel, mithilfe verschiedener Projekte die Ausbildung pädagogischer Fachkräfte im (Vor-)Schulbereich zu verbessern (Europäische Kommission 2008).

4.5 Anerkennung beruflicher Abschlüsse innerhalb der EU: Bologna-Prozess

Aufgrund der unterschiedlichen Ausbildungen war es frühpädagogischen Fachkräften lange Zeit kaum möglich, den eigenen beruflichen Abschluss in einem anderen EU-Land anerkennen zu lassen. Seit den Richtlinien der Europäischen Wirtschaftsgemeinschaft (EWG) von 1988 und 1992 ist die berufliche Mobilität in der EU unterhalb des Hochschulniveaus jedoch erleichtert. Allerdings können hier Anpassungslehrgänge oder Eignungsprüfungen verlangt werden (Dreyer & Sell 2007).

Für die gegenseitige Anerkennung einer Ausbildung auf Hochschulniveau ist der Bologna-Prozess zu nennen. Im Juni 1999 trafen sich in Bologna die europäischen Bildungsminister mit Experten und Wissenschaftlern aus 46 europäischen Ländern und legten Ziele fest, die bis 2010 erreicht werden sollten: Insgesamt sollte die internationale Wettbewerbsfähigkeit des europäischen Hochschulsystems verbessert werden.[182] Festgelegt wurde hierzu ein dreistufiges System der Hochschulausbildung: Der Bachelor kann dabei in mindestens drei Jahren erworben werden. Daran anschließend kann innerhalb von zwei Jahren der Master-Abschluss erreicht werden. Optional kann danach innerhalb von drei Jahren ein Doktortitel erworben werden (Lund 2008).[183] Bei dem Bologna-Treffen wurde die Einführung eines Leistungspunktesystems beschlossen, mit dessen Hilfe auch außerhalb der Hochschule erworbene Kompetenzen im Sinne des lebenslangen Lernens anerkannt werden können.

Die europäischen Länder wollen Qualität sichern, indem vergleichbare Kriterien und Methoden der Hochschulausbildung entwickelt werden.[184] Ziel der Hochschulausbildung soll der Erwerb von Kompetenzen sein. Laut Cameron (2008) gibt es in Europa allerdings ein unterschiedliches Verständnis von Kompetenz. So kann Kompetenz zum einen als Standard/Maßstab (benchmark) verstanden werden. Dieser Kompetenzbegriff ist beispielsweise in Großbri-

---

[182] *Der Europäische Hochschulraum. Gemeinsame Erklärung der Europäischen Bildungsminister: 19. Juni 1999, Bologna.*

[183] *a. a. O.*

[184] *a. a. O.*

tannien weit verbreitet. Zum anderen kann Kompetenz die Aktivierung von Wissen und kognitiven sowie praktischen Fähigkeiten bedeuten (z. B. in Deutschland, Dänemark) (Cameron 2008).

Im Jahr 2000 legten Kultusministerkonferenz (KMK), Hochschulrektorenkonferenz (HRK) und Wissenschaftsrat infolge des Bologna-Prozesses Leitlinien für Deutschland fest (Bauer 2001, S. 291 f.):

- Diplomstudiengänge und B.A.-/M.A.-Studiengänge sollen nur in einer befristeten Übergangszeit nebeneinander existieren.
- Die B.A.-Studiengänge sollen zu einem berufsqualifizierenden Abschluss führen. Der M.A.-Abschluss soll nicht die Regelausbildung werden, ihn sollen je nach Landesbeschluss nur 20 bis 25 Prozent der B.A.-Absolventen erreichen können. Für einen M.A.-Abschluss müssen fachspezifische Kompetenzen vermittelt werden. Der Master macht den Zugang zur Promotion uneingeschränkt möglich, der Bachelor kann den Zugang zur Promotion unter bestimmten Umständen eröffnen.
- Das neue Graduierungssystem setzt die Modularisierung der B.A.-/M.A.-Studiengänge voraus und wird in ein Kreditpunktesystem zur Bewertung eingebettet.

In der Folge dieser Richtlinien wird deutlich, dass Fachhochschulen und Hochschulen zu gleichwertigen Abschlüssen führen und sich lediglich in ihrer Profilbildung unterscheiden können (Bauer 2001, S. 292).

Im Rahmen des Bologna-Treffens wurden keine, die frühpädagogische Ausbildung betreffenden spezifischen Fragen beantwortet. Beispielsweise bleibt offen, ob Frühpädagogen, die auf Hochschulniveau ausgebildet werden, einen B.A.- oder M.A.-Abschluss erwerben sollten. Das Europäische Gewerkschaftskomitee für Bildung (ETUCE) äußert hier jedoch die Empfehlung, einen Masterabschluss anzustreben (Lund 2008).

Für die deutsche Debatte um eine Reform der Ausbildung frühpädagogischer Fachkräfte können der Bologna-Prozess und die europäische Bildungsdiskussion nichtsdestotrotz Anregungen und Empfehlungen liefern, die für die B.A-/M.A-Studiengänge und insbesondere die neuen Studiengänge zur Ausbildung von Erzieherinnen und Erziehern aufgenommen werden sollten (Kruse 2008, S. 56 f.):

- Wichtig ist eine Orientierung an vorhandenen und zu stärkenden Kompetenzen der Studierenden.
- Ausbildungsmodule sollten als flexibel studierbare Bausteine konstruiert sein, die sich an den zu stärkenden Kompetenzen orientieren.
- Die Module und Lernbereiche sollten interdisziplinär aufgebaut sein.
- Eine starke Verknüpfung von Theorie und Praxis ist anzustreben.
- Auch außerhalb der Ausbildungsstätte erworbene Kompetenzen sollten durch ein kumulierbares Kreditpunktesystem angerechnet werden.
- Um eine möglichst unkomplizierte Mobilität im In- und Ausland zu erreichen, sollte auf die Kompatibilität der Studiengänge in den Bundesländern und den EU-Staaten geachtet werden.
- Besondere Lehrformate, wie zum Beispiel Fernstudium und Teilzeitstudium, sollten vermehrt möglich werden.
- Neue Medien und E-Learning sollten eingesetzt werden.

4.6. Zur gegenwärtigen Situation in Deutschland

Die gegenwärtige Situation der Erzieher/innenausbildung in Deutschland kann vor dem Hintergrund folgender Entwicklungstendenzen reflektiert werden:

1. Ein paradigmatischer Wandel in der Theoriebildung
2. Anforderungen, die aus den neueren Bildungsplänen resultieren
3. Der europäische und der deutsche Qualifikationsrahmen und der darauf aufbauende Rahmenplan für die Erzieher/innenausbildung

Ad 1) Ein paradigmatischer Wechsel in der Theoriebildung

International lässt sich im Hinblick auf die Bildungspläne eine Abkehr von konstruktivistischen Positionen beobachten. An deren Stelle gewinnen sozial-konstruktivistische Ansätze, soziokulturelle Theorien von Kindheit sowie post-strukturalistische Positionen an Bedeutung. In den Beiträgen dieses Bandes wird mehrfach auf diese Entwicklung eingegangen.

Bliss (1996) hat bereits vor etwa zwanzig Jahren darauf hingewiesen, dass dieser Wandel nicht eine radikale Umkehr beinhalte. Vielmehr zeigt sie auf, dass Piagets und Vygotzkys Ideen sich gegenseitig ergänzen. Bliss argumentiert, dass Piagets Augenmerk auf der spontanen Entwicklung von Wissen liege, nicht auf dem Wissen, das den Kindern in der Schule vermittelt wird. Dieses (spontane) Wissen komme durch die konstruktive Interaktion des Individuums mit seiner Umgebung zustande. Vygotsky nimmt hingegen an, dass die Entwicklung eines Systems wissenschaftlicher Begriffe mit einer Art des Lernens verknüpft sei, aus der heraus sich höhere geistige Funktionen entwickeln. Schulisches Lernen und Lehren lieferten den sozialen Rahmen, der für die Entwicklung dieser höheren Funktionen notwendig sei. Vygotskys wesentliches Interesse, so Bliss weiter, habe demnach den Auswirkungen des schulischen Lernens und Lehrens auf die kognitive Entwicklung gegolten. Piaget und Vygotsky hätten somit beide ihren Fokus auf die „spontane" Entwicklung von Konzepten und Begriffen gerichtet, aber nicht in gleichem Sinne.

Seit Mitte der 1990er Jahre lassen sich auch in Deutschland Anfänge einer vergleichbaren Trendwende beobachten, deren Einfluss in einigen der neueren Bildungspläne ersichtlich wird. So stellen die im Rahmen des Projektes „Natur-Wissen schaffen" verfassten Publikationen Implementationsstrategien dar, die konsequent auf sozial-konstruktivistische Ansätze zurückgreifen (Fthenakis et al. 2009a, 2009b, 2009c, 2009d). Inzwischen mehren sich die Stimmen, die ein konsequentes Umdenken fordern (König 2010). Die Betonung sozial-konstruktivistischer Positionen hat bereits ihren Niederschlag in den neuen Rahmenplänen der Erzieher/innenausbildung gefunden.

Ad 2) Anforderungen, die aus den neueren Bildungsplänen resultieren

Es wurde bereits darauf hingewiesen, dass die neueren Bildungspläne komplexere Anforderungen an die Qualifizierung der Fachkräfte beinhalten, als dies bislang der Fall war. Etliche Pläne[185] bauen nicht nur auf sozialkonstruktivistischen Positionen auf, sondern es wird eine Reform der Ausbildung gefordert und nahegelegt, ein sozial-konstruktivistisches Modell der Qualifizierung von Fachkräften zu entwickeln, das diese zukünftig befähigt, selbst Bildungspläne in die Praxis umzusetzen. Am konsequentesten wurde diese Forderung im Projekt „Natur-Wissen schaffen" an der Universität Bremen umgesetzt, in dessen Rahmen sich ein Teilprojekt dieser Aufgabe widmet[186]. Sowohl die theoretische Neuorientierung, die Anforderungen

[185] *Vor allem der Bayerische und der Hessische Bildungsplan.*

[186] *Fthenakis W.E. (Hrsg.) (im Erscheinen). Kompetenzmodell für kindheitspädagogische Ausbildungen – Innovative Qualifizierung im Blickpunkt. Köln: Bildungsverlag EINS.*

aus den Bildungsplänen als auch Erkenntnisse aus neueren Studien konnten jedoch bislang die Situation in Deutschland nicht verändern. Zuständige Entscheidungsträger blieben in ihrer Haltung resistent gegenüber europäischen und internationalen Entwicklungen im Bereich der Qualifizierung frühpädagogischer Fachkräfte.

Ad 3) Die gegenwärtige Reform der Erzieher/innenausbildung in Deutschland: der Europäische (EQR)[187] und der Deutsche Qualifikationsrahmen (DQR)[188]

Die gegenwärtige Reform greift auf Dokumente der letzten zwölf Jahre zurück, insbesondere auf den Beschluss der KMK vom 07.11.2002 in der Fassung vom 02.03.2012 („Rahmenvereinbarung über Fachschulen") sowie auf die Beschlüsse der KMK vom 16.09.2010 und der JFMK vom 14.12.2010 („Weiterentwicklung der Aus-, Fort- und Weiterbildung von Erzieherinnen und Erziehern – Gemeinsamer Orientierungsrahmen Bildung und Erziehung in der Kindheit) und nicht zuletzt auf den Beschluss der KMK vom 01.12.2011 („Kompetenzorientiertes Qualifikationsprofil für die Ausbildung von Erzieherinnen und Erziehern an Fachschulen/Fachakademien"). Auf diese Weise entsteht erstmals ein „Länderübergreifender Lehrplan Erzieherin/Erzieher", der die Grundlage für eine landesspezifische Präzisierung liefert.

Dabei handelt es sich im Wesentlichen um eine Weiterentwicklung der „Rahmenvereinbarung über Fachschulen" mit einer stärkeren Kompetenzorientierung und unter Beibehaltung des Ausbildungsniveaus. Den Referenzrahmen für die Organisation der Ausbildung bietet der mit Beschluss der KMK vom 10.03.2011 verabschiedete „Deutsche Qualifikationsrahmen für lebenslanges Lernen" (DQR), der die Erzieher/innenausbildung auf der Niveaustufe 6 vorsieht und damit die Möglichkeit für einen Bachelor Abschluss eröffnet, was allerdings mit Blick auf die ausgebliebene Strukturreform begrenzte Chancen zur Umsetzung haben dürfte. Der DQR präzisiert die Anforderungen an die Kompetenzen, die über die Ausbildung erworben bzw. gestärkt werden sollen, in zwei Richtungen: (a) Personale Kompetenzen und (b) Fachkompetenzen. Damit weist der „Länderübergreifende Lehrplan" eine starke Kompetenzorientierung auf und korrespondiert mit Entwicklungen bei den neueren Bildungsplänen der Länder.

Das Ausbildungsziel orientiert sich an den Bildungs-, Erziehungs- und Betreuungsaufgaben für Kinder und junge Erwachsene von der Geburt bis zum 27. Lebensjahr in allen Lebenslagen, gemäß § 7 SGB VIII. Die Erzieherin/Erzieher-Tätigkeit wird als „familienergänzend, -unterstützend oder ersetzend" kodifiziert. In Teil 1.2 des „Länderübergreifenden Lehrplans" werden die Aufgabenfelder im Überblick dargestellt. Die Bildungsziele werden in Teil 1.3 und in direktem Bezug zum DQR wie folgt definiert:

- „Die generalistische Ausbildung bereitet auf die selbstständige und eigenverantwortliche Arbeit als Fachkraft in den sozialpädagogischen Arbeitsfeldern Kindertageseinrichtungen, Kinder- und Jugendarbeit, Hilfen zur Erziehung und auf sozialpädagogische Tätigkeiten in der Schule vor. Darüber hinaus qualifiziert sie für die pädagogische Arbeit mit Menschen mit besonderen Bedürfnissen" (komp. Q-profil, S. 3).[189]
- „Die Ausbildung ermöglicht Orientierung und Überblick in einem komplexen Berufsfeld mit seinen miteinander vernetzten und verzahnten Arbeitsfeldern und vermittelt eine theoretische und praktische Ausbildung in mindestens zwei Arbeitsfeldern der Kinder- und Jugendhilfe (komp. Q-profil, S. 6)."

---

[187] *Europäischer Qualifikationsrahmen für lebenslanges Lernen (http://www.na-bibb.de/uploads/tx_ttproducts/datasheet/na_eqr_0911_03_web_01.pdf).*

[188] *Deutscher Qualifikationsrahmen für lebenslanges Lernen. (http://www.dqr.de).*

[189] *Dieses und nachfolgende Zitate beziehen sich auf den „Länderübergreifenden Lehrplan" in der Fassung vom 01.06.2012.*

- „Neben dem Erwerb der Grundqualifikation wird in einem Wahlpflichtbereich die Option eingeräumt, die Ausbildung in einem Arbeitsfeld und/oder Themenbereich der Kinder- und Jugendhilfe exemplarisch zu erweitern oder zu vertiefen."
- „Darüber hinaus befähigt die Ausbildung Erzieherinnen und Erzieher dazu, sich in ihrer Profession weiterzuentwickeln, in multiprofessionellen Teams zu arbeiten sowie an gesellschaftlichen Veränderungen gestaltend mitzuwirken" (comp Q-profil, S. 7). „Integraler Bestandteil der Fachschulausbildung ist, basierend auf dem Erwerb der unterschiedlichen beruflichen Qualifikationen und Kompetenzen, die Entwicklung einer beruflichen Identität, die neben fachlichen und inhaltlichen Aspekten auch biografische und persönliche Merkmale und andere Kompetenzen zur Berufsbewältigung integriert. Die berufliche Identität ermöglicht es den Absolventinnen und Absolventen, die Herausforderungen des Berufsalltags zielgerichtet zu gestalten und Überforderungen zu vermeiden."
- „Die im Lehrplan beschriebenen Kompetenzen sind für die Umsetzung in den Ausbildungsstätten verpflichtend (komp. Q-profil, S. 3)."

Der Lehrplan definiert „Querschnittsaufgaben", die alle Felder betreffen, wie zum Beispiel Partizipation, Inklusion, Prävention, Sprachbildung, Wertevermittlung, Medienkompetenz, und misst diesen besondere Bedeutung zu.

Der länderübergreifende Lehrplan ist, wie erwähnt, kompetenzorientiert. Er beschreibt die zu erwerbende Handlungskompetenz als „Einheit von Wissen und Können, die in einem handlungs- und entwicklungsorientierten Lernprozess in Verbindung mit reflektierten berufspraktischen Erfahrungen erworben wird". Kompetenzorientierung wird in einen strukturellen und fachlichen Kontext eingebettet und mithilfe eines allgemeinen Kompetenzmodells erläutert. Die Ausbildung ist „als produktiver Interaktionsprozess zu gestalten", unterstützt durch Unterrichtsprinzipien. Die im Lehrplan definierten Kompetenzen orientieren sich am DQR gemäß Beschluss der KMK vom 10.03.2011 und, als umfassende Handlungskompetenz konzeptualisiert, entsprechen sie der Niveaustufe 6 des DQR. Dabei wird zwischen personalen Kompetenzen und Fachkompetenzen unterschieden. Grundlagen für Handlungsfähigkeit lassen sich aus der Wechselwirkung zwischen explizitem, d. h über fachliche Qualifizierung erworbenem Wissen, implizitem, d. h. aus dem Transformationsprozess von Erfahrungs- zu reflektiertem Wissen entstandener Kompetenz, und den erworbenen didaktisch-methodischen Fertigkeiten gewinnen. Im Lehrplan wird ferner ausgeführt: „Die Kompetenzorientierung der Ausbildung an Fachschulen und Fachakademien folgt einer gedanklichen Linie von Grundlegung, Erweiterung, Vertiefung und Profilbildung im Hinblick auf die Entwicklung von Wissen, Fertigkeiten, Sozialkompetenzen und Selbstständigkeit." Ob allerdings die im Lehrplan zum Ausdruck gebrachte Erwartung erfüllt werden kann, dass ein so konzeptualisiertes allgemeines Kompetenzmodell „die verschiedenen Schritte des pädagogischen Handelns in einen plausiblen Erklärungszusammenhang" bringen wird, muss noch nachgewiesen werden. Unter Handlungsorientierung wird ein didaktisch-lernorganisatorisches Konzept verstanden, das eine Orientierung im Umgang mit komplexen beruflichen Aufgaben ermöglicht und durch folgende Prinzipien gekennzeichnet ist: Ganzheitlichkeit, kooperatives Lernen, Lernorientierung sowie Metakommunikation und -kognition.

Der Lehrplan hatte bereits 2002 einen „disziplinorientierten Ansatz" in der Ausbildung aufgegeben. Dieser Standpunkt wird im neuen Lehrplan weiterhin beibehalten. Ausbildung wird demnach in Lernfeldern organisiert. „Lernfelder sind didaktisch begründete, schulisch aufbereitete Handlungsfelder. Sie fassen komplexe Aufgabenstellungen zusammen, deren unterrichtliche Bearbeitung in handlungsorientierten Lernsituationen erfolgt." Diese sind am generalistischen Prinzip der Ausbildung orientiert. Die mit der Lernzielorientierung verfolgten Ziele werden wie folgt definiert:

- „den Erwerb von Kompetenzen in berufsbezogenen und berufsübergreifenden Zusammenhängen zu fördern,
- den Entwicklungsprozess zu einer reflektierten professionellen Haltung als Erzieherin/Erzieher zu begleiten,
- den handlungsorientierten Unterricht sowie die Verzahnung von Theorie und Praxis zu unterstützen und
- die verantwortliche Gestaltung von pädagogischen Prozessen zu ermöglichen."

Lernfelder werden mittels Lernsituationen erschlossen und in komplexen Lehr-/Lernarrangements und Unterrichtseinheiten didaktisch gestaltet. Diese „beziehen sich auf berufliche Handlungsaufgaben" und „stellen Fachinhalte und Fachtheorien in einen Anwendungszusammenhang". Sie „sollen den Erwerb transferfähigen Wissens fördern". „Lernende werden in Lernsituationen als aktiv Mitgestaltende ihres individuellen Lernprozesses gesehen."

Der Aufbau vollzieht sich in einem fachlichen und persönlichen Lern- und Entwicklungsprozess, in dessen Verlauf aus Schülerinnen/Studierenden der Fachschule/Fachakademie für Sozialpädagogik Erzieherinnen und Erzieher werden. Sie entwickeln tragfähige Berufsvorstellungen und Handlungskonzepte, indem sie ihre Alltagstheorien, Orientierungs- und Handlungsmuster fachwissenschaftlich reflektieren und in der Praxis zentrale Aufgaben des Berufs erproben.

Mit der vom Lehrplan verfolgten „Persönlichkeitsentwicklung als Orientierungsprinzip der Ausbildung" werden personale Bildungsprozesse und deren individuelle Stärkung zum Gegenstand der Ausbildung. Dieses Ziel kann am ehesten erreicht werden, wenn die Ausbildungsstätten als „Lebens- und Erfahrungsraum" konzipiert sind, eine enge Verbindung von Theorie und Praxis anstreben, wenn die Unterrichtsprozesse so gestaltet werden, dass die Auszubildenden nicht nur in ihrer individuellen Entwicklung profitieren, sondern zugleich befähigt werden, bei den Kindern entsprechend Bildungsprozesse anzuleiten.

Im Lehrplan wird „professionelle Haltung in den Kategorien Sozialkompetenz und Selbstständigkeit des DQR beschrieben". Sie wird von den Studierenden „in einem komplexen Lernprozess erworben, der wachsende fachliche Expertise mit biografischen und persönlichen Merkmalen von Berufsverständnis, Berufshaltung und Berufsbewältigung verbindet" und ermöglicht ihnen, mit Diversität und Ungewissheit umzugehen. Professionelle Haltung wird im Rahmen der Ausbildung mittels biografischer Selbstreflexion und der „Fertigkeit zur systematischen und methodisch fundierten Reflexion der pädagogischen Handlungspraxis" entwickelt. Dabei wird dem dialogischen Prozess zentrale Bedeutung beigemessen, eingebettet in ein beziehungsorientiertes Lernen und Handeln. Von besonderer Bedeutung dabei ist die im Lehrplan vertretene Grundhaltung, wonach „Lernen in Beziehungen ko-konstruktives Lernen (ist)": „In der Auseinandersetzung mit den differierenden Wirklichkeitskonstruktionen der Mitlernenden, der Lehrenden, der Fachwissenschaft und der sozialpädagogischen Praxis erfolgt die Weiterentwicklung beruflicher Handlungskompetenz."

Auf der didaktischen Handlungsebene geht es um die Konstruktion von Wissen im Austausch mit anderen, auf dem Hintergrund eines klaren Praxisbezugs der Themen und Inhalte. Dabei wird deutlich, „welchen Sinn der Lerngegenstand für das individuelle pädagogische Handeln der Lernenden hat und welche Einstellungen und Haltungen damit verbunden sind". Der Unterricht knüpft an die Erfahrungen aller Ko-Konstrukteure an, nutzt deren Neugier, wird als Mehrperspektivenansatz organisiert und greift dabei auf Konzepte wie Partizipation, Feed-Back, Kommunikation etc. zurück.

Ein auf den Ansätzen von Handlungs- und Entwicklungsorientierung aufbauender Unterricht wird im Lehrplan als produktiver Interaktionsprozess konzeptualisiert, „der berufliche Handlungskompetenz fachrichtungsbezogen und fachrichtungsübergreifend fördert". Der Lehrplan greift auf ein konstruktivistisch orientiertes Verständnis von Lernen zurück und identifiziert „sechs Prozessmerkmale gelingenden Lernens" sowie sieben Unterrichtsprinzipien, die diesen Lernprozess unterstützen:

Sechs Prozessmerkmale gelingenden Lernens

1. Lernen ist ein aktiver Prozess, der auf aktive Beteiligung des Lernenden und daher auf ein Mindestmaß an Motivation oder Interesse angewiesen ist.
2. Lernen ist ein selbstgesteuerter Prozess, in dem der Lernende für sein Lernen selbst verantwortlich ist, er steuert und kontrolliert mit je unterschiedlichen Freiheitsgraden je nach Situation.
3. Lernen ist ein konstruktiver Prozess, der auf bereits vorhandenen Kenntnissen und Fähigkeiten aufbaut, die somit jeden kognitiven Prozess fundieren. Ohne diese „Aufbauleistungen" ist keine Veränderung des Wissens und Könnens möglich.
4. Lernen ist ein emotionaler Prozess, der zum Beispiel von Motivation, sozialen Gefühlen und Leistungswillen geprägt ist.
5. Lernen ist ein situativer Prozess, der auf einen jeweils spezifischen Kontext verwiesen ist, in dem die Inhalte interpretiert werden und der das Lernen ermöglicht bzw. begrenzt.
6. Lernen ist ein sozialer Prozess. Der Lernende ist immer auch soziokulturellen Einflüssen ausgesetzt. Zudem ist Lernen gerade im Kontext von Unterricht interaktives Geschehen (Krapp/Weidemann).

Sieben Unterrichtsprinzipien unterstützen diesen Lernprozess

1. Der Erwerb beruflicher Handlungskompetenz erfordert einen handlungsorientierten Unterricht, der **Lernen in vollständigen Handlungsvollzügen** (Lernsituationen) ermöglicht. Kooperatives Lernen im Team, zunehmende Steuerung des Lernprozesses durch die Schülerinnen/Studierenden und selbstreferentielles Lernen sind dabei wichtige Elemente.
2. Die zu vermittelnden Inhalte und theoretischen Modelle, die für den Erwerb der beruflichen Handlungskompetenz erforderlich sind, orientieren sich an den Anforderungen der beruflichen Aufgaben. Damit werden die **Fachwissenschaften in den beruflichen Kontext** eingebunden.
3. Der Unterricht stellt eine enge **Theorie-Praxis-Verknüpfung** sicher. Strukturierte Lernprozesse am Lernort Praxis werden mit dem Unterricht am Lernort Schule didaktisch verknüpft.
4. Die **Entwicklung der professionellen Haltung** erfordert Unterricht, der beziehungsorientiertes Lernen in den Lernorten Schule und Praxis ermöglicht.
5. **Kooperative und selbstgesteuerte Lernformen** unterstützen die Gestaltung von Lernprozessen, durch die lernmethodische Kompetenzen erworben werden.
6. **Forschendes Lernen** und **erwachsenengerechte Lehr-/Lernformen** besitzen eine hohe Relevanz für die fachliche Weiterentwicklung in der Ausbildung und späteren Berufspraxis.

7. Unterrichtsprozesse sind im Sinne der **doppelten Vermittlungspraxis** so gestaltet, dass die Qualität von Lehr-/Lernformen und der Beziehungsgestaltung in die Berufspraxis transferiert wird.

Unter „Vernetzung der Lernorte Schule und Praxis“ werden sowohl die Verknüpfung von Unterrichtsinhalten mit der sozialpädagogischen Praxis als auch das Lernen im sozialpädagogischen Praxisfeld verstanden. Hinzu kommt die praktische Ausbildung, auch in Form von Praktika. „Die Abstimmung des schulischen Lehrplans mit den Erfordernissen der praktischen Ausbildung wird damit institutionell, konzeptionell und fachlich gesichert.“ Über eine kritische Reflexion von Theorie und Praxis im Rahmen eines „Selbstbildungsprozesses“(!) werden fachliche und personale Kompetenzen gestärkt, während die Entwicklung einer beruflichen Handlungskompetenz auf ein systematisches Lernen in der Praxis, also kontextabhängig, erfolgt. Der Umfang des berufspraktischen Anteils in der Ausbildung soll „nahezu ein Drittel des Gesamtvolumens der Ausbildung“ umfassen. In diesem Zusammenhang kommt der Qualität der pädagogischen Praxis „eine ebenso wichtige Bedeutung zu wie die der Praxisbegleitung“. Ausbildungsinstitution und Praxis befinden sich in einem Wechselwirkungsverhältnis, deshalb gewinnen Wechselwirkungseffekte an Bedeutung.

„Die Lernfelder der Ausbildung orientieren sich an den beruflichen Handlungsfeldern, die im kompetenzorientierten Qualifikationsprofil für die Ausbildung von Erzieherinnen und Erziehern an Fachschulen/Fachakademien, Beschluss der KMK vom 01.12.2011, dargestellt sind.“ Der Rahmenplan stellt sicher, dass er in seiner Gesamtheit das Spektrum der für Erzieherinnen und Erzieher typischen Arbeitsfelder angemessen repräsentiert und die Kompetenzformulierungen den Vorgaben des DQR nach Niveaustufen entsprechen. Die folgende Tabelle verdeutlicht die sechs Lernfelder und deren jeweilige wesentliche Zielsetzung:

Lernfeld	Lernfeld-Beschreibung	Thematischer Schwerpunkt im Lernfeld	Zeitstichwert
1	Berufliche Identität und professionelle Perspektiven weiterentwickeln	„Zentrale berufliche Handlungsaufgaben: Erzieherinnen und Erzieher bilden, erziehen und betreuen Kinder, Jugendliche und junge Erwachsene auf der Grundlage einer reflektierten und ständig weiterzuentwickelnden beruflichen Identität und Professionalität. Sie entwickeln diese im kritischen Umgang mit eigenen und von außen an sie herangetragenen Erwartungen und Anforderungen an ihre Berufsrolle. Sie verfügen über die Fähigkeit und Bereitschaft, sich neuen beruflichen Anforderungen und Rollenerwartungen zu stellen und ihre eigene Persönlichkeit weiterzuentwickeln.“	160 bis 200 Stunden

Lern-feld	Lernfeld-Beschreibung	Thematischer Schwerpunkt im Lernfeld	Zeit-stichwert
2	Pädagogische Beziehungen gestalten und mit Gruppen pädagogisch arbeiten	„Erzieherinnen und Erzieher arbeiten mit Einzelnen und Gruppen auf der Grundlage einer entwicklungs- und bildungsförderlichen pädagogischen Beziehungsgestaltung. Sie beachten die Individualität und die Ressourcen ihrer Adressaten und nutzen die vielfältigen didaktisch-methodischen Handlungskonzepte der Kinder- und Jugendarbeit. Ihre Arbeit gestalten sie im Sinne präventiver, partizipativer und inklusiver pädagogischer Ziele. Sie fördern die Sprach- und Medienkompetenz ihrer Adressaten und orientieren die pädagogische Arbeit an Werten, wie sie im Grundgesetz der Bundesrepublik Deutschland und in den Verfassungen der Länder niedergelegt sind."	240 bis 280 Stunden
3	Lebenswelten und Diversität wahrnehmen, verstehen und Inklusion fördern	„Erzieherinnen und Erzieher arbeiten auf der Grundlage eines fachwissenschaftlich fundierten und integrierten Wissens über die Vielfalt der Lebenswelten und Lebenssituationen von Kindern, Jugendlichen und jungen Erwachsenen in einer pluralistischen und sich ständig verändernden Gesellschaft. Sie übernehmen in ihrer Arbeit Verantwortung für Teilhabe und Förderung von Kindern, Jugendlichen und jungen Erwachsenen. Die Diversität ihrer Adressaten bildet den Ausgangspunkt für die Planung, Durchführung und Reflexion pädagogischer Prozesse mit dem Ziel, Inklusion zu fördern."	240 bis 280 Stunden
4	Sozialpädagogische Bildungsarbeit in den Bildungsbereichen professionell gestalten	„Erzieherinnen und Erzieher arbeiten auf der Grundlage eines fachwissenschaftlich vertieften Verständnisses der Entwicklungs- und Bildungsprozesse ihrer Adressaten. Sie nehmen Kinder, Jugendliche und Erwachsene als Akteure ihrer Entwicklung wahr, sind in der Lage, gezielt zu beobachten und sie pädagogisch zu verstehen. Mit Bezug darauf werden Selbstbildungs- und Bildungsprozesse in den Bildungsbereichen Bewegung, Spiel und Theater; Musik und Rhythmik; Ästhetik und Kunst; Sprache, Literacy und Medien; Religion, Gesellschaft und Ethik; Natur und Umwelt; Gesundheit und Ernährung; Mathematik, Naturwissenschaften und Technik angeregt, unterstützt und gefördert."	600 bis 680 Stunden[187]

[190] *Dies bedeutet mindestens 2.400 Unterrichtsstunden für alle Lernbereiche, davon sollten 1.200 Unterrichtsstunden in der Praxis der Kinder- und Jugendarbeit geleistet werden.*

Lern-feld	Lernfeld-Beschreibung	Thematischer Schwerpunkt im Lernfeld	Zeit-stichwert
5	Erziehungs- und Bildungs-partnerschaften mit Eltern und Bezugs-personen gestalten sowie Übergänge unterstützen	„Erzieherinnen und Erzieher analysieren auf der Grundlage eines breiten und integrierten fachwissenschaftlichen Verständnisses über Lebenssituationen von Familien in ihren soziokulturellen Bezügen die familiäre Lage ihrer Zielgruppe und gestalten die Zusammenarbeit mit Eltern und Bezugspersonen als Bildungs- und Erziehungspartnerschaft. In Kooperation mit den beteiligten Akteuren unterstützen sie die Gestaltung von komplexen Übergangsprozessen im Entwicklungsverlauf von Kindern, Jugendlichen und jungen Erwachsenen."	160 bis 200 Stunden
6	Institution und Team ent-wickeln sowie in Netzwerken kooperieren	„Erzieherinnen und Erzieher übernehmen im Team Verantwortung für die Sicherung und Weiterentwicklung der Qualität ihrer Arbeit, ihrer Arbeitsorganisation und die Außendarstellung ihrer Einrichtung. Sie kooperieren im Interesse und als Vertretung ihrer Einrichtung in sozialräumlichen Netzwerken."	160 bis 200 Stunden[188]

Dem Rahmenplan liegt ein zweidimensionales Modell zugrunde, wonach auf die Stärkung der individuellen Entwicklung der Schüler/innen einerseits und auf die Stärkung von Fachkompetenzen andererseits gesetzt wird. Wenn man von Unzulänglichkeiten bezüglich seiner theoretischen Fundierung und seiner innerer Konsistenz sowie von etlichen „handwerklichen Fehlern" absieht, bietet er eine Grundlage, die über Implementationsstrategien einen, wenn auch begrenzten, Beitrag zur Weiterentwicklung in diesem Bereich leisten kann (Fthenakis & Schmitt 2014).

Fthenakis und Schmitt (2014) kritisieren die Halbherzigkeit, was das Ausbildungsniveau und die Implementation dieses Rahmenplanes betrifft, denn er ziele lediglich darauf ab, im Hinblick auf eine in Europa zunehmend übliche Etablierung der Erzieher/innenausbildung auf akademischem Niveau den politischen Druck zu reduzieren. Die im Plan enthaltene Befürwortung von Kompetenzorientierung sei jedoch zu begrüßen.

Der Rahmenplan weise sowohl hinsichtlich einer klaren theoretischen Positionierung als auch bezüglich innerer Stringenz Unzulänglichkeiten und Begrenzungen auf, deren Milderung über die notwendigen, aber bislang nicht in Angriff genommenen Implementationsstrategien erreicht werden soll. So stelle die Umsetzung des Lehrplans Fachschulen und Fachakademien vor eine erhebliche Herausforderung, da sie großenteils noch fächerorientiert unterrichten und über wenig bis keine Erfahrung mit der kompetenzorientierten Organisation des Unterrichts verfügen (a. a. O.).

Das im Projekt „Natur-Wissen schaffen" entwickelte „Kompetenzmodell der Qualifizierung pädagogischer Fachkräfte" (Fthenakis, im Erscheinen) leistet einen Beitrag in diese Richtung. Es konzeptualisiert erstmals im deutschsprachigen Gebiet die Ausbildungsqualität auf der Grundlage sozialkonstruktivistischer Ansätze und stellt ein konsistentes Modell zur Verfügung, das sich in hohem Maße eignet, die Perspektiven des neuen Rahmenplans zu konkretisieren

[191] *Insgesamt sieht der Lehrplan mindestens 2.400 Unterrichtsstunden vor, von denen 1.200 in der Praxis der Kinder- und Jugendarbeit geleistet werden sollen.*

und den Fachschulen und weiteren Ausbildungsstätten zu helfen, diesen Rahmenplan in die Ausbildungspraxis umzusetzen.

Inhaltlich fokussiert das Kompetenzmodell einerseits auf die Stärkung individueller Entwicklung der Lernenden und andererseits auf die Stärkung von Fachkompetenzen. Dazu gehören: Interaktionskompetenz, Reflexionskompetenz, Beobachtungs- und Dokumentationskompetenz, Forschungskompetenz, Präventionskompetenz, Kompetenz im Umgang mit Diversität, Vernetzungs- und Leitungskompetenz. Zugleich führt dieses Konzept den methodisch-didaktischen Ansatz der Ko-Konstruktion in die Ausbildung ein und verbindet den Projektansatz mit metakognitiven Elementen. Generell lenkt das Modell den Blick von der Wissensvermittlung hin zur Kompetenzorientierung der Ausbildung.

Mit Blick auf den notwendigen Anschluss des deutschen Ausbildungssystems für Erzieher/innen an europäische und internationale Entwicklungen erfährt das Kompetenzmodell durch den vorliegenden Band eine sinnvolle Ergänzung. Es ist zu hoffen, dass dieses Buch, in dem die Reform der Erzieher/innenausbildung in acht europäischen und vier außereuropäischen Ländern beschrieben wurde, neue Impulse für die Ausbildungsqualität in Deutschland liefern wird.

Literatur

Amthor, R.-C. (2003). Die Geschichte der Berufsausbildung in der Sozialen Arbeit: Auf der Suche nach Professionalisierung und Identität. Weinheim: Juventa.

Arbeitsgemeinschaft für Jugendhilfe (2004). Qualifizierung von Fachkräften für die Kinder- und Jugendhilfe. Bestandsaufnahme und Anregungen zur Diskussion der Arbeitsgemeinschaft für Jugendhilfe (AGJ). Online verfügbar unter http://www.agj.de/pdf/5/2004/Qualifizierung%20von%20Fachkraeften.pdf (letzter Zugriff: 10.03.2009).

Balluseck, H. von (2008). Der Kontext der akademischen ErzieherInnenausbildung. In H. von Balluseck, E. Kruse, A. Pannier & P. Schnadt (Hrsg.), Von der ErzieherInnen-Ausbildung zum Bachelor-Abschluss: Mit beruflichen Kompetenzen ins Studium (Praxis, Theorie, Innovation, Bd. 7, S. 16–54). Berlin: Schibri.

Bauer, J. (2001). Internationalisierung und Akkreditierung der Sozialberufe. Nachrichtendienst des Deutschen Vereins für Öffentliche und Private Fürsorge, 9, 288–296.

Bauer, J. (2006). Ausbildung zur Erzieherin – ein alt-neuer Auftrag für Fachhochschulen? In A. Diller & Th. Rauschenbach (Hrsg.), Reform oder Ende der Erzieherinnenausbildung? Beiträge zu einer kontroversen Fachdebatte (S. 111–132). München: Deutsches Jugendinstitut.

Beher, K. (2006). Die Fachkräfte: Aufgabenprofile und Tätigkeitsanforderungen. In Reform oder Ende der Erzieherinnenausbildung? Beiträge zu einer kontroversen Fachdebatte (79–94). München: Deutsches Jugendinstitut.

Bennett, J. (2006). Starting strong: Early childhood education and care policy. Länderbericht Österreich. Online verfügbar unter http://www.oecd.org/dataoecd/57/58/36657509.pdf (letzter Zugriff: 24.06.2009).

Bertelsmann Stiftung (Hrsg.). (2008). Länderreport: Frühkindliche Bildungssysteme 2008. Gütersloh.

Berufsakademie Stuttgart (o. J.). Konzeption und Zielsetzung. Online verfügbar unter http://www.ba-stuttgart.typo3-umsetzung.de/themen/studium/studienbereich-sozialwesen/soziale-arbeit-in-der-elementarerziehung/konzeption-und-zielsetzung.html (letzter Zugriff: 11.06.2009).

Betz, T. (2013). Anforderungen an Fachkräfte in Kindertageseinrichtungen. In M. Stamm & D. Edelmann (Hrsg.), Handbuch frühkindlicher Bildungsforschung. Wiesbaden: Springer.

Betz, T. & Cloos, P. (2013). Kindheit und Profession. Konturen und Befunde eines Forschungsfeldes. Weinheim: Beltz.

Bliss, J. (1996). Piaget und Vygotsky: Ihre Bedeutung für das Lehren und Lernen der Naturwissenschaften. Zeitschrift für Didaktik der Naturwissenschaften, 2, 3, 3–16.

Brew, A. (2003). Teaching and research: New relationships and their implicarions for inquiry-based teaching and learning in higher education. Higher Education Research and Development, 22, 3–18.

Browne, N. (2004). Gender equity in the early years. Maidenhead-Berkshire: McGraw-Hill Education.

Bruner, J.S. (1986). Actual minds, possible worlds. Cambridge, Mass.: Harvard University Press.

Bundesarbeitsgemeinschaft katholischer Ausbildungsstätten für Erzieherinnen/Erzieher, Bundesverband evangelischer Ausbildungsstätten für Sozialpädagogik & Bundesarbeitsgemeinschaft öffentlicher und freier nicht konfessionell gebundener Ausbildungsstätten für Erzieher/innen (2004). Zukunftsfähigkeit der Ausbildung von Erzieherinnen und Erziehern in der Bundesrepublik Deutschland: Gemeinsames Positionspapier. Online verfügbar unter http://www.boefae.de/dokumente/download/2004_Positionspapier.pdf (letzter Zugriff: 10.03.2009).

Bundesministerium für Bildung und Forschung (Hrsg.). (2007). Auf den Anfang kommt es an: Perspektiven für eine Neuorientierung frühkindlicher Bildung (Bildungsforschung, Bd. 16, unveränderter Nachdruck). Bonn.

Bundesministerium für Bildung und Forschung & Ständige Konferenz der Kultusminister der Länder (2011). Deutscher Qualifikationsrahmen für lebenslanges Lernen. Online verfügbar unter http://www.dqr.de.

Cameron, C. (2008). Was verstehen wir unter Kompetenz? Kinder in Europa, 15, 14–15.

Cobb, P. & Yackel, E. (1996). Constructivist, emergent and socioultural perspectives in the context of developmental research. Educational Psychologist, 31, 175–190.

Cooley, C.H. (1970). Human Nature and the social order. New York: Schocken (Original erschienen 1902).

Cremers, M., Krabel, J. & Calmbach, M. (Hrsg. BMFSFJ). (2010). Männliche Fachkräfte in Kindertagesstätten. Berlin.

Der Bundesminister für Frauen und Jugend (Hrsg.). (1993). Übereinkommen über die Rechte des Kindes. UN-Konventionen im Wortlaut mit Materialien. Düsseldorf: Livonia.

Der Europäische Hochschulraum. Gemeinsame Erklärung der Europäischen Bildungsminister: 19. Juni 1999, Bologna (1999). Online verfügbar unter http://www.bmbf.de/pub/bologna_deu.pdf (letzter Zugriff: 16.03.2009).

Derschau, D. von (1987). Personal: Entwicklung der Ausbildung und der Personalstruktur im Kindergarten. In G. Erning, K. Neumann & J. Reyer (Hrsg.), Institutionelle Aspekte, systemische Perspektiven, Entwicklungsverläufe (Geschichte des Kindergartens, Bd. 2, S. 67–81). Freiburg/Breisgau: Lambertus.

Deutsche Gesellschaft für Erziehungswissenschaft (2005). Stellungnahme zur Qualifizierung des Personals im Bereich der „Vorschulischen Pädagogik". Online verfügbar unter http://www.dgfe.de/bilpo/2005/Stellungnahme_Qualifizierung.pdf (letzter Zugriff: 10.03.2009).

Deutscher Bildungsrat (1970). Strukturplan für das Bildungswesen (Empfehlungen der Bildungskommission). Bonn: Bundesdruckerei.

Deutscher Qualifikationsrahmen für lebenslanges Lernen. Online verfügbar unter http://www.dqr.de.

Deutscher Verein für öffentliche und private Fürsorge e. V. (2007). Positionspapier des Deutschen Vereins zu den Perspektiven der Ausbildung und der beruflichen Weiterentwicklung von Erzieherinnen und Erziehern. Online verfügbar unter http://www.deutscher-verein.de/05-empfehlungen/empfehlungen2007/pdf/Perspektiven_der_Ausbildung_und_der_beruflichen_Weiterentwicklung_von_Erziehern.pdf (letzter Zugriff: 13.03.2009).

Dewe, B. & Otto, H.-U. (2011a). Profession. In H.-U. Otto & H. Thiersch (Hrsg.), Handbuch Soziale Arbeit (4. Aufl.). 1131–1142. München: Reinhardt.

Dewe, B. & Otto, H.-U. (2011b). Professionalität. In H.-U. Otto & H. Thiersch (Hrsg.), Handbuch Soziale Arbeit (4. Aufl.), 1143–1153. München: Reinhardt.

Diller, A. & Rauschenbach, Th. (2006). Reform oder Ende einer Ausbildung – eine einleitende Skizze. In A. Diller & Th. Rauschenbach (Hrsg.), Reform oder Ende der Erzieherinnenausbildung? Beiträge zu einer kontroversen Fachdebatte (S. 7–12). München: Deutsches Jugendinstitut.

Diskowski, D. (2009). Sieben Fragen – sieben Thesen zur Veränderung der Erzieherinnen-Ausbildung. Betrifft KINDER, 1/2, 42–43.

Dreyer, R. & Sell, S. (2007). Kompetent für Kinder: Ausbildung der Erzieherinnen und Erzieher zwischen Fachschule und Akademisierung (Kitamanagement konkret, Bd. 7). Kronach: Carl Link.

Dyrfjöro, K. (2008). Lebenslang lernen: Lehrer für Frühpädagogik in Island haben künftig einen Master-Abschluss. Kinder in Europa, 15, 28.

Ebert, S. (2006). Erzieherin: Ein Beruf im Spannungsfeld von Gesellschaft und Politik. Freiburg/Breisgau: Herder.

Education, Audiovisual and Culture Executive Agency (2009). Early childhood education and care in Europe: Tackling social and cultural inequalities. Retrieved May 19, 2009, from http://eacea.ec.europa.eu/about/eurydice/documents/098EN.pdf.

Erning, G. (1987). Geschichte der öffentlichen Kleinkinderziehung von den Anfängen bis zum Kaiserreich. In G. Erning, K. Neumann & J. Reyer (Hrsg.), Entstehung und Entwicklung der öffentlichen Kleinkindererziehung in Deutschland von den Anfängen bis zur Gegenwart (Geschichte des Kindergartens, Bd. 1, S. 13–41). Freiburg/Breisgau: Lambertus.

Europäische Kommission (2008). Der europäische Qualifikationsrahmen für lebenslanges Lernen. Online verfügbar unter http://ec.europa.eu/dgs/education_culture.

Fröhlich-Gildhoff, K., Nentwig-Gesemann, I. & Pietsch, S. (2011). Kompetenzorientierung in der Qualifizierung frühpädagogischer Fachkräfte. Weiterbildungsinitiative Frühpädagogische Fachkräfte (WIFF). München: Deutsches Jugendinstitut.

Fthenakis, W.E. (2002). Die Ausbildung von Erzieherinnen und Erziehern: Strategiekonzepte zur Weiterentwicklung von Ausbildungsqualität. In W. E. Fthenakis & P. Oberhuemer (Hrsg.), Ausbildungsqualität: Strategiekonzepte zur Weiterentwicklung der Ausbildung von Erzieherinnen und Erziehern (S. 15–38). Neuwied: Luchterhand.

Fthenakis, W.E. (Hrsg.). (im Erscheinen). Komptenzmodell für kindheitspädagogische Ausbildungen – Innovative Qualifizierung im Blickpunkt. Köln: Bildungsverlag EINS.

Fthenakis, W.E., Hanssen, K., Oberhuemer, P. & Schreyer, I. (Hrsg.). (2003). Träger zeigen Profil. Qualitätshandbuch für Träger von Kindertageseinrichtungen. Weinheim: Beltz.

Fthenakis, W.E. & Oberhuemer, P. (Hrsg.). (2004). Frühpädagogik international. Bildungsqualität im Blickpunkt. Wiesbaden: VS Verlag für Sozialwissenschaften.

Fthenakis, W.E. & Schmitt, A. (2014). Das Projekt Natur-Wissen schaffen: Entwicklung und Implementationsstrategien für Bildungs- und Ausbildungscurricula im Elementarbereich (S. 59–76). In A. Schmitt, G. Mey, A. Schwentesius & R. Vock (Hrsg.), Mathematik und Naturwissenschaften anschlussfähig gestalten -- Konzepte, Erfahrungen und Herausforderungen der Kooperation von Kita und Schule. Kronach: Carl Link.

Fthenakis, W.E., Schmitt, A., Daut, M., Eitel, A. & Wendell, A. (2009a). Natur-Wissen schaffen. Band 2: Frühe mathematische Bildung. Troisdorf: Bildungsverlag EINS.

Fthenakis, W.E., Wendell, A., Eitel, A., Daut, M. & Schmitt, A. (2009b). Natur-Wissen schaffen. Band 3: Frühe naturwissenschaftliche Bildung. Troisdorf: Bildungsverlag EINS.

Fthenakis, W.E., Wendell, A., Daut, M., Eitel, A. & Schmitt, A. (2009c). Natur-Wissen schaffen. Band 4: Frühe technische Bildung. Troisdorf: Bildungsverlag EINS.

Fthenakis, W.E., Schmitt, A., Eitel, A., Gerlach, F., Wendell, A. & Daut, M. (2009d). Natur-Wisssen schaffen. Band 5: Frühe Medienbildung. Troisdorf: Bildungsverlag EINS.

Fuchs-Rechlin, K. (2009). Akademisierung in Kindertageseinrichtungen – Schein oder Sein? KomDat Jugendhilfe, 1, 18–19.

Gebrande, J. (2011). Der Deutsche Qualifikationsrahmen (DQR) im Lichte fach- und bildungspolitischer Stellungnahmen. München: DJI, WiFF-Expertise Nr. 17.

Gerstenmaier, J. & Mandl, H. (2000). Konstruktivistische Ansätze in der Psychologie (Forschungsbericht Nr. 123). München: LMU, Lehrstuhl für Empirische Pädagogik und Pädagogische Psychologie.

Glasersfeld, E. von (1996). Radikaler Konstruktivismus. Ideen, Ergebnisse, Probleme. Frankfurt am Main: Suhrkamp.

Gisbert, K. (2004). Lernen lernen – Lernmethodische Kompetenzen von Kindern in Tageseinrichtungen fördern. Weinheim und Basel: Beltz.

Grimlund, A. (2008). Lebenslang lernen: ... die Lehrer für Frühpädagogik in Schweden jedoch nicht. Kinder in Europa, 15, 28.

Hauglund, E. & Spence, K. (2008). Männer in Krippe und Kindergarten. Kinder in Europa, 15, 30–31.

Hoffmann, H. (2013). Professionalisierung der frühkindlichen Bildung in Deutschland. In M. Stamm & D. Edelmann (Hrsg.), Handbuch frühkindliche Bildungsforschung. Wiesbaden: Springer.

Huber, L. (2003). Forschendes Lernen in Deutschen Hochschulen. Zum Stand der Diskussion. In A. Obolenski & H. Meyer (Hrsg.), Forschendes Lernen: Theorie und Praxis einer professionellen LehrerInnenausbildung, 15–36. Bad Heilbrunn: Klinkhardt.

John-Steiner, V. & Mahn, H. (1996). Sociocultural approaches to learning and development: A Vygotskian framework. Educational Psychologist, 31, 3/4, 191–206.

Jugendministerkonferenz (2005). Weiterentwicklung der Erzieherinnen- und Erzieherausbildung. Onlone verfügbar unter http://www.bildungsserver.de/zeigen-e.html?seite=4018 (letzter Zugriff: 20.10.2008).

Karsten, M.-E. (1998/1999). Keine Qualität ohne Qualifizierung des Personals. Archiv für Wissenschaft und Praxis der sozialen Arbeit, 4/98 + 1/99, 419–429.

Karsten, M.-E. (2006). Wege in die Zukunft – Anforderungen an ein modernes Ausbildungskonzept. In A. Diller & Th. Rauschenbach (Hrsg.), Reform oder Ende der Erzieherinnenausbildung? Beiträge zu einer kontroversen Fachdebatte (S. 133-148). München: Deutsches Jugendinstitut.

Kommission der Europäischen Gemeinschaften (2008). Mitteilung der Kommission an das Europäische Parlament, den Rat, den europäischen Wirtschafts- und Sozialausschuss und den Ausschuss der Regionen: Ein aktualisierter strategischer Rahmen für die europäische Zusammenarbeit auf dem Gebiet der allgemeinen und beruflichen Bildung. Online verfügbar unter http://ec.europa.eu/education/lifelong-learning-policy/doc/com865_de.pdf (letzter Zugriff: 12.05.2009).

Kommission Kindertagesstätten, Tagespflege, Erziehung in der Familie (2001). Der „Lernort-Praxis" in der Ausbildung von Erzieherinnen und Erziehern. Online verfügbar unter http://www.bildungsserver.de/zeigen-e.html?seite=4018 (letzter Zugriff: 20.10.2008).

König, A. (2010). Interaktion als didaktisches Prinzip. Bildungsprozesse bewusst begleiten und gestalten. Troisdorf: Bildungsverlag EINS.

König, K. & Pasternack, P. (2008). elementar + professionell. Die Akademisierung der elementarpädagogischen Ausbildung in Deutschland (HoF-Arbeitsberichte 5/08). Wittenberg: Institut für Hochschulforschung an der Martin-Luther-Universität Halle-Wittenberg.

Kösler, E. & Steinebach, C. (2006). Erziehen und Leiten als Profession: ein Beitrag zur Akademisierung. In A. Diller & Th. Rauschenbach (Hrsg.), Reform oder Ende der Erzieherinnenausbildung? Beiträge zu einer kontroversen Fachdebatte (S. 181–196). München: Deutsches Jugendinstitut.

Kruse, E. (2004). Stufen zur Akademisierung: Wege der Ausbildung für Soziale Arbeit von der Wohlfahrtsschule zum Bachelor-/Mastermodell. Wiesbaden: VS Verlag für Sozialwissenschaften.

Kruse, E. (2008). Die bildungspolitische Bedeutung durchlässiger Strukturen. In H. von Balluseck, E. Kruse, A. Pannier & P. Schnadt (Hrsg.), Von der ErzieherInnen-Ausbildung zum Bachelor-Abschluss: Mit beruflichen Kompetenzen ins Studium (Praxis, Theorie, Innovation, Bd. 7, S. 55–71). Berlin: Schibri.

Küls, H. (2008). Lehrpläne der Ausbildung von Erzieherinnen und Erziehern – Curriculare Vielfalt oder curriculare Divergenz? Die berufliche Schule, 60, 81–84.

Lüllmann, N. (2007). „Erzieherinnen an die Uni". Soziologische Aspekte einer Akademisierung des Erzieherinnenberufs. In A.M. Stroß (Hrsg.), Bildung – Reflexion – Partizipation. Anstöße zur Professionalisierung von Erzieherinnen und Erziehern (Vechtaer Beiträge zur Frühpädagogik, Bd. 1, S. 75–87). Münster: LIT.

Lund, S.G. (2008). Ausbildung des frühpädagogischen Fachpersonals in Europa. Kinder in Europa, 15, 7–13.

Mead, G.H. (1974). Mind, self and society. From the standpoint of a social behaviorist. Chicago: Chicago University Press (Original erschienen 1934).

Moss, P. (2000). Jenseits der Qualitätsdiskussion: Postmoderne Perspektiven. In H. Colberg-Schrader & P. Oberhuemer (Hrsg.), Qualifizieren für Europa. Praxiskulturen, Ausbildungskonzepte, Initiativen (S. 4–17). Baltmannsweiler: Schneider Hohengehren.

Müller-Neuendorf, M. (2006). Ist die Ausbildung der Erzieher und Erzieherinnen an Fachschulen noch zukunftsfähig? In A. Diller & Th. Rauschenbach (Hrsg.), Reform oder Ende der Erzieherinnenausbildung? Beiträge zu einer kontroversen Fachdebatte (S. 167–180). München: Deutsches Jugendinstitut.

Nentwig-Gesemann, I. (2007). Das Konzept des forschenden Lernens im Rahmen der hochschulischen Ausbildung von FrüphpädagogInnen. In K. Fröhlich-Gildhoff, I. Nentwig-Gesemann & P. Schnadt (Hrsg.), Neue Wege gehen – Entwicklungsfelder der Frühpädagogik (S. 92–101). München: Reinhardt.

Norwegian Ministry of Education and Research (2008). Action Plan for Gender Equality in Kindergarten and Basic Education. Oslo.

Nottebaum, R. (2006). Fusion – eine konkrete Utopie? Plädoyer für eine Zusammenführung von Fachschule und Fachhochschule. In A. Diller & Th. Rauschenbach (Hrsg.), Reform oder Ende der Erzieherinnenausbildung? Beiträge zu einer kontroversen Fachdebatte (S. 149–166). München: Deutsches Jugendinstitut.

Oberhuemer, P. (2001). Kulturen der Kindertagesbetreuung – Entwicklungstendenzen in der EU. In H. Colberg-Schrader & P. Oberhuemer (Hrsg.), Aufwachsen von Kindern – Private und öffentliche Verantwortung (S. 106–118). Baltmannsweiler: Schneider Hohengehren.

Oberhuemer, P. (2004). Übergang in die Pflichtschule: Reformstrategien in Europa. In D. Diskowski & E. Hammes-Di Bernardo (Hrsg.), Lernkulturen und Bildungsstandards: Kindergarten und Schule zwischen Vielfalt und Verbindlichkeit (S. 152–164). Baltmannsweiler: Schneider Hohengehren.

Oberhuemer, P. (2005a). Conceptualising the early childhood pedagogue: Policy approaches and issues of professionalism. European Early Childhood Education Research Journal, 13, 5–16.

Oberhuemer, P. (2005b). Ein Blick ins Ausland – was kann er bieten? Fort- und Weiterbildung des Fachpersonals in Kindertageseinrichtungen, Teil 1. klein & groß, 7/8, 30–33.

Oberhuemer, P. (2006a). Nach der EU-Erweiterung: Ausbildungs- und Personalstrukturen in vorschulischen Bildungs- und Betreuungssystemen. In A. Diller & Th. Rauschenbach (Hrsg.), Reform oder Ende der Erzieherinnenausbildung? Beiträge zu einer kontroversen Fachdebatte (S. 231–245). München: Deutsches Jugendinstitut.

Oberhuemer, P. (2006b). Steuerung pädagogischer Qualität in ausgewählten EU-Staaten. Frühe Kindheit, 4, 18–21.

Oberhuemer, P. (2006c). Zur Reform der Erzieherinnen- und Erzieherausbildung im internationalen Vergleich. In L. Fried & S. Roux (Hrsg.), Pädagogik der frühen Kindheit (S. 367–376). Weinheim: Beltz.

Oberhuemer, P. (2007). Qualitätsziele erreicht? Zur Umsetzung des Zielkatalogs des Europäischen Netzwerks Kinderbetreuung in Deutschland. KiTa aktuell BY, 3, 52–54.

Oberhuemer, P. (2008a). Eine gemeinsame Ausbildung für den Elementar- und Primarbereich? Konzepte im europäischen Vergleich. In U. Carle & B. Daiber (Hrsg.), Das Kind im Blick. Eine gemeinsame Ausbildung für den Elementarbereich und die Grundschule (Entwicklungslinien der Grundschulpädagogik, Bd. 6, S. 16–27). Baltmannsweiler: Schneider Hohengehren.

Oberhuemer, P. (2008b). Professionalisierung als System? Blicke in europäische Landschaften. In H. von Balluseck (Hrsg.), Professionalisierung der Frühpädagogik: Perspektiven, Entwicklungen, Herausforderungen (S. 51–61). Opladen: Barbara Budrich.

Oberhuemer, P. (2008c). Who is an early years professional? Reflections on policy diversity in Europe. In L. Miller & C. Cable (Eds.), Professionalism in the early years (pp. 131–141). London: Hodder Education.

Oberhuemer, P. & Schreyer, I. (2008). Profis ja, aber welche? Kinder in Europa, 15, 10–13.

O'Connor, M.C. (1998). Can we trace the „efficacy of social constructivism"? Reviev of Research in Education, 23, 25–71.

Oerter, R. & Noam, G. (1999). Der konstruktivistische Ansatz. In R. Oerter, C. von Hagen, G. Röper & G. Noam (Hrsg.), Klinische Entwicklungspsychologie. Ein Lehrbuch, 45–78. Weinheim: Psychologie Verlagsunion.

Palincsar, A.S. (1998). Social constructivist perspectives on teaching and learning. Annual Review of Psychology, 49, 345–375.

Pasternack, P. & Schildberg, A. (2005). Unbezahlbar? Die Kosten einer Akademisierung der Erzieherinnen-Ausbildung. Die Hochschule, 14, 154–187.

Peeters, J. (2008). Frühpädagogische Fachkräfte als Akteure der Veränderung. Kinder in Europa, 15, 22–25.

Prawat, R.S. (1996). Constructivism, modern and postmodern. Educational Psychologist, 31, 215–225.

Prott, R. (2006). 30 Jahre Ausbildungsreform – kritische Anmerkungen eines Insiders. In A. Diller & Th. Rauschenbach (Hrsg.), Reform oder Ende der Erzieherinnenausbildung? Beiträge zu einer kontroversen Fachdebatte (S. 209–230). München: Deutsches Jugendinstitut.

Rabe-Kleberg, U. (2006). Mütterlichkeit und Profession – oder: Mütterlichkeit, eine Archillesferse der Fachlichkeit? In A. Diller & Th. Rauschenbach (Hrsg.), Reform oder Ende der Erzieherinnenausbildung? Beiträge zu einer kontroversen Fachdebatte (S. 95–110). München: Deutsches Jugendinstitut.

Randall, V. (2000). The politics of child daycare in Britain. Oxford: University Press.

Rat der Europäischen Union (2008a). Entwurf des Gemeinsamen Fortschrittsberichts 2008 des Rates und der Kommission über die Umsetzung des Arbeitsprogramms „Allgemeine und berufliche Bildung 2010". Online verfügbar unter http://www.register.consilium.europa.eu/pdf/de/08/st05/st05723.de08.pdf (letzter Zugriff: 13.05.2009).

Rat der Europäischen Union (2008b). Schlussfolgerungen des Rates und der im Rat vereinigten Vertreter der Regierungen der Mitgliedstaaten vom 20./21. November 2008 zur Mobilität junger Menschen. Online verfügbar unter http://www.register.consilium.europa.eu/pdf/de/08/st16/st16206.de08.pdf (letzter Zugriff: 13.05.2009).

Rauschenbach, Th. (1997). Pädagogische Aus-, Fort- und Weiterbildung: Fachschule, Fachhochschule, Universität. In H.-H. Krüger & Th. Rauschenbach, Einführung in die Arbeitsfelder der Erziehungswissenschaft (2., durchges. Aufl., 269–285). Opladen: Leske + Budrich.

Rauschenbach, Th. (2006). Ende oder Wende? Pädagogisch-soziale Ausbildung im Umbruch. In A. Diller & Th. Rauschenbach (Hrsg.), Reform oder Ende der Erzieherinnenausbildung? Beiträge zu einer kontroversen Fachdebatte (S. 13–34). München: Deutsches Jugendinstitut.

Rauschenbach, Th. (2009). Frühkindliche Bildung, Betreuung und Erziehung – Herausforderungen an Politik, Qualifizierungsorte und Praxisfelder. Präsentation bei: Weiterbildungsinitiative Frühpädagogische Fachkräfte (WiFF), 26. März 2009, Berlin. Online verfügbar unter http://www.weiterbildungsinitiative.de/uploads/media/WiFF_Praesentation_Prof._Dr._Rauschenbach.pdf (letzter Zugriff: 25.05.2009).

Rauschenbach, Th., Beher, K. & Knauer, D. (1996). Die Erzieherin: Ausbildung und Arbeitsmarkt (Veröffentlichungen der Max-Traeger-Stiftung, Bd. 22, 2. Aufl.). Weinheim: Juventa.

Republik Österreich (o. J.). Regierungsprogramm 2008-2013. Gemeinsam für Österreich: Regierungsprogramm für die XXIV. Gesetzgebungsperiode. Online verfügbar unter http://www.bka.gv.at/DocView.axd?CobId=32965 (letzter Zugriff: 02.07.2009).

Robert Bosch Stiftung (Hrsg.). (2008). Frühpädagogik studieren – ein Orientierungsrahmen für Hochschulen. Stuttgart: Robert Bosch Stiftung.

Rogoff, B. (1997). Cognition as a collaborative process. In R.S. Siegler & D. Kuhn (Hrsg.), Handbook of child psychology, Vol. 2: Cognition, Perception and language, 679–744. New York: Wiley.

Rohrmann, T., Cremers, M. & Krabel, J. (2010). Männer in Kitas – welche Bedeutung hat das Geschlecht pädagogischer Fachkräfte. Archiv für Wissenschaft und Praxis der sozialen Arbeit, 2, 1–12.

Schelle, R. (2009). Forum 2 „Qualität in der Fort- und Weiterbildung". Online verfügbar unter http://www.weiterbildungsinitiative.de/uploads/media/WiFF_Langfassung_Protokoll_Forum_2.pdf (letzter Zugriff: 25.05.2009).

Schmidt, T. (2005). Entwicklungen in der Ausbildung von Erzieherinnen. Zeitschrift für Pädagogik, 51, 713–730.

Sekretariat der Ständigen Konferenz der Kultusminister der Länder in der Bundesrepublik Deutschland (2002). Rahmenvereinbarung über Fachschulen, Beschluss der Kultusministerkonferenz vom 07.11.2002. Online verfügbar unter http://www.bildungsserver.de/zeigen-e.html?seite=4018 (letzter Zugriff: 20.10.2008).

Sell, S. (2004). Hochschulausbildung für Erzieherinnen zwischen Wunsch, Wirklichkeit und Hartz IV. Theorie und Praxis der Sozialpädagogik, 9–10, 88–93.

Sell, S. & Haderlein, R. (2007). Rahmenbedingungen für gute Bildung – Herausforderungen für die Pädagogik der frühen Kindheit. In K. Fröhlich-Gildhoff, I. Nentwig-Gesemann & P. Schnadt (Hrsg.), Neue Wege gehen – Entwicklungsfelder der Frühpädagogik (S. 21–35). München: Reinhardt.

Sollars, V. (2007). System of early education/care and professionalisation in Malta. Online verfügbar unter http://www.ifp.bayern.de/imperia/md/content/stmas/ifp/commissioned_report_malta.pdf (letzter Zugriff: 28.04.2009).

Sorin, R. (2005). Webfolio – using electronic portfolios in preservice teacher education. Retrieved February 2, 2009, from http://ajte.education.ecu.edu.au/issues/pdf/thirtyone/sorin.pdf.

Steinebach, C. & Arbeitsgruppe „Erzieher/innenausbildung" (2008). Positionspapier des Deutschen Vereins zu den Perspektiven der Ausbildung und der beruflichen Weiterentwicklung von Erzieherinnen und Erziehern. Nachrichtendienst des Deutschen Vereins für Öffentliche und Private Fürsorge, 88, 6–11.

Strehmel, P. (2009). Berufseinstieg in einem offenen Arbeitsmarkt: Chancen für BA-AbsolventInnen in Einrichtungen der frühen Bildung und Erziehung. Präsentation bei: PiK-Fachgespräche „Bildung von Anfang an", Bremen.

Sylva, K., Melhuish, E.C., Sammons, P., Siraj-Blatchford, I. & Taggart, B. (2004). The effective provision of preschool education (EPPE) project. Final report. A longitudinal study funded by the DfES, 1997–2004. Department for Education and Skills.

Tenorth, H.-E. (2000). Geschichte der Erziehung: Einführung in die Grundzüge ihrer neuzeitlichen Entwicklung. (Grundlagentexte Pädagogik, 3., völlig überarbeitete und erweiterte Aufl.). Weinheim: Juventa.

Thole, W. (2010). Die pädagogischen MitarbeiterInnen in Kindertageseinrichtungen. Professionalität und Professionalisierung eines pädagogischen Arbeitsfeldes. Zeitschrift für Pädagogik, 56, 2. 206–222.

Thole, W. & Cloos, P. (2006). Akademisierung des Personals für das Handlungsfeld Pädagogik der Kindheit. In A. Diller & Th. Rauschenbach (Hrsg.), Reform oder Ende der Erzieherinnenausbildung? Beiträge zu einer kontroversen Fachdebatte (S. 47–77). München: Deutsches Jugendinstitut.

TOP 10: Aufgabenprofile und Qualifikationsanforderungen in den Arbeitsfeldern der Kinder- und Jugendhilfe (2005). Online verfügbar unter http://www.mbjs.brandenburg.de/media/lbm1.a.1222.de/jmk2005_top10.pdf.

vbw (Hrsg.). Aktionsrat Bildung (2012). Professionalisierung in der Frühpädagogik. – Qualifikationsniveau und -bedingungen des Personals in Kindertagesstätten. Münster: Waxmann

Viernickel, S. (2009). Reformmodelle für die Ausbildung des frühpädagogischen Fachpersonals. In H.-G. Roßbach & H.-P. Blossfeld (Hrsg.), Frühpädagogische Förderung in Institutionen (Zeitschrift für Erziehungswissenschaft, Sonderheft, Vol. 11/2008, S. 123–138). Wiesbaden: VS Verlag für Sozialwissenschaften.

Vonta, T. (2007). System of early education/care and professionalisation in Slovenia. Online verfügbar unter http://www.ifp.bayern.de/imperia/md/content/stmas/ifp/commissioned_report_slovenia.pdf (letzter Zugriff: 30.04.2009).

Voss, J.F., Wiley, J. & Carretero, M. (1995). Acquiring intellectual skills. Annual review of Psychology, 46, 155–181.

Vygotsky, L.S. (1979). Denken und Sprechen. Frankfurt am Main: Fischer (Original erschienen 1934).

Wehrmann, I. (2008). Deutschlands Zukunft: Bildung von Anfang an! Weimar: verlag das netz.

Weiterbildungsinitiative Frühpädagogische Fachkräfte (WiFF). (2009a). Online verfügbar unter www.weiterbildungsinitiative.de (letzter Zugriff: 11.05.2009).

Weiterbildungsinitiative Frühpädagogische Fachkräfte (WiFF). (2009b). WiFF begleitet Expertengruppe zum Qualifikationsrahmen Fachschule. Online verfügbar unter http://www.weiterbildungsinitiative.de/archiv-der-aktuellen-meldungen/meldung/data/wiff-beleitet-expertengruppe-zum-qualifikationsrahmen-fachschule.html (letzter Zugriff: 25.06.2009).

Weltzien, D. (2005). Qualifizierung der Spitze. Der berufsbegleitende Fernstudiengang „Bildungs- und Sozialmanagement mit Schwerpunkt frühe Kindheit". In E. Hammes-Di Bernardo & S. Hebenstreit-Müller (Hrsg.), Innovationsprojekt Frühpädagogik: Professionalität im Verbund von Praxis, Forschung, Aus- und Weiterbildung (S. 167–181). Baltmannsweiler: Schneider Hohengehren.

Zentralstelle für Fernstudien an Fachhochschulen (2003a). Bachelor of Arts: Frühkindliche inklusive Bildung. Online verfügbar unter http://www.zfh.de (letzter Zugriff: 24.04.2009).

Zentralstelle für Fernstudien an Fachhochschulen (2003b). Bildungs- und Sozialmanagement. Schwerpunkt frühe Kindheit. Online verfügbar unter http://www.zfh.de (letzter Zugriff: 24.04.2009).

Zentralstelle für Fernstudien an Fachhochschulen (2003c). Pädagogik der frühen Kindheit (Bachelor of Arts). Online verfügbar unter http://www.zfh.de (letzter Zugriff: 24.04.2009).

Nachwort

Neubewertung des Stellenwertes der frühen Bildung

Wassilios E. Fthenakis

Spätestens seit dem von der NAEYC (National Association for the Education of Young Children) veröffentlichen und von Sue Bredekamp im Jahr 1987 verfassten Positionsstatement „Developmentally Appropriate Practice" (DAP) begann man über eine entwicklungsgemäße Gestaltung von Bildungsprozessen und generell über die Stärkung kindlicher Entwicklung und Bildung in der frühen Kindheit (erneut) nachzudenken. Erkenntnisse aus zahlreichen Disziplinen haben zu der Einsicht geführt, dass auch Kleinstkinder – weit mehr als bislang angenommen – in der Lage sind, aktiv Bildungsprozesse mitzugestalten. Empirisch ermittelte Effekte früher Bildung auf die weitere Entwicklung des Kindes, wie sie von etlichen Längsschnittstudien mittel- und langfristig nachgewiesen werden konnten, vorliegende empirische Evidenz ökonometrischer Studien, denen zufolge Investitionen in die frühen Jahre den höchsten Gewinn bringen, und nicht zuletzt Befunde der neurowissenschaftlichen Forschung haben dazu beigetragen, dass es fachlich wie politisch zu einer Neubewertung des Stellenwertes der frühen Kindheit im Bildungsverlauf gekommen ist.

In manchen Ländern, wie zum Beispiel in Deutschland, haben vergleichende Studien wie PISA Anlass zu Debatten gegeben, die, zumindest mittelbar, das Interesse auf die Bildung in der frühen Kindheit und deren Folgen für die weitere Entwicklung lenkten. In anderen Ländern waren es politische Entscheidungen, wie etwa in Schottland mit der Übernahme der Bildungsverantwortung durch das neu gegründete schottische Parlament im Jahr 1999, die zu einer Weiterentwicklung des Bildungssystems führten, wovon die frühe Bildung nachhaltig profitierte. Die weitreichendsten politischen Entscheidungen wurden in Neuseeland mit der Integration der unter dreijährigen Kinder in das Bildungssystem getroffen.

Dieser Prozess wurde in den verschiedenen Ländern unterschiedlich motiviert und begründet, er verlief weitgehend asynchron und ist bis heute nicht überall zu Ende geführt worden. Dennoch kam es fast in allen Ländern zum gleichen Ergebnis: Die frühe Bildung wird nunmehr als die erste Stufe im Bildungsverlauf anerkannt, und deren quantitative wie qualitative Weiterentwicklung wurde auf die politische Agenda gesetzt.

Auch wenn signifikante Fortschritte zu verzeichnen sind, lassen die in diesem Band veröffentlichten Beiträge einen nach wie vor bestehenden Reform- und Weiterentwicklungsbedarf in diesem Bildungsbereich erkennen, bis jenes Niveau erreicht werden kann, das es erlaubt, gesamtgesellschaftlich dieser Bildungsstufe die erforderliche Anerkennung zukommen zu lassen, die sie zweifelsfrei verdient. Dies betrifft, neben der gesellschaftlichen Einstellung und Wertschätzung, insbesondere die Bereitschaft, angemessen in diese Bildungsstufe zu investieren, den Zugang zu Bildung für alle Kinder zu sichern, den quantitativen Ausbau bedarfsgerecht voranzubringen, eine hohe Bildungsqualität bereitzustellen und diese Bildungsstufe konsequent in den Dienst der kindlichen Lern- und Bildungsbiografie zu stellen. Eine gesamtgesellschaftliche Anerkennung sollte sich dabei nicht nur auf die Bildungsinstitutionen beschränken, sondern alle Lern- und Bildungsorte umfassen – auch solche, die sich außerhalb der Bildungsinstitutionen befinden.

Die politische Debatte

Die Beiträge in diesem Band lassen ein zunehmend wachsendes Interesse an der frühen Kindheit erkennen. In allen hier berücksichtigten Ländern wurde während der letzten Jahre eine Entwicklung eingeleitet, die auf eine Etablierung und Weiterentwicklung dieses Bildungsbereichs hinzielt. Das Interesse der Politik lag primär am Bildungssystem und dessen Optimierung. Ausgehend von der Erkenntnis, dass Bildungssysteme, wie sie für das 20. Jahrhundert entworfen und implementiert wurden, sich als immer weniger geeignet erweisen, um die Bedürfnisse von Kindern im 21. Jahrhundert angemessen zu adressieren, motivierte auch die inzwischen empirisch belegte, geringe Effizienz herkömmlicher Bildungssysteme zu politischen Debatten und Reformen.

Bildungssysteme im 20. Jahrhundert fokussierten vorwiegend auf die Aufbereitung und Vermittlung von Wissen. Nun stehen sie im 21. Jahrhundert vor der Herausforderung, kindliche Entwicklung und kindliche Kompetenzen von Anfang an zu stärken. Diese Neuorientierung bedingt eine Neukonzeptualisierung von Bildungssystemen – eine Forderung, der die Politik nicht mit der notwendigen Konsequenz begegnen konnte. Auch Ausnahmen, wie zum Beispiel in Schottland, lassen den nach wie vor starken Bedarf an Reformen nicht verkennen. Aufgabe künftiger Bildungspolitik wird es sein, das Bildungssystem konsistent zu gestalten. Es gilt, den frühpädagogischen Bereich konsequent dem Bildungsbereich zuzuordnen und ihn als festen Bestandteil des Bildungsverlaufs anzusehen.

Hierfür sind weitere Maßnahmen erforderlich: Die ursprüngliche Tendenz, Bildungspläne zu entwickeln, zu implementieren und sie als Instrument zur Sicherung von hoher Bildungsqualität in allen Einrichtungen und für jedes Kind einzusetzen, erwies sich nur als beschränkt geeignet, um das bildungspolitische Ziel von individueller (Bildungs-)Gerechtigkeit und optimalen Bildungschancen zu erreichen. Etliche Länder sind dazu übergegangen, die Implementation der Bildungspläne mit dafür geeigneten Strategien zu steuern und zu evaluieren. Bildungspläne, Implementationsstrategien und Evaluation müssen, in einem begründeten Zusammenhang betrachtet und aufeinander bezogen, ein System der Sicherung und Steuerung von Bildungsqualität bilden. Obwohl es keine Einigung darüber gibt, welche Entwicklungsstufen Curricula für die frühe Kindheit zu fokussieren haben, zeigt sich eine bemerkenswerte Entwicklung zugunsten Institutionen übergreifender Bildungspläne. Dies erfolgt zum Teil zwar mit für jede Bildungsstufe getrennt entwickelten Curricula; diese basieren jedoch auf der gleichen theoretischen Grundlage, folgen gleichen Grundsätzen und Prinzipien und wenden den gleichen methodisch-didaktischen Ansatz an. Manche Bildungspläne entwerfen auch konsequent ein Institutionen übergreifendes Curriculum, in der Regel für das Alter ab drei Jahren bis zum Ende der Grundschule, andere von der Geburt bis zum achten Lebensjahr, und wieder andere wählen eine weitere Fokussierung.

Eine gewisse Öffnung erfährt das Bildungssystem über am Lernort orientierte Bildungspläne. Diese nehmen eine sozial-ökologische Perspektive ein und beziehen systematisch Bildungsorte außerhalb der Bildungsinstitution, insbesondere die Familie, in den Bildungsprozess des einzelnen Kindes ein.

Es lässt sich demnach eine Entwicklung nachzeichnen, die eine isolierte Betrachtung der einzelnen Bildungsstufen und eine Konzentration auf die jeweilige Bildungsinstitution überwinden und somit die Voraussetzungen für Bildungsentwürfe schaffen kann, die auf die individuelle kindliche Bildungsbiografie in ihrem gesamten Verlauf fokussieren. Eine solche Reform wird jedoch auf halbem Wege bleiben müssen, wenn sie lediglich für die beiden ersten Stufen des Bildungssystems reserviert bliebe. Benötigt wird eine Konzeption, die konsequent auf das Kind und dessen individuelle Entwicklungs- und Bildungsbiografie, nicht auf die Bildungsinstitution, Bezug nimmt und eine lebenslange Perspektive der Entwicklung vertritt. Es gibt keinen Grund dafür, dass Bildungssysteme von Bildungsstufe zu Bildungsstufe jeweils die theoretischen Grundlagen, die Bildungsziele, den methodisch-didaktischen Ansatz und vieles mehr ändern; das führt zu Verlusten von Effekten, die die vorhergehende Bildungsstufe erreicht hat, und lässt das Problem der Bewältigung von Transitionen im Bildungsverlauf zu einer Herausforderung für eine nicht zu unterschätzende Anzahl von Kindern werden. Und davon sind vor allem Kinder betroffen, die auf die Hilfe des Bildungssystems besonders angewiesen sind: die jüngeren Kinder eines Jahrgangs, die Jungen, Kinder mit Migrationshintergrund und Kinder aus Familien, die ihren Kindern wenig Bildungsangebote bzw. geringe Bildungsstimulation bieten können – wie empirische Studien für Deutschland und andere Länder belegen.

Die Kohärenz eines Bildungssystems bestimmen allerdings nicht allein die Bildungspläne und deren (zeitliche) Dimensionierung. Konsistente Bildungssysteme entwerfen eine Architektur, die Visionen definiert, die Grundsätze und Prinzipien pädagogischen Handelns präzisiert, die Kompetenzen genau festlegt, die es über alle Phasen kindlicher Entwicklung und Bildung zu stärken gilt, diese für Fachkräfte nachvollziehbar beschreibt, entwicklungspsychologisch begründet und die Bildungsbereiche benennt, die zur Gestaltung von Bildungsprozessen genutzt werden. Schließlich sind auch die Bildungsorte außerhalb der Bildungsinstitution zu berücksichtigen und ebenfalls für den Bildungsprozess zu nutzen.

Wenn neuere methodisch-didaktische Ansätze eine andere als bislang in Anspruch genommene Organisation von Bildungsprozessen implizieren, gilt es, der Frage nach der Gestaltung von Bildungs- und Lernräumen, nach der Binnenökologie der Einrichtung nachzugehen, um solchermaßen organisierte Bildungsprozesse zu ermöglichen. Bisherige Bildungssysteme sind ausschließlich für die sogenannte reelle Welt entworfen worden. Die Verfügbarkeit neuerer Bildungstechnologien stellt nun Bildungssysteme vor die Herausforderung, Bildungsprozesse sowie den Bildungs- und Lernrahmen zu erweitern, indem sie neben dem reellen auch den virtuellen Rahmen einbeziehen. Hier stehen wir am Anfang einer faszinierenden, rapide voranschreitenden Entwicklung, die nicht nur das kindliche Lernen, sondern das Bildungssystem insgesamt völlig umgestalten wird. Und dieser geradezu revolutionäre Prozess lässt auch nicht länger auf sich warten: Universitäten weltweit bieten bereits ihre Angebote für jeden Interessierten frei an, die Bildungswirtschaft ist längst auf dem Vormarsch, und etliche Länder haben begonnen, den Nutzen neuer Technologien für das Bildungssystem zu erkennen und Konsequenzen zu ziehen.

Die gegenwärtige, mancherorts noch vorhandene ambivalente Haltung gegenüber technologischem Fortschritt ist insbesondere bedenklich, wenn sie sich als hinderlich für eine konstruktiv-kritische Auseinandersetzung mit Chancen und Risiken erweist, die mit den neuen Technologien verbunden sind. Zukunftsorientierte Bildungspolitik bereitet Kinder systematisch auf einen konstruktiven Umgang mit solchen Technologien vor und beginnt bereits im vorschulischen Alter mit der Stärkung von Medien- und Technologiekompetenz.

Die fachliche Debatte

Die Herausforderungen, vor denen die Bildungspolitik heute steht, lassen sich am besten nachvollziehen, wenn man die parallel, zum Teil bereits im Vorfeld geführte fachliche Debatte zur Kenntnis nimmt.

In der zweiten Hälfte des 20. Jahrhunderts dominierten in der Psychologie und Pädagogik konstruktivistische Ansätze (vgl. z. B. Gerstenmaier & Mandl 2000; O'Connor 1998; Oerter & Noam 1999). Innerhalb dieser Richtung lassen sich drei unterschiedliche Strömungen unterscheiden: der radikale Konstruktivismus, der soziale Konstruktivismus sowie eine Variante, die die mentale Konstruktion von Realität in pädagogischen Anwendungsgebieten in den Mittelpunkt stellt. Betrachtet man die Entwicklung innerhalb der Frühpädagogik während der letzten Jahre, insbesondere die theoretischen Positionen, die den neueren Bildungsplänen zugrunde gelegt werden, so stellt man eine Abkehr vom Paradigma des Konstruktivismus fest. Vielmehr dominieren sozialkonstruktivistische Positionen, soziale Theorien der Kindheit und poststrukturalistische Ansätze gewinnen an Dominanz.

Wie bereits an anderer Stelle ausgeführt, wird die Gemeinsamkeit postmoderner konstruktivistischer Ansätze darin gesehen, dass sie die Vorstellung ablehnen, Wissen sei im Individuum lokalisierbar. Lernen und Verstehen werden hingegen als genuin soziale Aktivitäten aufgefasst; kulturelle Aktivitäten und Werkzeuge (wie z. B. Gegenstände, Symbolsysteme, Sprache) werden als integrale Bestandteile der geistigen Entwicklung betrachtet (Palinscar 1998). Das Interesse der kognitiven und pädagogischen Psychologie an postmodernen konstruktivistischen Perspektiven geht auf einen Paradigmenwechsel zurück, der als „soziokulturelle Revolution" (Voss, Wiley & Carretero 1995) beschrieben wurde. Wurden intellektuelle Fähigkeiten und Lernen vorher aus einer auf das Individuum bezogenen Perspektive betrachtet, so hat sich in der Folge zunehmend die Auffassung durchgesetzt, dass intellektuelle Fähigkeiten durch soziale Interaktion erworben und entwickelt werden.

Denken, Lernen und Wissen sind aus dieser Perspektive nicht nur sozial beeinflusst oder geformt, sondern als genuin soziale Phänomene zu behandeln (Rogoff 1997). In diesem Sinne gelten Kognitionen als kollaborativer Prozess und Gedanken als internalisiertes Sprechen. Dementsprechend kann das Ziel entwicklungspsychologischer Forschung darin gesehen werden, die Transformation sozial geteilter Aktivitäten in individuelle internalisierte Prozesse zu untersuchen, zu deren Verständnis immer die gesamte Person im Kontext zu betrachten ist (Bruner 1996; John-Steiner & Mahn 1996). Gemeinsam ist somit den sozialkonstruktivistischen Ansätzen, dass es hierbei nicht das isolierte Individuum ist, das in Auseinandersetzung mit der physikalischen Welt Wissen konstruiert, sondern es um den von Anfang an in soziale Zusammenhänge eingebetteten ganzen Menschen geht, der soziale Bedeutung entschlüsselt und mit anderen ko-konstruiert. Dem eigenen Platz in der Welt Sinn zu verleihen, heißt, soziale Bedeutungen zu verstehen. Nur auf diesem Weg ist es möglich, an der sozialen Welt teilzuhaben und sich aktiv beteiligen zu können. Aus dieser Perspektive sind Bedeutungs- und Wissenskonstruktion genuin soziale Prozesse.

Im dritten konstruktivistischen Bereich, welcher die aktuelle Theoriebildung und Forschung im Bereich der Lernpsychologie prägt, werden Positionen eines kognitiven und eines sozialen Konstruktivismus verbunden. Einige Autoren greifen zur Formulierung ihrer Prinzipien gleichermaßen auf Piaget wie auf Vygotsky zurück, ohne diese in ein widersprüchliches Verhältnis zu stellen (Bliss 1996; Jonassen 1994). Es soll in Erziehungseinrichtungen eine Gemeinschaft von Lernenden gefördert sowie ein Umfeld geschaffen werden, in dem Kinder lernen, Formen des Arbeitens und Denkens zu entwickeln, mit denen sie sich in Lerngemeinschaften Sachgebiete erschließen. Langfristig geht es darum, sowohl Inhalte tiefgreifend zu verstehen als auch Methoden des Lernens zu erwerben.

Die Beiträge in diesem Band zeigen, wie sich dieser paradigmatische Wandel vollzog und welche Konsequenzen er mit sich bringt. So führt er zu einer Neukonzeptualisierung des Bildungsverständnisses als sozialem Prozess, der vom Kind, von anderen Kindern und Erwachsenen mitgestaltet, d. h. ko-konstruiert wird, sowie zu einer Veränderung des didaktisch-pädagogischen Ansatzes. Selbstbildungsansätze und Vermittlungsformen von Wissen werden durch die sogenannte Ko-Konstruktion verdrängt. Die Qualität der Beziehung zwischen Fachkraft und Kind erfährt eine tiefgreifende Veränderung: Die Fachkraft begleitet nicht Lernprozesse des Kindes, um sie zu unterstützen, ihm Anregungen zu geben und eine stimulierende Umgebung zur Verfügung zu stellen. Sie ist vielmehr Ko-Konstrukteurin kindlichen Wissens und Verständnisses. Damit übernimmt sie ebenfalls direkte Verantwortung, was den Lern- und Bildungserfolg des Kindes betrifft.

Dieser paradigmatische Wechsel stellt aus meiner Sicht die wichtigste Veränderung in der Frühpädagogik seit Montessori und Piaget dar und eröffnet neue Perspektiven für Entwicklung und Lernen. Allerdings bestehen mancherorts immer noch Vorbehalte, diesen Wandel in den Grundpositionen zu vollziehen bzw. nähert man sich ihm an, indem sowohl konstruktivistische als auch sozial-konstruktivistische Positionen im selben Bildungsplan vertreten werden. Dennoch gilt: Die konsequente Umsetzung sozial-konstruktivistischen Gedankengutes muss zu einer Neukonzeptualisierung des gesamten Bildungssystems führen. Noch bestehende Vorbehalte müssen überwunden werden, denn die nächste Herausforderung steht bereits zur Bewältigung an. Alle diese theoretischen Positionen wurden mit Blick auf die reelle Welt entworfen. Die kontrovers diskutierte Frage lautet nun: Eignen sich solche Positionen, um Lernprozesse im virtuellen Raum zu organisieren, oder benötigen wir hierfür neue theoretische Konzepte? Solche Fragen werden seit 2005 mit der Veröffentlichung der Arbeit von George Siemens (2005) stark diskutiert und erfahren eine Erweiterung durch die Arbeit von Christakis und Fowler (2009), die das Individuum lediglich als vernetztes Wesen betrachten. Damit ist eine neue Kontroverse eröffnet, und man benötigt nicht prophetische Fähigkeiten, um zu erkennen, dass diese Debatte zu einer stärkeren Betonung sozial-konstruktivistischer, interaktionistischer Ansätze führen wird.

Die Qualifizierung frühpädagogischer Fachkräfte

Offensichtlich kann vor dem Hintergrund der genannten Veränderungsprozesse die Reform der Qualifizierung frühpädagogischer Fachkräfte davon nicht unbetroffen bleiben. Viele Länder haben längst begonnen, Reformen in diesem Bereich einzuleiten. Dabei zeichnen sich gewisse Tendenzen ab, die diesen Prozess charakterisieren: (a) Eine sozialpolitisch motivierte und ausgerichtete Erzieherausbildung verändert sich in Richtung bildungspolitisch motivierte und begründete Qualifizierung. (b) Das Niveau der Ausbildung erfährt eine Veränderung, die von einem mittleren zu Hochschulniveau, mit einer Tendenz zur Akademisierung, hin zum Masterstudiengang erfolgt. (c) Die fachlichen Grundlagen der Ausbildung wandeln sich: Konstruktivistische Positionen werden durch sozial-konstruktivistische ersetzt. Soziale Theorien der Kindheit, poststrukturalistische Ansätze spielen, wie erwähnt, eine zentrale Rolle. Nicht nur Wissen wird vermittelt, sondern in gleicher Weise wird der Lernprozess in der Ausbildung fokussiert. (d) Im Kontext des Bologna-Prozesses werden neue Studiengänge entworfen und implementiert: Sowohl Bachelor- als auch Masterstudiengänge werden zunehmend favorisiert, wenn auch jeweils in landesspezifisch eigener Ausführung. (e) Es lassen sich erste, noch unbefriedigende Bemühungen der Konzeptualisierung von Ausbildungsqualität erkennen. Dabei dominierten in erster Linie einzelne Konstrukte, die einen Beitrag in diese Richtung leisten sollten, eine elaborierte Konzeptualisierung von Ausbildungsqualität jedoch allein nicht erbringen konnten. Der „Reflektierende Praktiker", die Etablierung einer Lerngemeinschaft, das „Substained Share Thinking", „Joint Attention" – um nur einige zu nennen –, können als Beispiele angeführt werden. Diese Konzeptionen haben zwar dazu beigetragen, Bildungsqualität in den Einrichtungen und in der Ausbildung zu stärken, eine Gesamtkonzeption konnten sie aber nicht bereitstellen.

Dennoch lassen sich derzeit zwei interessante Richtungen beobachten: Es werden sozialkonstruktivistische Ausbildungspläne entworfen und implementiert, und es wird der Versuch unternommen, Ausbildungsqualität umfassend zu konzeptualisieren. So haben etliche Universitäten bereits begonnen, solche Studiengänge zu entwerfen. Gemeinsame Charakteristika dieser Ausbildungspläne sind: eine Abstimmung und Vernetzung im Dozententeam, die Betonung von Diskurs- und Forschungsorientierung, die Bildung einer (Ausbildungs-)Gemeinschaft, die Etablierung eines inklusiven Ausbildungsgangs und die Evaluation als Instrument der Reflexion und Weiterentwicklung des eigenen Studiengangs.

Ein abgestimmter Ausbildungsgang impliziert die Entwicklung und Akzeptanz einer gemeinsamen Philosophie des Lehrens und Lernens, gemeinsames Planen, gemeinsame Gestaltung von Lehrveranstaltungen und die Bearbeitung von immer wiederkehrenden Schlüsselthemen. Daran beteiligt sind nicht nur das Dozententeam, sondern auch Vertreter der Praxis und nicht zuletzt die Studierenden selbst. Auf diese Weise wird gesichert, dass alle Beteiligten eine gemeinsame Philosophie vertreten, die den Studierenden die Verknüpfung von Theorie und Praxis erleichtert und der gleiche Ansatz in unterschiedlichen Settings mit jeweils unterschiedlichen Ko-Konstrukteuren zur Anwendung kommen kann. Durch die bewusste Auseinandersetzung mit Aspekten der Bildungsphilosophie wird eine unbewusste und damit unkritische Übernahme von pädagogischen Handlungsweisen verhindert (Beck & Kosnik 2006).

Dem Diskurs kommt in sozialkonstruktivistischen Ausbildungsgängen eine zentrale Bedeutung zu. Er stellt einen der Hauptmechanismen zur Generierung von Wissen und zur Konstruktion von Bedeutung dar, und er ist zugleich geeignet, um Interaktionskompetenz bei den Studierenden zu stärken – eine zentrale Dimension sozialkonstruktivistischer Ausbildungsgänge.

Ein weiteres Charakteristikum sozialkonstruktivistischer Ansätze stellt die Etablierung einer Gemeinschaft dar. Bei der Etablierung einer unterstützenden Gemeinschaft, wie dies beispielsweise bei kooperativem Lernen bzw. bei der Bildung einer Lerngemeinschaft der Fall ist, sind neben kognitiven auch emotionale und motivationale Aspekte zu berücksichtigen. Den Studierenden wird auf diese Weise die Möglichkeit gegeben, in einem vertrauten Umfeld ihre eigenen Erfahrungen und Auffassungen zu äußern, sich kritisch mit diesen auseinanderzusetzen und gemeinsam mit anderen Studierenden und dem Dozententeam zu diskutieren. Studierende und das Dozententeam sollen die Merkmale einer Gemeinschaft zusamen erarbeiten. Auf diese Weise lernen Studierende, wie sie später eine Gemeinschaft zwischen den Kindern entwickeln können. Vorliegende Forschungsevidenz bestätigt den starken Einfluss der Gemeinschaft auf die Qualität des Lernerfolgs der Studierenden (Beck & Kosnik 2006, S. 74f.)

Das nächste Charakteristikum stellt die Inklusion dar. Dieses Merkmal baut auf dem Prinzip der Heterogenität in einem erweiteren Sinne auf. Die Umsetzung eines inklusiven Ausbildungsplans steht in enger Verbindung mit dem sozialkonstruktivistischen Paradigma, indem die Betonung von Gemeinschaft, sozialem Lernen und der Ko-Konstruktion von Wissen durch Individuen und Gruppen einer inklusiven Orientierung entspricht. Inklusion lässt sich in der Ausbildung, wie generell im Bildungssystem, ohne Paradigmenwechsel und ohne Einbeziehung sozial-konstruktivistischer Positionen nicht implementieren.

Schließlich stellt die Evaluation des eigenen Bildungsgangs ein weiteres Merkmal sozial-konstruktivistischer Ausbildungspläne dar, was eine kritische Beurteilung der Ausgestaltung des Studiengangs und dessen Weiterentwicklung beinhaltet. Seit Mitte des letzten Jahrzehnts haben etliche Universitäten begonnen, ihre Studiengänge auf dem sozialkonstruktivistischen Paradigma aufzubauen, wie zum Beispiel das Bank Street's Elementary Master's Program (Darling-Hammond 2006), das Stanford Teacher Education Program (2008a, b) oder das NYUs Undergraduate Program in Childhood Education. Diese Entwicklungen stärker bei der Konzeptualisierung und Implementation neuer Studiengänge zu berücksichtigen, bietet eine viel versprechende Perspektive, wenn man einen fachlich fundierten und konsistenten Studiengang entwickeln möchte.

Die Frage nach einer theoretisch fundierten und fachlich begründeten Konzeptualisierung von Ausbildungsqualität konnte bislang noch nicht befriedigend beantwortet werden. Den in diesem Band referierten Studiengängen mangelt es weitgehend an einer elaborierten Darlegung dessen, was man unter Ausbildungsqualität versteht. Denn weder die Studienfächer selbst, noch deren Gewichtung mit Credit Points und deren Anordnung in einer Struktur und

Organisation vermögen diese Frage zu beantworten. Vor diesem Hintergrund habe ich mit meinem Team an der Universität Bremen begonnen, das „Kompetenzmodell für kindheitspädagogische Ausbildungen" (Fthenakis, im Erscheinen) zu entwickeln, das in einer separaten Publikation im kommenden Jahr im selben Verlag herausgegeben werden soll. Diesem Kompetenzmodell, das konsequent auf sozial-konstruktivistischen Positionen aufbaut, liegt ein dreidimensionales Konzept zugrunde: Es gründet auf für den Studiengang relevantem, in Forschungsevidenz begründetem Wissen, stärkt die individuelle Entwicklung und die Meta-Kompetenzen der Studierenden und fokussiert auf insgesamt neun Fachkompetenzen, die das fachliche Profil der Absolventinnen und Absolventen eines solchen Studiengangs charakterisieren sollen, darunter die Interaktionskompetenz, die Reflexionskompetenz, die Forschungs- und Methodenkompetenz, die Beobachtungs- und Dokumentationskompetenz, die Präventionskompetenz, der kompetente Umgang mit Diversität, die Leitungskompetenz etc. In Zukunft sollten sich Studiengänge stärker als bislang mit ihrer theoretischen Fundierung und vor allem mit der Konkretisierung ihrer Ausbildungsqualität befassen. Hierzu sind geeignete Implementationsstrategien erforderlich sowie Partizipationsmodelle, die diesen Prozess begleiten und unterstützen bzw. durch das Dozententeam, Vertreter der Praxis und durch die Studierenden selbst ko-konstruktiv gestalten lassen.

Organisation von Ausbildungsgängen

Betrachtet man die in diesem Band vorgestellten Studiengänge, so ergibt sich eine bemerkenswerte Vielfalt – sowohl was das Niveau der Ausbildung als auch die erworbene Qualifikation und die damit verbundenen beruflichen Chancen betrifft. Jedes Land entwirft seinen eigenen Plan. National-politische Gesichtspunkte dominieren. Fachlich übergeordnete Aspekte spielen bestenfalls eine Nebenrolle. Eine solche Entwicklung kann nicht befriedigen und bildet lediglich Aspekte einer nach wie vor vorhandenen Beliebigkeit ab. Und diese Situation ist nicht nur im Vergleich der vorgestellten Länder, sondern auch innerhalb einzelner Länder zu beobachten. Es fehlt somit weitgehend an Prototypen von Studiengängen, die fachlich fundiert und empirisch evaluiert sind. Erste Ansätze dieser Art, in denen die Studiengänge selbst zum Gegenstand der Forschung gemacht werden, stellt der australische Beitrag vor, und es ist ermutigend zu erfahren, wie Ausbildung und Forschung in Island seit einigen Jahren eng verbunden werden. Diese Perspektive weiterzuverfolgen, nämlich Studiengänge verstärkt zu evaluieren und die Ausbildung generell zum Gegenstand diesbezüglicher Forschung zu machen, bildet eine der zentralen Herausforderungen, wenn man einen Beitrag zur Weiterentwicklung von Ausbildungssystemen leisten möchte.

Der generelle Mangel an Forschung im Bereich der Frühpädagogik wird vielfach beklagt und in dem von Stamm und Edelmann (2013) herausgegebenen Band für das deutsprachige Gebiet dokumentiert. Die Etablierung der Ausbildung auf universitärem Niveau würde zugleich die Chance eröffnen, verstärkt Forschung in diesem Bereich zu organisieren.

Ein weiterer Trend, die Ausbildung nicht isoliert von anderen Systemen zu betrachten, die das Funktionieren des Bildungssystems und dessen Qualität sichern sollen, ist ebenfalls von Bedeutung: Die Einbettung der Ausbildung in Systeme der Lizenzierung und der Beurteilung der Absolventinnen und Absolventen der Ausbildungsgänge wie auch die Verbindung zwischen Aus-, Fort- und Weiterbildung zeigen, dass allein ein Ausbildungsgang zu Beginn die Qualität der Arbeit über die berufliche Biografie hinweg nicht sichern kann. Es bedarf weiterer Mechanismen, die kontinuierlich wirksam sind und die Fachkräfte motivieren, sich fachlich weiterzuentwickeln bzw. überhaupt eine solche Notwendigkeit festzustellen. In diesem Zusammenhang sind Forderungen, die individuelle fachliche Befähigung nicht identisch mit dem Abschluss eines Studiengangs zu betrachten bzw. sie in regelmäßigen Abständen feststellen zu lassen, mehr als berechtigt. Darüber hinausgehende Bemühungen, dem Berufsbild durch unterschiedliche Qualifikationen eine gewisse Binnenstruktur zu verleihen, die Partizipation der Studierenden an ihrer Ausbildung und die Eröffnung der Gestaltung eines eigenen Qualifikationsprofils, wie dies derzeit bereits in manchen Ländern erfolgt, sowie die Einbeziehung neuer Technologien bei der Ausgestaltung der Studiengänge stellen weitere Herausforderungen dar, die bewältigt werden müssen.

Verschiedene Studien betätigen, dass die Ausbildungsqualität der Studierenden in engem Zusammenhang mit der Bildungsqualität in der Einrichtung steht. Gut ausgebildete Fachkräfte stellen demnach einen wesentlichen Faktor für hohe Bildungsqualität dar, die unverzichtbar ist, wenn wir gute Entwicklungs- und Lernchancen für unsere Kinder bieten möchten. Ich hoffe, dass diese Anmerkungen, mehr noch die Inhalte dieses Bandes, zu Überlegungen anregen, die zur Weiterentwicklung in der Qualifizierung der Fachkräfte beitragen können.

Literatur

Beck, C. & Kosnik, C.M. (2006). Innovations in teacher education: A social constructivist approach. Albany, NY: State University of New York Press.

Bliss, J. (1996). Piaget und Vygotsky: Ihre Bedeutung für das Lehren und Lernen der Naturwissenschaften. Zeitschrift für Didaktik der Naturwissenschaften, 2, 3, 3–16.

Bruner, J. (1996). The culture of education. Cambridge, MA: Harvard University Press.

Christakis, N. & Fowler, J. (2009). Connected: The Surprising Power of Our Social Networks and How They Shape Our Lives – How Your Friends' Friends' Friends Affect Everything You Feel, Think, and Do. Hachette Digital, Inc.

Darling-Hammond, L. (2006). Powerful teacher education: Lessons from exemplary programs. San Francisco, CA: Jossey-Bass.

Fthenakis, W.E. (Hrsg.). (im Erscheinen). Kompetenzmodell für kindheitspädagogische Ausbildungen – Innovative Qualifizierung im Blickpunkt. Köln: Bildungsverlag EINS.

Gerstenmaier, J. & Mandl, H. (2000). Konstruktivistische Ansätze in der Psychologie (Forschungsbericht Nr. 123). München: LMU, Lehrstuhl für Empirische Pädagogik und Pädagogische Psychologie.

John-Steiner, V. & Mahn, H. (1996). Sociocultural approaches to learning and development. Educational Psychologist, 31, 191–206.

Jonassen, D.H. (1994). Thinking technology: Toward a constructivist design model. Educational Technology, 34 (4), 34–37.

O'Connor, M.C. (1998). Can we trace the „efficacy of social constructivism"? Review of Research in Education, 23, 25–71.

Oerter, R. & Noam, G. (1999). Der konstruktivistische Ansatz. In R. Oerter, C. von Hagen, G. Röper & G. Noam (Hrsg.), Klinische Entwicklungspsychologie. Ein Lehrbuch, 45–78. Weinheim: Psychologie Verlagsunion.

Palincsar, A.S. (1998). Social constructivist perspectives on teaching and learning. Annual Review of Psychology, 49, 345–375.

Rogoff, B. (1997). Cognition as a collaborative process. In R.S. Siegler & D. Kuhn (Hrsg.), Handbook of child psychology, Vol. 2: Cognition, perception and language (679–744). New York: Wiley.

Siemens, G. (2005). Connectivism: A learning theory for the digital age. International journal of instructional technology and distance learning 2, 1, 3–10.

Stamm, M.S. & Edelmann, D. (Hrsg.). (2013). Handbuch frühkindliche Bildungsforschung. Wiesbaden: Springer VS.

Stanford Teacher Education Program (2008a). Accreditation report: Submitted to the California Commission on Teacher Credentialing. Retrieved March 31, 2009, from http://suse-step.stanford.edu/accreditation.

Stanford Teacher Education Program (2008b). Accreditation report: Submitted to the National Council for Accreditation of Teachers of Education. Retrieved March 31, 2009, from http://suse-step.stanford.edu/accreditation.

Voss, J.F., Wiley, J. & Carretero, M. (1995). Acquiring intellectual skills. Annual review of Psychology, 46, 155–181.

Verzeichnis der Autorinnen und Autoren

Claire Cameron (England)

Dr. Claire Cameron lehrt Erziehungswissenschaft an der Thomas Coram Research Unit (TCRU) des Institutes für Pädagogik an der Universität London, wo sie 1999 promovierte. Sie verfügt über einen beruflichen Hintergrund als Sozialarbeiterin. Seit Beginn ihrer wissenschaftlichen Tätigkeit erforscht sie das breite Feld aller in England mit und für Kinder arbeitenden Berufsgruppen. Angeregt durch ihr Dissertationsprojekt zum Thema „Kinderschutz und frühkindliche Bildungs- und Betreuungseinrichtungen" befasst sie sich vor allem mit der Frage, inwiefern das pädagogische Wissen und Handeln von den konkret in der Praxis tätigen Persönlichkeiten abhängt. 2011 war Dr. Cameron Mitglied des beratenden Expertenteams für das EU-Projekt CoRE zu Kompetenzanforderungen im Bereich frühkindlicher Bildung und Betreuung.

Ausgewählte Publikationen:

Miller, L. & C. Cameron (Hrsg.) (2014). International perspectives in the early years. London: Sage.

Cameron, C. & P. Moss (Hrsg.) (2011). Social pedagogy and working with children and young people: Where care and education meet. London und Philadelphia: sley Pub.

Cameron, C. & P. Moss (2006). Care work in Europe: Current understandings and future directions. London: Routledge

Cameron, C., P. Moss & C. Owen (1999). Men in the nursery. London: Sage.

Sue Cherrington (Neuseeland)

Dr. Sue Cherrington ist Dozentin an der School of Education und Studiendekanin der pädagogischen Fakultät der Victoria Universität Wellington. Im Zentrum ihrer Forschungstätigkeit stehen professionelle und pädagogische Prozesse in der frühkindlichen Bildung, insbesondere die Eigensicht pädagogischer Fachkräfte auf ihre Arbeit, professionelle Lerngemeinschaften und pädagogisches Handeln zur Unterstützung von Kindern und Familien im Kontext soziokultureller Diversität.

Ausgewählte Publikationen:

Cherrington, S. & J. Loveridge (2014). Using video to promote early childhood teachers' thinking and reflection. In: Teaching and Teacher Education (41), S. 42-51.

Cherrington, S. (2013). Professionalism in practice: Teachers thinking together about practice. Early Education, Summer.

Cherrington, S. & K. Thornton (2013). Continuing professional development in early childhood education in New Zealand. In: Early Years: An International Research Journal, DOI: 10.1080/09575146.2013.763770.

Cherrington, S. & M.J. Shuker (2012). Diversity amongst New Zealand early childhood educators. In: New Zealand Journal of Teachers' Work, Vol. 9 (2), S. 76-94.

Caroline Cohrssen (Australien)

Dr. Caroline Cohrssen lehrt im Masterstudiengang Frühpädagogik an der Melbourne Graduate School of Education der Universität Melbourne. Ihr besonderes Interesse gilt der pädagogischen Wirkungsforschung im vorschulischen Bereich, beispielsweise hinsichtlich der Entwicklung von Lese- und Rechenfertigkeiten während des letzten Vorschuljahres in Zusammenhang mit einem Programm zur Förderung der lese- und mathematikbezogenen Eltern-Kind-Interaktion. Dr. Cohrssens Dissertation zur Erforschung wirkungsvoller Interaktionen für mathematisches Lernen in Elementareinrichtungen wurde mit einem speziell für Praxisforschung vergebenen Stipendium (Australian Postgraduate Award – Industry (APAI)) gefördert.

Ausgewählte Publikationen:

Cohrssen, C., C. Tayler & D. Cloney (2014). Playing with maths: Implications for early childhood mathematics teaching from an implementation study in Melbourne, Australia. In: Education 3-13: International Journal of Primary, Elementary and Early Years Education, DOI:10.1080/03004279.2013.848916.

Cohrssen, C., A. Church & C. Tayler (2014). Purposeful pauses: Teacher talk in early childhood mathematics activities. In: International Journal of Early Years Education. DOI: 10.1080/09669760.2014.

Cohrssen, C., A. Church, C. Tayler & K. Ishimine (2013). Playing with maths. In: Australasian Journal of Early Childhood, 38 (1), S. 95-99.

Carmen Dalli (Neuseeland)

Dr. Carmen Dalli ist Professorin für Frühkindliche Bildung, Leiterin des Institutes für Studien der frühen Kindheit und Forschungsdekanin der pädagogischen Fakultät an der Victoria Universität Wellington. Im Zentrum ihrer Forschungstätigkeit stehen politische Rahmenvorgaben und pädagogische Arbeit in gruppenbezogen arbeitenden Kindertageseinrichtungen sowie die Konzeptualisierung des professionellen Handelns im Elementarbereich.

Ausgewählte Publikationen:

Dalli, C. (2014). Quality for babies and toddlers in early years settings. Occasional Paper 4. TACTYC, Association for the Professional Development of Early Years Educators (http://tactyc.org.uk/wp-content/uploads/2014/04/Occ-Paper-4-Prof-Carmen-Dalli.pdf).

Dalli, C. & K.R. Thornton (2013). Professionalism and leadership. In: D. Pendergast & S. Garvis (Hrsg.), Teaching early years: curriculum, pedagogy and assessment. Sydney: Allen & Unwin, S. 301-314.

Dalli, C. (2013). A day in the life of a New Zealand kindergarten teacher: a curriculum of open possibilities. In: J. Georgeson & J. Payler (Hrsg.), International perspectives on early childhood education and care. Maidenhead-Berkshire: Open University Press, McGraw-Hill Education.

Miller, L., C. Dalli & M. Urban (Hrsg.) (2012). Early childhood grows up: Towards a critical ecology of the profession. London u. a.: Springer.

Marike Daut (Deutschland)

Marike Daut arbeitet als Lehrerin an der Fachschule für Sozialwesen in Speyer. Sie bildet dort Erzieherinnen und Erzieher sowie Sozialassistentinnen und Sozialassistenten aus. Bis Ende 2013 war sie als wissenschaftliche Mitarbeiterin im Projekt „Natur-Wissen schaffen" der Deutsche Telekom Stiftung an der Universität Bremen tätig. Einer ihrer Arbeitsschwerpunkte war die Ausbildung frühpädagogischer Fachkräfte in Deutschland und im internationalen Vergleich.

Ausgewählte Publikationen:

Daut, M. (2010). Das Pädagogische Portfolio. Ein Dokumentations- und Reflexionsinstrument für pädagogische Fachkräfte. Zukunftshandbuch Kindertageseinrichtungen, April.

Fthenakis, W.E., M. Daut, A. Eitel, A. Schmitt & A. Wendell (2009). Natur-Wissen schaffen. Band 6: Portfolios im Elementarbereich. Troisdorf: Bildungsverlag EINS.

Fthenakis, W.E., A. Schmitt, M. Bergner, M. Daut, A. Eitel, M. Meske, S. Mierau & M.N. Sandow (2014). Früh beginnen – die Familie als Bildungsort. Wie Bildungspartnerschaft gelingen kann. Essen: Logo Lern-Spiel-Verlag.

Aline-Wendy Dunlop (Schottland)

Prof. em. Aline-Wendy Dunlop lehrte bis zu ihrer Emeritierung im Jahre 2010 an der School of Education der geistes- und sozialwissenschaftlichen Fakultät der Universität Strathclyde in Glasgow. Vor ihrer wissenschaftlichen Laufbahn war sie langjährig als Pädagogin im vor- und außerschulischen wie auch im schulischen Bereich und in der beruflichen Bildung tätig. Zwischen 1993 und 2010 lehrte sie Elementar- und Primarpädagogik an den Universitäten Edinburgh und Strathclyde, wo sie zuletzt den Masterstudiengang Frühpädagogik leitete und maßgeblich an der Entwicklung weiterer elementar- und primarpädagogischer Studienprogramme beteiligt war (u. a. dem Joint European Master in Early Childhood Education and Care, einem Kooperationsprogramm von sechs europäischen Universitäten). Prof. em. Dunlop leitet auf schottischer Seite das EU-Projekt Internationaler Forschungspersonalaustausch (IRSES) im Rahmen der Marie-Curie-Maßnahmen. Sie ist derzeit Vizepräsidentin der Scottish Educational Research Association und der British Association for Early Childhood Education.

Ausgewählte Publikationen:

Dunlop, A.-W. (im Erscheinen): Design and organisation of the transition from kindergarten to elementary school and the integration of this theme in university degree training. In: Elementar- und Primarpädagogik. Internationale Diskurse im Spannungsfeld von Institutionen und Ausbildungskonzepten, Konferenzbeiträge zum "Forum Bildung U10" (Internationale Konferenz an der Universität Hildesheim im Juni 2012).

Dunlop, A.-W. (2013). Curriculum as a tool for change in transitions practices – transitions practices as a tool for changing curriculum. In: A. Keinig & K. Margetts (Hrsg.), International perspectives on transitions to school: Reconceptualising beliefs, policy and practice. London: Routledge.

Dunlop, A.-W. (2013). Thinking about transitions – one framework or many? Populating the theoretical model over time. In: B. Perry, S. Docket & A. Petriwskyj (Hrsg.), Starting school: research policy and practice. London u. a.: Springer.

Johanna Einarsdottir (Island)

Prof. Johanna Einarsdottir ist Professorin für Frühkindliche Bildung und Dekanin der pädagogischen Fakultät der Universität Island. Sie promovierte im Jahr 2000 an der Universität Illinois im Fach Frühpädagogik. Als Wissenschaftlerin wie auch in beratender Funktion war sie an einer Reihe internationaler Forschungsprojekte und Veröffentlichungen beteiligt. Zuletzt forschte sie zur Sicht von Kindern auf vorschulische Bildung, zum Übergang in die Schule und zur Kontinuität in der frühkindlichen Bildung. 2012 wurde Prof. Einarsdottir in das Kuratorium der European Early Childhood Education Research Association (EECERA) gewählt.

Ausgewählte Publikationen:

Einarsdottir, J. (2011). Reconstructing playschool experiences. In: European Early Childhood Education Research Journal, 19 (3), S. 387-401.

Einarsdottir, J. (2011). Icelandic children's transition experiences. In: Early Education and Development, 22 (5), S. 737-756.

Einarsdottir, J. (2010). Children's experiences of their first year of primary school. In: European Early Childhood Education Research Journal, 18 (2), S. 163-180.

Einarsdottir, J. (2010). Icelandic parents' views on the national policy on early childhood education. In: Early Years: An International Journal of Research and Development, 30 (3), S. 229-242.

Jocelyn Friedlander (USA)

Jocelyn Friedlander ist Forschungsassistentin im Projekt Achievement Gap Initiative an der Harvard Universität. Derzeit leitet sie die Entwicklung und Pilotierung eines Bildungsprogramms zur Unterstützung von Familien mit Kleinkindern. Zuvor arbeitete sie am National Center for Children and Families der New Yorker Columbia Universität, wo sie sich vor allem mit kinder- und familienpolitischen Fragen befasste.

Ausgewählte Publikationen:

Kagan, S.L. & J. Friedlander (2011). Universal plus: What's worth doing is worth doing well. In: E. Zigler, W.S. Gilliam & W.S. Barnett (Hrsg.), Current debates and issues in preschool education. Baltimore MD: Brookes.

Friedlander, J. & K. Tarrant (2010). New Mexico's professional development initiative: Workforce policy that promotes alignment. In: S.L. Kagan & K. Kauerz (Hrsg.), Transitions for young children: Creating connections across early childhood systems. Baltimore MD: Brookes.

Wassilios E. Fthenakis (Deutschland)

Prof. em. Wassilios E. Fthenakis war 33 Jahre lang Direktor des Staatsinstituts für Frühpädagogik in München. Er lehrte von 1997 bis 2002 an der Universität Augsburg und war von 2002 bis 2010 ordentlicher Professor an der Freien Universität Bozen – Fakultät für Bildungswissenschaften – tätig. Von 2006 bis 2014 leitete er das Projekt „Natur-Wissen schaffen" an der Universität Bremen, das von der Deutsche Telekom Stiftung finanziert wurde. Die Forschungsschwerpunkte von Prof. Fthenakis umfassen sowohl familienpsychologische als auch frühpädagogische Schwerpunkte. Er gilt als der Initiator der neueren Bildungspläne in Deutschland und zeichnet verantwortlich für den Bayerischen und den Hessischen Bildungsplan. Für weitere Bildungspläne im In- und Ausland war er beratend tätig. Prof. Fthenakis berät seit Jahrzehnten die deutsche Bundesregierung und etliche Landesregierungen in Fragen der Familien- und Bildungspolitik.

Ausgewählte Publikationen:

Fthenakis, W.E. (Hrsg.) (im Erscheinen). Kompetenzmodell für kindheitspädagogische Ausbildungen – Innovative Qualifizierung im Blickpunkt. Köln: Bildungsverlag EINS.

Fthenakis, W.E., A. Schmitt, M. Daut, A. Eitel & A. Wendel (2009). Natur-Wissen schaffen. Band 2: Frühe mathematische Bildung. Troisdorf: Bildungsverlag EINS.

Fthenakis, W.E., A. Wendell, A. Eitel, M. Daut & A. Schmitt (2009). Natur-Wissen schaffen. Band 3: Frühe naturwissenschaftliche Bildung. Troisdorf: Bildungsverlag EINS.

Fthenakis, W.E., A. Wendell, M. Daut, A. Eitel & A. Schmitt (2009). Natur-Wissen schaffen. Band 4: Frühe technische Bildung. Troisdorf: Bildungsverlag EINS.

Fthenakis, W.E., A. Schmitt, A. Eitel, F. Gerlach, A. Wendell & M. Daut (2009). Natur-Wisssen schaffen. Band 5: Frühe Medienbildung. Troisdorf: Bildungsverlag EINS.

Fthenakis, W.E. (Hrsg.) (2004). Elementarpädagogik nach PISA: Wie aus Kindertagesstätten Bildungseinrichtungen werden können. Freiburg: Herder.

Rebecca E. Gomez (USA)

Dr. Rebecca E. Gomez arbeitet als Rauch Postdoc Fellow am National Center for Children and Families der Columbia Universität New York. Sie hat am dortigen Teachers College im Bereich „Curriculum und Lehre" zum Thema frühkindliche Bildungs- und Betreuungspolitik promoviert. Derzeit analysiert sie schwerpunktmäßig die Steuerung frühkindlicher Bildungssysteme und entsprechender beruflicher Qualifizierungswege auf bundesstaatlicher Ebene.

Ausgewählte Publikationen:

Kagan, S.L. & R.E. Gomez (im Erscheinen). Governance of early childhood development and education: Choices and consequences. New York: Teachers College Press.

Gomez, R.E. (2012). Resistance, reproduction, both, or neither: Exploring the influence of early childhood professional development specialists on the field of early childhood. In: NHSA Dialogue: A Research to Practice Journal Vol. 13 (1), S. 81-94.

Kagan, S.L. & R.E. Gomez (2011). B.A. "plus": Reconciling reality and reach. In: E. Zigler, W.S. Barnett & W.S. Gilliam (Hrsg.), The pre-K debates: Current controversies and issues. Baltimore MD: Brookes, S. 68-73.

Sharon Lynn Kagan (USA)

Dr. Sharon Lynn Kagan ist Inhaberin der Virginia und Leonard Marx Stiftungsprofessur für Frühe Kindheit und Familienpolitik und Kodirektorin des National Center for Children and Families am Teachers College der New Yorker Columbia Universität. Außerdem lehrt sie als Honorarprofessorin am Child Study Center der Yale Universität. Ihr Wirken als Wissenschaftlerin, Pionierin, Führungspersönlichkeit und politische Fürsprecherin beeinflusste die politische und praktische Ausgestaltung frühkindlicher Bildung und Betreuung in den USA wie auch in anderen Ländern. In der Geschichte des amerikanischen Bildungswesens ist Dr. Kagan die bislang einzige Frau, die mit den drei wichtigsten Auszeichnungen geehrt wurde: 2004 mit dem Distinguished Service Award des Council of Chief State School Officers (CCSSO) und 2005 mit dem James Bryant Conant Award for Lifetime Service to Education der Education Commission of the States (ECS) sowie dem Harold W. McGraw Jr. Prize.

Ausgewählte Publikationen:

Kagan, S.L. & R.E. Gomez (im Erscheinen). One, two buckle my shoe: Early mathematics education and teacher professional development. In: H. Ginsburg, M. Hyson & T. Woods (Hrsg.), Helping early childhood educators teach math. Baltimore MD: Brookes.

Kagan, S.L., E. Castillo, R.E. Gomez & S. Gowani (2013). Understanding and using early learning standards for children globally. In: International Journal of Child Care and Education Policy 7 (2), S. 53-66.

Kagan, S.L., K. Kauerz & K. Tarrant (2008). The early care and education teaching workforce at the fulcrum: An agenda for reform. New York: Teachers College Press.

Kirsti Karila (Finnland)

Prof. Kristi Karila ist Professorin für Frühkindliche Bildung und Vizedekanin des Fachbereichs Bildungswissenschaften an der Universität Tampere. Ihre Forschungsgebiete sind u. a. die Professionalisierung des Elementarbereichs, die Zusammenarbeit zwischen Eltern und Fachkräften sowie Institutionskulturen und institutioneller Wandel in der frühkindlichen Bildung und Betreuung. Durch ihre Mitarbeit in nationalen Arbeitsgruppen und bei der Entwicklung von Informationssteuerungssystemen ist sie seit vielen Jahren in der Weiterentwicklung des finnischen Elementarbereichs und seiner gesetzlichen Grundlagen aktiv. Von 2012 bis 2013 leitete Kristi Karila das Expertenteam, das im Auftrag des Rates für die Evaluierung höherer Bildung (FINHEEC) und des Rates für Bildungsevaluation (KAN) das finnische Aus- und Fortbildungssystem für frühkindliche Bildung und Betreuung evaluierte. Zuletzt war sie Mitglied der Arbeitsgruppe zur Erarbeitung eines neuen Gesetzes für frühkindliche Bildung.

Ausgewählte Publikationen:

Karila, K. (2012). A Nordic perspective on early childhood education and care policy. In: European Journal of Education Research, Development and Policy, Vol. 47 (4), S. 584-595.

Karila, K. & J. Kinos (2011). Acting as a professional in the Finnish early childhood education context. In: L. Miller, C. Dalli & M. Urban (Hrsg.), Early childhood grows up: International perspectives on professionalism. London u. a.: Springer, S. 55-69.

Karila, K. (2010). A Finnish viewpoint on professionalism in early childhood education. In: C. Dalli & M. Urban (Hrsg.), Professionalism in early childhood education and care: International perspectives. New York: Routledge, S. 79-92 (Erstveröffentlichung als Sonderheft des European Early Childhood Education Research Journal).

Karila, K., J. Kinos, P. Niiranen & J. Virtanen (2005). Curricula of Finnish kindergarten teacher education: Interpretations of early childhood education, professional competencies and educational theory. In: European Early Childhood Research Journal, Vol. 13 (2), S. 133-145.

Maelis Karlsson Lohmander (Schweden)

Maelis Karlsson Lohmander ist Dozentin an der Fakultät Bildung, Kommunikation und Lernen der Universität Göteborg. Sie war langjährige Leiterin des Studiengangs Elementarpädagogik und lehrt auch in Masterstudiengängen und Weiterbildungsprogrammen. Zudem engagierte sie sich in der Organisation diverser Auslandsstudienprogramme (u. a. in Kooperation mit der New Yorker Cornell Universität) und fungierte als schwedische Koordinatorin zweier EU-geförderter europäischer bzw. internationaler Masterstudiengänge. Ihre Forschungsschwerpunkte liegen in den Bereichen Fort- und Weiterbildung, frühkindliche Bildungspolitik, Kinderspiel sowie Interaktion und soziale Entwicklung. Sie war Ko-Leiterin eines mit EU-Förderung in sechs Ländern durchgeführten Forschungsprojekts zum Thema „Relational Approaches in Early Education". Maelis Karlsson Lohmander war als Sachverständige für die Nationale Bildungsagentur und die Nationale Hochschulbildungsagentur Schwedens tätig. Seit 2005 ist sie Vizepräsidentin der European Early Childhood Education Research Association (EECERA).

Ausgewählte Publikationen:

Karlsson Lohmander, M. & I. Pramling Samuelsson (2013). Memories and Images of Play. EECERA Conference Tallinn 1- 3 September 2013, Conference Abstract – peer reviewed 2013.

Karlsson Lohmander, M. (2010). „Times they are a changing" – facing dilemmas and coping with top down educational change in ece settings. Book of abstracts. EECERA 20th annual conference, August-September 2010, Birmingham.

Karlsson Lohmander, M. (2009). Early childhood practitioners´ construction of their professional identity. Book of abstracts. EECERA 19th annual conference, August-September 2009, Strasbourg.

Karlsson Lohmander, M. (2007). Early Childhood Teacher Education in Sweden. In: R.S. New & M. Cochran (Hrsg.), Early Childhood Education – An International Encyclopedia. Westport, Connecticut, London: Praeger.

Karlsson Lohmander, M. (2004). The fading of a teaching profession. In: Early Years, 24, S. 23-34.

Mara Meske (Deutschland)

Dr. Mara Meske leitet das städtische Familienzentrum „Gedankenspiel" in Marburg. Sie promovierte an der Philipps-Universität Marburg zum Thema „Naturbilder von Kindern" und war von Mitte 2010 bis Ende 2012 als wissenschaftliche Mitarbeiterin im Projekt „Natur-Wissen schaffen" an der Universität Bremen tätig, das von Prof. W.E. Fthenakis geleitet wird. Dort war sie an der Erstellung eines Kompetenzmodells der Professionalisierung pädagogischer Fachkräfte beteiligt, zurzeit setzt sie sich schwerpunktmäßig für die Umsetzung in der Praxis ein.

Ausgewählte Publikationen:

Fthenakis, W.E., A. Schmitt, M. Bergner, M. Daut, A. Eitel, M. Meske, S. Mierau & M.N. Sandow (2014). Früh beginnen – die Familie als Bildungsort. Wie Bildungspartnerschaft gelingen kann. Essen: LOGO Lern-Spiel-Verlag.

Meske, M., C. Glombitza, L. Hültenschmidt & N. Klambauer (2012). Frühe Kindheit. Nicht aller Anfang muss schwer sein – Gemeinsam gute Startbedingungen ins Leben schaffen. Marburg: Universitätsstadt Marburg, Fachbereich Kinder, Jugend und Familie.

Meske, M. (2011). „Natur ist für mich die Welt" – Lebensweltlich geprägte Naturbilder von Kindern im Grundschulalter im Spiegel qualitativer Analysen. Wiesbaden: VS Verlag für Sozialwissenschaften.

Linda Miller (England)

Prof. em. Linda Miller war bis zu ihrer Emeritierung Professorin für Frühe Kindheit am Fachbereich Pädagogik der Open University. Ihr beruflicher Werdegang führte von der praktischen Arbeit in Elementareinrichtungen über die Tätigkeit als Ausbilderin hin zur Hochschullaufbahn. In den vergangenen Jahren wirkte sie an den landesweiten Konsultationsgesprächen zur Erarbeitung einer Personalentwicklungsstrategie für den englischen Elementarbereich mit. Linda Miller gehört der Redaktion des International Journal of Early Years Education an und hat selbst zahlreiche Monografien, Sammelbände und Beiträge in nationalen wie auch internationalen Zeitschriften veröffentlicht.

Ausgewählte Publikationen:

Miller, L. & C. Cameron (Hrsg.) (2014). International perspectives in the early years. London: Sage.

Miller, L. & D. Hevey (Hrsg.) (2012). Policy issues in the early years. London: Sage.

Miller, L., C. Dalli & M. Urban (Hrsg.) (2012). Towards a critical ecology of the profession: Early childhood grows up. Den Haag: Springer.

Pamela Oberhuemer (Deutschland/England)

Pamela Oberhuemer studierte in London und war über 30 Jahre lang wissenschaftliche Referentin am Staatsinstitut für Frühpädagogik (IFP) in München. Zuletzt leitete sie das vom Bundesministerium für Familie, Senioren, Frauen und Jugend geförderte SEEPRO-Projekt, das sich mit Ausbildungen und Professionsprofilen des frühpädagogischen Fachpersonals in 27 EU-Ländern befasste. Pamela Oberhuemer ist Mitherausgeberin der Zeitschrift „Early Years – An International Research Journal" und im Herausgeberbeirat der Zeitschrift „International Journal of Child Care and Education Policy". Sie hat als frühpädagogische Expertin u.a. im Auftrag der OECD (Starting Strong-Studien), der Universität Chile in Santiago (2014), von EUROsociAL in Costa Rica (2013) und der Bildungsministerien in Victoria und South Australia (2010) gearbeitet.

Ausgewählte Publikationen:

Oberhuemer, P. (2014). Access and quality issues in early childhood education and care: the case of Germany. In: L. Gambaro, K.J. Stewart & J. Waldfogel (Hrsg.), An Equal Start? Providing quality early education and care for disadvantaged children, pp. 121-146. Bristol: The Policy Press.

Oberhuemer, P. (2014). Seeing early childhood issues through a European lens. In: L. Miller & C. Cameron (Hrsg.), International Perspectives in the Early Years, pp. 13-31. London: Sage (Critical Issues in the Early Years).

Oberhuemer, P. (2012). Radical Reconstructions? Early Childhood Workforce Profiles in Changing European Early Childhood Education and Care Systems. In: L. Miller, C. Dalli & M. Urban (Hrsg.), Early Childhood Grows Up. Towards a Critical Ecology of the Profession, pp. 119-130. Dordrecht, Heidelberg, London, New York: Springer (International Perspectives on Early Childhood Education and Development, 6).

Oberhuemer, P. & I. Schreyer (2010). Kita-Fachpersonal in Europa – Ausbildungen und Professionsprofile. Opladen & Farmington Hills, MI: Barbara Budrich.

Collette Tayler (Australien)

Prof. Collette Tayler ist Inhaberin des Lehrstuhls Frühkindliche Bildung und Betreuung an der Graduate School of Education der Universität Melbourne und in dieser Funktion für die wissenschaftlichen Inhalte des Masterstudiengangs Frühpädagogik verantwortlich. Sie leitet die Längsschnittstudie E4Kids, gehört der wissenschaftlichen Leitung des interdisziplinären Forschungsverbundes Science of Learning Research Centre an und leitet die 3A-Projektgruppen (Abecedarian Approach Australia, ein methodisch-didaktischer Baukasten für die pädagogische Arbeit im Elementarbereich). Prof. Tayler ist stellvertretende Vorsitzende der nationalen Aufsichtsbehörde Australian Children's Education and Care Quality Authority und Mitglied im Vorstand der Curriculum and Assessment Authority des Bundesstaates Victoria.

Ausgewählte Publikationen:

Ishimine, K. & C. Tayler (2013). Assessing quality in early childhood education and care. In: European Journal of Education Research, Development and Policy, DOI: 10.1111/ejed.12043.

Tayler, C. (2012). Entry to school. In: J. Hattie & E. Anderman (Hrsg.), International Guide to student achievement. London: Routledge, S. 25-27.

Tayler, C. (2012). Learning in Australian early childhood education and care settings: changing professional practice. In: Education 3-13: International Journal of Primary, Elementary and Early Years Education, Vol. 40 (1), S. 7-18.

Tayler, C. (2011). Changing policy, changing culture: Steps toward early learning quality improvement in Australia. In: International Journal of Early Childhood, DOI 10.1007/s13158-011-0043-9.

Jef J. van Kuyk (Niederlande)

Dr. Jef J. van Kuyk war langjähriger Dozent für pädagogische Psychologie an der Hochschule Tilburg, later university. Seit den 1970er Jahren war er an der Entwicklung und Umsetzung vielfältiger frühpädagogischer Konzepte und Methoden beteiligt, zum Beispiel als Projektleiter für das internationale Testentwicklungsinstitut Cito, wo er Beobachtungs- und Unterstützungsprogramme konzipierte. 1994 entwickelte er Pyramide, ein ganzheitliches Programm für die pädagogische Arbeit mit drei- bis sechsjährigen Kindern, dessen zyklische Module alle Entwicklungsbereiche fördern. Dr. van Kuyk organisierte eine Reihe internationaler Konferenzen zum Thema frühkindliche Bildung und veröffentlichte diverse Bücher. Für seine Verdienste wurde ihm die Auszeichnung Offizier des Ordens von Oranien-Nassau verliehen.

Ausgewählte Publikationen:

van Kuyk, J.J. (2013). The Piramide method. In: J. Roopnarine & J. Johnson (Hrsg.), Approaches to early childhood education. New Jersey: Pearson, S. 299-329.

van Kuyk, J.J. (2008). Is a curriculum needed for the youngest, 0–3? Arnheim: Cito (Konferenzbeitrag).

van Kuyk, J.J. (2006). Holistic or sequential approach to curriculum: What works best for young children? In: J.J. van Kuyk (Hrsg.), The quality of early childhood education. Arnheim: Cito, S. 137-152.

Kalliope Vrinioti (Griechenland)

Dr. Kalliope Vrinioti ist Assistenzprofessorin für Vergleichende Erziehungswissenschaft an der erziehungswissenschaftlichen Fakultät der Universität West-Mazedonien. Ihre Forschungsschwerpunkte liegen in den Bereichen Übergänge und Kontinuität im Bildungssystem, Professionalisierung von Lehrkräften sowie Sozial- und Bildungspolitik für das Kindesalter. Dr. Vrinioti war bzw. ist die nationale Koordinatorin für die Comenius-Projekte „Early Years Transition Programme" (2008–2010) und „SIGNALS" (2014–2016).

Ausgewählte Publikationen:

Vrinioti, K. (2013). Professionalization in early childhood education: A comparative view of emerging professional profiles in Germany (Bremen) and Greece. In: European Early Childhood Education Research Journal, Vol. 21 (1), S. 150–163.

Vrinioti, K. (2003). Die Zusammenarbeit zwischen Kindergarten und Primarschule in Deutschland (Hessen) und in Griechenland. In: Tertium Comparationis, Vol. 8 (2), S. 139–161.

Jie Zhang (China)

Dr. Jie Zhang arbeitet am Department für Frühkindliche Bildung der Pädagogischen Universität Ostchina (East China Normal University, ECNU) in Shanghai, wo sie auch promoviert hat. Ihre speziellen Forschungsgebiete sind die Curriculumentwicklung für frühkindliche Bildung und die berufliche Weiterbildung frühpädagogischer Fachkräfte. Derzeit forscht sie zur effektiven pädagogisch-didaktischen Qualifizierung chinesischer FrühpädagogInnen.

Ausgewählte Publikationen:

Tobin, J., A. Hayashi & J. Zhang (2011). Approaches to promoting creativity in Chinese, Japanese and US-preschools. In: S. Julian, T. Pat, J. Ken & B. Liora (Hrsg.), The Routledge International Handbook of Creative Learning. London and New York: Routledge.

Zhu, J. & J. Zhang (2008). Contemporary trends and developments in Early Childhood Education in China. In: Early Years, 28 (2), S. 173-182.

Jiaxiong Zhu (China)

Prof. Jiaxiong Zhu ist Hochschullehrer am Department für Frühkindliche Bildung an der Pädagogischen Universität Ostchina (East China Normal University, ECNU) in Shanghai. Er gehört den Redaktionen mehrerer wissenschaftlicher Journals an. Seine Forschungsarbeiten befassen sich mit einer großen Bandbreite von Fragen zur Curriculumentwicklung für frühkindliche Bildung und zur professionellen Qualifizierung frühpädagogischer Fachkräfte.

Ausgewählte Publikationen:

Zhu, J. (2008). Early childhood teacher education in China. Reflection. In: Journal of Education for Teaching, 34 (4), S. 361-369.

Zhu, J. & J. Zhang (2008). Contemporary trends and developments in Early Childhood Education in China. In: Early Years, 28 (2), S. 173-182.